プルタルコス

英雄伝 5

西洋古典叢書

凡　例

一、本書はプルタルコスの通称「英雄伝」（または「対比列伝」）の全訳である。現存する原典には、二人一組の伝記が二二組、四人一組の伝記が一組、そのほかに四人の伝記が含まれている。本訳書ではそれを全六冊に編む。

二、底本は

Plutarchus, Vitae Parallelae, ed. Cl. Lindskog, K. Ziegler, H. Gärtner, 3 vols (Bibliotheca Teubneriana) 1993-2002

である。ただし伝記の配列順序は

Plutarque, Vies, ed. R. Flacelière, E. Chambry, M. Juneaux, 15 vols (Budé) 1957-79

『プルターク　英雄伝』河野与一訳　全一二冊（岩波文庫）1952-56

で採用されている配列（これは一五一九年のアルドゥス版以来のもので、おおよそ対比の一方のローマ人の年代順に並んでいる）に従う。訳出にあたっては、このほか

Plutarch, Lives, tr. B. Perrin, 11 vols (Loeb Classical Library) 1914-26

も参照した。

三、毎頁の上部に見られるゴシック体の漢数字は、十七世紀のフランクフルト版で用いられて以来、本書の刊本の伝統になっている節区分であり、欄外上部の算用数字は、各節の小区分

を示している。「英雄伝」からの引用は通常これらの区分によって行なわれるので、本訳書でもそれを採用した。

四、固有名詞のカタカナ表記にあたっては

(1) ギリシア語の ϕ, θ, χ と π, τ, κ を区別しない。

(2) 長母音を表わすための音引きは原則として用いない。

(3) 地名人名等を慣用に従って表示した場合がある。

五、本文中のゴシック体の見出しは、訳者が付けたものである。

六、本文中の（　）内は原語のカタカナ表記、［　］内は訳者による補足である。

七、訳註の中で著者名の記されていない作品は、プルタルコスの著作である。

八、第六分冊末に全分冊の人名索引を掲載する。

目次

英雄伝 5

城江良和 訳

アレクサンドロスとカエサル

アレクサンドロス

序

一　本篇にはアレクサンドロス王の伝記とポンペイユスを破ったカエサルの伝記を収めるわけだが、この
ふたりについて伝えられる事績の多さにかんがみて、あらかじめひとつだけ読者にお願いしておきたいこと
がある。それは、本篇が名高い事績のすべてを網羅せず、またひとつひとつの事績についても細部にわたっ
て描き尽くさず、むしろほとんどを要点のみの記述にとどめるとしても、どうか私を責めないでほしいとい
2 うことである。私が書こうとするのは歴史ではなく伝記であり、そして人の徳や不徳というのは、必ずしも
広く世に聞こえた偉業の中に顕われるわけではなく、むしろちょっとした行動や言い草、あるいは冗談のよ
うなものが、数万の死者を数える合戦やまれに見る規模の戦陣や都市包囲よりも、いっそうはっきりと人の
3 性格を浮き彫りにする場合がしばしばある(1)。それゆえちょうど肖像画家が人物を写そうとするときに、その
人の性格の滲み出ている顔や目付きに力点を置き、それ以外の部分にはほとんど注意を払わないように、そ
れと同じように私には、偉大な功業や戦争のことは他の人にまかせて、むしろ心性の表徴となるものの中に

分け入り、それをもとにふたりの生涯を描き出すのを許してもらいたい。(2)

生　誕

二　アレクサンドロスの血統が、父方はカラノスを通してヘラクレスに遡り、(3)母方はネオプトレモスをへ
2 てアイアコスに行き着くというのは、(4)広く認められた事実である。伝えによれば、ピリッポスがサモトラケ

---

(1) 本書の目的は他の史家と張り合って歴史を書くことではなく、歴史上の人物の性格（エトス）を明らかにすることだ、という説明が『ニキアス』一-5にある。

(2) 肖像画家と伝記作者の比較について、『キモン』二-2参照。

(3) ヘロドトス『歴史』第八巻一三七―一三九によれば、ペロポンネソス東部のアルゴスの王家の三兄弟が祖国を逃れ、たどり着いたマケドニアの地を征服して、末弟のペルディッカスがマケドニア王家を開いたという。アルゴスは、伝説上、帰還した「ヘラクレスの後裔」のひとりテメノスの領した国であり、アルゴス王家もテメノスを祖とする。カラノスは、ピリッポスおよびアレクサンドロスの庇護を受けたテオポンポスの史書『ピリッピカ』に初めて名が見え、アルゴスとマケドニアの両王家のつながりを説くなかで導入された人物らしい。

(4) アイアコスはトロイア戦争の英雄アキレウスの祖父。ネオプトレモスはアキレウスの子で、トロイア戦争後にテッサリアに帰国せず、ギリシア北西部のエペイロス地方に渡って、この地の王となった。その後、アンドロマケ（戦争捕虜として連れ帰ったトロイア王家の嫁）との間にもうけた息子モロッソスが父の後を継ぎ、モロッソイ王家の祖となった（『ピュロス』一-2、パウサニアス『ギリシア案内記』第一巻一一-一二）。アレクサンドロスの母オリュンピアスはこのモロッソイ王家の娘で、前三五七年、一八歳くらいのときに二五歳のピリッポスに嫁いだ。

島で秘儀入信[1]をオリュンピアスとともにしたおり、まだ若かったこの青年は両親を亡くしていたこの少女に
3 心を奪われ、それで少女の兄弟アリュッバス[2]に申し入れて結婚を約した。ところがふたりが初めて新婚の室
にこもる前の夜、花嫁が夢を見た。雷が鳴って稲妻が腹に落ち、そこに大きな炎が立ち上がったかと思うと、
4 火は四方に燃え広がってやがて消え失せた、という夢だった。一方ピリッポスには、結婚後しばらくしてか
ら、自分が妻の腹に封印をしている夢が現われ、しかもその封印には獅子の像が彫り込まれているようだっ
5 た。おおかたの占い師はこの夢に眉をひそめ、この結婚にピリッポスは十分な用心を怠ってはならないとい
う解釈を引き出したが、テルメッソス出身のアリスタンドロス[3]だけは、何も入っていない所に封印をするは
ずがないから、奥方は懐妊している、しかも腹の中の子は勇猛で獅子のような気質の持ち主である、と告げ
6 た。またあるときピリッポスは、寝ているオリュンピアスの体のそばに一匹の大蛇が横たわっているのを見
つけ、伝えによれば、それが主な原因となって、妻に対する愛欲と恋情がしぼんでしまった。そして、妻に
魔法か呪術のようなものをかけられるのを怖れたのか、あるいはもっと貴いものと交わりを持つらしい女と
床をともにするのを憚ったのか、ともかくそれ以来、オリュンピアスの寝床に近寄ることがめっきり少なく
なったという。

7 それに関連して、こんな伝えもある。この地方［マケドニア］の女たちは、遠い昔から、誰もがオルペウ
スやディオニュソスの秘儀に入信して、クロドネスあるいはミマロネスという特別の集団名をもって呼ばれ、
8 エドネス部族[4]の女やハイモス山付近のトラキアの女たちのとよく似た儀礼を行なう。ちなみに「トラスクす
る」という言葉が、大げさで物々しい祭儀を行なうという意味で使われるようになったのは、これに由来す

るらしい。(5) オリュンピアスは神がかりの境を求める情熱も、恍惚に陥ったときの猛々しさも他の女の比ではなく、飼い馴らした大きな蛇を入信者たちのために次々と取り出すのだが、その間にも、蛇は秘儀用の籠や蔦からどんどん這い出し、女たちの持つ杖や輪に巻きついては、男たちをぞっとさせるのだった。(6)

三　それはさておきこの大蛇を目撃したあと、伝えによれば、ピリッポスはメガロポリス人のカイロンを

(1) エーゲ海北部のサモトラケ島は、ギリシア民族の来住以前から続く大地と豊穣の神々カベイロイの祭祀の中心地（ヘロドトス『歴史』第二巻五一）。ギリシア人はカベイロイの秘儀をしばしばディオニュソスの秘儀と同一視した。

(2) 正しくはオリュンピアスの叔父。オリュンピアスの父ネオプトレモスと兄弟で共同王位に就き、ネオプトレモスの死後、単独の王になると同時に、オリュンピアスの後見人になった。ピリッポスとオリュンピアスの結婚は、本文にあるような両者の恋愛以前に、マケドニア王国とモロッソイ王国の連携を強めるための政略結婚であろう。

(3) アレクサンドロスの東征にも随行し、王に仕える占い師の中でももっとも信頼されていた。このあと、一四-9、二五-1、5、三一-9、三三-2、五〇-5、五二-2で言及される。

(4) トラキア地方の一部族。

(5) thrēskeu- という動詞が thrēssa（トラキア女）に由来するという俗解語源。

(6) オリュンピアスがディオニュソスの祭儀に深く傾倒していたことについて、またオリュンピアスと飼育された蛇について、アテナイオス『食卓の賢人たち』第十三巻五六〇f、第十四巻六五九f、ルキアノス『偽預言者アレクサンドロス』七参照。

デルポイに遣わし、その地の神託を伺わせた。使節が預かった託宣は、アンモン[1]に供犠を執り行ない、この
2 神を特別に篤く尊崇せよ、というものであり、それに加えて、ピリッポスはこの神が大蛇の姿をとってオ
リュンピアスと同衾しているのを盗み見たとき、扉の隙間に近付けた方の眼を失明するであろう[2]、とも告げ
3 ていたという。また、エラトステネス[3]の語るところによれば、オリュンピアスはアレクサンドロスを遠征に
送り出すとき、当人だけに聞こえるようにしてこの出生の秘密を明かし、生まれにふさわしい心がけをと言
4 い聞かせたという。ただし他の史家たちは、オリュンピアスがこれを不敬の言として否定し、「アレクサン
ドロスには、ありもしないことを吹聴して、私をヘラの敵にするのをやめてもらいたいものだわ[4]」と語って
いたと伝えている。
5 　ともかくアレクサンドロスはヘカトンバイオン月、これをマケドニアの暦ではロオス月というのだが、そ
の月の始まってから六日目[5]に生まれた。ちょうどこの日に、エペソスにあるアルテミス神殿が火災に遭い[6]、
6 それについてマグネシア出身のヘゲシアスが、当の炎を凍りつかせるほどの奇言を吐いている。いわく、神
7 殿が焼け落ちたのも無理はない、アルテミスがアレクサンドロスの分娩で忙しかったのだから、と[7]。しかし
当時エペソスに居合わせたマゴイ僧[8]たちは誰もが、神殿に起こった災いを別の災いの予兆と解し、今日アジ
アに恐ろしい破滅と悲運をもたらすものが生まれたと叫びながら、顔をたたきつつ駆け回った。
8 　ピリッポスはポテイダイア占領を果たしたばかりであったが[9]、そこへ三つの報告が同時に飛び込んできて、
ひとつはパルメニオンがイリュリア人を激戦の末に破ったこと[10]、ひとつはオリュンピア祭典の戦車競走で優
9 勝したこと、そして三つめがアレクサンドロスの誕生であった。それらの報がピリッポスを喜ばせたのはも

ちろんだが、その喜びをいっそう大きくしたのが、この子は三つの勝利とともに生まれたのだから、常勝の

（1）元来エジプトのテーベの神だったが、太陽神ラーと習合して、国家の守護神になった。前五世紀以降、ギリシア人にも知られるようになってゼウスと同一視され、リビア砂漠の中のシウァ・オアシスにある神殿が、デルポイやドドナに並ぶ神託所として信仰を集めた。『キモン』一八-7、『リュサンドロス』二〇-6、二五-3にも言及される。アレクサンドロスは遠征の途中、アンモンの神託を伺うためにシウァを訪れる（二六-11―二七-11、五〇-11、七二-3）。

（2）ピリッポスは前三五五年から翌年にかけて、マケドニア地方の都市メトネを攻め落とすとき、片目に矢を受けて失明する（ディオドロス『歴史文庫』第十六巻三四-五）。

（3）北アフリカのキュレネ出身の学者（前二八五頃―一九四年頃）。アレクサンドリア図書館長に就き、数学、天文学、地理学のほか、文学や歴史など広範な研究を手がけた。太陽の南中高度の差から地球の大きさを推定したことで有名。

（4）ゼウスの妃ヘラは嫉妬深い妻とされ、神話の中で夫の愛人への報復がしばしば語られる。

（5）前三五六年の七月二十日頃。

（6）エペソスは小アジアのイオニア地方の都市。この地のアルテミス神殿は広く尊崇を集め、火災後まもなくして再建された。

（7）ヘゲシアスは小アジアのマグネシア出身の歴史家・修辞学者（前四―三世紀）。アルテミスのつかさどる領域のひとつに出産がある。キケロ『神々の本性について』第二巻六九は、この「奇言」をタウロメニオン出身の歴史家ティマイオスのものとして引用する。

（8）メディアに起源をもち、ペルシアで制度化された世襲神官階級。祭祀や卜占を行なった。キケロ『予言について』第一巻四七にもマゴイ僧のこの予言が記されている。

（9）前三五六年の秋頃、ギリシア北部のカルキディケ半島にあって、当時アテナイの移民団を受け入れていたポテイダイアを、ピリッポスは攻略した。

（10）パルメニオンはピリッポスよりも一八歳ほど年上の将軍で、アンティパトロスと並ぶ重臣。アレクサンドロスの東征に副将格で随行するが、長男ピロタスによる王への「陰謀事件」の巻き添えになって粛清される（四九-13）。イリュリア人はマケドニアを西方から脅かしていた民族。『アポロニオスへの慰めの手紙』一〇五a参照。

将軍になるだろうという占い師たちの予言であった。

少年時代

四　ところでアレクサンドロスの姿形をもっともよく写しているのは、リュシッポス(1)の彫ったいくつかの
2 像であり、アレクサンドロス自身も肖像を所望するときには、もっぱらこの彫刻家に依頼していた。後にア
レクサンドロスの後継者や仲間たちの多くが模倣しようとした最大の特徴、つまり首をわずかに左に傾けた
3 姿勢と両目の潤いを正確に写し取ったのが、この芸術家だったのである。(2)アペレス(3)は稲妻を手にしたアレク
サンドロスを描いたとき、肌の色を再現できず、浅黒くくすんだ色に描いてしまった。しかし実際は真っ白
4 な肌であったと伝えられ、胸や顔のあたりではその白い肌に朱がさしていた。しかも、アリストクセノス(4)の
回想録を読むと、肌からは甘い香りが漂い、芳香が口元ばかりか全身を包んで、衣服にまで染み通っていた
5 という。その原因はおそらく、身体内部の混合作用が、アレクサンドロスの場合、火のように熱いことにあ
るのだろう。テオプラストスの説くとおり、芳香は液状のものが熱によって蒸発するときに発生するからで
6 ある。だからこそ、世界の中でも乾燥した灼熱の地方が、良質の香料をどこよりも多く産出するのであり、
こういう所では生物体の表面にあって腐敗の原因となる液状のものを、太陽が取り去ってくれるのである。(5)
7 そしてアレクサンドロスを酒好きで感情の激しい人間にしたのも、思うに、この人の身体の熱さだったので
はないか。
8 少年の頃、克己心の強さはすでに隠れようもなく、他の事柄へは嵐のような激しさで突き進みながら、肉

体の快楽にかんしてはなかなか動かず、手を出すときもいたって穏やかであることからも、それは見て取れ
た。また強烈な名誉欲が、アレクサンドロスの志を年齢とは不釣り合いなほどに荘重かつ高邁なものにして
9 いた。つまりピリッポスがソフィストのような弁論の技を得意がったり、オリュンピア祭典での戦車競走の
優勝を貨幣に刻ませたりしたのと異なり、アレクサンドロスの場合、誉れであればどこのどんなものでも欲
10 しがるのではなかった。周囲の者から、足が速いのだからオリュンピア祭典のスタディオン競走に出てみて

（1）ペロポンネソス北部のシキュオン出身の彫刻家。作品は現存しないが、模刻「アザラのアレクサンドロス胸像」（ルーヴル美術館蔵）は、リュシッポスの原作の趣きを伝えているとされる。

（2）アレクサンドロスの首をかしげる癖について、『ピュロス』八-2、『似て非なる友について』五三d、『アレクサンドロスの運または徳について』三三五a-b参照。

（3）小アジアのコロポン出身の画家。アレクサンドロスはアペレス以外の画家に自分の肖像画を描かせなかったという。「稲妻を持つアレクサンドロス」はエペソスのアルテミス神殿に描かれたものだった（プリニウス『博物誌』第七巻一二五、第三十五巻八五、九二）。『イシスとオシリスについて』三六〇d参照。

（4）タレントゥム出身の音楽理論家、哲学者、伝記作家。和音とリズムにかんする著作で知られる。アテナイでアリストテレスに学び、リュケイオンの後継者に就くことを期待したがかなわず、テオプラストスが第二代の学頭になった。

（5）テオプラストス『植物原因論』第六巻一四-八、一八-一三に、熱が芳香を引き出すという議論がある。『食卓歓談集』六二三e-f、アリストテレス『問題集』一二-三（九〇六b）、一三-四（九〇八a）参照。

11 は、と勧められたときも、「よかろう、競走相手に王侯たちが出るのなら」と答えたものである。[1] そもそも
運動競技家という種族に対して、冷淡な人だったらしい。それ以外の競技なら、悲劇はもちろん笛や竪琴の
競演、それに加えて叙事詩朗誦、あらゆる種類の狩猟、さらには棒術など、数多くの競技祭を主催したにも
かかわらず、拳闘や全力闘技となると、褒賞を出すのにも気が乗らなかったようである。[2]

五　あるときペルシア王から使節団が遣わされてきたのを、ピリッポス不在中のことゆえ、アレクサンド
ロスが代わりに応接して話を交わすうちに、この王子はすっかり使節たちの心を捉えてしまった。そのわけ
2 は、温かいもてなしもさることながら、子供じみた質問や他愛ない問いかけはいっさいせず、ただ帝国内の
道の長さや内奥への経路の特徴、さらにはペルシア王自身が戦争においてどのように行動するか、またペル
3 シアの兵力と軍事力はどうか、などについて尋ねたからであり、それを聞いた使節たちは驚いて、世に言う
ピリッポスの鬼才も、この子の情熱と大志に比べれば何ほどでもないと感じ入ったのである。[3]

4 　また、ピリッポスが有名な都市を攻略したとか、注目の会戦に勝利を収めたとかいう知らせが入ってくる
たびに、アレクサンドロスは顔色をくもらせ、同年輩の少年たちに向かって「すべてを父が先取りしてしま
う。僕がおまえたちと世に出る頃には、天下に名をとどろかせるような偉業は何ひとつ残っていないだろ
5 う」とこぼしていた。富と快楽ではなく、武勲と名声に一途な憧れを抱くアレクサンドロスには、父から受
6 け継ぐものが多いほど、自分の成し遂げるものが少なくなると思えたのである。国力が増大するにつれ、手
柄が取り崩されて父の手に入ってしまうと考えていたアレクサンドロスにとって、受け継ぎたいのは、財宝
があふれ奢侈と安楽に満ちた王国ではなく、戦争と遠征と武勲争いを繰り広げる王国であった。

7 アレクサンドロスの教育にたずさわる者は当然ながらたくさんいて、師傅とか輔導役とか教師とか呼ばれ
ていたが、その者たちを束ねていたのはレオニダスという名の、峻厳な性格で[4]、オリュンピアスの親戚に当
たる人物だった。このレオニダスは、輔導役というのは尊くりっぱな仕事だからと、自分ではその役名を嫌
がるようすはなかったけれども、周囲の人たちからは、その威信と縁戚ゆえに、アレクサンドロスの師傅あ
8 るいは師範と呼ばれていた[5]。一方、輔導役の地位と呼び名を乗っ取っていたのがアカルナニア生まれのリュ
シマコス[6]という男で、ほかに機知など持ち合わせないながら、ただ自身をポイニクス、アレクサンドロスを
アキレウス、ピリッポスをペレウスと名付けたというだけで気に入られ[7]、レオニダスに次ぐ地位を占めてい
た。

（1）『王と将軍たちの名言集』一七九d、『アレクサンドロスの運または徳について』三三一b参照。
（2）現実の戦争ではなく競技において発揮される身体能力というものに、アレクサンドロスは不信を抱いていたのか。『王と将軍たちの名言集』一八〇a参照。
（3）『アレクサンドロスの運または徳について』三四二b—c参照。
（4）二二-9—10、二五-7参照。
（5）輔導役（パイダゴゴス）は地位が低く、しばしば奴隷が務める仕事だった。
（6）二四-10、五五-2参照。
（7）ペレウスはアキレウスの父。ポイニクスはペレウスから幼年のアキレウスの養育を託された人物で、トロイア戦争のときもアキレウスに付き従った。

六　テッサリア人のピロニコスがブケパラスを一三タラントンの売り値で連れてきたとき[1]、ピリッポスた
ちはこの馬を試してみようと平地へ降りてみたものの、これが気性が激しくて手に負えない馬で、ピリッポ
スの近侍の誰が来ても背に乗せようとせず、掛け声に従おうともせず、ただ後ろ脚で立ち上がるばかりだっ
2 た。ピリッポスは腹を立て、こんなしつけの悪い荒くれ馬はさっさと連れて帰れと命じたが、それを見てい
たアレクサンドロスが「これほどの馬を取り逃がすとは。扱い方が拙くて意気地がないから乗りこなせない
3 だけなのに」と洩らした。ピリッポスはしばらく黙っていたが、アレクサンドロスがなおも同じ言葉を繰り
返しながら、心から残念そうなそぶりを見せるので、「おまえは大人たちを悪しざまに言うが、自分の方が
4 馬の扱いで心得があるとか、乗りこなすのが上手だとか思っているのか」と尋ねた。「この馬なら、ほかの
者より上手に乗りこなしてみせます」「もしできなかったら、その生意気な口にどんな罰を引き受けるつも
りだ」「ゼウスに誓って、この馬の代価の分だけ罰金を払いましょう」。
5 これを聞いてピリッポスは笑い出したが、ともかく罰金の約束が交わされ、アレクサンドロスはすぐさま
馬のそばまで走っていった。そして手綱を取ると、まず馬を太陽の方へ向き直らせたのは、馬が自分の前に
6 影が落ちて動き回るのを見て、それで苛立っているのに気づいていたからであろう。続いてしばらくの間だ
く足の馬に付いて走り、撫でてやっているうちに、馬に生気と活力がみなぎってきたと見るや、静かに外套
7 を投げ捨てて身をひるがえすと、難なく馬の背にまたがった。そして馬銜《はみ》に掛けた手綱を軽く引くと、叩い
たり揺らしたりせずに馬の動きを制御した。そして最後に、馬が脅しをやめて疾駆に入る気配を見せたとこ
8 ろで、いよいよ手綱を緩め、勇ましい掛け声と足の叩きを使いながら疾走させ始めた。ピリッポスたちは

黙ったまま固唾を呑んで見守っていたが、やがてアレクサンドロスが向きを転じたあと、喜びにあふれ誇らしげなようすで、真っ直ぐに引き返してくると、誰もが歓声を上げるなか、父は喜びのあまりに涙を浮かべ、馬を下りた息子の頭を抱いて「アレクサンドロス、おまえにふさわしい王国を見つけるがよい。マケドニアはおまえには小さすぎる」と語ったと伝えられる。

2

教育

七　ピリッポスの見るところ、息子は力ずくの指導には激しく抗い、けっして譲ろうとしないけれども、理の説くところにはおとなしく従い、正しい方向に進む性質であったから、自分が息子を導こうとするときに命令よりも説諭に努めただけでなく、文芸や稽古事を教える並の教師たちに、息子の訓練と指導をまかせきりにするつもりもなかった。なぜならその仕事はもっと重大なものであり、ソポクレスの詩句を借りれば

　多数の手綱と多数の舵によって為されるべき仕事(2)

だと信じていたのである。そこでピリッポスは、哲学者のうちでも最大の名声と最高の学識をうたわれるア

(1) テッサリア地方は馬の名産地。一三タラントンは一頭の馬として破格の高額。アリアノス『アレクサンドロス東征記』第五巻一九-五は、ブケパラスの名の由来について、この馬に牡牛（ブ）の頭（ケパレ）の焼印があったから、あるいは黒い額に牡牛のような白い模様があったから、と記す。

(2) 作品名不明の断片。

3 リストテレスを呼び寄せ、教授の報酬としてそれに見合うすばらしいものを与えた。アリストテレスの出身
市であるスタゲイラがピリッポスによって廃墟にされていたのを、再び住民を集めて建て直し、亡命したり
奴隷に売られたりした市民を復帰させたのである。(1)
4 勉学と研鑽の場としてミエザ(2)近郊の精霊の聖域が指定され、今でもそこに行けばアリストテレスの使った
5 石の腰掛けや木陰の散歩道が見られる。そこでアレクサンドロスは、アリストテレスから倫理と政治の講義
を受けたばかりでなく、もっと深遠な秘密の教え、つまりあの学派の哲学者たちがとくに口伝の奥義(3)と呼ん
6 で一般の人々の前には持ち出さない教えにも、接したらしい。というのもアジアへ渡ってから、アリストテ
レスがそれらの教えの一部を書物に記して公表したと聞かされて、アレクサンドロスは師に宛てて手紙を書
7 き、哲学のために率直に意見しているのだ。その手紙の写しがある「アレクサンドロスからアリストテレス
へ一筆啓上いたします。口伝の教えを公表されたとのこと、残念に思います。なぜなら、私が授けられたあ
の教えが万人の共有するところとなれば、私はいったい何によって他者にまさることになるのでしょう。軍
8 隊の力よりも、あの至高の知識によってまさりたい、それが私の願いなのです。どうかお元気で」。アリス
トテレスは弟子のこの名誉欲を宥めようと、件の教えについて、あれは公表されたとも公表されていないと
9 も言えるのだと弁明している。(4) 実際に、問題になった形而上学(5)の著作は、教授と学修には何の役にも立たず、
そもそも、その分野の教育をすでに済ませた者のための備忘録として執筆されたものなのである。

八　アレクサンドロスに医学への関心を植え付けたのも、おもにアリストテレスであったと私は思う。ア
レクサンドロスは医学の理論に強く惹かれたばかりでなく、親しい人が病気になれば実際に診てやって、治

2 療と養生の処方を行なっており、そのことは本人の書簡にも記されている。(6) さらに生まれついての文芸好きそして学修好きであり、読書好きでもあった。『イリアス』を戦い方の指南書と見なし、現にそのように呼んでいたアレクサンドロスは、アリストテレス校訂の「箱入りのイリアス」(7) と呼ばれる書物をもらい受け、
3 オネシクリトス(8)の史書によれば、短剣といっしょに常に枕元に置いていたという。それ以外の書物も遠い東

---

(1) エーゲ海北部のカルキディケ半島上に位置するスタゲイラは、オリュントスを中心としてカルキディケ連邦を構成していたが、前三四九年、オリュントスとともにピリッポスに攻略された。アリストテレスは父ニコマコスが、ピリッポスの父であるアミュンタス王の侍医だったので、幼い頃にマケドニアの首都ペラで過ごしたこともあったらしい。前三四七年にアテナイのプラトンの学園を去ったあとは、小アジアで研究を続けていたが、前三四二年にマケドニアに招かれた。このときアレクサンドロスは一四歳、アリストテレスは四二歳だった。

(2) 都ペラの北西に位置するらしい。

(3) 『イシスとオシリスについて』三八二d参照。

(4) ゲリウス『アッティカの夜』第二十巻五-一一—一二に、アレクサンドロスの手紙と、プルタルコスが端折ったアリストテレスの返信が、アンドロニコス（前一世紀、ロドス島出身。アリストテレスの著作の編纂・整理を行なった）を出典として引用されている。プルタルコスもアンドロニコスに拠ったようだが、往返信とも現在では偽作説が強い。

(5) 底本の採用する訂正に従わず、ビュデ版と同じく写本のとおりに読む。

(6) 四一-7参照。

(7) 二六-1—2、『アレクサンドロスの運または徳について』三二七f参照。ストラボン『地誌』第十三巻一-二七は、アレクサンドロス自身がカリステネスとアナクサルコスの協力を得てホメロス『イリアス』を校訂したと記し、アリストテレスには言及していない。

(8) エーゲ海南部のアステュパライア島出身の哲学者（六五-2）。アレクサンドロスの遠征に加わり、記録を残した。ネアルコスの艦隊の副長を務めた（六六-3）。

方地域では入手できないので、ハルパロス[1]に送ってよこすよう命じ、それを受けてハルパロスはピリストス[2]のほか、悲劇詩人エウリピデス、ソポクレス、アイスキュロスの作品多数、さらにテレステスとピロクセノスのディテュランボス詩[3]を送った。

4 アリストテレスに対しては、初めのうち賛嘆の念を持ち、さらにアレクサンドロス自身が言うには、自分は父からは生を、アリストテレスからは良き生を賜ったのだからと、父に劣らぬほどの敬慕を抱いていた。しかし年月がたつと疑念が湧いてきて、それで何かアリストテレスを傷付けるような行動をとらないまでも、師に寄せる敬愛からかつてのような激しい熱情が消えたという事実が、とりもなおさず師からの離反の証左
5 であった[4]。とはいえ、生まれたときから持ち合わせ、少年時代を通じて保ち続けた哲学への情熱と憧憬が、
アレクサンドロスの心から消え去ったわけではなく、そのことはアナクサルコスへの敬意、クセノクラテスに贈った五〇タラントン、ダンダミスとカラノスへの強い関心が証し立てている[5]。

父との不和

九 ピリッポスがビュザンティオンに遠征したとき[6]、一六歳になっていたアレクサンドロスは、マケドニアに残って王権を預かり印璽をゆだねられた。この間、マイドイ族[7]が反乱を起こしたのを鎮圧し、彼らの集落を占領すると、住民の蛮族を追い出して、代わりに各地から人を集めて住まわせ、そこをアレクサンドロ
2 ポリスと命名した。カイロネイアでのギリシア人との戦いにも参加し、伝えによれば、テバイの神聖部隊に
3 向かって先頭に立って斬り込んだという[8]。［カイロネイア近郊の］ケピソス川の畔には、今日にいたるまでア

(1)アレクサンドロスの少年時代からの親友で、厚い信頼を受けた。東征を続けるアレクサンドロスから離れて都エクバタナに残り、その後、バビロンに移って財務管理を統括し、東征軍に資金などを送り出す任務に就いた。三五-15参照。後年の亡命事件については、『ポキオン』二一-3—二二-4、『デモステネス』二五参照。

(2)シケリア島のシュラクサイ出身の歴史家。シケリアの歴史を書いた。僭主ディオニュシオス父子の体制の下で要職をになったが、前三五六年、ディオンの艦隊に敗れて死んだ(『ディオン』三五)。『ニキアス』一-1参照。

(3)合唱詩の種類のひとつ。ディオニュソス神を讃える歌に起源をもつと伝えられる。セリヌス出身のテレステスとキュテラ出身のピロクセノスは、前五世紀末から四世紀初めにかけてのディテュランボス詩人で、作品の断片が現存する。

(4)五五-7—8、七四-5参照。

(5)クセノクラテスはカルケドン出身、アカデメイアの学頭に就いた。高潔で峻厳な人柄で知られる(『ポキオン』二七-1—6、二九-6)。アレクサンドロスから五〇タラントンの寄贈を申し出られたが、受け取りを断った(『王と将軍たちの名言集』一八一e、『アレクサンドロスの運または徳について』三三一e、三三三b、ディオゲネス・ラエルティオス『哲学者列伝』第四巻八、キケロ『トゥスクルム荘対談集』第五巻九一)。アナクサルコス、ダンダミス、カラノスについては、二八-4—5、六五-2—8、六九-6—8参照。

(6)ピリッポスは、前三四二年から前三三九年までトラキア方面に遠征し、その間の前三四〇年にはプロポンティス(マルマラ海)北岸のペリントスとビュザンティオンを包囲して攻め立てた。ただしいずれも攻略できないままに引き揚げた。『ポキオン』一四-3、『デモステネス』一七-2参照。

(7)トラキア地方、ストリュモン川上流に居住する民族。

(8)前三三八年のカイロネイアの合戦で、アレクサンドロスは左翼の騎兵部隊を指揮し、ギリシア連合軍のテバイ軍部隊と向き合った。右翼でピリッポスが指揮する歩兵部隊の誘い込み後退により、ギリシア軍の隊列に隙ができたのを突いて、アレクサンドロスの部隊が突撃した(ディオドロス『歴史文庫』第十六巻八六)。神聖部隊とは三〇〇人の精鋭部隊。同性愛の絆で結ばれた二人一組から構成されたと伝えられ、この戦いのときまで不敗を誇った(『ペロピダス』一八—一九)。カイロネイアはプルタルコスの故郷である。戦いについて、『デモステネス』一九—二〇参照。

レクサンドロスの樫と呼ばれ、アレクサンドロスが当時それに寄せて天幕を張ったという一本の古木が残っ
4 ていて、さらにそこから遠くない所にはマケドニア兵の合葬墓がある。ともかくその武勲をきっかけとして
ピリッポスは、当然のこととは言え、息子のことを自慢げに語るようになり、マケドニア人がアレクサンド
ロスを王、ピリッポスを元帥と呼ぶのを聞いて、顔をほころばせるまでになった。
5 　しかし王家の内部では、ピリッポスの度重なる結婚と色恋を原因とする騒擾が持ち上がり、いわば後宮の
病が王国に伝染したかのように、不和と諍いが繰り返されていた。そしてその諍いをいっそう大きくしたの
は、嫉妬深く気性の激しいオリュンピアスが、憤懣のあまりにアレクサンドロスをそそのかしたことである。
6 父と子の不和は、ピリッポスが年甲斐もなく熱を上げて妃に迎えた若い娘クレオパトラとの結婚式の場で、
7 アッタロスによって白日の下にさらされた。アッタロスというのはこの花嫁の叔父で、酒の酔いにまかせて、
マケドニア人はピリッポスとクレオパトラの結婚から、王国の正嫡の後継ぎが生まれるよう神々に祈るがよ
8 かろう、と口走ったのである。このひと言が癇にさわったアレクサンドロスは「この下種野郎、おまえはお
9 れが妾の子だとでも言うのか」と怒鳴り、アッタロスに盃を投げつけた[1]。ピリッポスは剣を抜いて立ち上が
り、息子に向かっていったが、父子にとって幸いなことに、酔っていたのと頭に血が上っていたのとで、足
10 がもつれて倒れてしまった。するとアレクサンドロスは嘲るように「列席の方々、ほら、ヨーロッパからア
11 ジアへ渡ろうと計画している人が、寝椅子から寝椅子へ渡ろうとしてひっくり返ったぞ」と叫んだ。酒席で
のこの騒動のあと、アレクサンドロスはオリュンピアスを連れ出してエペイロスに落ち着かせ、自身もイ
リュリアで暮らすようになった[2]。

12 それからしばらくして、コリントスからデマラトス[3]という人がピリッポスのもとにやって来たのだが、こ
13 れが王家の客友であり、王にも遠慮なく話のできる人だった。まずはあいさつを交わし、友好を確かめあってから、ピリッポスが、ギリシア人どうしはうまく協調しているのかと尋ねたところ、デマラトスは返した「なるほど、ギリシア人へのお気遣い、ごもっともでございます。ご自身の家にこれほどの不和と混乱をま
14 き散らしてしまわれたのですから」。これで分別を取り戻したピリッポスは、イリュリアに伝令を遣わし、デマラトスを介してアレクサンドロスを説得して帰国させた。

（1）結婚はおそらく前三三七年。クレオパトラはピリッポスにとって七人目の妻になる。アッタロスはマケドニアの名門貴族。ピリッポスには、東征に出る前に、アレクサンドロス以外の後継者を残しておきたいという意図があったとも（それまで六度の結婚にもかかわらず、ピリッポスの息子はアレクサンドロスとアリダイオスのふたりだけだった）、純血マケドニア人の世継ぎを望む有力貴族勢力との融和の狙いがあったとも推定される。ピリッポスが名門貴族出身の娘と結婚することは、モロッソイ人の母をもつアレクサンドロスにとって、自身よりも血筋の良い王子の誕生の可能性を意味し、そこからアッタロスの高言とそれに対するアレクサンドロスの怒りが生じた。ただし実際に、この結婚が王位継承者と目されるアレクサンドロスにとってどの程度の脅威であったかについては、明白でないところが残る。

（2）オリュンピアスは出身のモロッソイ人の郷土に、アレクサンドロスはその北方の地に退去した。

（3）コリントスにおいてピリッポスとの友好政策をすすめた人物（デモステネス第十八弁論『冠について』二九五）。親交はアレクサンドロスにも引き継がれた（三七-7、五六-1）。『似て非なる友について』七〇b—c、『王と将軍たちの名言集』一七九c参照。

一〇　あるときカリア総督のピクソダロス[1]が、縁戚関係によってピリッポスとの同盟を実現しようとの思惑から、長女をピリッポスの息子アリダイオス[2]に嫁入りさせようと思い立ち、その申し入れのためにアリストクリトスを遣わしてきた。するとアレクサンドロスのもとに、またしても母や友人たちが底意のある作り話を持ち込み、華やかで盛大な結婚の式典により、ピリッポスはアリダイオスを王位に就けようとしている、
2 と吹き込んだ。これを聞いて心穏やかでないアレクサンドロスは、テッサロスという悲劇役者をカリアに遣わし、ピクソダロスに、庶出でしかも精神を病む男など相手にせず、むしろアレクサンドロスと婚姻関係を
3 結ぶべきだと伝えさせた。ピクソダロスにも、こちらの縁談の方が格段に良いと思えた。ところがピリッポスはこの謀議に感づくと、パルメニオンの子でピロタスという、アレクサンドロスの親しい友人のひとりを引き連れ、アレクサンドロスの居室に乗り込んで[3]、息子を厳しく叱責した。もしアレクサンドロスが、夷狄の王に奴隷として仕えるカリア人ごときの婿になりたいなどと念じているなら、みずからの生まれへの裏切
4 りであり、享受している地位への冒瀆である、と言って罵ったのである。テッサロスについても、コリント
5 スへ伝令を送り、足枷をはめて連れてこいと命じた[4]。それ以外のアレクサンドロスの友人のうち、ハルパロスとネアルコス、さらにエリギュイオスとプトレマイオスはマケドニアから追放したが、いずれも後にアレクサンドロスが帰国させて名誉ある地位に就けてやった[5]。

6 パウサニアスが、アッタロスとクレオパトラの指図により陵辱を受けながら、償いをしてもらえなかったためにピリッポスを殺したとき[6]、真っ先に責めを問われたのは、恨みに燃えるこの若者をそそのかし、背中を押したとされるオリュンピアスであったが、アレクサンドロスにもいくほどかの非難が降りかかってきた。

7 なぜなら、伝えによれば、パウサニアスが陵辱を受けたあと、アレクサンドロスに会って悲しみを訴えたと

（1）小アジア南西部のカリア州の総督の地位を世襲しながら、ペルシア王からの独立を強めていたヘカトムノス家の主（総督在位、前三四一―三三六年）。ペルシアでは前三三八年にアルタクセルクセス三世・オコスが臣下のバゴアスに毒殺され、子のアルタクセルクセス四世・アルセスが王位に就けられたが、混乱が続いて、帝国内の地方で王への忠誠が弱まっていた。ピクソダロスもいっそうの独立を求めてマケドニアに接近を試みたが、これが後述のようにアレクサンドロスの妨害により頓挫すると、ペルシア王との良好な関係を保つ方針に戻る。

（2）ピリッポスがピリンナ（テッサリア地方の貴族の娘）との間にもうけた息子。生まれつき知的障害があった。七七‐7―8参照。

（3）写本に不全があり、一部を補って訳出する。ピロタスについては、四八―四九参照。

（4）しかしその後もアレクサンドロスのひいきの役者だった（一九‐3―4）。

（5）責めを問われた四人の親友のうち、ハルパロスは八‐3参照。ネアルコスはクレタ島出身で、後年の艦隊の指揮で有名（六六‐3、六八‐1、6）。エリギュイオスはレスボス島のミュティレネ出身で、東征軍の同盟軍騎兵隊指揮官。プトレマイオスはマケドニア貴族の出身で、アレクサンドロス死後にエジプト総督の地位を得て、プトレマイオス朝の祖となる。四人がマケドニアに帰国したのは、ピリッポス死後のことである（アリアノス『アレクサンドロス東征記』第三巻六‐五）。

（6）パウサニアスはピリッポスの同性愛の相手だったが、痴情のもつれに発するアッタロスの謀り事により性的陵辱を受け、事件後、ピリッポスにアッタロスの非行を訴えた。しかしピリッポスは政治的配慮からアッタロスの処罰を見送り、代わってパウサニアスを側近護衛官に取り立てて宥めようとしたが、パウサニアスの恨みは収まらなかった。前三三六年の春、ピリッポスは外交上の思惑から、娘クレオパトラ（オリュンピアスとの間の子、アレクサンドロスの妹）をモロッソイ王のアレクサンドロス（オリュンピアスの弟）と結婚させることにした。古都アイガイで催された盛大な結婚式の最中、ピリッポスの身辺警護に付いていたパウサニアスは、王に凶刃を突き立てた。パウサニアスは直後に殺された（ディオドロス『歴史文庫』第十六巻九三―九四）。

き、アレクサンドロスは『メディア』の中のこんな台詞を持ち出したのだという。

花嫁を与える者と、受け取る者と、花嫁とを(1)

8 しかし現実にはむしろ、アレクサンドロスは暗殺の共犯者を探し出して懲罰を下したのであり、自身の留守
中にオリュンピアスがクレオパトラに無残な仕打ちをしたときには(2)、激怒したのである。

テバイ破壊

一一 アレクサンドロスが二〇歳で王位を継承したとき、王国は深い怨嗟と憎悪と脅威に取り囲まれてい
2 た。周辺の蛮族は隷属の重みに耐えきれず、父祖の王権の復活を待ち望んでいたし、ギリシアにしても、ピ
リッポスが軍事制圧したとはいえ、しっかりと軛を付けて飼い馴らすだけの年月を経ておらず、ただ情勢を
3 かき回して様変わりさせたあげく、不慣れのために漂い揺れるのをそのままにして立ち去ってしまった。こ
の情況に不安を覚えたマケドニア人たちは、新王の取るべき方針として、ギリシアのことはギリシア人にま
かせ、力ずくの介入をしないこと、また離反しようとする蛮族には穏やかに自重を呼びかけ、反乱の早い段
4 階で慰撫を試みることを進言した。しかしアレクサンドロス自身はそれとは逆の考え方をとり、もしわずか
でも気の緩みを見せれば、四方から攻め込まれるという懸念から、むしろ決然たる行動によって国の安全と
5 安寧をまっとうしようと意気込んだ。そこでまず遠征の足をすばやく進めてイストロス川にまで至り、その
地の蛮族の反抗を抑えて争乱を鎮めるなかで、トリバロイ族の王シュルモスも激戦の末に打ち負かした(3)。

そしてその後、テバイが離反し、アテナイもそれに連帯しているという報告を受けると、ただちにテルモピュライを通過してそちらに向かった。(4) おれのことを、イリュリアとトリバロイにいたときは小僧と呼び、

(1) エウリピデス『メデイア』二八八。コリントス王クレオンがメデイアに語る台詞。「……花嫁とを、おまえはただではおかないと脅しているようだな」と続く。『メデイア』の中では、それぞれクレオン、メデイアを裏切ったイアソン、クレオンの娘グラウケ（またはクレウサ）を指すが、アレクサンドロスがこの状況で口にすれば、アッタロス、パウサニアスを裏切ったピリッポス、アッタロスの姪クレオパトラを暗示する。メデイアは自分を捨てて王女グラウケと結婚しようとする夫イアソンに復讐するため、このあと実際にクレオンとグラウケを殺害する。したがって、アレクサンドロスはこの台詞によってパウサニアスに凶行をそそのかした、と受け取れる。

(2) オリュンピアスは新しい妃クレオパトラへの憎悪から、まずクレオパトラの生まれたばかりの王女を殺し、続いてクレオパトラを首吊り自殺に追い込んだ（ユスティヌス『ピリッポス史（地中海世界史）』第九巻七-一二）。または、クレオパトラ母子を火にかけた銅器の上であぶり殺した（パウサニアス『ギリシア案内記』第八巻七-七）。

(3) トリバロイ族はイストロス（ドナウ）川の下流域右岸（ブルガリア北部）に住むトラキア系民族。東方遠征に出る前に、北辺の安全を確保しておく必要があった（アリアノス『アレクサンドロス東征記』第一巻一-五）。トラキア遠征とテバイ破壊は、前三三五年のことである。

(4) アレクサンドロスがトラキア地方に続くイリュリア地方の遠征中に戦死したという誤報がギリシアに流れ、これを好機と見て、テバイがマケドニア支配から脱するべく蜂起した。反マケドニア派が市民を誘導するために、虚偽の風聞を流したらしい。反乱は亡命していたテバイ市民が帰国して親マケドニア派市民を殺害したことに始まった（アリアノス『アレクサンドロス東征記』第一巻七-二、ユスティヌス『ピリッポス史』第十一巻二-八）。『ポキオン』一七-1、『デモステネス』二三-2参照。テルモピュライはマリス湾に近い南北交通の関門。

テッサリアに着いたときは半人前と呼んだあのデモステネスに、アテナイの城壁の前では一人前の男である
7 ことを見せてやる、とはこのときのアレクサンドロスの言い草である。テバイ近郊に現われたときは、まだ
このたびの市民たちの行動にかんして改悛の機会を与えるつもりであったから、ポイニクスとプロテュテス(1)
8 の身柄引き渡しのみを要求し、他の者は帰服すれば安全を約束すると通告した。ところがテバイ市民は逆に
ピロタスとアンティパトロス(2)の引き渡しを求めたばかりか、ギリシア解放を願う者はわれらの戦列に加われ
9 と触れ出したため、アレクサンドロスはマケドニア軍に攻撃開始を命令した。テバイ側は自分たちの幾倍も
10 の兵力を持つマケドニア軍に勇猛果敢に抵抗し、実力以上の戦いぶりを見せた。しかしカドメイア(3)に駐留し
ていたマケドニア兵が出てきて、テバイ兵に背後から襲いかかると、テバイ兵のほとんどは包囲されて戦場
11 に倒れ、市は占領されて、略奪され破壊し尽くされた。このような仕打ちをアレクサンドロスが命じたのは、
まず何と言っても、これほどの惨劇を目にすればギリシア人も驚愕して震え上がり、今後はおとなしくして
いるはずだという見通しがあったからだが、そのほかに、ポキス人とプラタイア人からテバイへの断罪を聞
12 かされていたので、これら同盟国民の訴えに応えてやったと見せたいがためでもあった(4)。テバイ人のうち、
神官、マケドニア人と客友関係にある者、ピンダロスの子孫(5)、そして離反に反対票を投じた者、これらを除
いて、残りの者を奴隷に売ったところ、その数は三万に上った。死者は六〇〇〇を超えた。

一二　テバイ市内のあちこちで痛ましい惨劇が繰り広げられるなか、数人のトラキア兵がティモクレイア
という名門の貞淑な女の邸宅に押し入り、兵士たちが財産を奪い取る間に、隊長は女を力で押さえ込み陵辱
2 したうえ、金か銀をどこかに隠し持っているのではないかと尋ねた。ティモクレイアは持っていると答える

と、隊長ひとりを庭に連れ出して、そこにあった井戸を指差し、市が陥落しようとするとき、その中にもっ
3 とも高価な財宝を自分の手で投げ入れたと教えた。隊長が身をかがめて井戸の中を覗き込んだとき、女は背
4 後に回って隊長を突き落とし、その上から石の雨を降らせて殺した。女はトラキア兵に捕縛され、アレクサ
ンドロスの前に引き出されたが、怯えも見せず動ずる気配もなく兵士たちの後に従う女の顔つきと歩き方か
5 ら、それがきわめて家柄貴く誇り高い女であることは一見して明らかだった。王がどこの女かと問うたとこ
ろ、ティモクレイアは、自分はギリシアの自由のためにピリッポスを相手に陣を構え、戦いの指揮を執りな
6 がらカイロネイアの地に倒れたテアゲネスの姉妹である、と答えた。アレクサンドロスは女の返答にも行動

(1) 両名とも不詳だが、テバイを中心とするボイオティア連邦の委員、あるいは反マケドニア派の指導者であろう。

(2) ピロタスはカドメイア駐留軍司令官（ディオドロス『歴史文庫』第十七巻八-七）。パルメニオンの子（一〇-3）とはおそらく別人。アンティパトロスもアレクサンドロス東征中のマケドニア代理統治者とは別人。

(3) テバイに隣接する丘の上の砦。カイロネイアの戦いのあと、ピリッポスはこの砦にマケドニア軍の駐留を認めさせていた（ディオドロス『歴史文庫』第十六巻八七-三）。

(4) テバイはボイオティア地方の中心都市だが、古くからその強圧的な対外政策は周辺都市の恨みを買うことが多かった。プラタイアはペロポンネソス戦争初期の前四二七年、テバイの主張を容れたスパルタにより破壊され、市民が処刑されたほか（トゥキュディデス『歴史』第三巻六八）、前三七三年には再びテバイ軍により破壊された。またボイオティア西隣りのポキス地方の人々は、第三次神聖戦争（前三五六―三四六年）でピリッポス王の支援を受けたテバイと戦って敗れ、都市を破壊された（ディオドロス『歴史文庫』第十五巻四六-四―六、第十六巻六〇-一―三）。

(5) 前五世紀前半に活躍した合唱詩人ピンダロスはテバイ出身。子孫の放免はギリシア文学への敬愛（八-2―3）がさせた決定であろう。

にも感心し、女を解放して子供たちとともに立ち去らせるよう命じた(1)。

一三　アテナイの人々はテバイを襲った悲運を思って胸がふさがり、そのとき行なっていた秘儀の祭礼(2)を取りやめて哀悼を表わしたばかりか、市内に逃げ込んできたテバイ人をせいいっぱいの心遣いをもって迎え
2 入れた。しかしそんなアテナイと、アレクサンドロスは和解を選んだ。存分に暴れまわった獅子のように、憤怒をすべて吐き出してしまったのか、それとも残忍と陰惨を極めた行動を美しい行ないで埋め合わせたいと願ったのか、いずれにせよアテナイに対していっさいの罪を免じただけでなく、アテナイ人は国の運営に十分に注意せよ、もし自分に万一の事があれば、ギリシアを支配するのはアテナイなのだから、という忠告まで与えたのである(3)。
3 テバイの惨禍についても、伝えによれば、後年のアレクサンドロスは幾度となく思い出しては心を痛め、
4 それがために人々に温情を見せることも多かったという(4)。そして酒宴の席で起こったクレイトスの一件も、またマケドニア兵がインド侵攻に怖気づき、アレクサンドロスの遠征と名声を未完のまま放り出してしまっ
5 たことも、すべてディオニュソスの怒りと復讐の結果だと信じていた(5)。さらに生き残ったテバイ人のうちに、後にアレクサンドロスに面会して何か願い事を申し述べ、それをかなえてもらえなかった者は、ひとりもいない。テバイの話はこれくらいにしておこう。

遠征出発

一四　各地のギリシア人がコリントス地峡に集まり、アレクサンドロスとともにペルシア征討に出ること

2 を決議したのに続いて、アレクサンドロスを遠征軍の総司令官とする旨を宣言したときのことである。(6) 政治家ばかりか哲学者も次々にアレクサンドロスのもとに参上し、祝意を伝えるなか、シノペ出身のディオゲ

(1) 以上のティモクレイアの逸話は『女性たちの勇敢』二五九e—二六〇dに、より詳しい記述がある。ただしそこでは、隊長は背後から突き落とされたのではなく、財宝を求めてみずから空の井戸に降りていったと記されている。『エピクロスに従っては、快く生きることは不可能であること』一〇九三cは、この逸話の出典としてアリストブロス（一五-2）の名を挙げる。

(2) ボエドロミオン月（九月から十月）の十五日から二十三日に行なわれるエレウシスの秘儀。

(3) 獅子の比喩について、『デモステネス』二三-6参照。アテナイ人への忠告について、『ポキオン』一七-8参照。

(4) アレクサンドロスは、ペルシア方の傭兵になっていたギリシア人のうち、アテナイ人とテッサリア人は拘束したが、テバイ人は解放した（『王と将軍たちの名言集』一八一b）。また使節としてダレイオスを訪れていたときに捕縛されたテバイ人を、祖国の運命を理由に放免してやった（アリアノス『アレクサンドロス東征記』第二巻一五-二—三）。

(5) 酒宴のおりにアレクサンドロスが将軍クレイトスを刺殺した事件と（五〇—五一）、兵士たちがニュサ攻略を躊躇し、またポロス王の大軍を破ったあとはそれ以上の進軍を拒否したこと（五八-6、六二）。ディオニュソスは酒の神であり、ディオニュソスの母セメレは、テバイを創建したカドモスの娘である。ディオニュソスにはまた、インドまで遠征してニュサなどの都市を建て、さまざまな文化をもたらしたという伝説があった（アリアノス『アレクサンドロス東征記』第四巻八-二、九-五、第五巻一—二、ディオドロス『歴史文庫』第二巻三八-三—六）。

(6) アレクサンドロスは即位後にコリントスを訪れ、ピリッポスから引き継ぐかたちで、全ギリシア同盟（コリントス同盟）の総帥に任命され、ペルシア征討の合意を確認した（アリアノス『アレクサンドロス東征記』第一巻一-二、ディオドロス『歴史文庫』第十七巻四-九）。

ネス(1)が当時コリントスに滞在していたので、これも同様にしてくるものとアレクサンドロスは期待していた。
3 ところがディオゲネスは、アレクサンドロスのことなどいっこうに気にかけるようすもなく、クラネイオン(2)
で悠然と過ごしていたので、アレクサンドロスの方から訪ねていったところ、目当ての哲学者が日なたで寝
4 そべっているのに出くわした。大勢の者が近寄ってくるのに気づいたディオゲネスは、ほんの少しばかり身
を起こし、アレクサンドロスの顔をじっと見た。アレクサンドロスが会釈して話しかけ、何かしてもらいた
5 いことはあるかと尋ねると、哲学者は答えた「ちょっと退いてくれ、陰になるから」。これを聞いてアレク
サンドロスは呆気にとられ、侮りを受けながらも相手の矜持と豪胆に感服せざるをえず、それで従者たちが
その場を離れながら嘲り笑っているそばで、こう洩らしたと伝えられる「おれは、もしアレクサンドロスで
なければ、ディオゲネスになりたい」。
6 遠征について神の託宣を伺いたいと考えたアレクサンドロスは、デルポイにやって来た。偶然に忌みの日
7 で、神託を下すことは掟により禁じられていたが、王は人を遣わして巫女を呼び出そうとした。巫女が掟を
理由に呼び出しに応じなかったので、今度はアレクサンドロス自身が上っていき、むりやり巫女を神殿の方
へ引っ張っていこうとすると、巫女はその強情に負けたかのように、「まったく、あなたには誰も勝てな
い」と口にした。それを聞いたアレクサンドロスは、これ以上の神託はもはや必要ない、望んでいた神託は
手に入れた、と語った。
8 遠征に出発するにあたっては、神霊からいくつかの予兆が示されたようだが、そのうちのひとつに、レイ
9 ベトラ(3)にある糸杉造りのオルペウス像が、その頃、大量の汗を流すという怪異があった(4)。誰もが不安にとら

われるなか、アリスタンドロスは心配を打ち消すように、これはアレクサンドロスが広く歌われ語り伝えられるような偉業を成し遂げ、詩人と音楽家に大量の汗と労働を強いることになるという意味だと解いてみせた。

2
一五　遠征軍の規模については、最小に見積もる者で歩兵三万、騎兵四〇〇〇、最大に見積もる者で歩兵四万三〇〇〇、騎兵五〇〇〇という記録がある。(5) ところがこの兵力をまかなうための費用としてアレクサンドロスの手元にあったのは、アリストブロスの記すところでは七〇タラントンに足りず、ドゥリスによれば

(1) キュニコス派の哲学者。黒海南岸の祖国シノペを追放され、アテナイに滞在してアンティステネスに学んだ。社会の規範にとらわれない自由な生き方を肯定し、実践した。以下の有名な逸話は、『アレクサンドロスの運または徳について』三三一e―三三二a、『追放について』六〇五d―e、『教養のない権力者に一言』七八二a―b、ディオゲネス・ラエルティオス『哲学者列伝』第六巻三二、キケロ『トゥスクルム荘対談集』第五巻九二にも見える。

(2) コリントス近郊の遊園・体育場。

(3) マケドニア最南部、オリュンポス山麓のピエリア地方の町。伝説の詩人・音楽家オルペウスの墓がこの町にあった（パウサニアス『ギリシア案内記』第九巻三〇-九）。

(4) 木像の樹液が滲み出たのを「汗」と見たらしい。糸杉の神像と「汗」の現象について、テオプラストス『植物誌』第五巻三-七、九-八参照。この怪異とアリスタンドロス（二-5）の予言は、アリアノス『アレクサンドロス東征記』第一巻一一-二にも記される。

(5) 歩兵と騎兵の員数について、ほかに『アレクサンドロスの運または徳について』三二七d―e、アリアノス『アレクサンドロス東征記』第一巻一一-三、ユスティヌス『ピリッポス史』第十一巻六-二が数字を挙げ、ディオドロス『歴史文庫』第十七巻一七-三―五が詳しく部隊別の兵員数を記すが、史料間に異同がある。ヘレスポントス（ダーダネルス）海峡を渡ったのは、前三三四年春のこと。

三〇日間の糧食のみ、それどころかオネシクリトスが言うには、逆に二〇〇タラントンの負債を抱えていた
3 という。[1] しかも、出発にあたってこれほどに乏しい逼迫した資産しかなかったにもかかわらず、船に乗る前
に、朋友たちの財産を調べたうえで、ある者には農地を、ある者には村を、ある者には地域や港からの収入
4 を分け与えてしまった。この結果、王家の財はほとんど割り与えられて底を突くまでになったので、ペル
ディッカスは「すると、陛下、ご自分のところには何を残しておかれるのです」と尋ねた。アレクサンドロ
スが「希望を」と答えると、ペルディッカスは「それでは、遠征のお供をするわれわれにも、その希望を分
5 けていただきましょう」と言って、自分に割り与えられた財産を返上し、他の朋友たちの中にもそれに倣う
6 者が現われた。[2] しかし施与を受け取る者や乞い求める者には気前よく恵んでやったから、結局アレクサンド
ロスは、マケドニア領内の資産のほとんどを分け与えて、手元をからにしてしまったのである。

7 このような備えと意気込みをもってヘレスポントス海峡を渡ったアレクサンドロスは、船を降りるとイリ
8 オン〔トロイア〕に登り、そこで女神アテナに犠牲を供し、英雄たちの霊に酒を献じた。そしてアキレウス
の墓碑の前で、体に油を塗り[3]、慣例どおりに裸で朋友たちと競走を行なったあと、墓碑に葉の輪を掛けなが
9 ら、アキレウスが生前は信頼できる友人に、死後は偉大な報告者[4]に恵まれた幸せを称えた。また城市一帯を
見物しながら歩き回っていると、アレクサンドロス[5]の竪琴を見たくないかと話しかけてくる者があったが、
王は答えて、そんなものには少しも興味がない、おれが欲しいのは、アキレウスがかの英雄たちの誉れと勲
を歌うときに弾いた竪琴[6]だ、と返した。

グラニコス河畔の合戦

一六　その間にダレイオス臣下[7]の将軍たちは、グラニコス川[8]の渡河地点に大軍を集結させ、布陣を完了し
ていた。そこはアジアの城門とも言うべく、アジアに侵入して覇権を握るためには、どうしても戦って突破
2 せねばならない場所であった。しかし川が深いのに加え、向こう岸が険しい崖になっており、そこへ戦いを
交えながら上陸せねばならないことから、マケドニア将兵のほとんどは二の足を踏んでいたし、中には暦の

(1)アリストブロスは東方遠征におそらく土木技術者として随行し、残した記録はアリアノスの主要史料となった（『アレクサンドロス東征記』第一巻序）。ドゥリス（前三四〇頃―二六〇年頃）はイオニア地方のサモスの僭主。歴史家として『マケドニア史』などを著わした。四六-2、『デモステネス』一九-3参照。オネシクリトスについては、八-2参照。

(2)『アレクサンドロスの運または徳について』三四二d―e参照。ペルディッカスについては、四一-5、七七-6参照。

(3)底本と異なり、ビュデ版による区切りで解する。

(4)すなわち幼い頃からのアキレウスの無二の友人で、トロイア王子ヘクトルに討たれたパトロクロス、そしてアキレウスの武勇を後世に伝えたホメロス。アレクサンドロスは自分の東方遠征を、はるか昔のギリシア軍のトロイア遠征に重ねている。『イリアス』を枕頭の書としたのもそのためである（八-2）。アキレウスはアレクサンドロスにとって、母方のモロッソイ王家を通じて伝説上の祖先でもある（二-1、五-8）。

(5)トロイア王子パリスの別名。ホメロス『イリアス』の中では、英雄らしい勇気に欠ける人物として描かれる。

(6)ホメロス『イリアス』第九歌一八六―一八九に、アキレウスがかつての戦いで手に入れた竪琴を弾いて歌う場面がある。

(7)ダレイオス三世。ペルシア宮廷では、前三三六年、アルタクセルクセス四世もまた宰相バゴアスに殺害され、代わってアケメネス朝傍系のダレイオス三世が王位に据えられた。バゴアスはダレイオス三世をも操って専横をきわめようとしたが、逆に王によって殺された。

(8)小アジア北西部を北に流れて、マルマラ海の南西部に注ぐ現ビガ川。

決まりを守るべきだと――ダイシオス月にはマケドニア国王は軍隊を動かさないのが慣例だった――意見す
る者もあったが、アレクサンドロスは、もう一度アルテミシオス月をやれと言い渡して、この意見を封じた。[1]
3 またパルメニオンからは、時間も遅くなったから今日は合戦を挑むべきではないと引き止められながらも、
ヘレスポントス海峡を越えた者がグラニコス渡河を怖れるのは、ヘレスポントスへの侮辱であると言い返し、
4 みずから騎兵隊一三個を率いて川の流れに躍り込んだ。真正面から矢を受けつつ、兵士と騎馬の立ち並ぶ切
り立った岸に向かって、足を取られ押し流されそうになりながら突き進むアレクサンドロスは、分別よりも
妄念に動かされる狂った将軍とも見えた。
5 　それでもなんとか川を渡り終え、ぬかるんで滑りやすい岸辺にかろうじて拠点を確保すると、渡ってくる
軍勢に陣列らしいものを組ませる余裕もないまま、殺到する敵を相手に、混乱の中でひとりひとりの力に頼
6 る戦いを強いられた。敵は鬨の声を上げながら攻め寄せ、騎兵に騎兵で対抗しながら、槍をふるい、槍が折
7 れれば剣をふるって襲いかかってきた。アレクサンドロスは手にした盾と、眼を見張るような大きさの真っ
白な羽根を左右に立てた兜から、一目でそれと分かったから、大勢の敵がアレクサンドロスをめがけて迫っ
8 てきたが、王は胸当ての継ぎ目に投槍を当てられながらも、傷を負うまでにはいたらなかった。敵将のロイ
サケスとスピトリダテスが[2]同時に突っ込んできたときは、スピトリダテスをかわし、ロイサケスを槍で突い
9 て、それが胸当てにはじかれて折れると、すぐに剣に持ち替えた。両者が切り結ぶ戦いになったところで、
その脇からスピトリダテスが馬を寄せ、勢いよく伸び上がると、アレクサンドロスの頭にペルシア刀を振り
10 下ろした。頭飾りが羽根の片方とともに砕け散り、兜の鉢がすんでのところで刀を受け止めたものの、刃先

11 が髪の端に触れるほどの衝撃であった。そしてスピトリダテスがもう一太刀浴びせようと振りかぶったとき、
わずかに早くその腹を黒いクレイトス[3]が槍で刺し貫いた。それと時を同じくして、ロイサケスもアレクサン
ドロスに剣で突かれて崩れ落ちた。
12 こうして熾烈な騎兵戦が繰り広げられている間に、マケドニア重装歩兵隊が川を渡り、双方の歩兵軍が交
13 戦に入った。しかしペルシア軍は頑強な抵抗を見せることなく、しばらくすると背を向けて逃げ出してしま
い、残ったのはギリシア人傭兵隊だけだった。これらのギリシア兵は丘の上で隊伍を組んだまま、アレクサ
14 ンドロスに命の保障を乞うた。しかし道理よりも激情に支配されたアレクサンドロスは、先頭に立って攻め
かかったあげく、乗っていた馬が——これはブケパラスではなく、別の馬だった——脇腹を剣で突かれて倒
れた。生の望みを捨てて向かってくる練達の兵士たちが相手であったから、この日に命を落としたり傷を
負ったりしたマケドニア兵のほとんどは、このときに受けた刃の犠牲者であった。
15 ペルシア側の死者は歩兵が二万、騎兵が二五〇〇と伝えられ、アレクサンドロス側は、アリストブロスの

（1）マケドニア暦でダイシオス月は五月から六月に当たる。その前がアルテミシオス月。太陽年との調整のために閏月を挿入する慣例のあったことが、アレクサンドロスの強引さの背景にある。

（2）スピトリダテスはリュディアとイオニアの総督で、ロイサケスとは兄弟になる（アリアノス『アレクサンドロス東征記』第一巻一二-八、ディオドロス『歴史文庫』第十七巻二〇-二、六）。

（3）一三-4参照。親衛騎兵隊の指揮官。同名の歩兵隊指揮官で、後にポリュペルコンのもとに来る人物（『ポキオン』三四-2）を「白いクレイトス」と呼び、それと区別して「黒いクレイトス」と称する。

16 記述によれば、死者がすべて合わせて三四人、そのうち九人が歩兵だったという。アレクサンドロスはこれ
17 らの死者の青銅像を建立するよう命じ、リュシッポスがその製作に当たった[1]。またこの勝利をギリシア人と
共有するべく、とくにアテナイに宛てて捕獲品の盾三〇〇枚を贈ったほか、全ギリシアのため他の戦利品に
18 こんな誇らしげな銘文を刻ませた「ピリッポスの子アレクサンドロスが、そしてスパルタ国民を除くギリシ
19 ア人が、アジアを領する夷狄から[2]［勝ち取った品］」。杯や深紅の衣など、手に入れたペルシアの文物は、ほ
ぼすべてを母への贈り物とした。

小アジア侵攻

一七　この戦いの結果は、アレクサンドロスにとり順風となって、周辺の情勢にたちまち大きな変動を引
き起こし、ペルシア帝国の沿岸部支配の拠点であるサルデイス[3]までもが、アレクサンドロスに投降するにい
2 たった。他の各地も次々に帰順を申し出てくるなか、ハリカルナッソスとミレトスだけは抵抗を選んだので、
王はこの二都市を武力で奪い取り[4]、その周囲の地域も支配下に収めたが、その後についてはふたつの計画の
3 間で気持ちが揺れていた。すぐさまダレイオスと相まみえて、一気に決着を付けたいと願う一方で、まず沿
岸部の軍事力と資力を相手にいわば訓練をして力を付けてから、内陸に向かってダレイオスと会しようとも
考えたのである。
4 そんなおり、リュキア地方のクサントス市[5]近郊にある泉が、伝えによると、どうしたことか勢い付いて、
あふれ出したかと思うと、底から一枚の青銅板が飛び出てきた。板には古びた文字が刻まれており、ペルシ

5 ア人の支配はギリシア人により崩されて終焉を迎えるであろう、と読み取れたという。これに勇気を得たア
レクサンドロスは、ただちに沿岸部へ向かい、フェニキアとキリキアに至るまでの地域から敵を一掃しよう
6 と意気込んだ。パンピュリア地方[6]を駆け抜けたその速さは、数多くの史家に、読者を驚かせる大袈裟な話を
書きつけるための好個の機会を提供することにもなった。ふだんは押し寄せる荒波をかぶり、山から続く急
峻な崖の下に伸びる風吹きすさぶ細い道も、波の中からめったに姿を現わさないような場所で[7]、海が神の定
7 めた運命によりアレクサンドロスのために道を開けた、と書き記したのである[8]。メナンドロスもある喜劇の

(1) アリアノス『アレクサンドロス東征記』第一巻一六-四によれば、親衛隊騎兵二五人の青銅像がディオン（マケドニア南部、ピエリア地方）に建立された。リュシッポスについては、四-1参照。

(2) 同じ銘文がアリアノス『アレクサンドロス東征記』第一巻一六-七にも引用される。前五世紀のペルシア軍のギリシア侵攻に対する報復という東方遠征の大義を強調するための政治的行動であり、アテナイの特別扱いもそこから起こる。スパルタはコリントス同盟（一四-1）に参加していない。

(3) ヘルモス（現ゲディス）川流域に位置する。かつてのリュディア王国の都で、当時はペルシア帝国のリュディア州の首都。

(4) ミレトスはイオニア地方最南部、マイアンドロス（現ビュユクメンデレス）川の河口近くの港市。そこを攻略したあと、アレクサンドロスはさらに南進して、カリア州の首都である港市ハリカルナッソス（現ボドルム）を城砦以外は占領した。

(5) リュキアは現アンタルヤ湾の西の地方。クサントスはクサントス（現エシェン）川下流域の都市。

(6) アンタルヤ湾に面する地方。その東がキリキア地方。

(7) 底本と異なり、ビュデ版の校訂により訳する。

(8) アリアノス『アレクサンドロス東征記』第一巻二六-二には、南風の吹くときは通れない海沿いの道が、アレクサンドロスの通るとき、激しい南風が止んで北風に変わり、通行可能になった、と説明されている。

中で、この奇跡に引っかけた冗談を書いている。

　これはもうアレクサンドロスばり。誰かに会いたくなれば
　そいつがひとりでに現われる。海の上を通り抜けるしかないとなれば
　そこに道が生まれる(1)。

8 しかしながらアレクサンドロス自身の書簡には、その種の奇異はいっさい記されておらず、その代わりに、
9 梯子と呼ばれる道を切り開いたこと、パセリス(2)からその道を通って進んだことが書かれている。そのために
王はパセリスで数日間待たねばならなかったのだが、その間にこの市の出身の故テオデクテス(3)の肖像が中央
広場に建立されているのを見つけると、食事後にそこでにぎやかな酒宴を張り、像に幾重もの葉の輪を掛け
た。こうして、アリストテレスと哲学を介して生まれたこの人との交友に、陽気な敬意の礼を捧げたのであ
る。

一八　その後、ピシディア地方にあって反抗する者たちを平らげたアレクサンドロスは、続いてプリュギ
2 ア地方を制圧した(4)。そしてゴルディオン(5)にやって来て、いにしえのミダスの都とうたわれるこの市を手中に
収めたのだが、そこでミズキの樹皮の縄で縛った有名な荷車を見つけ、それについて当地の住民の間で信じ
3 られている話を耳にした(6)。その結び目を解いた者が、世界を統べる王になる定めだというのである。多
くの史家の伝えるところでは、その結び目は縄の端が見当たらず、しかも結んだ上に幾重にも巻かれて塊に
なっていたため、アレクサンドロスはそれを解く術に窮し、剣でその塊を断ち切った、すると切られたとこ
4 ろから縄の端がいくつも現われた、という。ただしアリストブロスの説明によれば、アレクサンドロスは解

くのに難なく成功した、つまり轅《ながえ》を頚木に結び付けるための留めくぎを引き抜き、そうして頚木を取り外してしまったのだという。

そこからさらにパプラゴニアとカッパドキアの住民を帰服させたところで、[7] メムノン[8]死亡の報が入った。

(1) 前三四二/四一年生まれのアテナイ人喜劇作家の作品名不明の断片。
(2) アンタルヤ湾の西岸の都市。
(3) アテナイで活動した弁論家・悲劇作家。アリストテレスの弟子だった。
(4) ピシディアはパンピュリアの北隣り、プリュギアはアナトリア半島中央部の地方。アレクサンドロスは小アジアを海沿いに南下そして東進して、パンピュリアから北に向かった。
(5) 前八世紀頃に栄えたプリュギア王国の都。現アンカラの南西約七〇キロメートルに位置する。アレクサンドロスはゴルディオンで前三三四年から翌年にかけての冬を越した。
(6) かつてプリュギア人の間に争いが起こったとき、最初に荷車に乗ってやって来た者を王とせよ、そうすれば争いはやむだろうという神託があり、そのとおりに現われた貧しいゴルディオスまたはその子のミダスが王位に就いた。そこでゴルディオスまたはミダスはその荷車を神に奉納した、という伝説があった。荷車と結び目の逸話について、アリアノス『アレクサンドロス東征記』第二巻三、クルティウス『アレクサンドロス大王伝』第三巻一-一四—一八、ユスティヌス『ピリッポス史』第十一巻七-三—一六参照。
(7) パプラゴニアは現アンカラの北の地方。アレクサンドロスはアンカラから東南に進んでカッパドキア地方に入った。
(8) ロドス島出身のギリシア人で、ヘレスポントス・プリュギア総督のペルシア人アルタバゾスと縁戚関係を結んだことから、ペルシア王の信頼を得て、小アジア沿岸の指揮をまかされた。前三三四年にアレクサンドロスがミレトスとハリカルナッソスを攻略したときには(一七-2)、市内で防衛の指揮を執り、陥落時に逃げ延びた。前三三三年春にレスボス島のミュティレネを包囲していたとき、病死した(アリアノス『アレクサンドロス東征記』第二巻一-三、ディオドロス『歴史文庫』第十七巻二一-四)。

ダレイオスから沿海方面の指揮をゆだねられていた将軍のうちのひとりで、アレクサンドロスにとって最大
の障害であり、数限りない苦労と困難の種になったであろうこの男が消えてくれたことは、遠征をさらに奥
へ進めるための大きなはずみになった。
6 一方、ダレイオスもすでにスサ(1)を出て道を下りつつあり、その胸中には六〇万(2)に上る巨大な軍勢を従えて
いることからくる自信とともに、ある夢から得た気持ちの高ぶりがあったのだが、その夢についてマゴイ僧
7 が王に示した解釈は、実は釈義の妥当性よりも王の御機嫌取りを優先したものであった。その夢というのは、
マケドニアの密集歩兵軍が燃えさかる炎に包まれている、アレクサンドロスはというと、かつてダレイオス
が王の伝令官だった頃に着けていた衣を身にまとい、ダレイオスにかしずいている、だがやがてベロスの神
8 域に入って姿を消す、という夢だった(3)。しかしその夢によって神が暗示したのはおそらく、マケドニアの国
力がまばゆいばかりに光り輝くこと、そしてダレイオスが伝令官から王になってアジアを制覇したのと同じ
ように、アレクサンドロスもアジアを制覇すること、しかしほどなくして名声を手にしたまま生涯を終える
ことだったのであろう。

一九　ところがダレイオスは、アレクサンドロスがいつまでもキリキアに逗留しているのを怯懦のせいと
2 見なし、ますます意気が上がった。しかし実のところ、逗留の理由は王が重病を患ったことにあり、その病
については疲労の結果だと言う者もいれば、凍るほどに冷たいキュドノス川(4)で沐浴したからだと言う者もい
3 る。いずれにせよ医者たちは誰もが、病をいかなる治療も及ばない重篤なものと判断し、失敗したときにマ
4 ケドニア人から浴びせられるであろう指弾への怖れから、治療を試みるのをためらっていた。そんな中でア

カルナニア人のピリッポスという医者だけは、病状が深刻なのを認めつつも、王の友愛を信頼していたし、また危機にある王のためにみずからも危機を引き受け、わが身を投げうって治癒のためにあらゆる手を尽くすのを避けるなら、それこそ卑怯であるという信念から、ある薬の調合に取りかかり、元気になって戦いに出たいなら我慢してそれを飲むようにと説いて承諾させた。

5 ところがその頃、陣中にあったパルメニオンからアレクサンドロスのもとに一通の書状が届き、ピリッポスには用心せよ、この医者はダレイオスにそそのかされ、莫大な褒美と娘との婚姻と引き換えにアレクサンドロス殺害をうけがったらしい、と伝えてきた。アレクサンドロスは書状に目を通すと、それを側近の誰に
6 も見せないまま枕の下に隠した。予定の時刻になって、ピリッポスが薬の入った杯を携え、朋友たちとともに部屋に入ってくると、王はピリッポスに書状を手渡す一方、ピリッポスから待ちかねたとばかりに躊躇な

---

(1) 現在のイランの西辺に位置する。アケメネス朝の歴代の王が冬期の都として使った。

(2) アリアノス『アレクサンドロス東征記』第二巻八-八が同じく六〇万、ディオドロス『歴史文庫』第十七巻三一-二、ユスティヌス『ピリッポス史』第十一巻九-一が歩兵四〇万と騎兵一〇万と伝えるが、誇張された数字であろう。

(3) ダレイオスは王家の中では傍系に属し、直系がバゴアスの謀略により絶えたために招かれて即位するまでは、王家の一員にすぎなかった。ベロスはバビロンの人々に崇拝され、かつてその市内に宏壮な神域を有していた神ベル・マルドゥクを指す。アレクサンドロスは一〇年後、バビロンで絶命する(七三)。クルティウス『アレクサンドロス大王伝』第三巻三-二-五によれば、ダレイオスの周囲にも、この夢をアレクサンドロスの勝利の予言と解する占い師はいた。

(4) タウロス(トロス)山脈に発し、キリキア州の都タルソスを流れる。

7 く杯を受け取った。それに続く光景はまるで劇中の感動の場面のよう、ひとりが書状を読み、ひとりが薬を
飲み、やがて互いに顔を見合わせるのだが、そのふたりの様相はまるで異なり、アレクサンドロスが輝くよ
8 うな満面の笑みによってピリッポスへの親愛と信頼を表わしているのに対し、ピリッポスは思わぬ誹謗に呆
然とし、天に向かって両手を差し伸べながら神に呼びかけたり、寝台の足元に身を投げ出して、アレクサン
9 ドロスに安心して処方に従ってほしいと乞い求めたりした。というのも服用した直後、薬は王の体内で猛威
をふるい、全身の力をねじ伏せて放り出してしまったから、王は昏睡に襲われて声も発せられず、感覚も朦
10 朧として消え入りそうであった。しかしやがてピリッポスの助けによって意識を取り戻し、力を回復すると、
マケドニア兵の前に姿を現わした。アレクサンドロスを自分の目で見るまでは、兵士たちの元気も戻ってこ
なかったからである。

イッソスの合戦

二〇 一方、ダレイオスの率いる軍隊の中に、マケドニアから亡命してきたアミュンタス[1]というマケドニ
ア人がいて、これがアレクサンドロスの気性をよく知る男だった。この男は、ダレイオスがアレクサンドロ
2 スとの対決を求めて狭隘な地に入り込もうとしているのを知り、今いる場所で敵を待ち受けるべきだ、広々
と開けたこの平野なら、数で劣る敵に対して兵力の優位を生かした戦いができる、と進言した。ダレイオス
3 が、自分が心配するのはその前に敵軍が引き返して、アレクサンドロスも逃げ出してしまうのではないか、
ということだと答えると、アミュンタスは「そのことでしたら、陛下、御心配に及びません。あの男はきっ

4 と陛下をめがけて進んでくる、いいえ、すでに進んでいるはずでございます」と返した。
しかしこう聞かされてもダレイオスは納得せず、軍隊に出発を命じてキリキアへ向かうと、それと時を同
5 じくしてアレクサンドロスも、ダレイオスとの遭遇を求めてシリアをめざした。ところが夜のうちに両軍が
行き違い、それで双方が急ぎ取って返すことになったのだが、アレクサンドロスがこの好運を喜び、狭い場
所で敵とまみえようと意気込んだのに対し、ダレイオスの方は窮屈な場所から抜け出して、元の陣地に引き
6 返そうと焦った。このときダレイオスは、自分が戦術上の不利な土地にはまり込んでしまったのをようやく
悟ったのであり、海と山に挟まれ、ピナロス川の流れに分断され、あちこちに亀裂の走るこの区域が、騎兵
の動きに適さず、敵にとって兵士の数の少なさがむしろ強みになるのに気づいたのである。(2)

(1)アレクサンドロスへの憎悪が亡命の理由と伝えられる。イッソスの合戦ではギリシア人傭兵隊を指揮した(アリアノス『アレクサンドロス東征記』第一巻一七-九、二五-三、第二巻一三-二、クルティウス『アレクサンドロス大王伝』第三巻一一-一八)。

(2)ダレイオスは初め、アマノス山脈(イッソス湾すなわち現イスケンデルン湾の東岸に沿って南北に伸びる。キリキアとシリアの境界になる)の東に位置し、平野の広がるソコイという場所に陣営を置いていたが、そこを離れ、アレクサンドロスとの遭遇を求めて山脈の北を回り、山脈と海岸に挟まれた地域に入り込んだ。アレクサンドロスはダレイオスに先立って山脈の西を南下していたが、ダレイオスは背後にありと知って反転し、両軍はピナロス(現パヤス。その北方にイッソス市がある)川で出会う。川を挟んで北にペルシア軍、南にマケドニア軍が布陣した(ポリュビオス『歴史』第十二巻一七―二二、アリアノス『アレクサンドロス東征記』第二巻六-一―七-二)。

7 一方、アレクサンドロスが地の利を得たのは好運のおかげであったが、勝利を収めるにあたって、好運に
よって与えられたもの以上に大きな役割を果たしたのは、アレクサンドロス自身の将帥としての力量であっ
8 た。ペルシア側の大軍に兵力では劣勢にありながら、敵に包囲の隙を与えず、それどころかみずから右翼部
隊を指揮して敵陣左翼の外に出て側面に回ると、先頭に立って攻めかかり、眼の前のペルシア軍部隊を壊走
に追い込んだのである。そのため腿に剣の傷を受けることにもなったのだが、カレス[1]によれば、その剣をふ
9 るったのはダレイオスであった、つまりこのふたりが直接に腕を交える戦いを演じたのだという。しかしア
レクサンドロス自身は、この戦いにかんしてアンティパトロスに送った書簡の中で、傷を負わせられた相手
が誰であるかについては触れず、ただ腿を短剣で突かれたことと、その傷が大したものではなかったことを
書き記している[2]。
10 赫々たる勝利を収め、一一万を超える敵を討ち取ったアレクサンドロスだが、ダレイオス本人は四ないし
11 五スタディオン先に逃げ去っていて捕捉できず、王の戦車と弓を奪い取っただけで引き返した。戻ってみる
と、今しもマケドニア兵がペルシア軍陣地から財宝を運び出しているところで、その量の多さたるや、ペル
シア人は戦いのために余分な荷物を持たず、おおかたをダマスコスに置いてきたにもかかわらず[3]、並大抵で
はなかった。ダレイオスの幕舎には、とりわけきらびやかな調度と従者たち、そして大量の貨幣があふれん
12 ばかりに詰め込まれており、そこだけはアレクサンドロスのために手付かずに置かれていた。そこでアレク
サンドロスがさっそく鎧を脱ぎ、浴室へ向かいながら「戦いの汗をダレイオスの浴室で洗い流すとしよう」

と口にしたところ、朋友のひとりは「いいえ、アレクサンドロスの浴室で、です。敗者のものは勝者のもの

13
であり、呼び名もそれに合わせねばなりません」と返した。そして浴室内に入ったアレクサンドロスの目に飛び込んできたのは、鉢も水差しも浴槽も化粧壺も、すべて黄金製で極上の細工の施したものばかりであり、室内には香草と香油の神々しい匂いが漂い、浴室を出て幕舎に入れば、部屋の高さと大きさのみならず、そこに配された寝台と食卓と食事そのものの豪華さは息を呑むばかりであったから、アレクサンドロスは朋友たちの方に向き直って、こう洩らした「王であるというのは、どうやら、こういうことだったようだ」。

二一　やがて食事に向かおうとするアレクサンドロスに知らせが入り、捕虜として連れてこられた中に、ダレイオスの母と妃、それに未婚の娘ふたりがいて、ダレイオスの戦車と弓が目に入ったものだから、ダレ
2
イオスが死んだものと思い込み、胸をたたいて泣き叫んでいるという。それを聞いたアレクサンドロスは、長い間じっと考え込んでいたが、自身の幸運よりも女たちの悲運に心を揺すぶられ、レオンナトス[4]を遣わし

---

(1)レスボス島のミュティレネ出身。アレクサンドロスの宮廷執事として遠征に随行し、王の言行録を著わした。このあと、二四-14、四六-2、五四-4、五五-9、七〇-2でも典拠として名が挙がる。

(2)『アレクサンドロスの運または徳について』三四一b—cに書簡が引用されている。アンティパトロスは、アレクサンドロスの遠征中、マケドニアに残って代理統治をまかされていた。

(3)ペルシア王の遠征には豪勢な調度品や男女の宮廷人多数が随行するのが慣例だった(クルティウス『アレクサンドロス大王伝』第三巻三-八—一五)。ダレイオスはそれらをシリアのダマスコス(ダマスカス)に留め置いていた。

(4)アレクサンドロスの側近護衛官のひとり。『エウメネス』一—三にアレクサンドロス死後のレオンナトスについて記述がある。

て女たちへの伝言を託した。ダレイオスは死んでいないし、アレクサンドロスを恐れる必要もない、アレク
サンドロスはダレイオスとは覇権をかけて戦っているが、女たちはダレイオスの王権の下で受けていたもの
3 をすべて与えられるであろう、と。この言葉だけでも女たちにとっては心の休まる有難いことだったが、そ
4 れに続けてさらなる慈悲の行為をアレクサンドロスは用意していた。女たちが戦利品の中の衣装と道具を使
用し、気の済むまでペルシア人の埋葬を執り行なうのを許したばかりか、それまで宛てがわれていた随身な
どの待遇をいささかも減らさず、給金ではむしろ以前を上回る額を恵んでやったのである。
5 しかし捕虜となった名家の貞淑な女たちに授けた恩恵のうちで、アレクサンドロスの王としての器量を何
よりもよく表わしているのは、女たちが無礼な口をたたかれたり、侮辱の影をわずかでも感じたりせず、あ
たかも敵の陣営ではなく男子禁制の潔斎の部屋にかくまわれているかのように、誰の目にも触れず耳にも入
6 らない生活を送れるようにしてやったことである。しかも、伝えによれば、ダレイオス自身が人並みすぐれ
た容貌と体躯に恵まれていたのと同じく、ダレイオスの妻[1]はどの国の王妃にもまさる麗しい容姿の持ち主で
7 あり、娘たちも両親に似た美女であった。しかしアレクサンドロスは敵に勝つよりも己に克つことを王たる
者の資質と考え、この女たちに指一本触れなかったばかりか、結婚するまで、バルシネをただひとりの例外
8 として、女に近付かなかったらしい。バルシネというのはメムノン[2]の妻であったが、夫の死後、ダマスコス
9 に留め置かれていたのである。ギリシア風の教育を受け、物腰に品があって、王[3]の娘の子アルタバゾスを父
に持つこの女に、アレクサンドロスは手をかけたのだが、これはアリストブロスの伝えによると、パルメニ
10 オンから美しくて生まれのよい女を妾として持つようにと勧められたからであった[4]。他の女捕虜については、

11 並外れて美しい容貌とりっぱな体躯を見て、ペルシアの女というのは目の毒だと冗談を飛ばすのが常だった。しかしそんな女たちの艶姿に対して、アレクサンドロスはみずからの自制と克己の美しさを誇示しながら、それらがまるで命を持たない影像であるかのごとく、その前を通り過ぎたのである。

自律の諸例

二二　沿岸地方を統括する長官ピロクセノス[5]からアレクサンドロスに書簡が届き、タレントゥム[6]から来たテオドロスという商人が見目麗しい少年ふたりを売りに出しているのだが、この子たちを買うつもりはないか、と問い合わせてきたことがある。これを読んだアレクサンドロスは怒りに震え、朋友たちの前で声を荒げて、いったいピロクセノスはおれのどこにどんな下種の性を見つけて、こんな醜行の斡旋にかまけている

(1) ダレイオスの妹であり妃でもあったスタテイラ（三〇-1―3）。
(2) 一八-5参照。
(3) アルタクセルクセス三世・オコスの父で、本書に伝記のあるアルタクセルクセス二世・ムネモン。
(4) 遠征に出る前にパルメニオンとアンティパトロスは、後継者確保のために子をもうけておくことをアレクサンドロスに勧めていた（ディオドロス『歴史文庫』第十七巻一六-二）。前三二七年、バルシネとアレクサンドロスの間に男子が生まれ、ヘラクレスと名付けられたが、母の身分のゆえに後継王の候補とは認められなかった。
(5) タウロス山地から西側の小アジアで収税を担当していた（アリアノス『アレクサンドロス東征記』第三巻六-四）。以下の逸話は『アレクサンドロスの運または徳について』三三三aでも紹介される。
(6) 南イタリアのギリシア人植民市。現タラント。

2 のか、と繰り返した。そして返事の手紙にピロクセノスへの罵言を連ねる一方、テオドロスをその売り物と
3 いっしょに地獄へ送れと命じた。ハグノン[1]が、コリントスで評判の美少年クロビュロスを買い取って連れて
くるつもりだと書いてよこしたときにも、アレクサンドロスはハグノンを厳しく叱責した。
4 　パルメニオンの下で従軍するマケドニア兵ダモンとティモテオスが傭兵の妻たちを辱しめたと聞き知った
ときには、パルメニオンに書簡を送り、両名の罪が証明されたなら、ふたりを人間の破滅のために生まれた
5 獣として、死をもって罪をあがなわせるよう命令した。その書簡では自身のことにも触れているので、それ
をそのまま引用しよう「この私はと言えば、誰もが知るとおり、ダレイオスの妻を見たり、見たいと思った
りしたためしはなく、また誰かが彼女の容姿の美しさを口に出すことさえもけっして放っておかなかった」。
6 だが一方で、アレクサンドロスはよくこんなことも口にしていた。つまり、自分が死すべき身であるのを思
い知らされるのは、何よりも睡眠と性交によってだ、なぜなら疲労と快楽のふたつは、人間に生来備わる同
一の弱みから生じるのだから、と。
7 　食事についても、己を厳しく律するのがこの王の習慣であった。そのことは数々の場面から証し立てられ
るのだが、一例として、王が自身の母と位置付け、カリアの女王と布告したアダ[2]に宛てたこんな言葉がある。
8 この女がアレクサンドロスの恩義に応えようと、毎日たくさんのご馳走と菓子を贈ってよこし、しまいには
天下一の腕前と評判の料理人と菓子職人を遣わしてくるようになったとき、アレクサンドロスは、そんなも
9 のはいらない、自分には輔導役レオニダスにもらったもっと腕のいい料理人がいる、朝食のためには夜間の
10 行軍、夕食のためには簡素な朝食という料理人が、と答えた[3]。そして「レオニダスは私の寝具や衣類を収め

た行李まで次々に開けて、母が何か余計な贅沢品を隠し持たせていないか検査して回ったものです」と付け加えた。

二三　酒にかんしても、世に喧伝されるほど節度に欠けていたわけではない。(4) そのような俗説が生まれた
のは、一杯の盃をあける間に長い話をしなくてはおさまらず、そのために飲むよりもしゃべっているうちに
2 宴席が長引く癖があったからであり、しかもそうなるのは十分な閑暇のあるときに限られていた。逆に行動
すべきときには、他の将軍たちとは異なり、酒も眠りも娯楽も情事も見世物も、アレクサンドロスを引き止
められなかった。短い年月に、数えきれないほどの偉大な事績が詰め込まれたこの人の生涯が、その証拠で
ある。

---

(1) アレクサンドロスに阿諛追従する朋友のひとり（四〇-1、五五-2、『似て非なる友について』六五d）。

(2) カリアでは前三四一年にピクソダロスが姉アダを追放して、世襲総督の地位を奪った（一〇-1）。しかし前三三四年、アダの要請を受けたアレクサンドロスが、ピクソダロスの後を継いだ婿のペルシア貴族を斥け、アダを復位させるとともに、アダの養子になった。母子の縁組という形式は、カリア支配の名分を欲するアレクサンドロスにとっても、都合が良かったのであろう（アリアノス『アレクサンドロス東征記』第一巻二三-七—八）。

(3) この逸話は『健康のしるべ』一二七b、『王と将軍たちの名言集』一八〇a、『エピクロスに従っては、快く生きることは不可能であること』一〇九九cでも紹介される。レオニダスについては、五-7参照。

(4) アレクサンドロスの酒癖について、四-7、『アレクサンドロスの運または徳について』三三七f、『食卓歓談集』六二三d—f参照。

3 一方、とくにするべきことのない日には、起床するとまず神々に供犠し、その後すぐに、座った姿勢で朝
4 食をとる。昼の間は狩猟のほか、陣列配置など戦いのための訓練をしたり、読書をしたりして過ごす。急ぐ
必要のない行軍のさいには、移動しながら弓を射る稽古や、疾走中の戦車に跳び乗ったり、跳び降りたりす
5 る練習に励む。狐や鳥の狩りに興じることもたびたびあったと、これは宮廷日誌[1]から知られる。宿営地に到
着すると、水浴びや体の塗油の支度をしながら、パン職人や料理番に夕食の用意に滞りはないかと尋ねる。
6 夕食は暗くなってから、寝椅子に横たわってとり始めるのだが、そのさいには卓上を見渡して、列席者の料
理の分配に不公平はないか、何か手抜かりはないかと気を配り、その細心ぶりは驚くほどである。酒宴は、
7 先に述べたように、歓談のせいで長くなるのが常であった。ふだんはいっしょにいてこれほど楽しい王はい
ない、礼儀にも欠けるところがないというアレクサンドロスであったが、酒宴のときだけは、まるで一兵卒
のように自慢話を繰り出しては列席者をうんざりさせた。しかも自身が得々とした物言いに走りがちなのに
加えて、周囲の阿諛追従に乗せられやすいたちであったから、そんな太鼓持ち連中を前にして、その場に居
合わせた品の良い人たちは、お世辞競争に加わることも競争を避けることもできないまま、心をすり減らす
8 ばかりであった。加わるのは恥ずべき行ないと思えたし、避けるのは身の危険を招いたからである[2]。酒宴が
終わると、王は沐浴を済ませ、その後は翌日の真昼まで眠ることがしばしばあり、ときには昼の間中眠り続
けることもあった。
9 　食事にかんしても自分をしっかりと律し、沿海地方から運ばれてくる果物や魚の中に珍味を見つけると、
10 朋友のひとりひとりにもれなく分け与えて、自分にはひとつも残らないこともたびたびあった。しかし晩餐

はいついかなるときも豪勢なもので、しかも戦勝を重ねるにつれて費用もどんどん膨れ上がり、しまいには一万ドラクマにまで達した。(3) そしてそこで上昇は止まり、それ以降、アレクサンドロスを饗応する者はそれだけの金額を支出するのが決まりになった。

テュロスとガザ

二四　さてイッソスの合戦のあと、アレクサンドロスはダマスコスに部隊を遣って、ペルシア王の携えて
2 いた資金や財貨のほか、子供や婦人までことごとく掌中に収めた。(4) このとき最大の取り分にあずかったのは
テッサリアの騎兵たちで、合戦で他に抜きん出た手柄を立てたこの部隊に、アレクサンドロスは相応の褒美
で報いてやりたいと、接収の役目をまかせたのである。その他の部隊にも財宝はくまなく行き渡り、このと
3 き初めて金銀と女とペルシア風の暮らしを味わったマケドニア人は、それ以来、あたかも獲物の足跡を見つ
けた猟犬のように、ペルシア人の富を付け狙い、血眼になって追跡するようになった。

---

(1) アレクサンドロスの行動にかんする公的記録。書記長のエウメネスが付けていた（『エウメネス』一-4）。

(2) アレクサンドロスを取り巻く追従者たちについて、『似非なる友について』六五c—e、アリアノス『アレクサンドロス東征記』第四巻八-二、クルティウス『アレクサンドロス大王伝』第八巻五-六参照。

(3) アテナイオス『食卓の賢人たち』第四巻一四六c—dによれば、アレクサンドロスはこの金額で六〇人から七〇人を招待した。ひとり当たりにすれば、ペルシア王の場合と同額であったという。

(4) 二〇-11参照。

4 しかしアレクサンドロスの目標は、まず海沿いの地域を制圧することにあった。早くもキュプロス島と
フェニキアから王たちがやって来て、領土の献上を申し出るなか、フェニキアにあってテュロスだけは抵抗
5 の道を選んだ。そこでアレクサンドロスはテュロス攻めに取りかかり、急造の突堤と攻城機、それに海上か
らは三段櫂船二〇〇隻を使った包囲を七ヵ月にわたって続けていたあるとき[1]、夢を見た。ヘラクレスがテュ
6 ロスの城壁から右手を差し伸べて、アレクサンドロスを呼んでいるという夢だった。[2] 一方テュロス市内では、
多くの市民の夢にアポロンが現われ、私はここを出てアレクサンドロスのもとへ行く、市内の成り行きが我
7 が意に染まぬゆえ、と語った。眠りから覚めた市民たちは、まるで味方を捨てて敵方に駆け込もうとすると
ころを捕まえた兵士にするかのように、この神の巨像[3]に縄をかけたうえ台座に縛り付けて、アレクサンドロ
8 スびいきという名を投げつけた。さらに眠っているアレクサンドロスの眼に別の光景が浮かび、その中で、
サテュロスが遠くからアレクサンドロスをからかっている、アレクサンドロスはそれを捕まえようとするが、
9 逃げられてしまう、しかしあきらめずにさんざん追い回したあげくに、とうとう取り押さえた、という。占
い師たちはこの夢に現われた名前をふたつに割って、まことに説得的な解釈を王に示した。すなわち「テュ
ロスはおまえのものになる」というのである。[4] アレクサンドロスにサテュロスの夢が現われたのは、ある泉
のそばで眠っていたときで、その泉は今でも見られる。
10 テュロス包囲戦の最中、アレクサンドロスがアンティレバノン山脈付近に住むアラブ人に向けて軍隊を進
めたときのことである。[5] このとき輔導役リュシマコス[6]が、自分はポイニクスよりも丈夫だし年も若いから、
11 と言って王に随行したのだが、この男のせいでアレクサンドロスは危険に身をさらすはめになった。山地に

近付いたので馬から下り、徒歩で進んでいたところ、アレクサンドロスはリュシマコスが疲れ果てて音を上げているのを見て、すでに夕暮れが迫り、しかも敵が間近にいる場所にこの男を置き去りにするに忍びず、肩を貸してやって励ましながら歩き続けた。そうするうちに軍勢ははるか先に行って見えなくなり、いつのまにか王はわずかの兵士とともに後方に取り残されてしまった。そして深い闇と酷寒のなか、剣呑な地で夜
12 を過ごすうちに、遠くない所で敵勢の焚火があちらこちらにいくつも燃えているのが眼に入った。身の軽さには自信があり、窮地に陥ったマケドニア軍のために、みずから困難を引き受けて力づけてやったのは二度

(1) アレクサンドロスは海沿いを南下してフェニキア地方に入った。テュロス（現スール）は海上交易で栄え、本土側の旧市とその約八〇〇メートル沖合いの島の新市から成る。新市は島全体が城壁に囲まれ、アレクサンドロスへの帰服を拒んだ。アレクサンドロスは本土から島まで突堤を築き、先端に攻城機を置いて攻め立てた。テュロス包囲は前三三二年一月に始まった。

(2) ヘラクレスと称されているのは、テュロスの主神メルカルト。アレクサンドロスはテュロスの近くまで来ると、まず市内にあるメルカルト神殿に供犠したいと申し入れたが断られ、包囲を開始した（アリアノス『アレクサンドロス東征記』第二巻一五-七、一六-七―八、クルティウス『アレクサンドロス大王伝』第四巻二-二―五）。

(3) このアポロン神像は、前四〇五年にカルタゴ人がシケリア島のゲラで奪い取って、母市テュロスに納めたものだった（ディオドロス『歴史文庫』第十三巻一〇八-四）。

(4) サテュロス（satyros）は、人間の胴体に山羊の脚などと表現される森の精。占い師はその語をsa（おまえの）とTyrosに分解した。

(5) テュロスに向かって伸びる突堤の建材としてアラビアから木や岩を運び出していたマケドニア兵が、地元住民の妨害を受けていたので、援護する必要があった（クルティウス『アレクサンドロス大王伝』第四巻二-二四―三-一）。

(6) 五-8参照。

や三度にとどまらないアレクサンドロスであったから、このときももっとも近くの火を囲んでいる敵兵たち
13 に躍りかかり、焚火のまわりに腰を降ろしていた蛮族ふたりを短剣で突き殺すと、火のついた木を奪い取っ
14 てそれを手に仲間のもとへ戻った。そしてそれを大きく燃え上がらせると、敵は震えあがって一目散に逃げ
出す者もあれば、襲いかかろうとして撃退される者もあった。こうしてアレクサンドロスたちは無事に夜営
を終えたのである。以上はカレスの史書の伝えるところである。

二五　テュロス包囲戦の結末を記そう。アレクサンドロスは兵士たちのこれまでの度重なる戦いに配慮し
て、その多くを休息させる一方、少数の兵士だけを城壁攻めに当てて、敵に重圧をかけ続けていた。そんな
とき予言者アリスタンドロスが犠牲獣の占いを行なっていたところ、そこに現われたしるしから、居合わせ
2 た人たちに向かい、テュロスは必ず今月のうちに陥落すると断言した。しかしその日は月の最終日であった
から、周囲から揶揄と嘲笑が起こり、アリスタンドロスがとまどっていると、それを見た王は、この予言者
の託宣に変わらぬ信頼を寄せる者として、今日を三十日ではなく二十八日にせよ、と命令した。そしてラッ
パ手に合図を命じると、それまで計画していたのをはるかに上回る規模で城壁をめがけて猛攻を開始した。
3 その激しさは目を見張るほどで、陣内で休んでいた部隊もじっとしていられず、駆け出して攻めに加わるう
ちに、市内にいた人々はとうとう降伏を申し出た。こうしてアレクサンドロスはその日、テュロスを陥落さ
せたのである。
4 その後、シリア最大の都市ガザを包囲していたとき[1]、上空から一羽の鳥が落とした土塊がアレクサンドロ
スの肩に当たった。それから鳥は一台の攻城機に止まったあと、［射出装置の］縄をねじるのに使う腱の網に

5 誤ってから取られた。この予兆もまた、アリスタンドロスの解いたとおりの結果に終わった。アレクサン
ドロスは肩を射当てられながら、ガザを攻め取ったのである。[2]
6 攻略によって得た品々の多くを、王はオリュンピアスとクレオパトラ[3]そして朋友たちに送り届けたなかで、
輔導役のレオニダスにも乳香五〇〇タラントンと没薬一〇〇タラントンを進呈したのは[4]、少年時代の一件を
7 覚えていたからである。というのは、あるときアレクサンドロスが供犠式で供物の香料を両手でつかんで火
にくべるのを見て、レオニダスが「殿下、いつか香料の産地を占領されたなら、そのように贅沢にお供えす
8 るのもよろしいでしょう。でも今は、ここにあるものを節約してお使いください」と忠告したらしい。それ
でこのときアレクサンドロスは、レオニダス宛ての手紙に「あり余るほどの乳香と没薬をお届けします。こ
れで神々に対して、けちなまねをやめてくださいますよう」と書いたのである。[5]

---

(1) ガザ包囲は前三三二年の九月から十月にかけて。

(2) クルティウス『アレクサンドロス大王伝』第四巻六-一一—一二参照。アリアノス『アレクサンドロス東征記』第二巻二六-四—二七-二もこの予兆を記すが、鳥が絡め取られたという部分はない。

(3) ピリッポスとオリュンピアスの娘、したがってアレクサンドロスの妹。ピリッポス暗殺の舞台となった結婚式の花嫁。ピリッポスと結婚したアッタロスの姪（九-6、一〇-6）とは別人。

(4) 一タラントンは約二六キログラム。

(5)『王と将軍たちの名言集』一七九e—f、プリニウス『博物誌』第十二巻六二にも同じ逸話が紹介される。贅沢を戒めるレオニダスについて、二二-9—10参照。

アレクサンドリア建設

二六　ひとつの小箱がアレクサンドロスのもとに持ち込まれてきて、これがダレイオスの財宝と什物を接
収した者たちの見るところ、他のどれよりも高価な品だというので、王は朋友たちに、この中に入れるにふ
2 さわしい逸品は何だと思うかと問いかけた。朋友たちがさまざまな答えを返すなか、王自身は、ここに『イ
リアス』を入れて保管するつもりだと告げた。この話は信頼できる多くの史家の証言するところである。
3 　アレクサンドリアの人たちがヘラクレイデス[1]を典拠として語ることが真実だとすれば、ホメロスはアレク
4 サンドロスの遠征に同行するすぐれた協力者であり忠告者であったらしい。その人たちが言うには、アレク
サンドロスはエジプトを制圧したとき[2]、そこに多くの人口を有する広大なギリシア風都市を建設し、それに
自身にちなむ名を付けて残しておきたいと考え、それで建築家たちの提言により、ある場所をすでに選んで、
5 土地の囲い込みと測量に取りかかろうとしていた。そんなおり、夜眠っているときに不思議な夢を見た。威
厳ある風貌の白髪の老人が枕元に立ち、この詩句を口ずさんだのである。

　波荒き海にひとつの島あり。
　エジプトの前に浮かび、名をパロスという[3]。

6 王は眠りから覚めるとすぐにパロスを見に行った。これはカノボス河口のやや向こうに位置し、当時はまだ
7 島だったが、今では突堤によって本土とつながっている。本土側の陸地は帯状に伸びて、ほどよい幅の地峡
のようにも見え、大きな湖と海が左右に広がって、海側には広い港湾が開けている[4]。これを見たアレクサン

ドロスは、他にはない地勢のすばらしさを認め、ホメロスというのはいろいろと驚かされることの多い人だが、建築家としても無類の目利きだとつぶやき、さっそくその地形にふさわしい都市の形状を描くように指
8 示を出した。白い土が手近になかったので、技師たちはひき割り大麦をつかみ、それを使って黒い地面に線を引いた。まず円弧を描き、続いてその弧の両端に下方から等しく幅を狭めながら伸びてくる［二本の］直
9 線を接続させ、合わせて軍用外套(5)のような形を作り出したのである。この素描に王は満足げだったが、そこへ突然、川と湖の方から、種類も大きさもさまざまな鳥が数限りなく、まるで雲のような大群をなして現われたかと思うと、地面に降り立って、大麦をあとかたもなく食べてしまった。鳥が示したこの予兆に、さす
10 がのアレクサンドロスも不安を覚えたが、占い師たちは、これは都市がアレクサンドロスのおかげで、あり

---

(1) 前二世紀にアレクサンドリアで活動し、レンボスと綽名された学者らしい。

(2) エジプトは前五二五年にペルシア王カンビュセスにより征服されたあと、前五世紀末に離反したが、前三四三年のアルタクセルクセス三世の遠征以来、再びペルシアに服属していた。このため前三三二年にアレクサンドロスがガザからエジプトに入ったとき、アレクサンドロスをペルシア支配からの解放者として歓迎した。

(3) ホメロス『オデュッセイア』第四歌三五四―三五五。ギリシア軍の将メネラオスが、トロイアからの帰航中にエジプトに漂着したときのことを物語る場面。

(4) カノボス河口はナイル・デルタの西端。パロス島は本土から一キロメートルほど沖に浮かぶ。本土側は海の近くまで広い湖が迫り、海と湖に挟まれて、プルタルコスの言う地峡のような帯状の土地がある。アレクサンドリアはこの帯状の土地に建設された。湖は現在は埋め立てられている。

(5) クラミュスと呼ばれるマケドニア兵特有の外套。ディオドロス『歴史文庫』第十七巻五二-三、ストラボン『地誌』第十七巻一-八、プリニウス『博物誌』第五巻六二も、この都市の形状をクラミュスに喩えている。

余るほどの富に恵まれた暮らしを実現する、そしてさまざまな種類の人間を養う場所になるという予兆であるから、自信を持ってよいと告げた。それでアレクサンドロスは技師たちに計画を進めるよう指示してから、アンモン神殿(1)に向かった。

アンモンの神託

11 神殿への道のりは長く、多くの困難と苦労をともなうなかでも、大きな危険がふたつあった。ひとつは水
の問題、つまり何日もの間、一滴の給水も得られないことであり、もうひとつは、果てしなく続く深い砂の
12 道を進んでいるときに吹くかもしれない猛烈な南風であった。この風はかつてカンビュセスの遠征軍に襲い
かかって平原を波打たせ、うず高く積み上げた砂の下に五万人の兵士を呑み込んで全滅させたと伝えられる。(2)
13 これらの危惧は一行のほぼ全員の胸中にあったが、それでも何であれいったん狙いを定めたアレクサンドロ
14 スに方向を変えさせるのは不可能に近かった。この人の企てには運命が道を譲っていっそうの力を与
え、情熱が野心を駆って、敵軍ばかりか時間と空間をも征服しながら、どんな難事へ至る道も切り開いてし
まうのである。

二七　ともかくこの行路中、危難にさいして神からの助けがあったのは確かであり、それに比べると、そ
の後の神託の信憑性はさほどではなかった。ある意味で、神託はその前の助けがあったからこそ、それに引
2 きずられて信憑性を得たのだと言えよう。まず［天空の神］ゼウスが絶え間なく雨を降らせて十分な水をも
たらし、渇きの不安を一掃したばかりか、乾燥した砂に潤いを与えて、しっとりと落ち着いた地面に変え、

3 息のしやすい澄んだ空気を作り出した。さらに案内人が当てにしていた道中の目印が崩れていたため、一行
が方向の見当もつかないまま、さまよって散り散りになりかけたとき、数羽の鴉が現われて先導役を引き受
け、一行がすぐ後ろに付いてくれれば速度を上げて前方を飛び、足取りが鈍くなって遅れていれば、止まって
4 待つという具合だった。[3] なかでも不思議なことに、カリステネス[4]の伝えによると、鴉たちは夜間に行路をは
ずれた者に声をかけ、鳴きわめきながら正しい道筋に戻してやったという。
5 こうして砂漠を通り抜けたアレクサンドロスが目的地にたどり着いたとき、アンモンの神官はあたかも父
からのあいさつのような、神からのあいさつを述べた。アレクサンドロスが、父を殺害した者たちのうちに
6 捕縛の手を逃れた者がいるかと問いかけたところ、神官は、言葉を慎め、おまえの父は不死の身なのだから、

（1）二-1参照。
（2）ペルシア王カンビュセスがエジプトを征服したとき、五万の軍勢が王からアンモン神殿の破壊を命じられて出発したが、砂漠の中で姿を消した（ヘロドトス『歴史』第三巻二五―二六）。
（3）鴉の先導について、アリアノス『アレクサンドロス東征記』第三巻三-六、ディオドロス『歴史文庫』第十七巻四九-五、クルティウス『アレクサンドロス大王伝』第四巻七-一五参照。アリアノスは蛇もまた先導役を務めたというプトレマイオスの伝えを記す。神殿のあるシウァ・オアシスまで、ディオドロスによれば、アレクサンドロスたちは八日間、砂漠の中を進んだ。
（4）アリストテレスの従姉妹（または姪）の子で、アリストテレスの推薦によりアレクサンドロスに随行して、遠征記録の執筆をまかされた。その記録はプルタルコスの主要史料のひとつになっている。前三二七年、陰謀への関与を疑われて処刑される（五三―五五）。

7 と答えた。そこでアレクサンドロスは言い換えて、ピリッポスを殺害した者たちはことごとく処罰されたか
と尋ね、続けて覇権の行方について、私に全世界の支配者となることをかなえてくれるかと質した。そして
8 神から、かなえてやる、ピリッポスはすでに余すところなく正義の返報を受けた、という託宣を得ると、神
に豪華な奉納品を献上し、神官に礼金を与えた。これが神託にかんして、おおかたの史家の記すところであ
9 る。一方アレクサンドロス自身は母に宛てた手紙の中で、ある予言を受けたが、これは洩らすわけにいかな
い、帰国後に自分の口から母にだけ教える、と書き送っている。またある人たちの記述によれば、神官が親
しみを込めてアレクサンドロスにギリシア語で「パイディオン［子］よ」と呼びかけようとしたのだが、異
国人の訛りから語末の音を誤り、ンの代わりにスと発音して「パイディオスよ」と口にしたところ、アレク
サンドロスはその間違いを喜んだ、そしてそこから神がアレクサンドロスに「パイ・ディオス［ゼウスの子］
よ」と語りかけたという風説が流布するようになったという[1]。
10 また一説によれば、エジプトで哲学者プサンモン[2]の講義を聞いたアレクサンドロスは、その教説に深い感
銘を受け、すべての人間は神を王に戴いている、なぜならひとりひとりの中で支配し統制する部分は神につ
11 ながるのだから、という教えを受け容れた。ただしアレクサンドロス自身は、この問題についてさらに哲学
的に思索を深めてある考えに達し、神はすべての人間の共通の父であるが、そのなかでもっともすぐれた
人間をとくに自分の子とするのだと語った[3]、と伝えられる。

二八　総じて言うと、夷狄に対しては尊大に構え、自分は神から生まれた、自分は神の子である、と確信しているかのようなアレクサンドロスであったが、ギリシア人に対しては、加減しながら控えめに自身の神

2 性を認めるにとどめた。例えば、サモスの処遇についてアテナイ人に宛てた書簡の中で「私なら自由と栄光のこの都市を君たちの手にゆだねなかっただろう。君たちにこれを譲り渡したのは、当時の支配者で私の父と呼ばれる人だ」と書いて、ピリッポスを父と認めている。(4)
3 また後に、敵の矢に当たって激しい痛みに襲われたときは、友人たちに「流れているのは血だ。

　至福なる神々の体を流れるイコル

ではないぞ」と言っている。(5)

---

(1) Paidion は「(かわいい)子よ」だが、Paidios は Pai と Dios に分解すれば「ゼウスの子よ」の意味になる。

(2) 不詳。名はアンモンに由来するらしい。

(3)『王と将軍たちの名言集』一八〇dではアレクサンドロスは、アンモン神官の呼びかけに続いて、この考えを口にしている。ホメロスの詩にゼウスを指して「人間たちと神々の父」という慣用句があるのを発展させた。

(4) カイロネイアの合戦のあとに成立した和約で、ピリッポスはイオニア地方の島国サモスをアテナイ人入植者が引き続き領有することを容認した。しかしアレクサンドロスは、死の前年に発した亡命者帰国令により、アテナイ人によって追い出されていたサモス人の祖国復帰を認めた。アテナイ人はアレクサンドロスに抗議したが、アレクサンドロスはそれを拒否する書簡をアテナイ人に送った。

(5) ホメロス『イリアス』第五歌三四〇を引用する。イコルとは、血が人間の体内を巡るように、神の体内を巡るもの。この逸話は『王と将軍たちの名言集』一八〇e、『アレクサンドロスの運または徳について』三四一bでも紹介される。ディオゲネス・ラエルティオス『哲学者列伝』第九巻六〇は、アナクサルコスがアレクサンドロスに対してこの詩句を引用して、慢心を戒めたと記す。

4 またある日、大きな雷が鳴り響いて、皆が肝をつぶしたとき、そばにいた哲学者アナクサルコス(1)から「こ
れはきっと、ゼウスの御子であられる陛下のしわざではないかと」と水を向けられ、笑って答えた「いや、
おれは友人たちを怖がらせたくない。おまえは食卓に載っているのが総督の頭でなく魚だからというので、
5 おれの食事にけちを付けるような男だから、おれにそうしてほしいだろうが」。どういうことかというと、
かつてヘパイスティオン(2)のもとにアレクサンドロスから小魚が数尾届けられたおり、アナクサルコスが実際
にこんな言い草を口にしたと伝えられていて、これはつまり、たいへんな苦労を重ね、危険を冒しつつ栄光
を追い求めても、味わえる楽しみの分量は他の人と比べてとくに増えるわけではない、という意味の諧謔で
6 あり皮肉なのである。これらの事例から明らかなように、アレクサンドロス自身は、自分が神であるという
言説に惑わされたり眼がくらんだりしたわけではなく、むしろそれを利用して周囲の人々を畏服させようと
したのである。

フェニキアで

二九　さてエジプトからフェニキアに戻ったアレクサンドロスが、神々に奉納する供犠と行列のほか合唱
2 詩と悲劇の競演を催したとき、その仕掛けの豪華さと競り合いの激しさは目を見張るほどであった。キュプ
ロス島内の王侯たちが、まるでアテナイで各部族から抽選された市民たちのするように、熱心に上演を支援
3 し、栄誉をかけて競い合ったからである。なかでもこの競争の主役になったのが、サラミスのニコクレオン
とソロイのパシクラテスだった(3)。このふたりの王は、パシクラテスがアテノドロス、ニコクレオンがテッサ

ロスと、当代一、二を争う名優を引き当てたのである。アレクサンドロス自身も、テッサロスをひいきにし
4 たうちのひとりだった。[4] とはいえそのひいきを口には出さず、投票の結果、アテノドロスの勝ちが宣言され
たあと、去りぎわになって初めて、こんなことをつぶやいたと伝えられる。審査員に異を唱えるつもりはな
5 い、しかしもしテッサロスが負けるのを見ずにすむなら、王国の一部を喜んで手放したのだが、と。それで
もアテノドロスが、ディオニュシア祭典の競演に出なかったためにアテナイ市から罰金を科せられたとき、
アレクサンドロスに弁明の手紙を書いてほしいと願い出てくると、アレクサンドロスはその願いは聞き入れ
6 なかったものの、罰金を肩代わりしてやった。スカルペイアのリュコン[5]が舞台で当たりを取り、喜劇の台詞
の中に一〇タラントンの祝儀を乞う一行を挟んだとき、笑って願いをかなえてやったこともある。

---

(1) トラキア地方のアブデラ出身。懐疑主義哲学者ピュロンの師。王に随行し、王に追従する哲学者のひとり(八-5、五二-3—五二-1)。以下の逸話について、アテナイオス『食卓の賢人たち』第六巻二五〇f—二五一a、ディオゲネス・ラエルティオス『哲学者列伝』第九巻五八参照。雷は天空の神ゼウスによって起こされる。

(2) アレクサンドロスとほぼ同年齢で、アレクサンドロスの学友として育てられ、同性愛の関係にあったらしい。ヘパイスティオンが死んだときのアレクサンドロスの嘆きようは尋常ではなかった(七二)。

(3) サラミスとソロイはいずれもキュプロス島内の都市。ふたりはそれぞれの都市の王。両都市ともイッソス合戦後にペルシアから離反して、アレクサンドロス側に与していた(二四-4)。

(4) 一〇-2—4参照。この競演の逸話は、次のリュコンの話とともに、『アレクサンドロスの運または徳について』三三四eでも紹介される。

(5) 東ロクリス地方出身の喜劇役者。

7 ダレイオスのもとから側近数名が親書を携え、アレクサンドロスのもとに遣わされてきて、講和を申し入
れたときのことである。捕虜の身代金として一万タラントンを受け取ってほしい、そしてエウプラテス川の
こちら側［西側］の全域を領有するとともに、［ダレイオスの］娘のひとりを妻に迎えて、友人かつ同盟者に
8 なってほしい、というその要請について、アレクサンドロスが側近に相談したところ、パルメニオンが「も
し私がアレクサンドロスなら、受け入れるでしょう」と答えた。するとアレクサンドロスは「おれもきっと
9 そうするだろう、おれがパルメニオンなら」と返した。それでダレイオスへの返書には、貴殿はこちらへ来
れば、余すところのない歓待を受けるであろう、だがもし来なければ、そのときは私の方から貴殿に向けて
進軍するであろう、と書き送った(1)。

三〇　しかしながら後悔はすぐにやって来た。ダレイオスの妃が産褥で命を落としてしまったからであり(2)、
これによりアレクサンドロスは自身の寛大さを示す絶好の機会を失い、そのことで心を痛めているのがあり
2 ありと見て取れた。葬儀は費用を惜しまぬ豪華なものとなった。このとき後宮に仕える宦官たちも、女たち
と捕虜の境遇をともにしていたのだが、そのうちのひとりで名をティレオスというのが、陣営から抜け出し、
3 馬でダレイオスのもとに駆け込むと、王妃の死を知らせた。ダレイオスは頭をたたき、嘆声を洩らして「ペ
ルシア人の禍の神よ」と叫んだ。「王の妹であり妃ともなった女が、生きて虜囚となったばかりか、死んだ
4 あとも王家にふさわしい葬儀にあずかれないとは」。すると宦官が言った「いいえ、陛下、葬儀にせよまた
いかなる礼遇にせよ、相応の格式云々について、ペルシア人の禍の神を咎めるいわれはいっさいございませ
5 ん。存命中のスタテイラ皇妃を始め、母后と皇女のどなたにおかれましても、以前の富貴の暮らしと比べて、

ただひとつ陛下のお姿を御覧になれないことを除けば――そのお姿を、主なる神オロマスデスが再び明るく
輝かせてくださいますように[3]――、それ以外に何ひとつ欠けるところはなく、また亡くなられたあとも祭式
6 にわずかの遺漏もないどころか、敵であるはずの人たちから涙の弔いを受けられました。アレクサンドロス
というのは、戦場で手ごわい敵であるのと同じくらいに、勝って戦場を去ったあとは慈悲深い男なのです」。
7 ところがこれを聞いたダレイオスは、心の動揺と悲しみに引きずられて的外れの疑念を抱き、宦官を幕舎の
8 奥に引き入れて語りかけた「もしおまえまでペルシアの運命といっしょにマケドニアに服したのでないなら、

（1）アリアノス『アレクサンドロス東征記』第二巻二五-一―二も、ダレイオスからの同じ提案とパルメニオンとの遣り取りを伝えているが、テュロス包囲中のできごとと記す。ディオドロス『歴史文庫』第十七巻三九-一、五四-一―五、クルティウス『アレクサンドロス大王伝』第四巻一-七―一四、五-一―八、一一-一―二二も参照。

（2）王妃スタテイラは前三三三年晩秋のイッソス合戦で捕虜になった（二一-1）。しかしアレクサンドロスがエジプトからフェニキアに戻ってきたのは前三三一年夏だから、ダレイオスの子種とすれば辻褄が合わない。クルティウス『アレクサンドロス大王伝』第四巻一〇-一九は、死因を長途の旅と心痛による衰弱死とする。

（3）古代イラン人の宗教の二元論について、プルタルコスは『イシスとオシリスについて』三六九d―三七〇cにおいて、ホロマゼスと呼ばれ善をなす光の原理と、アレイマニオスと呼ばれ悪をなす闇の原理の闘争を説明し、それを唱えた人物の名をゾロアストレスと伝える。本文で「禍の神」と訳した語ダイモンは後者を指す。ホロマゼス（Hōromazēs）あるいはオロマスデス（Ōromasdēs）とギリシア人の呼んだのが、善なる主神アフラ・マズダ（Ahura Mazdā）である。

そして今でもこのダレイオスがおまえの主君であるなら、ミトラ[1]の大いなる光明と王の右手に誓って、答え
てくれ。私はスタテイラの不幸のうちのほんのわずかを嘆いているだけなのか。妃がこの世にあったとき、
私はもっと酷い拷問にかけられていたのか。もしあのとき残忍で獰猛な敵の手にかかって倒れていたなら、
9 王の威厳にもっとふさわしい悲運をまっとうできたのか。若い男が敵の妻に対してそれほど丁重な扱いをし
10 たのなら、そこに道にかなった関係などありえようか」。ダレイオスのこの言葉の終わらないうちに、ティ
レオスは王の足元に身を投げ出し、どうか口を慎まれますようにと懇願した。どうかアレクサンドロスを不
当に貶めたり、亡くなった妹であり妃である方の名誉を汚したりなさらないでほしい、そして人間の本性を
超える力を持つ男に敗れたのだという、このたびのつまずきの何よりの慰めを、ご自身の手で放り捨てぬよ
うに、それよりもアレクサンドロスがペルシアの男たちに武勇を見せたのにまさるとも劣らず、ペルシアの
11 女たちに慎み深さを見せたことに、讃嘆を向けるべきでございます、と。宦官が厳粛なしぐさでこの言葉に
偽りのないことを誓い、さらにほかにもアレクサンドロスの克己と寛容について証言するのを聞きながら、
12 ダレイオスはその場を出て、重臣たちの方へ向かうと、両手を天に差し上げ、祈りを捧げた。「わが皇統皇
宗の神々よ、願わくはわれにかなえたまえ、ペルシアの王国を立て直し、わが受け継ぎしときの隆盛に再び
導くことを、そうして敗北のあとにわが親族がアレクサンドロスから受けた恩を、勝利のあとにアレクサン
13 ドロスに返すことを。しかしもし、盛者必衰のことわりに洩れず、ペルシアの世の終わりを定めた運命の時
が来たのであれば、キュロス[2]の玉座に着くのは、どうか他の何者でもなくアレクサンドロスでありますよう
14 に」。以上の遣り取りは、ほとんどの史家の書き記すところである[3]。

ガウガメラの合戦

三一　アレクサンドロスはエウプラテス川のこちら側の全域を制圧すると、一〇〇万の兵力を率いて向
2 かってくるダレイオスをめがけて行軍を続けた。このとき朋友のひとりからアレクサンドロスに、まったく
珍妙なことだが、と軍内のあるできごとが報告された。それによると、従軍夫たちが戯れに二手に分かれ、
それぞれに指揮をとる大将をひとり決めて、一方にアレクサンドロス、もう一方にダレイオスという名を付
3 けた。初めのうちは土塊を投げ合うだけだったが、やがて殴り合いになり、しまいには争いに夢中になって
4 石や棒切れまで持ち出し、人数も増えて収拾がつかなくなっているというのである。これを聞いたアレクサ
ンドロスは、大将どうしで一騎打ちをさせるよう命じ、アレクサンドロスを名乗る方にはアレクサンドロス
自身が、ダレイオスにはピロタス(4)が武器を与えた。これから起こることは将来の占いのようなものだという
5 思いから、全軍の注目がここに集まった。力のこもった戦いになったが、勝利はアレクサンドロスの名を持
つ方がもぎ取り、賞品として一二の村とペルシア風衣装の着用許可を与えられた。これはエラトステネス(5)の

(1)プルタルコスは前註の箇所で、ミトラを善神と悪神の中間にあるもの、両神の仲介者と説明している。元来は契約を保証する神であり、曙光の神でもあった。

(2)アケメネス朝ペルシア帝国を築いたキュロス二世。

(3)以上の脱走した宦官とダレイオスの対話について、クルティウス『アレクサンドロス大王伝』第四巻一〇-二五—三四も参照。アリアノス『アレクサンドロス東征記』第四巻二〇-一—三は、これを王妃存命中のことと記す。

(4)一〇-3、一一-8、四〇-1、四八—四九参照。

(5)三一-3参照。

史書に記されている。
6 ダレイオスとの一大会戦の場所をアルベラと書いている史家が多くいるけれども、実際はガウガメラで起
7 こったというのが正しい[1]。ガウガメラという地名は駱駝の家という意味であり、これは昔ある王が疾走する
駱駝に乗って敵の手を逃れ、この地にその駱駝を奉納するとともに、その世話のためにいくつかの村と給付
金を割り当てたことに由来する[2]。
8 この年のボエドロミオン月の、アテナイで秘儀の始まる頃、月蝕が起こった。その月蝕から数えて一一日
目の夜[3]、両軍が互いの視野に入ったところで、ダレイオスは全軍に戦闘態勢をとらせたまま、松明を掲げて
9 陣列を見回った。アレクサンドロスはというと、マケドニア兵を休息させておいて、自身はその間に予言者
10 アリスタンドロスと幕舎の前で秘密の祭儀を執り行ない、「恐れ」の神に犠牲を捧げていた[4]。一方、パルメ
ニオンを始めとする長老格の側近たちは、ニパテス山とゴルデュアイア山地の間の平原がペルシアの軍勢の
かがり火で埋め尽くされているのが眼に入り、しかも敵陣から、まるで広大な海の響きのような得体の知れ
11 ない唸り声とざわめきが押し寄せてくるのが耳に届いて、その兵力の巨大なのに度肝を抜かれた。そしてこ
れほどの大軍を、白昼に正面からぶつかって押しつぶすのは至難の業だと相談しあった結果、供犠を終えた
アレクサンドロスのもとへ出向き、夜の間に攻めかかるべきだ、この戦いのもっとも危ういところを暗闇で
12 覆い隠さねばならないと意見した。しかしアレクサンドロスから返ってきたのは、「おれは勝利を盗み取ら
ない」というよく知られたあのひと言であった。これについては、このような重大事を洒落の種にして、子
13 供じみたくだらない返答をしたと批判する者もいたが、一方で、アレクサンドロスは現状に自信を持ってい

14

たばかりか、先行きを正しく見通していたのだ、つまりダレイオスが前回の敗北を山と海に挟まれた土地の狭さのせいにしたように、(5)今回もまた敗れたときに夜の闇にその原因を帰し、自信を失わないまま再度の挑戦に立ち上がってくるのを阻もうとしたのだ、と評価する者もいた。つまりあれほどの国力とあれほどの領土に支えられたダレイオスであるから、武器や兵員の不足のために戦争から手を引くはずはなく、白昼に堂々と渡り合う戦いで負かされ、士気も希望も打ち砕かれたときに初めて戦いをあきらめるだろうというのである。

三二　伝えによると、側近たちが退出したあと、アレクサンドロスは幕舎の中で横になると、そのまま夜が明けるまでいつになく深い眠りに落ちた。このため明るくなってから現われた将軍たちは、王がまだ目覚

(1) アレクサンドロスはエウプラテス川を渡ったあと、東進してティグリス川を越え、ガウガメラに至った。ガウガメラはアルベラ（現アルビル）から北西に一〇〇キロメートルほど離れている。アリアノス『アレクサンドロス東征記』第六巻一一-四—六、ストラボン『地誌』第十六巻一-三によれば、ガウガメラは無名の寒村であるため、アレクサンドロスの歴史的勝利にふさわしい場所として、大きな都市アルベラの名を合戦の地とする伝えが広まったのだという。

(2) 王はダレイオス一世（在位、前五二二—四八五年）。スキュタイに遠征したときのことという。ギリシア語の駱駝（kamēlos）の語源になったセム系言語の言葉が、ガウガメラ（Gaugamēla）に含まれている。

(3) 戦いが起こるのは、翌日、前三三一年十月一日の朝。アテナイの秘儀、すなわちエレウシスの秘儀は、ボエドロミオン月の十五日に始まる。一三-1参照。

(4) 戦いにかかわる「恐れ」の神の崇拝について、『テセウス』二七-3、『アギス／クレオメネス』三〇参照。

(5) 二〇-一—六参照。

2 めていないのに驚き、とりあえず兵士たちへの朝食の指示を自分たちで出した。しかしその後も時が過ぎる
ばかりなので、パルメニオンが幕舎に入り、王の枕元に立って、二、三度王の名を呼んでから、ようやく目
を覚ました王にこう尋ねた。これから最大の決戦に臨もうとするときに、まるですでに勝利を収めたかのよ
3 うにぐっすり眠っているとは、いったいどういうことかと。するとアレクサンドロスは笑みを浮かべて答え
た「どういうことか？　おまえには分からないのか、戦いを避けて逃げ回るダレイオスを追いかけ、広漠た
る荒れ地をさまよう日々から解放された今、われわれはすでに勝利を手に入れたも同然だということが」。
4 このように確かな判断にもとづく自信から生まれる、アレクサンドロスの悠揚迫らぬ名将ぶりは、戦いの前
だけでなく、戦いの最中にも見られた。
5 　パルメニオンの指揮する左翼が動揺して後退を始めたのは、バクトリア騎兵隊がすさまじい音をたてなが
ら猛然とマケドニア軍に突進してくるのに合わせて、マザイオス[1]がマケドニア密集歩兵隊列の外側に騎兵を
6 回り込ませ、輜重兵隊を襲わせようとしたときである。二方面からの攻撃にパルメニオンは浮足立ち、アレ
クサンドロスに伝令を遣って、いっこくも早く前線から後方に強力な応援部隊を送ってくれなければ、陣営
7 も輜重も奪われてしまうと伝えた。アレクサンドロスはちょうどそのとき、麾下の部隊に前進の合図を出そ
うとしていたところであり、パルメニオンの要請を聞くと、こう吐き捨てた「あの男は正気を失って、頭が
回らなくなったらしい。混乱のあまりに忘れてしまったのだ、この戦いに勝てば敵の物資が手に入るし、負
ければ手持ちの物や人のことを気にかけるどころか、どうやって戦場で名誉あるりっぱな死を遂げるかを考
えるだけだというのを」。

8 パルメニオンにもこのような答えを送ってから、アレクサンドロスは兜をかぶった。それ以外の武具は幕舎を出るときから身に着けていて、まずシケリア様式の帯締め下着、その上にはイッソスの合戦で奪った品
9 のひとつ、亜麻布二枚重ねの胸当て。
10 兜はテオピロスの作で、鉄製ながらまるで純銀のような輝きを放っていた。そしてその兜につながっていたのが、同じく鉄製で宝石を散りばめた頸当て。剣はキティオン[2]の王からの献上品で、鍛えも軽さも驚くばかり、これが剣を使っては百戦錬磨のアレクサンドロスの手元にあった。
11 羽織っていた外套が他の武具に比べて衒いのある作りだったのは、遠い時代のヘリコン[3]の作だったからである。ロドス市民から畏敬のしるしとして献じられたこの外套も、戦いに臨むアレクサンドロスの装備のひと
12 つだった[4]。このいで立ちで陣内を見て回りながら、歩兵隊列を整えたり指示や命令を発したりするときには、すでに盛りの年頃を過ぎていたブケパラスを少しでも休ませるため、他の馬を使っていたアレクサンドロス

（1）シリアとメソポタミアの総督。アレクサンドロスのエウプラテス渡河のさいには、それを警戒する任務をまかされていた（アリアノス『アレクサンドロス東征記』第三巻七-一—二、クルティウス『アレクサンドロス大王伝』第四巻九-一二）。

（2）キュプロス島内の都市。後出のロドスとともに、イッソス合戦後にアレクサンドロスに帰服していた。二四-4参照。

（3）キュプロス島サラミス出身の織布の名人。豊かな色使いを得意とした（アテナイオス『食卓の賢人たち』第二巻四八b）。

（4）以上の戦いの前の武具の描写は、ホメロス『イリアス』に数多い戦士の身支度の場面（例えば第十一歌一五—四六のアガメムノン、第十九歌三六九—三九一のアキレウス）を想起させる。アレクサンドロスをトロイア戦争の英雄になぞらえようとする意図がある。八-2、一五-7—9、二六-2—3参照。

だが、いよいよ戦闘に向かう段になるとブケパラスを連れてこさせ、あらためてこの愛馬にまたがってただ
ちに攻撃開始の構えに入った。
三三　アレクサンドロスがテッサリア兵を始めとするギリシア兵部隊に惜しみなく励ましを与えると、兵
士たちからはペルシア軍への前進命令を催促する喚声が返ってきて、王は意を強くした。そこで槍を左手に
持ち換えると、右手を上げて神々に呼びかけ、カリステネスの記すところによれば、われがまことにゼウス
2 から生まれた身であるならば[1]、ギリシアを助け、力を与えたまえ、と祈ったという。すると白い衣と金の冠
を着けたアリスタンドロスが馬上から天を指差し、一羽の鷲がアレクサンドロスの頭上で高く舞い上がって
3 から、敵軍めがけて真っ直ぐに降下するのを示した。これを見た人々はますます勇気が湧き、互いに声をか
け合い励まし合ってから、敵陣列に向けてまず騎兵隊が駆け出したのに続いて、密集歩兵隊列が波のように
4 押し寄せていった。すると先頭の部隊が打ち当たるより先に、夷狄軍は背中を向けてしまい、ここに激しい
追撃が始まったが、その間にもアレクサンドロスは、敗走する敵軍をダレイオスのいる陣列中央に追い込
5 んだ[2]。ダレイオスの姿は近衛騎兵の幾重もの隊列の向こうに、遠くからでもはっきりと見て取れ、戦車の高
い台の上に立つ大柄の美丈夫は目を引かずにはおかなかったのである。戦車の周囲には数多くの麗々たる騎
6 兵が護衛に付き、緊密な隊形を作って敵を迎え撃つ態勢をとっていた。しかしアレクサンドロスの恐ろしい
姿が間近に現われたとたんに、逃げ出そうとする兵士が踏みとどまろうとする兵士とぶつかり、隊列のほと
7 んどは砕け散った。しかし近衛兵のなかでも肝のすわった猛者たちは、王の前で刃を受け、折り重なるよう
に倒れながらも、敵の兵士や馬にしがみつきまとわりついて追撃を阻もうとした。

8 ダレイオスは眼前に危険が迫り、前面を守る兵士たちが押し戻されてくるなかで、戦車を転回させてその
場から抜け出そうにもそれができなかった。車輪は地面に倒れたおびただしい兵士たちに絡め取られ、馬は
死体の山に埋もれて進むに進めないまま、ただ跳ね上がっては馭者をあわてさせるばかりだったのである。
9 このためダレイオスは戦車も武具も捨て、出産後まもない牝馬にまたがって逃げ出したと伝えられる。もし
このときパルメニオンから再びアレクサンドロスのもとに伝令の騎兵が遣わされてきて、あちらではなお敵
の大軍が隊列を保ったまま退こうとしないからと応援を求めてこなかったなら、ダレイオスはおそらく逃げ
10 きれなかったであろう。いったいにこの会戦中のパルメニオンについては、鈍重で精彩を欠く指揮ぶりだっ
たと批判されるが、その原因は、すでに老齢のために往年の生気が枯れかけていたからかもしれないし、カ
リステネスの記すように、アレクサンドロスの勢威が伸長し専横の度を増してきたのに、重苦しさと嫉みを
11 感じていたからかもしれない[3]。いずれにせよ、このとき王は応援要請を腹立たしく思いながらも、兵士たち
には本心を明かさず、殺戮にはもう飽きたし日も暮れたからと理由を付けて、引き揚げの合図を出した。そ
して劣勢だという方面に馬を走らせたものの、その途中で、敵は壊滅して逃走中という報告が入った。

三四　合戦の結果、ペルシアの覇権は跡形もなく崩れ去ったと言ってよく、代わってアレクサンドロスが

（1）三一-1—4、二七-9、二八-4参照。

（2）ペルシア王は陣列の中央に位置するのが慣例だった。

（3）パルメニオンはこのとき七〇歳くらい。一方、アレクサンドロスの専横への不満があったとすれば、ピロタス陰謀事件とパルメニオン処刑への伏線になるであろう（四九-13）。

アジアの王と宣言されて、神々への盛大な供犠を執り行なうとともに、仲間たちに富と土地と統治権を分与
2 していった。またギリシア人の間での名誉を求めて書簡を送り、僭主支配はことごとく砕け散って各国の自
主独立が実現したと告げたほか[1]、とくにプラタイア人に宛てて、彼らの父祖が自由を守るためにギリシア人
3 に故国を戦場として差し出したことを理由として、都市の再建を指示した[2]。ほかにイタリアのクロトン市民
にも戦利品の一部を送ってやったのは、運動競技家パユロスがペルシア戦争のさい、他のイタリア住民がギ
リシア人を見捨てるなかで、ひとりみずから船を仕立ててサラミスに馳せ参じ、戦列に加わったのを賞し、
4 その気概と義心に敬意を表するためであった[3]。このようにアレクサンドロスというのは、徳義というものを
常に重んじ、美しい行為の味方となり守護者となる人であった。

バビロニアとスサ

三五　バビロニアに軍を進めたアレクサンドロスは、その全土をすばやく帰順させたが[4]、そのとき何より
も驚いたのはエクバタナ[5]で目にしたある光景であった。まるで泉から水が湧き上がるように、地の裂け目か
ら絶えず火が噴き出し、しかもその近くではナプタが大量に流れ出して、湖のようなものを作っていたので
2 ある。ナプタというのはアスファルトに似ているけれども、火に対して驚くほど敏感で、炎に接触する前に、
3 炎から発せられる光に当たっただけで、しばしばその間にある空気までいっしょに燃え上がらせる。当地の
住民たちは、このナプタの性質と威力を見せてやろうとして、王の宿舎に通じる一本の道にまずこの物質を
4 薄く撒いておき、それから道の一方の端に立って、ナプタで湿らせた道の上に灯火を近付けた。暗くなりか

けた頃である。ナプタの先にたちまち火がついたかと思うと、目にも止まらぬ速さで炎が走り、気が付いたときにはすでに向こうの端まで達して、燃えさかる炎の道ができ上っていたのである。

5 その頃、王の塗油や入浴の手伝いをする侍者のひとりにアテナイ人のアテノパネスという男がいて、身体

6 の世話のほかに、気持ちをなごませ楽しませることも役目のひとつにしていた。あるときこの男が浴場内で、

---

(1)アレクサンドロスは全ギリシア同盟(コリントス同盟)の総司令官であり、遠征の大義はペルシア戦争への報復だった(一四-1、一六-17)。このたびの合戦でペルシア王を倒したことにより、ペルシア勢力の支援を受けていた小アジアのギリシア人諸都市の僭主たちも権力基盤を失い、ギリシア人の自由が回復された、とアレクサンドロスは宣言した。以下でプラタイアとサラミスを持ち出すのも、ギリシア人への政治的宣伝効果を狙っての行動である。

(2)前四七九年、ボイオティア地方のプラタイアでマルドニオスの率いるペルシア軍が負けて、ギリシアからの敗退が決定的になった。その後、プラタイアはテバイによって二度の破壊にみまわれた。『アリステイデス』一一-9によれば、アレクサンドロスの指示はオリュンピア競技祭の場で宣せられた。

(3)前四八〇年のサラミス海戦にギリシア各地から艦船が集まったときのこと。南イタリアのクロトンは、ペロポンネソス北部のアカイア地方からの植民市(ヘロドトス『歴史』第八巻四七)。

(4)アレクサンドロスはガウガメラ合戦の二〇日後にバビロンに到着し、合戦の敵将であった総督マザイオス(三一-1)を始めとする住民たちの歓迎と都市明け渡しを受けた。それと同時にマザイオスをあらためてバビロニア総督に任命して、ペルシア人支配層の取り込みを図った。

(5)エクバタナ(現ハマダン)は合戦後にダレイオスが落ち延びたザグロス山脈北西部の都だから、これは写本伝承の誤りであろう。底本校訂者は、ストラボン『地誌』第十六巻一-四のナプタ(ナフサ)の記述から、アルタケナまたはアルベラという訂正を提案する。プリニウス『博物誌』第六巻四一をもとに、アディアベネ(メソポタミア北部、ティグリス川の東側の地方)という訂正案もあり、ビュデ版はこれを採用する。

7 かたわらにいたステパノスという名の、容貌は珍妙で見すぼらしいが歌の上手な少年に目を付け、アレクサ
ンドロスに「いかがです、陛下、例の不思議な物をステパノスで試してみられては。もしこの子に火がつい
8 て消せなくなったら、その力は正真正銘、かなうものなしと言ってよろしいかと」と提案した。少年の方で
も、どういうわけか、実験のためにすすんで身を貸そうとしたので、その体にナプタを塗って火を近づけた
ところ、一瞬にして大きな炎が上がって全身が火に包まれ、アレクサンドロスもあわてるばかりで、手が付
9 けられなくなった。もしこのとき運よく大勢の召使いが、浴用の水を満たした桶を持って回りに立っていな
ければ、助けが来るより先に身が焼き尽くされていたであろう。全身に広がった火はようやく消し止められ
たものの、少年はその後ひどい不具を負うはめになった[1]。
10 それゆえ、事実を支えにして伝説を守ろうとする人たちが、このナプタこそメデイアが冠と衣装に塗り付
11 け、悲劇にも取り上げられたあの魔法の薬だと主張するのはもっともである[2]。その主張によれば、炎は冠な
どから出たのでも自然に発生したのでもなく、何かの火が近づいたとき、その火が眼に見えないほどのすば
12 やさで引き寄せられ、冠に取り付いたのだという。なぜなら炎から流れ出る放射物資は、離れた物に届いた
とき、通常はそこに光と熱を投げかけるだけだが、空気のように乾燥した物や十分な油分を含む物に届くと、
集合し発火して、たちまちその物自体を変質させてしまうから、というわけである。
13 ナプタの生成については定まった説がなく、……[3]、あるいは油脂を含んで発火しやすい性質の土地からは、
14 炎の素材となるような液体が流れ出るのかもしれない。バビロニアの土地は性質がきわめて火に似ており、
大麦はしばしばまるで大地が炎の勢いで脈打っているかのように地表から飛び上がり跳ね回るし、住民は暑

15 熱の時期になると水を満たした革袋の上で眠るのである。ハルパロスはこの地域の管轄のために留め置かれたとき、王宮の庭園や遊歩道をさまざまなギリシア産の草木で美しく飾ることに精を出し、そうしておおかたは首尾よく根付かせたものの、木蔦だけは土地に嫌われ、土地の性向に合わずに枯れてしまうのが常だった。
16 ここの土地は火の性質を持つのに対し、木蔦は寒冷を好むからである。(4) 以上は脇道にそれたが、この程度の控えめなものであれば、口やかましい読者もおそらく許してくれるであろう。

三六　さてアレクサンドロスはスサを占領すると、(5) 宮殿で四万タラントンの貨幣のほか、数えきれないほ

---

(1)ストラボン『地誌』第十六巻一-一五も、バビロニアに産するナプタの話とともに、少年による実験の逸話を紹介している。

(2)エウリピデスの悲劇『メデイア』において、夫イアソンに捨てられたメデイアは、恨みを晴らすため、イアソンの新しい妻となるコリントス王女に魔法の薬を塗った冠と衣装を贈り、殺害する。「黄金の冠はひと筋の怪しい炎を噴き出した」(一一八六―八七)という。プリニウス『博物誌』第二巻二三五も、メデイアの魔法の薬をナプタと推測する。

(3)原典に欠損がある。ナプタの生成にかんする説のひとつが書かれていたらしい。

(4)プルタルコスは『食卓歓談集』六四八c―dでも、ハルパロスのこの逸話を持ち出し、その典拠としてテオプラストス(『植物誌』第四巻四-一)を挙げる。アレクサンドロスと別れてエクバタナそしてバビロンに残ったハルパロスのその後の行動については、四一-8、『デモステネス』二五参照。

(5)スサは歴代のペルシア王の冬の宮殿があった都。アレクサンドロスは一ヵ月余りをバビロンで過ごしたあと、十二月半ばにスサに到着した。ガウガメラ合戦後に派遣されてきたアレクサンドロスの側近に、スサは都市と財貨の譲渡を申し出ていた(アリアノス『アレクサンドロス東征記』第三巻一六-六)。

2 どの財宝や貴重品を接収した。そのなかには、伝えによると、ヘルミオネ産(1)の紫染料五〇〇〇タラントン相
当も含まれており、これが一九〇年も前から蔵されてきたものでありながら、今なお真新しい鮮やかな色合
3 いを保っていた。そのわけは紫の染料に蜂蜜を加え(2)、白の染料に白オリーブ油を加えたことであり、そのお
4 かげで、これほど長い年数がたっても、まぶしいほどの明るさと輝きを失わないのだという。またディノン(3)
の記すところによると、ペルシア歴代の王が遠くから送ってこさせた逸品のなかにはナイル川やイストロス
［ドナウ］川の水もあり、こんなものまで宝物庫に収めていたのは、帝国の広がりと支配の無辺なることの証
拠とするためだったらしい。

ペルセポリス

三七　ペルシスは峻険な土地で侵入が難しく、しかもダレイオスが逃げ去ったあとは、ペルシアの名門の
将軍たちが守備を固めていた。そこでひとりの道案内を立てて、少しばかり迂回路をとることにしたのだが、
2 これがリュキア人の父とペルシア人の母の間に生まれて両国語を話せる男だった(4)。アレクサンドロスの少年
時代、ピュティアの巫女の託宣で、ペルシス侵攻のときにはリュキア人が道案内となるであろうとお告げが
あったのは、この男のことだったと言われる。……(5)。
3 　そこでは捕虜の大量殺戮が行なわれた。そうすることが利にかなうと判断して殺害を命じた、とアレクサ
4 ンドロス自身が書簡に記している(6)。貨幣はスサのときと同じくらい大量に見つかり、その他の財貨や宝物も、
5 運び出すのに二頭立ての騾馬の荷車一万台と駱駝五〇〇〇頭を要したらしい。クセルクセス(7)の巨大な像が王

宮内になだれ込んだ兵士の群れに倒され、捨て置かれているのを目にしたときには、そこで足を止め、あたかも生きている人間に語りかけるかのように「おまえをギリシア遠征の罰としてこのまま放っておこうか、それともそれ以外で見せた大志と気概に免じて助け起こそうか」とつぶやいた。そしてしばらく立ち止まって黙り込んでいたが、結局そのまま通り過ぎた。

(1) ペロポンネソスのアルゴリス地方の港町。

(2) ウィトルウィウス『建築書』第七巻一三-三参照。

(3) イオニア地方のコロポン出身の歴史家。デイノンとも表記される。クレイタルコス（四六-1）の父。著書『ペルシア史』はペルシアなど東方諸帝国の歴史を記す。

(4) アレクサンドロスは十二月末にスサを出ると、ザグロス山脈の南東部に位置する都ペルセポリスをめざしてペルシス地方に入った。そしてペルシア門と呼ばれる山中の渓谷を突破しようとしたが、そこにはペルシス総督アリオバルザネスの率いる大軍が待ち構えていた。そこでアレクサンドロスはペルシア門を迂回して敵陣の後方に出る戦術をとり、これが成功する（アリアノス『アレクサンドロス東征記』第三巻一八-一―九、ディオドロス『歴史文庫』第十七巻六八、クルティウス『アレクサンドロス大王伝』第五巻三-一六―四-三四）。リュキアは小アジア南西部の地方。

(5) 底本校訂者はここに原典欠損を想定する。欠損部分にペルセポリス入城が記されていたのであろう。次の文の「そこでは」は「ペルセポリスでは」の意味。

(6) ディオドロス『歴史文庫』第十七巻七〇-二、クルティウス『アレクサンドロス大王伝』第五巻六-六に、マケドニア兵によるペルセポリス住民の殺戮が記されている。バビロンやスサと異なり、ペルセポリスではアレクサンドロスは兵士たちに略奪と殺人を許可した。

(7) 前四八〇年にペルシア軍の第二次ギリシア侵攻を率いた王（在位、前四八六―四六五年）。住民の多くがすでに退避していたアテナイを占領し、アクロポリスの神殿を略奪して焼き払った。

6/7 冬の季節でもあったから、ここで兵士たちに休養をとらせるべく、この地の滞在は四ヵ月に及んだ。[1] 滞在
中、アレクサンドロスが黄金の天蓋の下で初めて玉座に腰を降ろしたときには、父の代からの忠実な友人で
あるコリントス人のデマラトスが、いかにも老爺らしく涙を浮かべ、こうつぶやいたと伝えられる。アレク
サンドロスがダレイオスの玉座に着いているのを見る前に死んだギリシア人は、大きな喜びを取り逃がし
た、と。[2]

三八　その後、ダレイオスを追って進軍を再開しようとしていた頃、朋友たちを招いて酒宴と遊興の場を
設けたときのことである。宴席には女たちも幾人か、それぞれの情夫に付いてきて、いっしょに酒を飲んで
2 いた。そのなかにひときわ名高いタイスという女がおり、これは後年に王となるプトレマイオス[3]の妾で、
[アテナイの位置する] アッティカ地方の生まれであったが、この女がアレクサンドロスに向かって、調子の
よい褒め言葉や戯れ言を口にするうちに、酔いにまかせて演説を始めた。それは故国の気風には似つかわし
3 くても、みずからの身のほどを過ぎた大それた演説であった。女はこんなことを言ったのである――私はこ
れまでアジアのあちこちを引きずり回されて難儀したけれども、今日こうして豪華なペルシア王の宮殿で楽
4 しい思いをさせてもらって、ようやく報われた。これでもし、アテナイを焼き払ったあのクセルクセスの住
居を宴の仕上げに燃やしてやったら、いっそうすてきだ。王の眼の前で私が火をつける。そうすれば、アレ
クサンドロスを囲む女たちは、海と陸で戦ったあの将軍たちよりももっと厳しい罰をペルシア人に下して、
ギリシアの復讐を果たしたと、世に名をとどろかせるだろう。
5 すると演説の終わらぬうちから拍手と喝采が起こり、朋友たちもしきりに囃し立てたので、王もそれにつ

6 られるようにして立ち上がると、冠を着け松明を手にして先を歩き出した。その後ろを皆が陽気にはしゃぎながら付いてきて王宮を取り巻く一方、その他のマケドニア人の間からも事の次第を聞き付けた者たちが、
7 松明を持ってうれしそうに集まってきた。宮殿に火を放って焼き払うのは、夷狄の地に住み着くつもりはない、心が郷里に向いているからこそだと考えて、期待を寄せたのである。王宮炎上の顚末について、以上が
8 諸書の伝えるところであるが、これとは違って、熟慮の結果だと記すものもある。(4) いずれにせよ、王はすぐに後悔して消火を命じたという点については、異説はない。

---

(1)ペルセポリスには前三三〇年のおよそ一月から五月まで滞在した。

(2)五六-1でも繰り返される逸話。『アレクサンドロスの運または徳について』三三九dはこれをスサでのできごとと記す。『アゲシラオス』一五-4参照。デマラトスについては、九-12参照。

(3)アレクサンドロス側近の将軍。アレクサンドロス死後にエジプト総督に任命され、プトレマイオス朝を創始する。一〇-5、四六-2参照。

(4)王宮放火について、ディオドロス『歴史文庫』第十七巻七二、クルティウス『アレクサンドロス大王伝』第五巻七-三―七は、タイスの煽動と酔いによる衝動的行動、アリアノス『アレクサンドロス東征伝』第三巻一八-一一―一二は、冷静な計画的行動と伝える。計画的行動だとすれば、その目的について、アリアノスはペルシア戦争への報復と記すが、ペルシア帝国崩壊を諸民族に宣言するためなど、いくつかの説が現在なされている。

アレクサンドロスの人柄

三九　人並みはずれた気前のよさはアレクサンドロスの生まれ持った特質であったが、財産の増えるにつ
れ、その性向はますます強まった。しかもそこには、贈る側が真に感謝されるために欠かせない人柄の温か
2 さが伴っていた。その実例を少しばかり書きとめておこう。パイオニア人部隊[1]を指揮するアリストンは、あ
る敵将を討ち取ってその首をアレクサンドロスに見せ、「陛下、われらの国ではこういうのを持参すると、
黄金の盃を褒美にもらえるのです」と言った。すると王は笑って「そう、空の盃を。だがおれはそれに生粋
3 の酒をいっぱいに注いで、おまえのために乾杯してから進呈しよう」と答えた。またあるマケドニア人兵卒
が騾馬の背に王の黄金を載せて運んでいたところ、騾馬が疲労で弱ってきたので、自分で荷物を担いで運び
始めた。王は兵卒が重荷に押しつぶされそうになっているのを見かけ、事情を知ると、荷物を降ろしそうに
なっているその男に声をかけた「がんばれ、道はあと少しだ。背負っていけ、おまえの天幕まで」。
4 　一方、贈り物を受け取ろうとしない者には、贈り物をねだる者以上に機嫌を損ねるのが、アレクサンドロ
スの癖だった。例えばポキオンへの手紙には、私からの恵与を突き返すなら、今後はおまえを友人とは思わ
5 ない、と書いて送った[2]。またボール遊び仲間のなかにセラピオンという若者がいたが、何もねだってこない
ので、王は何も与えないでいた。ある日いっしょにボール遊びに興じていたおり、セラピオンが他の者にば
かりボールを投げるので、王が「どうしておれに寄越さないのだ」と問うと、セラピオンは「寄越せとおっ
6 しゃらないからです」と答えた。王は一笑して、たくさんの贈り物を与えた。プロテアスというのは酒と放
談の席を王とともにする文人仲間のひとりであったが、あるとき王の不興を買ってしまったと気づいた。友

人たちが取りなし、本人も涙ながらに頼み込んだので、王は和解を口にした。プロテアスが「それでは、陛下、まず何かその保証になるものをいただけませんか」と言うと、王は五タラントンを与えると応じた。

7 朋友や側近護衛官が王からふるまわれる財貨について言うと、彼らがそのおかげでどれほど羽振りがよかったかが、オリュンピアスが息子に宛てた手紙から読み取れる「側近たちに配慮し、名誉を授けてやるのは、別のやり方でなさいませ。今のやり方では誰もかれもが王のようで、大勢の友人を作ってもらいながら、
8 陛下御自身はひとりぼっちになってしまわれます」。オリュンピアスがこのような手紙を書いてくることはたびたびあり、その中身をアレクサンドロスは秘匿していたのだが、一度だけヘパイスティオンが、開封されたそのうちの一通を、通常の書簡の場合と同じように、王といっしょに読んでしまったことがある。そのとき王はさえぎる代わりに、はめていた自分の指環をはずし、ヘパイスティオンの口に当てて封印とした。(3)

9 ダレイオス側近中の最大の実力者マザイオスに息子がいて(4)、すでに総督領をひとつ保有していたが、アレ

(1) マケドニアの北方に居住するトラキア系民族。東征に騎兵隊が参加していた。

(2)『ポキオン』一八‐1―6参照。

(3)『アレクサンドロスの運または徳について』三三二f、三四〇aで同じ逸話が紹介される。『王と将軍たちの名言集』一八〇dによれば、手紙の内容はアンティパトロスを中傷するものだった。ヘパイスティオンはアレクサンドロスの最愛の友(二八‐5)。

(4) マザイオスはガウガメラ合戦で指揮を執ったあと、アレクサンドロスからバビロニア総督の地位を与えられた(三三‐5、三五‐1)。その息子三人もアレクサンドロスに帰服したらしい(アリアノス『アレクサンドロス東征伝』第三巻二一‐一、第七巻六‐四、クルティウス『アレクサンドロス大王伝』第五巻一三‐一一)。

クサンドロスがもうひとつもっと広いのを追加してやろうとした。しかしこの人はこう言って辞退した「陛
10 下、あの頃ダレイオスはひとりだけでした。でも今、陛下はすでにたくさんのアレクサンドロスをお作りに
11 なりました」。パルメニオンにはバゴアス[1]の屋敷を与えた。屋敷内からは一〇〇〇タラントンの値打ちの豪
華な衣装が見つかったという。アンティパトロスへの書簡では、陰謀の標的になっているから身辺に警護を
付けるよう忠告している[2]。

12 　母にもたくさんの贈り物を選んで本国に運ばせたけれども、政治や軍事のあれこれには口出しさせなかっ
た。そのことで不満をぶつけられても、母の癇癪をおとなしく耐え忍ぶのがアレクサンドロスの流儀だった。
13 ただし一度、アンティパトロスがオリュンピアスを非難する長文の手紙を送ってきたとき、それを一読した
王が、一万通の手紙も母の一粒の涙が流し去ってしまうのをアンティパトロスは知らない、と語ったことが
ある。

四〇　一方で側近たちの暮らしぶりに奢侈と逸楽と成金趣味が広がっているのも、アレクサンドロスの眼
に入るようになった。例えば、テオスのハグノン[3]は長靴を銀の鋲で飾り、レオンナトス[4]は体育場に敷くため
の砂をエジプトから何頭もの駱駝で運んでこさせ、ピロタス[5]は遊猟のために一〇〇スタディオンの網を作っ
た。ほかにも沐浴と塗油のために、以前のオリーブ油でも使わなかったほど大量の没薬油を使う者がいるか
2 と思えば、マッサージ師や着付け係を引き連れて歩く者もいた。そこでアレクサンドロスはこの者たちを穏
やかにたしなめようと、教え諭すようにこう語りかけた「不思議だ、あれほどに激しい戦いを幾度となく
戦ってきた人間が、辛苦を為す者は辛苦を避ける者よりも安らかに眠れるのを忘れてしまったとは。そして、

ペルシア人の生活と自分たちの生活を比べて、逸楽にもまして奴隷にふさわしいものはなく、艱難にもまし
3 て王にふさわしいものはないと気づかないとは」「それにしても、いちばん身近な自分の体に手を触れなく
なった者に、いったいどうして自分の馬の世話や槍と兜の手入れができるだろう」「勝利の仕上げは、われ
われが勝利した相手と同じ事をしないことだと、おまえたちは知らないのか」。
4 一方アレクサンドロス自身は以前にもまして身体の鍛錬に精を出し、行軍のときも狩猟のときも、苦難を
厭わず危険を怖れずという生活ぶりであった。スパルタから来たある使者は、王が大きな獅子を倒すのに立
5 ち会い、「アレクサンドロス殿、王の座をかけた獅子との戦い、お見事です」と感嘆したものである。この
ときの狩猟場面は、クラテロスがデルポイに奉納した青銅像に描かれており[6]、獅子一頭と猟犬数匹、獅子と

（1）ペルシア宮廷の宰相。権力をわがものにしようとアルタクセルクセス三世と四世を毒殺し、現王ダレイオス三世を王位に就けたが、後にそのダレイオスに殺された（一六-1）。

（2）アレクサンドロス東征中、マケドニアとギリシアの代理統治者となったアンティパトロスは、オリュンピアスと反目を続けていた。暗示されている陰謀の主はオリュンピアスか。

（3）イオニア地方のテオス出身（二二-3）。以下の贅沢について、アテナイオス『食卓の賢人たち』第十二巻五三九c―d、アイリアノス『ギリシア奇談集』第九巻三参照。

（4）二一-2参照。

（5）パルメニオンの子（一〇-3）。後にアレクサンドロスの疑惑を招いて処刑される（四八―四九）。一〇〇スタディオンは約一八キロメートル。

（6）クラテロスは密集歩兵部隊の指揮官を務め、兵士たちの間で人望が高かった。前三二一年に小アジアでエウメネスの軍勢に討たれる（『エウメネス』六―七）。この青銅像の奉納碑文がデルポイに残っており、それによると実際にはクラテロスの死後に同名の息子が奉納したものらしい。

格闘するアレクサンドロス、それに助勢するクラテロス自身を写し、作者は一部がリュシッポス、(1)一部がレオカレス(2)であった。

四一　このようにアレクサンドロスは危険を顧みず己の鍛錬に励みながら、同時に他者に対しても叱咤して徳へ向かわせようとした。ところが周囲の朋友たちは富と驕りに引きずられて安楽と閑暇を願い、長路の
2 遠征に辛抱できなくなって、しだいに王への不平と不満を口にするようになった。だがそんな恨み言にも、
3 王は初めのうち、善を施して悪評を得るは王の常とつぶやいて、慈しみの顔を見せ続けた。実際、身近な人たちに示したちょっとした言動に、王の深い情愛と気遣いが表われている。そのうちのいくつかをここに書きとめておこう。
4 　ペウケスタス(3)に宛てた手紙でアレクサンドロスは、この人が熊に咬まれたとき、そのことを他の者には知らせたのに、自分には教えてくれなかったのを責めた。そしてそれに続けて「今からでも教えてくれ、具合はどうなのか。いっしょに狩りをしていた者たちは、そのときおまえを置き去りにしたのか。もしそうなら
5 罰を受けさせるから」と書き送った。一方、ある用件で離れた場所にいたヘパイスティオンに宛てた手紙では、イタチ狩りに興じていたとき、クラテロスがペルディッカス(4)の槍に当たって腿を怪我したことを知らせ
6 ている。またペウケスタスの病気治癒のさいには、医師のアレクシッポスに感謝の手紙を送っている。クラテロスが病気にかかったときは、夢のお告げによりアレクサンドロス自身が快復祈願の供犠を執り行なった
7 ばかりか、クラテロス本人にも供犠を勧めた。そして医師のパウサニアスがクラテロスに薬草のヘレボロス
8 を処方するつもりだと聞いて、心配すると同時に、その使用法を手紙で助言している。(5)ハルパロスの脱走と

逃亡[6]を最初に報告してきたエピアルテスとキッソスに対して、讒言をなす者として拘禁を命じたこともある。
9 傷病兵と老兵の故国帰還が進められていたとき、[7]アイガイ出身のエウリュロコスは自分を病人名簿の中に
入れたが、後にどこも悪いところはないことが露見した。[8]大好きなテレシッパという女が海［地中海］の方
へ帰っていこうとするのに付いていきたかったと白状したので、アレクサンドロスはその女の素性を尋ねた。
10 そして自由身分の遊女だという答えを聞くと、「エウリュロコス、おまえの恋を応援してやろう。だがその
テレシッパとやらが自由身分の女なら、口で説くなり物を贈るなりして頼んでみようではないか」と言い聞
かせた。

---

(1) 四-1参照。

(2) ピリッポス王がオリュンピアに建てた円堂ピリッペイオンの中のピリッポスとアレクサンドロスの像を作った彫刻家（パウサニアス『ギリシア案内記』第五巻二〇-一〇）。

(3) インドのマロイ族との戦いで、身を挺してアレクサンドロスの命を助けたように（六三-7）、王の忠実な臣下だった。前三二五年にはペルシス総督に任命される。

(4) 一五-4参照。

(5) アレクサンドロスの医学的知識について、八-1参照。

(6) ハルパロスは、前三二五年、アレクサンドロスの帰還を前にして処罰を恐れ、バビロンから逃げてアテナイに亡命を求めたが（『デモステネス』二五）、ここではその事件ではなく、前三三三年、イッソス合戦の直前に遠征軍から抜け出して、その後に復帰した一件を指すらしい（アリアノス『アレクサンドロス東征記』第三巻六-七）。

(7) 前三二四年、アレクサンドロスはバビロニア地方のオピスで、マケドニアの老兵と傷病兵の除隊と帰国を指示した（七一-2）。

(8) 『王と将軍たちの名言集』一八一a、『アレクサンドロスの運または徳について』三三九c－dにも同じ逸話が紹介されるが、いずれも男の名をエウリュロコスではなくアンティゲネスと記す。アイガイはマケドニアの古都（現ヴェルギナ）。

四二　それにしても、友人宛てにこんなことまで書いて送るだけの暇がよくもあったものだと驚かざるを
えない。例えば、セレウコス[1]の従僕のひとりがキリキアに逃げたというので捜索を命じる手紙や、ペウケス
タスがクラテロスの奴隷ニコンを捕まえたのを褒めてやる手紙があるほか、神殿内に居すわった下僕につい
てメガビュゾス[2]に宛てた手紙では、できれば神殿の外に誘い出して捕まえろ、神殿内で手を出してはならな
いと指示している。
2 死罪にかかわる裁判では、初めの頃、告発者の発言中は片方の耳に手を当て、その耳が弾劾の言葉に触れ
3 ずに、無垢を保ったまま被告の弁明を聞けるようにしていたという。しかし後になると、増えるばかりの告
発にアレクサンドロスも苛立ち、真実の訴えに引きずられるようにして、虚偽の訴えにも信を置くように
4 なった。とりわけ自身への批判にかかわる裁判では、正しい判断力を失い、冷酷で無慈悲な人間になったが、
それは名誉というものを生命や王権にもまして大事にしていたからである。

ダレイオスの最期

5 さてその後、アレクサンドロスはダレイオスと再び一戦を交えるつもりで、追跡を開始した[3]。しかしダレ
イオスがベッソスに拘束されたという報告を受けると[4]、テッサリア騎兵隊に俸給に加えて二〇〇〇タラント
6 ンを賞与として取らせたうえで、故国への帰還を許した。追跡は騎行一一日間で三三〇〇スタディオン[5]に及
7 ぶ長く苦しい行軍となり、何よりも水不足にたたられて、音を上げる兵士が続出する事態になった。そんな
とき、川の方から数名のマケドニア兵が革袋に容れた水を騾馬の背に載せて運ぶ途中、アレクサンドロスに

行き合った。兵士たちは王が真昼の日差しの中で渇きに苦しんでいるのを見ると、急いで兜に水を満たして
8 持ってきた。王から誰のために運んでいる水かと問われ、兵士たちは「息子たちのためにです。ですが陛下がご
9 無事であれば、たとえあの子たちを失っても、あらたに子は作れますから」と答えた。それを聞いたアレク
サンドロスは、兜を両手で受け取ったものの、すぐにまわりを見渡し、周囲の騎兵たちが誰もかれも首を伸
ばしてこちらを見つめているのに気づくと、飲まないで返した。そして礼を口にしてから、「おれだけが飲
10 めば、あの者たちが気を落とすだろうから」と言った。アレクサンドロスの克己心の強さと器量の大きさを
目の当たりにした騎兵たちは、即時の進軍命令を求めて雄叫びをあげ、馬の腹をたたいた。こういう人を王

(1) 後のセレウコス朝の創始者セレウコス一世・ニカトル（六二-4、七六-9）。

(2) イオニア地方のエペソスにあるアルテミス神殿の神官。神殿内での暴力は禁忌である。

(3) アレクサンドロスの人柄を表わす逸話の紹介を終え、ここで話は三八-8につながる。

(4) ダレイオスはガウガメラ合戦のあと、メディア地方に逃れてエクバタナ（現ハマダン）で冬を越し、前三三〇年の五月末か六月初め頃、エクバタナを出てさらに東のバクトリア地方に向かった。そして移動の途中、テヘランの東方の山中で臣下のバクトリア総督ベッソスらによって身柄を拘束され、実権はベッソスの掌握するところとなった（アリアノス『アレクサンドロス東征記』第三巻二一-一、ディオドロス『歴史文庫』第十七巻七三-二、クルティウス『アレクサンドロス大王伝』第五巻一二）。

(5) 約六〇〇キロメートル。

に戴いているかぎり、自分たちには疲れも渇きも起こらない、およそ死とも無縁だ、と信じたのである。[1]
四三　それゆえ士気の高さではどの兵士も後れをとらなかったのだが、アレクサンドロスとともに敵の一
2 行に襲いかかったのはわずか六〇騎だったという。騎兵たちはその場に大量の銀と金が放り出されているの
を跳び越え、婦人と子供を乗せた多数の天蓋付き馬車が馭者に見捨てられて右往左往しているそばを走り抜
3 け、ダレイオスがいるはずの先頭集団を追って疾駆した。しかしようやく見つけたダレイオスは、全身にい
くつもの刃傷を受けて馬車の中に横たわり、今にも息絶えようとしていた。それでも水を所望し、ポリュス
4 トラトス[2]が差し出した冷たい水を飲み終えると、「ありがとう。おまえのこの親切に報いてやれないのが、
わが一生の最後の不運だ。だがおまえへの返礼は、いずれアレクサンドロスがしてくれよう。そして私の母
と妻と子供たちを丁重に扱ってくれたアレクサンドロスへの返礼は、神々がしてくれよう。ここに差し出す
右手を、あの男に伝えてくれ」と言うなり、ポリュストラトスの手を取り、そのまま事切れた。
5 　まもなくしてその場に到着したアレクサンドロスは、この横死のさまを見て悲しみをあらわにし、着てい
6 た外套を脱ぐと、遺体に掛けてやった。ベッソスは後に見つけ出して引き裂き刑に処した。[3]この刑は、直立
する二本の木をたわめて一箇所に寄せてから、双方の木に四肢を結わえ付け、そうして木を解き放つという
7 もので、木が反り返る力により、ベッソスの体は左右に勢いよく引っ張られ、引き裂かれたのである。ダレ
イオスの遺体は、王にふさわしい装いをまとわせたうえで、母后のもとに送り届けた。[4]王の弟エクサトレス[5]
は、引き取って側近の列に加えた。

2　ヒュルカニアから東方へ

四四　アレクサンドロスが精鋭部隊を率いてヒュルカニア地方へ降りていくと、眼の前に大海の入り江が現われた。(6) 見たところ、ポントス海［黒海］に劣らぬ広さがあり、もうひとつの海［地中海］ほど塩辛くないその海について、確かなことを知る者はなかったが、アレクサンドロスはこれをマイオティス湖［アゾフ海］の水が回ってきたものに違いないと推測した。しかしながら自然学者たちはすでに真実を捉えていて、アレ

---

(1) 以上の逸話は、アリアノス『アレクサンドロス東征記』第六巻二六-一―三、クルティウス『アレクサンドロス大王伝』第七巻五-一〇―一二、ポリュアイノス『戦術書』第四巻三-二五、フロンティヌス『戦術論』第一巻七-七にも記されるが、場所や経緯の異同がある。アレクサンドロスの自制心と統率力を示す好例としてよく知られていた。

(2) クルティウス『アレクサンドロス大王伝』第五巻一三-二四によればマケドニア人兵士。ダレイオスの死は前三三〇年七月頃。

(3) ベッソスはダレイオスの死後、バクトリアで後継の王を名乗ったが、仲間の将軍に裏切られてアレクサンドロス側に引き渡された（アリアノス『アレクサンドロス東征記』第三巻二五-三、二九-六―三〇-五、ディオドロス『歴史文庫』第十七巻八三-七―九、クルティウス『アレクサンドロス大王伝』第七巻五-三六―四三）。

(4) ペルセポリスに送り、歴代の王の眠る墓廟に葬るよう指示した（アリアノス『アレクサンドロス東征記』第三巻二二-一）。

(5) オクシュアトレスまたはオクサトレスとも呼ばれる。イッソス合戦で勇敢な戦いぶりを見せ、ダレイオス死後にアレクサンドロス側に投降した（ディオドロス『歴史文庫』第十七巻三四-二―三、七七-四、クルティウス『アレクサンドロス大王伝』第三巻一一-八、第六巻二-九）。

(6) アレクサンドロスはアルボルズ山脈を越えて、カスピ海南東部の平野に入った。

クサンドロスの遠征のはるか前に、これは外側を取り巻く大洋から伸びてくる四つの入り江のうち最北のものに当たり、ヒュルカニア海ともカスピ海とも呼ばれると記録している[1]。
3 この地方にいたとき、夷狄数人が王の愛馬ブケパラスを曳いていた従者たちの前に突如現われ、馬を奪い
4 取るという事件が起きた。王は烈火のごとく怒り狂い、伝令を遣って、馬を返さなければ子供も女も容赦な
5 くひとり残らず殺してやると脅した。脅された者たちが馬を伴ってアレクサンドロスのもとに出頭し、村々を譲り渡すと申し出ると、アレクサンドロスは彼ら全員を慇懃にもてなし、盗人たちに馬の身代金まで与えた[2]。

四五 そこを出発してパルティア地方[3]に入り、当地で一息ついていたとき、アレクサンドロスは初めて夷狄風の衣装に身を包んだ。異民族を手なずけるためには習慣をともにするのが肝要と心得て、現地の風習に同化しようという狙いだったのかもしれないし、あるいはこれはマケドニア人に跪拝礼[4]を受け容れさせるためのひそかな試みであって、様式の変化と交代に耐えられるよう、人々を少しずつ慣らしていこうと考えた
2 のかもしれない。ただしあのメディア風の装束については、さすがに夷狄趣味が度を過ぎた珍妙ないで立ちなので、幅広袴も大口袖上着も山高帽も採用せず、ペルシア風とメディア風をほどよく混ぜて両者の中間を
3 選び、メディア風よりも控えめで、ペルシア風よりも威厳のある衣装を着けた[5]。初めのうち、この身なりをするのは屋内で夷狄と会うときや朋友と過ごすときに限られていたが、やがてそれが馬に乗るときや会見に
4 臨むときにも広がって、多くの人の眼に触れるようになった。この光景をマケドニア人は苦々しく思いつつも、それ以外の点では王の人格に心服していたから、それで本人の機嫌が良くなり権威が高まるのなら、多

少は目をつむらねばなるまいとみずからに言い聞かせていた。

[5] 実際、アレクサンドロスは過去の数々の戦傷に加え、最近では脛に矢を受け、その衝撃で脛骨が折れては
[6] み出ていたし、さらには首に石弾を当てられ、そのせいで視界が霞んで長い間晴れないでいた。それでも命を惜しまずに危険に身をさらし続け、オレクサルテス川――アレクサンドロスはこれをタナイス川と誤解し

---

(1) 人の住む大陸を取り巻く大洋（オケアノス）から四つの湾が切れ込んでいる、すなわちカスピ海のほかに、ペルシア湾、アラビア湾（紅海）、地中海である、という説明がストラボン『地誌』第二巻五-一八にあり、これはエラトステネス（三-3）の地理学説を根拠とし、遡ればヘカタイオス（前五〇〇年前後のミレトス出身の地理歴史学者。本文の「自然学者たち」のうちのひとり）にいたる。一方、ヘロドトス『歴史』第一巻二〇二―二〇三、アリストテレス『気象論』第二巻一（三五四a）は、カスピ海を周囲を陸に囲まれた湖と記す。アリアノス『アレクサンドロス東征記』第七巻一六-二によれば、アレクサンドロスは遠征帰路にバビロンへ向かうとき、ヒュルカニア地方に部下を派遣して、いずれが真実かの調査を命じた。

(2) アリアノス『アレクサンドロス東征記』第五巻一九-六、ディオドロス『歴史文庫』第十七巻七六-五―八、クルティウス『アレクサンドロス大王伝』第六巻五-一八―二一に同じ逸話が引かれるが、いずれもアレクサンドロスの馬への愛着と怒りの激しさに重きを置き、馬を取り戻したところで話を終える。しかしプルタルコスはこの事件を、アレクサンドロスの器量の大きさを示す例として取り上げる。

(3) ヒュルカニアから南東にアルボルズ山脈を越えたあたりの地方。

(4) 臣下が王への崇敬を表わすため、王の前で平伏する。このペルシア宮廷儀礼をギリシア人は卑屈な奴隷的所作として嫌悪した。五四-3参照。

(5)『アレクサンドロスの運または徳について』三二九f―三三〇eには、アレクサンドロスの東方風衣装採用を諸民族の融和と統一に関連付ける賛辞が展開される。

ていたが[1]——を渡り、スキュタイ人を打ち負かして、下痢に苦しみながら一〇〇スタディオンに及ぶ追撃
を行なったのである[2]。
四六　ここでアマゾネス族の女王がアレクサンドロスに会いに来たと記す史家は少なくない[3]。クレイタル
2 コス[4]、ポリュクレイトス[5]、オネシクリトス[6]、アンティゲネス[7]、イストロス[8]といった人たちである。しかしア
リストブロス[9]、宮廷執事カレス[10]、さらにはエレトリアのヘカタイオス[11]、プトレマイオス[12]、アンティクレイ
デス[13]、テバイのピロン[14]、テアンゲラのピリッポス[15]、カルキスのピリッポス[16]、サモスのドゥリス[17]、これらの人
3 たちはみなこの来訪談を捏造と断じる。アレクサンドロス自身の書いたものも、捏造説を裏付けるようであ
る。アレクサンドロスがアンティパトロスに宛てた書簡は、あらゆるできごとの正確な記録であるが、その
中でアレクサンドロスは、スキュタイ人の王が娘との結婚縁組を申し出てきたと書きとめる一方[18]、アマゾネ
4 ス族についてはひと言も触れていないのである。また一伝によると、後年すでに王になっていたリュシマ
コス[19]に、オネシクリトスが自著の第四巻の女王来訪について書かれた箇所を読み聞かせていたとき、リュシ
5 マコスが穏やかな笑みを浮かべて「そのときおれは、どこにいたのかな」と問いかけたという。いずれにせ

(1) オレクサルテス川はヤクサルテス川とも呼ばれ、天山山脈の西方に発し、ほぼ北西に流れてアラル海に注ぐ現シルダリヤ川。タナイス川は、ヘロドトス『歴史』第四巻五七にスキュタイ人の国を流れる川のひとつと記される、アゾフ海に注ぐ現ドン川。

(2) オレクサルテス川の北側の岸から挑発してくるスキュタイ人を圧伏しようと、アレクサンドロスは川を渡ったが、暑熱の中を追走するうちに口にした水に当たって重態になり、退

却した（アリアノス『アレクサンドロス東征記』第四巻四）。スキュタイ人はイラン系遊牧騎馬民族。

(3) ディオドロス『歴史文庫』第十七巻七七‐一―三、クルティウス『アレクサンドロス大王伝』第六巻五‐二四―三二、ユスティヌス『ピリッポス史』第十二巻三‐五―七がこの伝承を記す。それによればアマゾネス族（勇猛な女戦士の支配する国）の女王タレストリスが、アレクサンドロスの名声を聞き付けて、三〇〇人の女戦士を従えて現われた。りっぱな両親からりっぱな子を作るために来たと来訪の目的を告げ、アレクサンドロスと一三日間を過ごしたという。アリアノス『アレクサンドロス東征記』第七巻一三‐二―六は、この話の真実性に疑義を呈する。

(4) ディノン（三六‐4）の子。東征には参加しなかったが、前三世紀初めにアレクサンドリアでアレクサンドロスの伝記を著わした。

(5) テッサリア地方のラリサ出身。東征に参加した。

(6) 八‐2、一五‐2参照。

(7) 不詳。七〇‐4に登場する人物とはおそらく別人。

(8) 前三世紀。アレクサンドリア在住の学者詩人カリマコスの弟子。

(9) 一五‐2、一六‐15、一八‐4、二一‐9、七五‐6参照。

(10) 二〇‐8参照。

(11) 不詳。エレトリアはエウボイア島内の都市。

(12) 後のプトレマイオス朝の創始者。一〇‐5、三八‐2参照。プトレマイオスの著わしたアレクサンドロス伝は、アリアノスの主要史料のひとつになった（『アレクサンドロス東征記』第一巻序）。

(13) 前三世紀。アレクサンドロス伝を著わした最初のアテナイ人。

(14) 不詳。

(15) 前三世紀にカリアの歴史を書いたこと以外は不詳。テアンゲラは小アジアのカリア地方の町。

(16) 不詳。カルキスはエウボイア島内の都市。

(17) 一五‐2参照。

(18) バクトラまたはマラカンダ（現サマルカンド）にいたアレクサンドロスを、スキュタイ人の使節が訪ね、王からの友好の申し出を伝えた（アリアノス『アレクサンドロス東征記』第四巻一五‐一―三、クルティウス『アレクサンドロス大王伝』第八巻一‐七―一〇）。

(19) アレクサンドロスの側近護衛官のひとり（五五‐2）。アレクサンドロス死後にトラキア総督に就き、前三〇六年に王を名乗った。輔導役リュシマコス（五‐8、二四‐10―14）とは別人。

よ、この話を信じないからといってアレクサンドロスへの讃嘆が減じるわけではなく、信じるからといって
増すわけでもあるまい。

四七　さてアレクサンドロスはマケドニア兵がこれ以上の遠征続行を拒むのではないかとの懸念から、軍
勢の多くをその場に置いたまま、ヒュルカニアで精鋭の兵士だけを手元に集めると、歩兵二万、騎兵三〇〇
〇のその兵士たちにこんな呼びかけを行なって、彼らの心を捉えた[1]――夷狄たちは今われわれを眼の前に
しておとなしくしているけれども[2]、もしわれわれがアジアをかき乱しただけで出ていこうとすれば、たちま
2 ちわれわれを女も同然と侮って襲いかかってくるであろう。立ち去りたい者は立ち去るがよい。だがそのと
きは断言する、アレクサンドロスはマケドニア人のために世界を征服しようとしていた最中に、友人ら遠征
を続けようとする者たちとともに見捨てられたのだと。
3 　これはアンティパトロス宛ての書簡からのほぼ言葉どおりの引用であり、このあとには、アレクサンドロ
スの発言を聞いた兵士たちがこぞって、世界中どこへなりと望む所にわれわれを連れていってほしいと叫ん
4 だ、と書かれている。こうして精鋭の兵士たちが王の試みに応えると、もはや軍勢全体が難なく王の掌握す
るところとなり、誰もが先を争うように遠征に付き従った。
5 　こうしたなかでアレクサンドロスは、自身の生活習慣の現地への同化をますます深めていったが[3]、それと
同時に、現地の人々にマケドニアの文化を取り入れさせることにも意を注いだ。そうして力の行使ではなく
親愛の醸成によって融和と協同を実現すれば、たとえ自分が遠くに離れていても、安定した統治が続くはず
6 だと期待したのである。そのひとつとして、三万人の少年を選抜してギリシア語学習とマケドニア式武装訓

7 練を命じ、そのための指導員を多数配した。(4) ロクサネとの結婚も、酒宴のおり、踊り子のなかに美しく若々しい女を見つけて恋情にとらわれたというのが理由ではあったが、今後の統治方針に合致するという思惑もあった。(5) 実際、夷狄たちは婚姻による結び付きが生まれたことに安堵を覚え、しかもアレクサンドロスが持
8 ち前のたぐいまれな自制心を発揮して、心を奪われたこの唯一の女にも掟に反する接触を控えたのを知るにつけ、この王への敬慕をつのらせたのである。

主だった側近たちのうちで、見たところ、王の方針に賛成し、装束の変更をともにしようとするのがヘパ
9 イスティオン(6)であり、逆に父祖の伝統を守ろうとするのがクラテロス(7)であったから、王は執務にあたって、

(1) 以下の兵士たちへの訴えは、ディオドロス『歴史文庫』第十七巻七四-三、クルティウス『アレクサンドロス大王伝』第六巻二-一五—四-一、ユスティヌス『ピリッポス史』第十二巻三-二—四にも記される。ダレイオス死亡とペルセポリス占領によってペルシア征討の大義は果たしたと感じたマケドニア兵の間に、帰郷願望が広がっていた。

(2) 底本とは異なり、ビュデ版の採用する訂正によって訳する。

(3) 四五-1参照。

(4) 現地の少年三万人選抜の目的について、クルティウス『アレクサンドロス大王伝』第八巻五-一はプルタルコスと異なり、インド侵攻に先立って、今後の人質としても兵士としても使えるようにするためと記す。七一-1参照。

(5) ロクサネはバクトリア貴族の娘で、砦の占領のさいに捕虜になっていた（『アレクサンドロスの運または徳について』三三二e、アリアノス『アレクサンドロス東征記』第四巻一九-五）。結婚は前三二七年春のこと。後にアレクサンドロスの子を産む（七七-6）。

(6) 二八-5、三九-8、七二-2—5参照。

(7) 四〇-5、四一-6、四二-1参照。クラテロスがアレクサンドロスの東方化路線に反対して、マケドニア兵から強い支持を受けていたことについて、『エウメネス』六-2—3、七-2参照。

相手が夷狄ならヘパイスティオンを使い、ギリシア人やマケドニア人ならクラテロスを使うように配慮した。
10 何かにつけて、ヘパイスティオンには最大の愛情を注ぎ、クラテロスには最大の名誉を与えて、ヘパイス
11 ティオンをアレクサンドロスの友、クラテロスを王の友と見なし、常々それを口に出してもいた。そんなこ
ともあってこの両名はふだんから反りが合わず、言い争いも一度や二度にとどまらなかった。インド遠征の
おりには、とうとう双方とも剣を抜いて振り回すまでになり、しかもいずれにも友人たちの助太刀が加わっ
て、アレクサンドロスが馬で駆け付けるほどの騒ぎになった。このとき王は、人前ではヘパイスティオンを
罵倒し、おまえはアレクサンドロスがいなければ一文の値打ちもない男だと自分で分かっていないのか、だ
12 とすればおまえは間抜けの大馬鹿者だと声を荒げる一方、クラテロスに対しては、ほかに人のいない所で厳
しく叱責した。そして双方を引き合わせて仲直りさせてから、アンモンを始めとする神々に誓いを立て、自
分は誰よりもこのふたりを愛するが、もし再びふたりが喧嘩するのを見聞きしたなら、双方をあるいは喧嘩
をしかけた方を、死刑に処すると宣言した。それからというもの、ふたりはたとえ冗談にでも、相手に向
かってそのたぐいの言葉を発したり行動をとったりすることはなかったという。

ピロタス陰謀事件

四八　パルメニオンの息子ピロタス(1)は、マケドニア人の間でたいへん人望の高い男だった。勇気と忍耐に
2 すぐれ、しかもアレクサンドロスに次ぐ気前の良さと面倒見の良さを持ち合わせていたからである。こんな
話がある。あるとき友人のひとりが金銭の無心に来たので、渡してやれと家令に命じた。家令が持ち合わせ

3 がないと答えると、「何だと。盃の一個も外套の一枚もないのか」と訊き返したという。しかし一方で、尊大な言動と派手な金遣いが目立ち、身なりも暮らしぶりも一臣下としては豪勢の度を過ぎていた。威厳や風格をつくろってみても不似合いで品がなく、贋物のいかがわしさが拭えずに、周囲の猜疑と嫉妬を招く結果になっていたので、パルメニオンが息子に「おい、もう少し腰を低くしろ」と諭したこともある。

4 ピロタスへの陰口は、久しい以前からアレクサンドロスの耳にも届いていた。キリキアでのダレイオス敗戦を受け、ダマスコスに置かれていた財貨が接収されたとき、多数の捕虜がマケドニア陣営に連行されてきたなかに、ひとりの女がいた。ピュドナの生まれで容姿端麗、名をアンティゴネというその女はピロタスの
5 所有するところとなった(2)。ピロタスは若者が酒を飲んでお気に入りの女に対したときの例に洩れず、戦場での手柄話の数々を酔いにまかせてアンティゴネに語り聞かせ、これまでの成果は自分と父の功績だと豪語したばかりか、アレクサンドロスのことを小僧と呼び、あいつはおれたちのおかげで名ばかりの権力を持って
6 いるにすぎない、と口を滑らせることもたびたびあった。女は聞いたことを仲間のひとりに話し、その仲間が当然ながら別の仲間に伝えて、話がクラテロスのところに巡ってきたので、クラテロスは女を捕まえてひ
7 そかにアレクサンドロスの前に引き出した。事実を証言したアンティゴネに王は、今後もピロタスとの親密

(1) マケドニア騎兵隊指揮官。一〇-3、三一-4、四〇-1参照。

(2) イッソス合戦後、ダマスコスでペルシア王の財宝と従者を分捕ったことについて、二四-1参照。ピュドナはマケドニアの沿海部の都市。しかし『アレクサンドロスの運または徳について』三三九eによれば、アンティゴネはマケドニアの都ペラの出身で、サモトラケ島で捕虜になったという。

な関係を続けて、聞いたことを逐一洩らさず報告しに来るよう指示した。
四九　そんな罠をしかけられているとは知らないピロタスは、アンティゴネと会っては、驕りと憤りにま
2 かせて王をなみする不穏当な言葉を次から次へと繰り出した。アレクサンドロスは、ピロタスを断罪するに
十分な証拠が持ち込まれても、パルメニオンの忠誠を信頼していたためか、それともパルメニオン父子の名
望と権勢を恐れていたためか、何も言わずに辛抱と自重を重ねた。
3 その頃、カライストラ出身のマケドニア人でディムノスという男がアレクサンドロス暗殺を企て、情愛を
4 寄せていたニコマコスという若者を仲間に引きずり込もうとした[1]。しかしニコマコスが断って兄のケバリノ
スにこの企てを知らせたので、ケバリノスはピロタスのもとへ出向くと、急を要する重大事についてお伝え
5 せねばならないので、アレクサンドロスとの面会を取り次いでほしい、と申し出た。ところがピロタスはど
ういうわけか、陛下は今重要な用事の最中だからと理由を付けて、面会させなかった。しかもそれが二度に
6 及んだ。こうなるとピロタスへの疑念が湧いてきて、別の人物のもとに駆け込んだケバリノスは、その人の
仲介でアレクサンドロスの前に連れ出してもらった[2]。そしてまずディムノスの件を明かしたあと、声をひそ
7 めてピロタスの名を挙げ、二度も頼んだのに取り合ってもらえなかったと告げた。これを聞いたアレクサン
ドロスは気色ばみ、しかもディムノス逮捕に向かわせた者がその場で抵抗を受けたために相手を殺してし
8 まったと知らされると[3]、謀反の証拠を取り逃がしてしまったと感じて、ますます心穏やかでなかった。こう
してピロタスへの腹立ちの収まらないアレクサンドロスのもとに寄り集まってきたのが、以前からこの男を
嫌悪していた者たちであり、彼らはもはやはばかることなくこんなことを口にした――カライストラ出身の

ディムノスごときが、このような大それた企てを自分ひとりで手がけたと思っておられるなら、陛下は考え
9 が甘すぎる。ディムノスは下っ端であり、もっと大きな力に動かされる駒にすぎない。この件が闇に葬られ
10 ていちばん得をする者たち、その者たちにこそ謀反の取り調べがなされるべきだ。疑惑をかき立てるこんな
言葉で王の耳を大きく開かせてから、彼らはいよいよピロタスへの中傷を洪水のようにその中に流し込んだ。(4)
11 この結果、ピロタスは逮捕されて査問を受けることになり、側近たちが拷問に立ち会う一方、王自身は張ら
12 れた幕の向こう側から耳をそばだてた。ピロタスが卑屈な声を出してヘパイスティオンたちに憐れみを乞う
のを聞いたとき、アレクサンドロスは「ピロタス、おまえはそんな意気地なしの弱虫のくせに、あんな大そ

(1) 以下のピロタス陰謀事件は、アリアノス『アレクサンドロス東征記』第三巻二六-一—三、ディオドロス『歴史文庫』第十七巻七九-一—八〇-二、クルティウス『アレクサンドロス大王伝』第六巻七—一一、ユスティヌス『ピリッポス史』第十二巻五-三にも記される。暗殺を企てた男の名は写本ではリムノスだが、ディオドロスでディムノス、クルティウスでデュムノスとなっているのに合わせて改める。事件は前三三〇年秋にドランギアナ地方（現アフガニスタン西部）の都プラダで起こった。

(2) ディオドロスによれば、ケバリノスは、ピロタスに放置されているうちに誰か別の者が王に密告すれば自分が陰謀の一員と疑われると恐れ、急いで王に知らせた。

(3) ディオドロスとクルティウスによれば、ディムノスは陰謀発覚後、自害した。

(4) 以上の経過を考慮すれば、「ピロタス陰謀事件」を仕組んだのは、王の側近たちの中にあってパルメニオン・ピロタス父子と対立し、その勢力伸長を阻もうとするグループであり、彼らは取るに足りない陰謀事件を利用して父子の排除を図った、というのがおそらく真相であろう。そのグループの中心にいたのがクラテロスだった（クルティウス『アレクサンドロス大王伝』第六巻八-二—九、一一-一二）。

れた事に手を出したのか」と吐き捨てたと伝えられる。
13 ピロタスの処刑から間を置かず、[1] メディアに使いを遣って、パルメニオンも始末した。[2] こうしてピリッポ
スを支えて数々の功を成したばかりか、年長の側近たちのうちでアレクサンドロスのアジア遠征を熱心に推
したほぼ唯一の人物は、遠征に同行させた三人の息子のうちふたりの死を見送ったあと、残ったひとりとと
もに命を絶たれたのである。[3]
14 このたびの事件は、側近たちの多くにアレクサンドロスへの恐怖心を呼び起こし、とりわけその思いを強
くしたアンティパトロスは、アイトリア人のもとに内密の使者を遣わして、盟約の誓いを取り交わすにい
15 たった。アイトリア人もアレクサンドロスを恐れていたからであるが、これはオイニアダイの破壊を伝え聞
いたアレクサンドロスが、アイトリア人への報復はオイニアダイの子供たちではなく、このおれが果たして
やると脅したことによる。[4]

クレイトス刺殺事件

五〇　それからまもなくしてクレイトス刺殺事件が起こったのだが、[5] この事件は詳しい経過を知らない者
2 には、ピロタスの件にもまして無残な仕打ちと映るかもしれない。しかし事件の原因と状況を筋道を立てて
追ってゆけば、これは王の意図から出たのではなく、何かしらの不運によるものであり、王の怒りと酔いが
3 クレイトスの精霊にきっかけを与えたのだと理解できるはずである。事のいきさつを述べよう。あるとき沿
海地域から来て、ギリシア産の果物を王に献上した者があった。王はそのみずみずしく美しいのに感激し、

4 クレイトスにも見せて分けてやろうと思って呼び出した。(6) クレイトスはそのとき供犠の最中だったが、儀式
5 を途中でやめて、王の方へ歩き出したところ、灌酒を済ませた羊が三頭後ろから付いてきた。王がそれに気づいて、占い師アリスタンドロスとスパルタ人クレオメネスに相談したところ、両名からこれは不吉なしる

（1）ピロタスは祖国への裏切り者として、槍または石弾を浴びる刑に処せられた。

（2）パルメニオンは、ダレイオス追跡を続けるアレクサンドロスと別れ、メディア地方管轄のためエクバタナに留まっていた。

（3）パルメニオンは前三三六年の春、ピリッポスによって一万の軍勢とともに小アジアに派遣された。アレクサンドロスの遠征軍では副将格だったが、すでに老齢だった（三-8、一六-3、一九-5、二一-9、二三-4、二九-8、三一-10—三三-11）。パルメニオンの三人の息子のうち、ヘクトルはエジプト遠征のおりにナイル川での船の転覆がもとで死に、ニカノルはヒュルカニアを出たあと命を落とした（アリアノス『アレクサンドロス東征記』第三巻二五-四、クルティウス『アレクサンドロス大王伝』第四巻八-八、第六巻六-一八）。

（4）アンティパトロスはマケドニアにあって、王の母オリュンピアスと反目しあっており（三九-8、13）、パルメニオン父子の粛清を知って身の危険を感じた（ディオドロス『歴史文庫』第十七巻一一八-一、ユスティヌス『ピリッポス史』第十二巻一四）。オイニアダイはアカルナニア地方南部、アイトリア地方に隣接する港市で、アイトリア人により市民の亡命を余儀なくされていた。ただしそのことでアイトリア人がアレクサンドロスからの仕置きを恐れたのは、前三二四年にアレクサンドロスがギリシアの亡命者帰国令を発したときだとすれば（ディオドロス同書第十八巻八-六）、ピロタス事件よりもかなり先のことである。

（5）事件は前三二八年秋にソグディアナ地方の都マラカンダ（現サマルカンド）で起こった。クレイトスについては一六-11参照。クレイトスは事件の直前にバクトリア総督に任命されていた。クレイトスの姉がアレクサンドロスの乳母でもあった（クルティウス『アレクサンドロス大王伝』第八巻一-一九—二一）。

（6）二三-9参照。

6 しだと告げられたので、クレイトスのためにすぐさま清めの供犠を行なうよう命じた。というのもアレクサ
ンドロスは二日前に見た奇妙な夢を覚えていて、それはいずれもすでに死んだはずのパルメニオンの息子た
7 ちに交じって、クレイトスが黒い衣を着けて腰を降ろしているという夢だったのである。ところがクレイト
スはまだ清めの供犠が済まないうちに酒宴に現われ、そこでディオスクロイに供犠したあとの王と同席する
8 ことになった。(1) 宴が進んで陽気な騒ぎになった頃、プラニコスあるいは一説によればピエリオンという人の
作った戯れ歌で、先頃夷狄に敗北を喫した将軍たちを題材にして、(2) 彼らを嘲って笑いものにする歌が座に流
9 れてきた。古参の将軍たちは機嫌を損ね、歌の作者と歌い手に雑言を浴びせたが、アレクサンドロスとその
取り巻きたちは愉快そうに耳を傾け、歌を続けろと命じた。クレイトスはこのときすでに酔いが回り、しか
もともと激情に駆られやすく一本気な性格であったから、憤りは誰よりも強く、マケドニア人を夷狄や仇
敵のいる前で侮辱するとは何事か、あのマケドニア人たちは不運にみまわれたとはいえ、こうして笑ってい
10 るやつらよりもずっとりっぱな勇士だと息巻いた。するとアレクサンドロスが、クレイトスは臆病を不運と
11 言い換えて自分を弁護している、と横槍を入れたので、クレイトスは立ち上がり「しかし、スピトリダテス
の剣に早々に背を向けようとしていた、神から生まれたとかいう方を救ったのは、その臆病者だったはず。(3)
マケドニア人の血と傷のおかげでここまでになられた方が、アンモンを父と称し、ピリッポス様の子である
ことを否定されるとは」と声を荒げた。

五一　これを聞いてアレクサンドロスも頭に血が上り、「この野郎、おまえはいつもおれにそんなことを言って、マケドニア人の中に争いを持ち込もうとして、それで無事でいられると思っているのか」と食って

2 かかったので、クレイトスは「今でも無事であるものか、艱難辛苦のあげくがこれなのだから。マケドニア
人がメディア人の杖でたたかれ、王に会うためにペルシア人に頼まねばならないような、こんなありさまを
見る前に死んだ者は、まったく幸せだ」と言い返した。クレイトスの歯に衣着せぬ反論に、アレクサンドロ
3 スの取り巻きたちも立ち上がって罵り返すなか、古参の将軍たちは騒ぎを収めようと懸命だった。アレクサ
4 ンドロスはカルディア出身のクセノドコスとコロポン出身のアルテミオスの方を振り返り[4]、「マケドニア人
の中にギリシア人が交じると、まるで獣の群れに半神が交じっているみたいだろう」と軽口をたたいた。そ
れでもクレイトスは引き下がろうとせず、「言いたいことは皆の前で言え[5]。さもなければ宴に率直な物言い
5 のできる自由人を招くのはやめて、そのペルシア風の帯や真っ白な着物に跪拝する夷狄や奴僕連中に囲まれ

（1）アリアノス『アレクサンドロス東征記』第四巻八-一―二によれば、この日はディオニュソスに捧げられた祭日だったが、アレクサンドロスはそれをおろそかにしてディオスクロイに供犠した。そのためにディオニュソスの怒りを招き、刺殺事件を仕組まれたのだと信じた（一三-4）。ディオスクロイはゼウスを父とする双子神。

（2）前三二九年、バクトリアの豪族スピタメネスの軍勢がマラカンダを包囲しているのを駆逐するため、三人のマケドニア人将軍が派遣されたが、指揮の拙さから壊滅させられた（アリアノス『アレクサンドロス東征記』第四巻三-七、五-二―六-二）。

（3）グラニコスの合戦のとき、クレイトスがすんでのところでアレクサンドロスの命を救った（一六-11）。

（4）カルディアはトラキア地方のケルソネソス半島上の都市。コロポンはイオニア地方の都市。ふたりともギリシア人。

（5）底本校訂者の修正を採らず、ビュデ版と同じく写本のとおりに読む。

ていればいい」と吐き捨てた。こうなるとアレクサンドロスはもはや怒りをこらえきれず、かたわらにあっ
6 た林檎をひとつつかんでクレイトスに投げつけるや、眼で短剣を探した。しかし短剣は警護兵のひとりアリ
ストパネスがいち早く取り除けておいたので、王はまわりに集まってきた者たちの諫止も聞かず[1]、跳ねるよ
うに立ち上がると、マケドニア語[2]で大声を発し、近衛歩兵隊を呼び寄せようとした。それは大乱勃発を告げ
る合図だった。続いてラッパ手に号令の発出を命じたが、ためらってぐずぐずしていたので拳で殴りつけた。
7/8 殴られたラッパ手は、後日、軍内の騒乱を防いだ最大の功労者として栄誉を受けた。一方、クレイトスはな
おも腹の虫の治まらないのを、友人たちが何とかして宴会部屋から押し出したものの、別の戸口からまた
入ってこようとした。しかもそのときはエウリピデスの『アンドロマケ』の台詞から

　ギリシアには何という悪しき習いのはびこることか[3]

9 という一節を、矜持と侮蔑に満ちた表情で口ずさんでいた。それでとうとうアレクサンドロスは槍持ちのひ
とりから槍を一本取り上げると、クレイトスが戸口に掛かる幕を払ってこちらに向かってこようとするとこ
10 ろを、ひと突きに刺した。しかし相手の体が太い唸り声を吐いて崩れ落ちたとたんに、怒りは去り、王は我
11 に返った。そして朋友たちが声を失って立ちつくすのが眼に入ると、すばやく遺体から槍を引き抜き、それ
を自分の喉に勢いよく突き立てようとしたところを、警護兵たちに腕をつかまれ押しとどめられて、むりや
りに寝室へ運び込まれた。

五二　その後は夜通し号泣し続けたアレクサンドロスだが、夜が明けると泣くのも叫ぶのもやめ、一日中、

2 低いうめき声を洩らすばかりで、ひと言も発しないまま横たわっていた。側近たちが長い静寂に胸騒ぎを覚え、強引に室内に入ってきて話しかけても、王の耳にはまるで届かなかった。ただ占い師アリスタンドロスから、少し前に見たクレイトスの夢と例の予兆を想起させられ、これは以前から定められた運命だったのだと聞かされたときだけは、心を動かされたようだった。(4)

3 そこで哲学者でアリストテレスの親戚でもあるカリステネス(5)とアブデラ出身のアナクサルコス(6)が、王のた
4 めに連れてこられた。ふたりのうちカリステネスは、苦痛を与えないように婉曲で遠回りな言い方を用い、慎重かつ穏やかな方法で王の悲しみをやわらげようと努めた。一方アナクサルコスは、哲学においても始めから独自の道を歩み、他人への軽侮と冷評で知られた人物であったから、室内に入ってくるやいなや、大き
5 な声で「これが今や世界中の耳目を一身に集めるアレクサンドロスか。その人がまるで奴隷のように放り出

(1)アリアノス『アレクサンドロス東征記』第四巻八-八、クルティウス『アレクサンドロス大王伝』第八巻一-四七は、このときアレクサンドロスが、臣下たちに拘束されたダレイオスと同じ運命に今自分はいる、と叫んだと伝える。

(2)マケドニア語の素性については不明なところもあるが、ギリシア語の一方言と見なすのが大勢である。特別に重要な場面で顕著な方言形が使用されたらしい。『エウメネス』一四-10参照。

(3)エウリピデス『アンドロマケ』六九三。戦功が兵士たちを差し置いて将軍ひとりに帰せられるのに憤慨し、アキレウスの父ペレウスがメネラオスに投げ付ける台詞。

(4)アリアノス『アレクサンドロス東征記』第四巻九-五によれば、複数の占い師が、事件は供犠を受けそこなったディオニュソスの怒りが原因だと告げ、アレクサンドロスも納得したという。

(5)二七-4、三三-1、10参照。

(6)二八-4参照。

されて涙を流し、人の世の法と指弾に怯えているとは。だが戦いによって支配と権力を勝ち取ったからには、
アレクサンドロス自身が法であり正邪の審判であって、人のうつろな思惑に僕のように仕えるべきではな
6 い」と一喝した。そしてアレクサンドロスに「ご存じないのですか、ゼウスが両脇にディケ［正義の女神］
とテミス［掟の女神］を従えているのは、勝者のなしたことをすべて掟となし、正義となすためだというこ
7 とを[1]」と畳みかけた。およそこんな理屈を並べて、アナクサルコスは王の悲しみを軽くしたのだが、それと
同時に、その性格を強い自惚れと法への侮りの方へ導くことにもなった。そして自分は王と一心同体とも言
えるような仲になる一方、謹厳な人柄ゆえに以前から良くなかったカリステネスと王の間を、いっそう引き
離す結果になった。
8 伝えによると、あるとき食事中に季節と気候についての議論が始まり、当地の気候はギリシアと比べて寒
冷で冬が厳しいという意見にカリステネスが賛同したところ、アナクサルコスがそれに熱心に反論したこと
9 があった。するとカリステネスは、「でもあちらよりもこちらの方が寒いということには、君も同意せざる
をえないのだ。なぜなら君はあちらでは薄い外套一枚で冬を越していたのに、こちらでは毛布を三枚もか
ぶって寝椅子に横になっているのだから」と切り返したという。この一件は、カリステネスがアナクサルコ
スの反感を買う原因のひとつになった。

カリステネス排除

五三　アナクサルコスに限らず、王を取り巻く多くのソフィストや追従者にとって、カリステネスは目障

2

りな人物であった。というのも彼は、その弁舌ゆえに若者の間でたいへん人気があったばかりか、年長者からも、規律正しく実直でおもねらない生き方ゆえに好感を持たれていたからである。そしてそのような生き方が、自分がアレクサンドロスのもとに来たのは同郷市民の復帰と故国の再建をかなえてもらうためだ、という彼の言葉に信用を与えてもいた。[2] そんな人望が嫉みを招いたのだが、しかしいくつかの点で、カリステネス自身が誹謗者にそのための材料を提供してしまったのも事実である。例えば宴席への招待を断ることがたびたびあり、また出席したときも重苦しく黙っていたので、その場が気に入らなくて不満を持っているように見えた。だからアレクサンドロスから

知が己のためにならない知者を私は好まぬ。[3]

と言われたこともある。

(1) ディケまたはテミスをゼウスのかたわらに置く発想は、ヘシオドス『仕事と日』二五六―二六二、ピンダロス『オリュンピア祝勝歌』八-二一―二三、ソポクレス『コロノスのオイディプス』一三八二に見られる。アリアノス『アレクサンドロス東征記』第四巻九-七では、アナクサルコスはディケだけを持ち出し、テミスには触れない。『教養のない権力者に一言』七八一a―bでプルタルコスは、同じ逸話を引いて、これは王の後悔を軽くして、再び過ちを犯させてしまう理屈だと批判する。

(2) カリステネスの故国はトラキア地方のカルキディケ半島上のオリュントス。前三四八年、ピリッポスに攻略されて都市は破壊され、住民は奴隷に売られた。カリステネスを遠征軍に送り出したアリストテレスが、故国スタゲイラを復興してもらった事例に似る(七-3、『ストア派の自己矛盾について』一〇四三d)。

(3) エウリピデスの題名不明の悲劇の断片。

3 大勢の客が招かれていたある酒宴でのできごととして、こんな話が伝えられる。盃が巡ってきて、マケドニア人称賛演説をやってみろと求められたカリステネスは、この課題に見事に応え、列席者から立ち上がっ
4 て拍手され冠を投げかけられるほどの名演説を披露した。ところがアレクサンドロスは、

良い主題ですぐれた演説をするのはたやすいこと[1]。

というエウリピデスの一節を引き、「それよりも、マケドニア人が自分たちの足りない点を知って改善できるよう、マケドニア人を論難する演説をして、それであなたの雄弁ぶりを証明してもらえないだろうか」と
5 持ちかけた。そこでカリステネスは語り直しに取りかかると、マケドニア人への容赦ない批判を繰り出し、ピリッポスが勢力拡大に成功したのはギリシア人どうしの内紛のおかげだと断言したうえ

国が分裂するとき、極悪人も誉れにあずかる[2]。

6 という詩句まで持ち出した。これを機に、マケドニア人の間にカリステネスへの激しい憎悪が燃え広がり、アレクサンドロスも、カリステネスは自身の雄弁ではなくマケドニア人への敵意を証明した、と洩らしたと伝えられる[3]。

五四　これはカリステネスの朗読役[4]ストロイボスがアリストテレスに説明した内容を、ヘルミッポス[5]が伝えたものである。カリステネスは王の態度が冷淡になったのを感じ取り、その場を去るとき、ひとりごちて[6]

おまえよりはるかに勇敢な男パトロクロスでさえ死んだのだ[7]。

2 という詩行を二、三度つぶやいたという。だからアリストテレスがカリステネスを評して、あの男は弁論は

達者だが知恵が足りないと言ったのは、的を射ていたのであろう(8)。

3

しかしながらアレクサンドロスへの跪拝礼について、哲学の立場から断固として拒否したのはカリステネスであり、マケドニア人の中で、年長の良識ある人たちの誰もが心の内に隠していた憤懣を堂々と開陳したのは、この人ひとりであった。跪拝礼を追い払うことによって、カリステネスはギリシア人を大きな恥辱から救い、アレクサンドロスをもっと大きな恥辱から救ったのだが、王を言葉ではなく力によって動かしたと

(1)エウリピデス『バッカイ』二六六。予言者テイレシアスがテバイ王ペンテウスをたしなめる台詞。
(2)出典不明の詩句。『リュサンドロスとスラの比較』一-3、『ニキアス』一-3、『兄弟愛について』四七九aでも引用される。
(3)以上のカリステネスの舌禍事件は、跪拝礼の導入に批判的なカリステネスを排除するべく、マケドニア人の間にカリステネスへの反感を醸成するためのアレクサンドロスの策略だったという見方もできる。
(4)主人のために文書を読み上げるのを仕事とする下僕。
(5)イオニア地方のスミュルナ出身。前三世紀、弁論家や政治家などの伝記集を著わした。『デモステネス』五-5参照。
(6)「ひとりごちて」は底本の校訂による。ビュデ版のように写本のとおり読めば、次の台詞はアレクサンドロスに向けて言ったことになり、その場合「おまえ」はアレクサンドロスだから、かなり大胆な発言である。
(7)ホメロス『イリアス』第二十一歌一〇七。アキレウスが戦場で命乞いをするトロイア王子リュカオンに吐く台詞。パトロクロスはアキレウスの親友で、トロイア王子ヘクトルに討たれて死んだ。
(8)ディオゲネス・ラエルティオス『哲学者列伝』第五巻五に、アリストテレスがカリステネスのアレクサンドロスへの過ぎた直言をたしなめたという記事がある。

4 いう印象を与え、自身にとっては破滅の因となってしまったのである。[1] ミュティレネ出身のカレス[2]の伝える
ところによると、ある酒宴のおりに、アレクサンドロスは自分が飲んだあとの大盃を側近のひとりに差し出
した。受け取った人物は立ち上がって炉の方を向いて盃から飲んだあと、まず王に跪拝し、続いて王に口付
5 けして、それが済むともとの場所に身を横たえた。その動作を列席者が順繰りに行なううちに、カリステネ
スに盃が回ってきたので、彼はそれを受け取って飲んでから、王に口付けしようとそちらへ歩き出した。そ
6 のとき王はヘパイスティオンと話を交わしていて、カリステネスの動きに注意を払っていなかった。ところ
がそこへペイドンの綽名を持つデメトリオス[3]が「陛下、口付けを受けてはなりません。その男だけ、陛下に
跪拝をしませんでした」と制止したので、アレクサンドロスは口付けを拒絶し、カリステネスは声を強めて
「それでは口付けをひとつ貸しにして、引き下がるとしよう」と応じた。

五五 こうして両者の懸隔が深まりつつあったところへ、ヘパイスティオンが、カリステネスから跪拝礼
2 をするという言質を取り付けていたのに、その約束を踏みにじられたと言い出し、人々もそれを信じた。さ
らにリュシマコス[4]やハグノン[5]といった者たちが、あのソフィストは専制打倒の志士を気取ってうろついてい
る、若者たちもあの男を幾万人の中でただひとりの自由の英雄とあがめ、まわりを取り巻いて離れようとし
3 ない、と言い触らして勢いを増してきた。そんなところから、ヘルモラオス[6]たちのアレクサンドロス暗殺計
画が発覚したとき、カリステネスを糾弾する者たちの言い分の中に真実に近いものが含まれているという見
方が広がったのである。その者たちが言うには、カリステネスは、どうすれば天下一の名声を得られるかと
4 いうヘルモラオスの問いかけに、「天下一の名声の持ち主を殺せば」と答えたほか、ヘルモラオスに決行を

促して、「黄金の寝台を恐れるな。向かっていく相手は病も患い傷も負う生身の人間であるのを忘れるな」[5]と励ましたのだという。しかしながらヘルモラオスを始めとして仲間のうちの誰ひとり、どんなに厳しい責[6]め苦に遭っても、カリステネスの共犯を口にする者はなかった。アレクサンドロス自身も、事件直後にクラ

(1)跪拝礼と訳したプロスキュネシスは、ペルシアの礼法で目下の者が目上の者にする投げキスのようなしぐさを意味したらしいが、時代や状況により形式は異なる。これが宮廷儀礼として固定すると、王の前でひざまずいて平伏する姿勢を指すようになったらしい。アレクサンドロスは卑下を表わすこの跪拝を慣例にしようとしたが、ギリシア人の習慣ではこれは神に対してのみとる姿勢だったので、アレクサンドロスの神格化に抵抗する人たちから強い反発を招いた。ただしこの儀礼の姿勢については、平伏が不可欠であるかどうかを含めて、明確でないところが残る。四五-1参照。以下の酒宴の逸話は、アリアノス『アレクサンドロス東征記』第四巻一二-三―五にも記される。

(2)二〇-8参照。

(3)アレクサンドロスの追従者のひとり(『似て非なる友について』六五d)。

(4)アレクサンドロスの輔導役リュシマコス(五-8、二四-10)。

(5)二二-3参照。

(6)王の身辺の世話をする一〇代後半の近習のひとりで、カリステネスを哲学の師と仰いでいた。王の狩猟に随行したおり、王に先んじて獲物を仕留めてしまったために、同僚たちの面前で鞭打たれた。それで王を恨むようになり、仲間を誘って、王の就寝中を襲う計画を立てたという。ただしヘルモラオスの動機が、ペルシア的儀礼の採用や側近の処刑など、王が専横を強めたことへの反感にあったという伝えもあった(アリアノス『アレクサンドロス東征記』第四巻一三-一―一四-四、クルティウス『アレクサンドロス大王伝』第八巻六-七―八-二三)。事件は前三二七年春、バクトラ(現アフガニスタン北部のバルフ)で起こった。

7 テロスとアッタロスとアルケタス[1]に宛てた書簡の中で、あの小僧どもは拷問を受けながら、そろって、あれ
は自分たちだけでやったことだ、ほかには誰もかかわっていない、と証言したと書いている。ただしもっと
後のアンティパトロス宛ての書簡では、カリステネスの共犯を前提に、「小僧どもはマケドニア人から石打
ちの刑を受けて死んだが、あのソフィストはおれが自分の手で懲らしめてやる、あいつを送り出したやつら
と、おれの命を狙う連中を市内にかくまうやつらもろともに」と記し、アリストテレスへの敵愾心も隠して
8 いない。カリステネスはアリストテレスの従姉妹［または姪］ヘロの子であり、その縁によりアリストテレ
スの家で養育された人物だったのである。
9 カリステネスの死については、アレクサンドロスにより絞首刑に処せられたという伝もあれば、足枷をは
められたまま病に倒れたという伝もある。一方、カレスの伝えるところでは、アリストテレスの立ち合いの
下で会議[2]の場において裁判を受けさせるため、逮捕後の七ヵ月にわたって拘束され監禁されていたが、アレ
クサンドロスがインドで負傷した頃、過度の肥満と虱の害により命を落としたという。

五六　いずれにせよ、これは後日のできごとである。コリントス人のデマラトスは、そのときすでに老境
にあったが、熱い思いに駆られてアレクサンドロスに会いに来た。そして王を見ると、アレクサンドロスが
ダレイオスの玉座に着いているのを見る前に死んだギリシア人は、大きな喜びを取り逃がした、とつぶや
いた[3]。この人が王からの恩顧にその後長く浴することができず、老衰のために生を終えたときは、盛大な葬
2 儀が営まれた。兵士たちがこの人のために、八〇ペキュス[4]の高さと桁外れの広さを有する墳墓を築き、遺灰
を装飾付きの四頭立て馬車に載せて、海［地中海］の方へおごそかに運んだのである。

五七　アレクサンドロスはインドへ入る山越えの道を前にして、(5)これまでの大量の戦利品のせいで軍全体
の動きが鈍くなっているのに気づいた。そこで夜の明ける頃、荷物を積んだ車のうちまず自分と朋友たちの
2 車に火をつけて燃やすと、続いて他のマケドニア将兵にも同様の行動を命じた。この命令は実行に移してみ
ると、予想していたほどの抵抗も動揺も引き起こさなかった。悲しむ者も少しはいたけれども、ほとんどの
者は待っていたとばかりに雄叫びを上げて、生活物資を欲しがる者に分け与える一方、余分な物品にはすす
んで火を放って灰にしたものだから、それを見たアレクサンドロスは体中に気力と闘志がみなぎってくるの
3 を感じた。しかしこの頃すでにアレクサンドロスは、歯向かう者に対して容赦なく厳罰を下す冷酷な王に
なっていた。例えば朋友のひとりメナンドロスが、ある砦の指揮をまかされていながら、そこに踏みとどま

（1）アッタロスについて、九-6、一〇-6参照。アルケタスはペルディッカス（一五-4、四一-5）の弟。クラテロスを含む三人は、ヘルモラオス事件のとき、ソグディアナ地方南東部の制圧に出ていた。

（2）コリントス同盟会議（一四-1）。

（3）この逸話は三七-7ですでに語られている。もし不注意でなければ、プルタルコスはカリステネスの惨めな死にざまと対照的なデマラトスの豪勢な葬儀を書き記すために、玉座の一件を繰り返したのか。

（4）約三五メートル。

（5）バクトラを出てインドに向かったのは、前三二七年初夏の頃。カブール渓谷を通ってヒンドゥークシュ山脈を越えようとしている。

ろうとしなかったのを咎めて処刑したほか、反乱を起こした夷狄のひとりオルソダテスに、みずから矢を射
て殺したこともある。
4 ある日、一頭の羊が子を産んだのだが、その子は頭のまわりに形も色もペルシア王の冠にそっくりの模様
があり、しかも頭の左右に睾丸が付いていた。アレクサンドロスはこの怪異を気味悪がり、こういう場合に
備えてふだんから同行させていたバビロニア人たちに祓いをしてもらった[1]。その一方で側近たちには、おれ
が心配しているのは自分の身ではなくおまえたちのことだ、おれが逝ったあと、王権が生まれの卑しい虚弱
な人間[2]の手に渡る運命にあるのではないかと気がかりなのだ、と語っていた。
5 しかしこの憂慮は、その後に生じたある吉兆によって拭い去られた。陣屋管理の長を務めるマケドニア人
で名をプロクセノスという男が、オクソス川[3]の畔で王の幕舎を設けるために地面を掘っていたとき、地下か
6 ら脂肪のようなどろりとした液体が湧いているのを見つけた[4]。表面をすくい取ってみると、その下から今度
は透き通ったきれいな油が噴き出してきて、これが香りも味もオリーブ油にそっくり、輝きやとろみはオ
7 リーブ油と寸分の違いもなかった。しかもそこはオリーブの木など生えない地方だったのである。伝えによ
ると、オクソス川の水そのものがどこよりも軟らかく、そこで水浴びをすると肌がとても滑らかになるのだ
8 という。ともあれこのときのアレクサンドロスの喜びようは並大抵でなく、そのことはアンティパトロスに
宛てた書簡で、この事象を、かつて神から示されたしるしの中でもとくに重要なもののひとつに数えている
9 ことから見て取れる。ただし占い師たちはこのしるしを、遠征が名声をもたらしながらも、苦労と困難を伴
うという予言と解した。オリーブ油は苦労を癒やす手段として神から人に授けられたのだから、というわけ

である。

五八　さて戦場では数々の危険がアレクサンドロスに襲いかかり、深い傷を負わせもしたが、それ以上に
2 生活物資の不足と厳しい気候は何よりも大きな厄難となって、兵士たちの命を奪っていった。それでもアレ
クサンドロスは不運を果断によって、大軍を勇気によって打ち負かしてみせると豪語し、勇者に奪取不可能
3 な砦はなく、臆病者に安全な城はないと確信していた。伝えによると、シシミトレスの立てこもる岩山の砦
を包囲していたとき、近づくのさえ難しい切り立った崖の上にあるこの砦を見て意気阻喪する兵士たちのか
4 たわらで、王はオクシュアルテスに、シシミトレスというのはどんな性格の男かと尋ねた。(5) オクシュアルテ
スが、たいへん肝の小さい男だと答えると、王は「するとおまえは、この砦は攻略できると言ってくれたわ

(1) 天文学・占星術を発達させたバビロニア人の神官は、占い師として重用された。七三-1参照。

(2) アレクサンドロスの異母兄弟で知的障害をもつアリダイオスを暗示する（一〇-2、七七-7）。

(3) アラル海に注ぐ現アムダリヤ川。バクトリア地方とソグディアナ地方の境界をなす。

(4) アリアノス『アレクサンドロス東征記』第四巻一五-七は、水の泉のすぐ近くに油の泉が噴出したと伝える。クルティウス『アレクサンドロス大王伝』第七巻一〇-一四参照。

(5) アリアノス『アレクサンドロス東征記』第四巻二一-一—九、クルティウス『アレクサンドロス大王伝』第八巻二-一九—三三参照。シシミトレスはソグディアナ地方の豪族で、アリアノスではコリエネスと呼ばれる。アレクサンドロスは難攻不落と見えた岩山の砦に軍勢が接近するための道を造る大工事に着手した。工事が進むにつれて不安を覚えたシシミトレスのもとに、アレクサンドロスはオクシュアルテスを遣わし、砦の明け渡しを要求した。オクシュアルテスはロクサネの父に当たるバクトリア人貴族で、アレクサンドロスに帰順していた（四七-7）。

けだ。中心が堅固でないのだから」と返した。そして実際に、シシミトレスを震え上がらせ、砦を占領した
のである。[1] 同じように険しい別の砦をマケドニア若年兵部隊を率いて攻めたときには、アレクサンドロスと
5 いう名の一兵士に呼びかけ、「とにかく、その名前からも、おまえには武勲を立ててもらわねば」と励ま
した。[2] そしてこの若者がめざましい戦いぶりを見せながら倒れたとき、王は身を切られるような痛みを覚え
た。
6 またニュサ[3]という都市をめざしていたとき、前方の深い川を見てマケドニア兵が前進をためらっていると、
王は立ち止まって「残念、おれとしたことが、どうして泳ぎを習っておかなかったか」と言うが早いか、盾
7 を持ったまま川を渡ろうとした。［ニュサの包囲が始まったあと］アレクサンドロスの攻撃停止命令を受けて、
包囲されている人々のもとから講和を乞うためにやって来た使者たちは、まず王が武具を着けたまま体裁も
かまわずにいるのを見て驚いた。続いて王のために座布団が運んでこられると、王は使者たちのうちで最年
8 長のアクピスという人物に、それを受け取ってその上に座れと勧めた。アクピスがこの親切と心遣いに感銘
9 を受けて、自分たちはどうすれば友人として迎え入れてもらえるかと尋ねた。アレクサンドロスが「あなた
に国の統治をまかせ、高貴の人物一〇〇名をわが方に差し出してくれるなら」と答えると、アクピスは笑み
を浮かべて「むしろ、陛下、高貴の人物一〇〇名よりも下賤の人物一〇〇名を差し出した方が、私としても
より良い統治ができるでしょう」と応じた。[4]

五九　タクシレスについて伝えられるところによると、インドにあるその領土はエジプトに劣らぬ広さを有し、しかも牧畜にも農耕にも申し分のない土地であったが、タクシレス自身もなかなかの賢者であった。[5]

[2] アレクサンドロスにあいさつしてから、こんなふうに語りかけたという「アレクサンドロス、もしあなたがここに来られた目的が、この国から水を奪うことでも食糧を掠めることでもないなら、われわれの間で戦ったり争ったりする必要がどこにあろう。思慮をわきまえた人間にとって、戦いを交えねばならぬ理由は、つ
[3] まるところこのふたつだけなのだから。それ以外のいわゆる宝物や財産については、もし私の方が多ければ、
[4] 喜んで恵んで差し上げよう。もし私の方が少なければ、ありがたく恵んでもらう覚悟だ」。するとアレクサンドロスは気に入ったとばかりに相手の右手を取り、「あなたはまさか、そのような慇懃な申し出をしておいて、この会見が争いなしに済むと思っておられるのかな。ともかく、あなたに勝ち目はない。私はあなた

(1)シシミトレスはオクシュアルテスの仲介により砦から下りてきて、アレクサンドロスと友好を約し、それまでどおりの地位を保証された。

(2)前三二六年春、パキスタン北西部、ペシャワル東方のアオルノスと呼ばれる砦を攻略したときのこと。

(3)アフガニスタン東部、ジャララバード辺りと推定されるが、確かな位置は不明。ディオニュソスがインド遠征に来たとき創建した都市だという伝承があった(アリアノス『アレクサンドロス東征記』第五巻一-一)。

(4)アリアノス『アレクサンドロス東征記』第五巻二-一—四によると、アレクサンドロスはニュサの指導者層一〇〇名を人質として要求したが、アクピスは、それでは統治できなくなるからと、その二倍の下層民を連れていってほしいと答えた。アレクサンドロスは結局、要求を取り下げ、アクピスの息子と孫を人質に受け取って、ニュサに自治を許した。

(5)アレクサンドロスは前三二六年五月にインダス川を渡り、インダス川とヒュダスペス(現ジェルム)川の間に広がる王国の都タクシラ(イスラマバードの北西)に着いた。タクシレスは国王の世襲の称号。父の後を継いで即位したばかりの当時の王の個人名は、オンピスまたはモピスと伝えられる(クルティウス『アレクサンドロス大王伝』第八巻一二-四、ディオドロス『歴史文庫』第十七巻八六-四—七)。

を相手に、恩恵の遣り取りの競争を最後まで戦い抜くぞ。度量の大きさで負けるわけにはいかないからな」
5 と応えた。そして多くの贈り物を受け取りながらも、それを上回る贈り物を施し与え、ついには貨幣一〇〇
〇タラントンを差し出した。この行動は側近たちをひどく憤慨させたけれども、その一方で、夷狄の中にア
レクサンドロスの忠実な臣下を数多く作り出した。
6 インド人のうちでとりわけ勇猛だったのは傭兵たちであり、都市から都市へ渡り歩きながら、頑強な抵抗
を続けていた。これに手を焼いたアレクサンドロスは、傭兵たちがある都市の中にいたときに休戦協定を結
7 び、歩いて出てきたところを一網打尽にしてひとり残らず殺してしまった。この一事は、常に法と王道にか
なう戦い方をしたアレクサンドロスの武勲に付いた汚点として残っている(1)。もうひとつ傭兵に劣らぬ難儀の
8 種になったのが学者たち(2)であり、アレクサンドロスになびいた領主を非難したり、自由身分の民衆に反抗を
あおったりした。そこでアレクサンドロスは、これらの学者を多数絞首刑に処した。

ポロスとの戦い

六〇 ポロス(3)との戦いについては、その経過をアレクサンドロス自身が書簡に記している。それによると、
両陣営の間をヒュダスペス川が流れ、ポロスは象部隊を正面に据えたまま、マケドニア軍の渡河をたえず警
2 戒していた。それでアレクサンドロスは、まず連日陣営内から大きな騒音と喧噪を響かせ、夷狄軍がそれに
3 慣れて気に留めなくなるようにしておいた。そしてある月のない嵐模様の夜、歩兵の一部と騎兵の精鋭部隊
4 を率い、敵陣から十分に離れた所まで岸辺を移動して、川中の小さな島へ渡った。ところがそこで土砂降り

の豪雨になり、暴風と稲妻が軍勢に降りかかってきて、幾人かの兵士が雷に打たれて焼け死ぬのが眼に入っ
5 たが、それでもアレクサンドロスはその小島から川の対岸へ渡ろうとした。しかしヒュダスペス川は大雨の
ために盛り上がり、たぎり立つような奔流となって島の向こう側にも押し寄せ、軍勢は二本の激流の間の今
6 にも崩れて呑み込まれそうな土地に、かろうじて踏みとどまっているありさまであった。(4) そのときアレクサ
ンドロスは「アテナイ人たち、おまえたちの国で名声を得るために、おれがどんなに大きな危険に立ち向
7 かっているか、おまえたちに分かるか」と叫んだという。ただしこれはオネシクリトスの記事である。アレ
クサンドロス自身の伝えるところでは、軍勢は筏を捨て、鎧を着けたまま胸まで水に浸かりながら流れを

(1) この事件は、インダス川の支流スワート川の渓谷辺りと推定されるマッサガを包囲したときに起こった(アリアノス『アレクサンドロス東征記』第四巻二七-三—四、ディオドロス『歴史文庫』第十七巻八四-二)。アリアノスは、アレクサンドロスが傭兵たちを殺戮したのは、彼らがアレクサンドロス軍編入の約束に背いて脱走を企てたからと記す。

(2) 四つのヴァルナ(種姓)の最上位に位置する司祭階級バラモン(ブラフマン)を指す。ヴェーダに定められた祭式を修得して宗教的権威となった者たちである。アリアノス『アレクサンドロス東征記』第六巻一六-五、ディオドロス『歴史文庫』第十七巻一〇二-七では、Brakhmānes と表記されている。バラモンの殺害は、古代インド社会の五大罪のうちの第一に数えられた。

(3) 西のヒュダスペス川と東のアケシネス(現チェナブ)川の間の肥沃な地域を統べる王。タクシレスとは戦争状態にあった。アレクサンドロスに帰服したタクシレスを裏切り者と呼び、自身はアレクサンドロスからの臣従要求を拒否した(クルティウス『アレクサンドロス大王伝』第八巻一二-一二、一四-二六)。以下の戦いは、前三二六年五月頃に起こった。

(4) インドでは六月初旬から雨季が始まり、それに先立ってヒマラヤ山地の雪解け水により川が増水する。

渡った。
そして上陸後、歩兵の二〇スタディオン(1)先を行くかたちで騎兵隊を先導したのは、もし敵の騎兵が攻めか
かってくれば、［騎兵どうしの戦いで］勝利はこちらのものだ、またもし敵が歩兵を繰り出してきても、それ
が現われる前にこちらの歩兵が先に追いついてくる、という算段だった。果たして、その前者が現実になっ
8 た。敵の騎兵一〇〇〇人と戦車六〇台が襲いかかってきたのを、アレクサンドロスは跳ね返して、戦車をす
9 べて奪い、騎兵四〇〇人を討ち取ったのである(2)。ポロスはアレクサンドロスが川を渡ったと知ると、残りの
マケドニア軍の渡河を阻止するために一部の部隊を後に残し、それ以外の全軍勢をもってアレクサンドロス
10 に向かってきた。アレクサンドロスは［敵陣の前列中央に配された］象部隊と巨大兵力への警戒から、自身は
11 敵の左翼に突進し、コイノス(3)に右翼への攻撃を命じた。ポロスの軍勢はこらえ切れず、両翼とも押し込めら
れるように次々と象部隊の方へ退却を始めて、一箇所にひしめき合う状態になった。そこからはもはや両軍
入り乱れての戦いとなり、第八時(4)になってようやく敵は勝利をあきらめた。以上がこの戦いをしかけた当人
が、書簡で報告するところである。
12 一方、史家の大部分はそろって、ポロスが四ペキュスと一スピタメに達する巨漢(5)で、象にまたがっても、
その釣り合いが馬にまたがった人に負けないくらいの背丈と恰幅だったと伝える。しかもポロスの象は、他
13 のどれよりも大きかったのである。この象が見せた知能と王への気遣いは実に驚くべきもので、ポロスが無
事なうちは、向かってくる敵を猛然と迎え撃って押し返し、王が体のあちこちに槍を受け傷を負ったと見る
と、滑り落ちないようにゆっくりと膝を折って地面に座り、刺さった槍を鼻を使って一本一本そっと抜いて

いったのである。(6)
14 その後、捕虜になったポロスにアレクサンドロスが、どんな処遇をしてほしいかと問いかけたとき、ポロ
スは「王にふさわしく」と答えた。それ以外に何かないかと重ねて尋ねられても、「王にふさわしく。それ
15 がすべてだ」と返した。(7) それを聞いてアレクサンドロスは、それまでポロスが支配していた王国を総督（サ
トラペス）の呼称で統治することを許したばかりか、みずからが征服した自治地域を新たな領土として付け
加えてやった。その領土には一五の部族のほか、五〇〇〇に及ぶかなりの大きさの町と数えきれないほどの
16 村が含まれていたという。またこれの三倍の広さの領土の総督として、側近のひとりピリッポスを任命した。

---

(1) 約三六〇〇メートル。

(2) アレクサンドロスはまず軍勢を二手に分け、一方をクラテロスにまかせてその場に残し、みずからはもう一方を率いて二八キロメートルほど上流に移動してから、敵の監視の届かない所で川を渡った。そして渡河地点に駆け付けたポロスの息子（または兄弟）の騎兵部隊を破り、ポロスのいる敵の本隊をめざして下流方向に進んだ（アリアノス『アレクサンドロス東征記』第五巻八-四―一五-二、クルティウス『アレクサンドロス大王伝』第八巻一三-五―一四-八）。

(3) アレクサンドロスからその軍事的才幹に厚い信頼を受けていた将軍。戦いのあとさらにガンジス川方面に向かおうと逸るアレクサンドロスに、東征の終了を進言する。

(4) 日の出から日没までを一二等分して、その八番目の時間帯。なおクラテロスの率いる軍勢もアレクサンドロスの優勢を見て渡河し、交戦に入った。

(5) 二スピタメが一ペキュスに相当する。一ペキュスを四四センチメートルとすると、身長はおよそ二メートルになる。

(6) 『陸棲動物と水棲動物ではどちらがより賢いか』九七〇dに、この象の例が引かれる。

(7) 以上の問答は、『王と将軍たちの名言集』一八一e、『アレクサンドロスの運または徳について』三三二e、『怒りを抑えることについて』四五八bでも紹介される。

六一　ブケパラス[1]が死を迎えたのも、ポロスとの戦いのあとだった。といっても戦いの直後ではなく、し
ばらくたってからのことで、おおかたの史家の伝えでは、受けた傷の手当てを続けていたときだった。ただ
2 しオネシクリトスによれば、三〇歳という老齢ゆえの衰弱死だったという。アレクサンドロスにとって親友
や家族にも等しい存在であったから、それを失った悲しみはひとかたならず、この愛馬のためにヒュダスペ
3 ス河畔に町を建設し、ブケパリアと名付けたほどである[2]。同様の話はペリタスという名の犬についても伝
わっていて、アレクサンドロスは自分が愛し育てたこの犬が死んだとき、犬の名にちなんだ町を建てたとい
う。これはソティオン[3]が、レスボス島出身のポタモン[4]から聞いた話として書きとめている。

帰還の決断

六二　ポロスとの戦いは、しかしながら、マケドニア兵の士気を鈍らせ、インドの奥地へのさらなる前進
2 に歯止めをかける結果になった。兵士たちは、歩兵二万と騎兵二〇〇〇を並べて立ちはだかったポロスをよ
うやく倒したばかりであったから、アレクサンドロスが続いてガンジス渡河を強行しようとするのに頑強に
反対したのである[5]。というのもガンジス川というのは幅が三二スタディオン、深さが一〇〇オルギュイア[6]の
大河で、向こう岸は無数の武具と軍馬と戦象で埋め尽くされているという風聞が、兵士たちの耳にも入って
3 いたのである。実際、騎兵八万、歩兵二〇万のほか、戦車八〇〇〇台、戦象六〇〇〇頭を擁して、ガンダリ
4 タイ人とプラシオイ人の王たちが待ち構えているという報告が届いていた[7]。この数字は誇張ではなかった。
そのことは、その後まもなくしてこの地の王に就いたアンドロコットス[8]が、セレウコスに五〇〇頭の象を贈

呈したほか、インド全土を征服したときには六〇万の軍勢を率いていた事実からも窺い知れる。
[5] アレクサンドロスは初めのうち悲憤と落胆のため、幕舎の奥に引きこもって伏したまま起き上がろうともせず、もしガンジス渡河ができないなら兵士たちのこれまでの功績への感謝も消えてしまう、退却は敗北を[6]認めるのと同じだ、と考えていた。しかし朋友たちから理を尽くして諫められ、兵士たちも戸口に立って泣き叫びながら懇願した結果、ようやく折れて撤退を決断した。ただし引き上げる前に自分の威名を残してお

(1)六、一六-14、三二-12、四四-3—5参照。

(2)ヒュダスペス渡河を敢行した場所にブケパリア（またはブケパラ）、戦いの起こった場所にニカイア（勝利の町）を建設した（アリアノス『アレクサンドロス東征記』第五巻一九-四）。

(3)後一世紀頃のペリパトス派の学者。

(4)前一世紀から後一世紀のミュティレネの修辞学者・弁論家。ローマへの使節を務めたほか、アレクサンドロスの史伝などを著わした。

(5)アレクサンドロスはヒュダスペス渡河のあと、東進してアケシネス川とヒュドラオテス（現ラヴィ）川を越え、ヒュパシス（現ベアス）川に到達した。これを渡ればガンジス川上流域に入る。しかしそこで軍内の不満が表に出て、朋友のひとりコイノスが勇を鼓して王に撤退を進言した（アリアノス『アレクサンドロス東征記』第五巻二七、クルティウス『アレクサンドロス大王伝』第九巻三-五—一五）。

(6)幅が五八〇〇メートル、深さが一八〇メートル。一〇〇オルギュイアが一スタディオンに当たる。

(7)ガンダリタイ（またはガンダリダイ）とプラシオイは、前六世紀頃からガンジス川中流域に栄えたマガダ国を指す。

(8)サンドロコットス（Sandrokottos）とも表記される。前三一七年頃、マガダ国のナンダ朝を倒してマウリヤ朝を開くチャンドラグプタ（Chandragupta）。インダス川流域をも征服して、インド統一国家を実現した。前三〇四年頃、セレウコス一世のインド侵攻を退けて、アフガニスタン東部からパキスタン西部の領土を割譲させる代わりに、象五〇〇頭を贈った（ストラボン『地誌』第十五巻二-九、アッピアノス『シリア史』五五）。

7 こうと、人目を欺くいくつかの計りごとを案出し、例えば武具にしても馬の秣桶や轡にしても、実際よりも
8 はるかに大きく重いものを作らせて、あちこちに放り出しておいた[1]。また神々の祭壇も建立され、そこでは
今日にいたるまで、プラシオイ人の王たちが渡河のさいに拝礼し、ギリシア風の供犠を執り行なっている。
9 アンドロコットスがアレクサンドロスを見たのは少年の頃だったが、後年こんなことをたびたび口にしてい
たという。すなわち、その頃の当地の王[2]は放埒な性情と下賤な出自のゆえに嫌悪と侮蔑の的であったから、
アレクサンドロスがあと一歩踏み出していれば、権力を奪い取れただろう、と。

インダス川下り

六三　そこからアレクサンドロスは外側の海を見たいという欲望に駆られ、櫂船や筏を多数建造すると、
2 それで川をゆっくりと下っていった[3]。ただし川下りの間も戦いをやめて休んでいたわけではなく、ときおり
上陸しては町々に攻め寄せ、それらをことごとく服従させた。そのうちマロイ人[4]と呼ばれ、インド随一の武
名をはせる人々と戦ったときに、危うく命を落としかけたことがある。
3 このときアレクサンドロスは、まず飛び具を浴びせて敵兵を城壁上から追い散らすと、立てかけた梯子を
登って、真っ先に城壁上にたどり着いた。ところがその刹那に梯子が折れ、夷狄たちが城壁の下から射かけ
てくる矢の標的になってしまったが、それでも身をかがめてほぼ単身で敵兵たちの真ん中に跳び降り、運よ
4 く立ったまま着地した。そしてすぐに体の前で武器を打ち振ると、まばゆい閃光の走るのが敵兵の目に映っ
5 た。それで兵士たちは蜘蛛の子を散らすようにいったん逃げ出したものの、やがてアレクサンドロスのそば

には近衛兵がふたり付いているだけなのを確かめると、いっせいに攻めかかってきた。数人が手持ちの剣や
6 槍で、迎え撃つアレクサンドロスの鎧を刺し貫いたかと思う間に、別のひとりが少し離れた所から弓をいっ
7 ぱいに引き絞り、強い勢いで矢を放つと、矢は胸甲を打ち破ってあばら骨に突き刺さった。その衝撃に押さ
れてアレクサンドロスが腰を折ったところに、矢を放った兵士が今度は夷狄風の剣を抜いて襲いかかったが、
8 その前にペウケスタスとリムナイオス(5)が立ちはだかった。ふたりともに刃を受け、そのうちリムナイオスが
9 命を落とし、ペウケスタスが持ちこたえている間に、アレクサンドロスがこの夷狄兵を打ち倒した。アレク

---

(1) 陣地の防塁から寝台まで、どれも桁外れに大きなものを作り、巨人の印象を現地に残しておこうとした(クルティウス『アレクサンドロス大王伝』第九巻三-一九、ディオドロス『歴史文庫』第十七巻九五-一―二)。

(2) アレクサンドロスのインド侵攻の一〇年後に、アンドロコットス自身が倒すナンダ朝の最後の王。クルティウス『アレクサンドロス大王伝』第九巻二-六―七、ディオドロス『歴史文庫』第十七巻九三-二によれば、ある貧しい理髪師が王妃の寵愛を受け、妃と謀って王を殺し、王位を奪った。この王位簒奪者と王妃の間に生まれたのが、当時の王であるという。

(3) アレクサンドロスはヒュパシス河畔からヒュダスペス河畔に戻り、そこからインダス川本流へ下って、外側の海すなわち陸地全体を取り巻く大洋(オケアノス)をめざした。川下りを始めたのは、前三二六年十一月。

(4) 現ムルタン周辺を領する。『アレクサンドロスの運または徳について』三四三dは、以下の戦いの相手を近隣のオクシュドラカイ人と記す。両民族はアレクサンドロスの脅威に備えて連合していた(アリアノス『アレクサンドロス東征記』第六巻一一-三、ディオドロス『歴史文庫』第十七巻九八-一)。

(5) ペウケスタスについて、四一-4、四二-1、『エウメネス』一三―一六参照。リムナイオスについては不詳。

10 サンドロスは体のあちこちに傷を負ったあげく、最後は頸を棍棒で殴られて城壁にもたれかかりながら、眼
はなおも敵を睨んでいた。そのうちにマケドニア兵が駆け集まってきて、すでに気を失っている王を抱え上
げ、幕舎へ運び込んだ。
11 王が死んだという噂がたちまち陣中に広がるなか、手当てを始めた医師たちはまず苦心惨憺して木製の矢
柄を切り取り、それからようやく胸甲を脱がせた。そしてあばら骨の一本に食い込んだ鏃の除去に取りか
12 かったのだが、これが幅三ダクテュロス、長さ四ダクテュロス[1]にも達する大きなものだったという。鏃を取
13 り除いている間、王は意識が途絶え、死の間際をさまよったものの、まもなくして持ち直した。その後、命
の危機を脱したとはいえ、まだ力は戻らず、治療と養生の日々が長く続いたため[2]、外で大勢のマケドニア兵
が王の姿をひと目見たいと騒ぎ始めた頃、それを耳にした王は外套を身にまとって皆の前に姿を現わした。
14 そして神々への供犠を済ませると、再び船に乗って川下りを始め、広大な土地と大きな町々を征服していっ
た。

裸の賢者たち

六四　裸の賢者たち[3]については、そのうちでサッバス[4]に反乱をそそのかし、マケドニア軍に仇をなす先頭
に立った者たち一〇人を連れてこさせた。そして短い言葉で正しい答えを返すのに絶妙の技を持つと評され
るこの者たちに、ひとりずつ難問を出し、最初に正しく答えられなかった者をまず殺す、以下同様にして他
2 の者も順次に殺す、と言い渡したうえで、一〇人のうちの最年長者に審判役を命じた。まずひとりめは、生

3 者と死者のどちらが多いと思うかと問われ、「生者。死者はもはや存在しないから」と答えた。ふたりめは、
4 陸と海はどちらがより大きな生き物を育てるかと問われ、「陸。海は陸の一部だから」と答えた。三人めは、
5 もっとも狡猾な動物は何かと問われ、「人間がまだ知らない動物」と返した。四人めは、どういうつもりで
サッバスに反乱を教唆したかと尋ねられ、「サッバスにりっぱに生きるか、りっぱに死ぬかしてほしかっ
6 た」と答えた。五人めは、昼と夜のどちらが先に生じたと思うかと問われ、「昼がひと昼だけ先に」と答え
7/8 た。王が怪訝な顔を見せると、「難しい問いには難しい答えしかない」と言い添えた。そこで王が六人めに
転じて、人はどうすればもっとも愛されるかと問いかけると、問われた者は「もっとも強くありながら、恐
9 ろしくないようにすれば」と答えた。残りの三人のうちひとりは、人間はどうすれば神になれるかと問われ、
10 「人間の成しえないことを成すならば」と返した。次に、生と死のどちらが強いかと尋ねられた者は、「生。
11 これほど多くの禍を背負っているから」と答えた。最後に、人間はいつまで生きるのがよいかと問われた者

（1）一ダクテュロスは約一・八五センチメートル。『アレクサンドロスの運または徳について』三四四cでは、幅四ダクテュロス、長さ五ダクテュロスとひと回り大きくなっている。

（2）クルティウス『アレクサンドロス大王伝』第九巻六-一によれば、七日間。

（3）「裸の賢者たち（Gymnosophistai）」はシュラマナと呼ばれ、ヴェーダの宗教的権威を認めず、人里離れた林の中などで修行を積む者たち。バラモンを指す「学者たち（Philosophoi）」（五九-8）とは異なる。

（4）サンボスとも表記される。パキスタン西部の山地を治める領主で、アレクサンドロスからこの地域の総督に任命されていた（アリアノス『アレクサンドロス東征記』第六巻一六-三―五、ディオドロス『歴史文庫』第十七巻一〇二-六―七）。

12 は、「生きるより死んだ方がよいと思うようになるまで」と答えた。以上の問答が終わったところで、アレ
クサンドロスは審判役の方に向き直り、判定を促した。誰もがほかの誰かよりも拙い答えを返した、という
審判の返答に、アレクサンドロスは「それならそういう判定を下したおまえに最初に死んでもらおう」と応
じた。すると審判が言った「いいえ、陛下、それはできません。もし、もっとも拙い答えを返した者を最初
に殺すとおっしゃったあの言葉が偽りでないならば」。

六五　それでアレクサンドロスはこの一〇人を放免し、贈り物まで与えた。一方、それとは別に、静謐の
2 中で自足の生活を送る、とりわけ令名高い者たちのもとへオネシクリトス[1]を遣わし、来訪を求めた。オネシ
クリトスはキュニコス派のディオゲネス[2]に師事する哲学者のひとりである。この人の記録によると、[3]カラノ
スは尊大かつ邪険な態度で、話を聞きたければ衣を脱いで裸になって聞け、そうでなければたとえゼウスか
3 らの使いであろうと話すつもりはない、と言い放ったという。それに比べるとダンダミスはもっと穏やかな
物腰で、ソクラテスやピュタゴラスやディオゲネスについての説明に耳を傾けたあと、その人たちは良い素
質を持っているが、生き方に規範をはばかるところが多すぎるようだ、と語ったとオネシクリトスは書きと
4 めている。しかし他の伝えによれば、ダンダミスはただ、「アレクサンドロスは何のためにはるばるこの地
へ来たのか」と尋ねただけだったという。
5 　カラノスは結局、タクシレス[4]に説得されて、アレクサンドロスの前に現われた。この人は実はスピネスと
いう名前なのだが、出会った人にあいさつするとき「こんにちは」と言うところを、インドの言葉で「カ
6 レ」と呼びかけたので、ギリシア人からカラノスという名を付けられたのである。このときカラノスはアレ

クサンドロスにこんな喩えを使って、支配の要諦を伝えようとしたという。まず、干からびてこわばった獣
皮を一枚地面に敷き、その一端を足で踏んだ。皮はその一箇所が押さえ付けられ、他の部分は持ち上がった。
7 続いて、皮の縁を一周しながら一箇所ずつ足で押さえ付け、どうなるかを見せてやった。そして最後に、皮
8 の中央に立ってそこを押さえ込むと、皮全体が落ち着いた。つまりこの喩えが示そうとしたのは、アレク
サンドロスは何よりも支配領域の中央を押さえ込むべきであって、そこから遠く離れてはいけない、というこ
とだったのである。

インダス河口から西へ

六六　川を下って海へ出るまでには、七ヵ月を要した。船団が大洋（オケアノス）に入ったあと、アレクサ
ンドロスはある島——島の名はアレクサンドロス自身によればスキルスティス島だが、他の者はプシルトゥ
2 キス島と記す(5)——に船を進めた。そして上陸したその島で神々への供犠を執り行なうとともに、海と岸辺

(1) 八-2、一五-2、四六-1、4、六〇-6、六一-1参照。

(2) 一四-2参照。

(3) ストラボン『地誌』第十五巻一-六三—六五に、オネシクリトスが記録したという修行者カラノスとダンダミス（『地誌』ではマンダニス）の語った内容が紹介されている。オネシクリトスが訪れたとき、一五人の修行者が立ったままあるいは座ったままの姿勢で、日暮れまで動かなかったという。

(4) 五九-1—5参照。

(5) アリアノス『アレクサンドロス東征記』第六巻一九-三—四によれば、キルタ島というインダス河口に近い川中の島と、そこから四〇キロメートルほど先の海上の島にアレクサンドロスは上陸して、神々に供犠した。

の様相について、可能な限り遠くまで行って観察した。それを終えると、後世のいかなる人間もこの遠征の到達点を越えることのないようにと祈ってから引き返した。

3 その後、船団にはインドを右手に見ながら沿岸航海を続けるよう命じ、その指揮官にネアルコス[1]、操舵長
4 にオネシクリトスを指名した。アレクサンドロス自身は陸路でオレイタイ人の領国を通り抜けることにしたのだが、そこで言語を絶する苦境に陥り、大量の兵士を失って、結局インドから連れて帰れたのは全兵力の
5/6 四分の一にも満たなかった[2]。それまでは歩兵一二万、騎兵一万五〇〇〇に上る大軍勢だったのである。大量死の原因は、悪性の疾病、不健康な食事、焼けつくような熱気、そして何よりも飢餓であった。その辺りに住んでいるのは、農耕を知らず、わずかながらの見すぼらしい羊を飼って暮らす貧しい人々[3]であり、しかも
7 その羊の肉は、海の魚を餌にする習慣のために、まずくて悪臭芬々たる代物だったのである。しかしそんな地域を六〇日かかってようやく通り抜け、ゲドロシア［のプラ］に到達すると、すぐに近辺の総督や領主たちが物資を提供してくれたおかげで、何ひとつ不足はなくなった[4]。

六七　そこで兵士たちがひと息入れると、行軍を再開したあとのカルマニア[5]を通過する七日間は、陽気な
2 祝宴を催しながらの旅となった。アレクサンドロスは八頭の馬がゆっくりと曳く台車の上に、周囲からよく
3 見える高くて長い櫓を据え付け、その壇上で側近たちといっしょに昼夜の別なく浮かれ騒ぎを続けた。後方には長い荷車の列が延々と続き、そのうちのあるものは紫や多彩色の天幕で、またあるものは青葉の茂る瑞々しい木の枝でいずれも日差しをさえぎり、その陰で王の朋友や隊長たちが冠を着けて酒をあおっていた。
4 見渡すかぎり盾もなければ兜も長槍もなく、代わって眼に入るのは、兵士たちが盃や角杯やテリクレス式酒

器で大きな瓶と混酒壺から酒を汲み出し、互いの間で乾杯を繰り返す光景であり、そんな兵士たちで道は埋
5 め尽くされ、その間、足を休めず行軍を続ける者もいれば、寝そべってしまう者もいた。辺りには大小さまざまの笛に加えて、歌声と琴の音があふれ、女たちの酒神賛歌が響いていた。さらにこのまとまりのない気
6 ままな行列の後ろには、バッコス神に捧げる陽気な祝祭も付いてきて、まるでバッコス自身が列に加わって音頭を取っているかのような騒ぎであった。(6)

---

(1) 一〇-5参照。東征の一年目に小アジアのリュキアとパンピュリアの総督に任命されていたが、後にバクトラでギリシア人傭兵部隊を率いて本隊に復帰した。インダス川下りのさい、すでに船団の指揮をまかされていた（アリアノス『アレクサンドロス東征記』第三巻六-六、第四巻七-二、第六巻二-三）。ネアルコスはクレタ島出身、オネシクリトスはアステュパライア島（エーゲ海南部）出身である。

(2) オレイタイ人の領国は現カラチの西に河口のあるハブ川の西方の地域。ただしアレクサンドロスたちが飢えと渇きに苦しめられ、兵士の大量損失を強いられたのは、正確にはその西方のゲドロシア（パキスタンからイランに伸びる中央マクラン山脈の北から西にかけての地方）の砂漠地帯を通過するときだった（アリアノス『アレクサンドロス東征記』第六巻二三―二六）。

(3) 魚を主食とし、魚の骨と貝殻で作った小屋に住む魚食民（イクテュオパゴイ）と呼ばれる人々（アリアノス『インド誌』二六、二八―二九、ストラボン『地誌』第十五巻二-二）。

(4) アレクサンドロスたちはゲドロシア地方の砂漠地帯を抜けて、その地方の首都プラにたどり着いたところで息を吹き返した（アリアノス『アレクサンドロス東征記』第六巻二四-一、二七-一）。

(5) ホルムズ海峡の北の地方。

(6) 以上の酔いどれ行軍の目的を、クルティウス『アレクサンドロス大王伝』第九巻一〇-二四は、ディオニュソス（バッコス）のインド征服後の祝勝行進にあやかるためと説明する。一方、アリアノス『アレクサンドロス東征記』第六巻二八-一―二は、このような行軍自体を作り話として否定する。

7 こうしてゲドロシア[1]の王宮に着いたところで、アレクサンドロスは再び兵士たちに休息を取らせ、祭典を
8 催すことにした。伝えによると、そこで酒を飲みながら舞唱団の競演を見物していたおり、お気に入りの少
年バゴアス[2]が競演の勝ち名乗りを受けたあと、舞台衣装を着けたまま劇場を横切り、アレクサンドロスの隣
りに来て腰かけた。それを見ていたマケドニア人たちが手をたたき歓声を上げ、口付けせよと囃し立ててや
まなかったので、とうとうアレクサンドロスは少年を抱いて口付けしたという。

六八　ネアルコスたちと喜びの再会を果たしたのは、この地にいたときである[3]。王は航海のようすを聞か
されるにつけ、自分も大艦隊を率いてエウプラテス川を下り、アラビアとアフリカの沿岸を航行して、ヘラ
2 クレスの柱[4]［ジブラルタル海峡］を通って内側の海［地中海］に入ってみたいという願望にとらわれた。そこ
でタプサコスでさまざまな種類の船の建造を始めさせるとともに、各地から船乗りと舵取りを徴募する準備
に入った。

3 ところがこれまでの奥地遠征の危難、マロイ人との戦いで受けた傷、伝えられる兵力の大量損失、それら
は各方面にアレクサンドロス生還への疑念を呼び起こし、その結果、服属地域は離反に走り、将軍と総督は
4 不正と強欲と驕慢に陥っていた。いわばあらゆるものが重しを失って、揺れ動き始めたのである[5]。さらにオ
リュンピアスとクレオパトラがアンティパトロスとの確執の果てに、支配を分け合って、オリュンピアスが
5 エペイロス、クレオパトラがマケドニアを受け取った[6]。その知らせを聞いたアレクサンドロスは、母の方が
賢明な選択をした、マケドニア人は女に支配されることに我慢できないだろうから、と洩らした。
6 そういうわけでアレクサンドロスは［自身の大航海をあきらめ］海岸を都市で埋め尽くそう[7]と決心して、再

7 びネアルコスを海上に送り出す一方、[8] 自身は陸路で帰行を続けながら、悪事に手を染めた将軍たちを処罰していった。アブリテスの子のひとりオクシュアルテスは、王がみずから長槍で突いて処刑した。[9] アブリテス

（1）カルマニアと記すべきところを、プルタルコスが書き誤ったらしい。

（2）ダレイオス王の寵を受けた去勢の美少年。ダレイオス死後、ヒュルカニアでアレクサンドロスに献上された（クルティウス『アレクサンドロス大王伝』第六巻五-二二―二三）。アテナイオス『食卓の賢人たち』第十三巻六〇三b参照。

（3）沿岸航海を続けていたネアルコスは、ホルムズ海峡北岸に停泊したところで、アレクサンドロスの宿営から迷い出たギリシア人と遭遇し、王がそこから五日行程の地にいると知って、徒歩でそちらへ向かった（アリアノス『インド誌』三三―三五）。

（4）エウプラテス川中流の港。

（5）ペルシア貴族が反乱を企てたことや、将軍たちが不正を行なっていたことがアレクサンドロスに報告され、首謀者が処刑された（アリアノス『アレクサンドロス東征記』第六巻二七-二―五、三〇-一、クルティウス『アレクサンドロス大王伝』第九巻一〇-一九―二一、第十巻一-一―九）。

（6）オリュンピアスとアンティパトロスの確執については、三九-11―12参照。オリュンピアスの娘クレオパトラ（アレクサンドロスの妹）は、エペイロスのモロッソイ人の王アレクサンドロスのもとに嫁いでいたが（一〇-6）、前三三一年に夫が南イタリアで戦死すると、夫に代わってエペイロスの代理統治権を行使し、その後マケドニアに戻った。一方オリュンピアスは、アンティパトロスとの争いのあげくに、故国エペイロスに退いた。

（7）ビュデ版の採用する写本修正に従う。

（8）ネアルコスはこのあとペルシア湾に入って、ティグリス川とエウプラテス川を遡行する（七三-1）。

（9）アブリテスはペルシア王の下でスシアナ総督だったが、都スサに進軍してきたアレクサンドロスにすすんで市を明け渡し、引き続き総督の地位を認められていた（三六-1）。その息子オクシュアルテス（またはオクサトレス）もアレクサンドロスからパライタケネ（スシアナの北隣り）総督に任じられていた。

自身は糧秣の提供を怠り、鋳貨三〇〇〇タラントンを持ってきただけだったので、王はその貨幣を馬に与えるよう命じた。そして馬が口を付けようとしないのを見せてから、「するとおまえの用意した物は、いったい何の役に立つのかな」と言い放って、アブリテスを投獄した。

ペルシスとスサ

六九　ペルシス地方でまず行なったのは、女たちへの貨幣の贈与であったが、これはペルシア歴代の王が
2 ペルシスに来るたびに、その地の女のひとりひとりに金貨を与えたという慣例を踏襲したのである。[1] 伝えに
よると、この慣例があったために、王たちの中にはまれにしかこの地を訪れない者もいたし、オコス[2]にいたっては一度も足を踏み入れず、いわば金惜しさゆえに祖国からの亡命を選んだのだという。
3 その後、キュロスの墓が掘り崩されているのを見つけ、[3] 盗掘者は名をプラマコスといって「マケドニアの
4 都」ペラの名門の出であったが、かまわず犯人を処刑した。そしてこの墓の碑銘を読んだときは、その下に
同じ意味をギリシア語で刻むよう命じた。その銘文にいわく「人よ――汝が誰であれ、どこから来た者であれ、いずれ汝の来ることはわかっている――我こそはペルシア帝国の祖キュロス。それゆえ我が身を覆うこ
5 のわずかの土地を惜しむなかれ」。この銘文はアレクサンドロスに世の流転と無常を思い知らせ、深い感慨
を呼び起こした。
6 この地では、しばらく前から腹に障りを抱えていたカラノス[4]が、自分のために火葬の用意をしてほしいと
願い出た。用意された薪の山の前に馬で運ばれたカラノスは、まず祈りを唱え、酒を身に灌ぎ、髪を切って

捧げ物とした。そして薪の山に登りながら、見守るマケドニア人たちに別れの辞を述べ、今日は王とともに酒を酌み交わし、楽しく過ごしてほしいと呼びかける一方で、王とは近いうちにバビロンで会うだろうと告
7 げた。それだけのことを言い終えると、カラノスは薪の上に横たわって身を覆い、火が迫っても横になった
8 姿勢を保ったまま動かず、故国の賢者の遺習に従ってめでたく死を遂げた。ずっと後代の話だが、あるインド人がカエサル(5)に会いに来たとき、アテナイでやはりこの死に方をしたことがあり、インド人の墓碑と呼ば

(1)アケメネス朝の最初期の都で、ペルセポリスの北西に位置するパサルガダイでの話。キュロスがペルシア独立のためメディア軍と戦っていたとき、劣勢になったペルシア軍が市内に逃げ込もうとした。すると市内から現われたペルシアの女たちが衣の裾をまくり上げ、「おまえたちの出てきた所へ逃げ戻るつもりか」と叱咤した。兵士たちは恥じ入って敵に立ち向かい、勝利をもぎ取った。それを記念してキュロスがこの慣例を定めた、という故事が『女性たちの勇敢』二四六a—bに記されている。ユスティヌス『ピリッポス史』第一巻六-一三、ポリュアイノス『戦術書』第七巻四五-二参照。

(2)アルタクセルクセス三世（在位、前三五八—三三八年）。

(3)アケメネス朝ペルシア帝国の祖キュロス王の墓はパサルガダイの庭園にあり、豪華な副葬品と黄金の棺を収めていた。高価な品物はほとんど盗まれていたが、遺体は棺とともに残っていた（アリアノス『アレクサンドロス東征記』第六巻二九-四—一一、ストラボン『地誌』第十五巻三-七—八）。基壇の上に方形の墓室を置いた、高さ一〇メートル余りの墓は、現在も残っている。

(4)六五-2、5—8参照。

(5)アウグストゥスを指す。前二〇年、インドからアウグストゥスのもとに遣わされた使節団のひとりが、アテナイで焼身自殺した。墓碑には「我が身を不死となしてここに眠る」と刻まれていたという（ストラボン『地誌』第十五巻一-四、七三、ディオン・カッシオス『ローマ史』第五十四巻九-七—一〇）。

れるものが今も残っている。
七〇　この火葬から戻ってくると、アレクサンドロスは朋友と隊長を大勢饗宴に招き、生粋の酒の競い飲
2 みと優勝者への栄冠授与を宣言した。もっとも多く飲んだのはプロマコスで、四クースまで進んで賞品の一タラントンの冠を贈られたものの、三日後に死んでしまった(1)。他の参加者も、カレスの伝えによれば、四一人が泥酔のあげくに凍えるような寒気に襲われ、命を落としたという。
3 スサでは朋友たちの［ペルシア貴族の女たちとの］婚儀を執り行ない、アレクサンドロス自身がダレイオスの娘スタテイラ(2)をもらったほか、名門の男たちに名門の女たちを割り当てた。そしてすでに［アジアの女たちと］結婚していたマケドニア人といっしょに合同の婚礼を挙行したのだが、それについて伝えられるところによると、宴席に着いた者は九〇〇〇人に及び、その全員に灌酒のための黄金の盃が与えられるなど、信じられないほどの豪華さであったという(3)。
　また借金を抱えている者のために、本人に代わってアレクサンドロスが返済を肩代わりしてやり、その総
4 計は九八七〇タラントンに達したという(4)。このとき隻眼のアンティゲネスが偽って負債者一覧に名を連ね、債権者と称する男を会計係の前に連れてきて、返済金を受け取るというできごとがあった。後に詐欺が発覚
5 すると、王は激怒してアンティゲネスを宮廷から追放したばかりか、指揮権も取り上げた。アンティゲネスは名高い戦士であり、若い頃、ピリッポスのペリントス包囲戦(5)のおりには、投射機の放った矢を眼に受けながら、矢を抜いてやろうという同僚の声にも耳を貸さず、敵を押し返して城壁内に封じ込めるまで力を緩め
6 なかったという武勇伝の持ち主であった。それゆえこのたびの不名誉をひどく苦にし、慚愧と懊悩のあげく

に自害しかねないようすだったので、王は心配して怒りをこらえ、金をそのまま取らせておくよう指示した。

兵士たちの騒擾

七一　かつてアレクサンドロスが出立のおりに訓練と学習を命じておいた三万人の若者は、今や強い肉体

（1）一クースは約三・三リットル。アレクサンドロスはこの大酒競争を、カラノスを記念する競技会とともに催した（アテナイオス『食卓の賢人たち』第十巻四三七a―b、アイリアノス『ギリシア奇談集』二-四一）。

（2）捕虜になった王女ふたりのうちの姉（二一-1）。アレクサンドロスは同時にアルタクセルクセス三世の娘パリュサティスとも結婚した（アリアノス『アレクサンドロス東征記』第七巻四-四）。

（3）集団結婚式が行なわれたのは、前三二四年の夏。婚礼は五日間に及び、八〇人から一〇〇人のマケドニア人がペルシア人またはメディア人の女をめとった。華やかな宴のようすは、アテナイオス『食卓の賢人たち』第十二巻五三八b―五三九aに引用されている。アレクサンドロスが集団結婚式を実施した狙いは、マケドニア人貴族をアジアの新たな統治階級として定着させることにあったらしい。しかし側近たちの中には、この結婚をしぶしぶ受け容れた者も数多くいた（アリアノス『アレクサンドロス東征記』第七巻六-二）。

（4）商人からの負債額の申告を、贅沢な生活に溺れている者をあぶり出すための調査ではないかと疑った兵士たちは、当初ためらっていたが、名前を示さなくてよいというアレクサンドロスの指示を受けて申告に応じた（アリアノス『アレクサンドロス東征記』第七巻五-一―三、クルティウス『アレクサンドロス大王伝』第十巻二-九―一一）。

（5）前三四〇年、マルマラ海北岸の都市ペリントスをピリッポス王は包囲して攻め立てた。

と美しい容姿をそなえ、演習では巧みな技と軽い身のこなしを見せるようになっていた。[1] これはアレクサン
ドロスをおおいに喜ばせたが、その一方でマケドニア兵の心の中に、王の気持ちが自分たちから離れるので
2 はないかという不安と焦燥を生んだ。そんな経緯もあって、アレクサンドロスが罹病兵や重傷兵を海の方へ
送り返そうとしたとき、[2] マケドニア兵はアレクサンドロスに訴えた――これまで兵士たちをさんざんに使っ
てきながら、今になって厄介者扱いして追い払い、召集したときとは様変わりした姿で祖国の親のもとに
3 送り返すとは、兵士への侮辱であり暴虐である。それならいっそのこと、マケドニア兵をすべて役立たずと
して除隊し、代わりにあの若い剣舞の踊り手たちを遠征に連れていって、世界征服をすればよい、と抗議し
たのである。
4 これにアレクサンドロスは激怒し、色をなしてマケドニア兵に罵声を浴びせたばかりか、[3] 衛兵を解任して
5 ペルシア人にその役目を引き継がせ、その中から槍持ちと杖持ちの近侍を任命した。こうしてペルシア人衛
兵が王に付き従い、逆に自分たちは遠ざけられ蔑まれるのを目の当たりにしたとき、マケドニア兵はようや
く己の慢心に気づき、考えを巡らすうちに、自分たちが嫉みと怒りのためにほとんど正気を失っていたのだ
6 と悟った。そしてとうとう分別を取り戻すと、武具を着けずに衣一枚の身なりで王の幕舎に歩み寄り、泣き
7 叫びながら身を差し出すように、自分たちを恩知らずの不逞の輩として裁いてほしいと願い出た。こうなる
とさすがに王の怒りもやわらいできたが、それでも幕舎の中から返答はなかった。しかし兵士たちは去ろう
8 とせず、二日と二夜にわたりその場に立ちつくして哀願し、我慢強く総大将の名を呼び続けた。すると三日
目になってようやくアレクサンドロスが姿を見せ、しょげ返って首を垂れた兵士たちを眼にすると、長い間

涙を流していたが、やがてほどほどの叱責と深い慈愛の言葉をかけてから、廃兵の除隊に取りかかった。そ
のさい送還される兵士には多大の賞与をふるまったばかりか、アンティパトロス宛ての書簡に、この兵士た
9 ちが今後競技会や劇場で常に冠を着けて前列の席を占められるように指示しておいた。また戦死者の遺児に
給付金を与えることも決定した。

ヘパイスティオンの死

七二　メディアのエクバタナ(4)に到着して緊急事案の処理を済ませたあとは、ギリシアから伎芸者三〇〇〇
2 人がやって来たのを機に、再び演劇と祝祭に興じる日々が続いた。ヘパイスティオン(5)が熱病に罹ったのはそ

---

(1) 前三二七年にバクトリアで編成を言い置いた青年部隊が(四七-6)、三年の訓練を経てスサでアレクサンドロスの前に見参した。この部隊をアレクサンドロスは「後裔たち（エピゴノイ）」と呼んだ（アリアノス『アレクサンドロス東征記』第七巻六-一）。

(2) アレクサンドロスはマケドニア人の老年兵や傷病兵一万人を退役させ、故国に送還することを決定した。それと同時に兵士の引率役としてクラテロスを同行させ、本国代理統治の任をアンティパトロスから交替させることも決断した。

(3) アレクサンドロスは怒号の飛び交う集会で、反抗の扇動者一三人を選び出して処刑した（アリアノス『アレクサンドロス東征記』第七巻八-三、クルティウス『アレクサンドロス大王伝』第十巻二-三〇、ディオドロス『歴史文庫』第十七巻一〇九-二）。騒擾はティグリス河畔の町オピスに滞在中に起こった。

(4) かつてのメディア王国の都。高原上に位置し、アケメネス朝で夏期の都になった。現イラン西部のハマダン。

(5) 二八-5、三九-8、四一-5、四七-9―12、四九-12、五四-5、五五-1参照。

の頃である。しかし若いうえに武人気質の男であったから、堅苦しい養生の処方を守ろうとせず、医師のグ
ラウコンが劇場に出かけるやいなや朝食に跳びつき、煮物の鶏一羽を食べきったばかりか、大きな冷却壺に
3 満杯の酒を飲み干して容態を悪化させたあげくに、ほどなくして死んでしまった。アレクサンドロスは胸が
張り裂けそうな悲しみに襲われ、喪のしるしとしてすぐさますべての馬と騾馬のたてがみと尾を切るよう命
じたほか、周辺の都市の胸壁を破壊し(1)、あの哀れな医師［グラウコン］を磔刑に処し、陣内で笛などあらゆ
る音曲を禁止した。長く続いたその禁令が解かれたのは、アンモンから伝えられた神託が、ヘパイスティオ
4 ンに英霊としての崇拝を捧げ、供犠を執り行なうよう促したときであった。また王は悲しみを紛らすための
手段として戦争を決意すると、あたかも獣の狩りに出かけるかのように、人間を狩るために遠征し、コッサ
イオイ族(2)を征服した。そしてヘパイスティオンに捧げる犠牲と称して、族内の成年男性をひとり残らず刃に
かけた。
5 墓の建立には、埋葬やそれにまつわる造作を含めて一万タラントンを費やすつもりだったが、技術の粋を
尽くした今までにない建築によって、その金額を上回るものを実現したかったアレクサンドロスの意中に
あったのは、数ある建築家の中でも壮大で斬新で華麗な作風により、新たな道を拓いたと喧伝されるスタシ
6 クラテス(3)であった。この建築家は、かつてアレクサンドロスに会ったおりに、トラキア地方のアトス山(4)ほど
7 人間のような姿と形に作り変えやすい山はないと語って、こんな提案をしたことがあった。もし承認をいた
だければ、アトス山からアレクサンドロスを模して、四方を遠望し永遠に存続する肖像を作り上げてみせる、
その像は左手で一万の住民を有する都市をつかみ、右手で滔々たる河の流れを灌酒のように海に注ぎ入れる

8 ことだろう、と。そのときはこの申し出を断ったアレクサンドロスだが、今はそれよりもはるかに奇妙で巨額を要する代物を造るのに、技師たちに交じって頭をひねり知恵をしぼったのである。

不吉な予兆

七三　バビロンへ向かう途上(5)、王は大洋からエウプラテス川に乗り入れて当地に着いたネアルコスから、ある報告を受けた。数名のカルデア人(6)と遭遇し、彼らからアレクサンドロスはバビロンに近づいてはならな
2 いと警告された、というのである。しかし王はそれを気に留めもせず、行軍を続けた。ところがバビロンの城壁の前まで来たとき、たくさんの鴉が喧嘩をしてつつき合っているのが目に入り、そのうちの数羽がアレ

---

(1) 胸壁破壊は、人が髪を切って喪に服するのと同じ行為を都市にさせるためだという（『ペロピダス』三四-2）。

(2) ザグロス山中に住み、通行人からの略奪を生業としていた民族（アリアノス『アレクサンドロス東征記』第七巻一五-一―二）。

(3) ロドス出身の建築家。『アレクサンドロスの運または徳について』三三五c―d、ストラボン『地誌』第十四巻一-二三参照。ただしこの建築家の名前はデイノクラテスというのが正しいらしい（ウィトルウィウス『建築書』第二巻序一―四）。デイノクラテスはエジプトのアレクサンドリア建設にも起用されていた。

(4) カルキディケ半島から突き出た岬の先端に位置する。標高二〇三三メートル。

(5) 前三二三年春。

(6) カルデア人は新バビロニア王国（前六二五―五三八年）を築いた民族だが、神官が天文学・占星術にすぐれていたため、ギリシアではとくにそのような神官ないし占い師がカルデア人と呼ばれた。五七-4参照。

3 クサンドロスの足元に落ちてきた。その後、バビロン駐留軍司令官アポロドロスがアレクサンドロスについ
4 て占うための供犠を命じたらしいという情報を得ると、当の占い師ピュタゴラスを呼び寄せた。[1] ピュタゴラスが供犠の執行を認めたので、犠牲獣の状態はどうだったかと尋ねてみると、肝臓に葉《よう》が欠けていたという
5 返答だった。アレクサンドロスは「ただ事ではないな、そのしるしは」と洩らしたが、ピュタゴラスに危害を加えることはなかった。そしてネアルコスの言葉に従わなかったのを後悔し、バビロンの城壁外に幕舎を設けたり、エウプラテス川に船を浮かべたりして、そこで多くの時間を過ごすようになった。
6 　気がかりな前兆はほかにもいくつかあった。例えば、飼っていた獅子のうちでもいちばんに大きくりっぱ
7 なのが、飼い馴らされていたはずの驢馬に襲われ、蹴られて死んだ。またアレクサンドロスが衣を脱いで体に油を塗り、ボール遊びに興じていたときのこと、いっしょに遊んでいた若者たちが衣を取りに戻ると、ひ
8 とりの男[2]が黙って玉座に腰かけ、王権の象徴である頭飾りと外套を着けているのを見つけた。男は誰かと問われても声を発せず、しばらく黙ったままだった。そしてようやく気が付いて語り出したところによると、名はディオニュシオス、生まれは［ペロポンネソスの］メッセニア、ある罪を犯して訴えられたため、海［地
9 中海］の方から送られてきて、長い間緊縛されていた、しかし少し前にサラピス神[3]が現われて縛りを解いてくれ、この玉座に連れてきてくれた、そして外套と頭飾りを着けて黙って座っているように命じられた、というのである。

七四　この話を聞いたアレクサンドロスは、占い師たちの忠告のとおりにこの男を始末したものの、気分が沈みがちになり、もはや神助への望みも失せ、朋友たちに対しても猜疑ばかりが先走るようになった。

2 なかでもいちばんの不安の種はアンティパトロスとその息子たちであり、そのうちイオラスは王の酌人頭を務めていたが、カサンドロスは当地に来てまだ日が浅かった。(4) それゆえ夷狄たちが王に跪拝礼をするのを見たとき、ギリシア人の流儀で育てられ、そのような行為をそれまで一度も目にしたためしのなかったカサ
3 ンドロスは、転がらんばかりに笑い出した。アレクサンドロスは腹を立て、カサンドロスの髪を両手でむず
4 とつかむや、頭を壁にたたき付けた。またあるときにはアンティパトロスを告発する［ためにマケドニアからやって来た］者たちに向かって、カサンドロスが何か言い返しかけたとき、アレクサンドロスはそれをさえぎるように「何だと。不正をこうむってもいないのに、偽りの告発をするために、この長い道のりを来るよ
5 うな者がいるとでも言うのか」と睨みつけた。カサンドロスが、証拠から遠ざかってはるばるここまで来た

---

(1) アポロドロスがアレクサンドロスについて占わせたのは、アレクサンドロスによる総督たちの処罰が続いているのを知り、わが身の不安を感じたからだった（アリアノス『アレクサンドロス東征記』第七巻一八-一—三）。

(2) アリアノス『アレクサンドロス東征記』第七巻二四-二では「ある賤しい身分の男」、ディオドロス『歴史文庫』第十七巻一一六-二では「ある現地の男」と記されている。

(3) エジプトの死者の神オシリスと聖牛アピスを合わせたものに、ギリシア的要素を加えて生まれた新しい神。ヘレニズム時代になって広く普及する。

(4) アレクサンドロスは一万人の退役兵に同行したクラテロスを、アンティパトロスに代えて本国の代理統治者に任じていた。オリュンピアスとの反目など、アンティパトロスの働きぶりに対する不満があったらしい。カサンドロス（またはカッサンドロス）はアンティパトロスの長男で、東征には参加せず、父とともにマケドニアに留まっていたが、このたび父の弁明をするためにバビロンに来た。

という事実こそが、告発が偽りであることの証しだと反論すると、アレクサンドロスは笑って「アリストテ
レス一門がお得意のあの相反立証の詭弁術を使ってきたな。だがおまえたちがこの者たちに少しでも不正を
働いたことが証明されたら、そのときはきっと泣きを見るぞ」と脅した。
6 こんなことからカサンドロスの心には、アレクサンドロスに対する脅えが奥深くまで滲み込み、いつまで
も消えなかった。伝えによると、後年、すでにマケドニアの王位に就いてギリシアを支配していたとき(1)、デ
ルポイを歩きながらあちこちの彫像を見物して回っているうちに、アレクサンドロスの肖像が現われて肝を
つぶし、突然の震えと痙攣が全身に走って、眩暈にまで襲われたあげくに、ようやく我に返ったという。

死

七五　今やアレクサンドロスは神のお告げのたぐいにすっかり絡め取られ、胸中には不安と恐怖が渦巻い
て、何か常とは異なることや奇妙なことがあると、どんな些事であっても、予兆や前触れと解するように
なった。その結果、王宮内は供犠と祓いと卜占にいそしむ者たちであふれ、彼らのおしゃべりがアレクサン
2 ドロスの心中にいたずらな不安を積み上げていった。神への不信と侮蔑は危険なことだが、このように迷信(2)
3 もまた同様に危険であり、あたかも水が常に低い方へ流れるように……(3)。それでもヘパイスティオンについ
て神の託宣が伝えられたときには(4)、塞ぎ込む気持ちをしばらく措いて、再び供犠と酒宴に身をまかせた。
4 あるときネアルコスたちのために豪勢な饗宴を催し(5)、閉宴後は寝床に就こうといつものようにいったん沐
5 浴を済ませたのだが、メディオス(6)の求めに応えて、あらためて彼のもとへ浮かれ騒ぎの宴に出かけた。そし

6

てそこで夜中から翌日の昼間にかけて休みなく飲み続け、その後に高熱に襲われた。ヘラクレスの盃を飲み干したわけでもなく、突如として背中に槍を突き立てられたような激痛が走ったわけでもないのだが、一部の史家は偉大な劇作品にいかにも悲劇的で感動的な結末を付けるようなつもりで、そんな話をこしらえないと気が済まなかったのである。アリストブロス(7)によれば、アレクサンドロスは燃えるような高熱を発し、激しい渇きにみまわれて、酒をあおった。それから意識がもうろうとなって、ダイシオス月(8)の三十日に息を引き取ったという。

---

(1)カサンドロスはアンティパトロスの死後、父が後継の摂政に指名していたポリュペルコンとの争いを制し、前三一六年にマケドニア支配権を得て、前三〇五年頃に王位を宣言する。

(2)迷信と訳した deisidaimonia は、字義どおりには、神的と思しきものへのやみくもな恐怖を意味する。プルタルコスは『迷信について』一六五b―cで、迷信とは神は人間に禍をなすものだという思い込みであり、恐怖によって人間を押しつぶすものだと説明して、神の存在を否定する考えと同様に誤りだと記す。迷信と無神論について、『カミルス』六-4―6、『イシスとオシリスについて』三五五d、三七八aも参照。

(3)原典欠損。

(4)七二-3参照。

(5)ネアルコスは数日後に艦隊を率いて、アラビアの南を回る航海に出発する予定であり、行路の幸運を願って供犠が執り行なわれ、宴が開かれた(アリアノス『アレクサンドロス東征記』第七巻二四-四)。

(6)テッサリア地方のラリサ出身。アレクサンドロスの友人(『似て非なる友について』六五c、ディオドロス『歴史文庫』第十七巻一一七-一、ユスティヌス『ピリッポス史』第十二巻一三-七)。

(7)一五-2、一六-15、一八-4、二一-9、四六-2参照。

(8)五月から六月に当たるマケドニア暦月(一六-2)。

七六　宮廷日誌には王の病状について、次のように書かれている。ダイシオス月の十八日、高熱のため浴
2 室で就寝。翌日、沐浴後に寝室へ移り、メディオスと賽遊びをしながら日中を過ごす。遅くなってから沐浴、
3 神への供犠、食事を終える。夜中、高熱が続く。二十日、やはり沐浴後、慣例の供犠を行なう。浴室内で臥
4 したまま、ネアルコスから航海のこと、大洋のことに耳を傾け、時を過ごす(1)。二十一日、前日と同じ行動な
5 がら、熱が昂進、夜には重篤化。翌日、極度の高熱続く。大浴槽のそばまで担がれ、そこに臥す。このとき
6 隊長の欠員補充について将軍たちと協議し、審査のうえで任命するよう指示。二十四日、極度の高熱続き、
担がれて供犠の場へ移動。軍内の最高幹部には控えの間での待機、千人部隊長と五百人部隊長には戸外での
7 徹夜を指示。二十五日、対岸の王宮へ運ばれ、暫時睡眠。ただし熱は下がらず。将軍たちの訪れにも声を発
8 せず。二十六日も変化なし。このため軍内に陛下逝去の噂が広がる。マケドニア兵が戸口に押しかけ、大声
で側近たちに詰め寄って開室を要求。扉が開かれ、兵士たちが内着のみ着けて全員がひとりずつ王の寝台の
9 そばを歩み過ぎる。同日、ピュトンとセレウコス(2)がサラピス神殿に遣わされ、アレクサンドロスを神殿へ運
び込むべきや否やを問うも、神からは、今いる場所に放り置けとの返答あり。二十八日、夕刻、逝去(3)。

七七　以上が宮廷日誌の記載をほぼ文字どおりに書き写したものである。

2 死去の直後は毒殺の疑いを持つ者はひとりもいなかったが、六年目になって密告があり、オリュンピアス
は大勢を死に追いやったほか、すでに世を去っていたイオラスを王に毒を盛った実行犯と断じて、その遺骨
3 を墓から放り捨てたと伝えられる(4)。一方、アリストテレスこそアンティパトロスに犯行を持ちかけ、毒薬の
用意を一手に引き受けた黒幕だという説もあり(5)、これはハグノテミスという人物がアンティゴノス王(6)から聞

[4] いた話として伝えているのだという。それによると、毒薬として使われたのは氷のように冷たい水で、ノナ

(1)アリアノス『アレクサンドロス東征記』第七巻二五-二―四が、やはり宮廷日誌を典拠として伝えるところによれば、アレクサンドロスはネアルコスたちに艦隊出港の日取りについて指示を出した。

(2)ピュトン（正しくはアリアノスの伝えるペイトン）は側近護衛官。セレウコスについては、四二-1、六二-4参照。

(3)七五-6では、アリストブロスを典拠として、死亡日をダイシオス月の三十日と記している。この齟齬は、閏日の挿入と一日の開始時の相違に起因するらしい。前三二三年六月十日。三二歳と一一ヵ月の生涯だった（三-5）。

(4)前三一九年、アンティパトロスはポリュペルコンを後継摂政に指名して世を去った。長男カサンドロスがポリュペルコン排除をめざして軍勢を準備する一方、ポリュペルコン側にはオリュンピアスがアレクサンドロス四世（ロクサネの子）とともに味方に付いた。そのような情勢の中で、アンティパトロス・カサンドロス・イオラスの父子をアレクサンドロス毒殺の犯人と名指しする情報が流され、弑逆への懲罰がカサンドロス打倒のための名分として立てられたらしい。前三一七年、オリュンピアスはカサンドロス側のピリッポス三世（アリダイオス）とその妃エウリュディケを殺し、マケドニア人一〇〇人を処刑した（ディオドロス『歴史文庫』第十九巻一一-四―八）。イオラスは酌人頭だから、アレクサンドロスに毒を盛る機会は十分にあったということであろう。

(5)アリストテレスとアレクサンドロスの関係については、七-1―八-4、一七-9、五四-1―2、五五-7―9、七四-5参照。アリアノス『アレクサンドロス東征記』第七巻二七-一―二は、アリストテレスがカリステネスの末路を知ってわが身を案じ、カサンドロスに毒薬を託して、イオラスがそれをアレクサンドロスに供した、という俗説があると紹介している。アレクサンドロス死去の報が届いたとき、アテナイのリュケイオンで講じていたアリストテレスは、アテナイ人の間で勢い付いた反マケドニア機運を恐れてエウボイア島のカルキスに逃れ、前三二二年にその地で死んだ。

(6)前三二一年に将軍たちの協定によりアジアの軍隊の最高司令権を与えられ、前三〇六年に息子デメトリオスとともに王位を宣言した「隻眼の（モノプタルモス）」アンティゴノス。ハグノテミスについては不詳。

クリス[1]のある岩から露のようにほんのわずかに滴り落ちるのを集めて、驢馬の蹄で作った容れ物に保存して
おく、というのもこの水の持つ刺すような冷たさのため、他の器に容れると器が割れてしまう、というので
5 ある。しかしながら、ほとんどの史家は毒殺説を捏造として完全に否定している。その重要な証拠とされる
のは、将軍たちの抗争のために、アレクサンドロスの遺体は幾日もの間、息の詰まるような暑い場所に手当
ても受けずに放置されていたにもかかわらず、中毒死に特有の腐敗現象がいっさいなく、清らかで真新しい
状態を保っていたという事実であった。
6 当時ロクサネは懐妊しており[2]、それゆえマケドニア人から敬重を受ける一方、スタテイラに対して激しい
嫉妬を抱いていた。それで偽の手紙を書いてスタテイラを欺き、妹ともどもおびき出して殺したうえ、ふた
りの遺体を井戸に投げ込んで、あとから井戸を埋めてしまった[3]。この犯行に知恵を出し、手を貸したのがペ
7 ルディッカス[4]であった。ペルディッカスはアリダイオス[5]をいわば玉衣をまとった人形として利用し、アレク
サンドロスの死後すぐに最高権力を掌握したのである。アリダイオスは賤しい身分の女ピリンナを母に持ち、
身体疾患のために知性に欠陥のある人物だったが、一伝によれば、この疾患は生まれつきでもひとりでに生
8 じたのでもなく、幼児期にはむしろ誰が見ても高貴で品の良い性格であったのが、オリュンピアスに毒を盛
られた結果、精神を破壊されたのだという[6]。

(1)アルカディア地方の北辺の町。近くの岩から、冥府の川と同名のステュクスの水と呼ばれるものが滴り落ち、その水に触れると死ぬと信じられていた(パウサニアス『ギリシア案内記』第八巻一七-六—一八-六、ヘロドトス『歴史』第六巻七四)。

(2)ロクサネについて、四七-7—8参照。まもなくして生まれた男児は、アレクサンドロス四世として即位し、ピリッポス三世と並ぶ名目上の王となった。

(3)ダレイオスの娘スタテイラとその妹について、二一-1、三〇-5、七〇-3参照。妹はスサで行なわれた集団結婚式で、ヘパイスティオンに嫁いでいた。スタテイラ殺害は、わが子の王位継承のライバル出現を阻むためであろう。

(4)一五-4、四一-5参照。死の間際のアレクサンドロスから指環を託されて後継指名を受けたとされ、統治能力のないふたりの王の摂政に就いた。

(5)アレクサンドロスとほぼ同年代の異母兄弟。一〇-1参照。アレクサンドロスが死んだときはバビロンに滞在していて、王の死後、ピリッポス三世として即位した。

(6)オリュンピアスがアリダイオスの障害の因を作ったというのは、オリュンピアスの死後にカサンドロス側から発せられた中傷らしい。オリュンピアスは前三一七年、ピリッポス三世殺害のあと、マケドニアのピュドナでカサンドロスの軍勢に包囲され、翌年に降伏して処刑された。底本校訂者はこのあとに原典の欠損を想定し、そこにオリュンピアスとロクサネの死も記されていたと推測する。続く『カエサル』冒頭の欠落と合わせて、写本伝承の不全があるらしい。

カエサル

青年期[1]

一　スラは権力を掌握したとき、カエサルに独裁者キンナの娘コルネリアとの縁を切らせようとしたが、
2 誘っても脅してもうまくいかなかったので、コルネリア持参の嫁資を没収してしまった。カエサルがスラに
敵意を抱くようになった理由は、マリウスとの縁戚関係にある。つまりカエサルの父の姉ユリアがマリウス
のもとに嫁いでおり、息子の方のマリウスもその腹から生まれた子であるから、カエサルにとってはこれが
3 従兄弟に当たるのである[2]。初めのうちスラは山ほどある粛清の件で手がいっぱいで、カエサルに目を向ける
余裕もなかったのだが、カエサルはそれを幸いとするつもりはなく、まだ青年ともいえない年頃であったに
もかかわらず、神官職への選出を求めて民衆の前に現われた。こうなるとスラも放っておけず、手を尽くし
4 てカエサルの企図をくじいたうえ[3]、命を奪ってしまおうと策をめぐらし始めた。周囲の者たちから、あんな
年端もいかぬ子供を殺して何になると諫める声が上がると、スラはこう答えた。鈍いやつらだ、あの子の中
に幾人ものマリウスが隠れているのが見えないのか、と。

5 この噂がカエサルの耳に入ると、カエサルは身を隠し、長きにわたってサビニ人[4]の間を転々としていたが、
6 あるとき病のために夜中に別の家に運ばれていたところを、潜伏者の捕捉のためにこの地を探索していたス
7 ラの兵士たちに見つかってしまった。カエサルは兵士たちの隊長コルネリウスに二タラントンを渡して見逃
8 してもらい、ただちに海岸まで降りると、ニコメデス王[5]を頼って海路でビテュニアへ向かった。そして王の

（1）本伝記の冒頭は原典が欠損している。失われた部分には、カエサルの家系、出生、少年期などが記されていたと思われる。ガイウス・ユリウス・カエサルの同名の父は、前九二年頃に法務官、続いてアジア属州総督に就き、前八五年頃に一五歳くらいの息子カエサルを残して死んだ。

（2）ガイウス・ユリウス・カエサルは、生年が前一〇〇年と推定され、一七歳のとき、ルキウス・コルネリウス・キンナの娘コルネリアと結婚した。キンナはスラ派の軍隊を破ってローマを奪取したあと、前八六年にマリウスとともに執政官に就任し、前八四年に兵士の反乱により殺されるまでその位にあったマリウス派の人物。またカエサルの父方の叔母はマリウスの妻であり（五-2）、その間に生まれた息子マリウスは前八二年にスラと戦って死んだ（『マリウス』六-4、四六-9）。したがって青年カエサルの政治的足場はマリウスとの結びつきにあり、スラは前八一年にローマに帰還して独裁官に就いたとき（『スラ』三三-1）、マリウス派と目されるカエサルを放っておけなかった。

（3）カエサルはいったん手に入れたユッピテル祭司（flamen Dialis）の地位を、スラに取り上げられた（スエトニウス『ローマ皇帝伝』第一巻一-二、ウェレイユス・パテルクルス『ローマ世界の歴史』第二巻四三-一）。

（4）ローマの東北方に居住する民族。

（5）小アジア北西部のビテュニアの王ニコメデス四世・ピロパトル。ただしカエサルがニコメデス王のもとに赴いたのは、プルタルコスの説明とは異なり、スラから逃げるためではなく、逃げた先で最初の軍務に就いたおり、アジア属州総督マルクス・ミヌキウス・テルムスの命を受けて艦隊を編成するためだった（スエトニウス『ローマ皇帝伝』第一巻二-一）。

もとにしばらく逗留したあと、再び船に乗って戻ろうとしたのだが、パルマクサ島沖(1)で海賊の手に落ちた。

その頃すでに海賊は無数の船で大規模な集団を作り、海上に睨みを利かせていたのである。

二　捕縛後、海賊から身代金二〇タラントンの要求を受けたとき、カエサルは嘲るような笑い声を上げ、
おまえたちは捕まえた相手を知らないようだと返して、逆に自分の方から五〇タラントンの支払いを申し出
2 た。そうして資金調達のために侍者たちを方々の都市に派遣したあとは、わずかに友人ひとりと従僕ふたり
を連れとして、獰猛きわまりないキリキア人の間に取り残されることになったのだが、それでも連中を見下
すようなふるまいに変わりはなく、寝床に就くときにはいつも従僕を彼らのもとに遣って、静かにしろと命
3 じるほどだった。こうして三八日の間、海賊たちに見張られているというより見守られているかのように、
4 怖れるようすなどみじんもなく、いっしょに運動に励んだり技を競い合ったりした。そればかりか詩や演説
を草しては彼らに読んで聞かせ、その出来栄えに驚いてみせない者がいれば、教養のないやつらだ、野蛮な
連中だ、と面罵するのだった。そのあげくに笑いながら、吊るし上げてやるぞと脅すこともたびたびあった
のだが、海賊たちの方は、そんな言いたい放題も間の抜けた冗談と受け止めて面白がっていた。
5 　ところがミレトスから身代金が届き、それを支払って解放されるやいなや、カエサルはただちに幾艘もの
船を仕立ててミレトスの港から出撃し、海賊たちをめがけて突き進んだ。そしてまだ例の島に停泊している
6 船団を見つけると、そのほとんどを拿捕してしまったのである。そして海賊の持っていた金を戦利品として
接収する一方、身柄をペルガモン(2)の牢獄に放り込むと、続いてアジア属州を治めるユンクス(3)の前に現われた。
7 召し捕った者を処罰するのは、この地の総督であるユンクスの権限だからである。だがユンクスは金には物

欲しげな眼を向けながら——その量は相当な額に上ったので——、捕虜についてはいずれゆっくり取り調べようと答えるのみであったから、カエサルは総督を見限ってペルガモンに戻ると、海賊たちを牢から引き出してひとり残らず磔の刑に処した。島にいたときたびたび口にしながら冗談としか思われていなかったことを、実行したのである。

2

三　それからスラの権勢が傾き、[4] ローマにいる人々から帰国を促す声が聞こえてくるようになった頃、カエサルはロドスに渡ってモロンの子アポロニオス[5]の教えを受けた。この人は、キケロもその講義に耳を傾けたことのある著名な修辞学者であり、品行の正しさでも評判の人物だった。伝えによれば、カエサルは政治弁論にかんしてたぐいまれな天分を持って生まれ、しかもその才能の練磨に誰にも負けないほどに努力した

(1) イオニア地方のミレトスの南西沖にある小島。スエトニウス『ローマ皇帝伝』第一巻四-一によれば、カエサルが海賊に捕まったのは、ドラベラ訴追後、弁論術を学ぶためにロドス島に向かう途中のことだった。プルタルコスの説明には年代の混乱がある。『クラッスス』七-5参照。小アジア南部のキリキア地方を拠点とする海賊の横行について、『ポンペイユス』二四参照。

(2) アジア属州の中心都市。

(3) アジア属州の総督マルクス・ユンクス。このときはビテュニアにいた(ウェレイユス・パテルクルス『ローマ世界の歴史』第二巻四二-一)。ニコメデス四世が前七四年の死に臨んで、ビテュニア王国をローマに遺贈したので、その属州化の作業のために訪れていたらしい。

(4) スラは前八〇年の執政官を退任したあとカンパニア地方に隠棲し、前七八年に病死した。

(5) 通例、アポロニオス・モロンと呼ばれる。『キケロ』四-5-7参照。ロドス島の北端に位置するロドス市は、当時、弁論術教育の中心地のひとつであり、キケロと同様にカエサルも、政界に乗り出すにあたって弁論術を磨いておこうと考えた。

3 おかげで、この分野の第二位は間違いなくカエサルだと言われるまでになった。しかし第一位はというと、
むしろ軍隊と武器によって第一人者になろうと遠征と政争に明け暮れ、実際にそうして覇者の地位を手に入
れたカエサルにとって、たとえ天与の雄弁の才の導きがあっても、ついにたどり着けないままあきらめざる
4 をえない目標だった。だから後年、カエサルはカトーを題目とするキケロへの駁論(1)の中で、戦場を走り回る
男の演説を、才能に加えて十分な閑暇にも恵まれた人物の雄弁と同列に並べて評価してくれるな、と請うて
いる。

政界登場

四　さてローマに戻ったあと(2)、カエサルがドラベラ(3)を属州統治の悪行のかどで告発すると、それを後押し
2 しようと数多くのギリシア都市から証言が寄せられた。裁判はドラベラ無罪の判決で終わったものの、ギリ
シア人の厚誼に報いてやりたいと考えたカエサルは、ギリシア人がプブリウス・アントニウスを収賄罪でマ
3 ケドニア総督マルクス・ルクルスのもとに訴えていたのに(4)、応援演説を買って出た。その演説の効果は目ざ
ましく、アントニウスは、ギリシアでギリシア人を相手に裁判するのは公正ではないと申し立て、護民官に
助けを求めたほどであった。
4 ローマにおいて、応援演説で見せる弁舌の力量により、カエサルはしだいに世間の耳目を集めるようにな
り、加えて人との付き合いや語らいの場で見せる心遣いの細やかさから、年齢に似合わず腰の低い男と目さ
5 れて、民衆の人気もうなぎ登りだった。さらに政治への影響力も、饗応と歓待を重ねるなど何かにつけ派手

6 なふるまいを続けるうちに、少しずつ大きくなっていった。そんなカエサルの勢いに嫉みを感じていた人た
ちは、いずれ資金が底をつけばあんなやつはすぐに消えるだろうと高をくくり、初めのうちはそれが民衆の
7 間で伸び広がっていくのを座して見ていた。しかしそれがやがて肥大してもはや手に負えなくなり、まっす
ぐに国家の変革へ向かって走り出したとき、彼らは遅まきながら気づいたのである。物事の始まりを小事と
見くびってはいけない、放っておくと障りのないのをよいことに日々成長を続け、いつか巨大なものになっ
てしまう、と。
8 そんな中でおそらく誰よりも先にカエサルに疑いの眼を向け、微笑む海の面のようなこの男の行動に不安
を覚え、気さくで愛想の良い外貌の奥に隠された恐ろしい本性を見て取ったのがキケロであり、この人は、

（1）『反カトー論』という散逸した作品（五四-6、『小カトー』三六-5、『キケロ』三九-6）。

（2）前七八年。

（3）グナエウス・コルネリウス・ドラベラ。スラの下で軍隊を指揮し（『スラ』二八-9、二九-8）、前八一年の執政官を経て、前八〇―七七年にマケドニア属州総督として赴任した。

（4）ガイウス（プルタルコスの記す「プブリウス」は誤り）・アントニウスはスラの下でミトリダテス征討軍の指揮官を務めたあと、前六三年にキケロと同僚の執政官に就いた。本書に伝記を収めるアントニウスの叔父にあたり、ヒュブリダという添え名を持つ。マルクス・テレンティウス・ウァロ・ルクルスは、本書に伝記のあるルクルスの弟で、前七三年に執政官、その後の二年間にマケドニア属州総督を務めた。プルタルコスの言うアントニウスの裁判は前七六年、ミトリダテス戦争中の同盟国に対する略奪の罪を問われたもので、このときルクルスは外国人担当法務官としてローマにいた。プルタルコスの記述は不正確である。

9 カエサルのあらゆる行為と企図の中に専制独裁への野望が透けて見えると常々口にしていた。[1] そんなキケロ
だが、あるときこんな言葉を洩らしたことがある「だが髪をあれほどきれいに整え、それを一本の指で梳い
ているのを見ていると、[2] あんな男がローマ国家の破壊などという大それた所業を胸中に抱けるとはとても思
えない」。しかしこれは後年の話である。
五　カエサルが民衆からの支持の大きさを世に示す最初の機会を得たのは、軍団将官の地位をガイウス・
2 ポピリウスと争い、相手より先に選出されたときである。[3] そして次の機会はマリウスの妻ユリアが死去した
ときであるが、これはカエサルにとっていっそう晴れがましい舞台となった。このときユリアの甥に当たる
カエサルは、中央広場で故人を称えるみごとな演説を披露したばかりか、[4] 葬送のさいにはマリウス家の人々
の肖像を堂々と行列に並べ、[5] スラの政権掌握以来、国家の敵と宣言されたために絶えて見られなかったこの
3 人たちの像を、陽の当たる場所に持ち出した。この行動に一部の市民から糾弾が浴びせられたとき、民衆は
それに抗して声を上げ、カエサルを盛大な拍手で迎えたうえ、長い時をへてマリウスの名誉を、あたかも冥
4 界から引き上げるかのように、都に連れ戻してくれたと喝采したのである。また高齢の婦人が死んだときに
葬礼演説を行なうのはローマ人の古来の伝統であるが、若い女性の場合にはそのような習慣がなかったとこ
5 ろ、カエサルが初めてみずからの妻の死にさいして弁舌を振るった。[6] そしてこれもまたカエサルの人気を高
める効果をもたらし、情に厚く心根のやさしい人物という印象を強めて、民衆の共感を集めるのに一役買っ
た。
6 　妻の葬儀を終えたあとは財務官として、法務官のひとりウェトゥス[7]に従ってヒスパニアに赴いたのだが、

この人に対してカエサルはいつまでも敬意を持ち続け、後に自身が権力を握ったときにはこの人の息子を財
7 務官として引き立ててやった。財務官の任期を終えたあとはポンペイヤを三度目の妻として迎えたが、[8]このときすでにコルネリアとの間にもうけた娘がいて、これが後にポンペイユス・マグヌスと結婚することになる。[9]
8 支出については、金に糸目はつけないという大尽ぶりを発揮し、莫大な費用を短くはかない名声と取り替

（1）『キケロ』二〇-6参照。

（2）髪を一本指で梳くのは、女々しいしぐさと考えられた。ポンペイユスもこのしぐさを揶揄された（『ポンペイユス』四八-12）。

（3）軍団将官（tribunus militum）は、執政官によって指名されるものと民会によって選出されるものがあった。

（4）財務官だった前六九年のこと。スエトニウスが引用するその演説の一部でカエサルは、ユリウス氏族が女神ウェヌスに遡ることを誇る（『ローマ皇帝伝』第一巻六-一）。

（5）葬送行列では、故人に連なる一族の過去の名士たちを模した面を着けて、人々が歩くのが慣行だった。

（6）前六九年にカエサルの妻コルネリアも死んだ。

（7）ガイウス・アンティスティウス・ウェトゥスは前七〇年に法務官を務め、翌年から二年間、外ヒスパニア属州総督を務めた（スエトニウス『ローマ皇帝伝』第一巻七-一）。

（8）カエサルはコルネリアと結婚する前に、コッスティアという裕福な騎士階級出身の娘と婚約していた。しかしユッピテル祭司に就くとき、この神官職には貴族（patricii）出身の娘との結婚が定められていたため、婚約を破棄し、コルネリアと結婚した。プルタルコスはコッスティアとの婚約を実際に結婚したものと解し、それを散逸した冒頭部に記していたらしい。それでポンペイヤとの結婚を「三度目」と書いたのであろう。ポンペイヤは父方の祖父がクィントゥス・ポンペイユス（前八八年のスラの同僚執政官）、母方の祖父がスラ（スエトニウス『ローマ皇帝伝』第一巻一-一、六-二）。

（9）コルネリアとの間にできた娘ユリアは、前五九年にポンペイユスと結婚する（一四-7、『ポンペイユス』四七-10）。

9 えていると評されたけれども、(1) 真実を言えば、小をもってとてつもない大をあがなっていたのである。とも
あれ伝えられるところでは、官位に就く前に一三〇〇タラントンの借金を背負っていたという。アッピア
街道(2)の整備をまかされたときは、私財から驚くほどの巨額を提供し、造営官として剣闘士三二〇組を用意し
たほか、演劇や行列や饗宴を催すにあたって、それ以前の在任者の野心を吹き飛ばしてしまうほどの豪勢な
ものをこしらえた。こうして民衆に取り入り、誰もがカエサルの恩義に報いようと、次々に新しい官位、そ
して新しい名誉を持参してくれるように仕向けたのである。

六　当時ローマには二つの党派があり、一方がスラの頃から大きな権勢をふるうかたわらで、もう一方の
マリウスの党派は散り散りになったまま身をすくめ頭を低くして過ごしていた。このマリウス派を立ち直ら
せて味方に付けようという狙いから、カエサルは造営官位にあって野心をみなぎらせていたとき、ひそかに
マリウスの彫像と戦勝碑を掲げる勝利女神像の二体を作り、それを夜のうちにカピトリウム(3)に運んでその場
2 に据えた。朝になって、全身が黄金に輝き卓絶の技で造形されたそれらの像を見つけ、しかもそこにキンブ
リ族との戦いの勝利(4)を称える銘が刻まれているのを目にした人たちは、それを奉献した人物の大胆不敵なの
に息を呑んだが——それが誰であるかは自明であったから——、噂はたちまち市中を駆けめぐり、誰もがそ
3 れを見ようと集まってきた。ある人々はそこにカエサルの独裁への企みを見て取り、そのためにあの男は法
律と決議の力で地下に封じ込められていた記憶をよみがえらせたのだ、これは民衆への実験であり、民衆が
これまでの大盤振る舞いにより飼い馴らされ骨抜きになっているかどうか、そしてこんな戯れを許し、体制
4 の変革を受け容れるかどうかを試しているのだ、と叫んだ。一方マリウス派の人々は互いに励ましあい、突

5 然にこれほど多くの同志が現われ出たことに驚きながら、カピトリウムを喝采の嵐で包み込んだ。マリウスの姿を眺めながら、嬉しさのあまりに涙を流す人も少なくなかった。湧き上がる賛辞の中でカエサルははるかな高みに押し上げられ、これこそマリウスの縁戚にあたいするただひとりの男だ、と称えられた。

6 この事件を議するために元老院が招集されたとき、当時のローマ最大の重鎮ルタティウス・カトゥルス(5)が立ち上がってカエサルを弾劾し、よく知られたあの文句を吐いた。「カエサル、おまえはもはや地下道では
7 なく、攻城機で国家を奪い取ろうとしている」と言ったのである。しかしカエサルがそれに反論してみずからの正しさを主張し、元老院を説き伏せてしまったため、彼の崇拝者たちは以前にもまして意気上がり、相手が誰であれ臆する必要はない、民衆の支持を受け、あなたはすべてを打ち負かして頂点に立つであろう、

(1)政治家が民衆への大盤振る舞いで得る評判のはかなさについて、『政治家になるための教訓集』八二一f参照。
(2)ローマから南に伸びる幹線道路。前三一二年にアッピウス・クラウディウス・カエクスによってカプアまでが建設され、前三世紀半ばに東海岸のブルンディシウムまでが完成した。街道の整備は造営官にゆだねられることが多かったから、これも以下の見世物と同じく、前六五年の造営官時代のことであろう。
(3)ローマの七つの丘のひとつで、中央広場(フォルム)の西に位置する。国家の宗教の中心地。ユッピテルの神殿がある。
(4)前一〇一年、マリウスはアルプスの南側でゲルマン人のキンブリ族を破り、凱旋式を挙げた(『マリウス』二五—二七)。
(5)クィントゥス・ルタティウス・カトゥルスの同名の父は、前一〇二年にマリウスの同僚執政官に就き、マリウスとともにキンブリ族と戦った。勝利のあと、功名がいずれに帰するかをめぐってマリウスと争ったが、結局、両者がともに凱旋式を挙げた。しかし確執は消えず、前八七年のマリウス帰国後の大殺戮の中で、マリウスによる殺害指示を受け、カトゥルスは自害した(『マリウス』四四-7)。息子カトゥルスは前七八年の執政官を経て、前六五年に監察官に就いた。

と励ました。
七　その頃、最高神祇官メテルスが世を去り、だれもが念願するこの官位をめぐってイサウリクスとカ
トゥルスという、名声の高さも元老院内の権勢も抜きん出たふたりが名乗りを上げるなか、カエサルもこの
2 両者に後れをとるまいと進み出ると、民会に現われて立候補を宣言した。[1] 支持の大きさはほぼ互角であった
から、格の高さでまさるカトゥルスは結果の見通しのつかないことに焦り、カエサルに人を遣わして、多額
の金を代償に選挙から降りさせようと試みた。しかしカエサルは答えて、たとえこれ以上の借財を背負うこ
3 とになっても、戦いをやめるつもりはないと断った。[2] 選挙の当日になり、母が戸口まで出てきて涙を流しな
がら息子を送り出そうとするのを抱き寄せたあと、カエサルは言った「母上、今日こそ御覧になれましょう、
4 息子が最高神祇官になるか、それとも亡命者になるかを」。投票が実施されて接戦になったが、カエサルが
それを制し、元老院と貴族は、この男がいずれ民衆を見境のない蛮行に駆り立てるのではないかと不安に襲
われた。

カティリナ事件

5 だからピソとカトゥルスは、カティリナ事件のとき、カエサル逮捕の機会があったにもかかわらずそれを
6 逃してしまったと言ってキケロを責めた。[3] このときカティリナの狙いは国制の変革にとどまらず、国家指導
者をひとり残らず抹殺し、体制を跡形もなく破壊することであり、そのなかでカティリナ自身はその究極の
陰謀が発覚する前に、もっと軽い犯罪の咎でつまずいてローマから追い出されたけれども、[4] 代わりにレン

7 トゥルスとケテグス[5]を都に残し、謀略を引き継がせることにした。このふたりをカエサルがひそかに援助し、いくらかの励ましを与えていたかどうかは判然としないながらも、確かなのは、元老院でふたりが完膚なきまでに罪状を暴かれ、執政官のキケロが量刑について各議員に意見を徴しているとき、カエサルよりも先に
8 発言した議員がみな死刑を求めたのに、カエサルだけは立ち上がったあと、念入りに準備されたこんな演説

---

(1) 最高神祇官（pontifex maximus）は一五名の神祇官団の長で終身職。三五の地区（トリブス）のうち抽選による一七の地区の投票という変則的なトリブス民会で選出される。この名誉ある地位には執政官格の重鎮が就くのが慣行だったから、当時三七歳の執政官未経験者であるカエサルが就けば、異例の昇進だった。クィントゥス・カエキリウス・メテルス・ピウスは、前八〇年にスラの同僚執政官に就き、ヒスパニアでセルトリウスと戦った将軍（『スラ』六-9、『セルトリウス』一二）。後継者の選挙は前六三年に行なわれた。プブリウス・セルウィリウス・ウァティア・イサウリクスは前七九年の執政官。カトゥルスは前章に出た人物。

(2) スエトニウス『ローマ皇帝伝』第一巻一三は、カエサルが票の買収のために巨額の金を使い、そのほとんどを借り入れでまかなった、と伝える。若年者として破格の名誉を手に入れるために、破格の資金が必要だった。もし選挙に負ければ、債権者から容赦なく返済を迫られ、政治生命は危機にさらされる。

(3) ルキウス・セルギウス・カティリナは、国家要人の殺害と権力の奪取をめざして仲間と陰謀を企てたが、前六三年十一月、発覚して市外に去った。ローマに残った仲間五人は、執政官キケロに逮捕されたあと元老院決議により処刑され、カティリナ本人も翌年に討伐軍と戦って敗死した（『キケロ』一〇―二二）。カエサルは以下のように共犯者の死刑に反対したため、陰謀に加担していたという疑いをかけられた。ガイウス・カルプルニウス・ピソは前六七年の執政官。

(4) キケロに刺客を放って失敗したために、ローマ退去を余儀なくされた（『キケロ』一六）。

(5) プブリウス・コルネリウス・レントゥルス・スーラとガイウス・コルネリウス・ケテグス（『キケロ』一六-1、一七-1）。

9 を行なったことである。[1] すなわち、地位も家柄も一流の市民を裁判抜きで死刑に処するのは、よほどの緊急
性がないかぎり、父祖の伝統に反し正義にも背くことである。それよりも、カティリナが軍門に下る日まで、
どこでもキケロ自身が選んだイタリア内の複数の都市に監禁して見張りを付けておけば、後日、平和で落ち
着いた状況で各人について元老院が決定を下せるであろう、と。
八　この意見は人情に訴えるところが大きく、修辞も見事な出来栄えだったので、続いて立った議員たち
がそれに賛意を表したばかりか、それ以前に陳述した議員からも、前言を翻してカエサルの意見に与する者
2 が多数現われるうちに、やがてカトーとカトゥルスに発言の順番が回ってきた。[2] このふたりは激しい調子で
カエサルに反論し、なかでもカトーは演説の中でカエサル自身に疑惑の矛先を向け、挑みかかるような激し
い勢いで迫ったので、結局レントゥルスたちは死刑執行人の手に引き渡されることになった。カエサルはと
いうと、元老院から退出しようとするところに、キケロを警護する若者の一団が殺到して、抜き身の剣をか
3 ざした。しかし、ある伝えによれば、クリオ[3]が自分の市民服（トガ）でカエサルの身を包み込み、そのまま
議場外に連れ出す一方、キケロ自身も若者たちから目で許可を求められたとき、民衆への怖れからであった
か、あるいは殺害がとうてい法と正義にかなう行為ではないと判断したのか、頭を後ろに反らせたという。[4]
4 ただし、もしこれが真実であるなら、なぜキケロが執政官手記[5]の中でそのことに触れなかったのか、私に
は理解できない。しかしともかくキケロは後になって、カエサル排除の絶好の機会を取り逃がしてしまった、
5 カエサルに熱狂する民衆の勢いに怖気づいたのだ、と責められた。実際に数日後、カエサルが元老院に入っ
てきて、向けられている嫌疑について弁明を始め、そして口汚い怒号を浴びせられたとき、民衆は元老院の

審議が通例の時間を超えて延びていると見ると、喊声とともに議院に押し寄せて建物を取り囲み、カエサルを返せ、すぐに解放せよと威嚇した。

6 そんなことからカトーがもっとも懸念したのは、カエサルに望みを託して民衆全体の火付け役となっている貧民の動向であり、この階層に発する国家変革の予感であった。そこでカトーは元老院に勧告して、貧民
7 に毎月穀物を配給することを議決させ、その結果、国家の財政支出を年間で七五〇万ドラクマ増やすことになったものの、この政策のおかげで、当時燃え上がっていた不安を見る影もなく消し去ることに成功した(6)。そしてカエサルの影響力もおおかたが倒れて砕け散ってしまったのだが、それがちょうど良い時機だったというのは、その頃カエサルは法務官就任を控え、その権限によって今まで以上に危険な存在になろうとしていたからである。

(1)カエサルは翌年の前六二年の法務官に就任予定だったから、執政官格元老院議員に続いて発言を求められた。『キケロ』二一参照。サルスティウス『カティリナ戦記』五一が記すところでは、カエサルは元老院が市民の死刑を決定する権限を有しないことを強調し、終身監禁と財産没収を提案した。
(2)『小カトー』二三-1-2参照。
(3)前七六年の執政官ガイウス・スクリボニウス・クリオ。
(4)頭を後ろに反らせるのは、拒絶のしぐさ。
(5)キケロが自分の執政官時代をギリシア語で記録したものだが、現存しない。『クラッスス』一三-4参照。
(6)『小カトー』二六-1、『政治家になるための教訓集』八一八d参照。ドラクマはギリシアの重量単位。一タラントンが六〇〇〇ドラクマに相当する。一ドラクマがローマの銀貨の重量単位の一デナリウスと等価と見なされる。

「善の女神」冒瀆事件

九　とはいえカエサルの法務官権限[1]から何らかの騒動が起こることはついになく、むしろカエサルの家庭
2 内にある厄介な事件が生じた。というのは、ここにプブリウス・クロディウス[2]というのがいて、これが由緒
正しい家系に生まれ、財産も弁舌も一流の市民でありながら、慎みのなさと品行の悪さにかけては、名うて
3 のやくざ者と比べてもけっして引けを取らない男だった。この男がカエサルの妻ポンペイヤに恋慕し、ポン
ペイヤの方も惹かれていたのだが、婦人部屋の監視が厳しいうえに、カエサルの母アウレリアが思慮深い女
で絶えず嫁のそばに付いていたために、逢い引きには困難と危険が伴った。
4 　ところでローマ人の間にはボナ・デア[3]と呼ばれる神がいて、これはギリシア人の間のギュナイケイア「女
たちの女神」に当たる。プリュギア人によれば、その起源はプリュギアにあり、元はミダス王[4]の母であった
というのだが、ローマ人はそれをファウヌス[5]の妻となった樹木の精だと伝え、ギリシア人はディオニュソス
5 の母たちのうち、名を口にできないある女神だと言う。だからこの女神の祭祀では、女たちが葡萄の蔓で小
6 屋の天井を覆い、女神のかたわらには物語のとおりに聖なる蛇が祀られる。男はそれに参加するのはもちろ
ん、儀式の進められている間はその家の中に入ることさえも禁忌とされ、もっぱら女たちだけでオルペウス
7 の祭祀に似たさまざまな儀式を執り行なうのだという。そういうわけで祭礼の日になると、執政官または法
務官の屋敷で儀式が行なわれている間、家の主人を含めて男たちは全員が外に出ていき、代わりに妻が主と
8 なって取り仕切る。もっとも重要な祭式は夜間に行なわれ、夜の祭式の中には浮かれ騒ぎも織り込まれてい
て、そこでは音楽も盛んに奏せられる。

一〇　さてこのときはポンペイヤが祭祀の施主を務めることになった。クロディウスはまだ髭が生えていなかったので、(6) 紛れ込んでも気づかれないだろうと思い、琴弾き女の身なりと衣装をまとって、若い女の姿
2 で屋敷に向かった。そして戸が開いているところに行き合わせると、あらかじめ話をつけておいた下婢の手引きで難なく家内に入り込んだ。ところが下婢が女主人に知らせようと先にポンペイヤのもとへ走り去ったまま、なかなか戻ってこないので、クロディウスはその場で待っていることに辛抱できなくなり、明かりを避けながら広い屋敷内を歩きまわっているうちに、アウレリアの侍女と鉢合わせした。侍女は相手を女だと思って浮かれ騒ぎに誘い、嫌がるクロディウスを引きずるようにして部屋の中央に連れてくると、名は何と
3 言うのか、どこから来たのかと尋ねた。クロディウスがポンペイヤのハブラを待っているのだと答えたので——それは例の下婢の名だった——、その声によって男であることが露見し、侍女は悲鳴を上げて、男を見つけたと叫びながら、すぐに女たちの集まっている明るい所へ跳んでいった。女たちは血の気を失い、アウレリアは女神の祭儀を中止させて祭具に覆いを掛けさせる一方、戸口を閉めるよう指示してから、男を捕ま

(1) 前六二年、三八歳の法務官就任。当時の法務官定員は八名。
(2) プブリウス・クロディウス・プルケル。キケロの政敵となり、キケロからその無節操ぶりを罵られることになる人物。このときは翌年の財務官に就任予定だった。前五八年に護民官（一四-16）、前五六年に造営官、前五二年に殺害される。
(3) Bona Dea. 善の女神。『ローマ習俗問答』二六八d—e参照。その祭祀は毎年十二月初めに行なわれる。
(4) 小アジアに位置するプリュギアの伝説の王。
(5) 牧畜の神。ボナ・デアは、ファウヌスの女性形ファウナの名で呼ばれることもある。
(6) クロディウスはこのとき少なくとも三〇歳だったから、髭を剃ったということであろう。

4 えようと灯火を持って屋敷中を探し回った。クロディウスは手引きをした奴婢の部屋に逃げ込んでいるとこ
5 ろを見つかり、正体を暴かれて女たちの手で戸口からたたき出された。事の顚末はその後すぐ、夜のうちに
帰宅した女たちの口から夫たちに知らされ、明け方にはすでに市中を噂が駆けめぐって、クロディウスは神
の掟を踏みにじった、冒瀆された当事者だけでなく国家と神々に対しても償いを付けるべきだ、という声が
広がった。
6 そこで護民官のひとりがクロディウスを瀆神罪で告発すると、元老院の有力議員たちもそれに加勢し、こ
の件以外にもルクルスに嫁いでいた姉[1]との情交など、この男がこれまでに犯したおぞましい醜行の数々を証
7 言した。しかしこの厳しい糾弾に抗して民衆はクロディウスの擁護に回り、群衆への恐れと怯えを拭えない
8 陪審員団に迫って、被告の頼もしい味方になった。カエサルはそくざにポンペイヤを離縁したけれども、裁
9 判に証人として呼ばれたときは、クロディウスの告発事由にかんして自分は何も知らないと言い張った。告
発者がそれでは筋が通らないと思って、「ではなぜ妻を離縁したのか」と問いかけたところ、カエサルは
10 「疑いをかけられた、それだけで私の妻は私の妻でいられないのだ」と答えた。この証言について、カエサ
ルは本当に知らなかったのだと言う者もいれば、クロディウスを助けたいと念じる民衆におもねった結果だ
11 と言う者もいる。ともかくクロディウスは告発の手から逃げおおせた。ほとんどの陪審員が、有罪の票を出
して民衆の暴力に身をさらしたくなかったし、かといって無罪を宣して貴族の間で評判を落としたくなかっ
たので、文字を掻き乱して判決票を投じたからである[2]。

ヒスパニア属州総督

一一　法務官位を退いたあとすぐに、カエサルは統治する属州としてヒスパニアをもらい受けたのだが、(3)債権者たちとの交渉にてこずり、出発しようとする段になって、声高に迫られて足止めされるはめになった。そこでローマ随一の富豪クラッススに助けを求めたところ、クラッススの方もポンペイユスとの権勢争いの
2 ためにカエサルの血気と活力を必要としていたので、債権者たちのうちでもとりわけ頑固で手強いのを引き受け、八三〇タラントンを保証してくれた。(4)こうしてカエサルは属州へ向けて旅立つことになった。
3 ところで、続くアルプス越えのさいに、こんなことがあったと伝えられる。ある小さな夷狄の村のそばを通り過ぎるとき、そこがほんのわずかの住民しかいない、みすぼらしい村であるのを見て、同行の者たちが冗談のつもりで笑いながら「いったいこんな所でも、支配者の座をめぐる争いがあるんだろうか、頂点をめ
4 ざして有力者どうしが競ったり張り合ったりすることが」と口にした。するとカエサルはまじめな面持ちで「おれならローマ人の間で第二位の人間になるよりも、ここで第一位の人間になる方を選ぶ」と返したと

（1）本書に伝記のあるルキウス・リキニウス・ルクルスと結婚していたクロディア（『ルクルス』三四-1、三八-1）。

（2）前六一年に行なわれた裁判では、キケロがクロディウスに不利な証言をしたが、クラッススによって買収された陪審員の判定により、僅差でクロディウス無罪が決定した（『キケロ』二九-6―8、キケロ『アッティクス宛書簡集』一-一六-五）。

（3）前六一年から翌年までの二年間、外ヒスパニア属州総督の任を得た。

（4）『クラッスス』七-6参照。

5 いう。[1] 同じような逸話としてもうひとつ、ヒスパニアにいたときのこと、暇があったのでアレクサンドロス
6 についての書物を読んでいたとき、ずいぶん長い間物思いに沈んでいたが、やがて涙を流し始めた。友人た
ちが驚いてわけを尋ねると、こう答えたという「おまえたちはこれを憂うべきことだと思わないのか。アレ
クサンドロスは今のおれの年齢のとき、すでにあれだけの国を統べる王であったというのに、おれはまだ何
ひとつ大きなことを成していないのだ[2]」。

一二 ともあれヒスパニア到着後、カエサルはすぐさま仕事に取りかかり、数日のうちに一〇個大隊の徴
集を完了して、これを従来の二〇個大隊に加えると、カライキ人とルシタニア人[3]の征討に出て制圧を果たし、
そこからさらに前進を続けて、それまでローマに帰順していなかった民族を平らげながら外の海［大西洋］
2 にまで到達した。また戦争を首尾よく終えたあとは、それに劣らぬ精力を平時の問題解決のために傾け、諸
3 都市間の融和の確立に努めたほか、債務者と債権者の諍いを鎮めることにはとりわけ骨を折った。すなわち
債務者の収入のうち三分の二を毎年債権者が受け取り、残りの三分の一を収入を得た当人が使用して、これ
4 を債務が解消するまで続ける、という規約を作ったのである。こうして得た上々の評判に包まれながら属州
を後にしたとき、カエサルは自身の財産を増やしていたのみならず、征討のおかげで兵士たちの懐も暖かく
してやり、兵士たちから最高司令官（インペラトル）の称号を献じられるまでになっていた。

執政官時代

一三 ところが凱旋式挙行を請求する者はローマ市内に立ち入ってはならず、その一方で執政官位を求め

る者はローマ市内で候補に名乗り出なければならないという規定があったため、カエサルは背反する二つの
要求の板挟みになってしまった。そこでちょうど執政官選挙の時期に帰り着いたカエサルは、(4)元老院に使者
2 を送り、自分は市外に留まったまま友人に立候補を宣してもらうのを認めてほしいと願い出た。しかしカ
トーはその請願に対して、まず法の定めを理由に頑として抵抗し、次に議員の多くがカエサルに絡め取られ
たと見ると、演説に一日を費やし、それで時間を稼いで議事進行を妨げた。(5)このためカエサルは凱旋式をあ
きらめ、その代わりに執政官就任の機会だけは手離すまいと腹を決めた。
3 そこで市内に入ると、ただちにある計略に手を着けたのだが、これにはカトーを除くすべての人が見事に
だまされてしまった。その計略というのは、国内で他に並ぶ者のないふたりの実力者ポンペイユスとクラッ

(1) セルトリウスはこれと正反対の願望を抱いていた(『セルトリウス』二二-8)。

(2) カエサルはこのとき三九歳で、アレクサンドロスは遠征中に三三歳の直前で死んだから、「今のおれの年齢のとき」は不自然。一方、スエトニウス『ローマ皇帝伝』第一巻七-一、ディオン・カッシオス『ローマ史』第三十七巻五二-二は、この感慨をカエサルが財務官として同じく外ヒスパニアに赴任中、ガデス(ジブラルタル海峡西方の現カディス)のヘラクレス神殿に納められたアレクサンドロス像を見たおりに洩らした言葉として記す。財務官のときカエサルは三一歳だったから、本来はこのときの逸話として伝えられていたのであろう。

(3) カライキ人はイベリア半島北西部、ルシタニア人はおよそ現ポルトガルに居住する民族。

(4) カエサルは前五九年の執政官の選挙に立候補するため、前年の夏に、後任総督が来る前に急いで帰国した(スエトニウス『ローマ皇帝伝』第一巻一八-一)。

(5) 『小カトー』三一-5参照。

4 ススの仲を取り持つことであった[1]。この両者を対立から和解へ導き、ふたりの力を自分の一身に引き寄せることに成功したカエサルは、善意の見かけを持つ行為によって、人々の知らないうちに国家を作り変えてし
5 まったのである。というのもその後の内戦について、多くの人はカエサルとポンペイユスの仲違いにその原因があると考えているけれども、真実を言えば、むしろ両者の友好こそが事の発端であり、このふたりはま
6 ず貴族政治を崩壊させるために手を組み、それを遂げたあとで反目に転じたのである。カトーだけはやがて来る事態を予見し、幾度となく警告を発したけれども、当時は気むずかしく口やかましい人と疎んじられるばかりであり、後になって、賢明ながら不遇な忠告者という評をたてまつられた。

一四 ともかくこうしてカエサルは、クラッススとポンペイユスの友好に両脇を護られながら執政官指名
2 に名乗りを上げ、カルプルニウス・ビブルス[2]とともに見事に当選を果たした。そして任に就くやいなや、民衆を喜ばせようと、土地の割り当てと分与を狙いとする法案を提出したのだから[3]、これは執政官よりもむし
3 ろ大胆不敵このうえない護民官にふさわしい行動だった。元老院で高貴な人々が法案の成立を阻もうとすると、カエサルはかねてから求めていた口実を手に入れたとばかりに、声を荒げて、元老院の傲慢と頑迷のせ
4 いで私はもうここにはいられない、不本意だが民会に駆け込んで民衆の意を迎えるような行動をとらざるをえないと宣言し、その場を跳び出して民会に現われた。そして自身を挟んで片側にクラッスス、もう片側に
5 ポンペイユスを立たせ、この法案に賛同するかどうかを問いかけた。すると両名が賛同の返事をしたので、カエサルがさらに、剣をもって阻止の脅しをかけてくる者たちから身を守るため、援軍になってほしいと頼んだところ、両名は承諾した。そればかりかポンペイユスは、剣に対しては剣に加えて盾も持って駆けつけ

6 るつもりだと付け加えた。これを聞いた貴族たちは、この人の持つ威信に似合わず、元老院への畏敬にもそぐわない、子供じみた烏滸の物言いと感じて落胆したが、民衆は大喜びだった。[4]

7 カエサルはポンペイユスの勢威をもっとしっかりとつかんでおくため、さらなる一歩を進めた。カエサルにはユリアという娘がいて、すでにセルウィリウス・カエピオとの結婚が決まっていたのだが、これを破棄してポンペイユスと婚約させ、セルウィリウスにはポンペイユスの娘——これにも実は先約があり、スラの

8 息子ファウストゥスとの婚姻が合意されていた——を嫁がせようと約束したのである。[5] そしてカエサル自身

（1）三頭体制の成立。『ポンペイユス』四七-1—4、『クラッスス』一四-1—3参照。

（2）マルクス・カルプルニウス・ビブルスはカトーの婿で、閥族派に押されて当選した。前六五年の造営官のときも、前六二年の法務官のときも、カエサルの同僚だった。

（3）イタリア内の公有地を、優良地であるカンパニア地方を除き、すべてポンペイユスの退役兵とローマ市の貧民に分け与える、公有地以外は、所有者の同意があれば適正な価格で国が買い取る、という法が一月に提案された。五月に成立した法では、カンパニア地方も分与の対象になった（ディオン・カッシオス『ローマ史』第三十八巻一-一—七）。ポンペイユスとの協力の約束にもとづいて提出された法案であると同時に、カエサルの民衆への影響力を増すことが期待された。

（4）『ポンペイユス』四七-5、『小カトー』三一-6参照。

（5）ユリアについては、五-7参照。セルウィリウス・カエピオについては不詳。ポンペイユスの娘ポンペイヤとセルウィリウスとの結婚は、結局実現しなかった。『ポンペイユス』四七-10参照。

はそれからしばらくしてピソの娘カルプルニアを妻に迎える一方、(1)ピソを翌年の執政官に据えてやったもの
だから、ここでとうとうカトーが憤りの声を上げた。国家権力が婚姻の網にかかって女衒の手に落ち、属州
と軍隊と官位が女どもを介して仲間どうしで遣り取りされる、こんなことがどうして容認できようか、と激
しく糾弾したのである。
9 　カエサルの同僚執政官のビブルスはといえば、法の成立を阻もうとしてかなわず、それどころかカトーと
ともに中央広場で命を落としかけたことも一度や二度にとどまらなかったため、自邸に閉じこもって、その
10 まま残りの在任期間を過ごした。(2)ポンペイユスは結婚するとさっそく、中央広場いっぱいに武装兵士を配し、
民衆を助けて例の法案を可決させたばかりか、カエサルにアルプスの内側と外側の両ガリア全土を、イリュ
11 リクム(3)と合わせて、四個軍団とともに五年間統治する権限を与えた。カトーはこれらの法案に反対を唱えよ
うとしたところを、カエサルの指示により連れ出されて監獄へ引かれていったが、カエサルはこのときカ
12 トーが護民官に訴えかけるものと思っていた。ところがカトーは無言のまま足を進め、これを見た重鎮の議
員たちに憤りが広がっていくばかりか、民衆までもがカトーの高潔な人柄への畏れから、うな垂れたまま
黙ってその後ろに付いていくのを目にしたカエサルは、自分の方からひそかに護民官のひとりに頼んで、カ
トーを釈放させた。(4)
13 　その他の元老院議員にしても、カエサルとともに院内に顔を出したのはごく少数にとどまり、おおかたの
14 議員は怒りがおさまらず、議場に足を踏み入れようともしなかった。院に現われた中にコンシディウスとい
うきわめて高齢の議員がいて、この人が欠席者について、あの者たちは武器と兵隊が怖いから議場に来ない

のだ、と口にした。「それではなぜ、あなたもそれを恐れて自邸にこもらないのです」とカエサルが問うた
15 ところ、コンシディウスはこう答えた「老いが私から恐怖というものを取り除いてくれたのでね。残された命ももうわずかとなれば、大した用心も必要ないというわけだ」。
16 しかしその頃に行なわれた決定のうちで醜悪の極みと評されたのは、カエサルの執政官在任中にあのクロディウス、つまり結婚の掟を侵犯し、夜中の秘儀を冒瀆したあの男が護民官に選出されたという事実で
17 あった。(5) 選出の狙いはキケロの排除にあり、カエサルはクロディウスと手を組んでキケロ打倒の謀略を企て、この敵をイタリアから追い落とすまでは、遠征に出ようとしなかったのである。(6)

(1)ルキウス・カルプルニウス・ピソ・カエソニヌスは前六一年の法務官。前五八年に執政官を務めたあとはマケドニア総督に赴任する（『小カトー』三三-7、『キケロ』三〇-2、『ポンペイユス』四八-4）。

(2)『ポンペイユス』四八-1—5、『小カトー』三三-3—4参照。

(3)バルカン半島北西部、アドリア海に臨むイリュリア地方に設けられた属州。

(4)『小カトー』三三-1—4参照。

(5)クロディウスは貴族身分だが、平民にのみ就任が許される護民官の資格を得るため、平民身分に移ろうとした。そのために氏族名もクラウディウスから平民風のクロディウスに変えたが、クリア民会で平民の養子になることを認めさせ、身分変更を可能にしたのは、最高神祇官としてのカエサルだった。クロディウスは前五八年の護民官に選ばれた。『小カトー』三三-6参照。

(6)護民官に就いたクロディウスは前五八年二月、キケロのカティリナ事件の処理の不当性を咎める国外追放法案を提出し、キケロはローマを離れた。カエサルはそれを見届けてから、ガリアに向けて出発した（『キケロ』三〇—三一）。

将軍カエサルの資質

2 一五　以上がガリア遠征以前の時代のカエサルについて語られていることである。ところがこの後、数々
の戦争を戦い抜き、ガリア平定を果たした遠征の時代は、この人があたかも第二の出発点に立ち、それまで
とは異なる種類の事績をめざして新たな人生の道を歩み始めたかのように、カエサルという人物が、それ以
前に稀代の名将と称えられた人たちのいずれにも劣らぬすぐれた将帥であり戦略家であることを証し立てた。
3 例えばファビウスやスキピオやメテルス(1)のような人、あるいはカエサルと同じか少し前の時代ならスラやマ
リウスやルクルス兄弟(2)、さらには当時、あらゆるかたちの戦争の技量により、天にも届くばかりの栄光に包
4 まれていたポンペイユス、そういった人たちをカエサルと比較してみればよい。戦った場所の難しさ、征服
した土地の広さ、破った敵の数の多さと力の強さ、手なずけた民族の非道と不実、さらに捕虜に対する寛容
と仁慈、従軍兵士に対する褒賞と恩顧、そのすべてにおいてカエサルはこれらの将軍のだれかれをしのぎ、
5 しかも行なった戦いの数と殺した敵兵の多さにかけては、この将軍たちの誰にも負けない偉業を成し遂げた。
すなわちガリアでの一〇年に満たない戦争の間に(3)、八〇〇を越える城市を攻め落とし、三〇〇の民族を足元
に従え、のべにして三〇〇万人の敵を相手に陣列を構えて、そのうち一〇〇万人を討ち取り、同じ数を捕虜
に取ったのである(4)。

一六　カエサルは兵士たちからたいへん慕われ、熱烈な信服を集める人物であったから、それまでの遠征
ではなんら秀でたところのなかった兵士が、カエサルの栄誉のためとあれば勇猛果敢な戦士となり、どんな
2 危険にも立ち向かっていくことがたびたびあった。そのような例のひとりがアキリウスであり、この男は

3 マッシリアの海戦(5)のさい敵船に躍り込み、剣で右腕を切り落とされながらも左手に持った盾を離さず、その
盾を敵兵の顔に叩きつけてひとり残らず押し返したあげくに、船を制圧してしまった。同じようにカッシウ
ス・スカエウァという男は、デュラキオンの戦い(6)で片眼を矢に抉り取られ、肩と腿を投槍に射抜かれ、盾に
4 一三〇本の矢と槍を受けた末に、敵に投降を申し出た。ところが敵兵ふたりが近付いてくると、剣でひとり
の腕を斬り落とし、もうひとりの顔を突いて逃げ戻らせたあと、集まってきた味方の兵士たちに助け出され
た。

---

(1)三人それぞれに複数の人物が考えられるが、おそらく第二次ポエニ戦争でハンニバルに待機戦術で対抗したクィントゥス・ファビウス・マクシムス、そのハンニバルを破って戦争を終わらせたプブリウス・コルネリウス・スキピオ・大アフリカヌス、ヌミディア王ユグルタとの戦争を指揮したクィントゥス・カエキリウス・メテルス・ヌミディクス。

(2)アジアに遠征してミトリダテス王とティグラネス王を破り、本書に伝記の収められるルキウス・リキニウス・ルクルスと、その弟マルクス。ただしマルクスには、目立った戦績はない。

(3)カエサルがガリアで戦ったのは前五八年から前五一年まで。

(4)以上の数字は『ポンペイユス』六七-10に記されたのとほぼ同じ。

(5)前四九年、マッシリア（現マルセイユ）がカエサルへの協力を拒んだため、その近海でカエサル側のデキムス・ブルトゥスの率いる艦隊が、マッシリア軍の艦隊と戦った（カエサル『内乱記』第一巻五六―五八、第二巻四―七）。

(6)前四八年のギリシアでの包囲戦（三九-1―4）。百人隊長スカエウァの逸話は、カエサル『内乱記』第三巻五三-四―五のほか、スエトニウス『ローマ皇帝伝』第一巻六八-四、アッピアノス『内乱史』第二巻六〇に記され、ルカヌス『パルサリア』第六巻一四四―二六二にも描かれる。

5 ほかにもブリタンニアで(1)、先頭を進む百人隊長たちが、一面に水の広がった湿地に入り込んだところを敵
に襲われたときのこと、ある兵士が、カエサルの見守るなか、戦闘のただ中に走り込んだかと思うと、目を
見張るような勇ましい戦いぶりを見せ、敵の蛮族を追い払って隊長たちを窮地から救い出した。そしてその
6 後は最後尾を苦労しながら進んでいたが、水の深くなった所に来ると跳び込んで、盾を手離しはしたものの、
7 泳いだり歩いたりしながら渡りきった。カエサルたちは感銘を受け、大きな歓声とともにこの兵士を迎え入
れたが、本人はひどくしょげ返り、涙を流しながらカエサルの足元にひざまずいて、どうか盾を失ったこと
を赦してほしいと哀願するのだった。

8 またアフリカでは、カエサルの船がスキピオたちに拿捕されたとき(2)、その船にはグラニウス・ペトロが財
務官に指名されて乗り組んでいたので、スキピオは他の乗員を捕虜に取りながらも、財務官だけは放免して
9 やると告げた。しかしグラニウスは、カエサルの部下にとって放免とはしてもらうものではなく、してやる
ものだと言うなり、わが身を剣で突いて自害した。

一七 部下たちが示すこの種の気概と名誉心を、カエサルはみずからの手で産み出し育て上げたのであり、
そのための手立てとして第一に、褒美と報酬を惜しまず与えた。それによって、戦争を続けてそこから富を
集めるのはカエサルひとりの贅沢や逸楽のためではない、それらは勲功への報奨に当てるために共有の資金
として取り置くのであり、したがってその富のうちからカエサルが分け前を得る場合も、兵士たちが功に応
じて賞品を与えられるのと同じ分配のひとつにすぎない、と軍内に示したのである。第二は、自身がどんな
2 危険にもすすんで身をさらし、どんな労苦からも逃げようとしなかったことである。このうち危険を省みな

かったことについては、この人の名誉心の強さを思えば、誰も驚きはしなかったけれども、労苦の耐え方に
は、本来の体力を超える辛抱をしているのが分かり、誰もが感嘆せざるをえなかった。というのもカエサル
は体つきがきゃしゃで、肌は白くて柔らかく、頭痛持ちのうえにてんかんの病を抱えていたのだが――その
3 発作に初めて襲われたのは、コルドゥバ(3)にいたときだと伝えられる――、それにもかかわらず体の弱さを安
楽な生き方のための口実にせず、むしろ軍隊生活によって体の弱さを克服しようとした。休みなしの行軍、
質素な食事、幾夜も続く野営、辛苦の絶えない生活、それらによって患いに打ち勝ち、肉体を病の手から護
4 ろうとしたのである。休息の時間も何らかの行動に当てようと、睡眠はたいてい台車か輿に乗って移動しな
がらとり、日中は方々の砦や城市や陣地に出向いたのだが、そんなときには、常にカエサルの身近に控えて
5 口述を書きとめるのに習熟した従僕ひとりと、剣を持って背後に立つ兵士ひとりを従えていた。こうしてせ
いいっぱいの速さで行軍するのがカエサルの習慣であり、初めてローマを立って遠征に出たときには(4)、出発
の八日目にロダヌス［ローヌ］川に到達するほどだった。
6 一方、乗馬は幼い頃から得意とするところであり、両手を離して背中の後ろで組んだまま全速力で馬を走

（1）前五五年と前五四年にカエサルはブリタンニア島に遠征した（二三-2―4）。
（2）前四七年から翌年にかけてのアフリカ戦役でのこと（五二―五三）。
（3）ヒスパニアの現コルドバ。財務官のときか執政官代理のときか、あるいは内戦のときか判然としない（五-6、一一、三六）。
（4）前五八年、ガリアへ遠征に向かうとき（カエサル『ガリア戦記』第一巻七-一）。

7 らせるという技も手馴れたものだった。このたびの遠征では、馬に乗ったまま書簡を口述で書き取らせる技
術を磨き、しかも同時に二名、あるいはオッピウス(1)によればそれ以上の書記が必要になるくらいに語れるよ
8 うになった。伝えによれば、書簡を使って友人と会話するための方法(2)を最初に編み出したのはカエサルであ
り、緊急の用件がありながら、他の仕事が多くしかも市域が広いために、直接に顔を合わせる時間を作れな
かったのがきっかけだという。
9 　衣食住に無頓着なことについては、その証拠としてしばしば持ち出される逸話がある。メディオラヌム(3)で
ウァレリウス・レオのもとに客人として迎えられ、食事をとっていたとき、主人がアスパラガスを供し、そ
れにオリーブ油ではなく香油をかけた。カエサルは気に留めずにそれを食べたが、友人たちが不満を洩らし
10 ているのを見ると、こう言ってたしなめた「気に入らないなら食べなければいい。この料理を粗野だとこぼ
11 すようなやつは、自分こそ粗野な人間だ」。また旅の途中で嵐に遭い、ある貧しい農民の小屋に難を避けた
ときのこと、そこには人ひとりがかろうじて横になれるだけの部屋がただひとつあるだけだった。そこで同
行の者たちに向かい、栄誉の賞品はもっとも強い者に、生活の必需品はもっとも弱い者に譲るべきである、
と宣してオッピウスにそこで休むよう指示し、自分は他の者たちとともに戸口の軒下で眠りに就いた。

ガリア遠征

一八　さてガリア戦争の話だが、そのなかでカエサルが最初に戦った相手はヘルウェティイ族とティグリニ族であった(4)。これらの部族は自分たちの一二の城市と四〇〇の村落を焼き払ったあと、かつてのキンブリ

族やテウトニ族と同じように、ローマ支配下のガリアを通過して前進を続けており、しかもそれらと比べて獰猛さでいささかも引けを取らず、人数の多さでも、すべて合わせて三〇万、そのうち戦闘員が一九万とい
2 うから、甲乙つけがたい大群であった。二部族のうちティグリニ族に対しては、カエサル自身は動かず、ラビエヌスが派遣されてアラル川付近でこれを粉砕した。(6) 一方ヘルウェティイ族は、カエサルがある味方の城市に軍隊を率いて向かっていたところに、不意を突いて襲いかかってきたため、カエサルはある堅固な地点
3 にいちはやく逃げ込んだ。その後、そこに軍勢を集めて陣列を組み終えたとき、一頭の馬が自分のために曳かれてきたのを見て、「これは戦いに勝ったあと、追撃のさいに使うことにして、今はこのまま敵に向かっ

---

(1) 11節にも現われるカエサルの友人ガイウス・オッピウス。カエサルのほか、スキピオ・大アフリカヌスやカッシウス（カエサル暗殺者）の伝記を著わした。『ポンペイユス』一〇-7参照。

(2)「書簡を使った会話」というのは、スエトニウス『ローマ皇帝伝』第一巻五六-六が伝える、秘密の通信のための暗号使用の書簡のことか。

(3) 内（アルプスのこちら側）ガリア属州の都市。現ミラノ。

(4) 前五八年、カエサルはまず、現スイス辺りに居住するケルト系民族のヘルウェティイ族と戦った。ティグリニ族は、カエサルによれば、ヘルウェティイ族の四地区のうちのひとつの民族（カエサル『ガリア戦記』第一巻一二-四）。

(5) いずれも北方から移動してきて、前一〇五年にアラウシオ（ローヌ川沿いの現オランジュ）の戦いでローマ軍を破り、前一〇二年とその翌年にマリウスによって壊滅させられたゲルマン系民族（『マリウス』一一—二七）。

(6) ティトゥス・ラビエヌスはカエサルの副官として、ガリア遠征の全期間を通じて重要な役割をまかされた人物。アラル川はローヌ川上流の現ソーヌ川（カエサル『ガリア戦記』第一巻一二-一）。

4 ていこう」と言うと、自分の足で敵に突進し攻めかかった。[1] そして長く激しい戦いの末にようやく敵の戦闘
部隊を押し返したものの、それ以上の困難を強いられたのが、その後の敵陣の壁と荷車のあたりで起こった
戦いだった。そこでは男たちが立ちふさがっただけでなく、子供や女たちも加わって死ぬまで抵抗を続け、
5 もろともに突き殺されていったからであり、そのため戦いは真夜中になってようやく終息した。その後、カ
エサルはこの勝利の功業の上にさらにすばらしい功業を積み上げた。このたびの戦いから逃げのびた夷狄た
ち、数にして一〇万を超える者を呼び集め、かつて放棄した土地に戻らせ、破壊した城市に再び定住させた
6 のである。その土地が無人のままに捨て置かれれば、ゲルマン人が川を渡ってきてそこを占領する恐れが
あったので、それを防ぐためであった。[2]

一九 次の戦争としてカエサルは、ガリア人を守るため直接にゲルマン人を相手として戦ったのだが、こ
れはそれ以前にローマでゲルマン人の王アリオウィストゥスを同盟者と認めていたことに違反する行動
2 だった。[3] しかしカエサル傘下の民族にとって、ゲルマン人は油断のならない民族であり、機会さえあれば、
現在の領土におとなしく留まってはおらず、ガリアに押し入って乗っ取ってしまうだろうと危惧されたので
3 ある。ところが隊長たちの間に怯えが見え、とくに名家出身の若者で、遠征を蓄財と栄耀のための手段と心
得て付いてきた者たちに臆する気配が強いと見て取ると、カエサルはその者たちを呼び集めて、それほどに
4 骨なしの腰抜けなら、強いて危険に立ち向かうには及ばない、すぐに帰国せよ、と命じた。そして、私は第
十軍団だけを率いて夷狄の軍勢と戦う、敵がキンブリ族より強いわけでもなければ、私が将軍としてマリウ
5 スより劣っているわけでもないのだから、と言い放った。[4] これを聞き知った第十軍団はカエサルのもとに伝

令を送り、一同からの感謝を伝える一方、他の軍団は自分たちの隊長たちに罵声を浴びせた。この結果、全軍が戦闘への意欲をみなぎらせてカエサルに付き従い、幾日にもわたる行程をへて、敵から二〇〇スタディオン[5]に足りない地点に陣営を置いた。
6 かたやアリオウィストゥスにとって、カエサルが攻め寄せてきたということ自体が、士気の幾分かを打ち
7 砕くものであった。というのもローマ軍はゲルマン兵の突進を受ければ、踏みとどまることさえできないだろうと高をくくっていたので、逆にローマ軍の方から攻めかかってくるとは予想もせず、ただカエサルの豪
8 胆に驚くばかりであり、味方の軍内にも動揺が広がっているのにアリオウィストゥスは気づいていた。その

(1) いざとなれば逃走できるという期待を持たせないため、馬を兵士たちの視界の外に追いやったという、カエサル『ガリア戦記』第一巻二五-一の記事と関連する逸話らしい。類似の話が、『クラッスス』一一-9にある。

(2) ヘルウェティイ族の強制帰還と、それがライン川の向こうに住むゲルマン人との間に緩衝地帯を確保するためであることについて、カエサル『ガリア戦記』第一巻二八-三—四参照。

(3) 前五九年、カエサルが執政官であったときに、元老院はアリオウィストゥスに「ローマ国民の友」という称号を与えていた（カエサル『ガリア戦記』第一巻三五-二、四〇-二）。

(4) フランス東部のブザンソンに滞在中、ゲルマン人の勇猛さを聞かされたローマ将兵の間に怯えが広がり、カエサルは会議で隊長たちを叱咤した（カエサル『ガリア戦記』第一巻三九—四〇）。カエサルはこのとき、元老院決議による四個軍団を超えて六個軍団を指揮していたが、第十軍団はそのうちでカエサルの信頼がもっとも厚かった。軍団一個の兵員数は通例六〇〇〇人。

(5) スタディオンはギリシアの長さの単位で、およそ一七七メートル。プルタルコスはカエサル『ガリア戦記』第一巻四一-五に二四ローマ・マイルとあるのを換算して表記したらしい。一ローマ・マイルは約一四八〇メートル。

うえにゲルマン人の気勢をそいでいたのが、巫女たちの託宣であった。これは川の渦から予兆を読み取った
り、水の巻き方やはねる音から卜占を行なったりして未来を予言する女たちで、このときは新月が輝き出す
まで戦いに入ってはならないと命じていた。(1)
9 カエサルはこの情報を得て、実際にゲルマン人の動きが止まっているのを確かめると、何もせずに敵の望
10 みの時が来るまで待っているよりも、敵の戦意が落ちている間に雌雄を決するべきだと考えた。そこで敵が
陣取る丘の上の防塁に部隊を差し向けて挑発を繰り返し、敵が苛立ちのあまりに丘から降りてきて決戦を挑
11 むように仕向けた。ゲルマン人は大敗し、カエサルは逃げる敵を追ってレヌス［ライン］川まで四〇〇スタ
12 ディオンを走り、その間の平野のいたるところに遺体と戦利品の山を築いた。アリオウィストゥス自身はわ
ずかの軍勢とともに追っ手をかわし、レヌス川の向こうに渡ったが、死者の数は八万に達したと伝えられる。
二〇　この戦いが終わると、カエサルは軍隊をセクァニ族(2)の領地に残して冬越えに備えさせたあと、ロー
マ市内の政情に手を入れておこうと、パドゥス［ポー］川流域のガリアに降りてきた。ここはカエサルにゆ
だねられた属州であり、アルプスのこちら側のガリア属州として、ルビコンと呼ばれる川(3)を境にしてイタリ
2 アの他の部分と隔てられている。カエサルはここに腰を落ち着け、市民への働きかけに精を出した。大勢の
市民が訪ねてくるなか、各人がそれぞれの求めるものをカエサルから受け取り、誰もが望みをかなえても
3 らったり、いずれかなえてもらう期待を抱いたりしてその場を後にした。このとき以外にもカエサルは、遠
征の全期間を通じて、ポンペイユスの目に入らないところで、ローマ市民の武器を使って敵を征服すること
と、敵から奪った資金を使って市民を絡め取り手なずけることを交互に繰り返していたのである。(4)

4 ところがそこへベルガエ族[5]離反の報告が届き、ガリア人のうちでも最大の力を持ち、ガリア全土の三分の
一を領するこの民族が、武具に身を固めた数万の丈夫を集めて立ち上がったという知らせを受けると、カエ
5 サルはただちに身をひるがえし、ベルガエ族をめざして大急ぎで駆け戻った。そしてローマと同盟するガリ
ア人の領土を壊乱しているところに攻めかかり、もっとも多数の兵士でもっとも固く隊伍を組んでいた敵の
部隊に屈辱の戦いを強いたあげくに、遁走に追い込んで次々に殺戮していった。深い川も湖も大量の死体で
埋まり、ローマ兵はその上を渡って歩けるほどであった。
6 離反に加わった者たちのうち、オケアノス［大西洋］沿いに居住する民族は戦いをあきらめ、こぞってカ
エサルに帰順してきたが、この地方でも極めつきの獰猛と蛮勇の民族ネルウィイ族には、カエサルが征討に
7 向かった。ネルウィイ族というのは樹木が鬱蒼と繁る地域に住む民族で、このときも家族や財産を森の奥に
隠し置き、戦場からできるだけ遠ざけておいてから、戦士たちがローマ軍に近付いていった。そしてカエサ
ルがまだ陣地の構築中で、戦いを予期していなかったところへ、総勢六万の大軍で突如として襲いかかると、

(1) この予言について、カエサル『ガリア戦記』第一巻五〇-四参照。タキトゥス『ゲルマニア』八、一〇には、ゲルマン人の女性の予言能力と占いについての説明があるが、水による予言は記されていない。

(2) ヘルウェティイ族とはジュラ山脈を隔て、その北西に居住するケルト系民族。

(3) 内ガリア属州とイタリア本土の境界をなし、アドリア海に注ぐこの小さな川が持つ大きな意味合いは、八年後にあらわになる（三二-5—9）。

(4)『ポンペイユス』五一-3参照。

(5) セーヌ川とマルヌ川以北に居住するケルト系民族（カエサル『ガリア戦記』第一巻一-一—三、第二巻一-一）。

8 騎兵隊を蹴散らし、第十二軍団と第七軍団を包囲して、その中の百人隊長をひとり残らず討ち取った。この
ときもしカエサルが盾をひとつ取り上げ、前方の隊列の間を抜けて、夷狄の軍勢に切り込んでいかなければ、
そして司令官が命をかけて戦うのを第十軍団が高台の上から見つけて駆け下り、敵の隊列を打ち破らなけれ
9 ば、誰ひとり生き残らなかったであろう。[1] しかしカエサルの果敢な行動のおかげで、いわば実力を超える戦
10 いぶりを見せたローマ軍は、敵がなお壊走せずに最後まで抵抗するのをことごとく打ち倒していった。ネル
ウィイ族の軍勢で生きて戻れたのは兵士六万人のうち五〇〇人、長老四〇〇人のうち三人であったと伝えら
れる。[2]

二一　この報告を受けて元老院は、神々への供犠式と祝祭休暇を、一五日間という従来の戦勝では例のな
2 い長期間にわたって執り行なうことを決議した。[3] あれほど多くの民族がいっせいに反乱を起こしたことに、
常ならぬ危機を感じていたからであり、また勝利を収めたのがカエサルという民衆人気のとりわけ高い人物
であったことも、勝利にいっそうの輝きを添えていた。

3 それでカエサルの方も、ガリア情勢を首尾よく片付けると、再びパドゥス川近辺の地域で冬を越しながら、
4 ローマ政界への工作に取りかかった。官位立候補者はカエサルから資金を提供してもらい、それを使って民
5 衆を買収して当選を果たすと、カエサルの権勢を増しそうなことなら何でも実行しようとした。そればかり
か地位も名誉も一流の市民たちが、続々とカエサルに会いにルカに集まってきて、その中にはポンペイユス、
クラッスス、サルディニア総督アッピウス、ヒスパニアの執政官格総督ネポスも含まれていたから、その場
6 に現われた先導吏は一二〇人、元老院議員は二〇〇人を超えるという壮観であった。ここで会談が開かれ、

次のような取り決めがなされた。[4] すなわちポンペイユスとクラッススを執政官に任命すること、カエサルに
7 は公金を拠出するほか、属州総督権限を五年間延長すること、というものであったが、これは良識ある人々から見れば理不尽の極みであった。なぜならカエサルからたっぷりと資金をもらっている者たちが、あたかもカエサルには一銭もないかのように、公金を出してやるように元老院に提案、というより強要し、そのせ
8 いで元老院はみずからの議決に悔しさを隠せないありさまだったのである。カトーは用心のためにキュプロス島へ追い払われて不在であったし、[5] カトーの熱心な崇拝者ファウォニウスは、反論しても益なしと悟って
9 議院を跳び出し、民衆に向かって叫び続けた。[6] しかしその声にも誰ひとり耳を傾けるようすがなかったのは、ポンペイユスとクラッススへの畏れもあったが、ほとんどの者は、カエサルの言うとおりにしておけば利得

（1）ローマ軍の窮地と、そのとき見せたカエサルの果敢な行動について、カエサル『ガリア戦記』第二巻二五—二六参照。

（2）カエサル『ガリア戦記』第二巻二八‐二に、ネルウィイ側の証言として、戦争前の長老が六〇〇人だったこと以外、同じ人数が記されている。

（3）カエサル『ガリア戦記』第二巻三五‐四参照。

（4）前五六年四月に、内ガリア属州にあってイタリアとの境界に近いルカ（アルノ川の北の現ルッカ）でカエサルとポンペイユスとクラッススが会談した。三者だけの会談であり、そこで決められたことも当初秘密にされていた（『小カトー』四一‐1、『ポンペイユス』五一‐4—6、『クラッスス』一四‐6—7）。ポンペイユスとクラッススは、前五五年の執政官に就任する。

（5）カトーは護民官クロディウスの提案した法により、キュプロス島をキリキア属州に併合するという任務を与えられて、現地に送り出されていた（『小カトー』三四‐3—6）。

（6）カトーを範に仰ぎながら、直情と性急のあまりにカトーのような信頼を得られないマルクス・ファウォニウスについて、『小カトー』三二‐11、四六‐1、『ポンペイユス』六〇‐7参照。

が期待できるという思惑から、静観を決め込んでいたからである。
二三　カエサルがガリアに残してきた軍隊のもとに戻ってみると、その地域は大きな戦争の渦中にあった。
ウシペテス族とテンクテリ族と呼ばれるゲルマン人の二つの民族が、領土を手に入れるために少し前にレヌ
2 ス川を渡ってきたのである。この二民族との戦いについて、カエサル自身が手記に書きとめたところによれ
ば、夷狄軍は休戦の誓約の下で使節を寄越していたとき、誓約を信じて攻撃を予期していないローマ軍の行
3 軍中を襲い、八〇〇人の騎兵でローマ騎兵五〇〇〇人を遁走させた。その後あらためて使節を遣わしてきて、
またもや欺こうとしたので、こういう不誠実で誓約破りの輩に対して信義を守るのは人が良すぎるとカエサ
4 ルは考え、使節を拘束すると、軍勢を率いて夷狄に攻めかかったのだという。[1] 一方タヌシウスの記すところ
によれば、元老院がこのときの勝利に祝祭と供犠式の実施を決議しようとしたとき、カトーが意見を述べ、
カエサルを夷狄側に引き渡すべきだ、そうして国家に降りかかった誓約侵犯の穢れを払い、呪いをその張本
5 人に振り向けねばならない、と主張したという。[2] ともかく川を越えてきた集団のうち刃に倒れた者が四〇万
人にのぼり、再び川を渡って逃げ帰ったのは少数にとどまったのだが、その人々を迎え入れたのがゲルマン
人の一派スガンブリ族だった。
6 するとカエサルはそれを理由としてこの民族に矛先を向け、さらには軍隊を率いてレヌス渡河を果たした
最初の人物という栄誉にもあこがれて、遠征に出発した。そして川に橋を架けようとしたのだが、これがた
いへん幅の広い川で、なかでも渡ろうとした付近[3]はとくに水かさが多く、しかも激しい勢いで流れていると
ころだったため、立てた橋の支柱に上流から運ばれてくる樹幹や木材が打ち当たって壊してしまうのだった。

7 しかしカエサルは橋を守るための盾として、川底に大きな木材を打ち込んで向こう岸まで並べ、これで流木を受け止めることによって、襲いかかってくる激流をくびきの下に押さえ込んだ。こうして完成まで一〇日で、およそ信じがたい橋の威容が出現したのである。(4)

二三　軍勢の渡河の後、敢えて立ち向かってくる者はひとりもなく、ゲルマン人の中で最大の勢力を誇るスエビ族も森の奥の深い谷間に引きこもってしまったので、カエサルは敵の領地に火を放つ一方、ローマへの忠誠を守り続ける民族に励ましを与えてから、ガリアに引き揚げた。ゲルマニアには一八日間の滞在であった。

2 続くブリタンニア遠征は、その試みの大胆なことで世を驚かせた。艦隊の長として西方の外海に乗り出し、

3 戦いのために軍勢を率いてアトラスの海を渡ったのは、カエサルが最初だったのである。この島は伝えられるその大きさから実在を疑われ、数多くの学者たちの間でさかんな論争の的になって、そのような島は過去にも現在にも存在しない、名称も報告も捏造である、という主張もなされていた。カエサルはその島を占領

(1) カエサル『ガリア戦記』第四巻一一―一三に、ゲルマン人の誓約破りとカエサルによる使節拘束についての記述がある。

(2) タヌシウス・ゲミヌスは前一世紀の歴史家。スエトニウス『ローマ皇帝伝』第一巻九-二参照。使節を拘束することは、瀆神の行為と見なされた。

(3) 底本の校訂によらず、写本どおりに読む。

(4) ライン川を渡ったのは、前五五年の六月頃。橋の建設については、カエサル『ガリア戦記』第四巻一七に詳述されている。それによると、橋の上流側の防柵は、ゲルマン人が橋の破壊を狙って流す木材をさえぎるためだった。橋はガリアに戻ったあと破壊された。

4 しようとこころざし、ローマの覇権を世界の外にまで広げようとしたのである。そして二度にわたって対岸
のガリアからこの島に渡り、[1] 戦いを重ねたけれども、それによって敵に損害を与えたわりには味方に利益を
得られず——住民は貧しく惨めな暮らしを送っていたので、奪い取るほどの価値のあるものはなかったので
ある——、望んでいたのとは異なる終わり方で戦争を終えたあと、王から人質を取り、貢納を課して島を出
航することになった。[2]
5 　ところが渡航の船を出そうとしたとき、ローマにいる友人から書簡が届き、娘の死を知らされた。ポンペ
6 イユスの屋敷で出産中の絶命であった。[3] ポンペイユスの悲しみは大きく、カエサルの悲しみもまた大きかっ
たが、それとともに両者の友人たちも、崩れ落ちそうな国家にかろうじて安寧と融和をもたらしていた婚姻
の絆が絶たれてしまったと感じ、心穏やかでなかった。子もまた母の後を追うように、生まれて数日もたた
7 ないうちに世を去ったのである。ユリアの遺体は民衆が担ぎ上げ、護民官の制止を振り切ってマルスの野に
運ばれたあと、そこで葬礼を受けて今もその地に眠っている。

二四　カエサルは手元の軍勢が今や大きく膨れ上がったため、やむなくいくつかに分割して別々の土地で
冬越えに入らせてから、自分はこれまでのようにいったんイタリアに向かった。ところがそのときガリア全
土でまたしても反乱の火の手が上がり、大勢力からなる複数の集団が方々を駆けめぐりながらローマ軍の冬
2 営陣地を襲撃し、防壁を打ち壊し始めた。なかでも最大の規模と力を持っていたのがアンビオリクスの率い
3 る一団で、コッタとティトゥリウスを麾下の部隊ともども殲滅したほか、[4] キケロの指揮する軍団一個を六万
の戦士で取り囲んで攻め立てた。[5] 軍団兵がみな傷を負いながら気力を振りしぼって防戦しているおかげで、

かろうじて陣地陥落をまぬかれているという状況だった。
4 カエサルは遠く離れた所でこの知らせを受けると、すぐに引き返し、総勢で七〇〇〇人の軍勢を集めたう
5 え、キケロを包囲から救い出そうと道を急いだ。しかし包囲軍側はいちはやくこれに気づき、寡勢の敵を
6 侮って、ひとひねりでつぶしてやろうと迎え撃ってきた。するとカエサルは敵の眼を欺くように身をかわし
続けた末に、少数で多数を相手に戦うのに適した場所を見つけ、そこに防御陣を築いたまま、麾下の兵士た
ちをいっさい戦いに出そうとしなかった。そしてあたかも怯えているかのように、防柵を高くして門を固め
7 ることに専念させたのだが、これが実は油断を誘うための策略で、やがて敵が不用意に隊列も作らないまま
近づいてきたところで一気に攻めて出ると、敵を蹴散らして多数を討ち取った。

(1) ブリタンニア遠征は前五五年と翌年の二度行なわれた。遠征の動機について、カエサル自身は、ブリタンニア人がガリアの反ローマ勢力を支援しているからと記す(『ガリア戦記』第四巻二〇-一)。

(2) 貢納賦課は形式だけで、実際に支払われることはなく、ローマの支配をブリタンニアに拡げるというカエサルの目的は実現しなかった。

(3) ポンペイユスに嫁していたユリアは(一四-7)、前五四年八月に死んだ。プルタルコスはユリアの死を、カエサルとポンペイユスの争いが表面化するきっかけになったと捉える(『ポンペイユス』五三-5―10)。

(4) ライン川の西に住むエブロネス族の王アンビオリクスは、副官ルキウス・アウルンクレイユス・コッタとクィントゥス・ティトゥリウス・サビヌスの率いる軍団を破った(カエサル『ガリア戦記』第五巻二六―三七)。

(5) 本書に伝記のあるキケロの弟クィントゥス・トゥリウス・キケロがカエサルの副官を務めていて、その冬期陣地がネルウィイ族の軍勢に包囲された(カエサル『ガリア戦記』第五巻三八―五二)。

二五　これにより、この地域のガリア人の間に広がっていた蜂起の波は静まったが、カエサルはなおもそ
2 の冬の間、各地を巡回しながら不穏な動きに目を光らせ続けた。カエサルのもとには、失った兵力を補うべ
くイタリアからあらたに三個軍団が到着しており、そのうちの二個はポンペイユスが自分の配下にあったう
ちから割いて貸し与えたもの、(1)一個はパドゥス川流域のガリアから新規に召集したものであった。
3 　しかし遠方の地域では、獰猛きわまりない部族の住む地に、ずっと以前から反乱の種が首領たちの手でひ
そかに蒔かれ育てられていて、今やこの戦争の中でも最大の規模と脅威をもつ戦いとなって、姿を現わしつ
つあった。武具を携えてあちこちから集まってきた膨大な数の若者、一箇所に積み上げられた大量の資財、
4 堅固な要塞、侵攻困難な土地、それらによって反乱は恐るべき成長を遂げたのである。しかも冬のこの季節
ともなれば、河川は凍結し、森は吹雪に覆われ、平野は流れ込む水で湖のようになって、道もある所では雪
に埋もれて見分けがつかず、ある所では沼や川からあふれ出た水で通行のままならない状態であったから、
5 カエサルが反乱地域に軍を進めるのはとうてい不可能と見えた。そのため多数の部族が蜂起に加わったなか
で、先頭に立ったのがアルウェルニ族とカルヌテス族であり、選ばれて戦争の総指揮を執ったのが名をウェ
ルキンゲトリクス(2)といい、かつて専制権力奪取の疑いをかけられてガリア人に抹殺された人物の子であった。

二六　このウェルキンゲトリクスがまず軍勢をいくつもの部隊に分割し、さらに幾人もの部隊長を指名し
て、周辺をアラル川(3)に至るまでの全域にわたって同志に引きずり込もうとしたとき、この男の胸中には、
ローマ市内で反カエサル派の勢力がようやく結集しつつあるのに乗じて(4)、ガリア全土を戦争に立ち上がらせ
2 ようという狙いがあった。仮にウェルキンゲトリクスがもう少し待って、カエサルが内戦に足を踏み入れた

あとにこの行動を起こしていれば、あのキンブリ族との戦い[5]のときに優るとも劣らぬ恐慌がイタリア中に広
3 がっていたであろう。しかし戦争にかかわる行動全般、とくに機を逃さないことに無類の才能を持つカエサルは、反乱の報告を受けるやいなや進軍を開始し、これほどの冬の厳しさのなか、たどった道のありようによって、そして行程の速さと力強さによって、攻め込んでくるのが不屈かつ無敵の軍隊であることを夷狄に
4 思い知らせた。というのもそこは、カエサルの送り出した伝令や書簡使が、長い日数をかけても通り抜けられるとはとうてい信じがたい地域であるのに、そこにカエサルが全軍を率いて現われ、住民の領地を荒らし、砦を打ち壊し、城市を支配下に収め、帰順してくる者を受け入れていったからである。
5 ところがここでハエドゥイ族[6]が反乱に加わり、カエサルに刃向かってきたことは、この民族がこれまで自

---

(1)ポンペイユスは前五五年に執政官を務めたあと、ヒスパニア属州総督の地位を保ちながらローマ近郊に留まっていた。ポンペイユスから貸し与えられたのは、『ポンペイユス』五二-4でも軍団二個と記されるが、これは誤りで、『小カトー』四五-5が記すように軍団一個が正しい。カエサル『ガリア戦記』第八巻五四-二参照。

(2)現オーヴェルニュ地方に居住するガリア系民族アルウェルニ族の首領。全ガリア連合軍の総大将に選ばれた（カエサル『ガリア戦記』第七巻四-一—六）。

(3)ロダヌス（ローヌ）川の上流の現ソーヌ川。

(4)ウェルキンゲトリクスが蜂起した前五二年、ローマでは年初にカエサル派の民衆扇動家クロディウスが殺害されたほか、前年に続いて執政官が決まらず、ポンペイユスが単独執政官に就くなど混乱が続いていた。

(5)一八-1参照。

(6)現ブルゴーニュ地方に居住するケルト系民族。「ローマの兄弟同胞」の称号を与えられ、カエサルの遠征にも協力していたが、その立場は揺れていた（カエサル『ガリア戦記』第一巻三三-二）。

分たちをローマ人の兄弟と公言し、格別の名誉を授けられてきた人々であっただけに、カエサルの兵士たち
6 の意気を挫くに十分であった。そこでカエサルはこの方面から転じてリンゴネス領を越え、その先のセクァ
ニ族(1)という、ローマに友好的でしかもイタリアを背にしてガリアに向き合う位置にある民族の領地に入ろう
7 とした。ところがそこで敵の攻め手に捕まり、数万の軍勢に取り囲まれたため、すかさず決戦に打って出る
8 と、長時間にわたる死闘を繰り広げながら夷狄を寄せ付けず、最後には敵を屈服させて勝利を収めた。ただ
し戦いの初めにはいくらか不覚を取る場面もあったらしいというのは、アルウェルニ族は今でも一本の短剣
を神殿に吊るし、それをカエサルから奪った戦利品と称して見物に供しているからである。後日、カエサル
はこれを目にすると笑みを浮かべ、伴の者が取り外させようとしても、神への奉納品だからとそれを許さな
かった。

二七　さてこのとき戦場から落ち延びた者たちがいて、そのほとんどは王ウェルキンゲトリクスとともに
2 アレシア(2)という城市に逃げ込んだ。高い城壁と多数の兵士に守られて攻略不可能と見えるこの城市をカエサ
ルは包囲したのだが、そのときとうてい言葉では表わせないような重大な危機が外側からカエサルに襲いか
3 かってきた。方々の民族から集められ、ガリアでは他に例のないほどの規模になった軍勢、数にして三〇万
4 人が、武器を手にアレシアに迫ってきたのである。一方でアレシアに立てこもる守備兵も一七万を下らな
かったから、カエサルはこれほどの大軍に前後を挟まれ封じ込められるかたちになって、城市の側と援軍の
側の両面に防壁を築くことを余儀なくされた。もしこの両軍が合流するような事態になれば、その時点です
べてが終わってしまうのは明らかだった。

5 アレシアでの危機にさいしてカエサルのとった作戦が称賛を集めたのには、当然ながらいくつかの理由が
あり、このとき以外には見たこともない大胆かつ巧妙な戦いぶりが随所に展開された。しかし何にもまして
驚嘆すべきは、外側の数万の軍勢と戦いを交えて勝ちを収めながら、それを城市内の敵に気取られなかった
こと、それどころかローマ軍内で城市に面する側の防壁を守っていた兵士ですら、それに気づかなかったこ
6 とであろう。というのもこちら側のローマ兵は、アレシア城内から男たちの嘆声と女たちの悲鳴が聞こえて
くるまで、味方の勝利を知らなかったのであり、城内の人々にしても、向こうの方でローマ兵が陣内に銀と
金で装飾された多数の盾、血に染まった大量の胴鎧、さらにはガリア式の杯や天幕を運び込むのを見て初め
7 て友軍の敗北を悟ったのである。それほどの早さであれほどの大軍勢が、おおかたは戦場の露となって、ま
8 るで夢か幻のように砕け散り消え失せたのである。アレシアに籠城していた人々は、自分たちの方にもまた
9 カエサルの方にも大きな損害を出したあげくに、とうとう降伏を申し入れた。戦争の総指揮を執ったウェル
キンゲトリクスは、ある限りのりっぱな武具を身にまとい、騎馬にもせいいっぱいの飾りを施して、城門か
10 ら駆け出した。そして腰を降ろしたカエサルのまわりを回ったあと、馬から跳び下りると、武具一式を投げ
捨て、カエサルの足元にひざまずいたまましばらく身動きせずにいたが、やがて番兵に引き渡されて凱旋式

(1)二〇-1参照。
(2)ブルゴーニュ地方のコート・ドールの丘陵地にあるオーソワ山上の砦（アリーズ・サントレーヌ）。ガリア人の最後の決戦となったこの包囲戦は、カエサル『ガリア戦記』第七巻六八—八九に記されている。

を待つ身となった。[1]

ポンペイユスとの対立

二八　さてカエサルは、いずれポンペイユスを追い落とさねばならぬとかねて心に決めていたのだが、そ
れはポンペイユスにしても同じことだった。なぜならこのふたりへの挑戦者として控えていたクラッススが、
パルティア人との戦争で命を落とした以上[2]、残された道として、一方は自分が頂点に立つために、現在頂点
にある者を追い落とすしかなく、もう一方はそうさせないために、その危険人物を先手を打って消してしま
2 うしかなかったのである。もっとも、ポンペイユスの場合、そんな危機感が心中に生じたのは最近のことで
あり、それまではカエサルを見くびって、あれは自分が引き上げてやった男なのだから、一転して蹴落とす
3 ことなど造作もないと高をくくっていた。しかしカエサルの方は初めからそういう狙いを持っていて、格闘
士がするようにまず対戦相手から遠く離れた場所に退いたあと、ガリア人との戦争で訓練を積み戦功を重ね
ることによって、兵士の力量を増すと同時に自身の名声を高め、とうとうポンペイユスの栄達に比肩しうる
4 高みにまで押し上げた。事を起こすための理由付けには、ポンペイユス自身が差し出してくれた部分もあれ
ば、当時の情勢や国政の腐敗に起因する部分もあった。というのも、その頃のローマでは、官位立候補者は
市中に堂々と勘定台を置いて、悪びれるようすもなく選挙民に金をばらまき、買収された民衆は、金をくれ
5 た人のために、票ではなく弓と剣と投石器で争い合いながら広場に下りてきた[3]。そして両派が引き揚げたあ
とには、演壇が血と死骸で穢されていることもたびたびあり、国家はまるで舵取りを失って漂う船のように、

統治者不在の状態に捨て置かれた。そのあげくに思慮ある人たちは、もし国政がこれほどの疾風と怒涛のあと、さらに激しい嵐に突入するのでなく、独裁に流れ着いてくれるならと、むしろそれを待ち望むようになった。
6 もはや堂々と口に出して、国家を治療する方法は独裁しかない、そしてその薬を処方するのは医者の中で
7 ももっとも温厚な人物であるべきだ、と主張して、暗にポンペイユスを示唆する人も多かった。ポンペイユスも口ではそれを拒んで無関心を装いながら、実のところは独裁官[4]に指名されるための工作に余念がないという情勢のなか、それを察知したカトーたちは、元老院に勧告してポンペイユスを単独執政官に任命させた[5]。同じくひとりによる支配でも、合法性の高い方でなだめておき、力ずくで独裁官の地位に就くのを阻もうと

（1）カエサルのガリア征服を記念する凱旋式は前四六年に、エジプト、ポントス、アフリカでの勝利の凱旋式に先立って行なわれ（五五-2）、ウェルキンゲトリクスはその見世物にされたあと処刑された。

（2）パルティア遠征に出たクラッススは、前五三年にカライの戦いで惨敗を喫し、敵将との会談の場で殺された（『クラッスス』三一）。クラッススの死が、残されたふたりの抗争を呼び起こしたことについて、『ポンペイユス』五三-8―9参照。

（3）前五四年と前五三年は、選挙のための大掛かりな買収工作が横行して翌年の執政官が選出されず、有力政治家が武装集団をかかえて抗争を繰り返す事態になっていた。

（4）独裁官（dictator）は国家危急のとき、元老院により一名が最長六ヵ月の任期で指名される。しかしスラは前八二年に独裁官に就いたあと、任期をあいまいにしたまま、一年以上にわたってその地位にあった。

（5）『ポンペイユス』五四-5―9、『小カトー』四七-2―4参照。ポンペイユスは前五二年春に単独執政官に就いたあと、同年八月に義父スキピオを同僚執政官に指名した。

8 したのである。それに加えて、属州総督の権限延長も決議された。その頃、ポンペイユスはヒスパニアとア
フリカ全域の二属州を保有し、副官を派遣して統治に当たらせており、現地では軍隊も維持していたので、
その費用として国庫から一年につき一〇〇〇タラントンを受領していたのである。[1]

二九　こうなるとカエサルもローマ市内に使節を遣わして、執政官就任の希望を伝えたほか、自分にも同
様の属州統治権延長を要求するようになった。初めのうち、ポンペイユスはこれに口出しせずにいたのだが、
以前からカエサルへの憎悪に燃えていたマルケルスやレントゥルスは、[2]この男の体面を汚し顔に泥を塗って
2 やろうと逸るあまりに、しなくてもよいことまでやり始めた。例えば、ノウム・コムム[3]というカエサルが最
近ガリアに設けた植民市の住民から市民権を取り上げようとしたばかりか、マルケルスは執政官だったとき、
その植民市の議員のひとりがローマに来ていたのを杖でたたいて傷を負わせたうえ、その傷はおまえがロー
3 マ市民でないことの目印として付けておいた、帰ったらそれをカエサルに見せろ、と言い放った。しかしマ
ルケルスが執政官を退任すると、カエサルはガリアで蓄えた資産を堰を切ったように流し始め、国政にかか
わる人たちすべてに惜しげもなく注ぎ込んだ。護民官クリオ[4]を莫大な借金から解き放ってやったほか、執政
官パウルス[5]に一五〇〇タラントンを贈ったのもその一例であり、パウルスはそれを使ってフルウィウス会堂
の代わりにあの有名な会堂を建てて奉納し、中央広場を飾ったのである。

4 こうした敵対勢力の伸長に不安を抱くようになったポンペイユスは、もはやはばかることなく、仲間の手
も借りながら、カエサルの後任司令官を指名するための策を講じ始め、まずカエサルに使いを送って、ガリ
ア人との戦争のために貸し与えた兵士たちの返還を求めた。[6]カエサルは兵士ひとりひとりに二五〇ドラクマ

5 を与えたうえで、要求どおりに送り返した。ところがその軍隊をポンペイユスのもとに連れ帰ってきた士官たちは、民衆の間にカエサルについての不実で不当な評判をばらまき、ポンペイユスをうつろな期待で満たして道を誤らせた。彼らが言うには、カエサルの軍隊はポンペイユスを慕っている、ポンペイユスはこちらローマでは腐敗した国民の嫉妬に災いされて難儀しているけれども、あちらガリアでは軍隊がポンペイユスの指令を心待ちにしている、あの軍隊は山を越えてイタリアに入りさえすれば、まっすぐにポンペイユスのもとに駆けつけるだろう、遠征を強いてばかりのカエサルに対して兵士たちの不満はそれほどまでに高まっ
6 ていて、しかも独裁者の座を狙っているのではないかという不安も大きい(7)。こんなおだて文句を聞かされ、

(1)『ポンペイユス』五五-12参照。

(2)マルクス・クラウディウス・マルケルスは前五一年の執政官。ルキウス・コルネリウス・レントゥルス・クルスは前四九年の執政官。いずれも元老院の閥族派の代表格。

(3)内ガリア属州内の現コモ。それ以前の植民市コムムに、前五九年、カエサルが新たにローマ市民を植民させ、ノウム(新)・コムムと呼ばれた。しかしマルケルスはそのローマ市民権を認めた法の無効を主張しようとして、その市の議員を杖でたたくという、ローマ市民に対しては許されない行為をあえてした。

(4)ガイウス・スクリボニウス・クリオは前五〇年の護民官。これ以降、カエサル支持派として立ち回るようになる。

(5)ルキウス・アエミリウス・パウルスは前五〇年の執政官で、第一次三頭体制のひとりレピドゥスの兄。以前は閥族派だったが、会堂(バシリカ)建設のためにカエサルの資金援助を受けて以来、カエサル支持派になる。

(6)二五-2、『ポンペイユス』五六-4、五七-7参照。

(7)実際にはガリアのローマ兵はカエサルを支持していたが、カエサルはポンペイユスが遣わしてきた士官たちに虚偽の情報を伝えさせて、ポンペイユスを籠絡した(アッピアノス『内乱史』第二巻三〇)。

すっかりうぬぼれてしまったポンペイユスは、怖いものなどないと、軍勢の準備をなおざりにし、むしろ演
7 説や元老院決議により政略でカエサルを押さえ込もうと、カエサル……[1]決議を成立させた。しかしカエサル
は、そんな決議をまるで意に介さなかった。それどころか、伝えによれば、カエサルのもとからやって来た
百人隊長のひとりは、元老院議事堂の前に立っていたとき、元老院がカエサルの司令権延長を認めないと聞
かされると、剣の柄を手でたたき、「それならこいつが認める」と返したという。[2]
三〇　とはいえカエサルから出された要求は、表面を見るかぎり、まったく正当な言い分であった。[3] すな
わちカエサルが言うには、自分は武器を置くから、ポンペイユスも同じようにして、いったん双方が一介の
私人となってから、国民に何らかの利得を見つけてもらえばよい、もし自分から軍隊を取り上げる一方で、
ポンペイユスには現有の軍隊を確保してやるなら、ひとりを独裁者として排除しながら、別のひとりに独裁
2 者の座を用意してやるようなものだ、というのである。クリオがカエサルに代わって民会でこの主張を持ち
出すと、民衆はさかんな拍手をもってこれに応え、なかにはまるで競技優勝者にするようにクリオに花の冠
3 を投げかける者もいた。さらにそれに関連してカエサルの書簡が届くと、護民官のアントニウス[4]がそれを民
会に持ち込み、両執政官の制止を振りきって読み上げた。
4 一方、元老院ではポンペイユスの義父に当たるスキピオ[5]が決議案を出し、もしカエサルが指定の日までに
5 司令権を置かないなら、国家の敵と宣言することを提議した。さらに両執政官[6]が議員に問うて、ポンペイユ
スが兵士を手離すことに賛成するかどうか、またカエサルが兵士を手離すことについてはどうか、と諮った
ところ、第一の問いの賛成者はきわめて少数だったが、第二の問いにはほぼ全員が賛意を表わした。ところ

6

が今度はアントニウスたちが、双方に司令権放棄を求める動議を提出すると、満場一致で可決された。スキピオはそれに激しく抵抗し、執政官レントゥルス[7]は、泥棒を相手にして必要なのは票ではなく武器だと叫んだが、そこで元老院は閉会になり、議員たちは国の分裂を悲しんで喪服を身にまとった。

三一　そこへカエサルの書簡が届けられ、そこにそれまでよりは穏当と思える要求が記されていた。すなわち、他のものはいっさい放棄するから、二度目の執政官に立候補するまで、アルプスの内側のガリアとイリュリクムの二属州を軍団二個とともに保有することを認めてほしい、というのである。さらにキリキアか

(1) 原典欠損。
(2)『ポンペイユス』五八–3に同じ逸話が紹介される。
(3) 以下のカエサルとポンペイユスの軍隊司令権延長をめぐる駆け引きについて、『ポンペイユス』五六–1—4、五八–4—10、『小カトー』五一–7、『アントニウス』五–6—8参照。
(4) 第二次三頭体制のひとりで、本書に伝記のあるマルクス・アントニウス。前四九年の護民官。カエサルの資金援助により負債から解放されたうちのひとり。カエサルの書簡は、双方が軍隊司令権を手離すことを提案するものだった（『ポンペイユス』五八–2、五九–3—4）。
(5) ユリアが死んだあと（二三–5）、前五二年、ポンペイユスはクィントゥス・カエキリウス・メテルス・ピウス・スキピオ・ナシカの娘コルネリアと結婚し、この義父を同僚執政官に指名した（二八–7）。
(6) 前五〇年の執政官ルキウス・アエミリウス・パウルスとガイウス・クラウディウス・マルケルス。以下の票決が行なわれたのは、前五〇年十二月。
(7) 前四九年の執政官ルキウス・コルネリウス・レントゥルス・クルス。プルタルコスの書きぶりでは一度の議会のようだが、実際はパウルスとマルケルスの提議のときから、一連の議事が年をまたいで続いている。

ら戻ってきたばかりの弁論家キケロ[1]が対立の仲裁に入り、ポンペイユスの態度をやわらげようとしたが、ポ
ンペイユスは他の点では歩み寄りながらも、カエサルから軍隊を取り上げることについては頑として譲らな
2 かった。そこでキケロは、カエサルの仲間たちの説得に移り、前述の二属州のほかは兵士を六〇〇〇人[2]だけ
保有するという条件をのんで和解するよう促した。この案にはポンペイユスも折れて、受け入れるつもりで
いたのだが、執政官のレントゥルスたちはそれを拒否したばかりか、アントニウスとクリオを侮辱し、さら
3 し者にして元老院から追い出してしまったものだから、結局、みずからの手でカエサルのために絶好の宣伝
の材料を作ってやることになった。というのもカエサルは、りっぱな官位に就く高名な市民が奴僕の衣を身
にまとい、借りた荷車に乗って脱出してきたさまを指し示しながら、それを兵士たちの怒りをかきたてるた
めの手段としておおいに活用したのである。実際、アントニウスたちは身の安全のために、そんな扮装をし
てローマをひそかに抜け出したのだった[3]。

ルビコン川越え

三二　さてこのときカエサルの手元にあった軍勢は、せいぜい騎兵三〇〇と重装歩兵五〇〇〇であり、そ
れ以外はまだアルプスの向こう側にいたので、士官たちがそちらに戻って兵士たちを連れてくることになっ
2 ていた[4]。しかしカエサルの見るところ、これから取りかかる企ての初めの一歩は、さしあたり大きな兵力を
必要とするものではなく、むしろ好機を逃がさない俊敏で果敢な行動によって敵の不意を突くことが肝要で
あり、また実際、準備を整えてから進み出て力で挑むよりも、警戒していないところを襲って浮き足立たせ

3 る方が容易だと思われた。そこでカエサルは百人隊長などの士官たちに、他の武器は持たず短剣だけを携行
してガリア地方の主要都市アリミヌム[5]に入り、できるだけ流血や混乱を起こさずにこれを占領せよと命じて
4 おいて、その軍勢をホルテンシウス[6]の手に託した。カエサル自身はというと、皆の眼に入るように、剣闘士
の訓練に立ち会ってそれを見物しながらその日の昼間を過ごした。そして夕暮れの少し前に沐浴してから宴会場に向かい、そこであらかじめ食事に招いておいた人たちとしばらく席をともにしたあと、暗くなってきた頃に立ち上がった。宴客には侘びを入れて、すぐに戻ってくるから待っていてほしいと言い置いたけれども、少数の側近たちにはあらかじめ、自分の後に続くように、ただし全員が同じ道をたどるのではなく、各人が別々の経路で、と指示してあった。

---

(1)キケロは前五一年夏に気の進まないなかキリキア属州総督に赴任し、前四九年初頭にローマに戻ってきた。キケロの仲裁について、『キケロ』三七-1、『ポンペイユス』五九-5—6参照。

(2)すなわち軍団一個。

(3)元老院がカエサルの司令権放棄を求める決議を可決し、それに対して護民官アントニウスが拒否権を行使して、事態は行き詰まったが、レントゥルスは前四九年一月七日に元老院最終決議を可決させた。この決議は、執政官などの高官に国家の安全のために全力を尽くすよう命じるものであったから、アントニウスたちはレントゥルスの警告を受けていちはやくローマを離れ、カエサルのもとに身を寄せた(『アントニウス』五-9—10、カエサル『内乱記』第一巻五-三—四)。

(4)カエサルはこのときパドゥス河口の南のラウェンナにいた(カエサル『内乱記』第一巻五-五)。

(5)ラウェンナから南へ五〇キロメートルほどの現リミニ。

(6)高名な弁論家ホルテンシウス(『キケロ』七-8、三五-4、『小カトー』二五-3、五二-5)の子で、父と同名のクィントゥス・ホルテンシウス・ホルタルス。

5 そしてあの荷車[1]のうちの一台に乗り、ある道を進んでいたが、まもなくするとその道から外れてアリミヌ
ムの方向へ転じた。だがやがてアルプスの内側のガリアとイタリア本土との境界をなす一本の川が見えてき
たとき、ルビコン[2]と呼ばれるこの川を前にして、カエサルはある想念にとらわれ、近づいていこうとしてい
るものの恐ろしさと、これから決行しようとする事柄の重大さに心の震えを覚えつつ、荷車に停止を命じた。
6 そして止まったところで、長い間黙り込んだまま、考えをあちらへまたこちらへと行きつ戻りつさせながら
7 ひとりで思い惑い、その場で何度となく意思を変転させた。また居合わせた側近たち――そのなかにはアシ
ニウス・ポリオ[3]もいた――にも迷いを口にして、この渡河がすべての人間にどれだけの禍を引き起こすか、
8 また後世にどれほどの名を残すかを推し量りながら、長い間話し合った。しかしとうとう思案を払いのけて
未来に身を投げ出すかのように、一種の気迫を込め、「賽を投げよ[4]」という、定かならぬ運命と決断に踏み
込もうとする人がしばしば使うあの成句を発すると、川に向かって駆け出した。そこから先はもはやわき目
9 も振らずに道を急ぎ、夜明け前にアリミヌムに駆け込むと、この都市の占領を果たした。なお川を渡る前の
夜、カエサルはある背徳の夢を見たという伝えがあり、夢の中で自分の母と秘すべき交わりを結んだという[5]。

三三　アリミヌム占領後は、あたかも広く開いた門[6]から戦争が陸と海の全域にあふれ出したかのようで、
属州の境界ばかりか国家の法までもがかき乱されて形を失った。男も女も恐怖に駆られてイタリア中を逃げ
惑うのはそれまでにもあったことだが、今はそれどころか各地の都市そのものが跳ね起き、逃げ場を求めて
2 右往左往していたというのが、それを見た人の実感であろう。ローマはといえば、まるで押し寄せる洪水の
ように、周辺から住民が家を捨てて逃げ込んできたために、市中はいっぱいになり、高官の命令も届かず、

3 理知の抑えも効かないなか、逆巻く大波に揉まれながら、あわや市自体の重みによって転覆するかと思われた。実際、市内のあらゆる所で激情がぶつかり合い、暴力が荒れ狂っていた。喜び浮かれた者はおとなしくしていられず、恐れと悲しみに震える者と広い都のあちこちで鉢合わせしては、未来への期待にあおられて争いを起こしたのである。

4 ポンペイユス自身も、さまざまな人から受けるさまざまな非難に心は乱れるばかりであった。カエサルを引き上げて自身の権力を脅かすまでに育てたのはポンペイユスだと言って、ポンペイユスを責める人もいれ

---

(1)アントニウスたちがローマから脱出するときに使った荷車（三一-3）。

(2)ラウェンナとアリミヌムの間にあって、内ガリア属州とイタリアの境界をなすこの川を渡るときのカエサルについては、『ポンペイユス』六〇-3―4、アッピアノス『内乱史』第二巻三五、スエトニウス『ローマ皇帝伝』第一巻三一―三二、ルカヌス『パルサリア』第一巻一八三―二二七参照。カエサル『内乱記』には、ルビコン川越えの記述はない。

(3)ガイウス・アシニウス・ポリオはカエサル配下の将校として従軍したあと、後半生は政治から身を引いて、詩や歴史を執筆した。前六〇年から始めて内戦の記録を残し、この時期についてのプルタルコスの典拠のひとつになった。

(4)直訳すれば「賽は投げられよ」。ギリシア語の慣用表現で、メナンドロスの喜劇の中で使われたものが引用されて残る（アテナイオス『食卓の賢人たち』第十三巻五五九e）。ただしスエトニウスはこの台詞を「賽は投げられた」と記す。

(5)スエトニウス『ローマ皇帝伝』第一巻七-二、ディオン・カッシオス『ローマ史』第三十七巻五二-二は、カエサルのこの夢を、財務官として外ヒスパニア属州に赴任していた時期のこととして記し、世界制覇の予兆と解させている。

(6)ローマ市内の中央広場にあるヤヌス神殿の扉は平和時に閉じられ、戦争になると開かれるという慣例がある（『ヌマ』二〇-1、『ローマ人の運について』三二二a―b）。それにもとづく表現。

ば、カエサルが譲歩して穏当な和解案を持ち出してきたとき[1]、レントゥルスたちの傲慢なふるまいを制しな
5 かったというので、ポンペイユスを難詰する人もいた。ファウォニウスはポンペイユスに、足で地面をたたいてみよと迫ったが、これは以前にポンペイユスが元老院で大口をたたいて、戦争への備えを心配したりあわてたりする必要はない、カエサルがいつ攻めてきても、自分が足で地面をたたけば、イタリア中は軍隊で満ちあふれるだろう、とうそぶいたからである[2]。

6 しかしこのときでも、実を言えば、兵員の数はポンペイユスの方がカエサルを上回っていたのである。ところがポンペイユスは、もはや誰からも己の判断力を働かせる余裕を与えてもらえず、次々に飛び込んでくる誤った報告と怯えきった人の口から、戦争はすぐそこまで来てすべてを呑み込もうとしていると聞かされるうちに、周囲の勢いに負けて引きずられてしまい、あげくに動乱勃発を宣言して都を後にした。去るにあたっては元老院に後に続くよう呼びかけ、専制独裁を憎み祖国と自由を愛する者はひとりとして留まってはならないと厳命した。

内戦へ

三四　そのため両執政官は都を離れるときの法定の供犠式さえ行なわないまま抜け出し、元老院議員もその大半が、まるで他人の家に入った盗人のように、自分の財産から手当たりしだいのものを抱えて脱出を始
2 めた。なかにはかつてカエサルを熱心に支持していながら、このときは衝撃のあまりに冷静さを失って都を
3 跳び出した人たちもいて、奔流に巻き込まれて無用の遁走をすることになった。しかし何にもまして見る者

の哀れを誘ったのは都そのものであり、そのさまはこの激しい嵐の真っ只中、あたかも舵取りから見放され、
4 運命にまかせて漂い流される一隻の船のようであった。だが追われる身のいかに惨めであろうとも、人々は
ポンペイユスあるがゆえに脱出の一団を祖国とこころえ、ローマをカエサルの陣地と見なしてこれを捨てた。
5 ラビエヌスといえばカエサルがもっとも信頼する側近のひとりであり、副官に就任して以降、ガリア戦争の
全期間にわたりカエサルの忠実な部下として戦いをともにした将軍であるが、そんな人でさえこのときはカ
エサルのもとを去ってポンペイユスの陣営に馳せ参じた。(3) しかしカエサルはこのラビエヌスのために、置き
去りにしていた財貨を送り届けてやったという。
6 カエサルは、大隊三〇個を擁してコルフィニウムに拠っていたドミティウス(4)に向けて軍を進め、その市の

(1) 三〇-1、三一-1—2参照。

(2)『ポンペイユス』五七-8、六〇-7参照。ファウォニウスについては、二一-8参照。

(3) ラビエヌスはガリア遠征でカエサルの右腕となって活躍したが（一八-2）、ルビコン渡河の数日後にカエサルのもとを去り、ポンペイユス陣営に身を移した。その後はパルサロスの戦いでもアフリカ戦役でもカエサルと戦い、ムンダの戦い（五六-2）で死んだ。ポンペイユスの地元であるピケヌム地方の出身だったらしい。

(4) ルキウス・ドミティウス・アヘノバルブスは前五四年の執政官。ポンペイユスたちがローマを脱出する前の元老院の決定により、カエサルの後任としてガリア属州の総督権限を引き継ぐはずだった。コルフィニウムから逃げ延びたあと、パルサロスの戦いで命を落とす。コルフィニウムはローマ東方の山中の都市。大隊三〇個は兵員数で言えば軍団三個に等しいが、寄せ集めで兵士の質は高くなかったらしい（カエサル『内乱記』第一巻六-五、一五-六—七）

7 そばに布陣した。ドミティウスは我に利あらずと判断すると、侍医に毒薬を求め、差し出されたものを手に
とって、自害するつもりでこれを飲んだ。ところがその直後、カエサルが捕虜に対して驚くほど寛大な処遇
8 をしていると聞かされると、自分の死を自分で悼むかのように、早すぎた決断を呪った。しかしそのとき侍
医から、心配御無用、飲んだのは毒薬ではなく眠り薬ですと教えられたものだから、ドミティウスは狂喜し
9 て起き上がり、カエサルのもとに出向いて相手の右手を取ってから、ポンペイユスのもとへ逃げ去った。[1]こ
れらのことがローマに報告されるうちに、人々は落ち着きを取り戻し始め、なかにはいったん都を逃げ出し
たものの、また帰ってくる者もあった。

三五　カエサルはこうしてドミティウスの率いていた軍隊を引き継いだばかりか、ほかにもポンペイユス
の徴集令を受けて各地の都市に集まりつつあった兵士たちを、ポンペイユスに先んじて取り込んでいった。

今や恐るべき力に成長したカエサルは、いよいよポンペイユス本人に向けて進軍を開始しようとしていた。
2 しかしポンペイユスの方はその攻勢を待ち受けることなく、ブルンディシウムに逃げ込むと、まず両執政官
を軍勢とともにデュラキオンへ先発させ、自身もその後まもなくしてカエサルの到着後に出港してしまった。

このあたりについての詳細は、いずれポンペイユスの伝記に書くことにしよう。[2]
3 カエサルはすぐに後を追いたかったのだが、船が手に入らなかったので引き返してローマに入り、[3]こうし
4 て六〇日間で無血のうちにイタリア全土を掌握することに成功した。ローマが予想していたよりも平穏で、
市内に残っている元老院議員も少なくないのを見たカエサルは、議員たちに向かって恭しい慇懃な調子で演
5 説を行ない、妥当な和解の途を探るためにポンペイユスのもとに代表団を遣わしてはどうかと提案した。し

かし議員たちのうちの誰ひとりそれに賛同しなかったのは、見捨てたポンペイユスと顔を合わせるのを躊躇したからか、あるいはカエサルが本心を隠して、ただ体裁の良い言辞を並べているにすぎないと思ったからであろう。

6 ところでカエサルが国庫から資金を取り出そうとしたときのこと、護民官メテルス(4)が法律を盾にしてそれを阻もうとしたので、カエサルは、武器と法律にはそれぞれにふさわしい時というものがあると言い返した。
7 「このやり方が気にくわないなら、しばらく引っ込んでいろ。戦時に自由な物言いは無用。和解ができて武
8 器を置くときが来たら、そのとき出てきて民衆に訴えるがいい」とカエサルは言い、さらに続けて「これでもおれの正当な権利を割り引いて言っているんだぞ。おまえも、おれに反抗して捕虜になったやつらも、み
9 んなおれの物なんだから」。そのようにメテルスに言い放ったあと、金庫の扉の方へ歩いていったカエサル

(1)コルフィニウムは無血開城し、カエサルは市内にいた将兵全員を赦して解放した。このようにカエサルは内戦中、敵に対して寛大な扱いをすることがしばしばあり、「カエサルの仁慈」と喧伝されたが、それがローマ国民から支持を得るための現実的な選択だったのであろう。四六-4、五四-4、五七-4、『小カトー』六六-3、七二-2―3参照。

(2)『ポンペイユス』六二-3―6参照。ブルンディシウムはイタリア半島の「長靴の踵」に位置する港町(現ブリンディジ)。オトラント海峡を挟んで対岸にあるバルカン半島のデュラキオン(アルバニアの現ドゥラス)へは、およそ一五〇キロメートル。

(3)カエサルはガリア属州総督への出発以来(一四-17)、九年ぶりにローマ市内に入った。

(4)前四九年の護民官ルキウス・カエキリウス・メテルス。『ポンペイユス』六二-1参照。

10 だが、鍵が見当たらなかったので、鍛冶師を呼びにやって錠をこじ開けるよう命じた。そこへメテルスが再び立ちはだかり、さらに数人がそれに加勢してきたため、カエサルは声を荒げ、これ以上じゃまをすると殺すぞと脅したうえ、こう付け加えた「おい小僧、おまえも知っているだろう、おれにとってこんなことは言
11 うよりも実行する方が簡単なんだ」。この言葉はメテルスを怖気づかせて退散させるに十分であったばかりか、そのほかでもカエサルが迅速かつ容易に戦争の備えを手に入れるのを可能にした。

三六　続いてカエサルはヒスパニアへ軍を進めたが、その狙いは、まずポンペイユスの副官アフラニウスとウァロを追い払って[1]、その地の軍隊と属州を傘下に収め、そうして背後に敵を残さないようにしておいて
2 から、ポンペイユスに向かっていくことにあった。ヒスパニアでは待ち伏せ攻撃に遭って幾度となく命を失いかけ、また兵士たちを何よりも食糧不足により危ない目に遭わせながらも、けっして敵を追いかけ、戦いを挑み、包囲線を築くのをやめず、ついには敵の陣地と軍勢を制圧してしまった。司令官たちは逃れてポンペイユスのもとへ向かった[2]。

ギリシアへ

三七　ローマに戻ったカエサルに、義父のピソ[3]はポンペイユスに和解のための使節を遣わしてみるように
2 勧めたが、イサウリクス[4]がカエサルの意を迎えてこれに反対した。カエサルは元老院から独裁官に指名されると、亡命者の帰還実現、スラ時代の受難者[5]の息子たちの市民権復活、利息の軽減による債務者の救済のほか、他にも同様の政策をいくつか実行したあと、わずか一一日間で独裁官の任を辞し、代わって自身をセル

3 ウィリウス・イサウリクスとともに執政官に指名してから、いよいよポンペイユス追撃に出た。そして道を急ぎ、途中で他の軍勢を追い越すと、自身は精鋭騎兵六〇〇と軍団五個を率いて、冬至の頃、ヤヌアリウス
4 月――これはアテナイで言えばポセイデオン月に当たるだろう――の初めに海に乗り出した。そしてイオニア海を渡ってオリコスとアポロニアを占領したあと、船団をブルンディシウムに送り返したのは、道行きの遅れた兵士たちを乗せるためであった。(6)
5 この兵士たちは、実のところもはや体力の盛りを過ぎていたので、苦労の連続に音を上げ、移動の途中、
6 しきりにカエサルに不平を鳴らしていた。「いったいあの人は、おれたちをどこの果てまで連れていくつもりだ。おれたちをまるで疲れも知らず心も持たない物のように、あちこち引きずり回すばかり。剣でも撃つ

---

(1)ルキウス・アフラニウスは、ポンペイユスのヒスパニア遠征にも東方遠征にも副官として従い、前六〇年にポンペイユスの協力で執政官に就いた。前五五年にポンペイユスがヒスパニア属州の統治権を得てからは、総督代理として現地に赴任していた(二八-8)。マルクス・テレンティウス・ウァロもポンペイユスに代わってヒスパニア属州の統治に当たっていた。内戦を生き延びて、広範な学問分野にわたる膨大な作品を著わし、そのうち『農業論』『ラテン語論』が現存する。

(2)アフラニウスら司令官は、投降したあと放免された(『ポンペイユス』六五-3)。カエサルがヒスパニア遠征を終えたのは、前四九年十月。

(3)一四-8参照。

(4)プブリウス・セルウィリウス・イサウリクスは、七-1のイサウリクスの子。前四八年の執政官。

(5)スラの保護停止公告により命を奪われ財産を没収された市民たち。一-1―4参照。

(6)カエサルは前四八年一月初めにブルンディシウムから出航し、エペイロス地方に上陸したあと、そこから北上してオリコス(現ヴァロナ湾の奥)、そしてアポロニア(デュラキオンの南方およそ六〇キロメートル)を占領した。

7 うちに鈍くなり、盾や鎧もこんなに長く使っていれば少しは休ませるものなのに。カエサルはこの傷を見て
も分からないんだろうか、自分の指揮しているのが生身の人間で、おれたちが痛みも苦しみもする命ある身
だということを。風の吹き荒れる冬の海を押さえ込もうなんて、神様でさえできるはずがない。それなのに
あの人ときたら、敵を追いかけているというより、敵から逃げているみたいに、危険に飛び込もうとする」。
8 こんな愚痴をこぼしながら、とぼとぼと足を進めていた兵士たちだが、ブルンディシウムに着いて、カエサ
ルがすでに港を出たと知るやいなや、態度を一変させた。自分たちを司令官に対する裏切り者と呼んで、わ
9 れとわが身を責め、さらに隊長たちを行軍を急がせなかったといって責めた。そして崖の上に腰を降ろし、
海のかなたのエペイロスの方を見やりながら、自分たちをかの地へ渡してくれる船団の帰ってくるのを待ち
続けたのである。

三八　一方アポロニアでは、カエサルが手元の兵力だけでは戦うに足りず、渡ってくるはずの軍勢もなか
なか姿を見せないために、動きがとれず困り果てているうちに、ある途方もない計画を思いついた。[1] 誰にも
知らせずに櫂一二本の小さな船にひとりで乗り込み、無数の敵の艦船が見張りを続ける海を越えて、ブルン
2 ディシウムへ戻ろうというのである。そこで夜中、奴僕の身なりに変装してから、ある船に紛れ込み、下賤
3 な人間のふりで底の方に身を置くと、あとはただ静かにしていた。船がアオオス川[2]を下って海まで運ばれて
きたとき、ふだんはこの時間になると［陸からの］朝風が波を押し戻して河口付近に凪を作り出すのだが、
4 この日は夜のうちから強い海風が吹いて朝風を打ち消していた。このため川の水は寄せてくる大波に向かっ
て押し出され、うねりがぶつかり合って暴れ狂い、そして打ち返されては、恐ろしい轟音と逆巻く渦を作り

出すというありさまだったから、それを見た舵取りは無理な前進をあきらめ、水夫たちに舳先を回して引き
5 返すよう指示した。するとそれを聞いたカエサルが正体を現わし、その姿に声を失った舵取りの手を取って、
「さあ、頼む、恐れずに、勇気を出せ。おまえはカエサルを乗せている、カエサルの好運をこの船に乗せて
6 いるのだ」と励ました。すると水夫たちは波浪のことも忘れ、櫂を握る手に力を込めると、川を下りきろう
と懸命の抵抗を試みた。しかし途は開けず、河口で大量の浸水を許して危ない目に遭ったあげくに、まこと
7 に残念ではあったが、舵取りに反転の許可を与えた。船から戻ってきたカエサルを兵士たちは大挙して出迎
えながら、司令官に向かって口々に不満をぶつけた。もしカエサルがわれわれだけでは敵に勝てないと思い
込んで不安にかられ、あたかもここにいる兵士たちを信頼していないかのように、ここにいない兵士たちの
ために危険を冒したのなら、たいへん心外である、と憤りを表わしたのである。

三九　その後、アントニウスがブルンディシウムから軍勢をともなって渡航してきたので、(3) カエサルはよ

(1) 以下の奇妙な冒険談は、『ローマ人の運について』三一九b—dで、「カエサルの好運」を証する逸話として紹介されている。ディオン・カッシオス『ローマ史』第四十一巻四六-一によれば、イタリアから後続の軍勢が渡ってこないので、カエサルは残してきた将兵の忠誠を疑ったのだという。アッピアノス『内乱史』第二巻五六—五七も参照。カエサル『内乱記』には記述がない。

(2) アポロニアの南で海に注ぐ現ヴョサ川。

(3) アントニウスの船団はカエサルよりも三ヵ月ほど遅れ、ポンペイユス側の船の警戒をかいくぐって到着した。着岸したのはデュラキオンの北方およそ五〇キロメートルの地点だった（『アントニウス』七-3—6、カエサル『内乱記』第三巻二四—二九）。

うやく自信を得て、ポンペイユスに戦いを挑んだ。しかしポンペイユスが好位置に布陣し、陸からも海から
も十分に食糧を補給できたのに対し、カエサルの方は初めのうちこそ限られた食糧で何とかやりくりしてい
2 たものの、やがてそれも手に入らず塗炭の苦しみを味わうことになった[1]。そこで兵士たちはある種の草の根
を切り取り、それを乳に混ぜて口に入れていたが、あるときその根からパンのようなものを作って敵陣の前
哨堡に駆け寄り、それを中に投げ入れてばらまいたあと、敵兵に向かって、大地がこういう根を産み出して
3 くれるかぎり、おれたちはポンペイユス包囲をやめないぞ、と叫んだ[2]。しかしポンペイユスは、本陣の兵士
たちにこのパンを見せることもこの脅し文句を伝えることも許さなかった。それでなくとも兵士たちは、ま
るで野獣のようなカエサル側の兵士の獰猛さと辛抱強さに怯え、戦意をなくしつつあったからである。
4 　ポンペイユス陣の周辺では両軍の小競り合いがあちこちで絶えず起こっていて、そのほとんどにおいてカ
エサルは勝利を収めたのだが、一度だけ雪崩を打つような敗走に追い込まれ、あやうく陣地を占領されかけ
5 たことがある。ポンペイユスが攻め寄せてきたとき、踏みとどまる兵士はひとりもなく、ある者は死体と
6 なって壕を埋め尽くし、ある者は激しく追い立てられながら自陣の防柵と障壁のそばで倒れていった。カエ
サルが立ちはだかって、逃げ戻ってくる兵士たちを向き直らせようとしてもかいなく、それどころかカエサ
ルが軍旗をつかもうとすると、それを掲げていた兵士たちは旗を投げ捨ててしまい、結局、軍旗三二本が敵
7 の手に落ちる仕儀となった。そして何より、カエサル自身があやうく命を落とすところだったのである。と
いうのも大柄で屈強なひとりの兵士がかたわらを逃げていこうとしたとき、カエサルはその男に手をかけて、
止まれ、敵の方へ向き直れと命じた。ところが恐怖のために錯乱していたその男は、カエサルに向けて剣を

ふりかざし、刃先が触れようとしたせつなに、カエサルの盾持ち兵がその男の腕を斬り落としたのである。

8 ここにいたってカエサルは負けを覚悟した。だからポンペイユスが用心のあまりかそれとも運命の気まぐれか、偉大な事績に仕上げの一手を怠り、敗走兵を敵陣内に封じ込めたあとで引き揚げたとき、カエサルは立ち去りながら幕僚たちにこうつぶやいたものである「もし敵方に勝利のすべを知る将がいれば、今日、勝利は敵の手に落ちていたであろう(3)」。

9 そのあと幕舎に入って横になったカエサルは、拙い戦略をとってしまったという思いから、詮ない考えをあれこれとめぐらせつつ、かつて経験したことのない苦悶の一夜を過ごした。この先には肥沃な土地が広がり、マケドニアとテッサリアの豊かな都市がいくつもあるというのに、そちらに戦争の舞台を持ち越そうとせず、艦隊で優位に立つ敵の眼の前のこんな海辺に陣を構えて、あげくに武器によって包囲するよりも食糧

---

(1)以下のデュラキオン包囲戦について、『ポンペイユス』六五‐6—9、カエサル『内乱記』第三巻四一—七四参照。制海権を握って海岸付近に位置を占めるポンペイユスの陣地と、それを陸上から取り囲むカエサルの陣地の間で、三ヵ月近くにわたって戦闘が続いた。

(2)ポンペイユス側は海上からの食糧補給が可能だったが、カエサル側は周辺の穀物をすべて消費し尽くしていた。草の根のパンの逸話について、カエサル『内乱記』第三巻四八、スエトニウス『ローマ皇帝伝』第一巻六八‐二、アッピアノス『内乱史』第二巻六一、プリニウス『博物誌』第十九巻一四四、第二十巻九六参照。

(3)この台詞は『ポンペイユス』六五‐9でも繰り返される。『ローマ人たちの名言集』二〇六d、スエトニウス『ローマ皇帝伝』第一巻三六、アッピアノス『内乱史』第二巻三九‐八も参照。

10 不足によって包囲されるという失態を招いてしまった。こんな思いに心をかきむしられ、もはや手詰まりに
なったこの場の情況に望みを見出せなくなったカエサルは、とうとうマケドニアにいるスキピオ[1]に向けて軍
11 を進めることを決意し、陣営の撤収を命じた。そうすればポンペイユスを、ここと違って海上からの物資補
給を断たれたまま戦わねばならない場所へ引きずっていけるだろうし、さもなければ孤立無援のスキピオと
戦って打ち負かせるだろう、と考えたのである。

パルサロスの戦い

四〇　一方、この撤収を見たポンペイユス側の兵士や指揮官は、カエサルが敗北を認めて逃げ出したもの
2 と思い、気勢を上げて後を追おうとした。ポンペイユス自身はというと、すべてを賭けて戦いに打って出る
ことに慎重で、しかも長期戦の備えは万全であったから、むしろ敵の精力の持続しないのを見越して、これ
3 をすり減らして消滅に追い込むのが得策だと考えた。実際、カエサルの軍勢の中でもいちばんに手強い兵士
たちは、戦いそのものについては豊富な経験と不屈の闘志を持っているけれども、長途の移動や陣営の構築
となると、障壁の見張りにせよ夜間の警戒にせよ、老齢による疲れは隠しようもなく、体力の衰えが気力ま
4 で弱めたかのように、苦役にさいして体は重くなるばかりだった[2]。しかもその頃、食事の不良を原因とする
何らかの疫病が、カエサル軍内に広がっているという報告が入ってきた。そして何よりも、資金が足りず、
生活の糧にも困るありさまだったから、カエサルの軍隊は遠からず自滅すると予想されたのである。

四一　そういうわけでポンペイユスが戦闘回避の方針を立てたとき、それに賛成したのは、市民の命がこ

れ以上に失われるのを惜しんだカトーひとりであった。この人は、敵側であってもその戦死者の数が一〇〇
2 〇に上ったのを知ったとき、顔を覆い涙を流してその場を後にしたほどである。[3] 他の人々はこぞって、ポン
ペイユスを戦いから逃げていると言って嘲罵した。さらには、あの人は最高司令権を手離したくないのだ、
大勢の士官から頼りにされたり、幕舎に頻繁に伺候を受けたりするのを得意がっているのだと決めつけ、ア
3 ガメムノンとか諸王の王とか呼んで、ポンペイユスを苛立たせた。[4] ファウォニウスはカトーの直言ぶりに
倣っているつもりで、われわれはポンペイユスの権力欲のせいで、今年もトゥスクルムの無花果を味わえな
4 いのか、と間の抜けた不満をまき散らした。[5] またアフラニウスといえば、ヒスパニアでの拙劣な指揮のあと、
先頃こちらに来て、金欲しさから軍隊を売り渡したと指弾されていた将軍であるが、この人は、なぜおれか
5 ら属州を買い取ったあの商人に戦いをしかけないのかと挑発を繰り返した。[6] こんな言いがかりの数々に背中

---

(1) ポンペイユスの舅スキピオ(三〇-4)。ポンペイユスの指示を受け、シリアから軍団を引き連れてマケドニアに到着していた(『ポンペイユス』六二-3、六六-6)。

(2) 三七-5—7、『ポンペイユス』六六-1参照。

(3) 『小カトー』五四-11参照。

(4) アガメムノンはホメロス『イリアス』の中で専横な面を見せるギリシア方の総大将。「諸王の王」という称号は、東方世界で最高の尊称としてしばしば用いられる(『ルクルス』一四-6、二一-7)。

(5) ファウォニウスについては、三三-5参照。トゥスクルムはローマの近くにあって、裕福な市民の別荘が多くあった町。

(6) アフラニウスは、ヒスパニアでカエサルに敗れながら放免された人物(三六-1)。「あの商人」すなわちカエサルが金の力で両ガリア属州とイリュリクム属州の総督の地位を手に入れたと示唆している(一四-10)。以上の諸将の憤懣は、『ポンペイユス』六七-4—6に再現される。

を押されるように、いやおうなくポンペイユスも戦いを求めてカエサルを追尾していった。

6 一方カエサルはというと、移動の間、先頃のあの敗戦のせいで行く先々で軽侮の扱いを受け、食糧の取り
7 引きに応じてくれる者がひとりも現われないまま、苦しい行軍が続いていた。しかしテッサリアの都市ゴンポイ[1]を占領して、ようやく兵士たちに栄養を取らせられたばかりか、奇妙な方法ではあったが、疫病を振り
8 払うこともできた。というのも兵士たちはここで大量のぶどう酒にありつき、浴びるほど飲んだものだから、その後の行軍中も酔いが収まらずに陽気な浮かれ騒ぎを続けていたところ、そのうちに体の状態がすっかり変わってしまって、病気を追い出して健康を取り戻したのである。

四二 両軍がパルサロス[2]近郊に入って陣営を置いたとき、ポンペイユスはもとの考えに戻って戦いを避ける方針に傾いていた。その一因は、眠っているときにポンペイユスに現われたある不吉な幻影にあり、自分
2 がローマの劇場内で市民から拍手を浴びているという夢であった[3]。しかしポンペイユスを取り巻く将軍たちは自信満々で、すでに勝利したものと思い込んでいたから、ドミティウスとスピンテルとスキピオはカエサルの最高神祇官位の後継をめぐって早くも三人の間で争いを始めていたし[4]、他にも多くの者が、戦争が終わったらすぐにでも執政官や法務官に就任するつもりで、それにふさわしい屋敷を先に借り入れて確保して
3 おこうと、そのための使いをローマに送り出すしまつだった。全軍の中でもとりわけ戦いに向けて血気に逸っていたのは騎兵たちで、武具の輝きと馬の育ちぐあいと乗り手の美しさによって、驚くべき壮観を作り出していたばかりか、カエサル側の一〇〇〇騎に対して、こちらは七〇〇〇騎という数の多さによってもお
4 おいに意気上がっていた。歩兵の数でもポンペイユス側が優位に立ち、敵の二万二〇〇〇に対してこちらは

四万五〇〇〇であった。

四三　カエサルの方は兵士たちの集会を開くと、まずコルニフィキウス[5]が軍団二個を率いてすぐ近くまで来ていること、ほかにもメガラとアテナイの付近にはカレヌス[6]麾下の大隊一五個が待機していることを告げたのち、兵士たちの意志を尋ねて、これらの増援軍が来るのを待つか、それとも自分たちだけで雌雄を決す
2 る戦いに出るかと問いかけた。すると兵士たちは大声で、待つには及ばない、むしろ少しでも早く敵と会し
3 て刃を交えられるように作戦を立て、指揮を執ってもらいたいと叫んだ。そこでカエサルは軍隊の浄めの儀式に取りかかったが、最初の供犠を終えたところでただちに予言者が託宣を下し、三日以内に敵との最後の

(1) テッサリア地方西部、ペネイオス川上流の都市。デュラキオンでのカエサルの劣勢を聞いてポンペイユス側に付いたこの都市を、カエサルは攻め落として略奪した（カエサル『内乱記』第三巻八〇）。

(2) テッサリア地方南部の都市。現ファルサラ。

(3) ポンペイユスは自分の建てた劇場内で、戦利品を女神ウェヌスの社に奉納する夢を見た。ウェヌスはカエサル家の属するユリウス氏族の祖神とされていたから、夢はポンペイユスの敗戦の予言と解しえた（『ポンペイユス』六八-2―3）。

(4) 前五七年の執政官プブリウス・コルネリウス・レントゥルス・スピンテルのほか、コルフィニウムから落ちてきたドミティウスも（三四-8）、ポンペイユスの舅スキピオも、一五名からなる神祇官団の一員だった。カエサルは前六三年以来、終身の最高神祇官の地位にある（七-1―4）。

(5) エペイロス地方の北のイリュリア地方にいたクィントゥス・コルニフィキウス。ただし原典に疑義がある。

(6) クィントゥス・フフィウス・カレヌスは、アントニウスら後続の軍勢をブルンディシウムから渡航させたあと、カエサルからアカイア地方の指揮をまかされ、アテナイ西方の都市メガラを占領した（『ブルトゥス』八-6、カエサル『内乱記』第三巻八-二、一四-一、二六-一、五六-一―四）。

4 決戦が行なわれるだろうと告げた。カエサルが、戦いの結果についてはどうか、何か良いしるしが現われて
いるかと問い返すと、予言者は「それにはあなた自身の方が正しく答えられましょう。神々が示しておられ
るのは、現在とは逆の状態への大きな変化あるいは転換が起こるということ。それゆえ、もしあなたが現状
で自分が順調だと判断しておられるなら、悪い方への変化を覚悟されるがよい。だが自分が逆境というなら、
良い方への変化を」と答えた。
5 一方、戦いの前夜のこと、ちょうど真夜中の頃にカエサルが哨戒拠点を見回っていたとき、天空で一点の
光が輝き出したかと思うと、炎のように明るく燃え上がってカエサル陣の上空を通り過ぎ、ポンペイユス陣
6 に落ちてゆくのが見えた[1]。明け方の夜警時間になると、ポンペイユス陣内でも蜂の巣をつついたような大騒
7 ぎが起こっているのが見て取れた。しかしその日に戦いが始まるとは予期していなかったから、カエサルは
スコトゥッサへ向けて[2]移動を続けるつもりで、野営陣を解く準備に入った。
四四 ところが幕舎の解体もすでに終わった頃、馬に乗った斥候が駆け込んできて、敵が丘から降りてき
て戦いに入ろうとしているという報告をもってきた。それを聞いたカエサルは跳び上がらんばかりに喜び、
2 神々に祈りを捧げたあと、戦列の構築に取りかかると、部隊を三つに分けて配置した。まず中央部にドミ
ティウス・カルウィヌス[3]を置き、両翼の一方にアントニウスを配したうえで、カエサル自身は右翼に位置を
3 占め、第十軍団[4]に伍して戦う構えだった。ところがこの右翼方面に敵の騎兵隊が対峙しているのが見えたと
き、その武具の輝きと数の多さに不安を感じたので、最後列から大隊六個をひそかに呼び寄せると、これを
右翼の後方に配置すると同時に、敵の騎兵が押し寄せてきたときに為すべきことを指示した。

4 ポンペイユス側では、自身が右翼を受け持ち、左翼でドミティウス(5)、中央で義父のスキピオが指揮を執っ
5 ていた。騎兵全軍が左翼にその重量を集中させたのは、敵の右翼を包囲して、司令官自身を取り巻く部隊を
6 ことごとく壊走に追い込もうという狙いだった。どれほど厚い歩兵隊列であろうと、われわれの攻勢を持ち
こたえられるはずがない、これほど多数の騎兵がいっせいに突進すれば、何もかも打ち砕かれて粉々になっ
てしまうだろう、と確信していたのである。
7 いよいよ両軍が攻撃の合図を出そうとしたとき、ポンペイユスは歩兵に指示して、槍を突き出したまま動
8 きを止め、敵が投槍の射程内に入るまで今の位置に留まって敵の突進を受け止めよ、と命令した。しかしカ
エサルに言わせれば、これもまたポンペイユスの戦術の誤りであり、つまり軍勢が最初に出会うときは、勢

---

(1)『ポンペイユス』六八-4にも記されるこの現象は、カエサル側からもポンペイユス側からも、吉兆と解釈された（アッピアノス『内乱史』第二巻六八）。以下の決戦が行なわれたのは、前四八年八月九日。

(2)すなわちパルサロスからさらに東方へ。

(3)グナエウス・ドミティウス・カルウィヌス（前五三年の執政官）は、カエサルのもとから二個軍団とともにマケドニアに送り出され、スキピオと交戦したのち、ゴンポイ占領の前にカエサルと合流した（カエサル『内乱記』第三巻三四―三八、七八―七九）。

(4)カエサルがもっとも信頼する軍団（一九-4、『ポンペイユス』六九-2）。

(5)ルキウス・ドミティウス・アヘノバルブス（三四-8、四二-2）。

いよく走って打ち当たってこそ、衝突にいっそう圧力が増し、接触によって火のついた気迫も大きく燃え上がるものなのに、ポンペイユスはそれを心得ていない、というのである[1]。

9 さてカエサルが戦列を前進させる態勢に入り、すでに行動に移ろうとしていたとき、最初にある百人隊長の姿が見え、カエサルの信頼も厚く戦争の経験も豊富なこの男が、自分の部下たちを鼓舞し、武勲を競い合
10 おうと呼びかけているのが眼に入った。カエサルはこの隊長の名を呼んで、「ガイウス・クラッシニウス、戦いの見込みはどうだ。自信のほどは」と声をかけた。するとクラッシニウスは右手を差し伸べ、大きな声で答えた「カエサル殿、われわれは輝かしい勝利を収めるでしょう。そして私は今日、生きてか死んでか、
11 あなたから褒めていただけるはずです」。そう叫ぶなりこの男は、部下の兵士一二〇人を引き連れ、先頭を
12 駆けて敵軍に打ち当たった。そして第一列に太刀を浴びせると、次々に敵を倒しながら前へ押し進むうちに剣で激しく口を突かれ、その勢いは剣先が喉を貫いて首の後ろに出るほどだった[2]。

四五　このように中央部で歩兵どうしがぶつかって戦いを始めたとき、ポンペイユス側の騎兵は左翼から
2 勢いよく跳び出すと、敵の右翼を包囲しようと隊列を展開した。ところが騎兵が攻め込もうとしたとき、カエサルの用意していた大隊が前に走り出てきて、投槍を通常のように投げるのではなく、また手に持って敵騎兵の腿や脛に突き出すのでもなく、眼に狙いをつけて槍で相手の顔を傷付けようとした。実はこれが、あ
3 らかじめカエサルの指示していた戦術だった。つまりカエサルは敵騎兵の心理を読んで、まだ戦場や負傷というものに不慣れで、みずみずしい美貌が自慢の青年たちは、こういう傷を何よりも嫌がり、現在の命の危
4 険と同時に将来の醜い容貌にも恐れを感じて、とうてい踏みとどまれないだろう、と予想したのである。果

たしてそのとおりのことが現実になった。騎兵たちは突き上げられる槍を受け止められず、刃先が眼に入っ
5 て反撃もできず、ただ美貌を惜しんで顔をそむけたり覆ったりするばかりだった。そしてどうにも収拾がつ
かなくなり、とうとう背を向けて遁走に転じた結果、すべてをひっくり返すという不名誉を演じてしまった。
6 というのもここで敵陣を破った大隊の兵士たちは、ポンペイユス軍の歩兵隊列の側面を迂回することに成功
し、背後から攻めかかって、次々に刃にかけたのである。
7 ポンペイユスは騎兵が算を乱して逃げていく光景を反対側の翼から目にしたとたん、もはや自分が自分で
なくなり、ポンペイユス・マグヌス(3)であることも忘れてしまって、まるで意識を神にひどく傷付けられた人
のように、黙り込んだままその場を去って幕舎に戻った。そして腰を降ろしたあと、この先のできごとを待
8 ち受けていたが、やがて味方がことごとく敗走に陥り、敵が陣地に迫ってきて守備兵と交戦を始めた。そこ
でようやく気を取り戻したかのように、「すると陣内にまで」というあのひと言を発すると、ポンペイユス
9 は戦場での将軍用外套を脱ぎ捨て、逃亡者にふさわしい衣服に着替えると、ひそかに陣を抜け出した。その

(1)カエサル『内乱記』九二によれば、カエサル軍にだけ走らせて隊列の乱れと兵士の疲れを誘うのがこの戦術の狙いだったが、カエサルはこれを拙策と断じる。一方、『ポンペイユス』六九-6―7によれば、ポンペイユスは自軍の兵士が落ち着きを失っているのを見て、この戦術をとったという。

(2)この百人隊長の武勲談は、隊長の名前に少々の異伝はあるが、『ポンペイユス』七一-1―4のほか、カエサル『内乱記』第三巻九一、九九、アッピアノス『内乱史』第二巻八二、ルカヌス『パルサリア』第七巻四七〇―四七三にも登場する。

(3)「マグヌス(偉大な)」は、若い頃のアフリカ遠征以来、ポンペイユスに捧げられてきた尊称(『ポンペイユス』一三-7、七二-1)。

後、ポンペイユスがどんな運命をたどったか、そしてどんなふうにエジプト人に身を預けて殺されたか、それについてはポンペイユスの伝記に記すことになる[1]。

四六　カエサルはポンペイユスの陣地に入り、敵兵のすでに息絶えて横たわっているもの、そして今まさに殺されようとしているものを眼にしたとき、嘆息を洩らしてつぶやいた「これはやつらの望んだこと。やつらが有無を言わせずおれをここまで引っ張ってきたのだ。数々の戦争に勝利を収めたこのガイウス・カエ
2 サルも、もし軍隊を手離していれば、きっと裁判で有罪を宣告されていたはずだ」。この言葉は、アシニウス・ポリオによれば、そのときカエサルがギリシア語で語ったのを、自身が後にラテン語に書き改めたのだ
3 という[2]。また死者のほとんどは陣地占拠のときに殺された従僕であり、兵士で命を落としたのは六〇〇〇名
4 足らずであった[3]とポリオは記している。生きて捕虜になった兵士については、そのほとんどをカエサルは自身の軍団に編入した。名門市民の多くについても安全を保障し、その中には後にカエサルを暗殺するブルトゥスも含まれていた。カエサルは戦いのあとブルトゥスの姿が見えなかったのでたいへん気をもみ、無事に現われたときには、並々ならぬ喜びようだったという[4]。

四七　カエサルの勝利はいくつかの予兆に現われていたと語り伝えられるが、なかでもいちばんに有名な
2 のはトラレスで起こった一事である。ここの勝利の女神の社にはカエサルの彫像が置かれていて、その周囲はもともと堅牢な地盤であるうえ、表面には硬い石が敷きつめてあった。ところがそれを突き破って、彫像
3 の台座に寄り添うように一本の棕櫚の木が生え出たというのである[5]。またパタウィウムでは、ガイウス・コルネリウスという名高い卜占術者で、歴史家リウィウスと同郷であり知己でもある人が、ちょうど戦いの

4 あったその日、座って鳥占いをしていた。(6) この人が、リウィウスの記述によれば、まず戦いの時刻を言い当
てたあと、居合わせた人たちに向かって、その事象が終わろうとしている、男たちが会して事を成そうとし
5 ている、と告げた。そして再び眼を凝らしてしるしを見つめていたかと思うと、憑かれたように「カエサル、
6 勝利はおまえのもの」と叫びながら跳び上がった。周囲の人たちは胆をつぶしたが、占い師は頭に着けてい
た冠を取ると、事実が私の卜占術の真なることを証明するまで、再びこの冠を着けることはない、と誓言し
た。これは本当にあったことだと、リウィウスは断言している。

(1) パルサロスの戦いからおよそ二ヵ月後、エジプト宮廷の庇護を求めて、迎えの小舟で上陸しようとしたとたん、廷臣のたくらみにより殺害される（『ポンペイユス』七九）。

(2) ポリオはカエサルの身近にいて、パルサロスの戦いにも参加した（三二-7、『ポンペイユス』七二-4）。この一文はビュデ版の校訂にならい、写本の「ラテン語……ギリシア語」の位置を入れ替えて訳す。

(3) ポンペイユス側の死者数（アッピアノス『内乱史』第二巻八二）。ルキウス・ドミティウス・アヘノバルブスは捕らえられて殺された。

(4) ブルトゥスは戦いのあと、北方の都市ラリッサに逃げていた（『ブルトゥス』六-1）。

(5) トラレスは小アジアのマイアンドロス川流域の都市。棕櫚は競技優勝者に贈られる冠に使われ、勝利の象徴とされる。カエサル『内乱記』第三巻一〇五-六、ウァレリウス・マクシムス『著名言行集』第一巻六-一二参照。

(6) パタウィウムはパドゥス河口の北の現パドヴァ。『ローマ建国以来の歴史』の著者ティトゥス・リウィウスは、この地で前六四年または前五九年に生まれた。以下の卜占の逸話は『ローマ建国以来の歴史』第百十一巻に記されていたようだが、この部分の本文は散逸した。ゲリウス『アッティカの夜』第十五巻一八参照。

エジプトで

四八　さてカエサルは勝利の記念としてテッサリアの人々に自治を許し与えたあと、ポンペイユスの追跡
を開始した。そしてアジアに着くと、神話収集家テオポンポスの労をねぎらうためにクニドスに自治を許し
2 たほか、[1]アジアの全住民に対して租税の三分の一を免除した。アレクサンドリアに上陸したのはポンペイユ
スの死の直後のことで、テオドトスがポンペイユスの首を持ってきたときには顔を背け、故人の指環を受け
3 取って涙を流した。[2]ポンペイユスの仲間や僚友で、近辺をさまよっているうちにエジプト王に捕縛された者
4 がいたので、彼らをすべて手厚い配慮で迎え入れて自分の麾下に加えた。このことについてカエサルは、
ローマにいる親しい人たちに宛てた書簡の中で、勝利の喜びのうちでもっとも大きくもっともうれしいのは、
自分に対して武器を取った市民を次々に救ってやったことだ、と書き記している。
5 　エジプトでの戦争にかんして、あれは必要があって戦ったのではなく、クレオパトラへの愛に引きずられ
て起こしたのであり、カエサルの名声を汚す危険な戦いだったと説く人もいれば、王の側近たち、なかでも
最大の権勢をふるっていた宦官ポテイノスに責めを帰する人もいる。[3]つまりポンペイユス殺害とクレオパト
6 ラ追放をやってのけたばかりのこの廷臣が、今度はカエサルの命をひそかに狙っていて、それゆえカエサル
の方も、このとき以来、身の安全のために酒宴の席で夜を明かすようになったのだという。加えて表立った
ところでも、ポテイノスはことあるごとにカエサルへの侮蔑と嫌味を言葉と行動ににじませ、反感を買って
7 いた。例えば兵士たちにきわめて粗悪な古い穀物を配給しておいて、他人のものを食べるのだからそれで辛
抱して満足しろと言ったり、宴席では木製と陶製の器を供して、金や銀の器はすべて借金のかたにカエサル

8 が持ち去ったので、と口にしたりした。実際、現王の父がカエサルから一七五〇万ドラクマの借り入れをしており、[4] カエサルはそのうちの一部については、息子たちへの請求をすでに放棄していたのだが、残りの一〇〇〇万ドラクマを、軍隊の維持のために今返済してもらいたいと要求していたのである。しかしポティノ
9 スが、今はむしろエジプトを出て偉大な事業に取りかかるべきときである、貸付金については後日に感謝とともに受け取ればよい、と答えたので、カエサルは、エジプト人に忠告してもらう必要はないと言い捨て、ひそかにクレオパトラを辺境から迎え入れるべく使者を遣った。

四九　そこでクレオパトラは、侍従の中からシキリア出身のアポロドロスひとりを伴に従え、小さな舟に

(1)クニドスは小アジア南西部の半島の先に位置する都市。カエサルは協力してくれたギリシアの文人に報いるため、その故郷に自由市の特権を与えた、ということらしい。

(2)テオドトスはイオニア地方のキオス出身で、エジプト宮廷に弁論術教師として雇われて権勢をふるうようになった人物。宮廷内の謀議でポンペイユス殺害を主張した。カエサルの手を逃れたが、後にブルトゥスにより処刑される(『ポンペイユス』七七―八〇、『ブルトゥス』三三-6)。

(3)エジプトでは前五一年にプトレマイオス十二世・アウレテスが死去し、そのさい子のクレオパトラとプトレマイオス十三世の姉弟を共同王位に定めた。姉弟は慣例どおり結婚した。まもなくしてクレオパトラは弟とその側近たちによって追放されたが、シリアに拠って巻き返しを図り、前四八年の夏頃に王位奪回をめざして軍勢とともにエジプト東部に戻った。同年十月初めにエジプトに来たカエサルは、おそらく先王への債権の回収のためにアレクサンドリアに留まり、その結果、王の側近たちの敵意に囲まれることになって、宮廷内の争いに巻き込まれた。このときクレオパトラは二一歳、プトレマイオス十三世は一三歳。

(4)ローマに頼って王権を維持しようとしたプトレマイオス十二世は、前五九年、ときの執政官カエサルに王位を承認してもらう代わりに、多額の資金提供を約束していた。

2 乗り込むと、すでに暗くなりかけた頃、王宮のかたわらに着岸した。そして他に人目を避ける手立てがな
かったので、寝具袋の中にもぐり込んで体をいっぱいに伸ばし、アポロドロスがその袋を紐で縛ったうえで、
3 戸口を抜けてカエサルのもとに運び込んだ。いきなり見せられたこの奇策に驚き、クレオパトラの妖しい魅
力に憑りつかれたカエサルは、その後も彼女の艶美な物腰にすっかり負かされてしまい、それゆえに弟との
4 和解と共同王位の実現に尽力してやったのだと伝えられる。[1] ところがその後、国中が和解を祝って宴を張る
なか、カエサルの理髪を受け持つひとりの従僕がいて、これがまれに見る心配性から、何事であれ気がかり
なまま放っておけず、あちこちで耳をそばだて嗅ぎ回るという男であったが、この男が将軍アキラスと宦官
5 ポテイノスによるカエサル暗殺の企みが進められているのを聞きつけた。カエサルはこの事実を確かめると、
宴会部屋を警護兵で取り囲み、ポテイノスを殺害した。しかしアキラスが自身の陣営の中に逃げ込んだため、
カエサルはこの大きな国と軍隊を相手にわずかな兵力で応戦するはめになり、危難続きの苦しい戦争に引き
ずり込まれてしまった。
6 第一の危難は、敵に疏水を堰き止められて、水の補給を断たれたときである。[2] 第二は、艦隊から切り離さ
れそうになったために、やむなく火を放って危機をかわしたときで、このときは火が船渠の外に燃え広がっ
7 て大図書館まで焼き尽くしてしまった。[3] 第三に、パロス島近辺の海域で戦いが起こったとき、[4] カエサルは突
堤から小舟に跳び乗って応援に向かおうとしたが、四方からエジプト軍の船が漕ぎ寄せてきたので、海に飛
8 び込んで懸命に泳ぎ出し、かろうじて難を逃れた。このときたくさんの文書を携えていたカエサルは、伝え
によれば、敵に射かけられまた溺れそうになりながらも、それを放り捨てようとせず、片手で海面上に持ち

上げたまま、片手で泳いだという。乗っていた小舟は早くに沈没していた。しかし最後には、王が去って敵側に移ったのを機に、攻め込んで戦いに勝利を収め、多くの敵を倒し、それと同時に王は姿を消した(5)。カエサルはクレオパトラをエジプトの女王に据えたあと、シリアに向けて出発した。クレオパトラはそれからまもなくしてカエサルの種になる男の子を産み、アレクサンドリアの人々はその子をカエサリオンと呼ぶよう

---

(1)カエサル『内乱記』第三巻一〇七—一一によれば、カエサルは、自分の執政官任期中にプトレマイオス十二世が「ローマ国民の友」の称号を贈られたという経緯から、姉弟の王位争いの裁定に乗り出したという。

(2)ナイル川からアレクサンドリア市内に水を供給する地下水路をふさがれ、代わりに海水を流し込まれた（著者不明『アレクサンドリア戦記』五—九）。

(3)アキラスの軍勢がアレクサンドリア港に停泊中の艦隊を奪おうとしたので、兵力で劣勢のカエサルは窮余の策として艦隊に火を放った（カエサル『内乱記』第三巻一一一）。その火が広がって、膨大な蔵書数を誇る有名な図書館まで燃えてしまった。ただし蔵書の被災の範囲については異論もある。

(4)港の沖に、巨大灯台があることで知られ、本土と一キロメートル以上の橋でつながる島がある。港への出入りを制するこの島をカエサル軍はいったん占領したが、エジプト軍の反攻を受けて苦戦に陥り、逃げ出そうとして船に殺到した（著者不明『アレクサンドリア戦記』一七—二一、スエトニウス『ローマ皇帝伝』第一巻六四）。

(5)カエサルのもとにいたプトレマイオス十三世は、エジプト軍の求めにより、そちらに身を移した。その後、ナイル川付近で行なわれた決戦でカエサルは勝利を収め、プトレマイオス王は船とともに川に沈んだ（著者不明『アレクサンドリア戦記』三一、ディオン・カッシオス『ローマ史』第四十二巻四三）。

になる。(1)

パルナケス征討

五〇　カエサルがシリアからアジアに進んでいるときに報告が入り、ドミティウスがミトリダテスの子パ
ルナケスに敗北を喫し、わずかの兵力とともにポントスから逃げ出したこと、一方でパルナケスはこの勝利
に勢いを得て、ビテュニアとカッパドキアを占領したうえ、小アルメニアと称される地方にも狙いを付けて
いること、そしてその地方のすべての王侯や太守を蜂起させようとしていることをカエサルは知らされた。(2)
2 そこで軍団三個を率いてただちにパルナケス征討に向かい、ゼラ市の付近で一大会戦に打って出ると、パル
3 ナケスを遁走させてポントスから追い出し、敵軍を跡形もなく滅ぼした。(3) この戦いの迅《と》く速やかであったこ
とを、カエサルはローマにいる友人のひとりマティウスに宛てた書簡の中で、「来た、見た、勝った」とい
4 う三語を使って表現した。この三つの単語はラテン語では末尾が同じ形になっていて、驚くほど簡潔明瞭な
文を作り出している。(4)

帰国

五一　このあとカエサルがイタリアに帰航し、ローマへの道を上っていったのは、二度目の独裁官の地位
を与えられた一年が――この官位が一年任期で指名されたのは、それまでにないことだった――終わろうと
2 する頃だった。(5) カエサルは代わって翌年の執政官に任命された。しかしこのときカエサルの評判を落とすで

3

きごとがあり、それはカエサルの率いる兵士たちが反乱を起こし、ともに法務官格のコスコニウスとガルバを殺害したとき、[6]その懲罰としてカエサルは、下手人たちを兵士と呼ぶかわりに市民と呼んだだけで済ませたばかりか、ひとりにつき一〇〇〇ドラクマを支給し、イタリア内の広い土地まで割り当ててやったことである。ほかにもドラベラの狂気じみたふるまいやマティウスの金銭欲、さらには酒に酔ったアントニウスが

(1) クレオパトラは、カエサル暗殺のとき、カエサリオンとともにローマに滞在していた。この男の子が本当にカエサルの子であるかどうかをローマ人たちは疑ったが、アントニウスはこれを擁護した(スエトニウス『ローマ皇帝伝』第一巻五二-二)。カエサリオンは前三〇年、アントニウスとクレオパトラの自害後、臣下の裏切りにより殺害される。カエサリオンはカエサルに縮小辞の付いた形。

(2) パルナケスはポンペイユスの東方遠征によって弱体化した父王ミトリダテスに反乱を起こし、前六三年に黒海の北のボスポロスの王位に就いた(『ポンペイユス』四一-7)。その後、ローマ内戦に乗じて、父が失った領土を回復するべく黒海の南の地方を次々に占領し、前四八年、小アルメニア(ユーフラテス川の西)のニコポリス付近の戦いでグナエウス・ドミティウス・カルウィヌスの軍隊を破った。著者不明『アレクサンドリア戦記』三四—四一、六五—七八、アッピアノス『内乱史』第二巻九一、ディオン・カッシオス『ローマ史』第四十二巻四五—四八参照。

(3) 黒海南岸のポントス地方は、かつてミトリダテス王の支配していた地域。ゼラはポントス地方の都市。戦いは、前四七年八月に起こった。

(4) ラテン語で veni vidi vici. 語末だけでなく語頭も同音。スエトニウス『ローマ皇帝伝』第一巻三七-二によれば、この三語がローマでの凱旋行列(五五-2)の銘文に刻まれた。

(5) 独裁官の任期は通例は六ヵ月を限度とする。カエサルはパルサロスの戦いのすぐあとに、一年任期の独裁官に指名されていた。したがってその任期が終わるのは、前四七年九月頃。

(6) パルサロスの戦いのあとイタリアに帰還し、カンパニア地方に駐屯していた古参兵の軍団が、カエサルの約束していた報奨を受け取れないでいることに不満をつのらせて、または除隊を要求して、反乱を起こした。

4 ポンペイユスの屋敷を掠め取ったうえ、[1] このままでは小さすぎるからと改築を命じたことなどがカエサルへの陰口の種となり、ローマ市民の腹立ちは収まりそうもなかった。カエサルもそのことは承知していたけれども、政治上の思惑から、不本意ながらこれらの手下たちを使わざるをえなかったのである。

アフリカ戦役

五二　パルサロスの戦いのあとカトーとスキピオはアフリカへ逃亡し、その地の王ユバの応援を受けな
2 がら、[2] かなりの大軍を集結させていたため、カエサルはそれを討つために遠征に出ることを決意した。そこ
でまず冬至の頃にシキリア島へ渡ったカエサルは、麾下の隊長たちがその島で足を止めて日待ちをしたがっ
ているのを見ると、その望みをきっぱりと捨てさせるために自分の天幕を波打ち際に設け、やがて順風が吹
3 いてくると同時に船に乗り込んで、三〇〇〇人の歩兵と少数の騎兵だけをともなって出帆した。そしてこの
兵士たちを敵に察知されることなく上陸させたあと、本隊のことが気がかりで船を戻したところ、軍勢を乗
せた船団がすでに海上にあるのに遭遇したので、それらをすべてまとめて陣営に収めた。

4 一方、相手方の軍内では、スキピオ家の一族はアフリカではけっして負けない定めにあるという古い神託
が喧伝され、[3] それが兵士たちの士気を高めていた。そのことを聞き知ったカエサルは、面白半分に敵軍の将
スキピオをからかってやろうと思ったのか、それとも真剣に託宣を味方に付けようとしたのか、いずれとも
5 断定しがたいがとにかく、自軍内にいたある男を呼び出し、取るに足りない凡夫ながら、アフリカヌスの家
系の出身でスキピオ・サルウィトという呼び名を持つこの男を、戦いのたびに指揮官のようにして軍勢の前

6 に立たせた。そのように戦いを急ぎ、敵への挑発を繰り返さねばならない事情がカエサルにはあった。兵士たちに配る穀物ばかりか馬の秣までもが不足しがちで、やむなく海藻の塩気を洗い落としてから、それに味付けとしてある種の草を少しばかり混ぜ合わせたものを馬に食べさせていたほどだったのである。

7 そうなった原因は、大勢のヌミディア兵が俊敏に動き回ってあちこちに出没し、辺りを制していたことにある。あるとき、カエサルの騎兵たちが休息をとっていたところへ、ひとりのアフリカ人の男が現われ、踊

(1)プブリウス・コルネリウス・ドラベラは、前四七年に護民官として負債の帳消しを提案し、民衆の支持を得ようとした（『アントニウス』九-1—4）。ガイウス・マティウス（五〇-3）は、ガリア遠征にも従ったカエサル支持者。アントニウスは独裁官カエサルから、独裁官の部下として権限を行使する騎兵長官（magister equitum）に任命され、カエサル外征中のローマで事実上最大の権力を有していた。その酒好きと放蕩について、またポンペイユス旧宅を取得したことについて、『アントニウス』九-5—9、二一-2—3参照。

(2)カトーは、ポンペイユスがカエサルを追走してデュラキオンを離れたとき、デュラキオンに残されて、その地の防衛をまかされていたが、パルサロスの戦いの結果を聞いてアフリカに向かい、そこでポンペイユスの死を知った。ポンペイユスの義父スキピオはパルサロスの戦いで指揮を執ったあと（四四-4）、落ち延びてアフリカでカトーと合流した。現アルジェリア北部辺りのヌミディアの王ユバは、かつて父王の代理としてローマを訪れたときカエサルから侮辱を受け、カエサルに強い憎悪を持っていた。前四九年には、カエサルからポンペイユス派掃討の命を受けてアフリカに来たガイウス・スクリボニウス・クリオと戦って敗死させ、ポンペイユス派から信頼されていた（『ポンペイユス』七六-7、『小カトー』五七-5、カエサル『内乱記』第二巻四二、スエトニウス『ローマ皇帝伝』第一巻七一）。

(3)第二次ポエニ戦争のザマの戦いでハンニバルを破ったスキピオ・大アフリカヌスと、第三次ポエニ戦争でカルタゴを破壊したスキピオ・アエミリアヌスの記憶から。

りと笛を実に上手に演じてみせるので、騎兵たちは従僕に馬を預けて腰を降ろし、見物に興じていた。とこ
ろがその間に敵の一隊がまわりを取り囲み、虚を突いて襲いかかってきたかと思うと、騎兵たちの一部をそ
の場で殺害し、残りの兵が一目散に陣地内に駆け戻るのを追いながら、いっしょになだれ込もうとする勢い
8 だった。もしカエサルがアシニウス・ポリオ(1)とともに陣内から応戦に出て、騎兵たちの逃げ足を止めていな
9 ければ、このときに戦争は終焉を迎えていたであろう。またあるときは、両軍が衝突して力比べを繰り広げ
た末に敵が優勢に立ったことがあり、そのときカエサルは、逃げ戻ろうとする旗兵の首をつかまえて振り返
らせ、「敵は向こうだ」と一喝したと伝えられる。

五三　しかしこれらの戦いで勝勢を得たことは、スキピオに過ぎた自信を与え、決戦敢行を決断させるは
ずみになってしまった。スキピオはアフラニウス(2)とユバを、少し離れて位置する二つの陣地に別々に残した
まま、タプスス市(3)付近のある湖の向こうに進むと、戦いにあたって全軍の出撃と退避の拠点となるべき砦の
2 構築を始めた。ところがスキピオが砦の建設に精を出している間に、カエサルは森に覆われて接近の見つか
りにくい地帯をとてつもない速さで駆け抜けると、スキピオの軍勢の一部を取り囲み、残りの部分に正面か
3 ら攻めかかった。そしてこの軍隊を蹴散らしたあとは、運命が恵んでくれたこの好機を逃すことなく、一撃
4 でアフラニウスの陣地を占拠し、また一撃でユバを遁走させて、ヌミディア陣を壊乱した。こうして一日の
わずかの間に、三つの陣地を制圧し、敵兵五万人を討ち取って、しかも味方の死者は五〇人にも満たないと
いう完勝であった。
5 以上がこのたびの戦いについて、ある人たちの伝えるところである。しかし別の伝によれば、カエサルは

このとき戦場には出ておらず、軍勢の配置と隊列の構築を行なっている最中に、いつもの病(4)に襲われたとい
6 う。あれが来たとすぐに悟ったカエサルは、すでに揺らぎ始めた意識が、発作のためにすっかり掻き乱され打ちのめされる前に、近くにあった櫓の中に運び込まれ、戦いが終わるまでそこで安静に過ごしたと伝えら
7 れる。戦場から逃げ延びた執政官格および法務官格の市民たちのうちには、捕まえられそうになって自分の手で命を絶った者もいるが、捕まってカエサルにより処刑された者も数多くあった(5)。

五四　ただしカトーだけは拘束して生かしておきたいという功名心から、カエサルは急いでウティカ(6)に向
2 かった。カトーはこの都市の守備についていて、戦いには加わっていなかったのである。しかしカトーが自裁したという報告を受けたとたん、カエサルの胸に痛みが走った、とはいえそれが何故の痛みであったか、それは分からない。ともかくこうつぶやいたのである「カトー、おれはおまえの死を惜しむ。おまえはおれ

---

(1) 四六-3参照。
(2) ヒスパニアそしてパルサロスの戦いから落ち延びてきたポンペイユス腹心の将軍（三六-1、四一-4）。
(3) チュニジア東岸、現マフディーヤから一〇キロメートルほど北の町。その近くの海岸と塩湖に挟まれた土地で戦いが起こった。スキピオは、持久戦を主張するカトーに反対して、決着を急いだ（『小カトー』五八-7―8）。戦いが起きたのは、前四六年四月。著者不明『アフリカ戦記』七九―八六、ディオン・カッシオス『ローマ史』第四十三巻七―九参照。
(4) てんかんの発作（一七-2）。
(5) スキピオとアフラニウスとユバ王は戦場から逃れたが、後に自害あるいは殺害された。
(6) チュニジア北部、チュニス湾に面する港町。

3 に命を助けてもらうのを惜しんだのだから」[1]。実のところ、後日、故人のカトーを批判するためにカエサル
が著わした書物は、カエサルがこの人物に対して憐憫の情も和解の意思も持っていなかったことの証左であ
ろう。故人に向かってあれほどの怒りをぶつけた男が、同じ人物を生前に寛大に遇するなどということが、
4 どうしてありえよう。それでもキケロやブルトゥスのほか敵陣営にあったおびただしい人たちに対して、カ
エサルが寛容にふるまったことを根拠に、あの書物はカトーへの憎しみから生まれたのではなく、政治家と
5 しての意地が動機となって執筆されたのだという主張もある。どういうことかといえば、キケロは『カトー
論』という題名で、カトーを称揚する文章を公表した[2]。そしてこの文章は、当代随一の弁論の名人がまたと
ない絶好の主題について論じたものであるから、当然のことながら、世の人々から熱狂をもって迎えられた。
6 だがカエサルにしてみれば、自分のせいで命を落とした人物への称賛は、すなわち自分への非難と見なさざ
るをえず、歯ぎしりするばかりだった。そこでカエサルはカトーを貶める罪状をいくつもかき集めて、あの
書物を著わし、それに『反カトー論』という題名を付けた、というのである[3]。これらの著作はどちらも、カ
エサルとカトーにかかわるものなので、多くの熱心な読者を持っている。

五五　さてカエサルはアフリカからローマへ戻ってくると、まず民衆に向かってこのたびの勝利のすばら
しさを誇らしげに語り、征服した領地は、国庫へ毎年二〇万アッティカ・メディムノスの穀物と三〇〇万リ
2 トラのオリーブ油を納めてくれるほどの広さだと説明してみせた。そしてその後に凱旋式を挙行して、ガリ
ア、エジプト、ポントス、アフリカでの勝利の記念としたが、アフリカでの勝利はスキピオではなくユバ王
3 から得たものとして祝った[4]。このとき、王の息子でまだほんの幼児であったユバもまた凱旋式の行列に加え

られたが、これは捕まって至高の幸福を手に入れた捕虜であった。この子はヌミディア人という夷狄の出で

4 ありながら、ギリシア世界でもまれに見る博識の歴史家のひとりになったからである。(5) 凱旋式のあとは、兵士たちに多大の報奨が配られたうえ、民衆を取り込もうとして宴会と見世物が提供された。宴会では全員のため一度に二万二〇〇〇台の三人用寝椅子が用意され、見世物では剣闘と模擬海戦が、亡くなって久しい娘ユリアへの弔いのために催された。

5/6 見世物に続いて人口調査が実施され、以前の三二万人がわずか一五万人に減少したという結果が出た。(6) 内戦が引き起こした惨禍はそれほどに大きく、その中で失われた人員の数はそれほどに多かったのであり、しかもこれはイタリア内の他地域と属州がこうむった損失を除いた数字なのである。

(1) カエサルの台詞は『小カトー』七二-2でも繰り返される。カトーは「カエサルの仁慈」を宣伝するための材料にされるのを拒否した、ということ。

(2) キケロはカトーの死を知ってすぐにこの作品を書いた。作品は現存しない。『キケロ』三九-6参照。

(3) 三-4参照。カトーの私生活についての雑言を並べたようなものだったらしい。

(4) ローマ市民に対する勝利を祝うかたちになるのをはばかった。アッピアノス『内乱史』第二巻一〇一参照。

(5) ユバ二世はこのとき五歳くらい。このあとイタリアで育てられ、前二五年にアウグストゥスによってヌミディアの西のマウレタニアの王に据えられた。アフリカ、アラビア、ローマの歴史や故事についてギリシア語で著作し、プルタルコスの史料にもなった（『セルトリウス』九-10）。

(6) これはローマ市の全人口ではなく、穀物の無料配給を受ける市民の数（スエトニウス『ローマ皇帝伝』第一巻四一-三）。内戦による人口減もあるだろうが、むしろカエサルが受給要件を厳しくしたことが減少の大きな原因らしい。

ヒスパニア遠征

五六　以上のことを終え、四度目の執政官に任命されたあと、カエサルはポンペイユスの息子たちを掃討するため、ヒスパニア遠征の途に就いた。[1] この息子たちは、まだ若かったけれども、すでに驚くべき規模の軍勢を集めることに成功し、しかも戦いになると司令官たるにふさわしい胆力を発揮して、カエサルを絶体
2 絶命の窮地に追い込んだ。大会戦がムンダ[2]の近郊で起こったとき、カエサルは味方の兵士たちが敵の圧力を支えきれず押しつぶされそうになっているのを見て、歩兵の隊列の間を駆けめぐりながら大声を発し、おま
3 えたちが恥というものを知らないなら、おれを捕まえてあの小僧どもの手に渡すがいい、と叫び続けた。そして気力を振りしぼり、ようやく敵を押し返したとき、討ち取った敵兵が三万人を超える一方で、味方から
4 も勇士一〇〇〇人の死者を出していた。おれは勝利のために戦ったことはたびたびあるが、自分の命のために戦ったのはこれが初めてだ、というのが、戦いを終えて戻ってくるとき、親しい者たちに洩らした言葉で
5 ある。カエサルがこの戦いに勝ったのは、ディオニュソスの祭礼の日に当たり、これがちょうどポンペイユ
6 ス・マグヌスが戦争に出発した日でもあるから、その間に四年の歳月が流れたことになる。[3] ポンペイユスのふたりの息子のうち、弟の方は落ちのびたが、兄の方は、数日後にその首がディディウスの手で運ばれてきた。[4]

7 この戦争は、カエサルが戦った最後の戦争になった。しかしこの勝利を記念する凱旋式は、ローマの人々
8 にとって、他に例のない心の痛みをともなうものとなった。なぜならこのたびの勝者は、異民族の将軍や夷

狄の王を征服したわけではなく、非運に落ちたローマ随一の実力者の息子たちを殺し、その一族を根絶やしにして帰ってきたのであり、そんな人物が祖国の不幸を祝うかのように、凱旋行列の栄に浴するというのは、実に醜悪なことであった。しかもその人物が誇示する今回の事績について、神の前にも人の前にも差し出せる唯一の弁明はといえば、しかたがなかった、というものであり、そのうえカエサルは、これまで内戦での勝利にかんしては、公けに使者を遣わしたり書簡を送ったりするのを控え、栄誉を受けるのも慎んでいたはずなのである。

9

(1) カエサルは前四五年の執政官に任命された。ポンペイユスのふたりの息子のうち兄のグナエウスは、父から軍勢の調達のためにシリアへ送り出され(『ポンペイユス』六二-3)、エジプト艦隊の派遣を引き出した。アフリカ戦役のときにはヒスパニア東方沖のバレアレス諸島を占領し、その後、ヒスパニアへ渡った。弟のセクストゥスは、パルサロスの戦いのとき継母とともにレスボス島に避難していたが、敗戦後に父とともにエジプトに向かった(『ポンペイユス』七四-1、七八-7)。そして父の死後、アフリカに上陸し、タプススの戦いのあとにヒスパニアに渡った。このとき兄は三四歳、弟は二二歳くらい。

(2) ジブラルタル海峡の北方の城市。

(3) 三月十七日。四年前、前四九年のこの日に、ポンペイユスはブルンディシウムから出航した(三五-2)。ローマの豊穣神リベルの祝祭日に当たる(著者不明『ヒスパニア戦記』三一-八)。

(4) セクストゥスはムンダの戦いのとき、コルドゥバの守備にあたっていた。グナエウスはいったんムンダの戦場から逃れて海上に出たが、ディディウスの艦隊に捕捉され、処刑された(著者不明『ヒスパニア戦記』三九)。

終身独裁官就任

五七　しかしながら人々はカエサルの盛運の前で頭を低くし、轡を甘んじて受けたうえで、唯一人による
支配を内戦の惨禍からの救いと見なし、カエサルを終身の独裁官に指名した。しかしそれは、唯一人支配が
無答責特権に加えて無制限任期まで手に入れたのだから、誰がどう見ても王を僭称する者の支配にほかなら
2 なかった。カエサルへの名誉授与を元老院に提案する口火を切ったのはキケロであったが、その名誉の大き
さは、ともかくも人間の枠を越えるものではなかった。ところがそれに続く提案者たちは、競い合うように
して、われもわれもと名誉を積み増してゆき、あげくにカエサルを奇怪な決議の山で飾り立て(1)、いかに温厚
3 な人でも嫌悪と反感を覚えずにはいられないような姿にしてしまった。そしてその決議にあたっては、カエ
サルに媚びる者に負けまいと、カエサルを憎む者もまた力を尽くしたというのは、反カエサルの口実をでき
るだけ多く用意しておき、やむをえない重大な罪状があるから手を下したのだと、人々に思わせるためで
あったという。
4 　というのもこれらを別にすれば、もはや内戦が終息したこともあり、カエサル自身の言動に咎めを受ける
べき点はなかったのである。実際、この人が示した寛容への感謝のしるしとして、仁慈（クレメンティア）の
5 女神の社の建立が決議されたのは、当を得た配慮だったと言えよう。なぜならカエサルは、敵陣営にあった
者たちの多くを放免しただけでなく、ブルトゥスとカッシウスの両名を法務官に就任させたように(2)、官位と
6 名誉を宛てがってやった者さえいるのだから。さらにポンペイユスの彫像が倒されていたのを放置せず、立
て直してやったという事実もあり、これについてはキケロが、カエサルはポンペイユスの像を立てることに

7 よって自身の像を聳え立たせた、と語っている。[3] また友人たちから護衛兵を付けるように勧められ、みずか
らその役を引き受けようと申し出る者も数多くいたにもかかわらず、常に死を予期しながら生きるよりも、
8 ひといきに死ぬ方が良い、と言って拒み続けた。そして民衆の人気こそが、身を守るためのもっとも固く
もっとも確かな鎧だとばかりに、宴会と穀物給付によって民衆の機嫌を取り、入植地分配によって兵士たち
を手なずけるという従来の方法を繰り返した。そのような入植地の中でもとくに有名なのがカルタゴとコリ
ントスであり、こうしてこの二都市はかつての陥落のときも、[4] このたびの再建のときも、足並みをそろえる
ように、同じ時に同じ経験にめぐり合ったのである。

五八 有力な市民たちに対しては、人によって将来の執政官や法務官の地位を約束してやったり、それ以
外の官位や名誉で宥めたりしながらも、すべての人が何らかの望みを持てるようにはからった。そうして自
2 発的な服従を引き出したいと念じていたのであり、それゆえに、執政官マクシムスが死去したときには、任
期が一日しか残っていなかったにもかかわらず、後任の執政官としてカニニウス・レビルスを指名したほど

---

(1) 任期一〇年の執政官位の授与、「国家の父」の称号授与、神々の像と並ぶカエサル像の建立、神殿の奉納、自身の誕生月の改称（それまで「第五」と呼ばれていた月を「ユリウス」に改めた）など（スエトニウス『ローマ皇帝伝』第一巻七六-一、アッピアノス『内乱史』第二巻一〇六）。

(2) この両名がカエサル暗殺謀議の中心になる（六二-2—4）。

(3) 同じ台詞は、『キケロ』四〇-5、『いかに敵から利益を得るか』九一aでも紹介される。

(4) カルタゴが三度の対ローマ戦争の果てに、スキピオ・アエミリアヌスの手で滅ぼされたのも、コリントスがアカイア戦争の結果、ルキウス・ムンミウスによって破壊されたのも、前一四六年のことだった。

3 である。[1] この人のもとへ、多くの市民が祝賀と参列のために向かう道すがら、キケロはこんなことを言った
という「さあ急ごう。あの人が執政官位を出てゆく前に着かなければ」。
4 カエサルにとって偉業への願望と名誉への執着は、持って生まれた性分であるから、これまでの数多くの
功績も、この人を苦労の成果をゆっくり味わうような境地にいざなうことはなく、むしろそれが将来のため
の自信の源となり火をつける材料となって、あたかも従来の名声は使いきってしまったかのように、いっそ
5 う大きな事業への野心と新たな名声への情熱を産みつけていった。カエサルの胸中にあったのは、他者に対
する嫉妬ならぬ自身に対する嫉妬としか言いようがなく、いわば将来の事績が過去の事績を相手にして競い
6 合っていたのである。このとき準備していた計画は、まずパルティアに軍隊を進めて、この民族を征服した
あと、カスピ海とカウカソス〔コーカサス〕山脈に沿ってヒュルカニア地方を抜け、そこからポントス海〔黒
7 海〕の外を回って、スキュティアに攻め込む。そしてゲルマニア周辺域とゲルマニア本土に侵攻したあと、
ガリアを通ってイタリアに戻ってくる。こうして外洋（オケアノス）を四周の境界とする支配領域の円環を
閉じる、というものであった[2]。
8 　遠征の途中には、コリントス地峡の開削にも取りかかる予定で[3]、すでにその責任者としてアニエヌスを指
名していた。またティベル川の流れをローマを出てすぐの所で深い運河で受け止め、キルケウム岬の方向へ
曲げて、タラキナ付近で海に注がせるという構想も立てており[4]、これはローマに行き来する貿易商の安全と
9 利便を図るためであった。それ以外にも、ポンプティヌムとセティアの近くの沼沢地[5]を干拓して、数万人が
10 耕作できる農地を造成する計画や、ローマからもっとも近い海岸の沖に盛り土の堤防を築き、オスティア海[6]

岸の水面下で停泊の妨げになっているものを取り除いて、そこに大がかりな荷役にも対応できる港と船着場を建設するという計画があった。これらはいずれも準備中の案件だった。

五九　しかし暦の改革と月日のずれの修正は、カエサルが細緻な研究の末に完成させたものであり、実際
2 に使ってみてきわめて精巧かつ有益であることが分かった。というのも遠い昔にローマ人の使っていた暦は、月の周期で一年を定めながらうまく調整ができていなかったために、供犠式や祭礼が少しずつずれていって、
3 ついには本来と逆の季節に移動してしまうまでになっていた。それればかりかカエサルの時代においても、ほ

---

(1)前四五年の執政官は、十月までカエサルが単独で務め、その後、クィントゥス・ファビウス・マクシムスほか一名が任期途中から就任した。そのマクシムスが大晦日に死んだ。

(2)パルティア遠征は、クラッススが前五三年に行なって惨劇に終わったことから、その報復の意味を持つ。カエサルはそこからカスピ海と黒海の間を北上し、黒海の北を回ったあと、ドナウ川を遡るようにしてゲルマニアに入り、イタリアに戻るという大遠征を計画していた、という。ただしスエトニウス『ローマ皇帝伝』第一巻四四、アッピアノス『内乱史』第二巻一一〇、ディオン・カッシオス『ローマ史』第四十三巻五一など他の史書には、パルティアとダキア（ドナウ川下流域）への遠征計画のみが記されている。アレクサンドロスのやはり実現せずに終わった大遠征計画との類比を、プルタルコスは考えていたのであろう（『アレクサンドロス』六八-1）。

(3)ギリシアのコリントス地峡の運河掘削は、後一世紀にガイウス帝とネロ帝も計画したが、実現したのは十九世紀末のことである。

(4)ローマから南東方向へ伸びて、現テラチーナ付近で海に出る、およそ九〇キロメートルに及ぶ運河の計画。

(5)ローマの南東にあるキルケウム（現チルチェオ）岬の北方、セティア（現セッツェ）の南方の地域。

(6)ティベル河口にあるローマの外港。

とんどの人はこの種の計算にまるで疎く、神官だけが暦の知識を独占していたから、彼らは何の予告もない
4 まま突然に、メルケドニウスという名の閏月を差し挟むのが習いだった。この閏月を最初に導入したのはヌマ王だと伝えられ、そのことはこの王の伝記にも書いておいたとおりだが、これも天体の運行の不整合に対して、持続に限りのある小さな救済策を見つけたにとどまる。(1)

5 しかしカエサルはこの問題を当代一流の自然学者と数学者にゆだね、従来存在する解決法をもとにしながら、そこにいくつかの修正を加えて、いっそう精度を高めた独自の暦法を作り出した。(2) この暦をローマ人は今なお使い続け、そうして月日のずれの問題を、他のいかなる民族よりもうまく処理しているようである。
6 ところがそんな暦の改正もまた、カエサルの権力に妬みと恨みを抱く人たちに、中傷の材料を与えることになってしまった。実際にあの弁論家キケロは、ある人から明日は琴座が登る日だと言われたとき、「そうだ、お上の命令によって」と返して、まるでそんなことまで強権に屈した結果だと言わんばかりだったのである。

六〇　とはいえ、ついには死を招くほどの、あからさまな憎悪を生み出したのは、何と言っても王位への願望であり、これこそが多くの者にとっては、カエサル指弾の初めての理由となり、積年の恨みを抱いてい
2 る者にとっては、またとない口実となった。それでもカエサルをこの地位に推そうとする人たちは、民衆の間にある風説をばらまき、シビュラの書(3)の託宣を持ち出して、パルティア人の国を奪えるのは、ローマ軍が
3 王とともに攻め込むときであり、それ以外に攻略の方法はない、と信じさせようとした。この人たちはまた、カエサルがアルバ山から都へ降りてくるところを出迎え、はばかりもなくレクス［王］と呼びかけた。それを聞いた民衆に動揺が広がり、カエサル自身も面食らって、私の名はレクスではない、カエサルだと答えた

4 ところ、[4]誰もが黙り込んでしまい、カエサルは苦々しげな渋い表情を浮かべてその場を去った。
また元老院でカエサルのために何やら大仰な名誉授与が決議されたときには、演壇の上に座っていたカエ
サルのもとに、両執政官と法務官の面々が歩み寄り、元老院議員もこぞってその後に付いてきたというのに、
カエサルは立ち上がりもせず、まるで一介の市民を引見するかのような態度で、名誉をこれ以上に付け足す
5 よりもむしろ削り取らねばなるまい、と口にした。この言動は元老院議員の癪に障ったばかりか、元老院に
体現される国家そのものが辱しめられたと感じた民衆にとっても、腹にすえかねるものであったから、その
6 場に留まっている必要のない者たちは、こわばった顔を伏せたまま、そそくさと立ち去った。カエサルも事
態に気づき、すぐに自宅に向かうと、友人たちの前で喉元の上着を引き剝がし、ここを刃で突きたい者がい

（1）『ヌマ』一八‐一‐三によれば、ヌマ王は、太陰年約三五四日と太陽年約三六五日の差を調整するために、二年に一度、二二日の閏月（『ヌマ』ではメルケディヌスと記されている）を導入した。それでも生じるずれを調整しようとするうちに、政治的思惑も重なって、「神官たちが突然に閏月を差し挟む」ような事態になったらしい。

（2）一年を三六五日とし、四年に一度、閏日を加えるというユリウス暦。

（3）シビュラと呼ばれる巫女が神がかりの状態で語った予言を書きとめたもの。カピトリウムのユッピテル神殿に保管されていた。

（4）前四四年一月二十六日、ローマ近郊のアルバ山でラティウム祭を執り行なったあと、行列を作ってローマに帰る途中のできごと。カエサルは叔母を通じてレクス・マルキウスという家につながるので、それに絡めて、自分はレクス（普通名詞としては「王」の意）家ではなくカエサル家だ、と返した。スエトニウス『ローマ皇帝伝』第一巻六、七九、アッピアノス『内乱史』第二巻一〇八参照。

るならいつでも突かせてやる、と叫んだ。[1]ただし後になって、病気を理由に挙げ、こんなことを言っている。
7 この病気を持つ者は、立ち上がって大勢の人に話しかけようとすると、とかく意識が落ち着かなくなり、た
8 ちまち揺れ動いてぐるぐる回り始め、眩暈に襲われて気絶してしまうものだ、と。[2]しかし、一伝によれば、
実のところそのときはそんな状態ではなく、カエサル自身は立ち上がって元老院議員を迎えようとしたのに、
コルネリウス・バルブスという友人、というより太鼓持ちの男から、こんな言葉で制止されたのだという
「ご自分がカエサルであることをお忘れでございますか。あの者たちには、主人への仕え方を教えてやれば
よいのです」。

六一　ローマ人を挑発するようなこれらのできごとに続いて起こったのが、護民官への侮辱事件であった。
ルペルカリアの祭礼[3]が催されていたときのことだが、この祭礼については数多くの人が書物を著しており、
それによるとこれは古くは羊飼いの祭りであり、アルカディアの祭礼リュカイアに似たところがあるという。
2 名家出身や在官の青年が大勢で都の中を裸のまま駆け回り、途中で出会った人を、笑いながら戯れに山羊皮
3 の紐でたたく。上流の婦人たちも、走ってくる男たちの前にわざわざ出ていって、ちょうど学校で生徒がす
るように、両手を差し出してたたいてもらう。そうすれば懐妊中の女には安産が、不妊の女には子種が授け
4 られると信じているのである。このときカエサルは凱旋式の衣装に身を包み、演壇上の黄金の椅子[4]に腰を降
5 ろして、この光景を眺めていた。一方、奉納の駆け抜けをする男たちなかにはアントニウスも、その年の執
政官であったから、加わっていた。ところがアントニウスは、中央広場に駆け込んできて、群衆が左右に退
いたその間を進み出たとき、月桂樹の葉をめぐらせた王の頭飾り（ディアデマ）を手に持っていて、それを

カエサルに差し向けた。喝采が起こったものの広がらず、あらかじめ用意しておいた少人数にとどまった。

6 ところがカエサルが頭飾りを押し戻すと、民衆がこぞって大きな喝采を送った。そこでアントニウスがもう
7 一度差し出すと、わずかな歓声、そしてカエサルが受け取りを拒むと、また満場の大歓声。こうしてこの試みのうまくいかないことを悟ったカエサルは、冠をカピトリウムに納めるよう命じたあと、椅子から立ち上がった。(5)

8 一方、カエサルの彫像数体に王の頭飾りが巻き付けられているのが見つかり、フラウィウスとマルルスの護民官二名がそちらに出向いてそれを引き剝がしたうえ、最初にカエサルを王の称号で呼んだ者たちを見つ
9 け出し、牢獄に引き立てた。民衆は喝采しながらその後を付いていき、護民官両名にブルトゥスと呼びかけ

---

(1) 実際の暗殺の場面を予示することになった(六六-6)。

(2) 持病のてんかんの発作のこと(一七-2、五三-5)。

(3) 前四四年二月十五日に行なわれた。浄めの儀式とも、ロムルスとレムスと牝狼の伝説にさかのぼるとも説明されるこの祭礼の由来については、裸で走り回るという習わしの起源とあわせて、『ロムルス』二一-4―10に考察がある。事件についても『アントニウス』一二参照。プルタルコスはここでおもにキケロ『ピリッピカ』二-八四―八七に拠っている。

(4) 元老院決議により、カエサルに捧げられた名誉のひとつ(五七-2)。

(5) 以上のルペルカリア祭の一件は、護民官侮辱事件の後に起こった別のできごとだが、プルタルコスは類似の事件として、ここに挟み込んだらしい(スエトニウス『ローマ皇帝伝』第一巻七九-一―二、アッピアノス『内乱史』第二巻一〇八―一〇九、ディオン・カッシオス『ローマ史』第四十四巻一〇―一一)。護民官侮辱事件から次章のブルトゥスの登場を引き出すという話の流れもあるであろう。

10 たが、それはかつて王位の継承に終止符を打ち、権力を専制君主から元老院と民会に移し替えた人物の名がブルトゥスだったからである。[1] カエサルはこの一件に腹を立て、マルルスたちから官位を取り上げたばかりか、この両名に雑言を浴びせ、そのなかで幾度となく「ブルトゥスたち」「キュメ人たち」という罵りを口にして、[2] それによって民衆にも侮辱を加えることになった。

暗殺

六二　こうして人々の眼はマルクス・ブルトゥス、つまり父方はかの人物にさかのぼるとされ、母方はこれまた名門のセルウィリウス家につらなり、しかもカトーの甥であり婿でもあるブルトゥスに注がれるよう
2 になった。[3] しかしブルトゥスの心中では、専制独裁の打倒という目標に向かって突き進もうとする勢いも、
3 カエサルから受けた栄誉と恩義のために鈍りがちだった。というのもブルトゥスは、パルサロスでポンペイユス敗走のあと、命を赦してもらい、さらに多くの友人たちの助命の願いまで聞き入れてもらったばかりか、[4]
4 その後もカエサルのそばにあって、厚い信頼を寄せられていたのである。その年には法務官の中でももっとも位の高いのを手に入れたほか、三年後には執政官就任の栄を賜るはずであり、それも競争相手のカッシウ
5 スを差し置いてのことであった。[5] その理由についてカエサルはこう言ったそうだ。カッシウスの言い分の方
6 が正しいのだが、それでもおれはブルトゥスを放ってはおけない、と。またすでに暗殺の陰謀が進行していたときのこと、ある人たちがブルトゥスの邪心を訴えても、カエサルはそれに耳を貸さず、自分の体に手を当てて、その人たちに「ブルトゥスはこの身が果てるのを待つはずだ」と答えた。つまり、ブルトゥスはそ

の徳ゆえに支配者たるにふさわしいが、またその徳ゆえに恩知らずの悪人にはならないだろう、と言いたかったのである。

7　しかし変革を求め、その実行者としてブルトゥスに唯一あるいは最大の望みをかけていた者たちは、ブルトゥスに直接に訴えかけるほどの大胆さはなくても、夜のうちに、彼が法務官として執務する椅子や演壇

---

(1) 伝説によれば、前五〇九年、ルキウス・ユニウス・ブルトゥスは、ローマの第七代の王で「傲慢王（スペルブス）」と綽名されたタルクィニウスを追放し、王制を廃して共和制への変革を成し遂げ、初代の執政官に就任した。

(2)「ブルトゥス」はラテン語の形容詞として「愚鈍」の意味を持つので、カエサルは王制打倒の英雄ブルトゥスの名を、逆に罵倒の言葉として用いた。小アジア西岸アイオリス地方のキュメの住民は「うつけ者」の俗評で知られ、その代用語として使われた。

(3) マルクス・ユニウス・ブルトゥスが実際に王制打倒の英雄の末裔かどうかについては、カエサル支持派から疑義も出されていた。ブルトゥスの母セルウィリアは、カトーの異父姉。またカトーの娘ポルキアは、前夫の死後、ブルトゥスと再婚した。ブルトゥスは父をポンペイユスに殺されたが、共和制擁護のためにポンペイユスを支持し、カトーを深く敬愛していた（『小カトー』三六-2、七三-6、『ポンペイユス』一六-3—8、『ブルトゥス』一-5—二-1、四-1—2）。

(4) 四六-4参照。

(5) ブルトゥスは、前四四年に一六人に増員された法務官のうちの最高位とされる首都法務官（praetor urbanus）に就任中で、さらに前四一年の執政官の地位を約束されていた。ガイウス・カッシウス・ロンギヌスはクラッススのパルティア遠征に参加し、カライから生還した（『クラッスス』二九-4）。内戦ではポンペイユス陣営にあり、パルサロスの戦いのときは艦隊の指揮を執っていたが、その後カエサルの赦免を得て、前四四年には外国人担当法務官（praetor peregrinus）に就いていた。法務官の地位をめぐってはブルトゥスとカッシウスの間に確執があったが、カエサルの決定によりブルトゥスが筆頭の地位を得た（『ブルトゥス』七-1—5）。

いっぱいに文字を書き付けた。そこには「ブルトゥス、あなたは眠っている」「あなたはブルトゥスではな
8 い」といった文句が多く読み取れた。こんなことを言われてブルトゥスの功名心がそっと動き始めたのを見
て取ったカッシウスは、ますますブルトゥスを焚きつけ煽りたてるようになった。カッシウスには、カエサ
ルへの個人的な恨みも少しばかりあったからだが、その所以についてはブルトゥスの伝記の中に書いてお
9 いた[1]。ただしカエサルの方もカッシウスを疑いの眼で見ていて、友人たちの前でこんなことを口にしたこと
がある「カッシウスが何をたくらんでいるか、おまえたちにはどう見える。あのあまりに青白い顔、おれに
10 はどうも気に食わない」。またアントニウスとドラベラについて、謀反の動きありと告げ口する者を前にし
たときには、こう言ったと伝えられる「おれが恐れるのはそんな髪の長い肥った奴らではない、むしろあの
青白い痩せた男たちだ」。つまりあのカッシウスとブルトゥス、という意味である[2]。

六三　しかし定めというのは、防ぎようがないものではあっても、まったく予見できないものではないら
2 しい。というのもこの頃、伝えによれば、いくつもの奇怪な現象や前兆が現われたというのである。天空の
閃光、夜中にあちこち鳴り渡る打撃音、中央広場に舞い降りる猛禽たち、これらは後に起こる事件の大きさ
3 を考えれば、特筆するほどのことではなかろう。しかし哲学者ストラボン[3]が語るところによると、火に包ま
れた男たちが突進してくるのを大勢の人が目撃したほか、ある兵士の家僕が手から大きな炎を投げ、自身も
燃え出すように見えたが、その後に火が消えると、その家僕は傷ひとつ負っていなかった、ということも
4 あった。それ以外にも、カエサルが自分で供犠式を執り行なったとき、犠牲獣の心臓が見当たらなかった、
心臓の欠けた動物は自然にはありえないのだから、これは恐るべき凶兆である、とストラボンは書いている。

5 さらに次のような話も、多くの人の口にするところである。ある予言者(4)がカエサルに、三月のローマ人が
6 イドゥスと呼ぶ日に(5)、重大な危難が待っているから用心するようにと警告した。その日が来ると、カエサル
は元老院に向かう道すがら、その予言者に出会って声をかけ、からかうように「三月のイドゥスの日が来た
が」と言った。すると予言者は平然と「たしかに来ました。しかしまだ過ぎ去っていません」と答えたとい
7 う。また事件の前日には、マルクス・レピドゥス(6)の饗応を受けながら、いつものように横臥して書簡に署名
していたが、そのうちに話題が転じて、どんな死に方が最善かという話になったとき、カエサルは同席の誰
8 よりも先に声を上げ、「予期しない死」と叫んだ。その日の夜には、いつもどおり妻のそばで眠っていたと
き、寝室のすべての扉と窓がいっせいに開き、その大きな音と差し込んできた月の光に驚いて跳び起きたカ

---

(1)『ブルトゥス』八-6でプルタルコスは、パルサロスの戦いの前、カッシウスがメガラに留め置いていた獅子を、カエサルが奪ったという一件を書きとめている。これを指すのか。

(2)この台詞は、『ブルトゥス』八-2、『アントニウス』一一-6にも似たのが記されている。ドラベラについては、五一-3、『キケロ』四三-3参照。

(3)『地誌』の著者として知られるストラボン(前六四年生まれ)。現存しないが全四七巻からなる歴史の著作もあるので、それが参照されているらしい。

(4)カエサルに重用されたスプリンナという名の卜腸師(スエトニウス『ローマ皇帝伝』第一巻八一-四)。

(5)イドゥスとは「月の中日」。三月なら十五日がそれに当たる。

(6)マルクス・アエミリウス・レピドゥスは後の第二次三頭体制のひとり。前四六年にカエサルの同僚執政官、前四六年以降、カエサルが独裁官であったとき、その部下の騎兵長官。同名の父は、スラ亡きあとの独裁権力の座をめざしながら、それをポンペイユスに阻まれた人物(『ポンペイユス』一六)。

9 エサルだが、カルプルニアに眼をやると、妻が深い眠りに落ちたまま、寝言で言葉にならない言葉と不可解
な呻き声を発しているのに気づいた。そのときカルプルニアは、惨殺された夫の遺体を両腕に抱いて泣いて
いる夢を見ていたのである。ただし異伝によれば、カルプルニアに現われた夢はそうではなく、カエサルの
屋敷の破風装飾が剝がれ落ち――この装飾は、リウィウスの説明によると、屋敷に格式と威風を添えるため、
元老院の決議により取り付けられたものだという――、それを見たカルプルニアが涙を流し泣き叫んでいる
夢だったという。[2]
10 いずれにせよ、夜が明けるとカルプルニアは夫に懇願して、できれば外に出ないでほしい、そして元老院
の開会を延期してほしい、もし妻の夢のことなどいっこうに気にかけないというなら、それ以外の卜占や供
11 犠によって、この先のことをよく調べてみてはどうか、としきりに勧めた。このためカエサルの心にも、一
抹の疑念と不安がよぎったらしい。それまで女らしい迷信のたぐいを一度も口にしたことのないカルプルニ
12 アが、このときばかりはひどく取り乱していたからである。そこで占い師たちが何度も供犠を行なった結果、
不吉のしるしが現われていると告げたため、カエサルはアントニウスを遣わして、元老院を散会させること
を決めた。

六四　ところがここにデキムス・ブルトゥス[3]というのがいて、添え名をアルビヌスといい、カエサルから
信頼され、それゆえカエサルの遺言書の中で次位の相続人[4]のひとりに指名されていたのだが、これがブル
2 トゥスとカッシウスの企みの共謀者だった。だから、もしカエサルがこの日を切り抜ければ、計画が露見し
てしまうのではないかと危惧した〔デキムス・〕ブルトゥスは、占い師たちの報告を笑い飛ばすと同時に、

3 カエサルを咎めて、もし散会を命じれば、元老院は愚弄されたと感じるだろうから、あなたは元老院に自分への問責と非難の種をまくようなものだ、と言い立てた。なぜなら、とブルトゥスが続けて言うには、元老院はあなたの命令を受けて召集され、そして全会一致の決議によって、あなたをイタリア外の諸属州の王と宣言し、外地の陸と海に出かけるさいには王の頭飾りの着用を認める手筈である。[5] それなのに、すでに席に
4 着いている議員たちに向かって誰かが、今日のところは散会し、後日、カルプルニアがもっと良い夢にめぐり会ったときに集まるようにと言い渡したなら、あなたに敵意をもつ議員たちからどんな言葉が飛び出すだろうか。あなたの友人たちが、これは奴隷支配でも専制独裁でもないと説いたところで、誰が耳を貸すだろ
5 うか。それでも、もしあくまで日の吉凶にこだわるなら、あなた自身が元老院に出向いて、自分の口から開会延期を宣した方が良かろう。

---

(1) 一四-8参照。
(2) カルプルニアの夢について、スエトニウス『ローマ皇帝伝』第一巻八一-三、アッピアノス『内乱史』第二巻一一五、ディオン・カッシオス『ローマ史』第四十四巻一七-一参照。
(3) デキムス・ユニウス・ブルトゥス・アルビヌスは、カエサルのガリア遠征で功を立て、内戦でもマッシリア攻囲で艦隊指揮をまかされた。カエサルの指名により、前四三年の内ガリア属州統治、前四二年の執政官就任が予定されていた。マルクス・ユニウス・ブルトゥスと近い縁戚関係はない。
(4) 正式の相続人たちのうちで死亡または相続拒否した者がいた場合に、代わって相続を受ける者。
(5) パルティアは王位にある者によってのみ征服される、というシビュラの託宣（六〇-2）に応えるための方策らしい（スエトニウス『ローマ皇帝伝』第一巻七九-三）。カエサルは三月十八日にパルティア遠征に出発する予定だった。

6 そんなことを話しながら、ブルトゥスはカエサルの手を引いて、屋敷から連れ出した[1]。カエサルが門口か
ら少しばかり出たところで、ある他家の従僕がカエサルに面会しようと走り寄ってきたが、カエサルを取り
巻く人々の群れに押しのけられて近付けず、やむなく屋敷に駆け込んで、カルプルニアに身を預けた。カエ
サルが帰宅するまでここに留め置いてほしい、どうしても伝えねばならない重大なことがあるから、という
のである。
六五　またアルテミドロス[2]という人は、クニドス出身でギリシアの学問の教師をしていたのだが、その縁
でブルトゥスの仲間たちのうちに幾人か知り合いがおり、それゆえ進行中の謀議についてもおおよそを耳に
2 挟んでいた。それでそのことをカエサルにひそかに伝えようと書状に記し、近寄ってきたもののカエサル
が受け取る書状をいずれも右から左へ侍従に渡していたので、間近に顔を寄せて「カエサル様、これを早く
3 ひとりでお読みください。ご自分の身にかかわる重大なことが書いてありますから」と言い添えた。そこで
カエサルは、それを受け取ってから幾度となく読もうとしたのだが、面会を求める人が次々に現われてその
4 暇を見つけられず、結局その書状一通をしっかりと手に握りしめたまま元老院の場に入ることになった。た
だし異伝によれば、その書状を手渡したのは別の人物であり、アルテミドロスはカエサルに近付くことすら
かなわず、途上で何度試みても押し返されるばかりだったという。
六六　とはいえここまでのことはおそらく、偶然も重なっていたであろう。しかしあのとき元老院が召集
され、格闘と殺害の舞台となったあの場所は、ポンペイユスが劇場の付属棟として建立して神に奉納し、そ
れゆえポンペイユス像の立っている場所である以上[3]、何か神のようなものが先導して事件をあそこに呼び寄

2 せたのだと考えざるをえない。実際、カッシウスは犯行の前にポンペイユス像を見つめ、無言のままその加
3 護を祈ったとも伝えられる。カッシウスはエピクロスの教説の信奉者であった[4]が、凶行が間近に迫っていた
あの瞬間が、おそらくそれまでの理知に代えて、信仰と感傷をこの人の中に作り出したのであろう。
4 さて、カエサルの腹心で腕っ節の強いアントニウスには、ブルトゥス・アルビヌスがわざと長話をしかけ
5 て、外に引き止めておいた[5]。カエサルが中に入ってきて、元老院議員の面々が表敬のために立ち上がったと
き、ブルトゥスの仲間たちのうち、まず数人がカエサルの椅子を後ろから取り囲むようにして立った。そし
てそれ以外の者は、ティリウス・キンベル[6]が兄弟の国外追放の解除を願い出るのに力を貸そうとするかのよ
6 うに、進み出てカエサルを迎え、さらに椅子のそばまで付いていきながら、皆で懇請を繰り返した。カエサ

(1)『ブルトゥス』一六-1では、カエサルは病気のふりをして元老院開会を延期させるため、輿に乗って議場まで運ばれていったことになっている。

(2)カエサルに仕えたテオポンポス(四八-1)の子。

(3)この日、元老院議会の場として指定されたのは、ローマの北西のマルスの野にあって、ポンペイユス劇場と付属回廊に接するポンペイユス議事堂。劇場は前五五年にポンペイユスが完成させ、派手な披露式典を行なった所である。『ポンペイユス』五二-5、『ブルトゥス』一四-2参照。

(4)エピクロスは神の存在を否定しないながらも、神は人間界の事象にいっさい関わりを持たないと考えた。『ブルトゥス』三七-2―6参照。

(5)『ブルトゥス』一七-2では、アントニウスを引き離しておく役はガイウス・トレボニウス(前四五年、カエサル退任後の補欠執政官)がになったことになっている。トレボニウスの方が正しい。キケロ『ピリッピカ』二-三四、アッピアノス『内乱史』第二巻一一七、ディオン・カッシオス『ローマ史』第四十四巻一九-一参照。

(6)ルキウス・ティリウス・キンベルは前四五年の法務官。

ルは腰を降ろしたあと、嘆願者たちを追い払おうとしたが、なおもしつこく迫られて、相手に怒声を浴びせ
始めた。するとそのときティリウスが両手でカエサルの上着をつかみ、喉元から引き降ろした。これが襲撃
7 開始の合図であった。最初に手を出したのはカスカ[1]で、短剣で首を狙ったものの、大事に踏み込むときにあ
りがちな震えに襲われ、死にいたらしめるほどの深い傷を負わせられなかったため、カエサルは振り向いて
8 その剣をつかみ、握って離さなかった。両者が同時に声を上げ、襲われた方がラテン語で「狼藉者、カスカ、
何をする」と叫べば、襲った方は兄弟に向かってギリシア語で「兄弟、手を貸せ」と呼ばわった。
9 　こうして事が始まったあと、謀議にあずかっていなかった者たちは震え上がり、眼前の光景に立ちすくむ
ばかりで、逃げ出すことも助けに駆け寄ることもできず、それどころか声を発することさえできないでいた。
10 一方、計画に加わっていた者たちは、カエサルを隙間なく取り囲み、いっせいに抜き身の短剣を振りかざし
たので、カエサルはどこに顔を向けても、眼の前から真っ直ぐに襲いかかってくる刃の一撃を次々に受ける
かっこうになり、まるで狩りの獲物のように追い立てられながら、暗殺者全員の手から手へ転がされていっ
11 た。すべての者が暗殺の実行者となり、犠牲の屠殺に手を下すことが必要だったからであり、それゆえブル
12 トゥスもカエサルの腿の付け根にひと突きを浴びせた。一伝によれば、カエサルは他の者たちに対したとき
には、叫びながら身をあちらへこちらへとかわしていたが、ブルトゥスが剣を抜いたのを見ると、上着の衣
を頭の上まで持ち上げ、そして偶然であったかそれとも暗殺者たちに押し出されたか、ポンペイユス像が立
13 つ台座の前に身を投げ出したという。おびただしい血で台座を真っ赤に染め、像の足元に横たわったまま、
無数の傷にのたうち回るカエサルの姿は、ポンペイユス自身が仇敵への復讐に立ち会っているかのように思

14 わせた。傷は二三箇所に及んだと伝えられ、そのうえ大勢の人物がただひとりの身に剣をふるったために、
暗殺者どうしが傷つけ合うことも少なくなかった。

死　後

六七　カエサルが息絶えたあと、ブルトゥスが元老院議員たちの中に進み出て、このたびの行動について何かを言おうとしたが、議員たちはそれに耳を傾ける余裕などなく、玄関からあふれ出すと、逃げながら民衆の間に底知れぬ不安と動揺をまき散らした。このため、あちらでは扉に鍵を締める者があり、こちらでは勘定台や商店を放り出して、凶行の現場を見ようと駆け出す者、また見終えて急ぎ戻ってくる者もあるとい
2 う騒ぎになった。カエサルにもっとも近い友人であったアントニウスとレピドゥス(2)は、ひそかにその場を離
3 れて他所の家に逃げ込んだ。ブルトゥスたちは、今なお凶行の熱に浮かされているかのように、抜き身の剣をかざしながら、全員が連れ立って元老院の場を出ると、カピトリウムへ向けて行進を始めた。逃亡を図るようすも見えず、むしろ晴れやかで誇らしげな表情を満面に浮かべた一行は、民衆に自由への呼びかけを続けながら、出会った名門市民を列に加えていった。
4 なかにはまるで自分も決起に加わったかのように、一行の中に紛れ込み、いっしょに［カピトリウムへの］

（1）プブリウス・セルウィリウス・カスカ・ロングス。ガイウス・セルウィリウス・カスカ・ロングスとともに兄弟で殺害に加わった。

（2）六二-7参照。

坂を上って、栄誉の分け前を掠め取ろうとする者もいた。そのうちのひとりがガイウス・オクタウィウス[1]で
5 あり、レントゥルス・スピンテル[2]であったが、この者たちは後日、この偽の手柄の罰を受けるはめになった。
アントニウスと若きカエサル[3]によって処刑され、しかも自身の死を招いた当の栄誉についても、誰からも信
6 用してもらえず、手に入れられなかったのである。処刑を命じた者たちにしても、罰したのはこの両者の現
実の行動ではなく、その意思であった。
7 翌日、ブルトゥスたちが［カピトリウムから］降りてきて、ブルトゥスが演説を行なったとき、民衆はそれ
に耳を傾けていたが、その間、今回の決起について憤るのでもなく称えるのでもなく、ただ深い沈黙の中に
8 カエサルへの憐憫とブルトゥスへの畏敬をうかがわせるのみであった。元老院[4]は全員の大赦と和解を成し遂
げるべく、カエサルを神のように敬うこと、またカエサルが官位にあったときに提議した事柄に、ほんのわ
9 ずかの変更も加えないことを決議する一方、ブルトゥスたちにも、属州の割り当てと相応の名誉の授与を
もって応じた。この結果、最善の縫合策を見つけて情勢は落ち着いた、と誰もが思った。
六八　ところがカエサルの遺言書が開封され、ローマ全市民のひとりひとりにかなりの額の遺産が分与さ
れることが判明し、加えて、葬列が中央広場を通るさい、多くの傷を受けてむごたらしい姿に変わり果てた
故人の遺体が衆人の眼にさらされたとき[5]、人々は感情を抑えることも律することもできなくなり、中央広場
2 一帯から腰掛けと柵と机を集めてきて、遺体の周囲に積み上げると、その場で火をつけて荼毘に付した[6]。そ
してその火を移した松明を掲げ、それで暗殺者たちの屋敷を焼き尽くしてやろうと駆け出す者がいるかと思
えば、他の人々は、下手人たちを捕まえて八つ裂きにするつもりで、市中をくまなく探し回った。しかし誰

ひとり目ざす相手に出くわさなかったのは、みな用心深く引きこもっていたからである。
3 ところがカエサルの仲間のひとりにキンナ(7)という人がいて、伝えられるところによれば、この人がその前
夜に奇妙な夢を見た。カエサルから宴席への招待を受け、断ろうとしたのだが、カエサルに手を引かれて抗
4 しきれず、気の進まないまま付いていった、という夢だった。このキンナが、中央広場でカエサルの遺体が
火葬に付されていると聞き付けると、夢のことが気がかりでもあり、また熱もあったにもかかわらず、故人
5 を追悼しようと、起き上がってそちらへ出かけた。その姿が市中に現われたとき、群衆のひとりが、あれは

(1)ガイウス・オクタウィウス・バルブス。後のアウグストゥスと親戚関係はない。

(2)スピンテル(四二-2)の子。

(3)カエサルの姪の子で、暗殺当時一八歳のガイウス・オクタウィウス。遺言によりカエサルの養子となってガイウス・ユリウス・カエサル・オクタウィアヌスと名乗る。後のアウグストゥス。

(4)三月十七日、場所を変えてテルス(大地)の女神の社で開かれた(『キケロ』四二-3、『ブルトゥス』一九-1、『アントニウス』一四-3)。

(5)遺言書には、市民ひとりにつき七五ドラクマと、民衆全体にティベル川対岸の庭園を遺贈することが記されていた。アントニウスは、葬送のときカエサルの遺体を衆目にさらすことを要求し、追悼演説のさいには血染めの衣と遺体の傷を示した(『キケロ』四二-4、『ブルトゥス』二〇-1―4、『アントニウス』一四-7)。

(6)三月二十日、火葬はマルスの野で行なわれる予定で、そのための準備もされていたが、遺体が中央広場に置かれてアントニウスの追悼演説が始まると、民衆は興奮を抑えられなくなった(アッピアノス『内乱史』第二巻一四四―一四六、スエトニウス『ローマ皇帝伝』第一巻八四-一―四)。

(7)詩人ガイウス・ヘルウィウス・キンナ(『ブルトゥス』二〇-8―11)。

誰かとある男に尋ねられて、キンナの名を教えてやると、その男はそれをまた別の男に伝え、そうしている
6 うちに、あれはカエサル暗殺者のひとりだということになって、騒ぎが大きくなった。暗殺を実行した仲間
のうちに、同名のキンナ[1]という人物がいたのである。人々はこれと勘違いして眼の前のキンナに殺到すると、
7 この人を取り囲んで切り裂いてしまった。この事件は何にもましてブルトゥスとカッシウスの胸中に不安を
かきたて、幾日も経たないうちに、彼らは都を離れた。その後、彼らがどんな行動をとり、どんな窮地に
陥って最期を迎えたか、それについてはブルトゥスの伝記に書いておいた。

六九　カエサルが死んだのは、生まれてから五六年が経ったときで、ポンペイユスの死に遅れること四年余り[2]であった。全生涯を通じて、数多くの危機をくぐり抜けながら支配と権力を追い求め、それをほぼ掌中に収めたけれども、そこから得た果実はといえば、市民の妬みの的になった栄光と名声のほかには何もなかった。

2 それでもカエサルに憑く強力な霊は、生涯にわたってこの人を守り続けたばかりか、死後もそばを離れず、
殺害への復讐を求める鬼となって、海と陸をくまなく嗅ぎまわり足跡をたどり、とうとう暗殺者をひとり残
3 らず探し出して、直接に手を下した者と志をともにしただけの者の区別なく襲いかかった。だが何よりも驚
嘆すべきは、まず人間界のことで言えば、カッシウスの身に起こった一事であろう。この人はピリッポイ[3]の
戦いに敗れたあとみずから命を絶ったのだが、そのときにわが身を突いた短剣は、まさしくカエサル殺害に
4 使ったものだったのである。また神界の事象としては、カエサル惨死のあと巨大な彗星が現われ、七夜にわ
5 たってまばゆい光を放ったのち消え去ったこと、そして太陽の輝きが翳ったことがあげられる。このとき太

陽は、まる一年の間、光輝を失った青白い姿で昇ってきて、力のない弱々しい熱を地上に降らせるだけであったから、大気は通過する熱の不足のために重くまた薄暗く覆いかぶさり、作物は寒冷な空気に災いされて十分に熟することなく、小さな実をつけたまま早々に枯れてしまった。

6 しかしカエサル殺害が神々の意に沿わぬ行動であったことを、何よりもはっきりと証明したのは、ブル
7 トゥスに現われたあの幻影であろう。それはこんなできごとである。ブルトゥスが軍勢をアビュドスから向こう側の大陸へ渡そうとしていたときのこと[4]、夜になって、いつものように天幕の中で休んでいた。といっ
8 ても眠っていたのではなく、これから先のことを思いめぐらしていたところ——ブルトゥスという人は、数ある将軍の中でもとびぬけて睡眠が短く、夜の大半を目覚めたままひとりで過ごすのが生来の習慣だったと
9 伝えられる——、扉の辺りで何か物音が聞こえたような気がして、消えかかる灯の明かりの方へ目を遣ると、
10 並外れた巨躯に不気味な形相をたたえた恐ろしげな男の姿が見えた。ブルトゥスは胆をつぶしたが、しばら

(1)前四四年の法務官ルキウス・コルネリウス・キンナ。前八六年のマリウスの同僚執政官の同名の息子。カエサルの最初の妻コルネリアの兄弟（一-1）。

(2)ポンペイユスの死が前四八年九月だから、実際は三年半。

(3)マケドニア東辺の都市。この付近で前四二年十月に二度、ブルトゥスとカッシウスの軍とアントニウスとオクタウィアヌスの軍の間で戦いが行なわれた。カッシウスは一度目の戦いのあとに自害した（『ブルトゥス』四三-8）。

(4)イタリアを離れたブルトゥスは、ギリシアで兵力を確保し、さらにアジアに渡って資金と軍勢の拡充を図った。そしてシリアから来たカッシウスと合流し、前四二年の夏、アビュドスからヘレスポントス海峡を渡ってヨーロッパ側へ戻った。以下の死霊との出会いについては、『ブルトゥス』三六-5—7、四八-1参照。

く見ていても、それは動きを起こすことも言葉を発することもなく、黙って寝台のかたわらに立っているだ
11 けなので、おまえは誰かと問いかけた。すると幻影は「ブルトゥス、おまえの死霊だ。ピリッポイでまた会うことになろう」と答えた。そこでこのときはブルトゥスが気丈に「では会おう」と返し、霊はすぐに消え
12 去った。しかしそれからしばらくたって、ピリッポイでアントニウスとカエサル〔オクタウィアヌス〕を相手に陣を対したとき、ブルトゥスは一度目の戦いでは眼の前の敵部隊を崩して押し返し、追走しながらカエサ
13 ルの陣地を劫掠したものの、二度目の戦いでいざ出陣という夜になって、同じ幻影が再び姿を現わした。幻
14 影はひとことも発しなかったが、ブルトゥスは運命を悟り、みずから危地の中に身を投じた。それでも戦いの最中に命を落とすことはなく、味方の軍勢の敗退するなかで、ある岩山に逃げ込んだあと、抜き身の剣を胸に突き立て、伝えによれば側近に手を貸してもらいながら、最期を遂げたという[1]。

（1）本書中で「アレクサンドロスとカエサル」のほか、「テミストクレスとカミルス」「ピュロスとマリウス」「ポキオンと小カトー」には人物伝に後記される比較の章がない。作品伝承の過程で逸失したのか、それとも始めから書かれなかったのかは、不明である。

ポキオンと小カトー

ポキオン

序

一　弁論家デマデス(1)は、マケドニア人とアンティパトロス(2)の意を迎える行動によりアテナイで権勢を保っ
た政治家だが、その反面で、しばしば祖国の尊厳と伝統に反することを書いたり語ったりせざるをえず、そ
んな自分について、難破した国家の残骸を操縦しているのだから情状酌量があって当然だ(3)、と話していた。
2 これはこの弁論家の言い分としては厚かましすぎるとしても、ポキオンの国政活動についてと置き換えるな
3 ら、的を射た評言と言ってよかろう。なぜならデマデスは自身が国家の残骸であり、暮らしぶりにも政治の
遣り方にも節操を欠く人物であったから、アンティパトロスはすでに老境に入ったこの弁論家について、ま
4 るで用済みの犠牲獣のようだ、舌と胃だけが残っている、と洩らしたほどである(4)。ところがポキオンが持っ
ていた徳は、あたかも困難で凶暴な時代を対戦相手として引き当てたかのように、ギリシアを取り巻く時の
5 運に翻弄され、名声へ至る道を闇に閉ざされてしまった。たしかにソポクレスが

王様、芽生えた分別も、不運に出遭えば
耐えきれず、立ち去ってしまいます(5)。
6 と語って、徳をひ弱なものと描いたことには承服できない。しかしながら時の運が徳高き人の敵に回るとき、
それが一定の力を有することは確かであり、そんなとき徳は本来受けるべき名誉と感謝に代えて邪な誹謗と
中傷にさらされ、そうして徳そのものへの信頼を弱めてしまう場合がある。
二　民衆というのは幸運に恵まれ、大きな成功と権勢に驕り高ぶっているとき、徳高き人をないがしろに
2 するものであり、そのことはよく知られているが、その逆もまた真実である。つまり不運に陥ると、人々の
気持ちはとげとげしさを増し、癇癪を起こしやすく怒りに走りがちになるばかりか、耳に入ることにも嫌悪

---

(1) マケドニアとの協調を重視するアテナイ政治家のひとり。前三八〇年頃生まれ。カイロネイアの戦いで捕虜になったときにピリッポスの信頼を得て以来、アテナイとマケドニアの間を取り持つ役割を演じた。ラミア戦争の講和条件としてペイライエウス港に駐留していたマケドニア軍を撤退させるため、前三一九年、アテナイ市民の求めによりアンティパトロスのもとに遣いしたが、裏切りの嫌疑を受けて処刑される(三〇-8—10)。

(2) マケドニア王国の重臣で、アレクサンドロスが東征に出発するとき、留守中の代理としてマケドニアとギリシアの統治を任せられた。アレクサンドロス死後の前三二二年にはギリシア連合軍を破り(ラミア戦争)、前三二一年に摂政の地位に就く。

(3) デマデスによるこの比喩は『政治家になるための教訓集』八〇三aでも引用される。

(4)『王と将軍たちの名言集』一八三f、『富への愛好について』五二五cに同じ台詞が紹介される。

(5) ソポクレス『アンティゴネ』五六三—五六四。イスメネがテバイ王クレオンに語る台詞。『怒りを抑えることについて』四六〇dでも引用される。

3 と苛立ちを抑えられず、力強い弁論や演説をうとましく感じてしまう。過誤を叱責する言葉は、不運に落ち
た自分たちへの嘲弄と解され、率直な忠告はあけすけな侮辱と受け取られる。ちょうど蜂蜜を身の裂けたり
抉れたりした箇所に塗ると痛みを引き起こすのと同じように[1]、思慮深い真実の言葉は往々にして、聞き手の
意に添う穏やかな表現を取らないかぎり、不幸な境遇にある人を刺激していきり立たせる。だからこそかの
詩人はこころよいものを、心の快適さに寄り添い、それと戦ったり争ったりしないもの、という意味で「心
4 に寄り添う[2]」ものと表現したのであろう。なぜそうなるかと言うと、炎症を起こした眼は視線の先を暗く
翳った色に留めるのを好み、明るくぎらぎらした色を避けるものだが[3]、それと同様に国家も思いがけない不
運にみまわれると、力強い声に不安を覚える虚弱な体質になり、その結果、もはや過誤を取り消す術はなく、
5 率直な忠告が何よりの薬だというときに、その薬に耐えられないのである。だからそのような国家の舵取り
には、大きな危険が伴う。人々の気に入る発言をなす者は国家とともに滅び、気に入らない発言をなす者は
国家に先立って滅びるからである。
6 　数学者の説くところによれば、太陽は天空と同じ方向に運行するのでもなく、またそれと逆行して正反対
の向きに動くのでもなく、斜めに傾いた行路を進みながら、柔らかでしなやかに曲がった周回運動を行ない、
7 そのおかげで万物は最善の調合を実現して安泰を保てる[4]。それと同様に国政においても、あまりに真っ直ぐ
で、すべてにおいて民衆の意に逆らう進み方をすれば、衝突ばかりの強引な政治になってしまうし、かと
いって民衆の過ちに歩調を合わせて同じ方向に引っ張られていくのは、奈落に向かって滑り落ちるようなも
8 のである。すると説得しながらも譲歩を拒まず、人々の機嫌にも気を配り、そしてそこから国益を引き出す

ような舵取りと誘導こそが――人々も暴君のような力でむりやり引きずられるのでないかぎり、おとなしく協力してくれるものだから――国家救済の方途なのだが、それは困難と苦労に満ちた道のりであり、威厳と
9 譲歩という調合しがたい二者を抱え込んでいる。しかしその調合が実現すれば、そこにはすべてのリズムとすべてのハーモニーが見事に溶け合った至高の調和が生まれるのであり、世界を統べる神もまた、聞くところによれば、この方法によって、つまり強制ではなく言葉による説得によって、必然の動きを導いているのだという。

三　小カトーの場合も事情は同じである。この人は民衆を魅了したり民衆から好感を持たれたりする人柄
2 ではなく、国政で華やかな人気を博したわけでもない。キケロに言わせると、カトーはまるでロムルスの澱《おり》

（1）蜂蜜は傷を癒す薬としても使用された。『似て非なる友について』五九dにも、蜂蜜のもたらす痛みと薬効についての記述がある。

（2）「心に寄り添う（メノエイケス）」という形容語はホメロス『イリアス』『オデュッセイア』で、飲食物について「（飲食した人の）心を喜ばせる、満足させる」という意味でしばしば使われる。『健康のしるべ』一二三e参照。

（3）『デモステネス』二二-6参照。

（4）天球上を太陽が一年の間に一周する黄道の面が、天の赤道面に対して二三・四度傾いていること、そしてその結果として生じる季節の移り変わりが調和を作り出していることをこのように表現した。

ではなく、プラトンの国制の中にいるかのようなふるまいをして、それで執政官選挙に落ちたわけだが[1]、私
[3] が思うに、この人が受けたのは季節外れに現われ出た果実のような扱いだったのであろう。つまりそういう果実は珍しがられて驚きの視線を集めはするものの、食品として利用されるわけではない。それと同じようにカトーの昔気質は、久しい時をへて、腐敗した日常と堕落した習俗の中によみがえり、そうして大きな名声と栄誉を獲得したけれども、その一方で、当時の情況とは不釣合いな徳の重さと大きさが妨げとなって、人々の求めるものに和合できなかったのである。

[4] カトーの時代の祖国は、ポキオンの場合と違って、まだ傾いてはいないながら、激しい嵐と大波のさなかにあり、その中で船を操る舵取りの席から閉め出されていたカトーにできるのは、帆と綱をしっかりと握り、
[5] 権力者のそばで足を踏ん張ることだけだったが、それでもこの人は運命を相手に果敢に戦いを挑んだ。そして結局、運命はある者たちの助勢を得て、国家をつかんで投げ倒すことになるのだが、そこへいたるまでに長い年月をかけさせ手間取らせて、あげくに間一髪の勝負にまで持ち込んだ立役者は、カトーでありカトーの徳であった。

[6] そこでこれからカトーとポキオンの徳を比較しようと思うのだが、ただしその比較の根拠は、両者がすぐ
[7] れた政治家として、同じ徳を同じように有していたという点にあるのではない。なぜなら言うまでもなく、両者の有する勇気には違いがあり、それはアルキビアデスとエパメイノンダスの有する勇気に違いがあるようなもの、また両者の有する叡智に違いがあるのは、テミストクレスとアリステイデスの有する叡智に違いがあるようなもの、また両者の有する公正にも違いがあるのは、ヌマとアゲシラオスの有する公正に違いが

8 あるようなものだからである[2]。しかし一方で、カトーとポキオンの持つ数々の徳は、最後の一片の違いにいたるまで、性格が等しい組成をなして、刻印と形と色合いをひとつにしており、例えば峻厳には人情が、慎重には勇気が等しい割合で混ざり合い、他者への気遣いと自身にかんする恐れ知らずが、また恥辱の忌避と
9 正義の希求が、いずれも両者において同様の調和を成している。それゆえ両者の違いを発見し識別するには、そのための道具として、きわめて繊細な理知が必要なのである。

家柄と性格

四　さてカトーが名家の出身であることは、後に述べるように、誰もが認めるところであるが、ポキオン
2 もまた、私の見立てによれば、けっして名もない卑小な家柄の人物ではない[3]。なぜならもし、イドメネウス[4]の記すとおりに、ポキオンの父が擂粉木作りの職人だったとすれば、演説の中でポキオンへの悪罵を山のよ

(1) ロムルスによる建国の当時とは様変わりした腐敗したローマに生きていながら、まるでプラトンが『国家』で描く理想の国家に生きているかのような政治活動をカトーはした。キケロ『アッティクス宛書簡集』二-一-八にこの表現がある。独特の執政官選挙運動については、『小カトー』四九-5―五〇-3参照。

(2) 散逸したエパメイノンダスの伝記を含めると、以上の六名はすべて本書に伝記が収められている。プルタルコスは『女たちの勇敢』二四三c―dでも、徳が人によって異なる現われ方をすることを、例を挙げながら説明している。

(3) ポキオンが生まれたのは前四〇二年、ペロポンネソス戦争終結の二年後である。デモステネスより一八歳年長になる。

(4) 前三世紀、ランプサコス出身の歴史家。『デモステネス』一五-5参照。

うにかき集めて浴びせかけたグラウキッポス[1]、つまりヒュペレイデスの子が、生まれの賤しさを話題にしな
いはずがなく、さらにポキオン自身がアカデメイアで若年時にプラトンの、そして後にはクセノクラテス[2]の
講筵に列したり、また幼い頃から最高級の勉学に励んだり、といった知的で高尚な教育を受けたのも、名門
3 でなければありえないことだった。実際、アテナイ人の中に、ポキオンが笑ったり泣いたりするのを見た者
はほとんどなく、またドゥリス[3]の語るところによれば、公衆浴場に出入りするところや、外衣から手を出し
4 ているところを[4]——これは外衣をまとっていた場合の話だが——目にしたためしもなかった。実のところ、
地方に出るときや遠征するときは、耐えられないほどの異常な寒さでないかぎり、裸足で外套も着けずに歩
くのがポキオンのいつもの習慣であり、同行の遠征兵士たちは、外套をまとったポキオンの姿を見ると、厳
冬のしるしだと冗談を飛ばしたほどなのである。

五 性格はきわめて穏やかで人情味豊かなポキオンだったが、顔付きが怖くて近寄りがたい印象を与えた
2 ため、なじみのない者は、ふたりきりでこの人と話を交わすことに気後れしてしまうのだった。そんな眉の
形をカレス[5]から揶揄されたとき、ポキオンは、アテナイ市民の笑うのを聞きながら「この眉は君たちに何ひ
とつ禍をもたらしたことはないが、あの者たちの笑いは、これまでに幾度となくわが国に嘆きの種をまいて
きた」と言い返したこともある。

3 演説についても同様で、すぐれた着想と論証によって益をもたらしはするのだが、その切り詰めた言葉遣
4 いが冷淡で味気なく、どこか命令口調に聞こえた。知者は言葉を意味の中に十分に浸してから口に出さねば
ならない、とはゼノン[6]の教えだが、ポキオンの演説はそれをなぞるように、できるかぎり少ない言葉にでき

5 るかぎり多くの意味を含ませていたのである。スペットス区のポリュエウクトスが、もっとも偉大な弁論家
はデモステネスだが、もっとも巧みな話し手はポキオンだ、と評したのは[7]、その辺りに着目してのことであ
6 ろう。実際、貨幣の価値がきわめて小さな嵩の中にきわめて大きな力を持つことにあるように、演説の巧み
7 さは、少ない言葉で多くの意味を表わすことにあるのだと言ってよかろう。この点にかかわるポキオン自身
の証言も伝えられている。あるとき劇場に人々が入ってくるなか、ポキオンが舞台の裾を歩き回りながら、
8 ひとりで何やら思い悩んでいるようすだったので、友人のひとりが「ポキオン、考え事でもしているのか

（1）プルタルコス作と伝えられる『十大弁論家列伝』八四八dにグラウキッポスへの言及がある。ヒュペレイデスについては、『デモステネス』一二-8参照。

（2）プラトン（前三四七年没）の弟子。師が開いた学園アカデメイアの三代目の学頭に前三三九年から前三一四年まで就いていた。前三二二年にはポキオンとともにアンティパトロスへの使節を務める（二七-1）。

（3）前三四〇年頃に生まれたサモス出身の歴史家。『デモステネス』一九-3参照。

（4）リュクルゴスは、歩くとき両手を外衣の中に入れることを、慎み深いしぐさとして教えた（クセノポン『ラケダイモン人の国制』三-四）。左手を外衣の中に入れた姿のソロンの立像は、慎みの象徴だった（デモステネス第十九弁論『使節職務不履行について』二五一、アイスキネス第一弁論『ティマルコス弾劾』二五）。

（5）アテナイの将軍。繰り返し司令官（ストラテゴス）に選ばれ、アテナイ海上同盟からの離反に対処する艦隊遠征（前三五六年）、ピリッポスの攻勢を受けたオリュントスへの援軍派遣（前三四八年）、ビュザンティオンへの援軍派遣（前三四〇年。一四-3）などで指揮を執った。

（6）キュプロス島のキティオン出身。前三〇一年頃、アテナイで講義を始め、ストア学派を創設した。

（7）『デモステネス』一〇-3にも引用される評言。

ね」と問いかけたところ、ポキオンは「そのとおり、考えているんだ、今からアテナイ市民に語る予定の演
説から、少しでも言葉を削れるかどうかを」と答えたという(1)。
9 デモステネスは他の弁論家に対しては見下す風の強い人だったが、ポキオンが演壇に上がろうとすると、
10 友人たちに「おれの演説を切る鉈《なた》のおでましだ」と耳打ちするのが常だった(2)。しかしこの喩えは、むしろポ
キオンの人柄にこそ用いられるべきであろう。それというのも、高徳の士の発するたったひとつの言葉や肯
きは、幾千もの論証や完全文に等しい信用の重みを持つからである。

軍隊指揮官として

六　若い頃、司令官カブリアス(3)の知遇を得て、遠征にしばしば同行するようになったことは、自身の軍事
経験のためにおおいに有益であったばかりか、ときによっては、練られていなくて起伏の激しいカブリアス
2 の性行に均衡を与える役割も果たした。というのもカブリアスは、ふだんはおっとりしてものぐさな人なの
だが、戦いになると心に火がついて止まらなくなり、後先見ずに突撃部隊に混じって跳び出してしまう癖が
あった。キオスで命を落としたのもまさしくそのせいであり、乗っていた三段櫂船を先頭を切って突進させ、
3 無理な上陸を試みた結果であった(4)。そんなカブリアスのために、ポキオンは慎重かつ果敢な性格をいかんな
4 く発揮し、司令官の動きの鈍いのを急き立てたり、逆に機を見ぬ猪突猛進を抑えたりした。そんなことから、
情に厚く義に堅いカブリアスはポキオンに目をかけ、部隊の指揮を執らせるようになって、その名をギリシ
5 ア中に知らしめ、最高に重要な任務に用いるまでになった。その好例がナクソス沖の海戦であり、これはポ

キオンの評価と声望をおおいに高めた戦いである。このときポキオンはカブリアスから艦隊左翼の指揮を任
6 されると、この方面で熾烈な戦いを敢行し、早々に決着を付けてしまった[5]。この戦いはあの陥落[6]以後、アテ
ナイがギリシアの軍勢を相手に単独で行なって勝利を得た最初の海戦であり、カブリアスの人気を高めたば
7 かりか、ポキオンが名将と認められるきっかけにもなった。戦いの起こったのが秘儀大祭[7]の最中だったので、
カブリアスはそれ以来毎年、このボエドロミオン月の十六日に、アテナイ市民のために神酒をふるまうよう

(1)『王と将軍たちの名言集』一八七ｆでも紹介される逸話。民会はアクロポリス南麓のディオニュソス劇場で開催されることもあった。

(2)『デモステネス』一〇-4でも紹介される逸話。

(3)前四二〇年頃生まれのアテナイの高名な将軍。第二次アテナイ海上同盟の発展に貢献した。アゲシラオスといっしょにエジプト王タコスに仕えたこともある（『アゲシラオス』三七-1）。プルタルコスは、青年が年長者の下で経験を積んで成長した例のひとつとして、キモンとアリステイデス、ポンペイユスとスラなどと並べて、ポキオンとカブリアスを挙げている（『老人は政治活動に従事するべきか』七九一ａ）。

(4)カブリアスは前三五七／五六年、アテナイ海上同盟から離反しようとするキオス（イオニア地方の島国）との戦いの最中に、命を落とした（ネポス『名士列伝』「カブリアス」四）。

(5)前三七六年、エーゲ海南部のナクソス島の沖で、カブリアスの率いるアテナイ艦隊がスパルタ艦隊を破った。ディオドロス『歴史文庫』第十五巻三四-五は、左翼を指揮していたのはケドンという人だったが、ケドンは戦いの途中で死んだ、と記している。その後を任せられたのがポキオンだったということか。

(6)ペロポンネソス戦争の結末の前四〇四年のアテナイ降伏を指す。

(7)母デメテルと娘ペルセポネの両女神のための秘儀が、アテナイ西方のエレウシスでボエドロミオン月の十五日から二十三日まで（九月中旬）催される。

になった。
七　その後、こんなこともあったと伝えられる。カブリアスがポキオンに島嶼の国々へ貢納金[1]の徴収に向
かうよう命じ、そのために艦船二〇隻を与えようとしたところ、ポキオンは、戦争をするために派遣される
2 のなら、もっと大きな戦力が必要ですが、同盟国への遣いなら一隻で十分です、と言って断った。そして自
身の三段櫂船一隻で港を出ると、各都市の政務官との対話に臨み、率直な中にも品格のある話しぶりを見せ
て、結局、アテナイへの納付金を運ぶために同盟国が送り出した多数の船を従えて帰ってきたという。
3 ポキオンはカブリアスが存命の間、この人を補佐し敬い続けただけでなく、世を去ってからも、遺された
親族への細やかな心配りを忘れなかった。息子のクテシッポスにも、りっぱな人物になってもらいたいとの
思いから、これが教化しようのない鈍才だと見抜いてはいたが、それでもあきらめずに、その醜行をかばっ
4 たり正したりしようと努めた[2]。ただし一度だけ、ある遠征のおりに、この若者がまるで共同司令官が同僚に
意見するような調子で、間の抜けた質問と助言を繰り返すので、さすがにポキオンもうんざりして「カブリ
アス、カブリアス、この子に我慢せねばならないとは、あなたに返す恩の何と重いことか」と洩らしたとい
う。
5 当時、国事に携わる者たちは、軍事と弁論をあたかも籤で割り振ったかのように分担し、例えばエウブ
ロス[3]、アリストポン[4]、デモステネス、リュクルゴス[5]、ヒュペレイデスなどは、民会での演説や動議提案だけ
を手がける一方、ディオペイテス[6]、メネステウス[7]、レオステネス[8]、カレス[9]などは、戦争と軍隊指揮に活躍の
場を求めていた。その中にあってポキオンは、ペリクレスやアリステイデスやソロンの活動が両分野を融合

6 して一体にしていたのを思い起こし、それを取り戻して復活させたいものと願っていた。それというのも、ポキオンの見るところ、あの往時の指導者たちは、アルキロコス(10)の詩句を借りれば、誰もが

一身にして、〔戦いの神〕エニュアリオスの神にも仕え
〔学芸の女神〕ムーサたちの麗しい賜物をも手にして

いたし、さらにかの女神が戦《いくさ》の神であると同時に政《まつりごと》の神であり、それが呼称に表われていることも思い

---

(1) アテナイ海上同盟の加盟国がアテナイに納める年貢。アテナイによる締め付けを加盟国は歓迎していなかった（一一-1）。

(2) クテシッポスについては、『デモステネス』一五-3も参照。贅沢三昧の果てに、国家が建立した父の記念碑の石を売り払ったという（アテナイオス『食卓の賢人たち』第四巻一六五e）。

(3) 前四〇五年頃生まれのアテナイの政治家。アテナイ海上同盟からの加盟国の離反に始まる戦争（前三五七―五五年）のあと祭祀財務官に就任し、一〇年ほどの間に、戦争によって破綻したアテナイ国家財政の再建を成し遂げた。

(4) 一〇〇歳近い長寿で知られるアテナイの弁論家。七五回違法提案告発を受けたが、すべて無罪になったことを自慢していた（アイスキネス第三弁論『クテシポン弾劾』一九四）。

(5) 九-10、一七-2、『デモステネス』一三-4参照。

(6) アッティカのスニオン区出身。前三四三年頃、アテナイからケロネソス（ヘレスポントス海峡に面するヨーロッパ側の半島）に入植市民団の長として派遣されたときの武力行使が、マケドニア王ピリッポスから抗議を受けた。デモステネス第八弁論『ケロネソス情勢について』は、そのディオペイテスを擁護する演説。

(7) アテナイの将軍イピクラテスがトラキア王コテュスの娘と結婚してもうけた子。

(8) 二三-1―二四-1、『デモステネス』二七-1参照。

(9) 五-1参照。

(10) 前八世紀から七世紀頃、パロス島出身の抒情詩人。

合わされた(1)。

民衆に対して

八　このように自身の立場を定めたあとのポキオンは、常に平和と安寧を目標として国政を進める一方、
繰り返し司令官(2)に就任し、その回数は同時代のみならず、それ以前のいかなる時代の人よりも多かった。し
かもそれは、みずから求めて候補に名乗り出たのではなく、国家から呼び出されたときに、逃げ出したり背
2 を向けたりしなかった結果であった。実際、通説によれば、ポキオンの司令官就任は四五回を数えるのだが(3)、
一度も選挙の場に居合わせたためしがなく、毎回、身を遠ざけているところへ市民たちの方から迎えが来て、
3 選出されたのだという。だから、民衆と衝突してばかりで、民衆の機嫌を取るようなことを言ったことも行
なったこともないポキオンが、民衆からこのように遇されることは、知恵の浅い者には不可解としか思えな
いであろう。しかし手を洗ってから幇間を招き入れるのが王の決まり事であるように(4)、民衆も歓楽のときに
は面白くて小才の利く人気取り政治家を受け入れるのだが、いざ指導者を選ぶとなると必ず酔いから醒めて
真剣な面持ちになり、市民の中で誰よりも謹厳で思慮深く、民衆の欲望や衝動に立ちはだかるほぼ唯一の人
物を呼び出したのである。
4 例えば、あるときデルポイの神託が読み上げられて、ほとんどのアテナイ人は同じ意見だが、ただひとり
だけが他の全市民に対立している、と明かされたとき、ポキオンが進み出て、その男を探すには及ばない、
5 それは私だ、何にせよ市民の行動に反対するのは私以外にいないのだから、と名乗り出た。またあるとき、

民会での発言が好感をもって迎えられ、全員がこぞってその演説に賛同しているのが分かると、友人たちの方を振り返って「もしや、うっかりして何か間違ったことを言ってしまったのだろうか」と尋ねた(5)。

九　アテナイである供犠式への寄金の呼びかけが行なわれ、多くの市民がそれに応じるなか、ポキオンもたびたび求められたので、「寄金ならあの御大尽たちに頼んでくれ。私はこの人への借金も返していないのに、君たちに寄付すれば、恥知らずになってしまう」と言って、貸し手のカリクレスを指差した(6)。

演説中、人々からの罵声と怒号がやまなかったときに、こんな話を持ち出したこともある「ある臆病者が戦争に向かう道すがら、鴉の群れが鳴いたので、武器を置いて足を止めた。しばらくして武器を取りまた歩き始めたが、再び鴉の声が聞こえたので立ち止まり、とうとう言った『わめきたいだけわめくがいい。だが

(1)「かの女神」すなわちアテナは、国を守る戦いの神としてプロマコス、都市の守護神としてポリアスという呼称をもっていた。
(2) ストラテゴス（stratēgos）。毎年一〇名、任期一年、他の官職が抽選によるのと異なり市民の選挙で選ばれる。本来は軍事職だったが、前五世紀以降、軍事だけでなく事実上の最高指導者として国政全般に影響力を持つ。
(3) 一九-4、二三-1参照。
(4) 王が手を洗って食事を始めると、王への追従を並べる者が食卓に呼ばれるのが慣例だった（『似て非なる友について』五〇c）。
(5) 以上のふたつの逸話は、『王と将軍たちの名言集』一八七f―一八八aでも紹介される。
(6) この逸話は『王と将軍たちの名言集』一八八a、『気弱さについて』五三三a、『政治家になるための教訓集』八二二dでも紹介される。

おれを食らうことはできないぞ』と」[1]。

3 またあるときアテナイの人々から出撃命令を出すよう求められながら、それを拒んだため、腰抜けの臆病者呼ばわりされたとき、「君たちは私を無謀な男にできないし、私は君たちを臆病者にできない。私も君たちも互いをよく知っているはずだ」と言い返した。

4 国家の危機のさなかにあって、民衆がポキオンに激しく食ってかかり、司令官職の執務審査[2]を要求したとき、ポキオンがひと言「みなさん、まず自分たちの安全を心配しなさい」。

5 戦争中は身をすくめて怯えきっていたアテナイ人たちが、講和が成立するとたちまち意気軒昂になって、ポキオンのせいで勝利を掠め取られたとわめき立てたので、ポキオンは答えた「君たちは君たちをよく知る司令官を持って幸せだ。さもなければとっくに命を落としていただろうから」。

6 人々がボイオティアとの領土争いを仲裁にゆだねるのを拒み、戦争で決着させようとしたとき、ポキオンは、アテナイ人が劣勢にある武器の戦いではなく、優勢にある言葉の戦いを選ぶべきだと諭した[3]。

7 勧告しても、人々がそれを受け入れようとせず、耳にするのも我慢できないようすなのを見て、ポキオンは「君たちは私に為したくない行動を強いることはできても、言うべきでない言葉を意に反して言わせることはできない」と語った。

8 敵対する政治家のひとりデモステネスから「アテナイ市民はあなたを処刑するだろう」と言われたときは、「もし彼らが正気を失えば。だが正気に返れば、君を処刑するだろう」と応えた[4]。

9 スペットス区のポリュエウクトス[5]が炎暑の中、アテナイ市民にピリッポスとの戦争を決断するよう訴えて

10

いたが、やがて息を切らして大汗をかき始め、そうして肥え太った体で幾度も水をがぶ飲みするのを見て、ポキオンが市民たちに語りかけた「なるほど、君たちがこの人を信頼して開戦を決議しても不思議ではない。何といっても、準備した演説を披露するだけで息が詰まりそうになっているこの人、盾と鎧を身に着けて敵を眼の前にしたときには、いったいどれだけの武勲を立ててくれることやら」。

リュクルゴスからは民会でいろいろと誹謗を浴びたが、なかでもアレクサンドロスから市民一〇名の引き渡し要求が届いたとき、それに従うよう勧告したことを手ひどく非難された。[6] そのときポキオンが返した言葉「私は彼らに繰り返し有益な忠告をしてあげたのに、彼らの方が私の言うことに耳を傾けないのだ」。

---

(1) この話はアイソポス（イソップ）『寓話集』に「臆病者と鴉」（シャンブリ編四七）として収められている。この場合、鴉の群れがアテナイ民衆を表わし、いくら野次を浴びせても、ポキオンの決心を変えることはできない、という意味であろう。

(2) 司令官などアテナイの公職者は任期終了時に、職務に不正がなかったかどうかについて告発を受け付け、告発があれば審査を受けねばならない。

(3) アッティカとボイオティアの国境付近に位置し、長年係争の的だった都市オロポスが、前三六六年、アテナイの支配下から離れてテバイの手中に移ったときのこと。『デモステネス』五-1参照。

(4) 『王と将軍たちの名言集』一八八a、『政治家になるための教訓集』八一一aに同じ遣り取りが紹介されるが、後者では相手がデモステネスではなくデマデスになっている。

(5) 反マケドニア派の政治家。五-5参照。

(6) 前三三五年、アレクサンドロスはテバイの反乱を制圧し、都市の破壊と市民の奴隷売却を決めたあと、アテナイに書簡を送り、反乱を支持した市民一〇名の身柄引き渡しを要求した。一〇名の中には、リュクルゴスも含まれていた（一七-2、『デモステネス』二三-4）。

一〇　アルキビアデス[1]という男がいて、これがスパルタかぶれと綽名されるだけあって、並外れた長さの
あご髭を生やし、いつでも粗末な外套を着て、陰鬱な顔付きをしていた。ポキオンが評議会で野次を浴びせ
2 られたとき、この男に助けを求めて、弁論の証人になってほしいと頼んだのだが、男が立ち上がって発した
のは、アテナイ市民の機嫌取りをもっぱらにする言葉だった。そこでポキオンは男の髭に手をかけて、ひと
言「アルキビアデス、どうして君はこれを切らなかったのだ」。
3 告発常習者アリストゲイトン[2]は民会では主戦論者で、民衆をあおって行動に駆り立てるのを習いにしてい
る男だったが、兵役登録のときに脚を縛って杖をついて現われたので、その姿を遠く演壇上から見つけたポ
キオンは声を荒げた「記帳しろ、跛で卑劣なアリストゲイトンと」。
4 こうなると、これほどとげとげしくて辛辣な人が、いったいどこからどのようにして「好い人」という呼
5 称を奉られたのか、いぶかしがるのも無理はない。しかし思うに、ぶどう酒と同様に人間においても、甘味
と酸味がひとつの身に同居することが、難しいとはいえ不可能ではないのだろう。だから逆に見かけは甘そ
6 うでも、接してみるとこのうえなく不快で虫酸の走るような人もいる。ヒュペレイデスはあるとき民衆に向
かって「アテナイ人諸君、どうか私が暴虐かどうかだけでなく、私利のために暴虐なのかどうかを吟味して
ほしい」と語りかけたというが[3]、これではまるで、民衆の不安や糾弾の的が、己の強欲ゆえに人々を苦しめ
虐げる者だけであって、それに比べれば、傲慢や嫉妬あるいは憤懣や競争心から権勢を振るう者は取るに足
りない、と言っているようなものだ。
7 しかしポキオンの場合、憎しみの気持ちから市民を迫害したり敵視したりすることはなく、ただ祖国のた

めの自分の行動を妨げようとする者に立ち向かわねばならないときだけ、冷厳で非情で容赦ない男になるの
8 であり、それ以外のときは誰に対しても親切で気さくで慈愛深い人物であった。たとえ政敵であっても、困っていれば助けてやり、訴追されれば弁護に立ってやるのがポキオンの流儀であり、あるやくざ者の裁判で弁護人を引き受けたことを友人たちに咎められたとき、正しい者なら助けは必要ない、と反論したことも
9 ある。告発常習者アリストゲイトンが有罪判決を受けたあと、使いを寄越して来訪を求めてきたときも、聞き入れて牢獄に向かおうとした。そして友人たちが止めようとしても、「どうか行かせてくれ。あそこ以上に、アリストゲイトンと会って楽しい場所がどこにある」と答えたのである。(4)

一一　そういうわけで同盟国も島嶼諸国も、アテナイの使節が他の司令官の率いる船で来航したときは、それを敵と見なして城壁の防御を固め、港湾に障害物を投げ込み、家畜も奴隷も婦人も子供も郊外から市の

---

(1) 綴りは Arkhibiadēs. 本書に伝記のあるのは Alkibiadēs.

(2) 告発常習者（シュコパンテス）とは、市民に認められた訴追権を濫用し、恐喝や名誉毀損を目的として市民を告発することを生業にする者。アリストゲイトンは、カイロネイアの戦いのあとにヒュペレイデスを違法提案の罪により告発したのを始めとして、政治家たちを次々に告発したことで知られる。デモステネス第二十五、二十六弁論『アリストゲイトン弾劾』では、債務により市民権を喪失していたにもかかわらず、公けの場で演説したことの違法性を問われた。前三二三年、ハルパロス事件でデモステネスらとともに収賄罪に問われたが、無罪になった。

(3) このヒュペレイデスの言葉は、『似て非なる友について』六七ｂでも紹介される。

(4) この逸話は『王と将軍たちの名言集』一八八ｂでも紹介される。

城壁内に引き揚げたものだが、ポキオンの指揮する船であれば、冠を着けて喜びを満面に表わし、沖まで船で迎えに出て、いっしょに港に戻ってくるのだった[1]。

ピリッポスに抗して

一二　エウボイア島への勢力伸張を企てるピリッポスが、マケドニアから軍隊を島に渡す準備を始める一方、島内の数都市を僭主を通じて支配下に置こうとしていたときのこと、エレトリアのプルタルコスがアテナイに呼びかけて、マケドニアに占領されそうになっているこの島を救ってほしいと要請してきた[2]。そこでアテナイから司令官ポキオンが送り込まれたのだが、わずかな兵力しか率いていかなかったのは、現地の
2 人々が喜び勇んで馳せ参じてくるだろうと予想していたからである。ところが着いてみると、どこもかしこも裏切り者ばかりで、賄賂によって掘り崩され腐りきっていたために、ポキオンは抜き差しならぬ窮地に立たされた。それでタミュアイ[3]周辺の平野から深い峡谷によって隔てられたある山の背を占拠し、そこに全軍
3 から戦意旺盛な兵士だけを集めて部隊を編成した。一方で、口ばかり達者で規律も気骨もない兵士たちが陣営から脱け出して逃げ帰ろうとしても、あんなのは放っておけと隊長たちに命じた。ここにいても規律を守れない連中は役に立たず、むしろ戦う兵士の足手まといになるし、帰国しても己の行動への後ろめたさから、ポキオンへの非難を手控え、無闇な告発はしないだろうと考えたのである。

一三　敵が迫ってきても、ポキオンは部隊に、自分が供犠を済ませるまで武具着用のまま動きを止めているように命じたあと、吉兆を得られなかったからか、それとも敵をもっと近くまで引きつけようとしたのか、

2 その場で時を過ごすばかりだった。そのためまずプルタルコスが、ポキオンは怖じ気づいて尻込みしている
のだと思い、傭兵隊とともに陣地を跳び出したのに続き、それを見た騎兵隊も辛抱できなくなって、敵に向
3 かって一目散に駆け出したけれども、その隊形には締まりもなく統制もなかった。それで先頭の兵士たちが
打ち負かされると、総勢が散り散りになってしまい、プルタルコス自身も逃げ出したので、敵の中にはもは
や全軍を一掃したものと思い込んで、ポキオン陣の防柵に取り付き、それを打ち壊して突き破ろうとする者
4 もいた。そこでようやく供犠が完了し、アテナイ軍はそれらの敵兵に一気に襲いかかって陣地から追い返し
たうえ、柵の辺りで逃げ惑う兵士のほとんどを討ち取った。ポキオンは密集歩兵隊列に停止を命じ、緒戦で
逃げ散った味方の兵士たちを待ち受けて迎え入れるよう指示する一方、自身は精鋭部隊を率いて敵の本隊に
5 向けて突っ込んだ。激しい戦いが起こり、誰もが情け容赦のない勇猛な戦いぶりを見せるなか、最高の殊勲
6 を挙げたのは、司令官の間近に配されたキネアスの子タロスとポリュメデスの子グラウコスであった。しか
しそれに劣らぬ働きぶりで勝利に貢献したのがクレオパネスであり、この人が潰走していた騎兵たちを大声

(1) 第二次アテナイ海上同盟加盟国への使節について、七—1—2参照。

(2) アテナイの勢力圏内にあったエウボイア島で、おそらくピリッポス王の使嗾により、アテナイからの離反の動きが起こり、島内の都市エレトリアでも内乱が発生して、僭主プルタルコスが同盟国アテナイに援軍を要請した。デモステネスは反対したが、アテナイは前三四九／四八年、要請に応えて援軍を送り込んだ（デモステネス第五弁論『講和について』五、アイスキネス第三弁論『クテシポン弾劾』八六）。

(3) エレトリアの東方。エレトリアは島のほぼ中央で、本土側に面する海岸に位置する。

で呼び戻し、危地にあった司令官の応援に駆けつけるよう指示したおかげで、騎兵が戻ってきて、歩兵隊の勝利の仕上げを果たした。

7 戦いのあと、ポキオンはプルタルコスをエレトリアから追放したほか、島が両側から海に締め付けられて、陸地が細くくびれている箇所に位置する要衝のザレトラ砦を占拠した。また捕虜に取ったギリシア兵を釈放したのは、アテナイの政治家たちが民衆の怒りをあおり、捕虜たちへの軽はずみな決定を引き出すのを危惧したからである。

一四　以上の成果を挙げてポキオンが帰航したあと、島内の同盟諸国がこの人の高潔で公正な人柄を惜しむのに時間はかからず、アテナイ市民がこの人の経験と活力にあらためて思いいたるのにも日数はかからな
2 かった。ポキオンの後任としてやって来たモロッソスが、稚拙な戦いぶりを見せたあげくに、自身も捕虜となって敵の手に落ちてしまったからである。
3 その後、ピリッポスがヘレスポントス方面に全軍を率いて遠征し、ケロネソス地方に加えてペリントスとビュザンティオンまでも手に入れようという遠大な計画に乗り出したため、アテナイでは援軍派遣の声が高
4 まり、政治家たちの奮闘の結果、司令官カレスが送り出された[1]。ところがこの人は、出航してから戦力にふさわしい成果を何ひとつ挙げられず、当の都市から艦隊の入港を拒まれ、誰からも猜疑の視線を向けられたまま、同盟国からは金をむしり取り、敵からは蔑みを受けながら彷徨するばかりだった。そのためアテナイの民衆は政治家たちにあおられて憤懣をつのらせ、ビュザンティオンに援軍を送ったことを後悔し始めたが、
5 そのときポキオンが演壇に立ち、怒りを向けるべき相手は信頼しない同盟国ではなく、信頼されない司令官

である、「なぜなら、あの司令官たちは、君たちがいなければ国の安全を保てない者たちにまで、君たちへの不信を植え付けているのだから」と訴えた。[2]

6 この演説に民衆は心を動かされ、思い直して、ポキオン自身が新たな軍隊を受け取って同盟国救援のためヘレスポントスに向かうよう命令し、それが結局ビュザンティオン救済を実現する何よりも大きな力になった。7 ポキオンの名声はすでにあちらにも届いていたのである。しかもビュザンティオン随一の高徳の士であり、かつてアカデメイアでポキオンの朋輩でもあったレオンが、市民たちに向かって、ポキオンは信頼できる人物だと請け合ったおかげで、市民たちはポキオンが城壁外に陣営を置こうとするのを許さず、城門を開いてアテナイ兵を招き入れ、邸内でもてなしさえした。このためアテナイ兵は、市民たちの信頼に応えようと、8 行動の上で規律と節度をしっかり守ったばかりか、戦いには不屈の闘志をもって臨んだ。その結果、向かうところ敵なしと評されたピリッポスが、このときばかりはヘレスポントスから追い落とされて侮りを受けたのに対し、ポキオンは艦船数隻を拿捕し、敵軍の駐留する都市をいくつも取り戻し、敵領のあちこちに

(1) 前三四〇年、ピリッポスはプロポンティス(マルマラ海)北岸のペリントスを包囲したが、攻略を果たせないまま、続いてボスポロス海峡入口のビュザンティオンを包囲した。ビュザンティオンは第二次アテナイ海上同盟から離脱したあと、ピリッポスと同盟したが、関係は悪化していた。アテナイは穀物の大半を黒海方面からの輸入に頼っていたから、この方面の安全確保は死活的に重要であり、ピリッポスの狙いもそこにあった。『デモステネス』一七-2、デモステネス第十八弁論『冠について』八七参照。カレスについては、五-2参照。

(2) 『王と将軍たちの名言集』一八八bでも紹介される。

上陸しては寇掠を繰り返したあげくに、抵抗を試みる敵兵に傷を負わされてようやく帰航するまで、壊乱を続けたのである。

一五　メガラからひそかに救援要請が寄せられたときには、援軍派遣を事前にボイオティアに悟られないよう、朝早くに民会を招集して、メガラからの伝令を市民に報告した。そして派遣承認の決議を得ると、た
2 だちに合図のラッパ発令を命じ、民会が終わると同時に市民たちに武具を着けさせて出発した。その後、メガラで熱烈な歓迎を受けたポキオンは、ニサイアを防壁で囲んだうえ、この外港から市の本体に延びる二本の長壁を築いて、市を海につなぎ合わせ、そうしてメガラ市民が陸上の敵をほとんど気にかけず、アテナイに直接に結び付く途を確保してやった。[1]

一六　アテナイがすでにピリッポスに対して全面的な開戦の構えに入り、[2]しかもポキオンの留守中に、他の司令官に戦いの指揮権がゆだねられたときのことである。島嶼部への遠征から帰ってきたポキオンは、まず民衆の説得を試み、ピリッポスが講和を望み開戦をひどく恐れているのだから、[3]和議の申し出を受け入れ
2 るべきだと勧告した。そして、法廷に入り浸って告発を生業とする連中のひとりが、ポキオンに食ってかかって「するとポキオン、あなたはすでに武器を手に持ったアテナイ市民を追い返すべきだと主張するのか」と問い詰めると、ポキオンは「そのとおり。戦争になれば私が君に指図し、平和になれば君が私に指図
3 すると承知したうえでね」と答えた。しかし説得も及ばず、アッティカからできるだけ遠い所で戦いを起こせばよいというデモステネスの意見が優勢を占めるのを見て、ポキオンは「だが君、われわれが議論すべきは、どこで戦うかではなく、いかにして勝つかだ。勝てば戦いは遠くにあるが、負ければ、あらゆる凶事が

4 いつでもすぐそばにあるのだから」とたしなめた。しかし敗戦後[4]、アテナイ市内にあって騒乱と変革を企てる者たちが、カリデモス[5]を演壇に引っ張り出し、司令官就任を要請するようになると、上流市民たちは不安を覚え、民会の場でアレイオスパゴス評議会の力も借りながら、涙ながらに訴えた結果、ようやくポキオンに国政をゆだねることを承認させた。

5 ポキオンは、ピリッポスの示した寛大な提案について[6]、そのほとんどを受け入れるべきだと判断していた

(1) ニサイアはアテナイの西方に位置するメガラ市の外港。市本体と港の行き来を守るための両側の壁は、一四〇〇メートルほどに及ぶ。以前にあったものは、前四二四年に撤去されていた（トゥキュディデス『歴史』第四巻六六-四、一〇九-一）。ポキオンのメガラ出動は前三四三年頃、したがって前章のビュザンティオン救援よりも前のことである。

(2) 前三三九年、アンピクテュオニア同盟のためにマケドニア軍を率いて現われたはずのピリッポスが、意表を突いて要衝エラテイアを占領したことにより、アテナイとマケドニアは開戦に向かって走り出した。

(3)『デモステネス』一八-3参照。

(4) 前三三八年八月のカイロネイアの戦い。

(5) エウボイア島のオレオス出身の軍人。反ピリッポスの闘将。有能な将軍としてトラキア王コテュスに仕え、さらにアテナイに雇われて軍隊を指揮し、その功によりアテナイ市民権を与えられた。

(6) カイロネイアの戦いのあと、ピリッポスがアテナイに提示した講和内容は、デロスやサモスなどのエーゲ海の島々の保有継続、テバイとの係争地オロポスの獲得、アテナイ市内のマケドニア軍駐留の免除など、アテナイにとって予想外に寛大なものだった。

が、ただひとつ全ギリシアの和平と共同会議(1)について、デマデス(2)からアテナイもそれに参加するべきだとい
う提議が出されたときには、ピリッポスがギリシア人に何を要求するのか見きわめるまでは、と反対を通し
6 た。しかし情勢に迫られて提議を可決したあと、すぐにアテナイ人は、三段櫂船や騎兵までもピリッポスに
7 提供せねばならないと知って後悔するはめになった。そのときポキオンは「私が反対したのは、こうなるの
を心配したからだ。だが承諾してしまった以上、気を落としたりふさぎ込んだりしてはならない。思い出し
てほしい、諸君の父祖もまた、支配したときも支配されたときもあったが、そのいずれにあっても高貴なふ
るまいを持し、そうして祖国とギリシア人を救ったのだ」と語りかけた。
8 ピリッポスの死にさいしては、祝いの供犠式を行なうのをやめさせようとした(3)。そんなことで喜ぶのは卑
しい行為である、ただカイロネイアで戦列を相対した軍勢からひとり欠けただけだ、というのがその理由で
あった。

アレクサンドロスの時代

一七　アレクサンドロスがすでにテバイに向けて進軍の途にあったとき(4)、デモステネスがこの王への雑言を続けるのを聞いて(5)、ポキオンは言った。

「無謀な人だ、どうして、荒くれ男の気を逆なでするようなまねをするのか(6)
名声欲に取りつかれたあの男を。それとも君は、近くで燃えさかるあの火の手(7)をあおって、わが国にも広げ

たいのか。だが私は、司令官の任をゆだねられている以上、この国の人たちが滅びるのを、たとえそれが彼ら自身の望みであっても、放っておくわけにはいかない」。

その後、テバイが壊滅して、アレクサンドロスがデモステネス、リュクルゴス、ヒュペレイデス、カリデ
2 モスらの身柄を要求したとき[8]、民会に集まった人々の眼がポキオンに注がれ、ポキオンは名を幾度となく呼
3 ばれるなかで立ち上がった。そしてかたわらに、とりわけ厚い信頼と深い愛情を寄せていたひとりの友人を
立たせ、語り出した「あの者たちに引きずられてわが国が立ちいたったこの窮状では、たとえ身柄引き渡し

---

(1) マケドニアの覇権の下でギリシア世界の平和と秩序を保つことを目的とする同盟。前三三七年、ピリッポスがスパルタを除くギリシア諸都市代表をコリントスに集めて、結成を宣言した。コリントス同盟と通称される。

(2) 一-1参照。

(3) ピリッポスが前三三六年夏、側近の手で殺害されたとき、アテナイは「吉報」に湧いた（『デモステネス』二二-1―4）。

(4) 前三三五年秋、バルカン半島北西部のイリュリア地方に遠征していたアレクサンドロスは、テバイの反マケドニア蜂起の報を受け、現地へ急行した（『アレクサンドロス』一一-7）。

(5) 『デモステネス』二三-2参照。

(6) ホメロス『オデュッセイア』第九歌四九四。オデュッセウスが怪物キュクロプスを挑発しようとするのを、部下が止めようとする言葉。

(7) テバイの決起を指す。蜂起した市民たちは、テバイに駐留するマケドニア軍兵士を殺害していた。

(8) テバイ市内に攻め込んだアレクサンドロス軍は、住民を殺戮し、市内を徹底的に破壊した。続いてアテナイに対し、反マケドニア派市民の引き渡しを要求した（『デモステネス』二三-2―4）。

を要求されたのがこのニコクレス(1)だったとしても、私はそれに応じるよう勧告するであろう。もし君たちす
4 べてを助けるために私自身が命を失うとしても、私はそれをわが身の幸運と受け止めよう。テバイからここ
へ逃げてきた者たちについては、私も不憫だとは思うけれども、ギリシア人がなすべきは、テバイのために
涙を流すことにとどまる。それゆえ戦うよりも、勝者に説き諭して考え直してもらうこと、それが彼我双方
のためにより良い策である」。
5 一度目の民会決議(2)のときは、アレクサンドロスはそれを手に取るなり放り捨て、使節たちに背を向けて立
6 ち去ってしまったという。しかしポキオンが持ち来たったこの二度目の決議は、年長の臣下たちから、この
人物にはピリッポスも一目置いていたと聞かされていたので、受け取ったあともポキオンとの会談のために
7 足を止め、請願を聞いたばかりか忠告にも耳を傾けた。その忠告とは、もしアレクサンドロスが平和を希求
するなら、武器を置くべきだ、もし名声を希求するなら、矛先をギリシア人から夷狄に転じるべきだ、とい
8 うものである。そのほかにも、アレクサンドロスの性向と願望に狙いを定めて、巧言を次々と繰り出すうち
に、ポキオンはこの王の気持ちを一転してやわらげてしまい、あげくにアレクサンドロスの口から、アテナ
イ人は国の運営に十分に注意せよ、もし自分に万一の事があれば、支配権はアテナイに帰するのだから(3)、と
9 いう言葉を引き出すまでになった。アレクサンドロスはまた、個人としても、ポキオンを友人および客人と
10 して遇し、側近の中でもわずかの者しかあずかれないような特別の栄誉を許した。つまり、ドゥリスの語る
ところでは、アレクサンドロスはダレイオスを倒して大王となってから、書簡中で「謹啓」(4)という句を使わ
なくなったのだが、ポキオン宛ての場合は例外で、この人に対しては、アンティパトロス宛ての書簡と同じ

く、「謹啓」を添えて書き出すのが習慣だったという。このことはカレス(5)の史書にも記されている。

一八　一方、金銭にかんして、アレクサンドロスがポキオンに送って寄越した一〇〇タラントンについての逸話は、誰もが記すところである。その金がアテナイに届けられたとき、運んできた者たちにポキオンは、アテナイ人が大勢いるうちで、いったいどうして私だけに、こんな大金をアレクサンドロスは贈ろうとする
2 のか、と尋ねた。「陛下はあなただけを、高潔かつ高徳の士と見定めておられるからです」という使者たちの答えを聞くと、ポキオンは「それなら、このまま名実ともに、そのような人物でいさせてほしいと王に伝
3 えてくれ」と言って断った。それでも使者たちはポキオンの自宅まで付いてきて、そこで妻がパンをこねたり、ポキオンが自分で井戸から水を汲み上げて、足を洗ったりといった倹約のさまを目にすると、憤りを抑えられなくなり、陛下の友人がこんな貧相な暮らしを続けるのは由々しきことと言い張って、それまでにも
4 まして受け取りを迫った。するとポキオンは、ひとりの貧しい老人がぼろ外套をまとって通りかかるのを目に止め、使者たちに向かって、おまえたちは私があの老人よりも劣っていると思うか、と問いかけた。使者

（1）ポキオンのもっとも忠実な友（三六-5）。

（2）アレクサンドロスから市民引き渡し要求が来る前、アテナイはデマデスの提議によりアレクサンドロスのもとに使節を遣わし、イリュリア征討成功とテバイ制圧への祝意を伝えていた（アリアノス『アレクサンドロス東征記』第一巻一〇-三）。

（3）『アレクサンドロス』一三-2参照。

（4）一-1参照。ピリッポス王の時代からの重臣で、アレクサンドロス即位のとき六〇歳を過ぎていた。

（5）レスボス島のミュティレネ出身の歴史家。『アレクサンドロス』二〇-8参照。アテナイの将軍（七-5）とは別人。

たちの、めっそうもない、という返事を受けて、ポキオンは答えた「それでもあの人は私よりも少ない物で
暮らし、それで不足を感じていない。すると結局は、私が金を受け取っても、使わずに、途方もない金額を
抱え込んだまま腐らせてしまうか、それとも使って、私自身と王の双方に市民の非難を招くか、いずれかな
5 のだ」。こうしてこの金は、大金を与えようとする者よりも、それを必要としない者の方が裕福なのだとギ
6 リシアの人々に教えたあと、アテナイを去ってもとの場所に戻った。アレクサンドロスは腹を立て、ポキオ
ンに折り返し書簡を送って、私からの贈り物を拒む者を友人とは見なさないと伝えたが、それでもポキオン
は金を受け取らなかった[1]。

一方で、ポキオンの方からアレクサンドロスに頼み込んだことがあり、それは哲学者エケクラティデス、
インブロス島出身のアテノドロス、そしていずれもロドス出身のデマラトスとスパルトン、この人たちがあ
7 る原因で拘束され、サルデイスに幽閉されているのを解放してほしいというものだった[2]。するとアレクサン
ドロスはそくざにこの人たちの禁を解いたばかりか、クラテロスをマケドニアに送り返すさい[3]、ポキオンに
アジアにある四都市すなわちキオス、ゲルギトス、ミュラサ、エライア[4]のうちのいずれかひとつを選ばせて、
受け取らせよと命じた。もし受け取らなければ、王の怒りを招くであろうと、それまでにない強い調子の警
8 告を添えもした。しかしまたしてもポキオンは拒絶し、それから時をおかずにアレクサンドロスは世を去っ
てしまった。ポキオンの自宅は今もメリテ区にあって目にすることができるが、青銅板を並べて装飾してい
るだけで、それ以外は簡素で粗末なものである。

一九　ポキオンは生涯にふたりの女と結婚したが、そのうち一度目の妻については、彫刻家ケピソドトス[5]

の姉か妹だったということ以外、何も記録がない。しかし再婚した妻にかんしては、その質素と飾り気のな
2 さがポキオンの君子ぶりに劣らずアテナイ人の間で語り草になっていた。あるとき、市民たちがある新作悲
劇の上演を待ち受けていたおりのこと、王妃の役で出演する俳優が、豪華に着飾った侍女を大勢付けてほし
いと劇の提供者(6)に頼んだのに、応じてくれなかったというので、腹を立てて舞台に上がるのを拒み、劇の進
3 行を止めてしまった。すると劇提供者のメランティオスは、その俳優を舞台に押し出しながら「ポキオンの
奥方が外出するとき、伴はいつも召使い女ひとりだけなのを、おまえは見ていないのか。仰々しいいで立ち
で、この国の女たちの顔に泥を塗りたいか」と怒鳴った。その声は観察席にも届き、劇場は割れんばかりの
4 拍手と喝采に包まれたという。この妻自身も、イオニアから来て客になっていた女から、襟元や首飾りに付

(1)『アレクサンドロス』三九-4、『王と将軍たちの名言集』一八八c参照。

(2)エケクラティデスはレスボス島のメテュムナ出身の哲学者。アテノドロスはアテナイ市民権を有し、傭兵隊を率いた将軍(デモステネス第二十三弁論『アリストクラテス弾劾』一〇)。サルデイスはペルシア帝国の小アジア支配の拠点。アレクサンドロスはアジア渡航の年にこの都を接収した(『アレクサンドロス』一七-1)。

(3)前三二四年、アレクサンドロスはティグリス河畔のオピスで、マケドニア兵一万人の除隊と帰国を許可し、その引率をクラテロスにまかせた(『アレクサンドロス』七一-8、『デモステネス』二八-2、『エウメネス』五-1)。

(4)四つはそれぞれマルマラ海の南岸、小アジアのトロアス地方、カリア地方、ミュシア地方に位置する都市。キオス(Kios)はキオス島(Khios)とは別。

(5)クニドスのアプロディテ像などで有名な彫刻家プラクシテレスの父。

(6)アテナイで演劇祭の劇の上演に要する費用を提供する市民。提供は国家への貢献として、富裕市民の大きな名誉と見なされた。

けていた黄金や宝石を見せられたとき、「私の身を飾るのは、アテナイの司令官を務めてすでに二〇年にな
るポキオン様です」と語ったことがある。

二〇　息子のポコスがパンアテナイア祭の戦車徒競走[1]に出たいと言ったときには、それを許したが、優勝
してほしかったわけではなく、身体の鍛錬と訓練によって生き方を改めさせようという狙いからだった。こ
2 の若者は酒好きで、放恣な暮らしを送っていたのである。ところが優勝してしまい、ポコスにはあちこちか
ら祝勝の宴の申し出が寄せられたけれども、ポキオンはそのほとんどを断り、ただひとりだけに開宴の栄誉
3 を与えた。しかし宴に出かけてみて、そこに用意された驕慢の品々を目にし、とりわけ香料入りぶどう酒を
満たした洗足盥が来客に差し出されるのを見ると、息子に向かって「ポコス、友達がおまえの勝利を台無し
にするのをやめさせてくれないか」と語りかけた。
4 そこでこのような暮らしと縁を切らせたいと考えたポキオンは、息子をスパルタへ移り住ませ、そこでい
5 わゆる集団教練を行なっている若者たちの中に放り込んだ[2]。この行動は、ポキオンが祖国の慣習に不満と不
6 信を持っていることの証しと受け取られ、アテナイ人を困惑させた。そこでデマデスがポキオンに「私たち
が市民に説いて、スパルタ式の制度を採用するように働きかけてはどうです。指示してもらえば、私はいつ
でも動議提出と演説を引き受けます」と持ちかけた。するとポキオンは答えた「それはいい。そんな香油を
身に付け、そんな外套をはおっている君なら、アテナイ市民に共同食事[3]を提案するにも、リュクルゴスを礼
賛するにも、うってつけだろうよ」。

二一　アレクサンドロスから三段櫂船の派遣を要求する書簡が送られてきて[4]、弁論家たちがそれに反対を

表明するなか、評議会で意見を求められたポキオンは答えた「諸君への忠告はこうだ、武器を取って勝利す
2 るか、それとも勝利した者の友人になるか」。そしてまだアテナイ政界に登場してまもないのに、早くも多弁で生意気な口をきくピュテアス(5)には「黙っていろ、民衆に買い取られたばかりの奴隷のくせに」と一喝した。

3 ハルパロスがアレクサンドロスから逃れるべく、アジアを去り、大量の資金を抱えてアッティカに渡ってきたときのこと、(6)演壇からの銭稼ぎを習いとする性根の腐った連中が、先を争ってこの男のもとへ駆け寄っ

(1)馬に曳かせた戦車に乗っていたのを降りて走ってゴールする、または戦車に乗ったり降りて走ったりしながらゴールをめざす競走。パンアテナイア祭は毎年の夏に、女神アテナのために開かれる祭典。

(2)スパルタでは、同世代の少年に集団生活を義務付け、厳しい身体と精神の鍛錬を課した。クセノポンもアゲシラオスの勧めで、息子にスパルタの教育を受けさせた(『リュクルゴス』一六-7―9、『アゲシラオス』一-2、二〇-2)。

(3)スパルタ市民はおよそ一五人ずつ集まって、共同で質素な食事をとる。奢侈を避け、節制を身に付けるために、リュクルゴスが創設した制度(『リュクルゴス』一〇―一二)。デマデスについては、一-1参照。

(4)前三三三年、小アジアに進攻したアレクサンドロスが、エーゲ海沿岸諸都市をめぐってペルシア艦隊と戦っていたとき。『王と将軍たちの名言集』一八八c参照。アレクサンドロスは、父から受け継いだコリントス同盟の総司令官として、ギリシア諸都市に戦力の提供を求めた(一六-6)。

(5)『デモステネス』八-4、二〇-2、二七-2参照。

(6)前三二四年、アレクサンドロスの側近が不正の露見を恐れて、大量の財貨とともにアテナイに亡命を求めて来航した。アテナイは入国を認めたが、アレクサンドロスからは裏切り者の身柄引き渡しを要求する使者がやって来た。『デモステネス』二五参照。

てくるなか、当のハルパロスは満杯の宝箱から少しばかりの餌をこの連中に撒いて与える一方、ポキオンに
は使者を遣わし、七〇〇タラントンの提供を申し出たばかりか、その他いっさいの財とともにみずからの身
4 柄をもポキオンひとりに預けようとした。しかしポキオンから、市民たちへの金のばら撒きをやめなければ
いずれ後悔するだろう、という素っ気ない答えが返ってきたので、肩を落として引き下がらざるをなかった。
ところがその後しばらくして、アテナイ市民による調査が始まると、金を受け取った者たちは、収賄発覚へ
の恐れから、手のひらを返したようにハルパロス非難に転じたけれども、何も受け取らなかったポキオンは、
5 国家の利益を守る一方で、ハルパロスの身の安全にも相応の配慮をしてやった。それを知ったハルパロスは、
再びポキオンに取り入ろうと攻め寄せてみたものの、これがどこから見ても隙のない難攻不落の砦であり、
金をまったく寄せ付けない人物であるのがよく分かった。しかしその代わりに婿のカリクレスを手なずけて
味方に引き込むのに成功し、何かにつけて信頼し利用するようになって、この男の評判を地に落とすことに
なった。

二二　ひとつの例として、遊女ピュトニケの墓廟をめぐる一件がある。ハルパロスが惚れ込み、女児をも
うけてもいたこの女が世を去ったとき、ハルパロスは大枚をはたいて豪華な墓廟を建立しようと思い立ち、
2 その指揮をカリクレスにゆだねた。そのような仕事の請け負いはそれ自体が恥であるが、完成した廟はさら
なる恥の上塗りとも言えるものだった。廟は、アテナイ市内からエレウシスへ至る途上のヘルメイオンに今
も残っているが、カリクレスが建立費用としてハルパロスに計上したと伝わる三〇タラントンの価値のある
3 ものには、とうてい見えない[1]。それでもハルパロスが死んだとき、遺された幼子はカリクレスとポキオンの

4 手に引き取られ、この両人のおかげで申し分のない養育にあずかった。もっともハルパロス事件でカリクレスが告発されたとき、[2]ポキオンはいっしょに法廷まで来て弁護してほしいと頼まれたけれども、「カリクレス、私がおまえを婿に選んだのは、ただ正しいことをしてもらうためだ」と言って断っている。[3]

5 ヒッパルコスの子アスクレピアデスが、アレクサンドロス死去の第一報をアテナイにもたらしたとき、[4]デマデスは市民たちに、信用してはならないと訴えた。もしそうなら遺体の腐臭がとっくに世界中に広がっているはずだから、と。一方ポキオンは、民衆の間に蜂起の気運が盛り上がっているのに気づき、これを宥め

6 て静めようと試みた。それでも市民たちが次々に演壇に駆け上がって、アスクレピアデスの報告は誤りではない、アレクサンドロスは死んだのだ、と叫び続けるので、ポキオンは返した「よろしい、もし本当に今日

(1) ピュトニケはアテナイの遊女。その墓廟はまるで、ミルティアデスかペリクレスかキモンのような偉人のために国家が建てたものと見まがうほどだったという。もっともピュトニケの死後、ハルパロスは別のアッティカの遊女を囲って贅沢な暮らしをさせた（ディオドロス『歴史文庫』第十七巻一〇八-五―六、パウサニアス『ギリシア案内記』第一巻三七-五、アテナイオス『食卓の賢人たち』第十三巻五九四e―五九五d）。

(2) デモステネスの提案により、ハルパロスからの収賄の容疑について、アレイオスパゴス評議会による調査と民衆法廷による裁判が始まった。裁判の被告九名の中に、デモステネスと並んでカリクレスが含まれていた。『デモステネス』二六-1参照。

(3) このポキオンの返答は『政治家になるための教訓集』八〇八aでも紹介される。

(4) アレクサンドロスは前三二三年六月、バビロンで病死した（『アレクサンドロス』七六、『デモステネス』二七-1）。

死んでいるなら、明日も死んでいるだろうし、明後日も死んでいるだろう。するとわれわれは落ち着いて、というよりもむしろ安心して、議論できるわけだ」[1]。

ラミア戦争

二三　レオステネスは祖国をギリシア戦争の渦中に引きずり込んだとき[2]、それを腹にすえかねているよう
すのポキオンに向かい、嘲りの笑みを浮かべながら、あなたはこれまで司令官を務めた長い年月の間に[3]、国
家のためにどんな利益をもたらしたのか、と問いかけた。するとポキオンは答えた「市民が祖国の墓に葬ら
2 れるという、すばらしい利益を」[4]。またレオステネスが民会で勇ましく威勢のよい発言をするのを聞いて、
「おい若造、おまえの演説はまるで糸杉のようだな。高く聳え立っているが、実をつけない」と言ったこと
3 もある。ヒュペレイデスに[5]演壇上から「するとポキオン、あなたはいったいいつになればアテナイ市民に
開戦を勧告するのです」と問われたときには、「若者が戦列に踏みとどまり、富者が税を納め、政治家が公
4 金への手出しをやめるのをこの目で確かめたときに」と応じた。また多くの市民がレオステネスの集めた兵
力に感嘆の声を上げ、ポキオンにこの軍勢についての感想を尋ねたところ、ポキオンは「スタディオン競走
には申し分ないが、ドリコス競走の戦いには不安がある。わが国には資金も軍船も重装歩兵もこのほかにな
5 いのだから」と答えた[6]。やがて現実は、ポキオンの正しさを証明することになる。というのも初めのうち、
レオステネスはボイオティア軍との戦いを制し[7]、アンティパトロスをラミアに封じ込めるなど、華々しい戦
6 果を挙げたのである。それでアテナイ中に楽観が広がり、祝勝の祭典と神々への供犠が連日催されていたそ

の頃、伝えによると、数人の市民が、ポキオンに誤りを認めさせようという思惑から、この戦功を自分の手で挙げたかったと思っているのではないか、と問い詰めたところ、ポキオンは「もちろん思っているよ、あの忠告は正しかったと」と答えた。(8) さらに遠征軍から良い報告が書状と伝令で次々に舞い込んできても、「われわれの勝利が終わるのは、いつ頃だろうな」と口にしたという。

7

二四　その後レオステネスが戦死すると、(9) 市民の一部は、ポキオンが司令官として派遣されれば休戦に持ち込んでしまうと危惧し、無名のある男を手配して民会でこんなふうに発言させた。つまり、自分はポキオ

(1)『王と将軍たちの名言集』一八八d参照。
(2) アテナイの司令官レオステネスが反マケドニアのギリシア連合軍を指揮した。前三二三年秋からおよそ一年間のこの戦争は、通例、包囲した中部ギリシアの都市名から、ラミア戦争と呼ばれる。
(3) 八-2参照。
(4)『妬まれずに自分をほめることについて』五四六aにもう少し長い引用がある。
(5) 反マケドニア派の弁論家。一七-2、二六-2、二七-5、二九-1参照。
(6)『政治家になるための教訓集』八〇三aでも紹介される評言。『十大弁論家列伝』八四六eでは、発言者がデモステネスになっている。スタディオン競走は一スタディオン（オリュンピア競技祭では約一九二メートル）の直線コース、ドリコス競走はそのコースを一二往復する。レオステネスはタイナロンで八〇〇〇人の傭兵を従えていたが、加えてアイトリアから七〇〇〇人、アテナイから歩兵五〇〇〇人、騎兵五〇〇人、傭兵二〇〇〇人を受け取った（ディオドロス『歴史文庫』第十八巻九-五、一一-三）。
(7) ボイオティアはマケドニア側に与していた。
(8)『ティモレオン』六-5、『王と将軍たちの名言集』一八八e参照。
(9) レオステネスは前三二三年のうちにラミア包囲戦で戦死した。

ンの友人で懇意の間柄だが、あの人に比肩しうる人物は他にいないから、万一にも失うことのないよう大事
にしなければならない、だから遠征軍の指揮にはアンティピロスを送るのがよい、と述べさせて、これが市
2 民たちの賛同を得た。するとポキオンが進み出て、自分はいまだかつてこの男と懇意にしたことはないし、
名前も顔も知らないと断ったあと、「だが今日この時から、君を友人としてまた仲間として認めよう。君の
忠告は私の利益にかなうものだったから」と告げた。
3 アテナイ人がボイオティア出征に気負い立つと、ポキオンはまずそれを押しとどめようと試みた。友人た
ちからは、市民と衝突して死を選ぶつもりかと言われたが、「私の行動が国益にかなうなら、不当な死を。
4 国益から外れているなら、正当な死を」と答えるのみであった。しかしその後、市民たちが引き下がりそう
になく、喚声が収まらないのを見てとると、ポキオンは触れ役に命じて、アテナイ市民で六〇歳以下の者は
5 五日分の食糧を携帯のうえ、民会終了後ただちに私の後に続け、と布告させようとした。そのためたいへん
な騒ぎが起こり、高齢の市民は跳び上がって怒号を発したが(1)、ポキオンは「何も驚くことはない。司令官と
して諸君を率いるこの私が八〇歳なのだから」と返した。こうして市民たちを立ち止まらせ、考えを変えさ
せたのである。

二五 しかしミキオンが沿海部への侵攻に乗り出し、多数のマケドニア兵と傭兵とともにラムヌス(2)に上陸
して、辺り一帯を荒らし回るようになると、ポキオンもそれを迎え撃つべくアテナイから軍勢を率いて出た。
2 ところがそのポキオンのもとへ、あちこちから人が駆け寄ってきて、指揮に口を出し、ここで丘を占領しろ
とか、あちらに騎兵を迂回させろとか、あそこに戦列を並べるべきだとか献策し始めたものだから、ポキオ

3 ンは「やれやれ、ここには司令官の何と多く、兵士の何と少ないことか」とこぼした。また重装歩兵隊列の配置を完了したあと、ある兵士がひとり勝手に前に進み出ておきながら、その後、眼の前に現われた敵兵に恐れをなして腰が引け、味方の戦列まで戻ってきたのを見て、ポキオンは言った「おい若造、おまえは二度も戦いの持ち場を放棄して、恥ずかしくないのか、司令官に指示されたのと、自分で自分に指示したのと」。

4 しかし攻めかかってからのポキオンは、激しい戦いの末に敵を敗走に追い込み、ミキオンを始めとして多数を討ち取った。

5 テッサリア地方のギリシア連合軍も、レオンナトスの率いるアジア帰りのマケドニア軍がアンティパトロスと合流したのに戦いを挑み、勝利を収めた。アンティピロスが歩兵隊列を指揮し、テッサリア人のメノンが騎兵隊の長を務めて、レオンナトスを倒したのである[3]。

二六 しかしその後まもなくして、クラテロスが大軍勢を従えてアジアから渡ってくると、クランノンで

(1) 五〇歳から六〇歳までの市民は、通常、遠征には徴用されず、アッティカの国土防衛にのみ従事した。『老人は政治活動に従事するべきか』七九一f、『政治家になるための教訓集』八一九a参照。

(2) アテナイの北東方、アッティカ沿岸部の町。ミキオンはマケドニアの将軍。以下の逸話について、『王と将軍たちの名言集』一八八e参照。

(3) レオンナトスはラミアで包囲されたアンティパトロスの救援のため、アジアから軍勢を率いてギリシアに戻った（『エウメネス』三-4―12、ディオドロス『歴史文庫』第十八巻一四-四―一五-四）。レオンナトスは戦死したが、アンティパトロスは包囲陣を破って脱出に成功し、マケドニアに帰還した。

再び戦列を構えた合戦が起こり、今度はギリシア連合軍の敗北に終わった(1)。惨敗ではなく、多数の犠牲を出
したわけでもなかったが、ただ指揮官たちが若くて威厳に欠けていたため、規律が保てなかったのと、いく
2 つかの都市がアンティパトロスの誘いに乗って、恥ずべき崩れ方で自由を放り出してしまったのである。間
髪を入れずアンティパトロスがアテナイめがけて進軍してくるなか、デモステネスとヒュペレイデスは市か
3 ら逃げ出した(2)。デマデスはというと、過去の違法提案告発による有罪判決が七度に及び(3)、裁判で科せられた
罰金のほんの一部も国家に納められない状態であり、市民権を喪失して公けの発言を禁じられていたのだが、
このとき特別に赦免を得て発言を許されると、アンティパトロスに講和のための全権使節を派遣することを
4 提案した。民衆が不安になってポキオンを呼び出し、信頼できるのはポキオンだけだと口にしたので、ポキ
オンは「私が忠告したときに諸君が私を信頼していれば、今頃こんな提案について議論することもなかった
だろうに」と言い返した。
5 それでも提案が採択されると、ポキオンはアンティパトロスへの遣いに出て(4)、その頃カドメイア(5)に陣を置
き、そこからただちにアッティカに攻め込もうと準備していた敵将との会談に臨んだ。そこでポキオンがま
6 ず相手に求めたのは、現在地に留まったまま講和に応じてもらいたいということだった。クラテロスが「敵
の領土から利益を得られるときに、同盟国や友邦の領土に居すわってそこに損失を与えようとは、道理に外れ
た要求」と口を挟んだが、アンティパトロスはクラテロスの右手を取り、「ここはポキオンの顔を立ててや
7 ろうではないか」と言って収めた。しかし他の点については、かつて自分がラミアでレオステネスから命じ
られたように、すべてを差し出すことを、アテナイ人への命令として示した。

二七　ポキオンがこの会談結果を持ち帰ったところ、アテナイ市民もやむなくそれに承認を与えたので、ポキオンは他の使節とともに再びテバイに足を運んだのだが、その中には市民によって新たに選ばれた哲学
2 者クセノクラテス(6)も含まれていた。クセノクラテスの徳の高さへの敬意は、彼の威名と声望とともにあまねく広がっているから、相手がこの人物の姿を見ただけで謹慎と畏敬を感じるとまでは望めないとしても、倨
3 傲や酷薄や激昂といったものが心中に生じることはなかろうという思惑が、アテナイ市民にはあった。ところが現実は、アンティパトロスの頑な徳義嫌いとでも言うべきもののために、逆の結果に終わった。というのも、この将はまず、他の使節を丁重に迎え入れながら、クセノクラテスにだけはあいさつもしなかった。

(1) アレクサンドロスの東征に加わっていた武将クラテロスは、アンティパトロスに代わってギリシアとマケドニアの統治に当たるため、老年兵と傷病兵一万人を引き連れて前三二二年に帰国した。クラテロスがアンティパトロスと合流して、八月にテッサリア地方のクランノンでギリシア連合軍を破ったことにより、前年に始まったラミア戦争はギリシア方の敗北に終わり、自由回復の望みは絶たれた。『デモステネス』二八-1、『エウメネス』五-1参照。

(2)『デモステネス』二八-2―4参照。

(3) 法律に違反する決議案を提出した者に対する告発は、民会決議に対する法の優位を保障する制度として始まったが、しばしば政敵を貶めるための手段として濫用された。有罪判決を受けると罰金を科せられ、それを支払えないと市民権を失う。『デモステネス』二四-2参照。

(4) ディオドロス『歴史文庫』第十八巻一八-二によれば、この使節団の中には提案者デマデス自身も含まれていた。

(5) テバイの城砦。

(6) プラトンの弟子（四-2）。謹厳実直な人柄で知られる。かつてピリッポスのもとにも遣わされ、使節団の中でひとり賄賂を受け取らなかったと伝えられる（ディオゲネス・ラエルティオス『哲学者列伝』第四巻八―九）。

そのことについてクセノクラテスはこう語ったと伝えられる、アンティパトロスは正しくふるまっている、
4 わが国に無理を押し付けるにあたって、私に対してだけ恥じているのだから、と。その後クセノクラテスが
発言を始めると、アンティパトロスは我慢ならぬとばかりに、怒りをあらわにして食ってかかり、黙らせて
しまった。
5 一方、ポキオンとは話し合いに入り、アテナイとの間に友好と同盟を結ぶ用意があると答えたものの、そ
の条件としてアンティパトロスが求めたのは、デモステネスとヒュペレイデスの身柄を引き渡すこと、財産
高に基づく父祖の制により国家を運営すること(1)、ムニュキア(2)に駐留軍を受け入れること、そしてこのたびの
6 戦争の費用と賠償金を支払うことであった。使節たちの多くはこれを寛大な条件と受け止めて安堵したが、
クセノクラテスだけは異を唱え、アンティパトロスの仕打ちが奴隷に対するものとしては穏やかでも、自由
7 人に対するものとしては苛酷に過ぎる、と批判した。ポキオンも軍隊駐留だけは取り下げてくれるように求
めたが、アンティパトロスは「ポキオン、あなたの願いはすべてかなえてやりたい。だが、あなたをもわれ
8 われをも破滅に導くようなことは別だ」と答えたという。しかしそれとは異なる伝えもあり、それによると
アンティパトロスはポキオンに、もし軍隊駐留を取りやめても、アテナイ人が講和の取り決めを守って、
9 いっさい騒擾を起こさないとあなたは保証できるか、と問いかけた。ポキオンが黙り込んだまま返答をため
らっていると、民衆嫌いの不躾け者で、ザリガニ(3)と綽名されるカリメドンが跳び出して「アンティパトロス
様、この男がたわごとを口にしても、あなたはそれをすべて信じるおつもりですか。そしていったん心に決
めたことを実行しないのでしょうか」と詰め寄ったという。

戦後の交渉

二八　こうしてアテナイはマケドニア駐留軍を受け入れることになったが、その指揮官を務めたメニュロスというのは道義を重んじる人物で、ポキオンの友人でもあった。しかし軍隊駐留という指令自体が、アテナイ人から見れば辱しめにほかならず、要所の占拠という現実の必要よりも、傲慢から生まれた力の誇示と
2 映った。しかも時のめぐり合わせが、アテナイ人の胸の内をいっそう重苦しくした。というのも駐留軍の乗り込んできたのがボエドロミオン月の二十日、つまり秘儀の最中で、人々がイアッコスをアテナイ市内からエレウシスへ運ぶ日に当たっていたため、(4) 神聖なはずの儀式はひどく混乱し、それを見た多くの市民は、昔
3 日の神威を眼の前のものと引き比べざるをえなかった。かつてアテナイが盛運の頂点にあったときは、秘儀

(1) すなわち前六世紀初めにソロンが定めたような、財産高により政治参加に制限を設ける制度に復帰する。参政権保持のための最低財産高は二〇〇〇ドラクマと指定され、これにより参政権を失った市民は後述のように一万二〇〇〇人、参政権を保持した市民が九〇〇〇人だった（ディオドロス『歴史文庫』第十八巻一八-四―五）。

(2) アテナイの外港ペイライエウスの丘の上の砦。

(3) 蝲蛄。アテナイオス『食卓の賢人たち』第三巻一〇四d、第八巻三三九fによれば、魚好きで斜視だったから、という。『デモステネス』二七-2参照。

(4) 九月末、アテナイから西方のエレウシスへ向けて、聖なる道と呼ばれる約二二キロメートルの道を、人々の行列がイアッコス（ディオニュソスと同一神とされる）の像を捧げ持って練り歩く。祭儀はボエドロミオン月の十五日から二十三日の九日間にわたって行なわれた（六-7）。

にかかわる音声と幻影が出現して、敵を驚かせ浮き足立たせたというのに(1)、今やその同じ儀式のさなかに、ギリシアを襲った未曾有の惨事を神々はただ見つめるばかりであり、アテナイ人にとって至高の神聖と愉悦の日が陵辱をこうむり、最大の悲運の日として名をとどめることになったのである。
4 振り返れば、その数年前、ドドナの巫女たちがアテナイに神託を伝え、アルテミスの峰がよそ者に奪い取
5 られないように警戒せよ、と告げたことがあった(2)。また当年の祭礼の期間中、秘儀用の籠に巻きつける紐を深紅に染めようとしたところが、死人のような黄色になって出てきたし、さらに不吉なことに、いっしょに
6 染めていた各人の品々まで、ことごとく元の色のままだった。さらに、ある秘儀入信者がカンタロス港で子豚を洗っていたところ(3)、一匹の鮫に襲われ、下半身を腹まで呑み込まれたのは、アテナイ人が市域のうち海寄りの下方部分を奪い取られ、上方部分だけを保持するだろうという、神からの明白な予示だったのであろう。

7 それでもメニュロスのおかげで、駐留軍が市民に危害を加えることはなかった。しかし財産不足を理由に国政の投票権を失った市民は一万二〇〇〇人を超え、彼らはそのまま国内に留まれば、苦難と屈辱を覚悟せねばならなかった。それゆえアテナイを去って、アンティパトロスがトラキア地方に用意した土地と町に移住する者もいたが、その実際は、陥落した都市から落ち延びた者と何ら異なるところはなかった。

二九　デモステネスのカラウリア島での自害、またヒュペレイデスのクレオナイでの最期については、別の篇に書いておいたが(4)、この二つの事件はアテナイ人の胸中に、アレクサンドロスとピリッポスへの追慕と
2 懐旧の念とでも言うべきものを呼び起こした。後年のことだが、アンティゴノスが戦場に倒れ(5)、その死に手

を下した者たちが住民たちに暴力と重圧を加え始めた頃、プリュギア地方のある農夫が土地を掘り返していたところ、ある人に「何をしている」と尋ねられ、ひとつため息を洩らしたあと、「アンティゴノスを探し
3
ている」と答えた。まさにそれと同じ感慨が、多くのアテナイ人の心に去来したというのは、あのふたりの王の怒りを思い起こし、ふたりには持って生まれた器の大きさと貴さがあったから、怒りも鎮まりやすかったが、アンティパトロスの場合はそうではないと気づかされたからである。アンティパトロスという人は、平民のような表情と粗末な外套と質素な暮らしぶりによって権力の実像を偽ろうとしたけれども、その下で
4
虐げられている人々に対しては、むしろいっそう苛酷な専制支配者となり暴君となったのである。しかしそんなアンティパトロスにも、ポキオンは頼み込んで多数の市民の追放を解かせたばかりか、亡命を続ける者

(1)前四八〇年のサラミス海戦のおり、エレウシスの方角から、イアッコスを祀る大音声が聞こえ、煙が立ち昇ったという（『テミストクレス』一五-1、ヘロドトス『歴史』第八巻六五）。

(2)ギリシア北西部エペイロス地方のドドナに、有名なゼウスの神託所があった。ムニュキアには女神アルテミスの祠があった。

(3)エレウシスの秘儀に入信する者は、ペイライエウス内のカンタロス港湾で海に入って禊ぎをし、後に犠牲に供するための子豚を海水で清めた。

(4)『デモステネス』二八―三〇参照。ヒュペレイデスについては、四-2、七-5、一〇-6、一七-2、二六-2、二七-5参照。

(5)アンティゴノス・モノプタルモス（「隻眼」のアンティゴノス）。ペルディッカス死後の前三二一年にアジアの最高司令権を与えられ、息子デメトリオスとともに後継者戦争の中心に位置したが、前三〇一年、小アジアのプリュギア地方イプソスの会戦でセレウコス、プトレマイオス、カッサンドロス、リュシマコスの連合軍に敗れて死んだ（『デメトリオス』二八―二九）。

についても――その中には告発常習者ハグノニデス[1]もいた――他国の場合とは違って、ケラウニア山地やタ
イナロン岬[2]の外に放り出されてギリシアを去ることなく、ペロポンネソスに住み着けるよう取り計らっても
らった。
5 ポキオンが国家の舵を取るにあたって旨としたのは平穏と遵法であり、教養と良俗を備えた市民を常に国
政にあずからせる一方、動乱を好み変革にあこがれる市民に対しては、国政から締め出して騒擾を起こさせ
6 ないでいるうちに、やがて表舞台から消えて、田舎暮らしと畑仕事に喜びを見出すように仕向けた。またク
セノクラテスが居留外国人として税を負担しているのを知り、市民として登録してやろうとしたが[3]、クセノ
クラテスは、自分がその実現を防ぐために使節に赴いた当の国制に参与するわけにはいかない、と言って
断った。

三〇 メニュロスから金銭贈与の申し出を受けたとき、ポキオンは、メニュロスがアレクサンドロスより
もすぐれた人物というわけでもなく、またあのときに受け取りを拒んだ者が、今このときに受領に転じるだ
2 けの理由があるわけでもない、と答えて相手にしなかった[4]。そこでメニュロスが、子息ポコスのために受け
取ってほしいと食い下がると、ポキオンは「ポコスには、もし心を入れ替えて節度ある暮らしをすれば、父
3 の財産で十分だ。だが今のままなら、いくらあっても足りない」と返した[5]。アンティパトロスから名誉にか
かわるようなあることで協力を求められたときの返答はもっと辛辣で「アンティパトロスは私に、友人に
4 なってもらうと同時に追従者になってもらうことはできない」というものだった[6]。アンティパトロス自身も、
おれにはアテナイにポキオンとデマデスというふたりの友人がいるが、そのうちのひとりには受け取りを承

5 諾させられたためしがなく、ひとりには与えて満足させられたためしがない、と語ったと伝えられる。実際
のところ、ポキオンはあれほどたびたびにわたって司令官に就任し、王たちから友人として遇せられながら、
貧困のうちに年老いたことによって、貧困がひとつの徳であることを実証してみせたのに対し、デマデスは
6 法を犯してでも富を誇るのを喜びとした。例えば、当時のアテナイには外国人の舞唱団参加を禁じ、違反し
た舞唱団提供者[7]には罰金一〇〇〇ドラクマを科す法律があったのだが、デマデスは舞唱団の全員に外国人を
当て、その数一〇〇人を劇場に連れてくると同時に、ひとりにつき一〇〇〇ドラクマの罰金を持ち込んだ。
7 また息子のデメアスに嫁を迎えたときには、息子に「わしがおまえの母さんと結婚したときは、隣家の人も
それに気づかなかったけれど、おまえの結婚には王侯貴族が祝い品を持ってくる」と言ったものである。

(1)後にポキオンを告発し、死刑に導く人物（三三-4—9、三四-9—三五-5、三八-2）。

(2)ギリシア北西辺の山地とペロポンネソス最南端の岬。

(3)居留外国人（メトイコス）は、市民と異なり、居住に対して一定の税金を納める義務がある。クセノクラテス（四-2、二七-1）は、ボスポロス海峡を挟んでビュザンティオンの対岸に位置するカルケドンの出身で、居留外国人としてアテナイに住んでいた。クセノクラテスがこの税金を支払うのに苦労していたことを物語る逸話がある（『十大弁論家列伝』八四二b、ディオゲネス・ラエルティオス『哲学者列伝』第四巻一四）。

(4)一八参照。

(5)父に似ず、放恣な生活を好んだ息子ポコスについて、二〇-1—4参照。

(6)プルタルコスはポキオンのこの返答を好んで引き合いに出す（『アギス／クレオメネス』二-4、『似て非なる友について』六四c、『結婚訓』一四二b、『王と将軍たちの名言集』一八八f、『気弱さについて』五三三a）。

(7)一九-2参照。

8 アテナイ市民がポキオンにしきりにせがんで、駐留軍の引き揚げをアンティパトロスに働きかけてほしい
と迫ったとき、ポキオンは働きかけても無駄だと思ったのか、あるいはむしろ、民衆が駐留軍への怖れから
節度と規律のある行動をとってくれると期待したのか、いつまでも使節の出発を先に延ばすばかりだった。
もっともその一方で、賠償金取り立ての手を緩めてもらい、しばらくの猶予を得ることについては、アン
ティパトロスに頼み込んで了承を取り付けていたのである。そんなことから市民たちはデマデスの方に目を
9 転じ、使節を依頼した。デマデスは喜んで引き受けると、息子をともなってマケドニアに向けて出立したの
だが、神霊の導きと言うべきか、当地に着いたのは、ちょうどアンティパトロスが病に倒れ、代わって権力
を手にしたカッサンドロスが、デマデスからアジアにいるアンティゴノスに送られた書簡を見つけたとき
だった。その中でデマデスは、現在のギリシアとマケドニアは古い腐った糸でつなぎ止められているだけだ
から――これはアンティパトロスへの揶揄だった――、こちらに姿を現わすようアンティゴノスに呼びかけ
10 ていたのである。[1] それでカッサンドロスは、デマデスを到着するやいなや拘束すると、まず息子を父の手元
に連れてきて刃で切り裂いた。このため父は飛び散った息子の血を胸いっぱいに浴び、その後、自身も忘恩
と裏切りをなじる悪罵と拷問をさんざんに受けたあげく、惨殺された。

三一　アンティパトロスがポリュペルコンを最高司令官に、そしてカッサンドロスを部隊長に指名したあ
とに世を去ると、カッサンドロスはすぐさま反抗に立ち上がり、全権掌握に向けて動き始めた。[2] そしてメ
ニュロスの後継の駐留軍指揮官として、急いでニカノル[3]を送り出すさいには、アンティパトロスの死が知れ
2 渡る前に、ムニュキアを確保するよう指示しておいた。そのとおりに事が運び、アンティパ

3 トロス死去を知ったときには、すでに幾日もたっていたから、市民たちはポキオンを責め、彼がもっと前に情報を得ていながら、ニカノルへの配慮から黙っていたのだと非難を浴びせた。しかしポキオンは、そんな批判を気に留めることなく、ニカノルと会って談判した結果、何につけてもアテナイ人への慈しみと思いやりを忘れないように仕向けたばかりか、祭典競技の主宰者となってその名誉と支出を引き受けることまで約束させた。

三二　ところがそうしているうちに、ポリュペルコンが王[4]の摂政の地位を手に入れ、カッサンドロス排除を画策するなかで、アテナイ市内の人々に書簡を送ってきた。そこには、王はアテナイに民主制を復活させ、
2 すべてのアテナイ人が父祖の制に従って政治に参画するべきだと考えている、と書かれてあった。しかしこ

---

(1)『デモステネス』三一-5、ディオドロス『歴史文庫』第十八巻四八-二では、デマデスが書簡で呼びかけた相手は、アンティゴノスではなくペルディッカスだった。ペルディッカスが正しいらしい。デマデスについては、一-1、一六-5、二〇-6、二二-5、二六-3参照。

(2)アンティパトロスは前三一九年、ポリュペルコンを後継の摂政に指名したあと、八〇歳で死んだ。ポリュペルコンはアレクサンドロスの東方遠征に部隊長として従い、退役兵一万人の帰国にクラテロスに次ぐ副指揮官として同行した。ラミア戦争で功を立て、アンティパトロスの信頼を得た。カッサンドロスはアンティパトロスの長男。

(3)アレクサンドロスの東征に加わり、前三二四年、アレクサンドロスの命を受けて、王がギリシア諸都市に向けて発した亡命者帰国令を、オリュンピア競技祭の場で布告する役をになった。哲学者アリストテレスの親戚で、アレクサンドロスとはともにアリストテレスの教えを受けた仲らしい。

(4)アレクサンドロスとは異母兄弟の間柄になるアリダイオス。知的障害があり、統治能力はなかったが、前三二三年、アレクサンドロス死後にピリッポス三世として即位した。

れはポキオンを陥れるための謀略だった。ポリュペルコンは、すぐあとに事実によって証明されたように、
アテナイを自分の懐中に取り込もうと企んでいたのであり、その目論見を実現するために、ポキオンの失墜
3 は欠かせない条件だと見ていた。そこで、国政への投票権を失っていた者たち[1]が逆流してきて、演壇が以前
のように民衆扇動家と告発常習者の占拠するところとなれば、すぐにでもポキオンは失墜するはずだと期待
したのである[2]。
4 アテナイ人が書簡に心を動かされるなか、市民たちに会って話しかけたいと考えたニカノルは、ペイライ
5 エウスで評議会が開かれたのを機に、ポキオンに身の安全を託してから議場に姿を現わした。ところが、こ
の地区を担当する司令官[3]デルキュロスが捕縛の用意に取りかかったのを察知すると、ニカノルはいちはやく
6 その場から抜け出し、その後すぐさまアテナイへの懲罰の意思を表明した。このためポキオンは、ニカノル
を足止めしなかった、逃がしてやったという非難を受けたが、それに対しては、私はニカノルを信頼してい
る、ニカノルが何かひどい仕打ちをするとは思わない、それにもし何かあるとしても、私は不正を為すより
もむしろ不正を為されたと判明するのを望む[4]、と答えた。
7 しかしこの返答は、自分ひとりの身を案じればよい人物なら、気高く貴い物言いかもしれないが、祖国の
存亡を一身に背負っている人物、それがつまり軍隊の指揮官であり国家の指導者であるわけだが、そんな人
物の口から発せられた場合、国民に対する義務という、もっと大きくもっと重いものを放り出すに等しいの
8 ではないかと思う。なぜなら実際のところ、ポキオンは祖国を戦争に巻き込むのを怖れて、それでニカノル
への手出しを控えたのでもなく、またニカノルに慎みを促し、アテナイ人に危害を加えるのを思いとどまら

9 せるための手立てとして、信頼や公正を口にしたのでもない。一方、ポキオンにニカノルへの揺るぎない信
頼があったのは、確かなようである。ニカノルについては、多くの人がすでに警告を発し、ペイライエウス
攻略を企てているとか、サラミス島に傭兵隊を送り込む計画をもっているとか、ペイライエウスの住民を金
銭で抱き込もうとしているとかいった告発を行なっていたが、ポキオンはそれらを信用せず、一顧だにしな
10 かった。そればかりかランプトライ区のピロメロスが、全アテナイ人は武器を取って司令官ポキオンの命令
に従うべしという決議を提案しても、なお腰を上げず、そしてとうとう、ニカノルがムニュキアから兵士を
連れ出して、ペイライエウスの周囲に壕を巡らすのを許してしまったのである。

三三　こうなってようやくアテナイ軍の出動に意を向けたものの、そんなポキオンに市民たちはもはや怒声を浴びせるばかりで、命令に耳を傾けようともしなかった。そうするうちにポリュペルコンの息子アレクサンドロスが軍隊を率いてやって来たのは、名目上は、市内の住民の援軍としてともにニカノルを討つためだったが、現実には、内から崩れ落ちようとするアテナイを、機会があれば我がものにしようと狙っていた

(1) 二八-7参照。

(2) 事実としてはむしろ、アテナイ人の支持を取りつけ、カッサンドロスとの闘争を有利に運ぶための手段として、アンティパトロスの押し付けた寡頭制（二七-5）の廃止と民主制の復活を約束した、ということであろう。ディオドロス『歴史文庫』第十八巻五五参照。

(3) 司令官一〇名には、それぞれ担当の地区または職掌が割り当てられていた（アリストテレス『アテナイ人の国制』六一-一）。

(4) ソクラテスの主張を想起させる（プラトン『ゴルギアス』四六九b―c）。ポキオンは若い頃、プラトンのアカデメイアの生徒だった（四-2）。三八-5参照。

2 のである。というのも、亡命していたアテナイ人の一群がアレクサンドロスのすぐ後を追うようにして市内
に現われ、さらに外国人や市民権喪失者までもが駆け込んできたために、招集された民会には誰も彼もが入
り混じって収拾がつかなくなり、その中でポキオンの司令権剝奪と、それに代わる司令官数名の選出が決定
3 された。もしアレクサンドロスとニカノルがふたりきりで城壁のそばで話し合うのが目撃されなかったなら、
そしてその会談がたびたびに及んでアテナイ市民の疑惑を呼ばなかったなら、アテナイは亡国の危機を免れ
なかったであろう。
4 弁論家ハグノニデスがさっそくポキオンたちに矛先を向け、国家への裏切りの罪で告発したため、カリメ
ドンとカリクレス(1)は不安にかられて市から逃げ出し、ポキオンもそばを離れなかった友人たちとともに、ポ
5 リュペルコンのもとに向かった。ポキオンたちには、ポリュペルコンとは顔なじみで懇意の仲だというプラ
6 タイア人ソロンとコリントス人デイナルコスも、ポキオンへの友誼から道行きをともにした。ところが途中
でデイナルコスが病に伏せったため、ポキオンたちは［ポキス地方の］エラテイアで数日の足止めを余儀な
くされ、その間にアテナイの民会は、ハグノニデスの扇動とアルケストラトスの決議提案により、ポキオン
7 弾劾のための使節をポリュペルコンのもとへ送り出した。ポリュペルコンはそのとき王とともに、ポキス地
方のアクルリオン山、つまり現在はガラテ山と呼ばれている山の麓にあるパリュガイという村を訪れていた
ので、そこで双方の一行を同時に迎え入れることになった。
8 ポリュペルコンは黄金の天蓋を置いて、その下に王と側近たちを座らせたあと、まずデイナルコスが近付
いてくるのをすぐさま捕まえ、拷問にかけて殺すよう命じてから、アテナイ人たちに言い分を述べさせた。

9 しかし双方は会議の場で、互いに非難しあいながら、叫んだり怒鳴ったりするばかりであったから、ハグノニデスが進み出て「われわれを全員ひとつの檻に入れて、アテナイに送り返し、そこで訴訟にけりを付けさせてほしい」と申し出たところ、王は笑い出したが、会議に列席していたマケドニア人と外国人は、無聊の慰めに裁判を聞きたいものだから、使節たちに顎で合図を送り、この場で告発演説を行なうように促した。
10 しかしそこには公平のかけらもなく、ポキオンが話そうとするとポリュペルコンが幾度となく横槍を入れるので、とうとうポキオンは杖で地面をひと突きして引き下がったなり、黙り込んでしまった。その後へゲ
11 モン[2]が、自分が民衆の味方であることの証人としてポリュペルコンがいると発言すると、ポリュペルコンが血相を変えて「王の前でおれを中傷するのをやめろ」と言い返したので、王は跳び上がり、槍を構えてヘゲ
12 モンに向かって突進した。すぐにポリュペルコンが王を抱き止めたが、会議はそこで打ち切られた。

裁判と死

三四　ポキオンとその友人たちを警護兵が取り囲んだのを見て、同志たちのうちでも少し離れた所に立っ

（1）アンティパトロスに媚びていた反民主派（二七-9）とポキオンの婿（二一-5―二二-4）。

（2）おそらく、デモステネス第十八弁論『冠について』二八五に対マケドニアの有和派として言及される人物。後にポキオンと並んで死刑に処せられる（三五-5）。

2 ていた者は、頭を隠してその場を抜け出し、無事に逃げおおせた。ポキオンたちはクレイトス[1]の手でアテナ
イに連れ戻されたが、裁判を受けるためというのは名目にすぎず、すでに死刑判決を下されていたというの
3 が真相であった。しかも荷車に乗せられ、ケラメイコス地区[2]を通って劇場へ連行されるそのありさまが、
いっそう痛ましさを増さずにおかなかった。クレイトスが劇場の裏手で被告たちを見張っていると、やがて
執政官たちが劇場内に民会を招集し、そこに人があふれたのは、奴隷も外国人も市民権喪失者も排除せず、
演壇と劇場を男女の別なく、すべての者に開放したからである。
4 まず王の書簡が読み上げられ、そこには、自分はこの男たちが国家の裏切り者であると判断するが、判決
はアテナイ人にゆだねる、アテナイ人はみずからの法によって治められる独立の国民なのだから、と書いて
5 あった。続いて被告たちがクレイトスに先導されて場内に現われると、上流市民はポキオンの姿を見て顔を
覆い、うな垂れて涙を流したが、そんな中でひとりが立ち上がり、勇を鼓して発言したその趣旨は、王から
これほど重大な裁判が民会に託されたのだから、奴隷と外国人はこの民会から立ち去るのが妥当である、と
6 いうものであった。しかし民衆は聞き入れず、それどころか、寡頭派と民衆嫌いをたたき殺せと怒号する始
7 末であったから、それからは誰もポキオンの味方になって声を上げようとする者はなかった。ポキオン自身
が喧騒の中でかろうじて聞いてもらえたのは、「君たちはわれわれへの死刑判決を正当に行なうことを望む
か、それとも不当に行なうことを望むか」という問いかけだったが、それに対して「正当に行なうことを」
という答えが幾人かから返ってきたので、「われわれの弁明を聞かずに、どうしてそれが判別できるのか」
8 と問い返した。しかし民衆がもはや耳を傾けようとしないので、ポキオンの方から相手に近付いて「私自身

の有罪については同意する。私の国政指導が死刑にあたいするものだったと認めよう。しかし、市民諸君、
9 この人たちをどうして死刑にするのか、何も罪を犯していないこの人たちを」と詰め寄った。しかし民衆の「おまえの友人だから」という答えを最後に、ポキオンは身を引いて口を閉じ、ハグノニデスはかねて用意しておいた決議案を読み上げた。民会はこの者たちが有罪か否かを挙手によって決定し、有罪と決定したならば、死刑に処するべし、という内容であった。

三五　決議案が読み上げられたあと、幾人かが、ポキオンには死刑に先立って拷問を加えるべし、という
2 追加の決議を求め、実際に獄吏を呼び出して車輪を持ってこさせようとした。しかしハグノニデスにはクレイトスが顔をしかめるのが目に入り、自分でもそれが野蛮で汚らわしい所業だと思えたので、「カリメドンは鞭打ち相当の男だから、捕まえたら、われわれみんなで拷問してやろう。だがポキオンについて、そうい
3 う提案をするつもりはない」と答えた。するとそれを聞いた良俗の市民のひとりが「それがよかろう。もし
4 ポキオンに拷問を加えると、おまえにするものがなくなってしまうからな」と応じた。こうして決議案が確定し、採決が宣言されると、腰を降ろしたままの者はひとりもおらず、全員が起立し、しかもそのうちの多

（1）前三二一年、後継将軍たちによるトリパラデイソスの会議でリュディア総督を割り当てられたが、前三一九年にアンティゴノスによって追い落とされ、ポリュペルコンのもとに援助を求めてきていた（ディオドロス『歴史文庫』第十八巻三九-六、五二-五—六）。『アレクサンドロス』一六-11参照。

（2）アテナイ市の北西に位置する城門外の地区。

5 数は冠まで着けて、被告たちの死刑に賛成を表明した。ポキオンと並んで処刑が決まったのは、ニコクレス[1]、トゥディッポス、ヘゲモン、ピュトクレスであった。パレロン区のデメトリオス[2]、カリメドン、カリクレスほか数名にも、欠席のまま死刑が言い渡された。

三六　民会終了後、ポキオンたちが牢獄へ連れていかれるのに、友人や縁者たちは抱きついて離さず、他の人たちも涙を流し嗚咽を洩らしながら付いていった。そしてポキオンの表情が、かつて司令官として民会から送り出されていたときと少しも変わらないのを見て、この人の剛毅と大胆に今さらながら驚くのだった。一方で敵対する者たちは、かたわらを駆けながらポキオンに罵言を浴びせ、そればかりかそのうちのひとり
2 は近寄って真正面から唾を吐きかけた。そのときポキオンは、執政官たちの方を向いて「誰かこの男に行儀を教えてやってくれないか」と言ったと伝えられる。
3 牢獄に着いてから、毒草を擂っているのが目に入ったとき、トゥディッポスがわが身の不運を嘆き、自分はわけもなくポキオンの道連れになって死ぬのだとこぼして憤然としていたので、ポキオンは「すると君は、
4 ポキオンと死をともにするのが気に入らないのかね」と言った。友人のひとりから、息子のポコスに何か言っておきたいことがあるかと問われたときには、「ぜひとも伝えてくれ、アテナイの人たちを恨んではい
5 けない、とな」と答えた[3]。またニコクレスはポキオンのもっとも忠実な友であったから、この人から、自分が先に毒を飲むのを許してほしいと乞われたときには、「ニコクレス、それを許すのは辛くて苦しいことだが、君の頼みには生涯一度も首を振ったためしのない私だから、今回も君の言うとおりにしよう」と返した。
6 ところがポキオン以外の全員が先に飲み終えたところで、毒汁が底を突いてしまい、しかも獄吏は、もう一

7 本揺るには、所要の分量の値段一二ドラクマをもらわないと、と言い出した。しばらくの押し問答の末に、ポキオンはとうとう友人のひとりを呼び出し、「アテナイでは死ぬのにも金がかかるのか」とこぼして、獄吏にその金額を渡すように頼んだ。

三七　その日はムニュキオン月の十九日で、ちょうどゼウスを祀る騎士行列が行なわれる日だった(4)。行列の参加者の中には、牢獄のそばを通り過ぎるとき、着けていた冠を取る者もいれば、涙を浮かべて扉の方を
2 見やる者もいた。アテナイ人の中でもいくばくかの情けを残し、嫉みと憎しみに魂の底まで蝕まれてはいない人たちの目には、その日の執行延期がかなわず、祭礼中の国家が公けの殺人によって穢されないようにと
3 いう配慮が斥けられたことは、瀆神の極みと映った。ところが敵対派の市民たちは、それでもまだ足りないとでも言うように、ポキオンの遺体をアッティカの境界の外に放逐すること、またアテナイ市民のいかなる
4 者もポキオンの葬儀のために火を供してはならないことを決議させた。このため、友人縁者の誰もあえて遺体に手を触れようとしない代わりに、ふだんから報酬をもらってこの種の仕事に携わっていたコノピオンと
5 いう男が、遺体をエレウシスの向こうまで運び、メガラ領内の火を借りて荼毘に付した。妻が侍女たちと

---

(1) 一七-3参照。

(2) 前三一七年、カッサンドロスの意向によりアテナイに復帰して寡頭制を復活させ、前三〇七年まで祖国の最高権力者の地位に就く。テオプラストスの弟子で、ペリパトス派の学者でもあった。

(3) 『王と将軍たちの名言集』一八九a—b参照。

(4) ムニュキオン月はおよそ四月に当たる。十九日にはゼウスを祭神とするオリュンピエイア祭が催される。前三一八年のことだから、ポキオンは八四歳。

もに立ち会い、その場に中身のない塚を盛って、酒を灌ぐ儀式を行なったあと、遺骨を懐に収めて夜のうち
に自宅に持ち帰った。そしてこんな言葉を洩らしながら、その骨を炉のそばに埋めたのである「炉の女神さ
ま、偉大な人が遺したこの骨をあなたの手元に預けます。でもいつかアテナイの人たちが正気を取り戻すと
きが来れば、そのときはこれを父祖の墓にお戻しくださいますよう」。
三八　それからいくらも月日のたたないうちに、アテナイの民衆は、自分たちがどんなにすぐれた賢慮と
正義の体現者であり守護者であった人を失ったかを、事実によって思い知らされ、彼の青銅像を建立すると
2 ともに、国費をもって遺骨を埋葬した(1)。ポキオンを告発した連中のうち、ハグノニデスには民衆みずからが
死刑を票決して執行し、エピクロスとデモピロスは市から逃げ出していたのを、ポキオンの息子が見つけ出
して仇を取った。
3 この息子については、その浮ついた性格を伝える逸話がいくつかあり(2)、その中のひとつを記しておこう。
この男はある娼家に身を置く少女に夢中になっていて、あるときリュケイオン(3)に顔を出したところ、たまた
ま無神論者テオドロス(4)がこんな説を開陳していた「人質になった男友達を身請けすることが恥でないなら、
女友達の身請けも恥ではない。同様に、野郎を身請けすることが恥でないなら、女郎の身請けも恥ではな
4 い」。これを聞いたポコスは、よくできた説だと己の情欲に適用し、目当ての女郎を身請けしたのだという。
5 それはともかく、ポキオンの最期は、ギリシア人の心中にソクラテスの最期を思い起こさせた。今回のア
テナイ市民の過ちと国家の悲運には、あのときと驚くほどの相似があると思わずにいられなかったのである(5)。

(1)民主制の擁護によりギリシア諸都市を味方に付けようとしたポリュペルコンの戦略は挫折し、ポキオン死刑の翌年、アテナイはカッサンドロスと条約を結んで寡頭制に戻り、参政権保有のための最低財産高を一〇〇〇ドラクマ、すなわち前三二二年の規定の半分と定めた(二七-5、ディオドロス『歴史文庫』第十八巻七四-二)。それと同時に、カッサンドロスの擁立したデメトリオスによる統治が始まり、ポキオンの復権が実現した。

(2)三〇-2参照。

(3)アテナイ東郊の運動場。アリストテレスが学園を開いて、前三二三年まで講義を行ない、弟子たちが引き継いだ場所。

(4)アリスティッポスに始まるキュレネ派の哲学者。神々についての通念を否定した(ディオゲネス・ラエルティオス『哲学者列伝』第二巻八六、九七)。

(5)民衆の短慮により不当な死刑判決を受けたこと、獄中で友人と会話を交わしたあと、平然と毒汁を飲んだことのほか、死刑が祭礼の日に当たっていたことも、ソクラテスとの相似点である。祭礼期間中は穢れを忌み、死刑を執行しないのが慣例だったが、ポキオンの場合はそれが顧みられなかった。ソクラテスの場合、デロス島で催されるアポロン神の祭礼に使節が遣わされていたため、使節が帰国するまでの一ヵ月間死刑執行が延期された。ポキオンと対比されるカトーの最期においても、プルタルコスはソクラテスの影を映し出そうとする(『小カトー』六八-2)。

小カトー

家系と幼少期

一　［小］カトーの家系にまつわる名声と栄光の由来が、その徳性ゆえにローマでも指折りの名誉と権勢を獲得するにいたった曾祖父カトーにあることは、この人の伝記に書いたとおりである(1)。カトーは幼いときに両親を失って、［異父］兄カエピオと［父母とも同じ］姉妹ポルキアとともに後に残された。ほかにセルウィ
2 リアというのもいて、これはカトーの異父姉に当たる(2)。この四人がみな、母方の叔父で当時の国政を指導していたリウィウス・ドルスス(3)のもとで養い育てられた。ドルススというのは弁論の力に秀でていたばかりか、何につけても人並みすぐれた思慮分別を発揮し、しかも気宇の大きさではローマ随一という人だった。

3 伝えによれば、カトーは幼い頃から、その話しぶりやら顔付きやら、さらには遊ぶときのふるまいにまで、
4 頑固で強情で、すべてにおいて一途な性格が垣間見えたという。物事を最後までやり抜こうとする意志の強さは年齢に似合わぬものがあり、また媚びてくる相手を険しい形相で追い返す一方、脅してくる相手にはそ
5 れにもまして烈しく抗うのだった。笑わせようとしてもそれに惑わされる気配はなく、まれに口元に薄笑い

を浮かべる程度、また怒りを発するときは、そこへたどり着くまではゆっくりでも、いったん怒り出すと容易に収まらなかった。
6 そんなふうだから、勉強を始める年頃になると、物覚えが悪く習得するのに手間取ったものの、いったん
7 習得したものは固く握りしめて、けっして忘れることがなかった。これは一般的に見ても自然なことであり、
天性のすぐれた者は覚えが速いが、一方で勉励と苦労を重ねて覚えた者はなかなか忘れない、つまり学んだ
8 ことのひとつひとつが、心に刻印されたように残るのだ。しかもカトーの場合、説伏に抗おうとするこの人
の性格が、学習をいっそう骨の折れるものにしたらしい。というのも学習というのは、つまるところ、何か
を受け入れることであり、たやすく説伏される者は、つまり抵抗する力の弱い者にほかならないからである。
9 だからこそ若者は老人よりも、また病人は健康な人よりも説伏されやすいのであり、なべて言えば、戸惑い

(1) マルクス・ポルキウス・カトー（前九五―四六年）は、本訳書第三巻に伝記のある曾祖父のマルクス・ポルキウス・カトーと区別するため、大カトーに対して小カトーとも呼ばれ、また終焉の地となった都市ウティカにちなんでウティケンシスの名を添えられることもある。『大カトー』はこの曾孫への言及で終わっている（『大カトー』二七-6）。

(2) 小カトーの父マルクス・ポルキウス・カトーは前九九年の護民官。母リウィアはマルクス・リウィウス・ドルスス（前一一二年の執政官）の娘で、クィントゥス・セルウィウス・カエピオと結婚して父と同名の息子とセルウィリアを産んだあと、マルクス・ポルキウス・カトーと再婚して小カトーとポルキアを産んだ。

(3) 父と同名のマルクス・リウィウス・ドルススは前九一年に護民官になり、その年、カトーが四歳くらいのときに殺害される。

10 を感じる力のもっとも弱い者において、詰め込みはもっとも容易に実現する。とはいってもカトーは、輔導
役に逆らうことはなく、指示されたことはすべて実行した。ただしひとつひとつの指示についてその理由を
聞きたがり、なぜそうするのかを質問したのだという。さいわいに輔導役は学文に通じ、拳骨よりも言葉を
大事にする人だった。[1] 名をサルペドンと伝えられる。
二　カトーがまだ幼かったとき、ローマの同盟者たちがローマ市民権の付与を求めて動き出した頃のこと
2 である。[2] その頃、ポッパエディウス・シロという武威で名をはせた人がいて、この人がドルススと親しくし
ていたよしみで、数日間ドルスス宅に滞在したことがあった。[3] 子供たちともなじみになったポッパエディウ
スは、あるときこんなことを言った「さあ、君たちからも叔父さんに頼んでみてくれないか、私たちの市民
3 権獲得のために力を貸してほしいって」。すると〔カトーの異父兄〕カエピオはにっこり笑って肯いたのに、
カトーは何も答えず、ただ客人たちの方を険しい目で睨み付けるばかりだったから、ポッパエディウスは
「おちびさん、君はどうだい。兄さんみたいに、お客さんたちの味方になって、叔父さんに掛け合ってくれ
4 ないの?」と話しかけた。それでもカトーは声を発しなかったが、黙り込んだその顔付きから、依頼を拒ん
でいるのが見て取れたので、ポッパエディウスはカトーを抱き上げ、窓から放り出そうとするかのように、
はいと言え、さもないとここから投げ落とすぞ、と脅し始めた。その声はしだいに凄みを帯び、つかんだカ
5 トーの体を窓の外で何度も揺さぶりながら、客人は脅しを繰り返した。しかしそれがいくら続いても、カ
トーは最後まで怖がりもせず動ずるようすも見せなかったので、とうとうポッパエディウスは幼児を降ろし
たあと、友人たちに低い声でこう洩らした「あいつがまだ子供だというのは、イタリア〔の同盟諸都市〕に

とって幸運だった。もし大人なら、われわれは民会で一票も取れないだろう」(4)。
6 またある親戚が誕生日の祝いに、カトーも含めて幾人かの子供を食事に招いたときのこと、子供たちはす
ることがなくなると、自分たちだけで屋敷の一角に集まり、年長と年少の者がいっしょになってある遊びを
7 始めた。その遊びというのは、裁判と論告、そしてそれに続く罪人の収監であった。有罪判決を受けた子供
の中に顔かたちのきれいな子がいて、その子が年長の子にある部屋に連行され、閉じ込められたあと、カ
8 トーの名を呼んで助けを求めた。カトーはすぐに事態を理解して、その場にやって来ると、部屋の前に立ち
はだかって侵入を阻もうとする子供たちを押しのけ、その子を連れ出した。そして憤りの収まらないまま、
その子を自宅まで送り届けてやったときには、他の子供たちもそれに付き従ったのである。

(1)『どのようにして若者は詩を学ぶべきか』二八b参照。

(2)イタリアの同盟諸都市へのローマ市民権付与の問題は、グラックス兄弟の改革の頃からの懸案であり、ローマ国内で政争の火種になっていたが、解決できないまま前九一年に同盟市戦争が始まる。戦争は前八八年の市民権付与の実現によって終わった。

(3)ガイウス・リウィウス・ドルススは、前九一年の護民官在任時に、訴訟の陪審団の構成や市民への土地分配にかんする法のほか、同盟諸都市へのローマ市民権付与を提案したが、反対派によって暗殺され、改革は失敗した。ドルススに期待していた同盟諸都市は失望し、ローマに対して戦争という手段に訴えた。したがって以下の場面は、ドルススが生前に護民官として改革に取り組んでいたときのことである。クィントゥス・ポッパエディウス・シロは、開戦後は同盟軍の主力となるローマ東方のマルシ人の将軍（『マリウス』三三-4）。前八八年に戦死した。

(4)以上の逸話は、次章のスラ邸の逸話とともに、ウァレリウス・マクシムス『著名言行集』第三巻一-二にも記されている。

三　こうしてカトーの評判が高まっていくなかで、こんなできごともあった。スラが少年による奉納騎馬競技、つまりトロイアと呼ばれるもの(1)を主催して披露しようと、名家の子弟を集め、その中から隊長としてふたりを指名したとき、少年たちはそのうちのひとりについては、その母に免じて――その子はスラの妻メ
2 テラの息子だったから(2)――受け入れたものの、もうひとり、つまりポンペイユス(3)の甥に当たるセクストゥスについては、その子の指令で動くのも練習するのも嫌だと言って認めようとしなかった。そこでスラが、では誰に隊長になってほしいのかと尋ねると、少年たちは声をそろえて「カトーに」と答えた。セクストゥスも納得して、自分よりもすぐれた子に譲るのだからと、この名誉ある役をカトーに譲った。

3 　ところでこのスラが、たまたまカトーの父と親しい間柄にあったので、あるときカトーたちを自宅に招いて、近しく接したことがある。このような待遇は、スラが当時占めていた地位と権力の重さと厳しさから、
4 ごく限られた者にしか許されない特権であったから、サルペドンはこれを子の出世のためにも安全のためにも絶好の機会と見定め、それ以降、カトーをこの人の屋敷へひんぱんに連れていき、あいさつさせるようになった。しかしその頃のスラの屋敷は、拷問のために引き立てられてくる大勢の人々の牢屋と化して、その
5 光景はまさしく地獄の責め場と見まがうほどであった。当時カトーは一四歳だったが(4)、名士と評される市民たちの首が運び出され、かたわらの者が人目を忍んで嗚咽するのを見て、輔導役に、どうして誰もあいつを
6 殺さないのかと尋ねた。サルペドンが「あの人への憎しみは大きいけれど、それ以上に恐れが大きいのです」と答えると、カトーは言った「それなら僕に剣をくれ。あいつを殺して、国を奴隷の境遇から救ってや
7 るから」。サルペドンはこの言葉を聞き、さらにカトーの面持ちにも眼付きにも憤怒と決意がみなぎってい

るのを見ると、ひどく不安になり、それ以来、この少年が何か早まったことをしはせぬかと、常に注意を怠
らず、かたときも目を離さないようになった。
8 またそれよりももっと幼い頃のことだが、いちばんに好きな人は誰かと問われて、兄さん、と答えたこと
がある。では二番目に好きなのはと問われ、同じように、兄さん、と答えた。そして三番目もやはり、兄さ
9 ん、と答え、どこまで行っても同じ返答なので、尋ねた人がとうとう投げ出してしまった。青年期に達する
と兄への愛着はいっそう強く固くなり、二〇歳のときには、カエピオといっしょでなければ食事も取らず、
旅行にも行かず、中央広場にも出向かないほどだった[5]。ただし兄が香油を身に付けたのに対して、カトーは
10 それを断るなど、暮らしぶりの全般にわたって、カトーは質実と謹厳を貫いた。たしかにカエピオも節度と

(1) 騎兵隊どうしの模擬戦。ウェルギリウス『アエネイス』第五歌五四五―六〇三にアエネアスが主催するのが描かれる。

(2) メテラはスラが五〇歳のときに迎えた四番目の妻(『スラ』六-18)。前夫マルクス・アエミリウス・スカウルスとの間に父と同名の息子を産み、夫の死後、スラと再婚した。つまりこれは前夫の子。

(3) 本書に伝記のある第一次三頭体制のひとりポンペイユス・マグヌスではなく、その父ポンペイユス・ストラボ(前八九年の執政官)。したがってこのセクストゥスは、ポンペイユス・マグヌスの従兄弟に当たる。

(4) するとこれは、前八一年頃のできごとということになる。スラは前八三年にミトリダテス戦争から帰ってきてイタリアに上陸し、翌年に反対派の抗戦を制して、ローマ入城を果たす。その後の保護停止公告(プロスクリプティオ)による反対派市民の殺戮と財産没収の凄まじさ、そして前八一年の独裁官就任については、『スラ』三〇―三三参照。

(5) この異父兄弟の絆の強さは、『兄弟愛について』四八七cでも取り上げられる。

克己にかけては感心されることが多く、自身でも他人に比べればそのとおりだと認めながらも、「でもカトーの生き方と僕の生き方を比べてみれば、僕なんてシッティウスと少しも違わないと思えてくるんだ」と、奢侈と放逸で悪名高い男の名を引き合いに出して告白するのだった。(1)

青年期

四　カトーはアポロンの祭司の任に就く(2)と同時に、住まいを変え、父の財産から一二〇タラントンになる
2 みずからの相続分を受け取ると、以前にもまして質朴な暮らしをするようになった。一方で、ストア派の哲
学者のひとりでテュロス出身のアンティパトロス(3)と交友を結び、とくにその倫理と政治にかんする教説に心
を惹かれた。そしてまるで霊感を受けたかのように、あらゆる種類の徳に向かって邁進するなかで、とりわ
け強く共感したのは、正義の徳は人情や恩義にも歪められることなく真っ直ぐに筋を通すものだという教え
だった。
3 それ以外に、民衆への働きかけの道具として弁論術にも訓練を重ねたが、それはつまり、偉大な国家が軍
隊を養うのと同様に、国家の哲学も何か戦いの手段となるものを養い育てておくべきだという考えからだっ
4 た。ただし他人といっしょに弁論練習をすることはなく、演説しているところを誰かに聞かせることもな
かった。友人から「カトー、君が弁論をしないというので、みんなが陰口をたたいているぞ」と言われたと
きも、「かまわない、生き方に陰口をたたかれさえしなければ。弁じるべき事ができたら、そのときに弁論
を始めるとしよう」と返した。

五　さてポルキア会堂[4]といえば、往年のカトーが献納した由緒ある建物である。護民官たちはここで執務
するのが通例なのだが、そこの柱のうちに、座席の妨げになっていると感じられるのが一本あったので、護
2 民官たちはそれを撤去または移動することに決めた。この決定が、カトーをやむなく中央広場に引っ張り出
し、最初の演説を披露させることになった。カトーはこの決定に反論し、言葉の巧みさと意気の高さを証明
3 してみせて、人々の賛嘆を集めたのである。演説には飾り気や青臭さがなく、真っ直ぐで荒削りで心情があ
ふれていた。それでいて聞く者の耳を惹き付けずにはおかない優美な趣きが、内容の荒削りなのを包み込み、
演説の中に溶け込んだカトーの人柄が、険しい顔付きの上に心地よい微笑みのようなものをまとわせ、温か
4 みを添えていた。声は申し分のない大きさで、膨れ上がった群衆の隅々にまで届き、その力強さと張りは緩
むこともしぼむこともなかった。実際、カトーという人は、一日中休みなく話し続けたことも、一度や二度
5 にとどまらなかったのである[5]。ともかくこのときは裁判に勝ち、その後はまた実演を避けて、訓練の生活に
引きこもった。

（1）シッティウスという人物は、アテナイオス『食卓の賢人たち』第十二巻五四三aにも名高い贅沢者として名が挙がる。

（2）国家の神事を担当する十五人神官団（quindecimviri sacris faciundis）のひとりに選ばれた。前七五年頃のことか。

（3）キケロ『義務について』第二巻八六に、パナイティオスへの批判を述べたことが紹介されているが、それ以外のことは不詳。

（4）大カトーが監察官在任中、元老院議事堂の下に国費で建てた会堂（バシリカ）。建設者の氏族名をとってこう呼ばれる。『大カトー』一九-3参照。

（5）カトーが粘り強い演説者であることについて、三一-5、三三-2、四三-2—6の事例を参照。

6 身体にも厳しい鍛錬を怠らず、頭に被り物のないまま炎暑にも大雪にも耐える、またいかなる季節の旅で
7 あれ、車に乗らずに徒歩で行く、といったことがこの人の習慣であった。いっしょに移動する友人たちは馬
に乗ったが、そんなときしばしば見られたのは、カトーだけが自分の足で歩き、馬上の友人たちとかわるが
8 わるに言葉を交わしながら、馬と並んで進むという光景であった(1)。病に罹ったときも、驚くべき忍耐と克己
心を発揮し、熱があっても誰かに来てもらうことはせず、病が過ぎ去って快復が確実になったと自覚できる
まで、自分ひとりで時を過ごした。

六　晩餐のときには、賽を振って各自の取り分を選ぶ順を決めるのが慣例だったが、カトーが賽に負けて、
2 それでも友人たちがカトーに最初の順を勧めてくると、カトーは、それはいけない、ウェヌス様が望んでお
3 られないのだから(2)、と言って断るのだった。酒は、初めの頃は、一口だけ飲んでそのまま宴を終えていたの
が、年月の経つにつれて深酒を受け容れるようになり、朝方まで飲み明かすこともまれではなくなった。そ
うなった理由について、友人たちは国家と政治にかかわる活動を指摘し、カトーが日中はその方面にかかり
4 きりで、学問に向き合う暇がないので、夜に酒を飲みながら哲学者と時間を過ごすのだと語っていた。それ
ゆえメンミウス(3)という人がある会合で、カトーは夜の間ずっと酔っ払っていると口にしたとき、キケロはそ
れに「ついでにこう言ったらどうかね、カトーは昼の間ずっと賽子賭博をしていると」と言い返した。

5 総じて言えば、カトーは当時の人々の生活や暮らしぶりについて、堕落していて根本的な変革が必要と考
えていたから、自分はそれとは反対の道を歩むべきだと信じていた。例えば紫衣(4)でも、赤みの度が過ぎて鮮
6 やかすぎるほどのものが当代の好みだと見ると、自身は暗い紫の衣を身に着けた。また朝食後、履物もはか

ず上着もつけずに公務の場に出ていくことがしばしばあったが[5]、これはこのような奇妙な風体で注目を集め
ようとしたのではなく、真に恥ずかしいことだけを恥ずかしいと感じ、愚かな世間の冷評など意に介さない
7 という生き方に自分を慣らすためであった。従兄弟のカトーから一〇〇タラントン相当の遺産を受け取った
ときは、それを現金に替え、資金の必要な友人に無利子で貸し与えた。なかにはカトーから土地と奴隷を譲
り受けて、それを国庫に担保として差し出した者もいる。

七　さて、それまで女といっしょになったことのなかったカトーだが、結婚にふさわしい年齢に達したと
思ったところで、レピダと婚約した。レピダというのは、いったんメテルス・スキピオ[6]との婚姻が決まりな
がら、その後スキピオから断りの通告を受け、そのときはすでに婚約を解消して、自由の身になっていた女
である。ところがカトーとの結婚の直前になってスキピオが意思を翻し、あらゆる手段を使ってこの女を手
2 に入れてしまった。カトーは烈火のごとくいきり立ち、法廷に訴え出ようとしたものの、友人たちに止めら

---

(1) その事例が、九-4、一三-2にある。

(2) 賽を四個振って四個とも異なる目が出るのが最高とされ、女神ウェヌスの賽の目と呼ばれる。

(3) 二九-5のメンミウスと同一人物かもしれないが不明。

(4) 高官や貴族子弟が着用し、縁に沿って深紅色の飾りの付いた市民服（トガ・プラエテクスタ）を指すらしい。

(5) 四四-1、五〇-1参照。

(6) クィントゥス・カエキリウス・メテルス・ピウス・スキピオ。前五二年に娘をポンペイユスと結婚させて、ポンペイユスの同僚執政官に就任し、内戦をポンペイユス派の将として戦った。アフリカ戦役ではカトーと陣営をともにし、前四六年に敗れたあと自害する（五七―六〇）。レピダの家系は不明。

れて思いとどまり、代わりにイアンボス調の詩を作って、そこに若者らしい怒りのたけをぶちまけた。アル
キロコス流の刺すような言葉を駆使して、スキピオをさんざんに罵倒しながらも、大人気ない下品な言い回
3 しは避けた[1]。そしてセラヌス[2]の娘アティリアと結婚し、これがカトーにとって居をともにした最初の女とい
うわけだが、しかし唯一の女にはならなかった。これはスキピオの友人ラエリウス[3]の場合と違うところであ
り、この人は幸いなことに、長い生涯の間、最初に結婚した女をただひとりの妻として持ち続けることがで
きたのである。

八　スパルタクス戦争とも呼ばれるあの奴隷戦争が起こり、ゲリウスが指揮を執ったとき[4]、カトーは志願
2 して討伐軍に参加した。兄のカエピオが軍団将官として従軍していたので、その後を追ったのである。作戦
指揮の拙さから、気概と武勇の鍛錬のほどを思う存分に発揮することはかなわなかったものの、それでも同
行の将兵たちの眼に余る惰弱と放縦とは対照的に、さまざまな場面でカトーが見せた規律正しさと男らしさ、
3 そして勇気と思慮は、昔日の［大］カトーに一歩も引けをとらないと評された。それでゲリウスは、カトー
のために特別の褒賞や名誉の授与を指示したのだが、カトーの方は、名誉にあたいすることは何もしていな
いからと言って、それらをいっさい受け取らなかった。

4 しかしこの一件は、変わり者カトーの風評を広めるきっかけにもなった。その後、カトーが軍団将官に立
候補[5]したのは、官位立候補者に人名教示役[6]が同伴することを禁止する法律が制定されたときであるが、この
5 ときカトーはただひとりその法に従った。そして、出会った人にあいさつして話しかける行為を自分ひとり
で行なったものだから、そういうやり方を褒め称える人たちもいるにはいたが、そんな人たちでさえ、カ

トーを持て余すようになった。なぜなら、カトーの行ないのりっぱさを意識すればするほど、それが自分たちには真似のできないものと感じて、息苦しさを覚えたのである。

マケドニアとアジアへ

九　軍団将官に任命されたカトーは、法務官ルブリウスの下で務めを果たすべく、マケドニアに派遣される。

(1)イアンボスと呼ばれる韻律の詩は、作者の感情をあからさまに表わすのにしばしば用いられる。アルキロコスは前七世紀、ギリシアのパロス島出身で、罵言を並べるイアンボス詩を作った。このあとスキピオの方も負けずに、カトーを罵る文章を発表した（五七-3）。
(2)前六三年の財務官セクストゥス・アティリウス・セラヌス・ガウィアヌスか、または前一〇六年の執政官ガイウス・アティリウス・セラヌスのどちらかであろう。
(3)スキピオ・アエミリアヌスの友人ガイウス・ラエリウス。前一四六年、第三次ポエニ戦争でアエミリアヌスがカルタゴを攻め落としたときも、副官として指揮を執った。キケロ『友情について』は、ラエリウスが死んだ親友アエミリアヌスを思い起こしながら、友情を論じるという設定の作品である。
(4)剣闘士スパルタクスを首領とする奴隷反乱は前七三年に起こり、翌年には両執政官ルキウス・ゲリウス・プブリコラとグナエウス・コルネリウス・レントゥルス・クロディアヌスが征討に出たが、はかばかしい成果を得られなかった（『クラッスス』九-8―9）。反乱は、前七一年にクラッススの手で鎮圧された。
(5)軍団将官（tribunus militum）は各軍団に六名が配属され、執政官から指名されるものと、民会の選挙で任命されるものがあった。
(6)高官に立候補した主人に随行し、街中で出会った市民の名を主人に教える従僕。主人はその市民の名を呼んで言葉をかけ、好印象を与えようとした。

ることになった[1]。そのときこんなことがあったという。夫の出征を悲しんで涙を流すアティリアを前にして、
カトーの友人のひとりムナティウスが[2]「心配しないで、アティリア。この男は僕が守ってやるから」と言う
2 ので、カトーも「そうだ、間違いなく」と言い添えた。そのあと出発したふたりが一日目の行程を終えたと
き、夕食を済ませるが早いか、カトーは声をかけた「さあ、ムナティウス、アティリアとの約束を果たして
3 もらおう。昼も夜も僕のそばを離れないでくれ」。そう言うと同じ部屋に二つの寝台を置かせ、それ以降は
常にムナティウスがカトーに守られて眠るという戯れを続けたのである。
4 カトーに付き従ったのは、下僕が一五名、被解放民が二名のほか、友人が四名であった。彼らは馬を使っ
ての移動だったが、カトーだけはいつも自分の足で歩き、馬上の者とかわるがわるに言葉を交わしながら、
5 それと並んで進むのだった。陣営への到着後、軍団がいくつもあるなかで、司令官からそのうちのひとつの
指揮をゆだねられたとき、カトーは心中に、自分の徳性は自分ひとりのものだから、それを発揮しても王者
にふさわしい偉大な行為とは言えない、それよりも部下たちを、自分と同じような人間に作り変えてこそ誉
6 れになると考えた。そこで軍団将官という地位の威厳は保ちながらも、そこに説明を加え、何につけても言
葉で教え諭しつつ、それに続けて顕彰と懲罰を行なった。この結果、カトーが部下たちをすぐれた戦士にし
たのか平和の民にしたのか、また兵士たちの心中により多く育てたのは勇気なのか正義なのか、にわかに判
7 別しがたいほどであった。それほどまでに兵士たちは、敵には恐ろしく味方には穏やか、不正を犯すことに
は臆病で、称賛を受けることには熱心になった。
8 そうするうちにカトーにとってもっとも関心の薄かったもの、すなわち兵士たちからの評判、感謝、尊敬、

9 人望、それらがカトーのまわりにもっとも多く集まってきた。というのも、カトーは他者に命令する事を自分でもすすんで手がけたほか、身なりも寝起きも行軍のさまも、指揮官よりもむしろ一兵卒と同じにしていながら、品格と気概と弁舌は最高司令官とか総大将とか呼ばれる人を凌ぐほどであったから、カトー自身も
10 気づかないうちに、兵士たちの親愛を一身に集めていたのである。徳への真の渇仰というのは、その範を示す人への並々ならぬ親愛と尊敬がなければ生まれない。徳のある人を褒め称えながらも愛していないなら、その人の名声に畏怖を抱くことはあっても、その徳に感動することはなく、それを模倣することもないのである。

一〇 その頃カトーは、ストア派の学説に造詣が深く、コルデュリオンの添え名を持つアテノドロス(3)が、今ペルガモンで暮らしているというのを聞き付けた。当時すでに老齢で、これまで王などの権力者との交際
2 や友誼というものを眼の仇にして、いっさい拒んできた人だった。カトーは、使者や書簡を送って考えを伝えるだけでは埒が明かないと分かっていたので、規定による二ヵ月の休暇を取ると、この人に会いに海路で
3 アジアに向かった。自分の力量なら、狙った獲物を逃しはしないという自信があった。そして面会して議論

---

(1) 前六七年、マルクス・ルブリウスは法務官代理としてマケドニア属州を統治した。

(2) ムナティウス・ルフス。カトーの友人として行動をともにし、カトーの好ましくない面も含めて伝記を書いた。それが間接的にプルタルコスの史料にもなった（二五-1、三七-1）。

(3) タルソス（小アジア南部）出身のストア派哲学者。ペルガモンの図書館長を務めた。

に勝ち、相手の信条を変えさせることに成功すると、当人を連れて陣営に戻ってきた[1]。その頃、ポンペイユ
スやルクルスが軍隊を従えて各地を駆けめぐりながら、いくつもの民族や王国を平らげていたが[2]、それより
もはるかに価値のあるすばらしい戦利品を手に入れたと言わんばかりの、喜びにあふれた鼻高々の帰還で
あった。

一一　カトーがまだ軍務に就いていたとき、兄のカエピオがアジアへ向かう途中にトラキア地方のアイ
2 ノス[3]で病に臥した。知らせの手紙が、すぐにカトーのもとに届いた。当時、海は大荒れで、しかも十分な大
きさの船は手元になかったけれども、カトーは友人二人と下僕三人だけを連れて小さな荷船に乗り込み、
3 テッサロニケ[4]から船出した。そして危うく難破しそうになりながらも、奇跡のような幸運に助けられて到着
したのは、カエピオが息を引き取った直後のことだった。カトーが泣き叫び、遺体を抱いて、悲嘆に暮れる
そのさまは、不幸の耐え方として哲学者らしくない、感情に負けた者のように見えた。そのうえ葬儀に贅の
限りを尽くし、高価な衣装と香料を遺体とともに燃やしたことも、またアイノスの中央広場に八タラントン
4 の費用をかけて、タソス産[5]の大理石で墓碑を建立したことも、そのような印象を強めた。こういうことはカ
トーがふだん見せる克己心とは相容れない、と咎める者もいたが、そういう者は、恥ずべき快楽と恐怖と懇
請にけっして屈しないこの人の剛毅の下に、どれほどの慈悲と愛情が隠れているかを知らないのだ。
5 　このときは故人の弔いのために、各地の都市や豪族からも多くの供物が送られてきたが、カトーはそのう
ちの金銭についてはすべて辞退して、香料と飾り物のみを受け取り、しかもその場合でも送り主にその代価
6 を支払うのを忘れなかった。遺産はカエピオの幼い娘[6]と並んでカトーにも引き継がれることになったが、相

7 続に当たってカトーは葬儀に要した費用をいっさい要求しなかった。これがカトーをめぐる行動のすべてであるが、それにもかかわらず、こんなことを書いた者がいる、カトーは故人の遺骨を持ち出して篩にかけ、
8 黄金製品の火で溶けたのを探し出そうとした、と。しかもこれを書いた者[7]は、自身が尋問と断罪を免れたことを、剣だけでなく筆のおかげでもあると信じていたのである。

一三　カトーが軍務を終了して送り出されるとき、兵士たちから寄せられたのは、こんなときの慣例になっている祈念でもなければ称賛でもなく、いつ終わるとも知れぬ抱擁と涙であった。兵士たちはカトーが足を進める先々に外套を敷いたり、カトーの手に口付けしたりといった、当時のローマ人がきわめて限られ

(1) プルタルコスは、カトーと同じく、哲学者が為政者を感化して徳を広めることの必要を説き、このアテノドロスの一件についても、『哲学者はとくに権力者と語り合うべきことについて』七七七aで言及している。このあとアテノドロスはカトーの屋敷に滞在し、そこで生涯を終えた（一六-1、ストラボン『地誌』第十四巻五-一四）。

(2) ルクルスは前七三年以来、ポントスやアルメニアに遠征して、ミトリダテス王やティグラネス王と戦った。ポンペイユスは前六七年に海賊掃討を果たし、ルクルスから東方の司令権を引き継いで遠征を始めた。『ルクルス』七―三六、『ポンペイユス』三〇―四一参照。

(3) 現在トルコとギリシアの国境沿いを流れるヘブロス川の河口付近の都市。

(4) マケドニアのテルメ湾の奥、マケドニア属州の中心都市。

(5) トラキア沖の島。大理石の産地として知られる。

(6) 後にルクルスと結婚して離縁されるセルウィリア（二四-4―5）。

(7) カトーの自裁後、カトーを貶めてカトーの死を正当化し、自分に罪はないことを訴えるために『反カトー論』を書いたカエサル。この書物については、『カエサル』五四-3―6参照。

た司令官にしか取らない行動を、カトーに惜しまなかった。
2 さてこれから国政にかかわっていこうとしていたカトーであるが、帰国する前にしておきたいことが二つ
あった。ひとつはアジア各地を視察して回り、各属州の兵力や習俗や暮らしぶりを自分の眼で確かめること、
もうひとつはガラティアのデイオタロス[1]から、父祖代々の客友関係のよしみにより来訪を請われていたので、
3 その義理を果たすことであった。そのときの旅の進め方を説明しておくと、まず毎朝、夜明けとともにパン
職人と料理人を、今晩泊まる予定の町に向けて先発させる。先発した者たちは、その町にカトーの父祖譲り
4 の友人や知己がいない場合、誰にも負担をかけないよう、宿屋に入ってカトーを迎える支度をする。もし宿
5 屋がなければ、町の役人のもとへ願い出て、宛てがわれた宿所で満足する。役人との交渉のさいに怒鳴った
り脅したりしないので、かえって信用してもらえず、袖にされることもたびたびあり、そんなときは何の準
備もできないままカトーを迎えることになった。そしてカトーが現われると、その風貌がいっそう軽侮を招
6 き、荷物の上に黙って座っている姿は、不安に怯える下賤な男としか見えなかった。そこでようやくカトー
は役人たちを呼びつけ、いつもこんなふうに諭すのである「不心得者、旅人へのその不親切を改めるがよい。
ここに来る者がすべてカトーのような人だとは限らない。略奪するための口実を探している者に、すすんで
提供してくれなかったからしかたなく暴力に訴えたのだと言わせないために、親切という頑丈な盾を構えて
おきなさい」。

一三　シリアでは、こんな珍妙な体験もしたらしい。アンティオケイア[2]へ入ろうと歩みを進めていたときのこと、城門の手前の道に沿って両側に大勢の人が列をなしているのが見えた。一方の側には軍用外套着用

の青年たちが、もう一方の側には着飾った少年たちが立ち並び、さらに真っ白な衣を身にまとって頭には冠
2 を着けた人たちもいて、これは神官あるいは役人のようだった。カトーはてっきり、自分のためにこの都市が何かしら歓迎の式典をしてくれるものと思い、先行させておいた召使いたちがそれを止めなかったことに腹を立てたが、ともかく友人たちに馬から下りるよう指示したあと、そろって徒歩でそちらに近づいていっ
3 た。ところが一行がそばまで来たとき、手に杖を持って冠を着けた姿で、それまで群衆を並ばせてその場のすべてを取り仕切っていた、すでにかなりの老齢と見える人物が進み出て、カトーに歩み寄ったかと思うと、あいさつもせずに問いかけた、デメトリオス様をどこに残してきたのか、あの方はいつ到着されるのか、と。
4 デメトリオスというのは、かつてポンペイユスの下僕だった男である。当時はポンペイユスが人々の注目を一身に集めていたから、主人のかたわらで大きな権勢をふるっていたデメトリオスも、身分不相応の厚遇を
5 受けていたのである。これを聞いたカトーの友人たちは腹を抱えて笑い出し、そろって群衆の間を通り抜ける間も、可笑しさをこらえられなかった。カトーはというと、どうにもきまりが悪くて、「なんと不幸な

(1) ガラティアはアナトリア中央部にケルト人が築いた支配地域。デイオタロスはこの頃はガラティア西部の首長だったが、後にミトリダテス戦争でのローマへの忠実な協力ぶりにより、ポンペイユスから領土拡大を認められて、ガラティア王を名乗る。

(2) オロンテス河畔に位置するセレウコス王朝の都。現アンタキヤ。

町」とつぶやいたきり、それ以上は何も口に出さなかった[1]。しかし後に、この一件を思い起こし語り聞かせるようなときには、必ず自分でも笑い出すのだった。

一四　しかしながらカトーに対して、知らなかったとはいえ、このような失礼なふるまいに及んだ人たち
2 は、当のポンペイユスの態度を見て、過ちを悔いるはめになった。というのも、カトーがエペソス[2]にいるポンペイユスを訪ね、自分よりも年長[3]で名声もはるかに大きく、当時最大の軍隊を統べていたこの将軍への表敬に参じたとき、ポンペイユスはカトーの姿を認めると、その場に座ったまま迎えるのをよしとせず、まる
3 で上位の人に対するかのように、席を立って自分の方から歩み寄り、右手を差し出した。そして滞在中の歓迎と歓待のおりはもちろんのこと、出立したあとにはそれにもまさる熱を込めて、カトーの徳への賛辞を語り続けたのである。このため人々はみな反省して、カトーに敬意を払うようになり、それまで侮っていたものを今や賛嘆のまなざしで見つめ、この人の物腰の穏やかさと気象の大きさを思い返すのだった。

4 とはいえカトーに向けられたポンペイユスの称賛が、真情から出たものではなく、歓心を買うためのものであることも人々は感じ取り、カトーがそばにいたときにはあれだけ褒めておきながら、立ち去るときには
5 むしろ喜んでいるのを見逃さなかった。いつもなら、訪ねてきた若者が去ろうとすると、いつまでもいてほしいと言って熱心に引き止めるのに、カトーに対してはそのような懇請をいっさいせず、まるでこの人がいる限りは執務審査を終えられない政務官のように、うれしそうに送り出したのである。別れのおりには、ローマに帰航する人たちの中からカトーひとりを選んで——カトーがポンペイユスにとって親戚に当たるという事情もあったが[4]——その手に妻と子供を託しもした。

6 これ以来、各地の都市はわれもわれもとカトーを饗宴に招待するようになり、栄誉を競い合ったものだか
ら、カトーは友人たちに依頼して、自分が知らず知らずのうちにクリオ[5]の予言を実現することのないように
7 監視してほしいと頼んだ。というのもかつてクリオは、顔なじみの友人カトーの堅物なのに閉口して、軍務
8 の終了後にアジアを見て回るつもりはないかと尋ねたことがある。カトーが「ぜひそうしたい」と答えると、
クリオはこう言ったのである「それはいい。あちらから帰ってくるときには、君も棘がなくなってもっと柔
らかい人間になっているだろうから」。クリオが使ったのはおよそこんな意味の言葉だった[6]。

一五　ガラティアのデイオタロスがカトーを招いたのは、この王が当時すでに老齢で、子供たちと一族の将来をカトーに託したいと望んでいたからである。カトーが到着すると、デイオタロスはさまざまな贈り物を持ち出し、あの手この手で願いを聞き入れてもらおうとしたものだから、かえって相手の機嫌を損ね、結

(1) 以上の逸話は、『ポンペイユス』四〇-1-5にも記される。当時すでに奴隷身分から解放されていたデメトリオスは、ポンペイユスとともに東方遠征から帰ったあと、四〇〇〇タラントンの遺産を残すまでになった（『ポンペイユス』二-9）。

(2) イオニア地方の海岸付近、アジア属州の主要都市。

(3) ポンペイユスは前一〇六年生まれだから、カトーよりも一一歳年上になる。

(4) どういう親戚なのか不明。当時のポンペイユスの妻ムキアとカトーが遠い縁戚に当たるのか。

(5) 前五〇年の護民官でカエサル派のひとりガイウス・スクリボニウス・クリオを指すか（『カエサル』二九―三一）。

(6) この文はクリオのラテン語をギリシア語に置き換えるにあたって、プルタルコスが差し挟んだ断り書き。

2 局カトーは夕べに着いて、一晩泊ったあと、翌日の第三時頃(1)に早くも出立してしまった。ところがそこから
一日行程のペッシヌス(2)に着いてみると、そこには以前にもまさる大量の贈り物が待ち構えていて、添えられ
たデイオタロスの手紙にこう書いてあった。もしカトー自身に受け取る意思がないとしても、友人たちには
受け取りを認めてやってほしい、彼らはカトーの友人として福を授かる資格があるのに、カトー自身の財産
3 にはそのための余裕がないのだから、と。友人たちの中にはこの申し出に頬をゆるめ、カトーにそれとなく
不満を洩らす者もいるのは承知していたけれども、カトーはやはりこれを断った。そして、どんな贈り物を
受け取るときも、何かしらの口実は見つかるものだ、だが私は正当な方法で手に入れたものを友人たちに分
け与えてやりたいのだ、と諭して、贈り物をデイオタロスのもとに送り返した。
4 その後、「イタリアの港」ブルンディシウムへ向けて出航する段になったとき、友人たちはカエピオの遺骨
を別の船に載せるべきだと忠告したが、カトーは兄の遺骨と別れるくらいなら自分の命と別れる方がましだ
と言って、同じ船で港を出た。ところが海を越えるとき、他の船は平穏な航海であったのに、カトーの船だ
けはどういうわけかただならぬ危険に遭遇したという。

財務官時代

一六　ローマ帰国後のカトーの生活は、自邸内でアテノドロスと語り合うことと、中央広場で友人たちに
2 力を貸すことで過ぎていった。財務官就任の年頃になっていたのだが(3)、立候補する前に、まず財務官にかか
わる法律を読み通し、経験者にいろいろと問いただして、この官位の権限についてその輪郭を把握してお

3 た。だから任に就いたあとは、ただちに財務局の下役である書記の改革に取りかかった。というのも書記たちは法律や公文書に日々接して通暁しているので、若い財務官が無知と経験不足ゆえに、やむなく誰かに指導ないし助言を求めざるをえないのを幸いに、上官に権限を譲ろうとせず、まるで自分が財務官であるかの
4 ようにふるまっていたのである。しかしカトーは仕事全般に目を配り、財務官の地位と名称だけでなく、理知と思慮と気概をしっかりと持って、書記が不正を行なっていれば叱責する、過失を犯していれば指導する
5 というふうに、彼らを下役として扱うという本来の姿に立ち返ろうとした。しかし書記たちの方も負けずに、他の財務官のもとに駆け込んで阿諛追従を並べる一方、カトーに対して戦う姿勢を見せた。そこでカトーは、まずひとりを財産相続にかかわる背任行為があったと判断して財務局から追放し、次に別のひとりを横領の罪で訴追した。

6 ところがその裁判で弁護人として現われたのは監察官ルタティウス・カトゥルス(4)、すなわちその官位によって大きな威信を有するばかりか、公正と賢慮にかけてはすべてのローマ人をしのぎ、それゆえその徳に

---

(1) 日の出から日の入りまでを一二等分したうちの三番目の時間。

(2) ガラティアの西辺、プリュギアとの境界付近の都市。

(3) 財務官は、スラが増員して以来、毎年二〇名が選ばれる。政界の出世経路（「名誉の階梯」とローマ人が呼んだもの）の最初の段階であり、当時は二九歳が就任の下限年齢とされていた。カトーが就任したのは、前六五年または前六四年。

(4) クィントゥス・ルタティウス・カトゥルスは前七八年の執政官。前六五年春に監察官に就任した。監察官の任期は一八ヵ月だが、同僚のクラッススとの軋轢により、任期満了の前に両名とも辞任した（『クラッスス』一三-1―2、『ポンペイユス』一六-2、『カエサル』六-6）。

7 よって絶大な威信を有する人物であり、しかもカトーの生き方を称賛して親交も結んでいる人物だった。裁
判ではカトゥルスが劣勢に追い込まれながらも、被告の釈放を堂々と要求し続け、カトーがそれを許さない
という展開になった。それでもなおカトゥルスが引き下がろうとしないので、カトーが言った「恥ずかしい
ことです、カトゥルス、監察官として私たちの生活を審査する義務を持つあなたが、私たちの従者の手で法
8 廷から追い出されるというのは(1)」。カトーの放ったこの言葉に、カトゥルスは何か言い返そうとするかのよ
うにカトーを睨み付けたが、結局ひと言も発せず、怒りからか恥ずかしさからか、当惑したような表情で
9 黙ったまま出ていった。ところが被告は有罪にならなかった。当初、有罪票が無罪票を一票だけ上回ってい
たのだが、ここにマルクス・ロリウスというカトーの同僚財務官のひとりで、病気のために裁判を欠席して
いた人がいて、この人のもとにカトゥルスが使いを出し、被告を助けてほしいと頼み込んだ。ロリウスは担
10 架に載せられて法廷に運び込まれ、無罪票を投じたというわけである。ただしカトーはその後その書記を使
うことはなく、給与も差し止めてしまい、そもそもロリウスの票は無効だと主張した。

一七　こうして書記たちを押さえ込んで部下の立場に置き直すことに成功し、自分の意図のとおりに仕事
を進められるようになると、カトーはたちまちにして財務局が元老院にもまさる枢要な機関であると人々に
印象付け、その結果誰もが、カトーは財務官位に執政官の権威を与えたと認め、それを口にするようになっ
2 た。カトーの業績の第一は、国庫と多数の個人の間で、債権と債務が長年にわたって放置されているのを発
見し、厳しく容赦ない取り立てと、疾くすみやかな支払いによって、国家が受けている不当な損害と不当な
利得の双方を終わらせたことである。国庫からくすね取ろうと謀っていた者が返済を強いられ、国庫からの

3 回収をあきらめていた者が返済を受けるのを見て、民衆はおおいに溜飲を下げた。第二に、財務官に不正な書類を提出する者が多くいて、財務官の方もこれまでは、持ちつ持たれつで偽造決議を受け入れるのが習慣
4 になっていたが、カトーはそのようなことをいっさい見過ごさなかった。あるとき決議のひとつが真正かどうかを疑い、それを肯定する多くの証言があっても信用しようとせず、執政官が出頭して誓言するに及んでようやく受理したこともある。

5 またあのスラの保護停止公告にもとづいて殺人を犯し、その報酬として一万二〇〇〇ドラクマを受け取った者は数多くいて[2]、いずれも呪われて穢れた人間として国中の嫌悪の的であったが、誰も彼らを処罰する勇
6 気がなかった。ところがカトーは彼らをひとりずつ呼び出すと、怒声と説諭をおりまぜて、件の行為を神の
7 法にも人の法にも反する蛮行と非難し、公金の不正取得に当たるからとこれを返還させた。返還を終えた者はただちに殺人罪で告発され、すでに有罪が決まっていたようなものだが、ともかく陪審法廷に連れ出され、処罰された。人々はみな、これで近年の暴政がきれいに拭い去られ、スラ自身が断罪されるのを見ているような気がして、快哉を叫んだものである。

---

(1)『気弱さについて』五三四d、『政治家になるための教訓集』八〇八eでも、カトーのこの台詞が紹介される。

(2)スラは保護停止公告の対象者を殺した者に、二タラントンを報酬として支給した(『スラ』三一-7)。二タラントンは一万二〇〇〇ドラクマに相当し、ローマ貨幣の一万二〇〇〇デナリウスに換算される。スラの圧制とカトーについては、三-3-7参照。スラ自身は前七八年に死んでいる。

一八　休むことを知らない勤勉な働きぶりも、カトーが民衆の心を捉えた理由である。カトーは同僚の誰
2 よりも早く財務局に登庁し、誰よりも遅く退庁した。民会にせよ元老院にせよ欠席したためしがなかったの
は、罰金や税金の免除さらには勝手放題の給付を認める提案を警戒し、人気欲しさからそんな案に賛成票を
3 投じる手合いを監視するためであった。そして国庫を偽告発者の汚れた手から解き放ち、資金が十分にある
4 のを示すことによって、国家は不正を犯さなくても富裕でいられるのだと国民に教えた。同僚財務官の中に
は、初めのうちカトーを気難しい厄介な男と思う者もいたけれども、後には誰もが信頼を寄せるようになっ
た。というのもカトーは、公金を私情で引き出したり、歪んだ裁定を下したりしないことに由来する怨嗟を
一手に引き受けてくれ、力ずくで要求してくる者たちの攻撃から、身を守る盾になってくれたのである。同
僚たちはこう言いさえすればよかったのだ、カトーが認めないのだからどうしようもない、と。
5 　任期の最後の日、カトーは全市民に当たるほどの付き添いを従えて自宅に向かっていたが、そこへ報告が
入り、マルケルス[1]が財務局で知己の有力者の一団に取り囲まれ、いわれのない公金支出の承認書をむりやり
6 に書かされそうになっていると知らされた。マルケルスはカトーの幼なじみで、カトーといっしょにいると
きは申し分のない同僚なのだが、ひとりになると要求を持ち込む人たちへの配慮に引きずられ、何でも恵み
7 与えようとするのだった。カトーはすぐさま引き返したが、マルケルスがすでに圧力に屈して支出承認書を
書き終えたのを見つけると、書板を寄越せと言って、マルケルスが呆然と見つめるなかで、たった今書かれ
8 た文字を消してしまった。それからマルケルスを財務局から連れ出し、自宅に留め置いたが、マルケルスは
9 不平をそのときも後日もいっさい口にせず、終生カトーとの親交と友情を保った。こうして財務官を退いた

カトーだが、その後も国庫を監視のないまま放っておくつもりはなかった。毎日従僕を遣わして収支記録を書き写させたばかりか、スラの時代から自身の財務官時代にいたるまでの国庫会計記録を収めた書を五タラントンで買い求め、常に手元に置いていたのである。

元老院議員として

一九　元老院議場へは誰よりも早く入り、誰よりも遅く出た。(2) 他の議員たちが集合に手間取っているようなときは、座席に着いたまま市民服を書物の前に掲げ、静かに読みふけっていることがよくあった。
2 議会の開かれるときは、けっしてローマを離れることがなかった。後年、ポンペイユスたちが不正な企みを実現しようとしたとき、カトーだけは説得によっても脅迫によっても意見を変えないので、友人の弁護や仲裁や各種業務などあの手この手を使って、この人を議場から遠ざけておこうとした。カトーはすぐにこの狙いに気づき、それらの用件をすべて断ったうえ、元老院開会中は他の事はいっさい行なわないという規則をみずからに課した。
3 そもそもカトーが国政に身を投じたのは、他の人と違って、名声や富を得るためでもなければ、運と成り行きによるのでもなく、政治というものが有徳の士にふさわしい活動だと思い定めたからだった。だから蜜蜂が蜜の採集に明け暮れるのにもまして、自分は国家の事に全力を傾けるべきだと考えたのである。

(1) この頃にクラウディウス・マルケルスという名の人物が三人いて、いずれも後に執政官になったが、そのうちのどれであるかは不明。

(2) 財務官を経験すると、元老院議員の資格を得る。

4 そのほか各地の属州の情勢や、そこで行なわれた重要な決定と裁判について、現地の客友や知己を通じて報
告してもらうことにも注意を怠らなかった。
5 民衆扇動家クロディウス[1]の前に立ちはだかったこともある。そのときこの男は大掛かりな国政変革を起こ
そうと動き始めていて、まず民衆の前で男女の神官たちを誹謗したのだが、その中にキケロの妻テレンティ
6 アとは姉妹になるファビア[2]がおり、このファビアが窮地に立たされたのである。カトーはクロディウスに大
恥をかかせ、市外退去に追い込んだ。そのことでキケロから感謝されたとき、カトーは、感謝するなら国家
にするべきです、私はあらゆる政治活動を国家のために行なっているのですから、と返した。
7 これがきっかけとなって、カトーの名は都中に広がった。あるとき裁判で証人がひとりしか現われなかっ
たので、弁士が陪審員団に向かって、たったひとりの証人を信用するのは妥当とは申せません、たとえそれ
がカトーであっても、と訴えたほどである。それ以来、信じがたいことや常識外れのことについて否定する
場合、慣用句のように、たとえカトーが言ったとしても信じられない、という言い回しがさかんに使われる
8 ようになった。またある自堕落で贅沢三昧の暮らしを送っている男が、元老院の演説で質素と節制を説いた
ときには、アムナエウスが立ち上がってこう言った「おい君、クラッススのような食事を取り、ルクルスの
9 ような邸宅を建て、カトーのような演説をして、誰が耳を傾けるだろう[3]」。ほかにも、品性を欠いただらし
ない生活を送っているのに、言うことだけは真面目で厳粛な人間を揶揄して、カトー[4]と呼ぶこともあった。

護民官選出

二〇　護民官就任への呼び声はあちこちから掛かるようになったが、カトーはこの地位の権限の大きさを
思い、強い薬のようなその権力を、それを必要としない情況で振り回すのは良いことではないと考えていた。
2 そして国務の閑暇のときでもあり、ルカニア(5)に自由な時を過ごせる別荘を持っていたのを使おうと、書物数
3 冊と哲学仲間数人を引き連れ、そちらへ向かう道を歩き始めた。ところが途中、あふれるほどの荷物を運ぶ
役畜と従者の大群に出くわし、それが護民官立候補の準備を完了してローマに上るメテルス・ネポス(6)の一行
4 だと聞かされると、立ち止まって黙り込み、しばらくしてから同行の人たちに引き返そうと促した。友人た

(1)前五八年の護民官でキケロの宿敵プブリウス・クロディウス・プルケル（『キケロ』二八―三五）。

(2)テレンティアとは異父の姉妹。炉の女神ウェスタに仕える巫女六名のうちのひとり。巫女は三〇年間の奉仕期間中は貞潔を守らねばならず、犯した場合は生き埋めと定められていた（『ヌマ』一〇）。ファビアは、前七三年、後に国家転覆を図ったカティリナとの密通の疑いをかけられたが、無罪放免になっていた（サルスティウス『カティリナ戦記』一五-一）。この事件をクロディウスはあらためて問題にしたらしい。

(3)『ルクルス』四〇-3に同様の逸話が紹介されるが、そこではこれがカトー自身の発言になっている。ルクルスは晩年、巨富をつぎ込んで豪華な屋敷で逸楽の生活を送った。クラッススは貪欲な富の追求者だった（『クラッスス』二）。アムナエウスについては不詳。

(4)底本校訂者は「偽カトー」という訂正を提案している。その方が理屈は合うだろうが、写本どおりに訳す。

(5)イタリア南部、カンパニアの南の地方。

(6)クィントゥス・カエキリウス・メテルス・ネポス（前五七年の執政官）。ポンペイユスの東方遠征に副官として従い、ポンペイユスに先立って帰ってきた。ポンペイユス自身のイタリア帰国は前六二年の終わり頃。

ちが驚いて理由を尋ねると、カトーは言った「君たちには分からないのか。メテルスは自身が狂気に憑かれ
た恐ろしい男だが、それが今ポンペイユスの指図を受けて現われた以上、きっと雷のように国家に襲いかか
5 り、すべてを粉々にしようとするはずだ。田舎で閑暇を楽しんでいる時ではない。あの男を押さえ込まねば
6 ならない。それができなければ、自由のための戦いの中でりっぱに死を遂げるのみ」。それでも友人たちが
異存を唱えるので、カトーも折れてとりあえず別荘まで行き、そこで少しばかり過ごして、そのあと都に
7 戻った。夕方に帰宅すると、その翌朝には早くも中央広場に降りていって護民官に立候補し、メテルスと対
8 決するべく名乗りを上げた。実際、護民官の権限というのは、何かを実行するよりも阻止するのに大きな力
を持ち、もしひとりでも反対者がいれば、たとえそれ以外のすべての護民官が賛成票を投じても、議事を制
するのはその不同意を表明した者なのである[1]。

二一 初めのうち、カトーの周囲には友人が少しばかり集まっただけだったが、やがて立候補の意思が知
れ渡ると、たちまち一流の名士たちがわれもわれもと駆けつけ、カトーに応援の言葉をかけるようになった。
君は恩を受けようとしているのではない、むしろ良識ある市民と祖国に至高の恩を施そうとしているのだ、
なぜなら平穏なときにこの官位に就く機会はこれまでに幾度となくあったのに、そのときはそれを望まず、
2 あえてこの危急のときに[2]自由と国家のために戦うべく立ち上がったのだから、と励ましたのである。一伝に
よれば、期待と熱気にあおられて、あまりに大勢の市民が押し寄せてきたために、カトーは息もできないほ
どになり、群衆の間をかき分けながらようやく中央広場にたどり着いたという。

3 結局、カトーはメテルスを含む他の候補者たちとともに、護民官に選出された。選出後は執政官選挙で票

の売り買いが横行しているのを目の当たりにし、(3) 民衆を叱責するとともに、演説の終わりに、買収を図った者は誰であれ訴追すると宣誓した。ただしシラヌスを例外としたのは、この人がカトーの［異父］姉セル
4 ウィリア(4)の夫だという縁戚関係が理由である。それでシラヌスは大目に見ることにしたが、ルキウス・ム
5 レナ(5)に対しては、シラヌスと並んで執政官になるために金をばらまいたとして訴訟を起こした。法の定めにより、被告は告発者に常時監視人を付けておくことが許され、それによって、告発者が裁判のために行なう証拠収集と準備のすべてを把握できるようになっている。しかしムレナがカトーに付けた監視人は、かたときもカトーのそばを離れずに目を光らせていたにもかかわらず、準備に作為や不正はいっさい見つけられず、

(1) 護民官は毎年一〇名が平民会で選ばれる。プルタルコスの記述からは、拒否権（veto）が他の護民官の決定に対してのみ行使しうるように読めるが、実際は各種政務官の行為、選挙、法案、元老院決議に対して広く適用される。

(2) メテルスを先兵として、ポンペイユスが東方遠征から軍隊を率いたままローマに現われるのではないかという危惧があったほか、カエサルなどの民衆派が元老院閥族派への攻勢を強め、さらにカティリナによる過激な国政変革の計画も進められていた。

(3) 前六三年の夏、護民官選挙に続いて執政官選挙が行なわれた。このときの執政官選挙の立候補者の中に、当選したデキムス・ユニウス・シラヌスとルキウス・リキニウス・ムレナのほかに、カティリナがいた（『キケロ』一四-8）。前六三年の執政官がキケロ。カトーとメテルスが護民官に就任するのは前六三年十二月である。

(4) 一-1参照。

(5) ルクルスの東方遠征に副官として従い（『ルクルス』一五-1、一九-8、二五-6、二七-2）、帰国後の前六五年に法務官に就任した。ムレナの告発者にはカトーと並んでもうひとり、やはり前六二年執政官に立候補して敗れたセルウィリウス・スルピキウス・ルフスがいた。

6 告発のための真っ直ぐな正しい道を明るく堂々と歩んでいるさまが目に入るだけだった。その決意と品性に感銘を受けた監視人は、しばらくすると、中央広場に行こうとしてカトー邸の前を通るおり、カトーに今日は告発にかんする仕事を行なう予定があるかどうかを尋ね、ないという返事ならそれを信用して立ち去ってしまうようになった[1]。

7 裁判が始まると、当時の執政官でムレナの弁護に立ったキケロが[2]、ストア派哲学者や逆説（パラドクサ）
8 と呼ばれるその教説をさんざんに茶化してカトーをからかい、陪審員を笑わせた。カトーは苦笑して、かた
9 わらの人たちにこう洩らしたそうだ「おい、われわれの執政官はとんでもないひょうきん者だ[3]」。こうしてムレナは無罪判決を受けたのだが、その後はカトーに対して恨みを持つことも卑しい行動をとることもなく、
10 むしろ執政官就任後は重要事について意見を請うなどして、尊敬と信頼を寄せ続けた。これはカトー自身の人柄がそうさせるのであり、この人は演壇上や元老院内では正義のために情けを捨てるこわもての男になるが、それが終わると誰に対してもやさしく親切に接するのである。

カティリナ事件

二二　カトーは護民官就任前から、執政官位にあるキケロのために、その権威をさまざまな闘争の場で支えてやったが、なかでもカティリナをめぐる事件では、あの見事な大逮捕劇に最後の決着をつける役目を果
2 たした。カティリナ自身はローマ国家を根底から覆そうとする変革の陰謀をめぐらし、内乱と戦争を同時に
3 引き起こそうと図っていたところを、キケロに暴かれ、都から逃げ出した[4]。しかしレントゥルスとケテグス

を始めとする大勢の仲間たちが陰謀を引き継ぐと、カティリナを臆病な小心者と嘲りながら、自分たちだけで都に放火してすべてを焼き払い、諸民族の蜂起と外国の開戦を誘ってこの国の覇権をひっくり返してやろうと狙っていた(5)。

4 まもなくしてこの計画が露見し、キケロの伝記に書いておいたように、その処遇についてキケロが元老院
に諮ったとき、最初に発言に立ったシラヌスは、この者たちを極刑に処するべきだという意見を述べた(6)。そ
5 の後に発言した議員たちも、みな次々に同じ考えを表明し、やがてカエサルに順番が回ってきた。カエサル
は巧みな弁論家であると同時に、国家の変革と動乱は何であれ、自分の企みを実現するための焚き木になると考え、それゆえ火が消えかかっているのを座視するよりもむしろ煽り立てようとする男だった。そこでカ

(1) この逸話は『いかに敵から利益を得るか』九一d—eでも紹介される。

(2) キケロは執政官選挙では友人のスルピキウスを支援していたが、ムレナとも親交があった。『キケロ』三五-4参照。

(3) キケロは厳格なストア派の教説を信奉するカトーに、人格の高潔さを認めつつ、ときには穏やかさも必要と語りかける(キケロ『ムレナ弁護』五八—六六、七四—七七)。この逸話は『デモステネスとキケロの比較』一-5でも紹介される。

(4) ルキウス・セルギウス・カティリナは執政官選挙に敗れたあと、暴力的手段による権力奪取をめざして共謀者たちと計画を進めたが、キケロから陰謀の証拠を示され、前六三年十一月八日の夜に三〇〇人の兵士を連れてローマを抜け出した(『キケロ』一四—一六)。

(5) プブリウス・コルネリウス・レントゥルス・スーラとガイウス・コルネリウス・ケテグスは、市内放火と元老院議員殺戮の段取りまで決めていたが、キケロに証拠をつかまれ、十二月三日に逮捕された(『キケロ』一七—一九)。

(6) 元老院議会が開かれたのは十二月五日。シラヌスは次期執政官として最初に発言した。『キケロ』二〇—二一、『カエサル』七-5—八-1参照。

エサルは立ち上がると、言葉を尽くして寛容と慈悲を説き、この者たちを裁判を経ないまま処刑することは
6 許されない、拘禁して幽閉するべきだ、と主張した。すると元老院議員たちは民衆への恐れからこぞって意見を変え、シラヌスまでもが前言を翻して、自分は死刑と言ったのではなく拘禁刑と言ったのだ、拘禁刑こそがローマ人にとってもっとも厳しい刑罰なのだから、と言い出す始末だった。

二三　こうして潮目が変わり、誰もが穏健で寛大な処分へと流されようとしていたとき、カトーがさっと立ち上がったかと思うと、激しい怒りをもってその意見に猛然と挑みかかった。[1] カトーはまずシラヌスの転向を詰り、続いてカエサルに矛先を向けてこう弁じ立てた――カエサルは民衆向けの甘い顔と寛大な言葉によって国家の転覆をもくろみ、元老院を恐喝しているが、むしろ自分の身を心配するべきであり、もしこのたびの事件で自身が罪に問われることも疑いをかけられることもなく切り抜けられれば、それを喜ぶべきな
2 のだ。それほどまでにカエサルは、臆面もなく堂々と国家の敵を救い出そうとしているのであり、かくも偉大でかくもりっぱな国家が破滅の淵に立っていようと、哀れみなど感じないとみずから認めているのである。そして生まれるべきでなく成長するべきでなかった者たちのために涙を流し、彼らの死によって国家が大量殺戮の危機から救われるのではないかと案じて、悲嘆に暮れているのである。

3 この演説はカトーが行なった中で、唯一、今なお保存されているものであり、これはひとえに執政官キケロのおかげだと言われている。というのもキケロは、書記のうちで筆運びのとくに速い者を選び、その者たちにある短く小さな記号で多くの文字を表わす方式を教え込んで、数名を元老院議場内のあちこちに配置し
4 ておいたのである。それまでは速記術というものが知られておらず、速記生の訓練も行なわれていなかった

5 のを、このときキケロが初めて使って世に出したというわけである。(2) ともかくカトーのこの演説が決め手となって、議員たちは意見を変え、票決により件の者たちの死刑が決まった。(3)

家族の女たち

二四　さて心の肖像画を描こうとする者にとって、(4) 当該人物の人柄をうかがわせるできごとは、たとえ些細な事であっても逃すわけにいかないとすれば、あの一事にも触れておくべきであろう。このときこんなことがあったと伝えられる。カトーとカエサルの争論と対立が深まり、元老院内の視線がこの両名に集まって
2 いたとき、一枚の小さな書板が外から持ち込まれて、カエサルの手元に届けられた。カトーがそれに疑いの眼を向け、これこそ誰かとの共謀の証拠と追及して、それを読み上げるよう要求したところ、カエサルはそ
3 ばに立っていたカトーに書板を手渡した。しかしカトーがそこに見たのは、カエサルとの道ならぬ恋に落ちた姉のセルウィリアが情人に宛てた淫らな手紙であり、カトーはそれを読むなりカエサルに投げつけ、「取っ

（1）『キケロ』二一-4によれば、最初にカエサルに反論したのはクィントゥス・ルタティウス・カトゥルスであり、カトーはその後に続いた。『カエサル』八-1―2参照。

（2）この速記法を考案したのは、ティロという名のキケロの従僕で、有能な秘書として主人から信頼され、自由身分を得た人である。ティロ書記法と呼ばれる。

（3）レントゥルスとケテグスを含む五人が即日処刑された。

（4）プルタルコスはしばしばみずからの伝記の方法を人物の肖像画にたとえる（『アレクサンドロス』一-3、『キモン』二-3―4）。

ておけ、酔っ払いめ」と浴びせたあと、そのまま再び演説を始めたという[1]。
4 総じてカトーという人は、家族内の女たちのことでは運に見放されていたらしい。まず、カエサルとの醜
聞を起こしたこのセルウィリアのほかに、やはりカトーの姉で、それに劣らず体裁の悪い仕儀にいたったも
5 うひとりのセルウィリア[2]がいる。この女はローマ随一の名声を誇るルクルスと結婚し、一子をもうけておき
6 ながら、不貞の廉で婚家を追い出された。そして何よりもひどい面汚しとなったのは、カトーの妻アティ
リア[3]までがこの種の過ちに落ちたことであり、カトーはふたりの子[4]を産んでくれた妻ではあったが、体面を
汚す行為に及んだ以上、追い出さざるをえなかった。

二五 その後カトーは、ピリップス[5]の娘で貞淑な女と評判のマルキアを妻に娶った。この女をめぐっては、
多くの議論がある。カトーの人生の中でこの部分は、いわば悲劇の中にあって解釈の分かれる難しい問題の
2 ようなものなのである。そのいきさつを、トラセアがカトーと親しい付き合いのあったムナティウスの記録
にもとづいて伝えるところに従って、ここに書いておこう[6]。

3 カトーに称賛と喝采を送る人たちが数多くいる中でも、きわだって熱心なのが幾人かいて、そのうちのひ
4 とりが輝かしい名声と誠実な人柄で知られるクィントゥス・ホルテンシウス[7]であった。この人はカトーと友
誼を結び行動をともにするだけでは満足せず、なんとかして自分の家と血筋をまるごとカトーの家系に結び
付け、ひとつの系譜に連なりたいという願いから、娘のポルキアを妻にもらいたいと申し出た。ポルキアは
すでにビブルス[8]と結婚しており、子供もふたりいるのだが、ホルテンシウスはそのポルキアを肥沃な畑のよ
5 うに、もう一度耕して子供を産ませるために使わせてほしいと、カトーを説得にかかったのである。ホルテ

ンシウスの論じるところによれば、そのような行為は人間の見地からすれば不適切なことだが、事の本性から見ればすばらしいことであり国益にもかなう。なぜならそうすることによって、若くて精力旺盛な女が出産活動を止めたまま無為の日々を過ごしたり、すでに子の足りている家で余分な子を産んで、家に出費の重荷を負わせたりするのを防げるからだ。さらに善き人々が子孫を共通にすれば、一族の中に徳を豊かに繁らせ栄えさせられるのみならず、縁戚の繋がりによって国家そのものを融和に導くこともできる。もしビブル

6 7

（1）異父姉セルウィリアはシラヌスと結婚している（二一-3）。以上の逸話は『ブルトゥス』五-2-4でも紹介される。カエサル暗殺者ブルトゥスは、セルウィリアがシラヌスとの結婚の前に結婚していたマルクス・ユニウス・ブルトゥスとの間に産んだ子。

（2）ルクルスと結婚したセルウィリアがカトーの姉というのはプルタルコスの思い違い。実際にはカトーの異父兄カエピオの娘（一一-6）。結婚後、身持ちの悪さから離縁された。以下の二九-6のほか『ルクルス』三八-1でも、このセルウィリアがカトーの姉と説明されている。

（3）七-3、九-1参照。

（4）ポルキア（二五-4）と、父と同名の長男（五二-4の「兄の方」）。

（5）前五六年の執政官ルキウス・マルキウス・ピリップス。カトーがマルキアと結婚したのは前六二年頃。

（6）ムナティウスについては九-1参照。プブリウス・クロディウス・トラセア・パエトゥスは後一世紀の歴史家。ムナティウスが書き残したものをもとにして、カトーの伝記を著わした。以下のできごとは、前五六年頃、カトーが三九歳くらい、ホルテンシウスが五八歳くらいのときのことらしい。

（7）クィントゥス・ホルテンシウス・ホルタルスはキケロの先輩の雄弁家（『キケロ』七-8、三五-4）。前六九年の執政官。

（8）マルクス・カルプルニウス・ビブルス。前五九年にカエサルの同僚執政官に就任し、閥族派の立場からカエサルに抵抗した（三一-7、『カエサル』一四-2）。前四八年、アドリア海でポンペイユス派の艦隊を指揮しているときに病死した。その後、ポルキアはブルトゥスと再婚する（七三-6、『ブルトゥス』一三-3）。

スがどうしても妻を手離そうとしないなら、私の子を産ませた後すぐに返してやるから、それで私はビブル
スともカトーとも共同の子供を持つことになり、いっそう縁を深めることができる。
8 このようなホルテンシウスの主張に対し、カトーの答えは、自分はホルテンシウスを敬愛し、家系の共有
にも異存はないが、現在結婚している娘について別の嫁ぎ先を云々するのは適切ではないと思う、というも
9 のだった。するとホルテンシウスは議論を転じ、本心を明かそうとばかりに、カトー自身の妻を自分に譲っ
てほしいと言い出した。マルキアはまだ若くて出産適齢であるし、カトーの後継ぎはもう足りているのだか
10 ら、と。ホルテンシウスはカトーがマルキアに冷淡なのを知っていて、それでこのような申し入れをしたの
11 だろうという推測は、おそらく誤りである。というのもマルキアはこのとき妊娠していたらしいのだ。とも
かくカトーはホルテンシウスの情熱と意気込みを見て、拒みはしなかったが、実行にはマルキアの父ピリッ
12 プスの承諾を得る必要があると返答した。相談を受けたピリップスは反対しなかったものの、カトー自身が
13 立ち会っていっしょに婚約の保証人になるという条件で、マルキアのあらたな婚姻を認めた[1]。なおこのホル
テンシウスの件は後年に起こったことだが、いま家族の女たちを話題にしたので、先取りして書いておくこ
とにした。

メテルスとの対決

二六　さてレントゥルスたちの処刑が終わったあと、カエサルは元老院内で自身に向けられる非難と弾劾を避けようと民衆の中に逃げ場を求め、国民のうちの少なからぬ部分が腐敗して悪疾を病んでいるのに乗じ

て、それを引っかき回して手元に取り込もうとした。危険を感じたカトーが元老院に提案して、食い扶持のない貧民の群れに穀物配給の枠を拡げさせたところ、要した費用は年額一二五〇タラントン[2]に上ったが、その寛大な施与のおかげで当面の危機は見る影もなく消え去った。

2 その後、護民官に就任したメテルス[3]は民会を召集し、議場の騒然とする中で、ポンペイユス・マグヌスを軍隊とともに至急イタリアに呼び戻すこと、そしてカティリナの脅威にさらされた都をポンペイユスに託し
3 て救ってもらうことを求める法案を提出した[4]。しかしこれは言葉をつくろいながらも、実際はポンペイユス
4 の手に万事をゆだね、国家の全権を引き渡すことを目的とするものにほかならなかった。元老院が開会したとき、カトーはメテルスに対して、いつものように猛然と挑みかかるのではなく、抑制の効いた穏便な言い回しで忠告し、最後には懇請に転じて、メテルス家がいつの時代も貴族派の牙城であったと称賛して締めくくった。するとメテルスは、カトーが怯えて後ずさりしているものと思って相手を見くびり、ますます居丈高になって、元老院が何と言おうとすべて力ずくで実行してやると威嚇しながら、不敵な脅し文句を並べた。
5 こうなるとカトーも態度と声音と言葉遣いを一変し、最後には院内の全員に向かって、自分が生きているか

（1）ホルテンシウスはこの結婚からおよそ六年後に死に、マルキアはカトーのもとに戻る（五二-5）。

（2）『カエサル』八-7では、この年間増額分を同価値の七五〇万ドラクマという言い方で表わしている。

（3）二〇-3参照。

（4）前六三年の夏頃にミトリダテスは死んだが、ポンペイユスは、ローマでメテルスらが護民官に就任した前六三年末には、なお東方にあって新体制作りに尽力していた（『ポンペイユス』四一—四二）。『キケロ』二三-4—5参照。

ぎりけっしてポンペイユスを軍隊とともに都に入らせない、と息巻いた。これを見守っていた元老院議員たちは、両者ともに頭に血が上って冷静な議論ができていないと感じたが、それでも双方の主張を比べたとき、メテルスの意見は狂気としか言いようがなく、度外れの邪心によってすべてを崩壊と破滅に導こうとするのに対し、カトーの意見は善と正義のために闘おうとする徳性が熱くなりすぎたものだと思えた。

二七　民会で法案の採決が行なわれる当日になると、メテルス側では武器を携えた傭兵と剣闘士と奴隷が
中央広場に列を組んで立ったほか、民衆の中に変革への願望からポンペイユスを待ち望む者が多数あり、さ
2 らに当時の法務官カエサル[1]の勢威も侮れなかった。一方カトーの側には市民の中の一流の名士たちがいたが、
ともに闘うというより、ともに虐げられともに憤ることしかできず、家族にも不安と絶望が広がっていた。

このためカトー邸では、数人の友人たちが食事も取らずに不眠の一夜を過ごしながら、出口のない議論を続
3 け、妻と姉妹が涙ながらに祈りを捧げていた。しかしカトー自身はまるで心配するようすもなく、悠然たる
面持ちで皆と会って励ましの言葉をかけ、いつもどおりに食事して床に就いたあと、翌朝に熟睡していると
ころを同僚護民官のひとりミヌキウス・テルムス[2]に呼び起こされた。
4 そして連れ立って中央広場に降りていったが、その供をする者はわずかにとどまる一方で、前方から来て
5 警戒を促す者が数多くいた。果たして、広場に着いてみると、ディオスクロイ神殿[3]は兵士たちに取り囲まれ、
神殿の階段には剣闘士の一団が見張りに立ち、階段の上方にメテルス自身がカエサルと並んで腰を降ろして
いるのが目に入った。そこでカトーは友人たちの方に向き直り、つぶやいた「何という大胆でしかも臆病な
6 男。武器も護衛も持たないたったひとりのために、これほどの大軍勢を集めるとは」。そう言うなりカトー

がテルムスとともに真っ直ぐに歩き始めると、階段に陣取っていた奴隷たちはこのふたりのために道をあけ
7 たが、それ以外はひとりも通そうとせず、ようやくムナティウスだけがカトーに手を引っ張られて階段を上
8 がった。カトーはそのまま足を進めると、メテルスとカエサルの間に割り込むように座ったものだから、こ
のふたりの会話をさえぎるかたちになった。ふたりは当惑したが、それを見ていた名士たちはカトーの剛気
と胆力に驚き、そちらへ駆け寄るとカトーに向かって、頑張れと叫び、そして互いに声を掛け合って、戦列
を組んでこの場に踏みとどまれ、自由を守れ、自由のために戦う人を見捨てるな、と呼び交わした。

二八　やがて下役が法案を持ってくると、カトーがそれを読ませまいとする、メテルスがそれを引き取っ
て読み上げようとする、カトーがその書板を奪い取る、そこでメテルスが記憶によってなお語り続けようと
2 するところ、その口をテルムスが手でふさいで声を出させない。そんなことをしているうちに、メテルスは
この争いで自分に勝ち目がないのを悟り、しかも民衆が抗しきれずに正しい方向へ押しやられつつあるのを
3 見て取ると、重装備の兵士たちに威嚇の喊声とともに突進してくるように命令した。命令が実行され、人々
が蜘蛛の子を散らすように逃げ去るなか、カトーひとりがその場に踏みとどまり、頭上から石と木片を浴び

（1）カエサルは前六二年初めから法務官に就任している（『カエサル』八-6―7）。法案提出にあたってメテルスを支援した（スエトニウス『ローマ皇帝伝』第一巻一六-一）。

（2）クィントゥス・ミヌキウス・テルムス。前五八年（?）に法務官に就任する。

（3）ディオスクロイすなわちカストルとポルクスの双子神を祀る神殿が中央広場の南辺にあり、その周辺は元老院や民会の開催場所にもなった。

ているのを放っておかなかったのが、先頃カトーから訴追され断罪されたムレナ(1)であった。ムレナは市民服を掲げてカトーを護るとともに、なお投げつけようとする者たちにやめろと叫び、あげくにカトー自身を説き伏せて抱きかかえたまま、ディオスクロイ神殿の中へ運び込んだ。

4 メテルスは演壇の周辺から人の姿が消え、反対派の人々が中央広場を抜けて逃げ去ったのを見ると、わが勝利は疑いなしと確信し、武装兵士たちに引き返すよう命じたうえで、厳かに進み出て法案の処理に取りか
5 かった。ところが反対派は逃走からすばやく態勢を立て直すと、勇ましい鬨の声を上げ、再び攻めかかってきた。このためメテルスたちは、相手がどこかで武器を手に入れて反抗に転じたものと思い込んで、狼狽と
6 恐怖にとらわれ、踏みとどまろうとする者もないまま、ひとり残らず演壇から逃げ出してしまった。こうして敵が四散したところで、カトーが進み出て民衆を称えたり励ましたりしたので、民会では何としてもメテルスを解任しようと策を練り、元老院も集まって、カトーへの支援を徹底すること、そして件の法案には、ローマを内乱と同胞間の戦争に引きずり込むものとして反対を貫くことを勧告した。

二九　メテルスはというと、自身はまだ意気軒昂で屈服していなかったものの、手下の連中がすっかりカトーに恐れをなし、戦って打ち負かせる相手ではないとあきらめてしまったのを見ると、虚を突いて中央広場に躍り出て、民衆を呼び集め、カトーへの恨み言を長々と述べ立てた。そして自分はカトーによる専制とポンペイユスに対する謀略を避けて出ていくが、遠からぬうちに国家はあの偉大な人物を辱しめたことを後悔するであろう、と言い残し、これまでのことをポンペイユスに訴え出るべく、急いでアジアへ向けて出発した。

2 こうしてカトーは護民官位から大きな禍の種を取り払い、ある意味では、メテルスに宿っていたポンペイ
3 ユスの権勢を崩してしまったのだから、その名声は高くなるばかりであった。だがその名声にいっそうの輝きを添えたのは、元老院がメテルスの名誉剥奪と罷免を決議しようと逸っていたのを止め、その非を諭して
4 思いとどまらせたことである。民衆にとっては、倒れた敵を踏み付けず、力で打ち負かした相手に侮辱の追い討ちをかけないことが、慈悲と慎みの表われだと思えたし、また思慮ある人にとっては、ポンペイユスを刺激しないのが、適正でもあり利益にもなると分かっていたのである。

ポンペイユスとの対峙

5 そうしてルクルスが遠征から戻ってきたが、これは世人の見るところ、ポンペイユスに遠征の完成と栄誉を盗み取られたあげくの帰国であった[2]。それればかりか帰国後は、ガイウス・メンミウス[3]がルクルスへの憎しみからというよりもポンペイユスに喜んでもらうために、民衆の間でルクルスへの反抗の気運をあおり、訴

(1)二一-4—10参照。ムレナはこの年の執政官である。

(2)ルクルスが東方遠征から帰国したのは前六六年、凱旋式がメンミウスの妨害を乗り越えて実施されたのは前六三年のことだから、前六二年のメテルスとの対決事件とは記述が前後している。ルクルスは遠征に成果を上げながら、ミトリダテス征討の目的を達する前に、ポンペイユスに司令権を引き渡さざるをえなかった(『ルクルス』三五—三六)。

(3)ガイウス・メンミウス・ゲメルスは前六六年の護民官。ルクルスの凱旋式挙行に反対した(『ルクルス』三七-2—3)。

6 訟まで起こそうとしたため、凱旋式を挙げられるかどうか危うい形勢になった。そこでカトーは、姉(1)のセル
ウィリアがルクルスに嫁いでいたという縁戚に加え、この事態そのものを許すべからざる事と考えて、メン
7 ミウスへの反論に立ち、雨霰のような非難と中傷にさらされながら一歩も引かなかった。そして専制支配者
と呼ばれて官位から放逐されそうになりながらも(2)、結局は勝ちを占めて、メンミウスに訴訟をあきらめさせ、
8 闘争から逃げ出さざるをえないまでに追い込んだ。こうしてようやく凱旋式の挙行に漕ぎ付けたルクルスは、
それ以降、カトーをポンペイユスの権勢に対抗するための堅固な障壁と考え、この人との友誼をいっそう深
めるようになった。

三〇　ポンペイユスは偉大なる将として遠征から戻る途中、迎えの行事の派手さと熱狂ぶりを見て、市民
に要求して得られないものはないと確信を持ったので、元老院に先駆けの伝令を遣わし、執政官選挙の実施
2 を延期してもらいたい、自分がピソの選挙を間近で応援したいから、と願い出た(3)。議員の大多数がそれを容
認しようとするなかで、カトーは延期自体に大した問題はないと思いつつも、ポンペイユスの試みを挫き望
みを絶つことが重要だという考えから、反対を表明して議員を翻意させ、結局、元老院は拒否を決議した。
3 この一件にポンペイユスは深い衝撃を受け、カトーとの仲を良好にしておかなければ、将来に大きな躓き
の石を残すことになると考えたので、カトーの友人ムナティウスを呼ぶと、カトーに婚期の姪がふたりいる
うちの年上の方を自分の妻に、年下の方を自分の息子の妻に迎えたいと申し入れた(4)。なお求婚した相手は、
4 カトーの姪ではなく、娘だったという伝えもある。ムナティウスがこの話をカトーとその妻およびふたりの
姉妹に告げると、女たちはポンペイユスの勢力と威信に惹かれて、この縁談に大喜びだったが、カトーは瞬

5 時の迷いもなく、すぐさま答えを返した「ムナティウス、行ってポンペイユスにこう伝えてくれ。カトーは
閨房を使って捕まえられる人間ではない。好意には感謝するし、ポンペイユスが正しいことを行なうなら、
どんな姻戚関係よりも固い友情の絆を結びたいと思う。しかし祖国を裏切ってまで、ポンペイユスの名声の
6 ために人質を差し出すつもりはない、と」。この返答に女たちは憤懣やるかたなく、カトーの友人たちも無
7 礼で高慢な言い方だと咎めた。しかし後に、ポンペイユスが仲間のひとりの執政官選挙にかかわっていると
き、各地区（トリブス）に金銭をばらまき、ポンペイユスの庭園で金の勘定が繰り広げられるようになって、
8 票の買収は天下に知らぬ者のない事実となった。(5) そこでカトーが家の女たちに、ポンペイユスと縁戚で結ば

(1) 正しくは、カトーの異父兄カエピオの娘（二四-4-5）。ルクルスから離縁されたのは、ルクルスが遠征から帰国した後のことである（『ルクルス』三八-1）。

(2) ルクルスの凱旋式が行なわれたのは前六三年の夏だから、このときカトーはまだ護民官に就いておらず、「官位から放逐されそうになった」は解せない。プルタルコスの思い違いか。

(3) 前六一年の執政官を選ぶための選挙が、前六二年の夏に行なわれる。それに立候補したマルクス・プピウス・ピソ・フルギ・カルプルニアヌスは、ポンペイユスの東方遠征に副官として従った。ピソは結局、選出された。ポンペイユスがイタリア南部のブルンディシウムに帰港したのは、前六二年末（『ポンペイユス』四四-1）。

(4) ポンペイユスはイタリア帰還の直前に、妻ムキアを不貞を理由に離縁していた。不貞の相手はカエサルだったと伝えられる（『ポンペイユス』四二-13）。カトーの姪とは、異父姉セルウィリアがシラヌスとの間に産んだ娘。

(5) 前六〇年の執政官を選ぶための選挙に、ポンペイユスのヒスパニア遠征や東方遠征に副官として従ったルキウス・アフラニウスが立候補した（『ポンペイユス』四四-4-6）。アフラニウスは選出され、ポンペイユスは前年に引き続いて部下を執政官に就けることに成功した。

れたなら、いっしょにこんな醜聞にも手を染めねばならないのだ、と教えると、女たちは、あのときカトー
が断ったのは賢明な判断だったと認めたのである。
9 しかしながら、もしその後の展開と見比べて判定を下すように求められれば、カトーがこの縁談を受け容
れなかったことは、結果としてポンペイユスをカエサルの方へ向かわせ、結婚[1]によってこの両者の勢力を結
び合わせることになったのであり、この結婚があわやローマ国家を転覆し国政を破壊するところだったのを
10 思うとき、重大な判断の誤りだったと言わざるをえない。もしカトーがポンペイユスの小さな非行への危惧
にとらわれるあまりに、とてつもなく大きな非行を見過ごし、自分から他者の勢力拡大に手を貸すようなま
ねをしていなければ、あのような危機はおそらく起こらなかったであろう。
三一　しかしそれはまだ先のことである。さてこの頃、ルクルスとポンペイユスの間にはポントスの処理
について諍いがあり、両者のいずれもが自分の決めたことが有効だと主張していたが[2]、不当な扱いを受けて
いるのは明らかにルクルスの方であったから、カトーもそちらに肩入れしていた。このため元老院で劣勢に
追い込まれたポンペイユスは、民衆を味方に付けようと、兵士たち[3]を土地分配の受け取りに呼び寄せ始めた。
2 しかしそれに対してもカトーが反論に立って、法案をたたき潰したため、とうとうポンペイユスは、胆の太
さでは当代随一の民衆扇動家クロディウス[4]と手を結ぼうとしたばかりか、さらにカエサルをも陣営に引き込
んだ。だがそのきっかけを与えたのは、ある意味で、カトー自身なのである。
3 どういうことかというと、カエサルはその頃、ヒスパニアでの法務官格総督の任務から戻ってくると、執
4 政官への立候補を望む一方で、凱旋式の挙行も要求していた[5]。しかし法によれば、官位への希望を公けにす

る者は、本人が市内でこれを行なうべしと定められている一方で、凱旋式行列を行なおうとする者は、ローマ城壁外で待機せねばならないと規定されていたため、カエサルは元老院に代理人による立候補宣言を認め
5 てほしいと願い出た。多くの議員がそれを容認するなかで、カトーは反駁を試みたが、カエサルの望みをかなえてやろうとする院内の形勢が変わらないと見て取ると、その日が暮れるまで演説し続け、そのまま元老
6 院を閉会に追い込んでしまった。(6) このためカエサルは凱旋式を断念して市内に入ると、ただちにポンペイユスを引きずり込んで執政官選挙に全力を挙げた。そして執政官に選出され、ユリアをポンペイユスに輿入れ

---

(1) カエサルの娘ユリアとポンペイユスとの結婚(『カエサル』一四-7、『ポンペイユス』四七-10)。内戦の真の原因はカエサルとポンペイユスの角逐ではなく、むしろそれ以前の両者の友好だ、というのがプルタルコスの見立てであり、カトーの指摘するところでもあった(『カエサル』一三-5、『ポンペイユス』四七-4)。したがって友好の象徴であるはずのこの結婚は、内戦の元凶ということになる。

(2) ポンペイユスは東方遠征の前任司令官であるルクルスの決定を覆し、新しい体制を現地に作った。ミトリダテス王の支配下にあった黒海の南のポントス地方は、ポンペイユスの決定により、ビテュニアと併せてローマの属州となり、行政組織の改編が行なわれた。『ルクルス』四二-5、『ポンペイユス』四六-5―6参照。

(3) ポンペイユスの東方遠征に従軍し、ポンペイユスからその報奨としてイタリア内の農地の分配を期待している兵士たち。

(4) 一九-5、『ポンペイユス』四六-7―8参照。

(5) 『カエサル』一三-1―2参照。カエサルの帰国は前六〇年夏のこと。

(6) 議員の発言に時間制限はなく、議会は日没になれば閉会しなければならない。フィリバスター戦術はカトーの得意とするところであり、相手もそれを力ずくで止めようとした。五-4、三三-2、四三-4―6、『政治家になるための教訓集』八〇四c参照。

7 させたあとは、もはやこの両者がしっかりと手を組んで国家への反逆に乗り出し、カエサルが貧民への入植地割り当てと土地分配を定めた法を提案し、ポンペイユスが法の成立を後押しするというかたちで事は進められた(1)。一方でルクルスとキケロの仲間たちが、もうひとりの執政官ビブルス(2)と戦列を組んでそれに対抗する陣にあって、その中心にいたのがカトーであった。カトーはこのときすでに、カエサルとポンペイユスの友好と協力が正義の上に築かれたのでないことを見抜き、私が恐れるのは土地分配ではなく、民衆が喜ぶような餌をまいて釣り上げようとする者たちが、いずれ土地分配と引き換えに要求するはずのものである、と訴えかけた(3)。

カエサルに抗して

三二　カトーのこの演説は元老院で賛同を得たばかりか、院外でも少なからぬ人々がカエサルの異様な行
2 動に憤りを覚え、カトーの側に立とうとした。つまりカエサルは、護民官の中でも大胆不敵なことこの上な
い連中が民衆の機嫌を取るために行なうような政策を、執政官の地位にありながら、その地位を卑しめ辱し
3 めるかのように、民衆の仮面をかぶって行なおうとしていたのである。形勢に不安を感じたカエサルの仲間
たちは、暴力に訴えるべく、ビブルスが中央広場に降りていこうとするところを狙い、まず本人の頭に籠
4 いっぱいの糞をぶちまけ、続いて先導吏たちに襲いかかって、持っていた束桿をたたき割ったうえ、最後に
は矢と槍を放って多数の従者に傷を負わせた。襲われた一行はあわてて中央広場から逃げ出したが、カトー
だけは最後尾をゆっくりと歩いて立ち去りながら、振り返りつつ、市民たちに証言を呼びかけた(4)。

5 この結果、土地分配法案が成立したばかりか、元老院議員はこぞってこの法に責任を持ち、もしそれに違
反する者がいれば、どんなときも法を擁護する、という誓約を立てるよう求める動議が可決され、さらに誓
6 約を拒んだ議員には厳罰を科すことも決まった。このため議員たちはやむなく全員が誓約したが、そのとき
彼らの心中にあったのはかつてメテルスの身に起こった非運、つまり同様の法に誓約するのを拒否したため
に、民衆の冷たい視線のなか、イタリアから追放されたというあの事件であった(5)。
7 だからカトーに対しても家族の女たちが、我を張らずに誓約に応じてほしいと涙ながらに訴え続け、友人
8 や仲間たちも懇請を繰り返した。しかしカトーを説得して誓言の場に連れ出すのにもっとも力のあったのは、
弁論家キケロだった。キケロは教え諭すようにこう説いた――全体で決めたことに対して、自分だけは不服
従を貫かねばならないという考えは、おそらく正義にも反するであろうし、また事がすでに成立して変更が
9 不可能なときに、己の身を粗末に扱うのは、どう見ても思慮を欠いた愚かな行為である。さらに、もし己の

(1)『カエサル』一四、『ポンペイユス』四七参照。

(2)前五九年、カエサルの同僚執政官マルクス・カルプルニウス・ビブルス。二五-4参照。

(3)カトーは迫り来る共和政の危機を予言し、市民に向かって警告を発する役割を幾度か演じるが、そのいずれも歴史の流れを変える力を持ちえないまま終わる(三三-5、四二-6、四三-3、『カエサル』一三-6、『ポンペイユス』四八-6)。

(4)『カエサル』一四-9、『ポンペイユス』四八-2参照。

(5)前一〇〇年、マリウス派の護民官ルキウス・アプレイユス・サトゥルニヌスが退役兵士への入植地割り当てにかんする法を成立させ、その付帯条項として、全元老院議員に法の遵守の誓約を求めたとき、クィントゥス・カエキリウス・メテルス・ヌミディクスはひとり誓約を拒み、そのために亡命を余儀なくされた(『マリウス』二九-2―12)。

10 行動のすべてを国家に捧げていた者が、国家を放り出して反逆者の手にゆだね、それで国家のための闘いから解放されて一息つくかのようなまねをするなら、それこそ卑怯の極み。たとえカトーがローマを必要としなくても、ローマはカトーを必要とし、友人たちもみなカトーを必要としている。そのような友人の筆頭が、ほかでもない、護民官権限を使って一目散に攻めてくるクロディウスの標的になっているこの私自身なのだ(1)。
11 このようなキケロの説得のほか、同様の懇願に家庭内でも中央広場でも接しているうちに、とうとうカトーも折れて、やむなく誓約の場に足を運んだのだが、カトーよりも後に来たのは、全議員のうち友人のファウォニウス(2)ただひとりであったという。

三三　この成功に気を良くしたカエサルは、さらにカンパニアのほぼ全土を生活の糧のない貧民に割り当
2 てる新たな法を提案した(3)。反論に立ったのはカトーをおいてほかになく、カエサルはこの邪魔者を演壇から引きずり下ろし、監獄に連れていかせようとしたのだが、それでもカトーは忌憚のない物言いを緩めず、歩
3 きながら法案について演説し続け、この政策の阻止を訴えた。すると元老院議員が頭を垂れてカトーの後に続々と従い、そのうえ民衆の中でも良識ある人々が、憂いと憤りを秘めて沈黙したままその後を追い始めた
4 ので、カエサルも市民たちの不満の大きさに気づかないではなかったが、それでも屈服するつもりはなく、カトーが懇願し哀訴してくるのを心中で期待しながら、なお連行させた。しかしカトーにそのようなことをしそうな気配がまったくないと分かったとき、カエサルは恥ずかしさと面目なさに耐えきれず、自分の方からひそかに護民官のひとりを遣って、カトーを解放させた。
5 それでもとにかく、この法を始めとする施しの数々によって民衆を手なずけてしまうと、市民たちはカエ

サルにイリュリアとガリア全土の統治権に加え、四個軍団の五年間の司令権を与えることを投票により決定した(4)。君たちは今、自分たちの投票によって独裁者を城山（アクロポリス）に鎮座させようとしているのだ、

6 というカトーの予言は顧みられなかった。カエサルたちはまた、プブリウス・クロディウスを法に反して貴族から平民へ移籍させたうえで、護民官に指名し(5)、この男にキケロ追放の望みをかなえさせてやる代わりに、

7 自分たちの欲する政治を実行させようとした。執政官に指名されたのは、カエサルの妻の父であるカルプルニウス・ピソ、そして、この人の性癖と経歴をよく知る者たちの表現によると、ポンペイユスの腹から生ま

(1) クロディウスはキケロを敵視し、前五九年末に護民官になったあと、カティリナ事件のさいの市民処刑の責めを問うて、キケロを亡命に追い込んだ。キケロは前五八年三月にローマを去る（『キケロ』三〇―三一）。

(2) マルクス・ファウォニウスはカトーに心酔し、カトーの生き方に倣おうとした人（四六、『カエサル』二一-8、『ポンペイユス』六〇-7）。

(3) カエサルは執政官に就任してから、一月と五月に土地分配法を成立させた。二度目の法では、一度目の法で除外されていたイタリア南部のカンパニア地方にあって、肥沃な農地ゆえに国家の重要な財源になっていた地域が分与の対象になった。『カエサル』一四-2参照。

(4) 『カエサル』一四-10、『ポンペイユス』四八-4参照。

(5) 護民官に就任するためには、貴族（パトリキイ）ではなく平民（プレブス）の身分でなければならない。クロディウスは貴族身分であったから、形式的に平民の養子になって、身分変更の認可を得た（四〇-3）。キケロへの恨みを晴らすための護民官就任だった（『キケロ』二八―二九）。

れたアウルス・ガビニウスであった。(1)

キュプロス赴任

三四　このようにカエサル一派は国政全般をしっかりと握り、国家のうちのある部分は施しによって、あ
る部分は脅しによって自分たちの懐に取り込んでしまったのだが、それでもなおカトーへの恐れは消えな
2 かった。カトーを力で上回ってはいても、困難と苦労の末に、侮蔑と非難を浴びながら、ようやく押さえ込
3 むというのが実情であり、これはひどく骨の折れる厄介な仕事だったのである。なかでもクロディウスは、
カトーがいるかぎりキケロを葬り去ることもできないと分かっていたので、一計を案じ、護民官に就任する
と真っ先にカトーを招いて、こんな話を持ちかけた。クロディウスが言うには、自分はカトーをローマ随一
4 の高潔の士と仰いでいて、その信頼を形に表わしたいと願っている。ついては、キュプロスとプトレマイオ
スの件で指揮を執ることを望み、特使に選んでほしいと願い出てくる市民が数多くいるけれども、自分はカ
トー以外にその任務にふさわしい人物はいないと信じているので、その恩恵をカトーに授けるのを喜びとす
5 る、と。(2) これを聞いたカトーが語気を強めて、それは恩恵ではなく罠であり侮辱であると言い返したところ、
クロディウスは傲然と、見下すような調子で「よろしい、これを恩恵と思えないなら、苦役のつもりで行っ
てもらおう」と言い放った。そしてただちに民会へ出向いて、カトーの派遣を命じる法を可決させてしまっ
6 た。しかも出発にあたって、一隻の船も一名の兵士も与えず、従者としてわずかに書記二名を同行させただ
7 け、しかもそのうちのひとりは盗人稼業のならず者、もうひとりはクロディウスの庇護民であった。そのう

えキュプロスとプトレマイオスの件だけでは物足りないだろうとでも言うように、ビュザンティオンの亡命者を帰国させる任務まで追加したのは[3]、自分が護民官に就いているうちは、カトーを少しでも長い間、遠ざけておきたいと念じたからである。

2

三五　こうして逃げようのない務めを負わされたカトーは、まず追放の瀬戸際にあったキケロを諫めて、内乱に訴えて都を流血と殺戮の舞台にしてはいけない、今のところはいったん退いて、いつか再び祖国の救済者になってほしい、と訴えた。その一方で友人のカニディウス[4]をキュプロスに向けて先発させ、「アウレテスの弟の」プトレマイオスへの勧告として、戦いを起こさずに退きなさい、そうすれば財産も名誉もある暮

(1) 前五八年の執政官に指名された二名のうち、ルキウス・カルプルニウス・ピソ・カエソニヌスは、前五九年にカエサルと結婚したカルプルニアの父。アウルス・ガビニウスは、前六七年の護民官時代、ポンペイユスに海賊掃討の非常大権を与える法を提案し、その後ポンペイユスの副官として東方遠征に従った、ポンペイユスの腹心（『カエサル』一四-8、『ポンペイユス』二五-3、二七-3、四八-4）。

(2) 前八〇年にプトレマイオス十二世・アウレテスがエジプト王位に就くと同時に、王国領土の一部であるキュプロス島が、王の弟プトレマイオスに与えられた。アウレテスは王権の維持をローマの後ろ盾に頼っていたが、ローマはエジプト本土にも関心を持ちつつ、まずキュプロスの併合とその地の王家の財産の没収を決定した。その決定を現地で実行するさいには、没収財産を一部横領して私物化することが期待できたから、クロディウスは「清廉な人物」を名目にカトーをその役に選んだ。

(3) ビュザンティオンはローマの同盟都市だったが、ミトリダテス戦争のおりに政変が起こり、ローマとの協力に積極的だった一部市民が有罪を宣告されて追放されていた。

(4) 不詳。

3 らしを送れる、ローマの民衆は貴方にパポス(1)の女神の祭司職を授けるつもりなのだから、と伝えさせた。そ
してカトー自身はしばらくロドスに留まって、赴任に備えると同時に、プトレマイオスからの返答を待つこ
とにした。
4 ところがその間にエジプト王のプトレマイオス［アウレテス］が、アレクサンドリア市民との軋轢に苛立ち、
この都を離れてローマへ向けて出港した(2)。いずれポンペイユスとカエサルの軍隊に守ってもらいながら、あ
らためて都に復帰しようという狙いだったが、ローマへの途上でカトーと会談しようと思いつき、向こうか
5 ら会いに来させるつもりで伝令を送った。カトーはそのときちょうど腸の清掃中だったので、会いたいなら
そちらの方から来るようにと返答したばかりか、プトレマイオスが到着しても、迎えに出ることも席を立つ
こともせず、まるで一介の凡夫に対するようなあいさつをしたあと、座れと薦めた。王はまずこの冷遇に心
穏やかならず、相手の見かけの素朴で庶民風なこと、それと対照的に言動の横柄で尊大なことに驚くばかり
6 だった。しかしいったん自分の情況について語り始めたとき、プトレマイオスは思慮に富み率直さにあふれ
た忠告が返ってくるのに気づいた。カトーが王を咎めつつ諭すように言ったのは、王がどれほど大きな幸福
を捨て、どれほど苦しい隷従のくびきの下に身を置こうとしているかであり、王から金を貪り取ろうとする
ローマの重鎮たちの強欲がどれほどか、それはエジプト全土を金に換えても満足させられないほどである、
ということだった。そして、アレクサンドリアに船を戻して市民たちと和解しなさい、私も喜んで付いて
7 いって、和解の手助けをしてやるから、とカトーは忠告した。それを聞いてプトレマイオスは、狂気か憑き
物が取れて正気に戻ったかのように、カトーの言葉の中に真理と叡智を見出し、さっそくその意見に従おう

としたのだが、結局は側近たちにもとの道に引き戻されてしまった。しかしローマに到着して、ある高官の屋敷を訪ねたとき、早くも、あれは賢人の忠告というよりも神の託宣であったと思い知らされ、己の愚かな判断を後悔するはめになった。

三六　一方、キュプロス島のプトレマイオスは、カトーにとって幸運だったと言うべきであろう、毒を仰
2 いでみずから命を絶った。伝えられる遺産の総量は莫大であったが、カトー自身はまずビュザンティオンへ船を進めることにして、キュプロスへは、カニディウスには全幅の信頼を置いていなかったので、甥のブル
3 トゥス(3)を送り出した。そしてビュザンティオンで亡命市民の復帰と和解に力を尽くし、市の融和を成し遂げ
4 てから、キュプロスに上陸した。盃、卓、宝石、紫衣などの王の調度品が山のようにあり、それらを売却し

(1)キュプロス島南西部の海岸近くの都市。アプロディテ信仰はキュプロス島と由縁が深く、パポスにこの女神の神殿があった。

(2)プトレマイオス十二世はローマの有力者への賄賂によってローマと友好を保ち、王権の支えとしていたが、前五八年、そのような王に不満をつのらせたアレクサンドリア市民の反抗に遭って都を逃げ出し、ローマに救援を求めた。エジプトでは王の娘ベレニケが王位に据えられた。しかし前五五年、プトレマイオス十二世はローマへの巨額の贈与のおかげで、アウルス・ガビニウスの軍隊に守られながらエジプト王位に復帰する。

(3)カトーの異父姉セルウィリアはマルクス・ユニウス・ブルトゥスと結婚し、この夫がポンペイユスに降伏して殺されたあと(『ポンペイユス』一六-4-8)、シラヌスと再婚した(二一-3)。前夫との間に生まれたのが、父と同名のこのブルトゥスであり、後のカエサル暗殺者である。このときブルトゥスは小アジア南部のパンピュリア地方で静養中だった(『ブルトゥス』三)。

て金に換えなければならないのだが、カトーはそれらすべての正確な目録を作り、すべてを最高価格にまで
競り上げ、すべてに自身が立ち会って、計算を隅から隅まで点検しようとした。そのために市場の常連商人
でも信用せず、役人であれ競売人であれ買取人であれ友人であれ、あらゆる者に疑いの眼を向けて、ついに
は自分で買取人と直接に交渉したり、だれかれを競りに誘ったりした。そうして市場に持ち込んだ品のお
5 かたを売りさばいたのである。しかしこのようなやり方は友人たちに、信用されなかったという心のわだか
まりを残すことになり、なかでもいちばんの親友であったムナティウスに、癒しがたい憤懣を抱かせること
にもなった。だから後に、カエサルがカトーを貶めるために書いた文章[1]の中で、もっとも辛辣な記述に材料
を提供したのは、この点にかかわるムナティウスの非難だったのである。

三七　ただしムナティウス自身の記述によれば、憤懣の原因はカトーから信用されなかったことではなく、
蔑ろにされたこと、加えてカニディウスに対する嫉妬のようなものがあったのだという。ムナティウスはカ
トーにかんする一書を上梓していて、それがトラセアの主な出典になっているのだが[2]、それによるとムナ
2 ティウスは以下のように書いている——自分はキュプロスに遅れて到着し、そこで粗末な宿舎を宛てがわれ
た。カトーの居所へ行ってみたところ、カトーは中でカニディウスといっしょに某事を検討中とのことで、
3 玄関前で追い返された。それで穏やかに不満を言うと、カトーはテオプラストス[3]の言葉を引いて、深すぎる
4 友情はしばしば憎悪を生む、という穏やかでない答えを返してきた。そしてこう続けた「君の場合も、僕に
深い友情を持っているのに、それにふさわしい丁重な扱いをしてくれないというので恨んでいるわけだ。僕
がほかの者よりも優先してカニディウスを使うのは、あの男が初めからここにいて、しかも正直者だと分

5 かったから、その経験と信用を重宝しているだけなのに」。ところがムナティウスとふたりきりで交わしたこの遣り取りを、カトーはカニディウスに洩らしてしまった。それを知ったムナティウスは、それ以降、カ
6 トーのもとに食事に出向くこともなく、また助言を求められても相談に乗ろうとしなかった。そしてカトーが、命令に従わない者に対する慣行として、ムナティウスに向かって保証金を取るぞと脅しても、ムナティ
7 ウスは平気だとばかりに取り合わず、いつまでたっても恨みを捨てようとしなかった。そうするうちにカトーも、当時まだ妻であったマルキア(4)とこのことについて話し合い、それからまもなくしてバルカ(5)から晩餐への招待があった。カトーは遅れてやって来て、他の客たちがすでに横臥していたので(6)、自分はどこに身を
8 置けばよいかとバルカに尋ねた。どこでもお望みの場所に、という返答を得て、カトーは辺りを見回したあと、ムナティウスの隣りに、と申し出た。そして室内を巡ってムナティウスのそばに横になったが、結局、
9 親しい会話を交わすことはいっさいないまま食事を終えた。それでマルキアの再度の懇請を受け、ムナティウスに手紙を書いて、会って話がしたいと伝えたところ、ムナティウスは朝方にカトーの屋敷へ来た。そして来客がすべて帰るまでマルキアに引き止められ、そうしてひとりになったところへカトーが現われて、両

(1)『反カトー論』。一一-8、『カエサル』五四-3—6参照。
(2)二五-2参照。
(3)前四—三世紀の哲学者。アリストテレスの後を継いでペリパトス派の学頭に就いた。『植物誌』『人さまざま』などの著作が知られる。
(4)二五-12参照。
(5)不詳。
(6)晩餐のときは中央のテーブルの周囲に寝椅子を並べ、会食者は寝椅子の上で頭をテーブルの方に向けて横になり、片肘をついて、手でつかんで食べるのがローマ人の習慣である。

手でムナティウスを抱いて優しい言葉をかけ、友愛の情を全身で表わしたという。

以上の話を、ムナティウス自身の記録から、ここに詳しく引いたのは、それがカトーの人となりを正しく
10 描写し理解するのに、公けの偉大な事績に劣らず重要だと思うからである。(1)
三八 さてカトーのもとには、七〇〇〇タラントンに届こうかというほどの金額が集まってきた。カトー
は帰りの航海の長いのを心配して、まず多数の壺を用意し、そのひとつひとつに二タラントンと五〇〇ドラ
クマ(2)を収めたあと、壺を一本の長い綱で繋いで、その綱の端に大きなコルクを結わえ付けた。もし船が難破
2 しても、それが海底から浮き上がって、壺の在り処を示してくれるようにという狙いである。こうして金銭
については、そのほとんどを無事にローマまで輸送できたのだが、それとは別に売買の全記録を細心の注意
3 をもって書き留めた帳簿が二冊あり、それらはいずれも失ってしまった。というのもそのうちの一冊は、ピ
ラルギュロスという被解放民が預かっていたのだが、ケンクレアイ(3)から出港したときに船が転覆して、他の
荷物もろとも沈んでしまった。もう一冊はカトー自身が保管してケルキュラ島(4)まで来たものの、そこの市の
中央広場で夜営したおり、水夫たちが寒さを凌ごうと火をさかんに焚いたせいで、天幕に火が燃え移り、中
4 にあった帳簿も灰になったのである。王の執事たちが居合わせたおかげで、カトーの政敵や告発屋が言いが
かりを付けようとしても、その余地はなかったのだが、しかしそういったこととは別に、この逸失はカトー
にとって痛恨の一事であった。なぜならカトーはその会計簿を、自身の潔白を証明するためというよりも、
人々に厳正の模範を示すために使おうと考えていたので、口惜しくてたまらなかったのである。
三九 船団がローマに近付いてくると(5)、その知らせはたちまち全市を駆けめぐり、高官も祭司も元老院議

員もこぞってティベリス河畔まで迎えに出たばかりか、民衆もまた続々と川岸へ押しかけた。このため両岸は人波に隠れて見えず、帰航の華やかさと晴れがましさは、凱旋式と比べてもなんら見劣りするものではな

2 かった。ただしこのときのカトーの行動について、執政官と法務官が顔をそろえていたにもかかわらず、下船してそちらへ歩み寄ることも停船することもなく、王の六段櫂船に乗ったまま波しぶきを立てながら岸辺を通り過ぎ、船渠に碇を降ろすまで船足を止めなかった、そのふるまいを無礼で意固地に過ぎると批判する

3 人たちもいた。とはいえ貨幣が中央広場を通って運搬されていくのを目にしたとたん、民衆はその量の莫大なのに息を呑み、元老院は会して、カトーに相応の謝辞とともに異例の法務官位を付与すること、そして深

4 紅の縁取りの市民服[6]を着用して見世物を観る特権を与えることを決議した。しかしカトーはそれを辞退し、代わりに王室財産の管理人ニキアスについて、その勤勉で誠実な働きぶりを証言し、解放して自由身分にし

（1）人柄や性格はむしろ日常の些細な言動の中に現われる、それを描くのが伝記であり本書のめざすところである、とプルタルコスは宣言する（『アレクサンドロス』一-2―3）。

（2）一タラントンは六〇〇〇ドラクマだから一万二五〇〇ドラクマ。ギリシアのドラクマとローマのデナリウスが等価とされる。そして一デナリウスが四セステルティウスに当たるので、ひとつの壺の中に五万セステルティウスを容れたということであろう。

（3）コリントス地峡の東側の港。

（4）ギリシア北西部、オトラント海峡を挟んでイタリア半島の「長靴」のかかとの先に向き合う島。

（5）前五六年の夏のこと。

（6）通常の成人用市民服（トガ）とは異なり、執政官や法務官などの高官が着用するもの。

5 てやるように元老院に説いて認めさせた。当時はマルキアの父ピリップスが執政官位にあり[1]、その官位の威
信と権力が何らかのかたちでカトーにも及んでいたのは確かだが、それとともに同僚執政官[2]にとってカトー
の徳の高さも、ピリップスにとっての縁戚関係に劣らず、この人への名誉授与を重ねずにはいられない所以
であった。

四〇　その頃、クロディウスの策謀による亡命からすでに帰国して力を取り戻していたキケロが[3]、クロ
ディウスが書き記してカピトリウムに奉納していた護民官業績録を、クロディウス不在の間に強引に引き抜
いて打ち壊すというできごとがあった。元老院が招集され、クロディウスがキケロを指弾したとき、キケロ
はそれに抗して、そもそもクロディウスの護民官就任は違法だったのだから、その官の名でなされた行為と
2 記録はすべて無効であり取り消されるべきである、と主張した。するとキケロの演説が終わらないうちに、
カトーがそれに噛み付き、あげくに立ち上がって反論を始めた。カトーが言うには、クロディウスが在任中
に、真っ当なことや有益なことを何ひとつしなかったというのは自分も認めるけれども、もしあの男の護民
官時代の行為をすべて取り消すなら、キュプロスをめぐる自分の事績も取り消されるばかりか、あの派遣そ
3 のものが、違法な在官者が決議させたものである以上、非合法だったことになる。だがクロディウスは法に
則って貴族から平民の家系へ移籍したのだから、彼の護民官選出に法に反するところはない。クロディウス
が他の高官と同じように官位を利用して悪事を行なったなら、法を犯した当人に罪を問うべきであり、犯罪
4 の巻き添えになった官位に無効を宣告するのは適切ではない。このようにカトーから反論されてキケロは気
を損ね、それから長い間、友人付き合いをやめていたが、やがて和解した[4]。

ポンペイユスへの抵抗

四一　その後、ポンペイユスとクラッススはアルプスを越えてきたカエサルと会談し、ふたりして二度目
の執政官就任をめざすこと、就任後はカエサルにこれまでと同じ年数の属州統治権を、そして自分たちには
2 財力も兵力も最大級の属州の割り当てを決議させることを取り決めた[5]。それは支配権の山分けと国家の解体
3 を狙いとする謀議にほかならなかった。その年の執政官選挙には幾人もの名門市民が就任をめざして準備を
進めていたが、そのほとんどがポンペイユスとクラッススの立候補宣言を聞いたとたんに退散するなか、た
だひとり踏みとどまったのが、カトーの姉妹ポルキアの夫ルキウス・ドミティウスであった[6]。カトーから、
退くな、あきらめるな、これは執政官の地位のためではなく、ローマ人の自由のための戦いなのだ、と説き
4 伏せられたのである。実際、それに和する声は、市民のうちでもなお良識を保っていた人々の間に広がり、

(1)二五-1参照。
(2)グナエウス・コルネリウス・レントゥルス・マルケリヌス。
(3)キケロは前五八年三月にローマを去ってギリシアに亡命し、前五七年九月に帰還した(『キケロ』三三-7)。
(4)以上のキケロとカトーの争論については、『キケロ』三四も参照。
(5)前五六年四月、ガリア遠征の休止期に内ガリア属州の南辺の都市ルカまで来たカエサルが、ポンペイユスおよびクラッススと会談した。会談の結果、ポンペイユスとクラッススが前五五年の執政官に就任すること、そしてカエサルの両ガリア属州総督の権限を五年間延長することが取り決められた(『カエサル』二一-5—6、『ポンペイユス』五一-4—5、『クラッスス』一四-6—7)。
(6)ルキウス・ドミティウス・アヘノバルブス。次の前五四年に執政官に就任する。

クラッススとポンペイユスの力が合体して、執政官の権力が耐えがたい重圧となってのしかかってくるのを
5 おとなしく待っていてはならない、いずれかひとりを引きずり降ろすべきだ、と語り合っていた。それらの
市民たちは一致してドミティウスのもとに集まると、対抗して立つように促し、今は怖れから黙っていても、
投票ではドミティウスに味方する者が大勢いるはずだと励ました。
6 この動向を懸念したポンペイユスは、ドミティウスが夜明けに炬火を掲げてマルスの野(1)に降りていくとこ
7 ろを狙い、待ち伏せの一団を配して襲わせた。ドミティウスの先に立って明かりを灯していた従僕が最初に
刃を受けて倒れ、絶命した。それに続いて他の者たちも次々に傷を負う惨事になって、誰もが逃げ出すなか、
8 最後まで残ったのがカトーとドミティウスだった。カトーは自身が腕に傷を負いながらもドミティウスを引
き止め、逃げてはならない、息の絶えるまで、専制支配者たちから自由を守るための戦いに踏みとどまれ、
やつらが執政官に就いたときその権力をどのように使うかは、そこへたどり着くために犯したこの非道の行
為を見れば明らかだ、とドミティウスに呼びかけたのである(2)。

四二 しかしながらドミティウスが脅しに耐えきれず、自宅に逃げ込んでしまったので、結局、ポンペイ
ユスとクラッススは執政官選出を果たした。それでもカトーは挫けることなく、みずから法務官就任をめざ
して名乗りを上げると(3)、その官位をポンペイユスたちと戦うための拠点として使い、無官の立場で最高官位
2 と対決するのを避けようとした。しかしポンペイユスたちは、法務官もカトーの手にかかれば執政官と互角
の力を持ってしまうという不安から、議員の多くに知らせないまま突然に元老院を召集すると、まず法務官
が選出されたなら、民衆の買収に手を染めた者を訴追するための通例の法定期間を置かずに、すぐさま任務

郵便はがき

料金受取人払郵便

左京局
承認
2176

差出有効期限
2020年12月31日
まで

606-879(

(受取人)
京都市左京区吉田近衛町69
京都大学吉田南構

京都大学学術出版会
読者カード係

▶ご購入申込書

書　名	定　価	冊

1．下記書店での受け取りを希望する。

都道　　市区　店
府県　　町　　名

2．直接裏面住所へ届けて下さい。

お支払い方法：郵便振替／代引　公費書類(　　)通　宛名：

送料　ご注文 本体価格合計額　2500円未満380円／1万円未満：480円／1万円以上：無料　代引の場合は金額にかかわらず一律230円

京都大学学術出版会
TEL 075-761-6182　学内内線2589 / FAX 075-761-6190
URL http://www.kyoto-up.or.jp/　E-MAIL sales@kyoto-up.or

ですがお買い上げいただいた本のタイトルをお書き下さい。

)

についてのご感想・ご質問、その他ご意見など、ご自由にお書き下さい。

前

(歳)

所

TEL

業 ■ご勤務先・学校名

学会・研究団体

AIL

入の動機

店頭で現物をみて B.新聞・雑誌広告（雑誌名 ）

メルマガ・ML（ ）

小会図書目録 E.小会からの新刊案内（DM）

書評（ ）

人にすすめられた H.テキスト I.その他

的に参考にされている専門書（含 欧文書）の情報媒体は何ですか。

入書店名

都道府県 市区町 店名

読ありがとうございます。このカードは小会の図書およびブックフェア等催事ご案内のお届けのほか、
・編集上の資料とさせていただきます。お手数ですがご記入の上、切手を貼らずにご投函下さい。
案内の受け取りを希望されない方は右に○印をおつけ下さい。 案内不要

■目次より

西洋古典叢書

月報 141

2019＊第2回配本

コパイス湖跡の干拓地

【オルコメノス付近から南方遠くヘリコン山を望む】

目次

2019年8月
京都大学学術出版会

プルタルコスとローマ革命

松原俊文

前一二一年、ガイウス・グラックスは元老院の錦の御旗を掲げた政敵オピミウスに追い詰められ、自害して果てる。その首には同じ重さの黄金が懸賞としてかけられていたため、首を奪った男は、脳髄を抜いて鉛を流し込んだという。同胞市民の殺戮に酔うオピミウスは勝利を祝して協和の女神の神殿を再建する。だが何者かが夜陰に乗じて、神殿にこんな落首を刻んだ、と『英雄伝』は伝える。「狂気《アポノイア》の沙汰が協和《ホモノイア》の神殿をここに建てる」（『グラックス兄弟』三八）。

このグラックスの首の話はすでにディオドロス、ウァレリウス・マクシムス、大プリニウスに見えるものだが、奇妙なことに『英雄伝』だけが、それをグラックスの友人ではなくオピミウスの仲間の所業としている。神殿の落首の話も『英雄伝』にしか登場しない。これをプルタルコスの手による改変・創作と見るのはうがちすぎだろうか。ともあれ、グラックス兄弟はその後民衆に神格化され、一方オピミウスは悪評と憎悪の中で惨めな余生を送ったという。

グラックス兄弟に対する古代の評価は、決して芳しいものではなかった。もちろんローマ人の間でも見解は一様ではなく、民衆派寄りの視点から殉教者として描く作文なども修辞学校では行なわれていたようである。とはいえ扇動政治でローマの国政を二分させ、混合政体とか自由政体と呼ばれた共和政の崩壊を招いたデマゴーグ、という見方は、帝政初期までにおおむね定まっていた。他方でプルタルコスの扱いは、明らかに趣を異にしていた。そしてそれが近代以降のグラックス像を決定することになる。なぜなら兄弟の波瀾に富んだ生涯が世に広く知られるところとなったのは、まず『英雄伝』の人気を通じてだったからである。澤田典子氏は、理想的英雄としてのアレクサンドロス像の形成でプルタルコスの果たした役割を論じたが（『英雄伝4』月報、『挑戦』第2章）、それに劣らぬ影響力を持ったのが、グラックス兄弟をはじめローマ共和政の終焉を飾った主役たちの伝記である。『英雄伝』が翻訳を通じてシェイクスピアの『ジュリアス・シーザー』や『アントニーとクレオパトラ』の種本となり、十八世紀の共和主義の教本のひとつとなったのは有名な話だろう。とりわけアメリカ建国とフランス革命の担い手らが手本とした——あるいは仮想敵とした——グラックスやブルトゥスやカエサルは、まぎれもなくプルタルコスの作り上げたその人だった。

先に京都大学学術出版会から出た『「英雄伝」の挑戦——新たなプルタルコス像に迫る』（『挑戦』と略記）は、二〇一三年に立ち上がったプルータルコス研究会の活動成果をまとめたものである。会は気軽な雑談も飛び交う和気藹々としたものだったが、そこで上った話題のひとつが、プルタルコス自身の時代に比較的近い、共和政末期のローマ人を描く際に見せる筆致の冴えっぷりだった。もちろん『英雄伝』のどの巻を取っても、印象的な逸話と洒脱な片言節句で人物に生命を吹き込む手腕に鈍りはないのだが、ギリシア古典期のような遠い過去に属する人々は、プルタルコス流のたとえを用いるならば、どこか千古不磨の大理石像のような気味がある。対して彼が描き出すマリウス、スラ、キケロ、アントニウスといった「ロムルスの掃き溜め」の住人たちのなんと人間臭いことか。かの小カトーですら、ソクラテスよろしく従容と死を迎えることは許されず、血の海の中で七転八倒する羽目になる。こうした叙述スタイルの相違は、彼が典拠とした資料の違いによる部分もあるのだろう。そこからかつて学者らは、微に入り細をうがつプルタルコスの「出典探し」に汲々とした。なるほど失われた先行文献を仲立ちする媒体として、『英雄伝』が重要であるのは間違いない。けれども作者自身の情報の使い方やその背後にひそむ作意に目を向けてみると、『英雄伝』はシリーズ作品として、サルスティウスのような古典的歴史書とはまた一味違った楽しみ方ができるのである。

『英雄伝』各巻の発表順序や時期については諸説あるが（『挑戦』第9章）、共和政末期のローマ人伝の多くは、相互参照や内容の重複等から同時期にまとまって構想されたもの、とする有力な見方がある。その真相はどうあれ、プルタルコスがこの時代にひときわ強い関心を寄せていたのは、散逸したスキピオ伝を含むローマ人伝全二三篇のうち、実に半数以上がグラックス兄弟以降の人物に充てられていることからも窺える。当然、同じ人物や事件が複数の伝記にまたがって登場することも多い。たとえばカティリナの陰謀は、キケロ、クラッスス、カエサル、小カトー他の計六伝で、それぞれ異なった外的焦点と内的視点から描かれている。さながら事件の模様をマルチアングルで撮影したドキュメンタリー、といったところか。そのような場合、人物の性格描写や関係性の説明といった目的に応じて、同一エピソードに異なった役割や解釈が与えられることも少なくない。こうした手法は「ものごとの両面を見る」修辞学教育の賜物に他ならない。陰謀をめぐるカエサルと小カトーの有名な論争の一幕や、そこに舞い込んだセルウィリアの恋文にまつわる逸話などは良い例だろう。カエサルの女たらしな一面を物語るこの出来事が、『小カトー』と『ブルトゥス』のみに見え、本人を主役にしたシリアス一辺倒の『カエサル』ではすっぽり抜け落ちているのもまた面白い。結果的にそれらを総合すると、多角的な視点から同じ時代を駆け抜けた人々の生きざま《ビオス》を対比した、密度の高い歴史群像劇となるわけである。

プルタルコスは共和政末期の内戦当時の関係者の証言を、まだ祖父から直接聞くことができた（『アントニウス』二八）。ローマの友人たちからもそうした前世代の回想を聞くこともあったろうし、カイロネイアの広場には今も郷里の恩人ルクルスの像が立ち、毎日目にしていたはずである（『キモン』二）。そうした「生の記憶」が歴史家プルタルコスの想像力に及ぼした力は、ギリシアの遠い過去が哲学者プルタルコスの思想に与えた影響に勝るとも劣らないものだったろう。加えて彼が『英雄伝』に着手した五賢帝時代初期は、タキトゥスいわく「時代の幸運」に恵まれ、小カトーやブルトゥスといったいわゆる共和派の大物について自由に語れる空気が戻りつつあった。そのことも主題選択の背景にあるかもしれない。もっとも裏を返せば、それは共和政が、その政争と内戦が、生きた記憶たるを止め、遠い過去の物語になろうとしていたということでもあるのだが。とはいえ、争いそのものが過去になったわけではない。ネロ帝死後に起こった同時代の内戦を『ガルバ』と『オトー』に綴り、友人の元老院議員の処刑を通じてドミティアヌス帝時代の弾圧を経験したプルタルコスにとって、現在の平和や上面の自由は、決して所与のものではなかった。むしろローマ帝国下のギリシアの自治と同じくらい脆く、かりそめのものと映っていたかもしれない。そんな彼にとって共和政末期の革命の時代は、ほどよく無難な過去でありながら、十分に現在的な教訓の宝庫だったのだろう。

プルタルコスはしかし、どのような教訓を伝えようとしたのだろうか。そもそもどういった政治を理想としたのか。彼は博聞にして多弁であるにもかかわらず、どこかとらえどころのない人である。お喋り好きな田舎の有閑紳士然とした作家像とは裏腹に、帝国中枢の要人らと少なからぬつながりを持っていた。『トラヤヌス帝への教訓』や『王と将軍たちの名言集』冒頭の帝への献辞といった彼の作と伝えられる書き物の存在は、それだけの地位と見識を有した人士と見られていたことの証しである。けれどもその政治信条については、現実主義、折衷主義といったものから、プラトン的哲人統治を求める理想主義まで諸々の見方がある（『挑戦』第6章）。ただ彼は一貫して、政治を移り気な民衆対エリートという構図でとらえ（『挑戦』第3章）、扇動と不和と革命を憂えた。その彼が、まさにそれらをローマに持ち込んだ張本人と久しく見られていたグラックス兄弟を、理想に倒れた悲劇の主人公に仕上げたのはなぜか。この狭い紙面で到底語り尽くせるものではないが、ひとつ一般論を述べるなら、『英雄伝』の著者は単純な白黒で人物を描くことはしない、ということである。彼はキケロやブルトゥスのようなギリシア的素養を積んだ人々を手放しで持ち上げたりしないし、マリウスやアントニウスといった「粗野」なローマ人であっても生来の徳性を認めないわけではない。小カトーの個人的美徳を称えつつも、盲目的な理想主義はかえって巨悪を利すると断じた。そしてカエサルの権力欲に否定的でありながら、それが生み出した専制政治は国家の病弊に対する処方であると考えていた。

『英雄伝』に描かれる人物の魅力のひとつは、そうした多義性にある。これら互いに対照的な長短併せ持つローマ革命の立役者たちが重層的に織りなす人間模様、それがグラックス・バブーフの急進主義からナポレオンの独裁まで、真逆の政治理念や運動に感化を与えたのもうなずける。そうした近代の模倣者が、しばしば古代の先例の失敗まで繰り返すことになったのは皮肉であるが。革命を嫌ったプルタルコスが、この未来を知ったらどう思うだろう。『政治家になるための教訓集』の著者らしく、時宜にかなわぬ過去の模倣は学校の中だけにしておけと忠告したのに、と顔をしかめるだろうか。それとも「低姿勢な語り手」（『挑戦』第8章）らしく、「私の話についてはあなた自身で判断すればよい」と笑うだろうか。（西洋古代史・早稲田大学）

連載

西洋古典雑録集 (15)

肉食の禁忌について

「男子厨房に入らず」という言葉がある。一般には、男子は台所で料理すべきではない、という意味で誤って理解されているが、元は中国の孟子の言葉に由来することをご存じの方もいるだろう。『孟子』の巻頭にある「梁恵王章句上」の、例の五十歩百歩の話の後に、斉の宣王との問答がある。王の宮殿の下を牛が引かれていく。王が何のために連れていくのかと訊くと、祭礼のためだと言う。罪もない牛がそうやって殺されるのは可哀想だと思った王は、羊と取り替えるように指図した。この話を聞いた孟子は、王が大きな牛を小さな羊に取り替えたのは、王が物惜しみしたわけではないが、動物が殺されるのを不憫に思うのは、牛でも羊でも違いはないのではないかと言う。その後に例の「君子は庖厨《ほうちゅう》を遠ざける」という言葉が出てくる。「君子之於禽獣也、見其生不忍見其死、聞其聲不忍食其肉、是以君子遠庖厨也（君子の禽獣に於けるや、その生を見てはその死を見るに忍びず、その聲を聞きてはその肉を食らうに忍びず、是のゆえに君子は庖厨を遠ざくるなり）」とある。君子は生きている動物のさまを目にすれば、その動物が殺されるのを見たり、その肉を食うのは耐えがたい、という意味であるから、もちろんこれは肉食そのものを避けるということではないが、こうしたことが肉食を避ける動機のひとつになっていることも事実である。

ポルピュリオスという後三世紀後半に生きた新プラトン主義者がいる。ポルフュリオスという表記を好む人もいるが、ここではこの叢書の表記法に従っておく。新プラトン主義の始祖とも言うべきプロティノスの弟子であるが、この人に『肉食の禁忌について』という書物がある。原題の Peri apokhēs empsȳkhōn は、文字通りに訳せば「魂をもつものを遠ざけることについて」となる。この作品は同様にプロティノスの弟子で、ポルピュリオスとも親しかったフィルムス・カストリキウスが、それまで断っていた肉食を最近再開したという話を聞いて、彼を元の習慣に戻す目的で書かれたものである。

なぜ肉食を避けるべきかという理由であるが、そのひとつとして人間以外の動物も人間とよく似ているということが挙げられている。斉の宣王が牛を殺すのは忍びないと思ったのも、同様の理由からだと言えよう。もっとも、

『肉食の禁忌について』の議論はもう少し理屈っぽい。同書第三巻では、動物が発する言葉が問題にされていて、動物は人間と同じ言語を共有するわけではないが、時には人間の言葉を理解することがあるのは、動物が人間に馴れるという事実からもわかる。「それゆえ、人間が怒っているときも、愛情を示しているときも、呼びかけているときも、あるいは、動物を追いかけるときも、なにかを求めるときも、なにかをあげるときも、要するにどんなことをしているときも、動物は人間の声に気づいていないわけではない。むしろ、あらゆる声に動物は親しく反応するのである。これは理解力において似たものが似たものに働きかけているのでなければ、なしえないことである」（第三巻六・一）とある。それでは、どうして動物は人間の言葉がわかるのだろうか。それは、動物も人間と同様に理性（ロゴス）をもつからである。動物が人間と同じ程度に理性的ではないとしても、そのことは動物が理性をまったく欠いているということを意味していない（第三巻八・七—八）。もっとも、すべての動物が同様に賢いのかどうかについて古代においてすでに議論があったことは、プルタルコスの『陸棲動物と水棲動物ではどちらがより賢いか』という論文をみてもわかる。今日でもわれわれは、犬や鯨を食してはならないという主張があることを新聞などを通じて知っている。そうした主張には、彼らが人間と同様に賢いからということがしばしば理由のひとつとして挙げられている。ただし、古代哲学の場合にはさまざまな立場があり、動物に理性的な能力をまったく否定する人たちもいた（ストア派）。逆に、アリストテレスのように植物にもなんらかの魂（成育能力）を認める人もいて、魂をもつものの禁忌を厳密にとれば、植物も食べてはならないことになるなど、議論は一層錯綜してくる。

肉食を避けようという理由としてしばしば挙げられるのが、例の魂の輪廻転生である。ピタゴラスもエンペドクレスもプラトンも、魂は輪廻の中にあって、死後に別の肉体に再び宿ると主張するから、もしその主張が正しいのであれば、動物の肉を食らうことはある意味で殺人だということになる。この場合には、人間が他の動物に親近性を感じるのは、自分と同等の魂の存在を感じ取るためだということになるだろう。人間以外の動物には理性がないので、これを食用とすることにはなんらの非もないとして、肉食を是とするストア派のような議論がある一方で、断固として肉食を禁じるオルペウス教やピタゴラス派の教説が、もうひとつの極として存在したわけである。

（文／國方栄二）

西洋古典叢書

[2019] 全6冊

★印既刊　☆印次回配本

●ギリシア古典篇

デモステネス　弁論集 6　佐藤昇・木曽明子・吉武純夫・平田松吾・半田勝彦 訳

パウサニアス　ギリシア案内記 2　周藤芳幸 訳

プルタルコス　英雄伝 5★　城江良和 訳

ホメロス外典／叙事詩逸文集　中務哲郎 訳

●ラテン古典篇

オウィディウス　変身物語 1★　高橋宏幸 訳

カルキディウス　プラトン『ティマイオス』註解☆　土屋睦廣 訳

●月報表紙写真――現在は消失しているが、古代にはギリシア本土の真ん中にコパイス湖という水域があり、最大時にはオルコメノス付近を北端として三〇キロメートルほど南方のヘリコン山麓まで、ボイオティア地方の中心に大きな面積を占めていた。オルコメノスにあった自然の排水坑がミュケナイ時代末期にふさがったために湖沼化したもので、古代からしばしば人工水路と排水坑による大規模な灌漑が試みられてきたが、十分な成果を挙げるに至らなかった。完全な工事はようやく十九世紀末にイギリス人技術者によって着手され、写真に見るような今日の広大な平地が出現し田野化されたのは、一九三一年になってからのことであった。かつてここで獲れた漁獲物の中でとりわけ有名なのが大ウナギで、古代ギリシアでも最高のご馳走の一つとして喜劇などにもしばしば話題にされている。(一九九五年六月撮影　高野義郎氏提供)

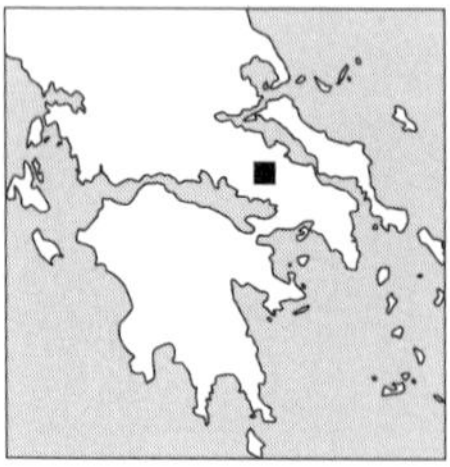

3 に就かせることを決議させた。そしてこの決議によって、票の買収が罪に問われないような仕組みをあらかじめ作っておいたうえで、自分の手下や仲間を法務官選挙に立たせて、みずから金銭をばらまき、みずから
4 投票に立ち会ったのである。しかしそれを上回る力がカトーの人徳と名望にはあったから、国家が金銭を支払ってでも法務官に迎えるべきカトーという人物を、投票と引き換えに売り渡してしまうことに、民衆は廉恥を覚えて二の足を踏んでいた。そのため最初に呼ばれた地区（トリブス）がカトーを指名したところ、(4)突如としてポンペイユスが、雷鳴が聞こえたと厚顔きわまりない嘘をついて、民会を解散させてしまった。この種の現象を不吉と見なし、天からの警告があったときには、いっさいの決定を行なわないのがローマ人の習慣なのである。

5 その後、ポンペイユスたちはあらためて大がかりな票の買収を行ない、良質の市民たちをマルスの野から

（1）カンプス・マルティウス。ローマ市の北西に接する平地。軍事訓練に使われるので軍神マルスの名を付けて呼ばれるが、執政官を選出するケントゥリア民会の開催場所でもある。

（2）『ポンペイユス』五二-2、『クラッスス』一五-4—6参照。

（3）前五五年の法務官に立候補した。当時の法務官の定員は八名。

（4）法務官は執政官と同じく、ケントゥリア民会（ケントゥリアと呼ばれる集団を投票単位とする民会）で選出される。ケントゥリアは財産の程度に応じて分けられ、裕福な市民から成るケントゥリアから順番に投票する。したがってここでプルタルコスが、投票がトリブス民会（トリブスと呼ばれる地区を投票単位とする民会）で行なわれるかのように書いているのは誤り。

6 追い払って、強引なやり方でカトーの代わりにヴァティニウス[1]を法務官に選ばせることに成功した。伝えに
よると、そのとき法に背き道に外れた票を投じた人たちは、まるで逃亡奴隷のように足早に立ち去り、それ
以外の人たちは集まって憤りに震えていた。するとひとりの護民官がその場で市民集会を開き、カトーが演
説に立って、あたかも神から霊感を吹き込まれたかのように、この国の将来をことごとく予言した。そして
ポンペイユスとクラッススに立ち向かう勇気を市民たちに求め、やつらが腹の中に持っている国政の計画は、
カトーが法務官になって自分たちを上回る力を持つのを怖れねばならないようなものだ、と喝破したという。
7 カトーが演説を終えて自宅へ戻ろうとするときには大勢の市民が付き従い、その人数は、法務官に指名され
た者全員の従者を合わせても及ばないほどであった。

四三 ガイウス・トレボニウス[2]の提出した両執政官への属州割り当てにかんする法は、ひとりがヒスパニ
アとアフリカを、もうひとりがシリアとエジプトを保有するというものであり[3]、それによりこの両者は陸海
の戦力を使って、どんな相手にでも思いどおりに戦いをしかけて打ち負かす権限を与えられることになって
2 いた。誰もが法案への抵抗をあきらめ、反論することさえ差し控えるなか、カトーが投票に先立って演壇に
3 上がり、意見表明を望んだところ、かろうじて二時間の演説を許された。さまざまに言葉を尽くして説諭も
し予言もしてみせながら、その時間を使いきったところで、カトーは発言を止められ、なお演壇を降りよう
4 としないのを、近付いてきた下役に引きずり降ろされた。しかし降ろされてもなおそこから叫び続け、それ
に耳を傾けて憤りをともにする市民たちもいたので、先ほどの下役が再びカトーに手をかけ、中央広場の外
5 へ連れ出してそこに留め置いた。ところがカトーは拘束を解かれるやいなや、引き返して演壇に駆け寄りな

6 がら、市民たちに大きな声で呼びかけ、応援を求めた。そんなことが幾度か繰り返されたあげくに、トレボニウスは頭に血が上って、カトーを牢獄へ連れていけと命令した。すると大勢の市民がカトーの後を付いていき、引きずられながらなおカトーが発し続ける演説に耳を傾けようとするありさまだったので、トレボニウスも不安になって釈放を命じた。

7 こうしてその日は、カトーの妨害により議決にいたることなく過ぎた。しかしその後の数日をかけて、ポンペイユス一派は市民をある場合は脅迫し、またある場合は施与と買収で丸め込みといった工作を続け、さ

(1)プブリウス・ウァティニウス。カエサルの腹心のひとりで、前五九年の護民官時代には執政官カエサルに協力し、ガリア遠征にも副官として従軍した。前四七年に執政官に就任する。『キケロ』九-3、二六-2参照。

(2)前五五年の護民官(『ポンペイユス』五二-4)。護民官退任後はカエサルのガリア遠征に副官として従軍するが、後にカエサル暗殺の謀議に加わる。

(3)ポンペイユスが両ヒスパニアの総督、クラッススがシリアの総督に決まった。アフリカをポンペイユスの割り当てに含めるのは、おそらくプルタルコスの誤り(『ポンペイユス』五二-4、『クラッスス』一五-7)。エジプトは、前五五年の春にプトレマイオス十二世・アウレテスがローマの支援でアレクサンドリアに復帰するなど、王権存続をローマに依存していたが、このときはまだローマの属州ではない。エジプトがローマの属州になるのは、前三〇年である。したがってこれもプルタルコスの誤り。

らにはあらかじめ護民官のひとりアクィリウス[1]を元老院の議事堂内に兵士を使って封じ込めておいた。そしてカトーが雷が鳴ったと叫ぼうとするのを中央広場から追い出し、少なからぬ負傷者と数人の死者まで出しながら、とうとう力ずくで法案を可決させた。怒った大勢の市民が一団になって、ポンペイユスの立像をめ
8 がけて石を投げ始めたが、それはカトーが駆けつけてやめさせた。しかし次に、カエサルの属州統治と軍団
司令権にかんする法案が提出されたとき、カトーはもはや民衆に向かって語りかけるのではなく、ポンペイ
9 ユス自身に向かい、誓約の下でこんな予言をした——あなたは今、肩の上にカエサルを担ぎ上げようとしな
がら、その事実にまるで気づいていない。だがいずれカエサルが重みを増し、力を持つときが来る。そのと
きあなたは、もはや降ろすことも負荷に耐え抜くこともできず、カエサルもろともこの都の上に倒れかかる
であろう。そしてようやくカトーの警告を思い起こし、あの警告は名誉と正義だけでなく、むしろそれ以上
10 にポンペイユスの利益にかなうものであったと知るであろう。こんな予言を繰り返し聞かされたポンペイユ
スだが、当時は自身の運の強さと力の大きさを過信していたために、カエサルの変わり身など夢にも思わず、
カトーの言葉をただ聞き流すばかりで、気に留めることもなかった。

法務官就任以後

四四　次の年はカトーが法務官に選ばれたが[2]、就任後はりっぱな仕事ぶりによってこの官位の威厳と格式を高めるよりも、むしろ貶め辱しめることの方が多かったという評価がある。しばしば履物も短上着（トゥニカ）も着けずに演壇上に現われたり、そのかっこうで名門市民の死刑にかかわる法廷を主宰したりしたと

2 いうのである。そのほか昼食時に酒を飲んで、その後に執務したと伝える人たちもいるけれども、これは事
実とは異なる。
3 その頃、民衆は官位をあさる者たちのばらまく金銭によって蝕まれ、多数市民は買収を日常の営みのよう
に受け入れていたため、カトーは国家からこの病弊を一掃せねばならないと考えた。そこで元老院に説いて、
高官に選出された者はたとえ告発を受けない場合でも、必ず誓約法廷に出向いて会計報告を行なわねばなら
4 ないという決議を成立させようとした。これには官位をめざす者たちが不満を鳴らしたが、それ以上に強い
不満を持ったのは、票を買ってもらおうとする民衆だった。彼らはカトーが朝早く演壇に向かおうとすると
ころに大勢で殺到すると、罵言を浴びせ、さらには石を投げ始めた。皆が演壇から逃げ出そうとするところ、
カトーも群衆に押され、人の流れに運んでいかれそうになったが、かろうじて演壇に手をかけるところまで
5 たどり着いた。そして壇上に立つやいなや、まずその鬼気迫る決死の面持ちによって喧騒を抑え、怒号を封
6 じ込めてから、適切な言葉をかけて静かに聞き入らせ、そうして混乱をすっかり収束させてしまった。元老
院がカトーを称賛すると、カトーはこう言い返した「だが私はあなた方を称賛しない。法務官を危機の中に
置き去りにして、護ろうとしなかったのだから」。
7 この結果、立候補者は誰もが、自分が買収に手を出すのを怖れる一方で、他の候補者が買収を行なって自
8 分が落選するのを怖れて、身動きの取れない状況に陥った。そこで彼らは一堂に会して、それぞれが一二万

(1)プブリウス・アクィリウス・ガルス。両執政官への反対派。　(2)前五四年の法務官。

五〇〇〇ドラクマを供託し、そのあとで全員が清く正しい選挙活動を行なうこと、約束を破って買収に手を
9 出した候補者は供託金を没収されること、という取り決めを行なった[1]。そして合意が成ったところで、供託
金の保管者として、また審判および証人としてカトーを選ぶと、その金をカトーのもとへ持参して、これを
預けたいと申し出たうえ、眼の前で協定書をしたためた。しかしカトーは金の受領を断り、その代わりに証
10 文を受け取った。高官就任者の指名の日が来ると、カトーは議長役の護民官のそばに立ち、投票を監視して
いたが、協定参加者のひとりに不正行為があったと宣言し、規定の金額を他の候補者たちに支払うよう命じ
11 た。候補者たちはカトーの公正さに称賛と敬意を呈したあと、反則金の規定については、違反者はもうすで
に十分な罰を受けたのだからと反故にした。しかし他の市民たちからは、カトーのこの行動は元老院と法廷
と各種高官の権力を一身に集めたかのように映り、反感と嫉妬を招く何よりも大きな原因になった。
12 なぜそうなったかというと、公正という徳は、世間の評判と信頼を得たとき、他のいかなる徳にもまして
人々の嫉妬をかき立てるからであり、これは民衆からもっとも重んじられ信頼される徳が公正の徳だという
13 事実に由来する。つまり民衆は勇敢な人に名誉を授け、賢明な人に賛辞を呈するけれども、公正な人にはそ
14 れに加えて、敬愛と信用と信頼を寄せる。しかも勇敢な人に対しては恐れもあるし、賢明な人には警戒もす
る。そのうえ勇敢さや賢明さというものが、それぞれ心の強さや鋭さのようなものだと考えれば、これらの
徳はその人自身の意志よりもむしろ天性によって与えられるものだということになる。それに比べて公正と
いう徳は、それを得ようとする意志さえあればすぐに得られるものだから、不正はけっして言い訳のできな
い不徳と感じられて、人々はこれを何よりも恥じるのである。

四五　そんなことから重鎮の市民たちは、カトーに問責されているように感じて、この人に敵意を向ける
ようになった。ポンペイユスにいたっては、カトーの名声の伸長はすなわち自身の勢力の衰退だという考え
2 から、絶えず誰かをけしかけてカトーの名誉を毀損しようとした。そのうちのひとりに民衆扇動家クロディ
ウスもいて、またしてもポンペイユスにすり寄ると、カトーに向かって中傷のつぶてを投げ始め、キュプロ
スの金を大量に横領したとか、ポンペイユスに娘との結婚を拒まれたのを恨んで[2]、喧嘩をしかけているのだ
とかいう言いがかりを付けた。
3 カトーはそれに反論して、自分は国家から馬一頭も兵士一名も受け取ることなく[3]、キュプロスから膨大な
額の金を集めてこの国に持ち帰った、その額はポンペイユスが世界中をかき回し、戦争と凱旋式を幾度も重
4 ねた末にもたらした額を上回る[4]。また自分はポンペイユスの姻戚になりたいと思ったことなど一度もない、
しかもその理由はポンペイユスがそれに不適格だというのではなく、政治信条の相違が明白だったからであ

(1) 前五四年七月の護民官選挙でのできごと（キケロ『アッティクス宛書簡集』四-一五-七、『弟クィントゥス宛書簡集』二-一五-四）。キケロが書簡中に五〇万セステルティウスと記すものを、プルタルコスはギリシアの単位に置き換えて一二万五〇〇〇ドラクマと記した。

(2) 三〇-3—5参照。カトーの娘ではなく、姪というのがおそらく正しい。

(3) 三四-6参照。

(4) カトーがキュプロスから持ち帰ったのは七〇〇〇タラントン（三八-1）。一方、ポンペイユスが東方遠征から得たのは、二万タラントンの戦利品のほか、八五〇〇万デナリウスすなわち約一万四〇〇〇タラントンの税収だから（『ポンペイユス』四五-4）、カトーのこの言い分は無理がある。

5 る。そう言ったあと、さらにこう続けた「つまり、私は法務官退任後に属州をひとつまかされそうになった
とき、それを断った。ところがあの男は各地の属州のうち、あるものを自分で保有し、あるものを他人に与
6 え、あげくの果てに歩兵六〇〇〇人(1)の軍隊をガリアにいるカエサルに貸し与えた。それらの兵士はカエサル
が諸君に要求して得たのでも、またポンペイユスが諸君の同意のもとに与えたのでもなく、個人どうしの恵
7 与として、これほどの兵士と武器と馬が遣り取りされたのだ。ポンペイユスは最高司令官とか総大将とか呼
ばれながら、軍隊と属州を他人に預け、自分は都のそばに居座ったまま、選挙戦の黒幕となって騒乱を画策
している(2)。これを見れば、あの男が官権不在の状態を利して、自身の独裁を実現しようと狙っているのは
明々白々である」。

四六　このように訴えて、カトーはポンペイユスの攻勢に抵抗した。一方、カトーにはマルクス・ファ
ウォニウス(3)という友人あるいは崇拝者がおり、これが昔の例で言えばソクラテスを崇拝するパレロンのアポ
ロドロス(4)のような人で、このたびもカトーのこの演説に強い感銘を受けて熱に浮かされたようになり、その
2 さまは度を越して、まるで生粋のぶどう酒が体中に回って正気を失ったかのようだった。この人が造営官選
挙に出て敗れたとき、その場に立ち会っていたカトーは、投じられた複数の票が同一の筆跡で書かれている
3 のに気づき、不正を暴露して、護民官への訴えにより指名を取り消させた。

その後、ファウォニウスが造営官就任を果たすと、カトーはその仕事にいろいろと手を貸し、劇場での見
4 世物も主催してやった。ただしそのさい演者たちに授けたのが黄金の冠に代えて、オリュンピア競技祭のと
きのようなオリーブの冠だったほか、賞品も高価なものではなく、ギリシア人には甜菜《てんさい》と萵苣《ちしゃ》と大根と梨、

5 ローマ人には壺入りぶどう酒と豚肉と無花果と瓜と薪束だった。この節倹ぶりに笑い出す人もいれば、これ
をカトーの凝り固まった厳格な性格がわずかながら軽妙な方へ動き始めた証しと見て、面白がる人もいた。
6 しまいにはファウォニウス自身が群衆の中に紛れ込んで観客席に陣取り、カトーに喝采を送って、勝者への
栄誉と賞品の授与を行なうよう大声で促しながら、自分はカトーに権限を譲り渡したのだとばかりに、観衆
7 にも賛同を求めるのだった。別の劇場では、ファウォニウスの同僚であるクリオ(5)が巨額の費用をかけて見世
物を催していたが、人々はそれを放り出してこちらに移動してくると、ファウォニウスが私人を演じ、カ
8 トーが造営官を演じるこの出し物に嬉々として加わった。カトーがこんなことをしたのは、豪華な催しを虚
仮にしてやろうという狙いからであり、娯楽は娯楽らしく行なうべきであって、何の価値もない事柄に多大
の労力と精力をつぎ込み、高い費用をかけて大げさな仕掛けをこしらえるよりも、むしろ素朴な楽しみに喜
びを見出すべきだと教えようとしたのである。

(1)すなわち軍団一個。『カエサル』二五-2と『ポンペイユス』五一-4には、軍団二個を貸与したと記されているが、一個が正しい。

(2)ポンペイユスは執政官退任後、両ヒスパニア属州総督だが、現地には代理を送り、自身はローマ近辺から離れなかった(『ポンペイユス』五二-5—五三-1)。

(3)三二-11参照。造営官に就任したのは前五三年か前五二年。選挙が行なわれたのは就任の前年である。

(4)ソクラテスの熱心な弟子。アテナイに近い港町パレロンの出身。感情の激しい人で、ソクラテスの死に臨んで周囲が当惑するほどに慟哭した(プラトン『パイドン』一一七d)。プラトン『饗宴』は、直接にはアポロドロスによる報告という形式をとる。

(5)この人名については原典伝承が不確か。

四七　スキピオとヒュプサエウスとミロが執政官就任に名乗りを上げたとき、(1) その乱脈ぶりは、もはや当時の選挙で慣例となり日常となっていたあの不正行為、つまり金銭による票の買収にとどまらず、無理無法を押し進めて、刃傷と殺人まで引き起こしたあげくに、そのまま内戦へなだれ込もうかという勢いであった。このため市民の間から、ポンペイユスに選挙を取り仕切ってもらおうという声が上がったとき、(2) カトーは初めそれに反対して、法はポンペイユスの安全を確保するためにあるのであって、ポンペイユスによって安全
2 を確保してもらうためにあるのではないと訴えた。しかし官権不在の状態が長引き、軍団三個が連日中央広場を取り囲むようになって、惨禍の到来まであと一歩というところまで来たとき、カトーは取り返しの付かない事態になる前に、元老院がみずからの意思で贈るというかたちで、国家をポンペイユスの手に託すること、そして諍いが統治不能の乱世にいたるのを座して見るよりは、何よりも大事なものを生き残らせるための治療薬として、違法手段のうちでももっとも控えめなものを選び、単独支配を導入することを是認するよ
3 うになった。そこでカトーの縁者に当たるビブルスが(3) 元老院で演説し、ポンペイユスを単独執政官に選出するべきだ、そうすれば国家はポンペイユスの指導の下で立ち直るか、あるいは最善の人の奴隷になるかのい
4 ずれかであるから、と提案した。続いてカトーが立ち上がって――これを誰が予想できただろう――その意見に賛成を表明し、いかなるかたちの官権であろうと、官権不在よりはましだと説き諭したうえで、ポンペイユスなら誰よりもうまく現在の情況に対処し、託された国家の安全を護ってくれるはずだ、と付け加えた。

四八　こうして執政官に指名されたあと、(4) ポンペイユスはカトーに都の郊外まで会いに来てほしいと伝え
2 てきた。そして訪れたカトーをなごやかなあいさつと握手で迎え入れ、恩義に感謝する旨を述べて、今後は

3 ポンペイユス自身の相談役として任務を補佐してほしいと申し出た。するとカトーは答えて、以前の自分の発言はポンペイユスへの敵意によるものではなく、このたびの発言も好意によるものではない。すべては国
4 家の利益のためである。それゆえ私事については、依頼されれば相談役になろう。しかし国事については、たとえ依頼されなくても、何であれみずから思うところを述べるつもりである、と応じた。そしてその言葉どおりに行動したのである。

5 その事例の第一は、過去の選挙で民衆の買収にかかわった者に対して、新たな罰則を設けて厳罰を科する
6 法をポンペイユスが制定しようとしたとき、過去に頓着せず未来に目を向けるよう忠告したことである。[5] カ

---

(1)ポンペイユスの単独執政官就任のあと、娘をポンペイユスに嫁がせるスキピオ（七-1、『ポンペイユス』五五-1）、ポンペイユスの東方遠征に従軍したプブリウス・プラウティウス・ヒュプサエウス、前五二年一月に従者どうしの乱闘からクロディウスを殺害するティトゥス・アンニウス・ミロ（『キケロ』三三-4、三五-1）。三人は前五二年の執政官に立候補したが、不正と暴力による混乱から、選挙は就任当年になっても実施できなかった。前五三年の執政官も、同様の混乱から、ようやく年の半ばに就任する事態になっていた。

(2)ポンペイユスに独裁官の地位を与えることが議論され始めた。以下のポンペイユスの単独執政官就任とカトーの演説について、『ポンペイユス』五四-5—9参照。

(3)カトーの婿（二五-4）。

(4)ポンペイユスは前五二年の春に単独執政官に就任し、同年八月に義父のスキピオ（四七-1）を同僚執政官に指名した。以下のカトーへの依頼について、『ポンペイユス』五四-8—9参照。

(5)ポンペイユスは、自分の最初の執政官在任年（前七〇年）以降の選挙不正を告発可能とする法を作ろうとした（アッピアノス『内乱史』第二巻二三）。法はカトーの反対にもかかわらず成立する。

トーが言うには、過去に遡って不正を追及すると、どこで止めて区切りを付けるかの判断が難しい。しかも、
7 もしそれらの不正行為に対して今から新たに罰則を定めれば、その不正を犯したときには存在していなかった法を根拠に処罰される者は、不当な仕打ちを受けることになる、というのである。第二に、数多くの名士が選挙不正で訴追されたとき、被告がポンペイユス自身の友人や親族である場合、ポンペイユスがたびたび
8 節を曲げて甘い態度をとるのを見て、カトーは厳しく叱責し正道に引き戻そうとした。(1) そしてもうひとつは、慣例になっていた被告への称賛演説をポンペイユスは禁止しておきながら、自身がムナティウス・プランクスを称賛する文章を書いて法廷に提供したときのことである。(2) このとき陪審員のひとりだったカトーは、両手で耳をふさぎ、証言の読み上げが聞こえないようにした。証言のあと、プランクスはカトーを陪審団から除かせたが、それでも有罪判決は免れなかった。

9 他の裁判においても、カトーは被告からすると扱いにくい厄介な人物であり、できれば陪審員として残し
10 ておきたくないのだが、かといって忌避するのも躊躇された。忌避すれば、カトーに追及されると潔白を証明する自信がないのだという印象を与えて、結局、有罪判決を受けることが少なくなかったのである。またカトーが陪審員として申請されているのに、それを受け入れないのは由々しき侮辱だと、告発者から非難を浴びる被告もいた。

四九　一方カエサルはというと、自身は軍隊を率いてガリアに留まり、戦争に明け暮れながらも、贈与と金銭と仲間を使って、ローマ市内における勢力拡大にますます力を入れるようになった。このためこれまでカトーの予言をいっこうに信じようとせず、恐るべき未来を夢うつつに見ていただけのポンペイユスも、よ

うやく目を覚まし始めたのだが、それでも思いきってカエサルの押さえ込みに乗り出すのには、なおためらいを捨てきれず、遅疑逡巡するばかりであった。

2 そこでカトーはみずから執政官選挙に名乗りを上げ、そうしてカエサルの保有する兵力をただちに取り上げるか、その謀略を暴き出すかしてやろうと腹を固めた。対立候補は二名おり、[3] いずれも品の良い人だった

3 が、ただしそのうちのスルピキウスは、政界におけるカトーの名声と勢威から大きな利を得た人物であった

（1）例えば、義父スキピオが訴えられたとき、ポンペイユスは陪審員を自邸に集めて懐柔した。それを見た告発者は訴訟をあきらめた（『ポンペイユス』五五-7）。その後、スキピオはポンペイユスから同僚執政官に指名された。

（2）ティトゥス・ムナティウス・プランクス・ブルサは前五二年の護民官でポンペイユス支持者。同年一月のクロディウス殺害事件後の民衆暴動をあおったとして告発された。ポンペイユスは、告発内容とは直接関係のない被告の人柄や徳を称える演説を法廷で行なうことを禁止する法を作っていたが、仲間を助けるためにその禁をみずから破った。『ポンペイユス』五五-8―9には、ポンペイユス自身が法廷で演説したとあるが、書いた文を読み上げさせたという本伝記の方が正しい。

（3）前五一年の執政官に、カトーのほかに、セルウィウス・スルピキウス・ルフスとマルクス・クラウディウス・マルケルスが立候補し、この二名が当選した。マルケルスは閥族派の代表格として、カエサルを強く敵視した（『カエサル』二九-1―3）。一八-5のマルケルスは、これと同一人物かもしれない。

4 から、このたびの選挙で対抗したことは、礼義に欠ける恩知らずの行為と評された(1)。それでもカトー本人は
ひと言も不満を洩らさず、「自分が最高の幸せと思うものを他人に譲らないからといって、何の驚くことが
5 あろう」と言ってスルピキウスを擁護した。しかしこのときカトーは元老院に提案して、立候補者は自分で
民衆への働きかけを行なうこと、他者にあいさつ回りをさせたり、他者を使って投票を依頼したりしてはな
らないことを決議させたために、人々からいっそう不興を買ってしまった。というのも民衆はそれによって、
報酬稼ぎができなくなったばかりか、恩返しの機会まで奪われて、いっきょに金も面目も失ったからである。
6 しかもカトーは自分への支持の求め方が拙く、選挙運動をしながらも、執政官位の威信を手に入れるよりは、
自分の生き方の威信を守る方が大事だという態度であった。そして友人たちにも、民衆の心を捉え機嫌をと
るような行動を許さなかったので、結局、選出を果たせずに終わった。

五〇　通例なら落選という結果は、候補者当人ばかりか友人や親族にも落胆と心痛をもたらし、それがあ
る種の屈辱感をともなって幾日も消えないものだが、カトーの場合はいっこうに気に病むようすはなかった。
2 朝は体に塗油してマルスの野で球技を楽しみ、昼食後は中央広場に降りて、履物も短上着も着けないまま仲
間たちと歩き回るという、いつもの習慣を続けたのである。キケロはそれを咎めて、情勢が君を執政官とし
て求めているとき、君はそれに真剣に応えず、民衆の中に入って親しく言葉を交わそうとしなかった、しか
も法務官をめざしたときは再度の挑戦も厭わなかったのに(2)、執政官選挙については二度と御免だとばかりに
3 手を引いてしまった、とカトーを責めた。それに対するカトーの答えはこういうものだった——自分が法務
官選挙に落ちたのは、民衆の意思によるものではなく、民衆が買収されたりしてやむをえず投じた票の結果

だった。しかし執政官選挙では不正工作はいっさい行なわれなかったのだから、落選したときに、自分の流儀が民衆には気に入らなかったのだと納得した。だが流儀を他人の好みに合わせて変えるのも、また同じ流儀でもう一度同じ目に遭うのも、賢明な人間のすることではない、と。

五一　カエサルは各地の勇猛な民族に攻めかかり、果敢な戦いぶりで征討を進めていたが、あるときゲルマン人との間に休戦の誓約が成立していたらしいのに、攻めかかって三〇万人を殺害したことがあった。(3)ローマでは誰もが祝勝供犠式の開催を民衆に求めるなか、ひとりカトーだけは、誓約侵犯をこうむった人々にカエサルを引き渡すべきだと唱え、穢れをこちらに振り向けたり、国内に受け入れたりしてはならないと
2 勧告した。そしてこう付け加えた「ただし神々に感謝するための供犠式は行なった方がよかろう。司令官の狂気と乱心に対する罰を兵士たちに下すことなく、国家を赦免してくださったのだから」。
3 その後、カエサルから元老院に書簡が送られてきて、それを議場で読み上げたところ、そこにはカトーへ

（1）スルピキウスは著名な法学者。前六二年の執政官の選挙に立候補し、カトーの協力を得て対立候補のムレナを選挙不正で訴えたが、ムレナは無罪になり、スルピキウスは執政官になりそこねた（二一-4―9）。カトーに恩をこうむったというのは、このことを指すか。前五二年には、中間王（interrex）としてポンペイユスを単独執政官に指名した（『ポンペイユス』五四-8）。

（2）四二-1、四四-1参照。

（3）前五五年のできごと。『カエサル』二二-1―4によれば、ゲルマン人が先に休戦の誓約を破ってローマ軍に攻めかかったので、カエサルも誓約に縛られる必要はないと判断した。『ニキアスとクラッススの比較』四-2―3、カエサル『ガリア戦記』第四巻一一―一五参照。

の罵詈雑言が書き連ねてあった。カトーは立ち上がって反論を始めたが、怒りや敵愾心に突き動かされたよ
うすは微塵も見えず、むしろあらかじめ準備していたかのような冷静さで、カエサルから向けられた批判が
誹謗あるいは言いがかりに類するものであり、寝言やほら話と異ならないことを証明してみせた。そしてカ
4 エサルの陰謀を事の始めからたどり、その狙いのすべてを、まるで自分がその一味の敵ではなく、仲間であ
り共謀者であるかのように詳細に暴き出したうえ、冷静に考えればむしろ警戒するべきはブリタンニアやケルトの
蛮人ではなく、カエサル自身だと分かるはずだと教えた。すると場内は一変してカエサルへの反感が広がっ
5 たものだから、カエサルの協力者たちは、元老院内で書簡を読み上げて、カトーに正義の弁論と真実の告発
を行なうきっかけを与えてしまったことを後悔するはめになった。
6 それでも何ひとつ決議はなされず、ただカエサルの後継者を任命するのがよかろうという議論がなされた
7 だけであった。カエサルに与する者たちは、ポンペイユスも同じように軍隊を手離し属州統治権を放棄する
べきだと要求し、さもなければカエサルも〔軍隊と属州の放棄を〕しないと主張した[1]。するとカトーが声を上
げ、かつて予言したあのことがついにやって来た、あの男は欺瞞を弄して国家からだまし取った武力を今や
堂々と用い、力ずくで押し通そうとしている、と訴えた。その結果、元老院の外では、最高権力者カエサル
誕生の望みを捨てない民衆に妨げられ、何も成しえなかったけれども、元老院内では、民衆への不安を残し
つつも、賛同を広げることに成功した。

内戦

五二　カエサルがすでにアリミヌムを占領し、軍隊とともにローマをめざしているという知らせが入ったとき(2)、民衆もポンペイユスも含めて、すべての人の視線がカトーに集まった。カトーこそは、カエサルの意
2 図をただひとり初めから見抜き、真っ先に公けの場で予言していた人物だったからである。カトーは「それにしても、もし私のたびたびの予言と忠告に、諸君のうちの誰であれ耳を傾けていたなら、今ごろ諸君は
3 たったひとりの男を恐れることもなかっただろうし、たったひとりの男に希望をかけることもなかっただろうに」と洩らした。それに対してはポンペイユスから、あなたは予言者として語り、私は友人として行動した、と返されたけれども、とにかくカトーは元老院に勧告して、全権をポンペイユスひとりの手にゆだねるべきだ、大きな禍を作り出した者はそれを消し止める者でもあるのだから、と説いた(3)。
4 しかしながら手元に軍隊はなく、新たに召集した兵士たちも士気に欠けるのを見せられて、ポンペイユスはローマを去った。カトーも後を追って逃げ出そうと心を決めると、ふたりの息子のうち弟の方はブルッ

(1) 前五一年から翌年にかけてのカエサルとポンペイユスの属州総督と軍団司令権をめぐる駆け引きについて、『ポンペイユス』五六―五九、『カエサル』二九―三一、『キケロ』三七―1参照。

(2) 『カエサル』三三参照。

(3) 『ポンペイユス』六〇―8―六一―1に、ポンペイユスとカトーの同じ言葉が記されている。

5 ティウム地方にいるムナティウスのもとに避難させ、兄の方だけを同行させた(1)。家と娘たちには保護者が必
要だったから、寡婦となって多大の財産を有していたマルキアを再び妻に迎えた。ホルテンシウスが死に臨
6 んで、マルキアを遺産相続人に指定していたのである(2)。このことを何よりの証拠として、カエサルはカトー
7 を銭の亡者と呼び、結婚の名目で妻を金儲けに使ったのだと中傷した。マルキアを妻として望んでいたのな
ら、なぜ譲ったのか、逆に望んでいなかったのなら、なぜ再び妻に迎えたのか、初めからホルテンシウスの
財産を釣り上げるための餌として妻を投げ入れ、若いうちに貸し出しておいて、裕福にしてから取り戻すつ
8 もりだったとしか思えないではないか、とカエサルは詰ったのである(3)。しかしそれに対しては、エウリピデ
スのあの詩句が格好の返答となる。

まずその瀆神についてだが、というのも、ヘラクレス、おまえを
卑怯者呼ばわりするのは、瀆神にほかならないと私は信じているのだ(4)。

つまりカトーを金にあさましい男と罵るのは、ヘラクレスに惰弱の汚名を着せるのと同じことなのである。
9 ただしこの結婚に、金銭のこと以外で咎めるべき点がなかったかどうかは、検討の余地があるだろう。とも
かくカトーはマルキアと再婚の誓約を交わし、家と娘をマルキアに託してから、ポンペイユスの後を追った。

五三　その日以来、カトーは髪も刈らず髭も剃らず、また冠を着けるのもやめて、祖国大難への哀悼と悲嘆と痛惜を表わすために、戦いに勝ったときも敗れたときも、常に同じ身なりで過ごし、それを最期まで続けたという。

2 このときカトーは抽選でシキリア属州を割り当てられ(5)、シュラクサエに渡ったのだが、そこへ報告が入り、
敵陣営から派遣されてきたアシニウス・ポリオ(6)が軍勢とともにメッサナに着いたと知らされた。そこで渡航
の理由を問う伝令を送ったところ、逆にアシニウスの方から国の決定事項の変更の理由を問う伝令を返され、
3 さらにポンペイユスが完全にイタリアを捨てて、デュラキオンに陣営を置いていると聞かされると(7)、カトー
はこう洩らした——まことに神意というのは、定まりなく測りがたいものだ、善いことや正しいことを何ひ
とつ行なっていなかったときは、誰も太刀打ちできなかったあのポンペイユスが、今こうして祖国を救い自
4 由を守るために戦おうとしているとき、好運に見放されたとは。そう言ったあとシュラクサエの人々に向か
い、アシニウスをシキリア島から追い返すことはできるが、新たにもっと大きな軍勢がこちらに向かってい

(1)弟はマルキアとの間の子。ブルッティウム地方はイタリア半島の「長靴の足先」あたり。友人ムナティウスについては、九、二五、二七、三〇、三六、三七参照。兄は先妻アティリアとの間の子で、このとき二〇歳代(二四-6)。

(2)二五-9—12参照。

(3)『反カトー論』の中で。三六-5参照。

(4)エウリピデス『狂えるヘラクレス』一七四—一七五。ヘラクレスの父アンピトリュオンが、ヘラクレスを誹謗するテバイ王の前で、ヘラクレスを弁護する場面。ヘラクレスは豪勇無双の英雄。

(5)法務官格の属州総督の地位を与えられた。『ポンペイユス』六一-2参照。

(6)カエサルの側近のひとりで、カエサルとともにルビコン川を越えた(『カエサル』三二-7)。このときはガイウス・スクリボニウス・クリオの指揮する艦隊に先駆けて、イタリア半島との海峡に面する港メッサナに着いた(アッピアノス『内乱史』第二巻四〇)。

(7)『ポンペイユス』六二-3—5、『カエサル』三五-2参照。

る以上、この島を戦場にして荒廃させるのは私の本意ではない。あなたたちは優勢な方に付いて、自分たち
の安全を図るがよい、と言い残してシュラクサエの港を後にした[1]。
5 そしてポンペイユスの陣営に到着してからは、決戦を急ぐべきではないという意見を一貫して主張し続け、
和解の望みを捨てなかった。国家が市民どうしで刃を交わす戦いに突入し、剣で決着を付けようとして、み
6 ずからの手で破滅を招くはめにならないよう願っていたのである。ほかにも同じ趣旨で、ポンペイユスとそ
の幕僚たちに説いて認めさせたのが、ローマに服属する都市で略奪をしないことと戦場以外でローマ市民を
殺害しないことであり[2]、このおかげでポンペイユスの声望は高まり、多くの人がポンペイユスの誠実かつ温
和なのを慕って、その陣営に引き寄せられてきた。

五四　やがてカトーはアジアに派遣されて、その地で軍船と兵士の募集に当たっている将軍たちを手助け
することになったが、そのとき姉[3]のセルウィリアを、彼女がルクルスとの間に産んだ子供ひとりといっしょ
2 に帯同した。すでに寡婦の身であったセルウィリアが、このときすすんで随行し、カトーの監視の下で旅を
しながら、その生き方にならったという事実は、この女のふしだらな性行に向けられた悪評をおおいに減じ
る効果があった。ただしカエサルはここでもカトーへの中傷を緩めず、セルウィリアとの醜聞を書き立てて
いる。
3 アジアにいたポンペイユス方の将軍たちは、カトーの助けをとくに必要としていないようだったので、結
局、カトーはロドス市民を説得して味方陣営に引き入れ、そこにセルウィリア母子を留め置いただけで、ポ
ンペイユスのもとに引き返した。このときポンペイユスの手元には、すでに陸兵と艦船のおびただしい軍勢

4/5 が集まっていた。ここでようやくポンペイユスの心の内が明らかになった。全艦隊の指揮をカトーにゆだねようというのである。軍船は五〇〇隻を超え、それ以外にもリブルニア式小型船(4)と斥候船と無甲板船が十分
6 にそろっていた。ところがポンペイユスは、その後すぐに自分で気づいたか、さもなければ僚友たちに諭されたのであろう、カトーにとって行動の唯一にして最大の目標は祖国の自由を取り戻すことであり、したがってこれほどの大軍勢を掌握しても、いずれカエサルを打ち破ったなら、その日のうちに、ポンペイユスに軍隊を手離して国法に従うよう要求するだろう、と思いいたり、すでにカトーにも伝えていたにもかかわらず考えを改めて、ビブルス(5)を艦隊司令官に指名した。

7 しかしそんなことがあってもカトーの士気にはいささかの陰りも見えず、それどころかデュラキオン周辺でのある戦闘の前には、こんなひとこまがあったと伝えられる。このときポンペイユスがみずから軍勢を鼓舞し、さらに他の指揮官も次々にポンペイユスに促されて、激励の言葉をかけたにもかかわらず、兵士たち

(1) カエサル『内乱記』第一巻三〇-四―五によれば、カトーは軍船を整備して、戦闘の意欲を十分に持っていたが、クリオの艦隊の接近を知ると、「戦備の不十分なままに戦争に入ったポンペイユスに裏切られた」と不満を述べて島を出たという。前四九年四月、カエサルのルビコン越えの三ヵ月後のことである。

(2)『ポンペイユス』六五-1参照。

(3) 正しくは姪。二四-4―5、二九-6参照。夫ルクルスは、前五七年か前五六年に死んだ(『ルクルス』四三-3)。

(4) アドリア海北東部沿岸の住民リブルニア人が使っていたような軽快船。

(5) カトーの婿マルクス・カルプルニウス・ビブルス(二五-4、四七-3)。

8 は生気のない顔で黙って聞いているだけだった。ところが最後に立ったカトーが、自由と勇気と死と名誉に
かんする哲学から、この場にふさわしい事柄を情熱を込めて語ったあと、締めくくりに神々への呼びかけを
9 口にして、神々はこの場に立ち会って祖国防衛の戦いを御覧になっているのだと訴えたとたんに、高揚した
兵士たちの間から大きな喚声が上がり、躍動が起こって、ついには全員が闘志満々で指揮官に開戦を急がせ
10 るまでになった。そして敵を蹴散らし、その場を制しながらも、完全な勝利を阻まれたというのは、カエサ
ルの守護霊がポンペイユスの用心深くて好運を信じない性格をうまく利用したからである。この戦いについ
11 ては、ポンペイユスの伝記に書いておいた[1]。しかし、これだけの戦果に喜びと驕りの広がるなか、カトーだ
けはおびただしい数の優良な市民が互いに殺し合って倒れたことを思いつつ、祖国のために涙を流し、血に
飢えた呪わしい権力欲というものに嘆息を洩らしていた[2]。

五五 その後、ポンペイユスはカエサルを追うためテッサリア方面へ向けて陣地を引き払うにあたって、
デュラキオンに大量の武器と資金のほか、同行していた親戚や家族も残しておくことにしたのだが、それら
すべてを守る指揮官としてカトーを指名し、そのために大隊一五個を託した。カトーを選んだのには、この
2 人への信頼とともに警戒があった。つまりポンペイユスの見るところ、もしこの先の戦いに敗れれば、その
とき誰よりも頼りになるのはカトーであるし、戦いに勝ったとき、そばにカトーが居れば、きっとポンペイ
3 ユスに思いどおりの処置を実行するのを許さないだろう、というわけである[3]。デュラキオンにはカトーのほ
かにも、多数の高名な人々が居残ることになった。
4 その後、パルサロスでの敗北の報が伝えられたとき、カトーが決断したのは、もしポンペイユスが死んだ

のなら、いま自分の手元にいる者たちを船に乗せてイタリアに帰らせたうえで、自分は専制支配者からでき
るだけ遠く離れた土地で亡命生活を送ろう、だがもしポンペイユスが生き残っているなら、何としてもこの
5 軍勢を守り通そう、ということだった。そこで艦隊のいるケルキュラ島(4)へ渡ってから、自分は法務官格であ
るから執政官格の者に譲りたいと申し出て、キケロ(5)に指揮権を引き渡そうとしたが、キケロはそれを拒絶し
6 たばかりか、イタリアへ向けて船出の準備を始めた。するとポンペイユス(6)が時宜をわきまえぬ強情ぶりを発
揮し、船出する者たちには懲罰を下してやると息巻いて、その最初の標的としてキケロに剣を向けようとし
た。このためカトーがポンペイユスとふたりきりになって諌めたり宥めたりし、おかげでキケロは死をまぬ

(1)『ポンペイユス』六五-8―9、『カエサル』三九-4―8参照。この戦いでポンペイユス軍はカエサル軍を壊滅寸前にまでに追い込みながら、最後にポンペイユスが慎重に過ぎて勝利を逃した。

(2)『カエサル』四一-1参照。

(3)『ポンペイユス』六七-3参照。

(4)三八-3参照。パルサロスの戦いから落ちのびた軍勢が、ポンペイユスの舅スキピオ(七-1)らの指揮の下にこの島に集まっていた(アッピアノス『内乱史』第二巻八七)。スキピオはパルサロスの戦いでは、戦線の中央を率いていた(『ポンペイユス』六九-1、『カエサル』四四-4)。

(5)キケロはポンペイユスから三ヵ月後れてギリシアに渡り、ポンペイユス陣営に加わったが、カトーとともにデュラキオンに残り、パルサロスの戦いのあと、ケルキュラ島に渡った。

(6)ポンペイユス・マグヌスの長男グナエウス・ポンペイユス。父の指示によりシリア方面へ軍勢調達に派遣されたあと(『ポンペイユス』六二-3)、艦隊の指揮を執っていた。前四五年にヒスパニアのムンダの戦いで敗れ、捕らえられて殺される(『カエサル』五六-6)。

かれ、他の人々も胸をなで下ろした(1)。

アフリカ戦役

五六　ポンペイユス・マグヌスの逃げのびる先はエジプトかアフリカに違いないと推測したカトーは、自
分も急いでそちらに向かおうと、手元の全軍勢を率いて船に乗り込んだが、出港する前にまず兵士たちに、
2 出陣をともにするのを望まない者は離脱してここに残留してもよいという許可を与えておいた。そしてアフ
リカに着いて、沿岸を航行しているうちに、ポンペイユスの年少の方の息子セクストゥス(2)に遭遇し、父ポン
3 ペイユスがエジプトで最期を遂げたと聞かされた。重苦しい胸の痛みがすべての人を襲うと同時に、ポンペ
4 イユス亡きあとにいただくべき司令官は、眼の前のカトーをおいて他にないと誰もが口をそろえた。カトー
も信頼の証しを示してくれた勇士たちを、頼る当てもないまま異国の地に放り出すのは、心苦しく恥ずべき
ことだと感じて、指揮を引き受けると、沿岸を進んでキュレネ(3)に到着した。キュレネ市民は数日前にラビエ
ヌス(4)に対して門戸を閉ざしたばかりだったが、カトーの受け入れを拒むことはなかった。

5 カトーはそこで、ポンペイユスの舅のスキピオ(5)がユバ王(6)の歓迎を受けたこと、さらにポンペイユスからア
フリカ総督に任命されていたアッティウス・ウァルス(7)も軍勢を率いてスキピオに合流していることを知らさ
れ、冬の季節ではあったが徒歩で彼らのもとへ急行した(8)。出発にあたっては、水を運ぶための多数の驢馬や
6 牛の大群を集めて同道させたほか、荷車の群れに加えてプシュリ族という者を引き連れていた。プシュリ族
というのは蛇に咬まれたとき、口で毒を吸い取って治療するばかりか、蛇そのものにある種の歌でまじない

をかけて弱らせてしまうのである。[9] 行軍は休みなく七日間[10]に及んだが、その間カトーは馬も驢馬も使わず先頭を歩き続けた。さらにパルサロスの敗戦の報に接して以来、腰掛けて食事を取るのを習いとし、そうして

7

（1）『キケロ』三九-1—2参照。キケロはこのあとイタリアに戻る。

（2）次男セクストゥス・ポンペイユス。父がギリシアで戦っている間、継母コルネリアとともにレスボス島のミュティレネに避難していたが、パルサロス敗戦のあと迎えに来た父といっしょにエジプトへ向かった。そしてそこで父がプトレマイオスの廷臣に謀られて殺されるのを目撃した（『ポンペイユス』七四-1、七八-7）。このとき一九歳くらいだった。

（3）エジプトの西方の海岸近くの都市。

（4）カエサルの副官だったが、内戦開始と同時にポンペイユス側に身を移し、パルサロスの戦いにも加わったティトゥス・ラビエヌス（『カエサル』三四-5、『キケロ』三八-8、『ポンペイユス』六四-5、六八-1）。

（5）スキピオ（七-1、四七-1）は、パルサロスの敗戦後、アフリカに逃れた。

（6）アフリカ属州の西方のヌミディアの王、ユバ一世。カエサルに強い敵愾心を持っていた。『カエサル』五二-1、『ポンペイユス』七六-7参照。

（7）プブリウス・アッティウス・ウァルス。イタリア北東部の都市アウクシムムを守っていたが、カエサルが進攻してくる前に退避し、アフリカ属州に渡って総督権限を行使していた（カエサル『内乱記』第一巻一二-三—一三-四、三一-二）。

（8）ルカヌス『パルサリア』第九巻三〇〇—九四九によれば、カトーたちはキュレネから海岸沿いを船で進んだが、荒天に阻まれてベレニケ（現ベンガジ）付近で上陸し、そこから砂漠の難路を西進して、アフリカ属州のレプティスに着いた。

（9）実際にプシュリ族のおかげで蛇の毒から救われた経緯を、ルカヌス『パルサリア』第九巻八九〇—九三七は描く。

（10）ベレニケからレプティスまでの旅程としては短すぎるので、原典不全が推定される。ストラボン『地誌』第十七巻三-二〇は、三〇日間と記す。

8 睡眠のとき以外は体を横にしないことも、カトーにとって服喪のしるしのひとつであった。[1] 冬の残りの期間
はアフリカで過ごし、兵力を点検したところ、総勢で一万人足らずであった。

五七　ところがスキピオとウァルスは仲が悪く、諍いと口論のあげくに、それぞれがユバに取り入って寵
を得ようと競い合う一方、ユバ自身も富と力を頼んで、目に余るほどの傲岸かつ尊大なふるまいを見せてい
2 た。王はカトーとの初めての会見にあたっても、自分の椅子をスキピオとカトーの間に置いたものだから、
3 それを見たカトーは自分の椅子を抱えて反対側に移動し、スキピオが真ん中に来るようにした。スキピオが
カトーの宿敵で、カトーへの誹謗を連ねた小さな書物のようなものを公表した人物であることも、[2] この行動
4 の妨げにはならなかった。カトーを批判する者たちは、この事実にひと言も触れないけれども、それでいて
カトーがシキリア島にいたとき、[3] ピロストラトス[4]と散歩中に、その学識への敬意からこの人を真ん中に置い
5 て歩いたとなると、それを咎め立てるのである。それはさておき、このときカトーは、ユバがスキピオたち
を王国の地方長官の位に取り込むのをすんでのところで阻止したばかりか、いがみ合っていた両者を和解さ
せることに成功した。

6 ここにおいてカトーに指揮を執るよう求める声が全軍から上がり、なかでもスキピオとウァルスが先頭に
立って、司令官の地位を降りてカトーに譲り渡す旨を申し出たけれども、カトーは、国法を破壊する者を相
手とする戦争において、みずから国法を破壊するつもりはない、執政官格の人物がいるのに法務官格である
7 自分が頂点に立つわけにはいかない、と言って固辞した。実際にスキピオは執政官格総督の指名を受けてい
たし、[5] 兵士たちもスキピオの名に信を置いて、アフリカではスキピオが司令官でいるかぎり負けるはずがな

いと意気軒昂だったのである。(6)

五八　ところがスキピオが司令権を譲られて最初に企てたのは、ユバの歓心を買おうと、ウティカ(7)の成人市民を殺戮し、市街を破壊することだった。この都市がカエサルに心を寄せているからという理由だったが、カトーはこれを見過ごすわけにいかず、参謀会議で声を荒げて抗議し、神への訴えまで口にした末に、かろ
2 うじて市民たちを残虐な仕打ちから救い出した。そして市民たち自身の要請に応えると同時にスキピオの指
示も受けて、ウティカ防衛の任に就き、この都市が望んでにせよ強いられてにせよ、カエサルの陣営に加わ
3 らないよう監視する役目を引き受けた。というのもこの地は何をするにも有利で、抵抗の拠点となる要所
4 だったのである。それをカトーはさらに堅固な要塞に仕立てようと、あふれるほどの穀物を市内に運び込ん
5 だほか、城壁の上には塔を築き、前面には壕と柵を渡して、防御の強化を図った。さらにウティカの住民の
うち壮年男子には、手持ちの武器を提供したうえで柵のそばを寝起きの場とするよう命じ、それ以外の住民

(1) 五三-1参照。
(2) 七-1—2参照。
(3) シキリアに属州総督として赴いたときか（五三-2）。
(4) 品行の卑しさを批判されることの多い哲学者・弁論家（『アントニウス』八〇-3—5）。
(5) スキピオはポンペイユスの同僚執政官に就任したあと、前四九年からシリア属州総督の地位を与えられていた。
(6) 『カエサル』五二-4参照。
(7) カルタゴの北西に位置し、古くから栄えたフェニキア人植民都市。当時はバグラダス（現メジェルダ）川の河口にあり、重要な港を有していたが、現在は川の堆積作用により海岸から離れている。前一四六年以来、ローマ支配下でアフリカ属州の都。ウティカはかつてカエサルに何らかの恩恵を受けたことがあり、市民の心情はむしろカエサルの方に傾いていた。

6 は市内に集めて、ローマ兵から虐待を受けたり危害をこうむったりしないよう万全の注意を払った。一方で、
市内から大量の武器と資金と穀物を陣地内のローマ兵のために運び出したから、これはつまりこの都市を戦
いの補給庫として利用したわけである。
7 戦い方については、かつてポンペイユスにしたのと同じ忠告を(1)、今度はスキピオを相手に繰り返し、百戦
錬磨の智将に戦いを挑むのは避けた方がよい、いかなる専制支配の勢いも時が経てば萎え衰える、だから時
8 の力を利用するべきだ、とカトーが諭すのを、スキピオは過剰な自信から蔑むように聞いていた。そしてあ
るときカトーを臆病者と謗る書簡を送り、カトーは自分が城壁の内側でのんびりと腰を降ろしているだけで
9 は足りず、他人が好機に臨んで果敢に決断するのも許さないのかと詰った。それに対してカトーも書簡を返
し、私はアフリカに率いてきた歩兵と騎兵を返してもらってイタリアに移動し、そうしてカエサルをおびき
寄せて、矛先をスキピオたちの方から私の方に振り向けさせてもよい、その覚悟はできている、と反論した。
10 しかしその提案もスキピオから一笑に付されたとき、カトーの胸中には司令権を譲ったことへの後悔が生ま
れ、スキピオは采配を誤るだろう、また仮に思いがけない好運に恵まれて勝利を得ても、そのとき節度を
11 もって同胞市民を処遇することはあるまい、という思いがよぎった。その結果、ある考えにいたり、それを
カトーは親しい仲間にも口にするようになった。すなわち、指揮官たちの経験不足と無謀から、この戦争の
12 先行きに私は悪い予想しか持てない。それでも仮に何らかの好運に恵まれてカエサルを打ち負かせても、私
はローマに留まるつもりはない。今すでに皆に向かって冷酷非情な脅しをかけているスキピオがそのとき見
せるであろう残忍と暴虐から逃れるため、国を出ようと思う、と伝えたのである。

13 果たして、事はカトーの予想していたとおりになった。夜も更けた頃、スキピオの陣地から伝令が三日を
かけてカトーのもとにたどり着くと、タプスス付近で大規模な合戦が起こって味方は総崩れになり、陣地は
カエサルに占領された、スキピオとユバはわずかの兵とともに逃げおおせたが、それ以外の軍勢は壊滅した、
と報告したのである(2)。

五九　これを聞いた市民たちは、戦時のしかも夜間にこんな知らせが飛び込んできたからには当然のこと
とは言え、まるで気が触れたかのように、かろうじて城壁の内に己が身を抑えているようなありさまであっ
2 た。カトーはとりあえず宿舎を出ると、叫声を発しながら駆け回る人たちを捕まえては、宥めすかすように、
実際はそれほど大したことではないのに、報告が少々大袈裟に伝えているのだろうと語りかけて、膨れ上
3 がった過度の恐怖を取り除いてやり、動揺を鎮めることに成功した。そして夜明けと同時に、評議会として
活用していた三〇〇人会に加え——これはローマ市民だが、アフリカで商取引と金貸しを営んでいた人たち
である——、その地に居合わせたすべての元老院議員とその子供たちに、ユッピテル神殿に集合するよう指
4 令を出した。そしていちはやくそこに現われると、人々が集まってくる間、まるで何事もなかったかのよう
に、顔色ひとつ変えず、落ち着きはらったようすで、手に持った書き物に目を通していた。それは自陣の戦

---

(1) 五八-5参照。

(2) タプススはウティカから二〇〇キロメートルほど南、チュニジア東海岸の港市。前四六年四月六日、この都市の近郊でスキピオとユバ王の軍勢がカエサル軍と戦った。戦死者はスキピオ側が五万人、カエサル側が五〇人であったという（『カエサル』五三）。

5 闘機械、武器、穀物、弓、艦船についての記録簿であった。集合が完了したところで、カトーはまず三〇〇
人会の面々に向かって、彼らが資金と身体と評議によっていかに貴重な貢献をしてくれたかを語り、そこに
示された彼らの誠意と信頼に惜しみない称賛を呈したあと、めいめいがおのれの逃げ場を求め、抜け道を探
るようなまねをして、空しい望みから団結を崩すことのないよう呼びかけた。
6 なぜなら——とカトーは続けた——われわれがひとつにまとまっていてこそ、戦うにしてもカエサルから
7 侮られにくく、また赦しを乞うにしても、かなえてもらいやすい。どちらを選ぶかは、あなた方自身が判断
して決めてほしい。どちらにしても私は咎めるつもりはない。もし時の勢いに従う道を選んでも、その変心
8 をやむをえないものと認めよう。だが、もし試練に立ち向かい、自由のための戦いを引き受けてくれるなら、
私はあなた方に賛辞を贈るのみならず、その勇気に敬意を払い、指揮官として私のこの身を差し出して、祖
国の運命の最後の一片を試すまで、あなた方とともに戦う覚悟である。われわれの祖国はウティカでもハド
9 ルメトゥム(1)でもない、もっと恐ろしい惨禍から幾度となくよみがえった偉大なるローマなのだ。われわれが
危機を脱出できると信じてよい理由はいくつかあるが、なかでも最大のものは、敵軍の将があちこちの情勢
に気を配らねばならないという事実だ。ヒスパニアが離反して青年ポンペイユスの傘下に入ったほか(2)、ロー
マ自体も慣れない轡《くつわ》をはめられて、いまだそれになじめず、不当な仕打ちへの憤りから、反抗の機運があ
10 ればいつでも立ち上がろうとしている。それゆえ危険から逃げ回るのはやめにして、むしろあの敵将を見習
い、命を惜しまず戦うべきであろう。といってもあの男の戦う目的は最大の不正義を実現すること、それに
対してわれわれは定かならぬ戦争の結末を迎えたときに、勝者ならこの世でいちばんの幸福な生のため、敗

11 者ならこの世でいちばんの名誉ある死のために戦うのだ。しかし決断を下すべきは、他の誰でもなくあなた
方自身である。私はただ、これまでの勇気と忠義に報いるため、その決断があなた方にとって最善のもので
あることを祈るのみである。

六〇　カトーがこのように語りかけたとき、その言葉に心を動かされて自信を取り戻した者たちがいたほ
か、大多数の者はカトーの示した剛毅と気高さ、そして寛大さを目の当たりにして、現状を忘れたかのよう
に、この人こそいかなる運命にも負けない無敵の司令官だと思い定め、自分たちの身体と資金と武器を思い
2 どおりに使ってほしいと願い出た。これほどの徳の持ち主を裏切って生きながらえるよりも、むしろその命
3 令に従って死ぬ方がよい、と彼らは口をそろえたのである。しかしその中のひとりが奴隷たちの解放を決議
するべきだと声を上げ、多くの者がそれに賛同したときには、カトーは反対を表明した。それは法を犯し正
義にもとる行為だからという理由であったが、ただし所有者が解放を決定した場合には、兵役年齢の奴隷を
4 軍隊に受け入れようと付け加えた。すると多数の所有者が協力を約束したので、カトーはそれらの申し出を
登録しておくよう指示してから、その場を去った。

5 その後まもなくして、ユバとスキピオから書簡が届いた。ユバはわずかの手勢とともに山中に隠れており、

(1) タプススの約四〇キロメートル北方にある港市。

(2) ポンペイウス・マグヌスの長男グナエウス・ポンペイウスが、アフリカを出てバレアレス諸島を占領したあと、ヒスパニアに渡って属州内の住民の支持を集め、軍勢を結集していた。

そこからカトーの心積もりを問い合わせて、カトーがもしウティカを出るなら待っていよう、もしウティカ
に籠城するなら、軍隊を率いて援助に向かおうと伝えていた。スキピオもまた、ウティカからさほど遠くな
いある岬のかげに碇を降ろし、同じようにカトーの決断を待っていた。
2 六一　そこでカトーはしばらく伝令を留め置いて、三〇〇人会の意向を確かめることにした。というのも
元老院に籍を持つ者たちは戦意旺盛で、さっそく従僕を解放し、自由身分の兵士として武装させていたのだ
が、三〇〇人会の議員たちは海上貿易や金融業を営んでいて、従僕が財産の大きな割合を占めていたので、
3 しばらくするとカトーの言葉を顧みなくなり、捨て去ってしまったのである。隙間の多い物体はすばやく熱
を取り込む一方で、いったん火を取り除けると、すぐに熱を放出して冷めてしまうものだが、それと同じよ
うにこの人たちも、カトーの姿を目にしたときは火に当たって全身に熱がみなぎったのだが、自分たちだけ
で話し合う段になると、カエサルへの怖れに負けて、カトーの徳を前にしたときの廉恥心を放り出してし
まったのである。
4 彼らはこんなことを口にした「いったい誰の投降命令を、誰が拒んでいるのか。命令したのは、ローマ人
の力を一身に集めているあのカエサルではないか。それを拒むわれわれは、スキピオなのだろうか、それと
5 もポンペイユスか、はたまたカトーか。すべての人がカエサルへの怖れから、見苦しいほどに心持ちを卑し
くして生きているときに、われわれはローマ人の自由のためにウティカを拠点として戦い続けるのか。そし
てカトーがポンペイユス・マグヌスといっしょにイタリアから逃げ出して、その地の主にしてやったあの男
6 と、干戈を交えようとするのだろうか。奴隷を解放してカエサルと戦わせるというが、そもそもわれわれ自

身が、あの男の許すかぎりの自由しか許されていないではないか。さあ、哀れな仲間たち、今からでもよい
7 からわが身のほどを知り、勝者の哀れみを乞うために使者を遣わそうではないか」。しかもこのような提案
を行なったのは、三〇〇人会のうちでも節度をわきまえた者たちであり、ほかの大多数は、元老院議員を拘
束すれば、自分たちへのカエサルの怒りをやわらげられるだろうと期待して、そのための謀議を進めていた
のである。

六二　この変わり身にカトーは感づきながら、あえて咎め立てはしなかったけれども、スキピオとユバには、三〇〇人会に信頼が置けないのでウティカに近寄らないよう指示する書簡をしたため、帰りの伝令に託した。

2 そこへ合戦から逃げのびた騎兵たち、数にすればかなりの者がウティカ近くまでたどり着いて、カトーの
3 もとに三人の使者を遣わしてきたのだが、その三人が騎兵たちの三様の意見を運んできた。つまりユバのも
とへ赴こうとする者、カトーに合流しようとする者、ウティカ市内に入るのを怖れている者に、騎兵全体が
4 割れていたのである。カトーは話を聞き終えると、マルクス・ルブリウス(1)に、三〇〇人会をしっかりと監視
しておくように、そして彼らの中で奴隷解放に応じる者の名簿を、強要にならないよう気をつけながら受け
5 取っておくように、と指示した。そして自身は元老院議員の一団を引き連れ、ウティカ市外へ出ていくと、
騎兵隊長たちに面会を求め、これほど多数の元老院在籍ローマ人を見捨てないでほしい、カトーの代わりに

(1) 部下のようだが不詳。

ユバを司令官に選ばないでほしいと頼んだ。それよりもむしろウティカ市内に入って、自身を守ると同時に
市を守るべきだ、ここは難攻不落の砦であり、数年分をゆうにまかなえる食糧その他の備蓄があるのだから、
6 と伝えたのである。カトーのこの懇願に元老院議員も加わり、涙さえ浮かべたので、騎兵隊長たちは部下と
相談することにして、その間カトーは元老院議員と並んで高台に腰を降ろし、騎兵側からの返答を待ってい
た。

六三　そこへルブリウスがやって来て、三〇〇人会が離反を企て、市内に騒動を引き起こそうとしている
2 という報告をもたらすとともに、彼らの食言と乱行を腹立たしそうに非難した。それを聞いて誰もがもはや
これまでと観念し、涙を浮かべ嘆息を洩らしたが、カトーだけはそんな彼らを懸命に励ます一方、三〇〇人
会に伝令を遣わして、待っているように伝えさせた。

3 やがて騎兵の代表が戻ってきたが、その要求は穏当ならざるものであった。彼らが言うには、われわれは
4 ユバの雇われ兵になるつもりはないし、カトーが指揮を執ってくれるならカエサルを恐れもしない。だがウ
ティカの住民とともに市内に立てこもるのは、彼らが変節を習いとするフェニキア人であるからには、危険
きわまりない。彼らは今のところはおとなしくしていても、カエサルが攻めてくれば、そちらの隊列に加わ
5 り、裏切りに走るだろう。それゆえわれわれに、陣営を同じくし戦列をともにすることを求めるなら、ウ
ティカの住民をすべて追放または殺害し、市内から敵や蛮族を一掃してから呼び入れてもらいたい、という
6 のである。このような騎兵側の要求を、恐るべき野蛮と残忍の沙汰と感じたカトーであったが、それでも穏
やかに、これから三〇〇人会と協議してくると返答した。

7 カトーが市内に戻ったとき、それを待ち受けていた者たちは、もはやうわべをつくろったり言い逃れたり
することなく——それだけの畏敬をカトーに抱いていたので——、自分たちにはその戦力も意志もないのに、
8 カエサルとの戦いを強いられるのか、と率直に不満をぶつけてきた。なかにはそれに加えて、カエサルがこ
こに現われる前に、元老院議員を市内に監禁しておくべきだと口にする者もいた。しかしカトーはこれを、
実際に少々耳が遠くなっていたこともあり、聞こえないふりをしてやり過ごした。
9 　ところがそのとき知らせが入り、騎兵たちが退去を始めたと聞かされると、カトーは三〇〇人会が絶望の
あまりに元老院議員に危害を加えるのではないかと不安になり、席を立って仲間とともに市外へ向かった。
10 そして騎兵たちがすでに遠くまで行ってしまったのを目にすると、一頭の馬をつかまえてその後を追った。
騎兵たちはカトーが駆けてくるのに気づき、うれしそうに迎え入れたうえ、自分たちといっしょに逃げるよ
11 う勧めた。そのときカトーは、伝えによれば、涙を浮かべながら両手を差し伸べ、元老院議員のために懇願
を繰り返しつつ、ついには幾人かの武具をつかみ、馬をつかまえて向きを変えさせようとしたという。そし
てとうとう騎兵たちを説き伏せ、ともかくその日だけでも留まって、元老院議員の無事脱出に力を貸すこと
を約束させたのである。

最　期

六四　こうしてカトーは騎兵たちを連れて市内に戻ると、そのうちの一部を城門のそばに配置し、一部を砦の守備につかせた。それを見た三〇〇人会の面々は、変節の罰を受けるのではないかと不安になり、カ

2 トーのもとに使者を遣わして、ぜひ自分たちのところに来てほしいと頼んだ。一方、元老院議員はカトーを
取り囲んで、行かせようとせず、自分たちの守護者であり救済者である人を、不実な裏切り者のところへ送
3 り出すわけにはいかないと息巻いた。このときカトーの徳は、だれかれの別なく、ウティカに居合わせたす
べての人の眼にはっきりと映り、驚嘆と思慕の的となっていたのであろう。それというのも、この人の行動
4 には欺瞞とか詐術とかいったものがいっさい混じっていなかったからである。カトーはずっと以前から自決
の覚悟を固めていたのだが、まず自分以外の全員の安全を確保してから生に別れを告げるべく、身を粉にし
て、他者のために苦心と配慮を重ねていた。死への意志は、本人が口に出さずとも、明らかだった。
5 　ともかくカトーはこのとき、元老院議員たちを宥めすかし、三〇〇人会の求めに応じて、ひとりで彼らの
もとへ赴いた。彼らはまずそろってカトーに感謝を述べたあと、続けて言うには、自分たちは他のことなら
いくらでも協力するし、信頼してもらってよい。しかしわれわれがカトーではなく、カトーのような気骨を
6 持ち合わせてもいないとしても、どうかわれわれの弱さを憐れみをもって許してほしい。われわれはカエサ
ルに助命を乞うため、使者を遣わすことをすでに決定したが、他の誰よりも優先してカトーの助命を願い出
るつもりだ。だがその願いがかなえられなければ、たとえ自分たちが恩情にあずかろうと、われわれはそれ
を拒み、息の絶えるまでカトーのために戦い抜く覚悟である。
7 　このように三〇〇人会が語るのを聞いて、カトーは彼らの厚情に礼を述べたあと、彼ら自身の生き残りの
ために一刻も早く使者を送るべきだと答えた。ただし、とカトーは続けた、私の助命を乞うのはやめてほし
い。助命を乞うのは戦いに敗れた者のすること、赦しを願い求めるのは不正を犯した者のすることである。

8 私は生涯を通じて一度も敗れたためしがないばかりか、今も名誉と正義においては、望みうるかぎりの勝利
9 を得て、カエサルを圧倒している。敗れて捕虜になっているのは、むしろあの男の方だ。祖国への敵対行動
を長らく続けながら、なお否認していたのが、今や白日の下にさらされたのだから。

六五　こうして三〇〇人会との話し合いを終えると、カトーはその場を離れた。そしてカエサルがすでに
2 全軍を率いて、こちらへ向かっていると聞かされると、「おやおや、あの男、まるで勇士に向かっていくみ
たいに」とつぶやき、それから元老院議員たちの方に出向いて、ぐずぐずするな、騎兵たちが見守っている
3 間に逃げ出せ、と指示した。そして他の城門はすべて閉じ、ただひとつ開いた海岸方向の門を出ると、麾下
の兵士たちを各艦船に割り振る作業に取りかかり、不正行為をやめさせたり、諍いを静めたり、手元不如意
の者に路銀を渡したりしながら、きびきびと仕事をこなしていった。
4 そうしているうちにマルクス・オクタウィウス(1)が軍団二個を率いて近辺に陣営を置き、カトーに伝令を遣
5 わして、カトーとの間で司令権の所在を確定しておきたいと申し入れてきた。カトーはそれには答えず、た
だ友人たちにこう言った「これでも、われわれがなぜ敗れ去ったのか、納得できないとでも？　すでに破滅
6 の中に足を踏み入れているときに、なお司令権争いを続けようというのだから」。そこへ知らせが入り、騎

---

(1) ポンペイユス軍内の将としてパルサロスの戦いに加わって落ちのびたあと、アドリア海とアフリカ沖で艦隊を指揮した（著者不明『アレクサンドリア戦記』四二―四七、『アフリカ戦記』四四―二）。このときはスキピオ軍内でカトーと同じ法務官格で指揮を執っていたらしい。

兵たちが退去する間際になってウティカの住民の財産を、まるで戦利品のように奪って持ち去ろうとしてい
ると聞かされたカトーは、大急ぎで彼らのもとへ駆けつけ、最初に遭遇した騎兵数名から品物を取り返した。
すると他の騎兵たちも持っていたものを、われ先に投げ出したり下に置いたりして、ついには全員が恥ずか
7 しさから、黙ってうつむいたまま立ち去った。続いてカトーはウティカの住民を市内に呼び集めると、三〇
〇人会のことで懇願を始め、彼らに向けてカエサルの怒りをあおるようなことをしないでほしい、皆が助か
るように互いに協力してほしい、と頼んだ。
8 それから再び海岸の方へ出向くと、乗船のようすを監督し、脱出を承諾した友人と客友を名残りを惜しみ
9 つつ送り出した。しかし息子[1]にはとうとう乗船を承諾させられず、父にすがりついて離れないのを、無理に
10 突き放すわけにもいかないと思い直した。またスタティリウスという人がいて、これは年齢は若いのだが、
11 意志を強く持ちたいと望み、カトーの不動心をまねようとしていた。誰もが知るカエサル嫌いであったから、
カトーは船に乗るよう説得したが、なかなか承知しない。それでカトーはストア派のアポロニデスとペリパ
トス派のデメトリオス[2]に目を遣って、「凝り固まったこの男を柔らかくして、利のある方向へ転じてやるの
12 は君たちの仕事だ」と言った。そして自分は引き続き他の人たちの送り出しを手伝い、さまざまな要望にも
耳を貸しながら、その夜と翌日の大半を過ごした。

六六　ここにルキウス・カエサル[3]という人がいて、あのカエサルの親族なのだが、この人が三〇〇人会の
ためにカエサルのもとに使者として赴くことになった。そこであらかじめカトーに、カエサルを説得するた
めの何か良い方法はないだろうかと尋ねたあと、「あなたのためなら、カエサルの手を取り、膝にすがるの

も、私にとって名誉なことなのですから」と付け加えた。しかしカトーは、そのような行動をとってはなら
2 ないと厳命し、こう答えた「もしカエサルの恩情にすがってでも生き延びたいなら、私が自分であの男のと
ころへ行って、ふたりきりで話せばよいことだ。だが私は独裁者から恩情を受けて、国法侵犯の片棒を担ぎ
たいとは思わない。支配する権利のない人たちを支配し、まるで主人であるかのように命を救ってやる、こ
れが国法侵犯でなくて何であろう。ただし三〇〇人会の助命のためにどうすればよいかは、よければいっ
3 しょに考えてみよう」。こう言ってふたりで相談に入り、それが終わって立ち去ろうとするルキウスに、カ
4 トーは息子と朋友たちを引き合わせた。(4) そしてルキウスを固い握手をもって送り出してから宿舎に戻り、そ
のあと息子と友人たちを呼び集めて、さまざまなことを語るなかで、若い息子にとくに言い聞かせたのは、
5 今後、政治にかかわってはならないということだった。カトーにふさわしい遣り方で政治に携わることはも
はや情況が許さず、そうでない遣り方でなら、それは醜悪なことだから、とカトーは念を押した。
6 その後、夕方になったので浴室に向かったが、入浴中にスタティリウスのことを思い出し、大声で呼びか

(1) 父と同名の長男マルクス・ポルキウス・カトー（五二－4）。
(2) 両名ともに不詳。
(3) ルキウス・ユリウス・カエサル。カエサルのルビコン越えの直後に、ポンペイユスの伝言をカエサルにもたらして、両者の仲介に当たったことがある（カエサル『内乱記』第一巻八－二）。このときは財務官としてカトー軍内にいた（著者不明『アフリカ戦記』八八－二）。同名の父は前六四年の執政官で、カエサルのガリア遠征の副官を務めた。
(4) 息子をルキウス・カエサルに託して、安全を確保しようとした。しかしルキウス自身は、後に処刑される（ディオン・カッシオス『ローマ史』第四十三巻一二－三、スエトニウス『ローマ皇帝伝』第一巻七五－六）。

けた「おい、アポロニデス、スタティリウスを例の決心から引き剝がして送り出したか。あの男、おれにあ
7 いさつもせずに船に乗ったのか」。するとアポロニデスが答えた「とんでもない。さんざんに言って聞かせ
8 たのですが。頑固で強情な男で、ここに残って、何であれあなたと同じ行動をとると言い張るのです」。カ
トーは笑みを浮かべて、「その行動がどんなものかは、もうすぐ分かる」と返したという。

六七　入浴後は、あの敗戦以来、常にそうしているように、眠るとき以外はけっして身を横にしないとい
う習慣に従い、腰掛けて大勢と食事をした[1]。食事には、朋友とウティカ市の高官たちがみな顔をそろえた。
2 食事後の酒宴は学問と芸術の薫り高いものになり、哲学談義が次から次へ席をめぐるうちに、議論の的はス
トア派の逆説（パラドクサ）と呼ばれる問題、すなわち善き人だけが自由であり、悪しき人はすべて奴隷で
3 ある、という主張に行き着いた。それに対しては、当然ながら、ペリパトス派の男[2]が反論を始めたのだが、
そこへカトーが猛然と割って入り、声の強さと激しさで圧倒しながら、挑みかかるような調子で延々と弁論
を展開したものだから、カトーがすでに命を絶って現実から解放される決意を固めたことは、誰の目にも明
4 らかだった。それで弁論が終わったあと、一同が深くうな垂れて黙り込んでしまったので、カトーはまた皆
の気持ちを引き立てて疑いを拭い去ろうと、現状についての問いに話題を変え、出港した者たちへの心配を
口にしたり、水もなく人気もない異国の地を歩む者たちの身を案じてみせたりした。

六八　こうして会食を終えたあとは、食事後のふだんの習慣どおりに、友人らと散歩に出かけ、さらに守
衛隊長への適宜の指示も忘れなかった。ところがその後、寝室に入ろうとする段になって、息子のほか友人
のひとりひとりを、いつも以上にしっかりと抱き寄せ、やさしい言葉をかけたために、この後の行動につい

て再び疑いをかき立てることになった。
2 部屋に入って寝台に横たわったあとは、魂についてのプラトンの対話篇(3)を手に取り、その大半を読み終えたところで頭上に目を遣ったが、そこに懸けられているはずの短剣が見えなかったので――食事の間にすで
3 に息子が取り外していたのである――、従僕を呼び、誰が剣を持ち去ったのかと尋ねた。従僕が黙ったままなので、その間カトーは再び書物に目を落としていたが、しばらく経ったところで、急の用に迫られている
4 わけではなく、ただ探しているだけだというふりで、剣を持ってくるように命じた。しかし時間が過ぎるばかりで、誰も剣を持ってこないまま、カトーは書物を読み終えてしまい、とうとう従僕をひとりずつ呼び出
5 しては、しだいに声を荒げながら、剣を持ってこいと命令した。そのうちにある従僕の口を拳で殴って、自分の手に血を滲ませながら大声を上げ、おれは息子や従僕に裏切られて、何も持たないまま敵に引き渡されるのかと怒鳴り散らした。そこでついに息子が友人たちといっしょに泣きながら駆け込んできて、カトーに
6 すがりつくと、涙ながらに懇願し始めた。カトーは立ち上がり、恐ろしげな眼で息子を見すえて言った「このおれがいつどこで狂気の虜になったというのだ。何か愚かな判断をしたとは誰からも聞いていないし、た

(1) 五六-7参照。
(2) デメトリオス(六五-11)。
(3) ソクラテスが命を絶つ前に、魂の不死について友人たちと交わした対話を描く『パイドン』。プルタルコスは、ポキオンの場合と同様に、カトーの死をソクラテスの死に重ねようとする(『ポキオン』三八-5)。キケロは『パイドン』に拠りながら魂の不死について論じるなかで、カトーの死に言及する(キケロ『トゥスクルム荘対談集』第一巻七四)。

しなめられたこともないのに、自分の考えのとおりに行動するのを禁じられ、刃物を取り上げられるとは。
7 それならいっそ、孝行息子のおまえは父に縄をかけ、両手を背後で縛ったらどうだ。そのうちにカエサルが
8 やって来て、わが身を守ることもできないおれを見つけてくれるだろう。命を絶つのに剣は要らない。しば
らく息を止めるか、一度だけ頭を壁にぶつけるか、それで死ねるのだ」。

六九 こんな言葉を背にして、息子はすすり泣きながら他の者たちといっしょに部屋を出た。しかしデメ
トリオスとアポロニデスのふたりだけがなお立ち去ろうとしないので、カトーは先ほどよりも穏やかな声で
2 彼らに語りかけた「もしかして君たちまで、この年齢になった男を力ずくで生に引き止めておこうと、そし
て黙ったままここに居すわって見張りを続けようと考えているのか。それとも、カトーがほかに助かる道を
失ったとき、敵に助けてもらうのを待ちこがれるのが、忌まわしいことでも恥ずべきことでもないという理
3 論を携えてきたのだろうか。それならどうして私を説き伏せて、宗旨替えさせようとしない。そしてわれわ
れがこれまで生涯の友としてきたあの学説と論理を放り出し、カエサルのおかげで賢者になって、カエサル
4 に感謝するように仕向けないのか。といっても、自身の処し方について、私はまだ決めたわけではない。だ
5 が、いったん決めたなら、自分の選んだ道を行くのを誰にもじゃまさせない。ただし決めるときには、哲学
談義で君たちにもなじみの論理によりながら、何らかのかたちで君たちといっしょに決めるつもりだ。だか
ら安心して立ち去れ。そして息子に、説き伏せられないことを父に無理強いしてはいけないと伝えてほしい」。

七〇 これに対してデメトリオスたちはひと言も返せないまま、ただ涙を流して引き下がった。カトーは
2 従僕の少年に短剣を運び込ませると、それを手に取って鞘から引き抜き、刀身に眼を凝らした。そして切っ

先が尖って、刃が鈍っていないのを確かめると、「これで、おれはおれのものだ」とつぶやいて剣を置き、
先ほどの書物を再び読み始めた。全篇を二度読み終えたと伝えられる。
3 その後、深い眠りに就き、部屋の外にいる者にも聞こえるほどの鼾をかいていたが、真夜中頃になって医
4 者のクレアンテスと、とくに政務の面で重用していたブタスというふたりの被解放民を呼び入れた。そして
まずブタスを海岸の方へ遣わし、全員が沖に出たかどうかを確認して、報告を持ってくるように命じた。一
方、医者には、従僕を殴ったときの衝撃で赤く腫れた手を見せて、包帯を巻いてもらったので、これはカ
5 トーが生きるつもりになった証しだと、誰もが胸をなでおろした。しばらくするとブタスが戻ってきて、全
員が沖に出た、クラッスス(1)だけはある用件のために残っているが、この人もまもなく乗船するはずである、
6 ただし海は荒れて、強い風が吹いている、と告げた。カトーはそれを聞くと、船上の人たちを思いやってた
め息を洩らし、そして再度ブタスを海の方へ遣わしたのは、何か足りない物を取りに港に戻ってきた者がい
ないかどうかを確かめ、それを報告させるためであった(2)。すでに鳥が鳴き始める頃になっていたが、カトー
7 はそこで再び短い眠りに落ちた。そしてブタスが帰ってきて、港の一帯は閑散としているという知らせを受
けると、出るときには扉を閉めておくようにブタスに念を押してから、まだ残っている夜の時間に休息を取
ろうとするかのように、寝台に身を投げ出した。

(1) プブリウス・リキニウス・クラッスス・ユニアヌス。スキピオおよびカトーの下で副官を務めていた。

(2) 上に立つ者の心得として、『教養のない権力者に一言』七八一dにこの例が引かれる。

8 だがブタスが部屋を出たあと、カトーは剣を引き抜き、胸の下辺りに突き立てた。しかし手の腫れのため
に力が入らないので一息で命を絶てず、死にきれないまま寝台から転げ落ちて、そばに置いてあった幾何学
用の書板を倒してしまった。この音を召使いたちが聞きつけて悲鳴を上げ、息子と友人たちがあわてて部屋
9 に駆け込んだ。血まみれの体から内臓が大量にはみ出しているものの、まだ生きて目を見開いているのが目
に入り、一同は立ちすくんだが、医者が走り寄って、無傷のまま保たれていた内蔵を元の位置に収め、傷口
10 を縫い合わせようとした。しかしそこでカトーは気を取り戻して力を回復すると、医者を押しのけて、両手
で内臓を引きちぎり、傷口を引き裂いて、息絶えた(1)。

七一　この惨事の知らせが宿舎内でもまだ全員の耳には入っていないであろうと思われるとき、早くも三
〇〇人会の面々が戸口に駆けつけたほか、しばらく後にはウティカの民衆も続々と集まってきて、口々にカ
2 トーのことを恩人、救い主、ただひとりの自由の士、そしてただひとりの無敗の将と称えた。そしてカエサ
ル接近の報がもたらされても、人々の行動はいささかも変わらず、勝者に対する恐怖も追従も、また自分た
3 ち相互の不和と対立も、カトーへの崇敬を陰らせることはなかった。人々は遺体を美しく飾り立て、華やか
な葬送行列を催し、海辺の、現在、剣を手にした故人の影像が立っている場所に埋葬した。そしてその後よ
うやく、自分たちの身とこの都市との生き残りに気持ちを転じたのである。

七二　カエサルは自陣に駆け込んでくる者たちから、カトーがウティカから逃げ出さず、カエサルを待ち
受けながら、他の人々を脱出させていること、一方で本人と朋友と息子は平然と日々を送っていることを聞
かされ、カトーの心の内を測りかねていたが、この人の身が何よりも気がかりで軍隊とともにウティカに急

2 行した。そしてカトーの死を知らされたとき、こうつぶやいたと伝えられる「カトー、おれはおまえの死を
3 惜しむ。おまえはおれに命を助けてもらうのを惜しんだのだから」(2)。たしかに、もしカトーがカエサルによ
る助命を受け入れていれば、それによってカトー自身の名声を辱しめるよりも、それ以上にカエサルの名声
に花を添える結果になっていたであろう。カエサルが実際にどんな行動をとったかは分からない。しかし、
想像では、おそらくりっぱな方の行動を選んだであろう(3)。

2 **七三**　こうしてカトーは四八歳で生涯を終えた。カトーの息子はというと、カエサルからいっさい危害を
3 加えられなかった。この人はだらしない性格で、女性のことで非難を浴びることも多かったらしい(4)。カッパ
ドキアの王家のひとりで、美しい妻を持つマルパダテスの屋敷を客として訪れたおり、礼儀の範囲を超える
長い滞在に及んだために、こんなことを書き立てられ、からかわれたことがある。

4 　カトーは明日帰る、三〇日たったから。

また

　ポルキウス［カトー］とマルパダテス、ふたりの友人、ひとつの心。

(1)死んだのは、前四六年四月十二日。
(2)『カエサル』五四-2参照。
(3)もしカトーが自裁していなければ、カエサルはカトーをどのように処遇していたかについて、『カエサル』五四-3はこれとは異なる想像をしている。
(4)対比されるポキオンの場合も、息子は父に似ず自堕落な性格だった(『ポキオン』二〇-1、三八-3)。

というのは、マルパダテスの妻がこころ（プシュケ）という名前だったのである。さらに

高貴にして高名なるカトー、王のこころをもつゆえに。

5 しかしこんな汚名も、彼の最期のさまがきれいに拭い去り、洗い流してくれた。自由のためにピリッポイでカエサル［オクタウィアヌス］とアントニウスを相手に戦ったとき、隊列を押し込まれながらも、逃げるのも隠れるのも拒み、父の血筋を名乗りつつ、敵への挑発と味方への激励を繰り返すなかで崩れ落ちたのである[1]。その勇猛ぶりは、敵を感服させるに十分であった。

6 だがカトーの娘も、孝心と勇気にかけてはいささかも引けを取らない。この人はカエサル暗殺者となったブルトゥスの妻であり、自身もその謀議に加わった末に、みずからの家系と徳性にふさわしい命の終え方を選んだのである。それについてはブルトゥスの伝記に書いておいた[2]。

7 かねてからカトーの行動に倣うと口にしていたスタティリウスは、このとき後を追って自決しようとして哲学者たちに止められたが、後日、ブルトゥスのためにも誰にも負けない忠義と誠を尽くし、ピリッポイで戦死した[3]。

（1）前四二年の晩秋、マケドニア東方のピリッポイ付近で、ブルトゥスとカッシウスの軍勢がアントニウスとカエサル・オクタウィアヌスの軍勢に敗れ、ブルトゥスとカッシウスは自決した。カトーの勇敢な戦死については、『ブルトゥス』四九-9にも記される。

（2）ポルキアは前四五年頃にブルトゥスと再婚した（二五-4）。一伝によれば、ブルトゥスの死後、心配する友人たちの目を盗み、燃える炭を呑み込んで自決したという（『ブルトゥス』五三-5—7）。

（3）『ブルトゥス』五一-5—6参照。

アギス／クレオメネスとグラックス兄弟

アギス／クレオメネス

序

一　イクシオンのあの物語、つまりイクシオンが雲をヘラと取り違え、そこからケンタウロスたちが生ま
れたという物語(1)は、名声を欲してやまない者に向けられた譬え話だと説く人がいるが、これはけっして的外
2 れの荒唐無稽な説ではない。なぜなら名声欲に取り付かれた者は、名声といういわば徳の似姿と同衾して、
そこから生み出すのは本物や真正とはほど遠く、偽物と雑種ばかり、ただ欲望と感情に付き従い、あちこち
3 へ引きずり回されているだけなのだから。ソポクレスの牧人が羊の群れについて、

おれたちはこいつらの主人だが、実は奴隷なんだ。
こいつらが黙っていても、声を聞かなきゃならない。(2)

と語っているが、これこそまさしく、民衆指導者とか長官とか呼ばれたいがために、民衆の機嫌と満足を政
4 治の目標にして、従僕や奴隷の行ないに励む者の陥っている状況だ。つまり、舳先に立つ見張り番が、船尾

の舵取りよりも先に前方を見ていても、常に舵取りの方に注意を払い、舵取りの指示に従うのと同じように、名声に目を奪われた政治家は、長官の名称を持っていても、民衆の召使いにすぎないのである。

二　そもそも不足のない完成された人格の持ち主にとって、名声などというものは、それが他者からの信頼となって偉業への道筋を広げてくれるなら、その限りにおいて有用ではあっても、それ以上は必要ないも
2 のだ。[3] ただし、まだ年が若くてしかも名誉にあこがれる人は、りっぱな事績から生じる名声を、ある程度は身の飾りとし自慢の種にしても許されるべきであろう。青年期に芽生えて育つ徳性は、テオプラストス[4]の言うように、成功を称賛されることによって芯が固まるのであり、その後も自負心とともに高く伸びてゆくか
3 らだ。しかし度を過ごすことは、何においても躓きの原因であり、とりわけ政治上の名誉を追求するときには命取りになる。それは大きな権力を手に入れた人の心を狂わせ、そして偉大な事績に名声が付いてくるの

（1）イクシオンは主神ゼウスに天上に招かれたとき、ゼウスの妃ヘラに言い寄ったため、ゼウスがヘラに似せた雲を作って寄越した。イクシオンはそれをヘラと思って抱き、半人半馬のケンタウロス族の父となった。罰としてイクシオンは火の車輪に縛り付けられ、永遠に回り続けることになった。ピンダロス『ピュティア祝勝歌集』第二歌二一―四八参照。イクシオンの物語と名声について、『哲学者はとくに権力者と語り合うべきことについて』七七七e参照。

（2）ソポクレスの題名不明の悲劇の断片。

（3）名声と信頼について、『妬まれずに自分をほめることについて』五三九f、『政治家になるための教訓集』八二〇f―八二一c参照。

（4）レスボス島のエレソス出身の自然学者・哲学者。前二八七年没。アリストテレスの弟子。前三二二年、師の後を継いで、ペリパトス派の学頭に就いた。

を望むのではなく、名声を得た事績がすなわち偉業だと勘違いさせて、大勢の前で偏執的行動に走らせるの
である。
4 ポキオンは、アンティパトロスからある卑しい頼みごとを持ちかけられたとき、「あなたはポキオンに、
友人になってもらうと同時に追従者になってもらうことはできない」と返答したが、[1] それを少し変えて、民
衆に対して「あなたたちは同じ人物に、指導者になってもらうと同時に召使いになってもらうことはできな
5 い」と言うべきなのだ。あの蛇の場合もそれと似ていて、物語によれば、[2] 蛇の尻尾が頭とけんかをして、い
つも頭の後ろに随いていくのは嫌だと、先導役を交替で務めることにさせた。ところが尻尾が先に出たとた
ん、ひどい場所を進んで自分がたいへんな難儀をしたばかりか、頭の方も、目も耳も持たない部分に随いて
6 いくという不自然を強いられて、擦り傷だらけになってしまった。これがまさに、何事につけ民衆の満足を
目標に政治を行なう者の多くが陥った事態であることは、私たちのよく知るところである。そういう政治家
は、気まぐれに動き回る民衆に身をまかせたあと、もはやそこから降りることも、妄動を止めることもでき
なくなったのである。
7 民衆から得る名声というものについて、私がこんなことを書いたのは、それがいかに大きな力をふるうか
を、ティベリウスとガイウスのグラックス兄弟の身の上から思い知らされたからである。この兄弟は一流の
家柄に生まれ、一流の教育を受け、一流の政治的素養を身に付けながら横死を遂げたのだが、その原因は名
声への飽くなき欲望というより、むしろ名声を失うことの恐怖であり、しかもその恐怖はきわめて誠実な理
8 由から生まれたものだった。つまり兄弟は、民衆から大きな恩義をこうむっていたので、まるで負債を放置

するかのように、それを返さずにおくことを恥と考えたのである。だから民衆から献じられた栄誉に、それを上回る有益な政策で報いようと絶えず心を砕き、同時にまた、民衆を喜ばせる政策を実行することによって、さらなる栄誉を民衆から献じられる。こういう具合に兄弟は、栄誉欲という同じ火種を使って、民衆に火をつけると同時に、民衆から火をつけられたあげくに、気づかないうちに、もはや立ち止まるのが名折れであり、引き返すのが恥であるような[3]段階にまで足を踏み入れてしまったのである。

9 しかしこの問題は、以下の伝記から、貴兄自身[4]で判断を下してもらうことにして、この兄弟と対比する人
10 物として、スパルタの民衆派指導者の一対、アギスとクレオメネスの両王を持ってこようと思う。この両王は、民衆の力を伸ばそうとし、正義にかなうりっぱな制度が長い間途絶えていたのを復活させようとした点で、そしてその結果、長年の蓄財を手離したくない権門の市民から憎み嫌われた点で、グラックス兄弟と同
11 じなのだ。スパルタの両王は兄弟ではないけれども、ふたりが手がけた政策は、血を分けた兄弟のようなものだった。その政策の起こりを、これから語るとしよう。

(1)『ポキオン』三〇-3参照。
(2)『アイソポス(イソップ)寓話集』シャンブリ編二八八。
(3)底本と異なり、ビュデ版とロウブ版で採用されている校訂による。
(4)プルタルコスが本書を献じたローマの友人クィントゥス・ソシウス・セネキオ(『デモステネス』一-1、三一-7、『テセウス』一-1、『ディオン』一-1)。トラヤヌス帝と近く、後九九年と一〇七年に執政官に就いた。

アギスとレオニダスの系譜と性格

三　スパルタの国に銀と金への欲望が忍び込み、そのすぐ後を追って富の獲得における強欲と吝嗇、富の
消費における奢侈と贅沢と逸楽の風が広まると、[1]スパルタはたちまちこの国の美質のほとんどを失い、国の
2 品格に似合わぬ卑しい姿になって、それがアギスとレオニダスの即位の頃まで続いた。[2]このうちまずアギス
について言うと、この王はエウリュポンティダイ家の出身でエウダミダス〔二世〕の子であり、アジアに渡
3 航しギリシア最大の権勢を誇ったアゲシラオス[3]から数えて六代後に当たる。つまりアゲシラオスの子が、イ
タリアのマンドゥリア付近でメッサピア軍と戦って死んだアルキダモス〔三世〕で、[4]そのアルキダモス〔三
世〕の長男がアギス〔三世〕、次男がエウダミダス〔一世〕。そしてアギス〔三世〕がメガロポリスの戦いでア
ンティパトロスに敗れて息子を遺さないまま死んだあと、[5]弟のエウダミダス〔一世〕が王位を継ぎ、その後
は、このエウダミダス〔一世〕の子がアルキダモス〔四世〕、アルキダモス〔四世〕の子がもうひとりのエウ
ダミダス〔二世〕、そしてエウダミダス〔二世〕の子が本篇の主人公アギス〔四世〕である。
4 かたやレオニダスは、クレオニュモスの子で、もう一方の王家アギアダイの出身であり、プラタイアの戦
5 いでマルドニオスを破ったパウサニアス[6]から数えて八代後に当たる。つまりパウサニアスの子がプレイスト
ナクス、プレイストナクスの子がパウサニアスだが、このパウサニアスがスパルタからテゲアに亡命した
あと、[7]その長男のアゲシポリス〔一世〕が王になり、アゲシポリス〔一世〕が息子を遺さないまま死んだあ
6 とは、弟のクレオンブロトス〔一世〕が王位を継いだ。クレオンブロトス〔一世〕からはまた別のアゲシポ
リス〔二世〕とクレオメネス〔二世〕が生まれたが、王位を継いだアゲシポリス〔二世〕は在位期間も短く、

息子も遺さなかったので、クレオメネス［二世］がアゲシポリス［二世］の後を継いだ。クレオメネス［二世］の子のうち長男のアクロタトスは父の存命中に世を去り、次男のクレオニュモスが父の死後に遺された

(1) プルタルコスは、金銀の貨幣がスパルタに入り込んだのは、アギス二世（在位、前四二七―四〇〇年）の時代だったと記す（『リュクルゴス』三〇-1、『リュサンドロス』一七）。五-1参照。

(2) スパルタの王位は、エウリュポンティダイとアギアダイの両王家の出身者二名が並立する制度をとる。本篇の主人公アギス四世は在位が前二四四―二四一年、レオニダス二世は在位が前二五一―二四二年と前二四一―二三五年。

(3) 本書に伝記のあるアゲシラオス二世（在位、前四〇〇頃―三六〇年）。アジアに遠征してペルシア勢力と戦い、帰国後はテバイ軍などと戦って、スパルタの凋落を食い止めるべく奮闘した。次章でアゲシラオス大王と呼ばれる。

(4) アルキダモス三世は、イタリア南部の都市タレントゥムの来援要請に応えて遠征し、前三三八年、タレントゥム東方のマンドゥリアの戦いで敗死した。

(5) アギス三世は、アレクサンドロス大王の東征中、ギリシア人による反マケドニア闘争の先頭に立ち、前三三一年、この闘争への参加を拒むペロポンネソス中央部のメガロポリスを包囲した。そこへアンティパトロスの率いるマケドニア軍が現われたため、これと戦ったが、敗れて死んだ。

(6) パウサニアスは王クレオンブロトス一世の子だが、自身は王ではなく、幼いプレイスタルコス王の摂政の地位にあった（ヘロドトス『歴史』第九巻一〇）。前四七九年、ギリシア連合軍を指揮し、ボイオティア地方のプラタイアの戦いでマルドニオスの率いるペルシア軍を破った。「レオニダスがパウサニアスから数えて八代後」の意味は不明。プルタルコスの思い違いか。

(7) パウサニアス王は、前三九五年、ボイオティアのリュサンドロスの軍勢に合流するのが遅れたうえ、戦うことなく撤退したことを咎められ、帰国後に死刑を宣告された。そのためスパルタ北方のテゲアに亡命し、その地で没した（『リュサンドロス』二八-1～三〇-1、『アゲシラオス』二〇-7、クセノポン『ギリシア史』第三巻五-二五）。

が、王位を継いだのはクレオニュモスではなく、クレオメネス［二世］の孫でありアクロタトスの息子であ
7 るアレウス［一世］だった。アレウス［一世］がコリントスの戦いで倒れたあとは、[1] その息子のアクロタト
スが王になった。そしてアクロタトスもメガロポリス近郊で僭主アリストデモスに敗れて死んだのだが、[2] こ
8 のとき遺された妻は懐妊中だった。その後、男の子が生まれて、［クレオメネス二世の子］クレオニュモスの
子レオニダスが幼王の摂政に就いたが、この王が成年に達する前に世を去ったので、レオニダスに王位が
回ってきたというわけである。[3] ところがこのレオニダスというのが、スパルタの国民にはとうてい似つかわ
しくない王であった。

9 その頃のスパルタは、国政の腐敗により、すでにあらゆるものが下り坂に入っていたのだが、それにして
もレオニダスという人物には、父祖の伝統からのあまりに著しい逸脱が見て取れた。というのもこの人は、
長年にわたって東方諸侯の宮廷に出入りして、セレウコス[4]に仕えたことがあり、それでかの地の華美の気風
を、それとは水と油のような、法が支配するギリシア人世界の中に持ち込もうとしたのである。

四 それとは逆にアギスは、恵まれた素質と高邁な精神により、レオニダスとの比較を許さないばかりか、
アゲシラオス大王以後の歴代の王と比べても、そのほぼすべてを凌駕していた。母アゲシストラタと祖母ア
2 ルキダミアというスパルタ随一の富貴を誇る女ふたり[5]の錦衣玉食に囲まれて育ちながら、二〇歳前であった
が早くも、悦楽というものに明確な拒絶を示し、姿形の美しさを引き立たせるような装飾のたぐいを身のま
わりからすべて剝ぎ取ったばかりか、いっさいの贅沢に背を向けて、古びた外套を誇りとし、食事や入浴な
ど生活の全般にスパルタ式を守った。そして、王位というのも、それによって父祖伝来の法と教練を復活さ

せられないなら、自分にとって何の用もないものだと公言していた。

改革の試み

五　そもそもスパルタ人社会の病理と腐敗の進行は、およそのところ、スパルタがアテナイの覇権を打ち
2 倒して(6)、国内に金と銀が充満したときに始まる。それでも初めのうちは、相続にあたってリュクルゴスの定
めた家督の数が維持され、父は子にそれぞれの割り当て地を遺していたので、その面での秩序と平等はまが
3 りなりにも保たれ、国家が過ちに落ちてゆくのを防いでいた(7)。ところが権勢家のひとりで、エピタデウスと

(1) アレウス一世は、アテナイの将クレモニデスの指導する反マケドニア戦争に加わったが、前二六五年、コリントス近郊で敗れた。

(2) アクロタトスは、前二五五年頃、メガロポリスの僭主アリストデモスと戦って死んだ。

(3) レオニダスが摂政を務めた幼王アレウス二世は、前二五一年頃に八歳くらいで死んだ。レオニダスは王位に就いたとき、すでにかなりの老齢だった（パウサニアス『ギリシア案内記』第三巻六-七）。

(4) おそらく、前二八一年まで王位にあったセレウコス一世。

(5) 七-5参照。

(6) 前四〇四年に終わったペロポンネソス戦争。

(7) 伝説の改革者リュクルゴスは、市民間の財産の不平等をなくすため、スパルタ市民に同面積の農地を割り当てた。スパルタ市民の割り当て地の数は九〇〇〇だったとプルタルコスは記す（『リュクルゴス』八）。

いう横柄で強情な男が監督官[1]に就いたとき、息子との間に起こった諍いが原因で、各自の家産と割り当て地は、生前の譲渡なり遺言による相続なりで、誰であれ任意の者に与えてよいという法（レトラ）を提案した。
4 エピタデウス自身は息子への腹いせのためにこの法案を持ち出したのだが、他の人たちは強欲からそれを承
5 認して成立させ、そうしてあのすぐれた制度を破壊してしまったのである。権勢家たちは、遺産が発生するたびに本来の相続人を押しのけ、もはやほしいままに土地を取得するようになった。富はたちまち限られた市民の手に流れ込み、貧困が国全体にはびこって、名誉を顧みる余裕も自由への気概も消え去り、代わって
6 資産家への妬みと恨みが広がった。こうして残ったスパルタ市民はせいぜい七〇〇人、そしてそのうちの一
7 〇〇人ほどが、割り当て地をかき集めて巨富を築いていたのである[2]。それ以外の民衆は資産もなければ市民権もなく、市内の片隅にうずくまって、外敵から国を守るときも怠惰と無気力に陥ったまま、絶えず現状の変革と転覆の機会をうかがっていた。

六　このような情勢を憂えたアギスは、ぜひとも平等を取り戻し、市民団を再建せねばならないと心に決めて、まずいろいろな人の考えを探ってみた。すると青年たちは、意外にもすぐさまアギスに賛意を表わし、
2 自由をめざして、まるで衣服を着替えるように生き方を替え、栄冠をかけてともに闘おうとした。しかし年長の者は、そのほとんどがすでに重度の腐敗に蝕まれていたために、まるで逃亡先から主人のもとへ連れ戻される奴隷のように、リュクルゴスと聞いただけで怖がって震え出し、アギスは現状への不満のあまりに過
3 去のスパルタの威信に憧れているだけだ、と言ってたしなめた。そんな中でアギスに賛同し、その志を励ましたのが、リビュスの子リュサンドロス、エクパネスの子マンドロクレイダス、そしてアゲシラオスであっ

4 た。リュサンドロスは市民の中で最高の名士であり、マンドロクレイダスは計画の立案にかけてはギリシア随一の巧者であると同時に、その知恵と計略に見合う果敢な行動力を備えた人物であった。

5 しかしアゲシラオスはというと、アギスの叔父に当たり、弁論の達人ではあったが、性格は優柔で欲深く、表向きは息子のヒッポメドンに――これは数々の戦いで名を上げ、青年たちから厚い信頼を得ている人物
6 だった――励まされて腰を上げたということになっていた。しかし、実のところ、アゲシラオスに計画への協力を決意させた本当の理由は、抱えていた巨額の負債であり、国政の変革によってそれを帳消しにしよう
7 ともくろんでいたのである。ともかくアギスはこのアゲシラオスを仲間に引き込むと、さっそく力を合わせて母親、つまりアゲシラオスの姉妹の説得に取りかかった。これは大勢の庇護民と友人と債務者を擁して大きな権勢をふるい、国政の運営をも左右するほどの女であった(3)。

七　母親は話を聞くと、初めのうち、ただ驚き呆れるばかりで、そんな計画は不可能であり何の役にも立
2 たないと説いて、息子を思いとどまらせようとした。しかしなおアゲシラオスが、事はうまく運ぶだろうし、実現すれば益するところは大きいと教え、王みずからも母に、手持ちの財産を息子の名誉と名声のために提

(1) エポロス（ephoros）。毎年五名が民会（アペラ）で市民の中から選ばれ、再選はできない。国政にかんする広範な権限を有し、王の権力を牽制する役割を持つ。

(2) 前四世紀後半に書かれたアリストテレス『政治学』第二巻九（一二七〇a）は、スパルタ市民の数を一〇〇〇人以下と記している。

(3) 四-1参照。

供してほしいと頼んで食い下がった。アギスが言うには、私は富の大きさで、よその国の王に肩を並べるこ
3 となどとうていできない。プトレマイオスとセレウコス[1]の王国では、総督や太守の所有する召使いと奴隷の
数が、スパルタのすべての王の持ち分を合わせても足りないくらいなのだから。しかしもし節度と質素と大
志によってあの王たちの豪奢を打ち負かし、国民の間に平等と共同を実現すれば、私は間違いなく偉大な王
の名と誉れを獲得できるだろう。そんなアギスの熱弁を聞くうちに、家族の女たちはこの若者の名誉心の強
4 さに圧倒され、考えを改めたばかりか、崇高なものへの霊感を吹き込まれたかのように、みんなでアギスの
背中を押して急き立てる一方、身内の男たちを呼び出してアギスへの協力を求めた。さらに他家の女たちに
も会って意を伝えたのは、スパルタの男たちが女に頭が上がらず、自分たち男が家事に口を出すこと以上に、
女たちが国事に口を出すことに寛容であるのを承知していたからである。

5 当時のスパルタでは富の大部分が女の手に握られており[2]、そのことがアギスの計画の障害となり足枷と
6 なった。というのも女たちは、高尚なことを理解できないので贅沢こそ最高の幸福と信じ、それを手離すの
を恐れていたし、しかも富が生み出す果実とも言うべき名誉と権勢までも剝ぎ取られてしまうと心配して、
7 それで変革に反対したのである。そこで女たちはレオニダスに助けを求め、年長の王としてアギスの暴走を
止めてほしい、計画を阻んでもらいたいと頼み込んだ。レオニダスの方は、富者の味方をしたいというのが
8 本心ではあったが、変革を待ち焦がれる民衆を恐れてもいたので、表立った阻止行動はとらず、陰で足を
引っ張って失敗させようと画策した。官位にある者に会ってアギスへの中傷を並べ、あの男は資産家の富を
貧者にふるまって、それで独裁者の地位を買い取ろうとしているとか、土地の分配と負債の帳消しによって、

スパルタのための市民兵ではなく、自身のための護衛兵を大量に雇い入れるつもりだとか、吹き込んだのである。

八　しかしながらアギスはリュサンドロスを監督官に選出させることに成功し、その後ただちにリュサンドロスを通して長老会に法を提案した。[3] その要点はというと、まず債務者の借金返済を免除すること。次に土地を再分配し、そのうちペレネ近郊の渓谷からタユゲトス山脈とマレア岬とセラシアに至るまでの土地を
2 四五〇〇区画に、その外側の土地を一万五〇〇〇区画に分割すること、[4] そして外側の土地は重武装の可能な
3 辺境民[5]に割り当て、内側の土地はスパルタ市民みずからの割り当て地とすること。また市民の不足数は、[6] 辺

（1）ヘレニズム両王朝の当時の王は、プトレマイオス三世・エウエルゲテス（在位、前二四六―二二一年）とセレウコス二世・カリニコス（在位、前二四六―二二五年）。

（2）アリストテレス『政治学』第二巻九‐一五（一二七〇a）によれば、前四世紀後半にスパルタ全土のおよそ五分の二を女が所有していた。アリストテレスはその原因を、相続制度と結婚持参金に帰している。

（3）リュサンドロスは前二四三年から翌年にかけての監督官に選ばれた。長老会（ゲルシア）は、六〇歳以上の市民二八名に両王を加えた三〇名で構成される終身制の評議会。

（4）ペレネはスパルタからエウロタス川を北へ遡って一五キロメートルくらいの都市。セラシアはそこから五キロメートルくらい南東の都市。タユゲトス山脈はスパルタの西方を南北に走る。マレア岬はペロポンネソス地方の東南端の岬。およそこれらに囲まれた地域がラコニア地方の主要部である。内側も外側もリュクルゴスの定めた区画数の半分になる（『リュクルゴス』八‐5）。

（5）辺境民（ペリオイコイ）はスパルタ市民権を持たず、スパルタ人の監督を受け、スパルタに貢租を納め、従軍義務を課せられている人たち。

（6）割り当て区画数と同じ四五〇〇が目標とする市民数。現在の市民は七〇〇人しかいない（五‐6）。

境民と外国人の中から、自由民としての成育に加え、頑健な身体と旺盛な年代という条件を満たす者を選び、
4 それにより補うこと。市民を一組が四〇〇人ないし二〇〇人からなる共同食事(1)の団体一五組に組織し、祖先
が営んでいたのと同じ生活を営ませること。

九　こういう法案が上程されたのだが、長老たちの意見がなかなかひとつにまとまらないので、リュサン
ドロスは民会(2)を招集し、直接に市民たちに語りかけた。マンドロクレイダスとアゲシラオスも、驕り高ぶる
わずかの者のためにスパルタの威信が地に落ちたこの現状を放置してはならないと訴え、さらに、財産欲は
スパルタの破滅の因であるから警戒せよと命じた昔日の神託、そしてパシパアのあの最近の神託を思い起こ
してほしいと呼びかけた。
2 パシパアの神殿と託宣所はタラマイにあり、人々の尊崇を集めていた(3)。パシパアというのは、一説では、
アトラスの娘のひとりで、ゼウスの種を受けてアンモンを産んだといい、別の説ではプリアモスの娘カッサ
ンドラがこの地で没し、その託宣が「すべての人に（パシ）顕われる（パ）」ので、パシパアの名を献じら
3 れたという(4)。一方、ピュラルコスによれば、パシパアはアミュクラスの娘で名をダプネといい、情欲にから
れたアポロンから逃げようとして、樹木に姿を変え、アポロンの誉れにあずかって予言能力を授かったと
4 いう(5)。ともかくマンドロクレイダスたちは、このパシパアの託宣も持ち出して、すべてのスパルタ人がリュ
クルゴスの定めたいにしえの法のとおりに平等になるべし、というのが託宣の命じるところだと伝えたので
ある。
5 そして最後にアギス王が真ん中に進み出て、短い言葉をかけたあと、これから作り上げようとする国制の

ために、私も最大の寄与をしたいと思うと告げた。そして、農耕と牧畜のための広大な土地、それに加えて
6 貨幣にして六〇〇タラントン、まずそれだけを私の財産から国に提供する、さらにスパルタで指折りの富者
である母と祖母そして友人や親戚たちも私の例に倣うであろう、と約束した。
一〇　これを聞いた民衆は若者の高邁な精神に心を打たれ、三〇〇年ぶりにスパルタにふさわしい王が現
2 われたと驚喜した。[6] しかしそのとき、レオニダスがそれまでになく強い調子で反対に立った。レオニダスの

---

(1) 市民が各自で食料を持ち寄って共同で食事をする制度。質素な食事を共有することによって、贅沢への欲望をなくすことをめざす（『リュクルゴス』一〇―一二）。アギスの時代には実施されなくなっていた。

(2) アペラと呼ばれる全市民の集会。議題に対して意見を述べることはできず、長老会から送られてきた案件について議決のみを行なう。一一-1参照。

(3) タラマイはタユゲトス山脈の西南。パシパアの託宣を求める者は、社の中で横になって眠ると、夢にお告げが現われる（二八-3）。

(4) アンモンはリビア砂漠のシウァ・オアシスにある神託所で知られるエジプトの神。『アレクサンドロス』二六参照。トロイア王プリアモスの娘カッサンドラは予言能力を持ち、トロイア陥落後、捕虜としてギリシアに連れていかれた。

(5) ピュラルコスはアテナイまたはナウクラティス（エジプト）出身、前三世紀の歴史家。断片のみ伝わるその史書は、前二七二年のピュロスの死から前二二〇／一九年のクレオメネスの死までを含む。プルタルコスは、ピュラルコスの史書を本篇の主要資料のひとつにしている（二六-3、四九-2、五一-3）。アミュクラスはスパルタ建国伝説中の王で、スパルタ南方の町アミュクライを創建したと伝えられる（パウサニアス『ギリシア案内記』第三巻一-三）。アポロンから逃れて月桂樹（ダプネ）に変身したダプネは、一般的な伝説では、河神の娘。アポロンは託宣の神。

(6) どの王から数えて三〇〇年なのか不明。アゲシラオス（三-2、四-1）かもしれないが、年数が違いすぎる。

腹には、自分もいずれ同じことをせざるをえなくなるだろう、それでも市民から同じように感謝を受けるこ
とはあるまい、もし皆がそれぞれの財産を同じように提供しても、名誉を受けるのは最初にそれを実行した
者だけだ、という読みがあったから、アギスにまず、リュクルゴスを正義と誠実の人と考えるかと尋ねた。
3 アギスが肯定すると、レオニダスは「それでは、外国人排除を実行しない国家はとうてい健全とは言えない
と考えていたリュクルゴスが、いったいいつ、負債の切り捨てを認めたり、外国人を国民の中に組み込んだ
りしたのか」と問い詰めた。
4 するとアギスが答えて言うには、レオニダスは外国で育ち、東方諸侯の女と結婚して子供を作った人だ
から、[1]リュクルゴスのことをよく知らなくても不思議ではない。だから教えてやろう、リュクルゴスは貨幣
といっしょに貸し借りというものを国家から追放し、さらに国内の外国人をというより、むしろ生き方や暮
5 らし方がスパルタの流儀にそぐわない人間を嫌悪した。だから外国人を排除したのも、彼らの存在そのもの
を敵視したからではなく、彼らの習慣と習俗が国民に伝染して、奢侈と安逸と巨富への欲望を国内に生み出
6 すのを危惧したからだ。その証拠に、テルパンドロスもタレスもペレキュデスも[2]外国人だが、その詩歌や哲
7 学が一貫してリュクルゴスの考えと一致していたから、スパルタで特別の名誉にあずかった。そう言ったあ
と、アギスはさらに続けた「あなたは、音楽家プリュニスの九本弦のうち二本を斧で切った監督官エクプレ
8 ペスを称え、[3]さらにティモテオスに同じ事をした監督官を称えておきながら、[4]その一方で、私たちが奢侈と
浪費と驕慢をスパルタから取り除こうとすると非難する。まるであの監督官たちの狙いが、音楽における奇
矯と過剰が進行して、やがて習慣と習俗に音調の乱れや狂いを引き起こし、国家の内部に不協和と不調和を

生み出すのを防ぐことではなかったかのように[5]」。

2 一一　このあと民衆はアギスに賛同を表わしたが、富者たちはなおレオニダスに自分たちを見捨てないでほしいと懇願し、さらに長老たちに頼み込んで説得を続けた結果、予備審議の権限をもつ長老会で、法案への反対者が賛成者をひとりだけ上回る勝ちにこぎつけた。

そこでリュサンドロスは、まだ自分が監督官に就いているうちにレオニダスを訴追しようと決意し、その根拠として、ヘラクレスの末裔が異国の女との間に子をもうけることを禁じ[6]、またスパルタを離れて外国人

---

(1) 二-9参照。

(2) 前七世紀の音楽家・詩人テルパンドロスはレスボス島出身で、スパルタで活動した。同じく前七世紀の音楽家・詩人タレス（またはタレタス）はクレタ島出身で、リュクルゴスの招きによりスパルタに移った。いずれの音楽家も、歌によってスパルタ人の協調心を養った（『リュクルゴス』四-2―3、『音楽について』一一四六b―c）。前六世紀の哲学者ペレキュデスはエーゲ海のシュロス島出身で、世界創造神話などを著わした。

(3) 前五世紀の竪琴詩人プリュニスはレスボス島のミュティレネ出身で、それまでの七本弦に二本を加え、技巧的で革新的な演奏法で知られる。この逸話は『いかにしてみずからの徳の進歩に気づきうるか』八四a、『スパルタ人たちの名言集』二二〇cでも紹介される。

(4) 前五―四世紀の詩人ティモテオスはイオニア地方のミレトス出身で、音楽の革新をめざした（『老人は政治活動に従事するべきか』七九五d）。『スパルタ人たちの古代の慣習』二三八c参照。

(5) 『リュクルゴス』二七-7―9でも、音楽の比喩を用いて外国人排除の理由が説明される。

(6) スパルタ両王家の祖は、伝説の英雄ヘラクレスに遡る血統の兄弟だと伝えられる（ヘロドトス『歴史』第六巻五二、パウサニアス『ギリシア案内記』第三巻一-五―七）。レオニダスの過去について、三-9参照。

3 の間に移住した者に死刑を定めた古い法を持ち出した[1]。そして訴追の準備を他の者に指示しておいて、リュ
4 サンドロス自身は同僚の監督官たちといっしょに、あるしるしの現われるのを待ち受けた。それは何かとい
5 うと、監督官たちは九年ごとに、月のない晴れた夜を選び、座ったまま黙って空を眺め続ける。そしてその
ときに星がある点からある点へ空を横切ったなら、監督官は王が宗教的な過ちを犯したものと判定し、その
後、有罪とされたその王を救うための神託がデルポイまたはオリュンピアからもたらされるまで、王の権限
を差し止める、というものである。
6 リュサンドロスはこのしるしが自分に現われたと宣言して、レオニダスを裁定にかけ、複数の証人を申し
立てた。証言によれば、レオニダスはセレウコスの臣下の娘を妻にもらい、そのアジア女にふたりの子供を
産ませた、ところがやがて妻から嫌われ疎まれて、やむなくスパルタに帰国した、そして王位が後継者不在
7 になったのを幸いに、それを乗っ取った[2]、というのである。さらに裁判と並行してリュサンドロスは、レオ
8 ニダスの婿であり王家の血筋でもあるクレオンブロトスをそそのかして、王位の返還を要求させた。このた
めレオニダスは不安になってカルキオイコスの嘆願者となり[3]、レオニダスの娘も夫クレオンブロトスのもと
9 を去って、父といっしょに嘆願を始めた。レオニダスは裁判への出頭を求められても、神殿から降りてこよ
うとしないので、法廷は彼の王位剥奪を決定し、クレオンブロトスに後を継がせた。

一二　しかしそこで監督官の任期が終わり、リュサンドロスは官位を降りた。すると新たに就任した監督
官たちは、なお嘆願を続けていたレオニダスを呼び戻す一方、リュサンドロスとマンドロクレイダスに対し、
2 債務帳消しと土地再分配の採決が法を犯す行為だったと見なして、告発の準備に入った。危機に陥ったリュ

サンドロスたちは、両王［アギスとクレオンブロトス］に掛け合って、ふたりが一致して監督官たちの決定を無効にしてほしいと頼み込んだ。リュサンドロスたちが言うには、そもそも監督官の権限は、ふたりの王が分裂して、一方の王の意見に他方の王が抗うとき、国に益する意見を述べた方の王に与して事を決定するこ
3 とにある。しかし両王の見解が一致するとき、王の力は不可侵であり、王と争えば罪を問われる。両王が対立したときにのみ監督官が審判となって判定を下せるのであり、両王が心をひとつにすれば、監督官が口を挟むことは許されない。

4 そのようなリュサンドロスたちの求めに応えて、ふたりの王は仲間たちと連れ立って中央広場に降りてい
5 くと、監督官を座席から追い立て、代わりにアゲシラオスを含む別の市民を指名した。[4] そのうえ多数の若者
6 に武器を取らせ、囚人を解放したものだから、反対派は大量処刑の準備だと思って震え上がった。しかし実際に処刑された者はひとりもなく、それどころかアギスは、レオニダスが市を抜け出してテゲア[5]へ向かう道中、アゲシラオスの放った刺客の一団に命を狙われていると聞きつけると、腹心の男たちを送り出してレオ

（1）『リュクルゴス』二七-6参照。

（2）三-8参照。

（3）「青銅の館の神」の意。このように付称される女神アテナの神殿が、スパルタ市内のアクロポリス上にあり、レオニダスはそこに助けを求めて逃げ込んだ。アギスも同じ場所に逃げ込むことになる（一六-6）。かつてパウサニアス（三一-4）が監督官に逮捕されそうになって逃げ込んだのもこの神殿だった（トゥキュディデス『歴史』第一巻一三四）。聖域での逮捕や殺人は宗教的禁忌である。

（4）監督官は民会の決議で選出されるが、非常時には王が交代を命令することがあったらしい。一八-4参照。

（5）スパルタの北方に位置するアルカディア地方の都市。

ニダスの身辺を固めさせ、無事にテゲアまで送り届けさせた。
一三　ところが、こうしてアギスたちの計画がうまく運び、立ちはだかる者も止めようとする者もいなかったとき、アゲシラオスというたったひとりの男が、すべてをひっくり返して台無しにしてしまった。何よりもスパルタにふさわしい偉大な目標を、財産欲という何よりも恥ずべき病のためにかなぐり捨てたのである。というのもアゲシラオスは、国内でも指折りの広大で優良な農地の所有者である一方で、莫大な負債 2
を抱えてもいて、借金返済の目処がつかず、かといって農地も手離したくないという理由から、アギスにこんな入れ知恵をしたのである。つまり、もしふたつの政策を同時に実行すれば、国家は激震にみまわれるだろう、だが先に債務の取り消しによって土地所有者を満足させておけば、そのあと彼らは納得しておとなしく土地再分配を受け容れるに違いない。そんなアゲシラオスの口車に乗せられて、アギスばかりかリュサン 3
ドロスもこれを得策と信じ込み、クラリアと呼ばれる負債者からの証文を中央広場に集めると、すべてを一箇所に積み上げて火をつけた。炎の上がった瞬間、金を貸していた富裕者たちは沈痛な面持ちでその場を後 4
にし、逆にアゲシラオスは、彼らを嘲るかのように、これほど明るい光も清らかな火も、いまだかつて見たことがないと言い放った。
ところがその後、民衆が土地分配もすぐさま実行するよう要求し、両王も繰り返しそれを命令したにもか 5
かわらず、アゲシラオスはそのたびに何かしらの用事を持ち出し、言い訳を並べてやり過ごした。そうするうちに、スパルタと同盟関係にあるアカイア連邦から援軍要請が届いて、アギスは遠征に出ることになった。
アイトリアの軍勢がまもなくメガラ領内を通過して、ペロポンネソスに侵攻すると予想されたため、それを 6

阻止するべくアカイア連邦司令長官アラトスが軍勢の召集を始め、スパルタの監督官にもその旨を書簡で知らせてきたのである。(1)

遠　征

一四　監督官たちがさっそくアギスを遠征に送り出したとき、アギスが何よりも頼もしく思ったのは、従
2 軍する兵士たちの名誉心と気概であった。兵士たちはその大部分が貧しい若者であったが、負債から解放されてすでにそちらの心配はなく、しかも遠征からの帰国後は、農地の割り当てを受けられるものと期待して
3 いたので、アギスへの献身ぶりは驚くほどであった。狼藉のたぐいはいっさいなく、物音ひとつしないと言いたくなるほど静かにペロポンネソス内を進んでいく兵士たちの姿に、経路の各都市の住民は目を見張った。全軍の中で最年少とも思える青年に対して、兵士たちがこれほどの恭順と畏怖を示すところを見ると、かのアゲシラオスやリュサンドロスや昔のレオニダス(2)を指揮官とするラコニアの軍勢は、どれほど秩序正しい軍

(1) ペロポンネソス北部のアカイア地方の諸都市は連邦を構成し、毎年、軍隊の最高指揮官として司令長官を選出していた。アカイア地方の北方、コリントス湾を挟んで対岸にあるアイトリア地方も諸都市の連邦を作り、アカイアとは敵対関係にあった。前二四一年、アイトリア連邦軍はアテナイ西方のメガラ領内を通り、コリントス地峡を抜けてペロポンネソスに侵攻しようとした（『アラトス』三一-1）。

(2) アゲシラオス王（三-2、四-1）。ペロポンネソス戦争末期に海軍を指揮し、アテナイを降伏させた、本書に伝記のあるリュサンドロス。前四八〇年、南下するペルシア軍をテルモピュライで迎え撃ち、スパルタ兵などの守備隊とともに玉砕したレオニダス。

4 隊だったのだろうと、ギリシア人たちは語りあい驚きあった。ただしその青年自身はというと、倹約と辛苦
を厭わず、服装も武具も一兵卒と比べていっこうに見栄えしないことをもって、みずからの誇りとするよう
5 な人物であったから、民衆からは称賛と敬愛の的であったが、その反面で富者にとっては、この人の改革は、
あらゆる国で民衆の手本となって変動を引き起こしはせぬかと不安をかき立て、とうてい歓迎できなかった。

一五　コリントス付近でアカイア軍と合流したアギスは、アラトスが今なお、敵に対して陣列を構えて戦
いをしかけるべきかどうか思案しているのを見て、熱い闘志と覇気のうちにも落ち着きと道理のある言葉を
2 向けた。すなわち、ペロポンネソスの城門(1)を放棄して、戦争が中に入り込むのを許してはいけない、ここで
3 戦いに打って出るべきだ、というのが自分の考えだが、しかしアラトスの意見に抗するつもりはない。なん
といってもアラトスの方が年長であり(2)、アカイア軍の司令官であり、自分はそのアカイア軍に命令したり指
4 示したりするためではなく、作戦に協力し援軍を提供するために来たのだから、と。シノペ出身のバトン(3)は、
アラトスがアギスに開戦を命じたのに、アギスがそれを拒んだと記しているけれども、この点についてはア
ラトス自身の弁明が残っていて、それによるとアラトスは、農民の収穫物の取り入れはすでにおおかた終
わっているから、ここですべてを賭けて決戦を挑むよりも、敵を通過させる方が得策だと判断した、と書い
5 ているのに、それをバトンは読んでいないらしい。ともかくアラトスは開戦回避を決定し(4)、同盟軍にも謝辞
を述べたうえで解散を求めたので、アギスは賛嘆を集めたあげくに、結局、軍務を解いた。しかしアギスが
帰国したとき、スパルタ国内はすでに激動と混乱の渦中にあった。

レオニダスの復権

一六　それというのも監督官のアゲシラオスは、それまで重荷となっていた負債から解放されたあと、金
儲けになるならどんな不正の機会も見逃すまいと、慣例で定まっていた暦法に反し、その年には必要のない
2 十三番目の月を差し挟んで、それにもとづいて税を取り立てたのである(5)。不正の被害者からの恨みとすべて
の人からの憎しみに不安を感じたアゲシラオスは、雇い入れた護衛兵の集団で身辺を固め、兵士たちに守ら
3 れながら政庁へ降りていくありさまだった。ふたりの王に対しては、そのうちの一方はすっかり見くびって
いても、アギスには、王だからというより親戚(6)だからという理由で、いくぶんかの敬意を払っていると見せ
かけていた。さらに、自分が監督官に再任されるはずだという風評を広めてもいた(7)。
4 そこで政敵たちは意を決し、急いで手を組んで立ち上がると、白昼堂々とテゲアからレオニダスを連れ
帰って権力の座に復帰させた。土地分配の当てがはずれて、騙されたことに怒りの収まらない民衆も、レオ
5 ニダスを見て歓喜した。このあとアゲシラオスは、勇武の士として皆に慕われていた息子ヒッポメドンが、
6 市民たちに哀願してひそかに連れ出してくれたおかげで、無事に逃げおおせた。しかしふたりの王のうち、

---

(1) コリントス地峡を指す。
(2) アラトスはこのとき三〇歳、アギスは二〇歳過ぎ。
(3) 歴史家だが詳細不明。シノペは黒海南岸の植民都市。
(4) アラトスの開戦回避の真の理由は不明。アラトスはこのあと、アカイア地方東辺の都市ペレネを占領したアイトリア軍を急襲し、逃走させる（『アラトス』三一-3）。
(5) 太陽暦と太陰暦のずれを調整するため、一年の一二ヵ月に適宜、一ヵ月が挿入される。税は月単位で徴収された。
(6) 六-5参照。
(7) 監督官は毎年交替するのが決まり。再選は慣例に反する。

アギスはカルキオイコスの神殿に逃げ込み、クレオンブロトスはポセイドンの神域[1]に入って嘆願者となった。
7 レオニダスはクレオンブロトスの方にいっそう強い怨恨を抱いていたらしく、アギスの方は後回しにして、まず兵士たちをともなって神域内のクレオンブロトスに迫ると、激しい剣幕で、クレオンブロトスが婿の身でありながら舅に謀略をしかけ、王位を奪い、祖国から追い出したと言って罵った[2]。

一七　それに対してクレオンブロトスは、うろたえるばかりでひと言も返せず、座り込んだまま黙ってい
2 たが、そのとき代わりに口を開いたのが、レオニダスの娘キロニスだった。この女は、父が不義をこうむったときは父とともにその不義に身をさらし、父から王位を奪ったクレオンブロトスのもとを去って、不遇の父に寄り添ったうえ、父が国内にいる間はともに嘆願者となり、父の亡命中は悲しみの底でクレオンブロト
3 スを恨み続けていた。そのキロニスが今度は、運命の反転に身を重ねるかのように、夫とともに再び嘆願者
4 となって膝を付き、左右に置いたふたりの幼子と夫を両手で抱きかかえて現われたのである。その情けと慈しみの深さに、誰もが心を動かされ涙を浮かべるなか、キロニスは己の乱れ放題の髪と衣を手に取って、語り出した。
5 「お父さま、私がこんな姿と格好をしているのは、クレオンブロトスへの哀れみのせいではありません。いいえ、お父さまの身に降りかかったあの禍と亡命の日から変わることなく、悲しみは私の友であり伴侶で
6 した。そしてこのあとも私は、お父さまがスパルタの王となって勝ち誇るかたわらで、この不幸とともに余生を過ごさねばならないのでしょうか。それとも、少女の頃から連れ添ってきた夫が父の手で殺されるのを
7 見届けたあと、王女の着けるきらびやかな衣装を身にまとえとおっしゃいますか。もし夫の嘆願も、妻と子

の涙も、お父さまの気持ちを変えられないなら、夫は考え違いの報いとして、お父さまが望む以上に苛酷な
8 罰を受けることになりましょう、最愛の妻が先に死ぬのを目にするという罰を。なぜといって、どんなに頼
んでも夫からも父からも哀れみをかけてもらえないような女が、他の女たちにいったいどんな顔を向けて生
きてゆけるというのです。妻としても娘としても、家族と不幸をともにし不名誉をともにするのが、私の生
9 まれつきだったというわけ。夫のした事に、仮に何か体裁の良い言い訳があったとしても、私はあのときお
10 父さまの味方になり、反論の証人になることによって、その言い訳を剝ぎ取ってやりました。ところがお父
さまは今、夫の横暴にみずから弁明の余地を作ってやっているのです。王位というのは戦ってでも勝ち取る
べきすばらしいものであり、そのためなら婿の命を奪うことも、子の願いを切って捨てることも許されるの
だと、身をもって示しておられるのですから」。

一八　このように泣き叫びながら、キロニスは顔をクレオンブロトスの頭の上に伏せ、そして悲しみの涙
2 にかすんだ目でその場の男たちの方を見遣った。レオニダスは側近たちと言葉を交わしたあと、クレオンブ
ロトスに立ち上がって国外に去れと命じたが、娘には残留を求め、娘を愛し、娘のために夫の命を助けて
3 やった父を捨てていかないでほしいと頼んだ。しかしキロニスはそれを拒み、立ち上がろうとする夫に子供
のひとりを手渡し、もうひとりを自分で抱き上げると、神の祭壇の前でひざまずいてから、いっしょに神域
から出ていった。このときクレオンブロトスは、空ろな名声欲に心底から蝕まれていたのでないかぎり、こ

（1）ペロポンネソス南端のタイナロン岬にある。

（2）一一-7—8参照。

の妻とともに過ごす亡命の身を、王位にもまさる幸せだと感じたに違いない。
4 レオニダスはクレオンブロトスに代わって王位に就く一方、現在の監督官たちを追い出して別の者を後任
5 に据えると、その後ただちにアギスを罠にはめる工作に取りかかった。そこでまずアギスに、神殿を出て私
とともに王を続けてほしいと呼びかけ、アギスは若くて名誉心が強いからアゲシラオスの巧言に欺かれたの
6 であり、市民もそのことについては赦しているのだから、と説得を始めた。しかしアギスが疑念を捨てず、
7 その場を動こうとしないので、レオニダス自身は偽りの芝居をするのをやめたが、アンパレスとダモカレス
とアルケシラオスには、神殿に登ってアギスと話を交わすのが習慣になっていたのを、その後も続けさせた。

あるときには、三人がアギスを神殿から連れ出していっしょに水浴場まで降りていき、水浴後にまた神殿に
8 連れ戻したこともあった。三人ともにアギスとは懇意の間柄だったが、アンパレスは、少し前にアゲシスト
ラタ(1)から高価な杯と衣装を借りたばかりだったので、それをそのまま頂戴してしまおうと、王とその親族の
9 女たちの失墜を望んでもいた。レオニダスの意を受けて策略の中心となり、監督官のひとりとして同僚たち
を引きずり込んだのは、このアンパレスだと伝えられる。

最　期

一九　アギスはふだんは神殿内で過ごし、水浴場へ行くときだけ下に降りる習慣だったので、三人はアギ
2 スが神殿を離れるその唯一のときに捕まえることに決めた。そこでアギスが水浴場から出てきたところに、
見張っていた三人が出くわしたかっこうであいさつし、親しい若者とおしゃべりしたりふざけ合ったりして

3 いるていで、道を歩き始めた。ところがその道には途中で横に入る路地があり、路地の先は牢屋に通じてい
るのだが、一行がそこに差しかかったとき、アンパレスが監督官の権限でアギスに手をかけて、[2]「アギス、
4 これまでのおまえの為政について説明してもらうため、おまえを監督官のもとへ連行する」と告げた。それ
と同時に大柄で力持ちのダモカレスが、アギスの首に上着を巻き付けて引きずると、あらかじめ打ち合わせ
ておいたとおり、他の男たちが後ろから押していった。路地にはほかに人影もなく、助けに来る者もなかっ
たから、アギスはそのまま牢獄に放り込まれた。
5 すぐにレオニダスが多数の護衛を従えて現われ、牢屋を取り囲んだかと思うと、監督官たちが中に入って
きた。監督官は、そこで裁判を行なうかたちにして、長老会のうちで意をともにする者たちを呼び出してか
6 ら、アギスにこれまでの為政についての弁明を求めた。しかし若者は相手の芝居を笑い飛ばすばかりだった
ので、アンパレスは、今に泣きを見るぞ、その傲慢の罰を受けるぞ、と脅したが、別のある監督官は、アギ
スに断罪から逃れるための道を開いてやるかのように、リュサンドロスとアゲシラオスに無理強いされて
7 やったのかと問いかけた。しかしアギスは、誰からも無理強いされていない、リュクルゴスに憧れ、そして
倣おうとして、リュクルゴスと同じ政策に行き着いたのだと答えたので、この監督官が再び、やった事を後
8 悔しているかと尋ねた。若者が、世にふたつとないすばらしい計画に後悔などしていない、たとえ極刑に処
せられることになろうとも、と返したので、その場で死刑が宣告された。牢屋にはデカスと呼ばれる、罪人

（1）アギスの母（四-1、六-7）。

（2）一九-9、二一-2参照。

9 を絞首して死なせるための部屋があり、そこにアギスを連行するよう下役たちが命じられた。しかし、王の
身体に手をかけるのは掟と慣習に反することであったから、下役たちはアギスに手を触れるのをためらい、
そばに立っていた護衛兵も目をそらせてその役目を避けようとするようすなので、それを見たダモカレスは
10 さんざんに脅しかつ罵ったあげくに、自分でアギスをその部屋へ引っ張っていった。その頃にはすでに大勢
の人が捕縛を聞き付けて詰めかけ、門の外で手に手に炬火を持って騒ぎ立てていたばかりか、アギスの母と
祖母も現われて、スパルタの王は市民の前で弁明の機会を与えられ裁判を受けるべきだと、声高に要求して
11 いた。このため監督官たちは、もしこれ以上の群衆が集まってくれば、夜のうちにアギスを連れ去ってしま
うに違いないと恐れ、何よりもその焦りから、できるだけ早く死刑を執行しようとした。

二〇　アギスは絞首索に向かう途中、下役のひとりが涙を流し嗚咽を洩らしているのを見つけると、「私
のために泣くのはやめるがよい。こうして法と正義に反して死を強いられるとき、私は私を死なせる者より
もすぐれた人間になるのだから」と語りかけ、その後、すすんで索に首をかけた。[1]

2 一方、アンパレスは門の外に出ると、アゲシストラタがこれまでの親交と好誼に望みをかけてひざまずい
てきたのを立ち上がらせ、アギスに手荒いことや命にかかわるようなことをするつもりはない、と請け合っ
3 たうえ、もし望むならアゲシストラタも息子のところへ行ってもらいたい、と誘った。アゲシストラタが母
親もいっしょに連れて入りたいと言うと、アンパレスはどうぞと答え、女ふたりを迎え入れた。そして牢屋
の門を再び閉めさせてから、まずアルキダミアを招くと、すでにかなりの年齢を重ねてスパルタの女たちの
うちで誰よりも畏敬されていたこの老媼を、下役の手に引き渡した。アルキダミアが死んだあと、アンパレ

4 スに促されて部屋の中に足を踏み入れたアゲシストラタが目にしたのは、地面に横たわる息子と、息絶えて
縄からぶらさがった母の姿だった。アゲシストラタはまず下役たちの手を借りて母の遺体を降ろすと、それ
5 をアギスのそばに並べて置き、その上に覆いをかけた。そして息子のかたわらにひざまずき、顔に口付けし
て、「おまえのあまりの優しさと慎みと情けが、おまえを滅ぼしてしまった、そして私たちも」と語りかけ
6 た。門のところから中のようすを見ていたアンパレスは、その声を聞いて入ってくると、苛立ちをあらわに
7 して、アゲシストラタに「おまえも息子と同じ考えなら、同じ運命に落ちてもらおう」と言い渡した。する
とアゲシストラタは立ち上がって、「せめてこれがスパルタの栄えの礎となりますように」と言いながら縄
の前に進んだ。

二一　悲劇の知らせが市中に広がり、三つの遺体が牢屋から運び出されたとき、恐怖の力によっても覆い
隠せなかったのは、市民たちがこのできごとに心を痛め、レオニダスとアンパレスを強く憎んでいるという
事実であった。ドリス人がペロポンネソスに定住して以来[2]、スパルタでこれ以上に恐ろしい瀆聖の行為はか
2 つてなかった、と市民たちは感じていた。実際、スパルタの王に対しては、戦場で会した敵でさえ軽々しく
3 手を出すのをはばかり、その地位への畏れと敬いから接近を避けたらしい。だから、スパルタ人が他のギリ

(1) 前二四一年、二〇歳過ぎの死。

(2) スパルタは、前十一世紀頃、ギリシア民族の一派ドリス人がバルカン半島を南下定住して建てた国とされる。この史実をギリシア人は「ヘラクレスの末裔の帰還」として伝えていた。

シア人と戦いを交えたことはたびたびあったけれども、敵の刃を受けて命を落とした王は、ピリッポスの時
4 代以前には、レウクトラで戦死したクレオンブロトスただひとりであった。[1] テオポンポスについては、メッ
セニア人の主張では、アリストメネスに討たれて死んだというのだが、スパルタ人はそれを否定し、傷を
5 負っただけだと伝えていて、説が分かれている。[2] しかしいずれにせよ、スパルタで王位在任中に監督官に殺
されたのは、アギスが史上初めてであり、しかもスパルタにふさわしいりっぱな社会をめざした結果、ふつ
うなら仮に過ちを犯しても赦してもらえるような年頃での死であった。アギスへの正しい批判は、政敵から
ではなくむしろ友人たちからなされていて、それは、驚くほどに温厚で情け深い性格から、レオニダスを命
の危険から救ったこと、[3] そして他のだれかれを信用しすぎたことであった。

クレオメネスの資質

二三（一） アギスの死後、弟のアルキダモスにはいちはやく逃げられ、捕まえそこなったレオニダスだが、
一方でアギスの妻アギアティスを、まだ子を産んでまもないときであったが、[4] 強引にその家から引っ張って
きて、自分の息子クレオメネスと再婚させた。このときクレオメネスはまだとても結婚の年頃ではなかった
2 のだが、[5] どうしてもこの女を他の男に嫁がせたくなかったのである。というのもアギアティスは、父ギュ
リッポスの所有する莫大な資産の相続人であり、しかもその姿の美しさと華やかさはギリシア中のいかなる
3 女も及ぶところでなく、気立ても申し分なかった。伝えによれば、アギアティスはいろいろと手を尽くして、
この強いられた結婚から逃れようとしたのだが、いったんクレオメネスと居をともにしてからは、レオニダ

スへの憎しみは持ち続けながらも、若い夫に対しては情愛の深い貞淑な妻となった。クレオメネスの方は、結婚と同時にたちまち彼女に夢中になり、彼女の持つアギスへの愛情と思い出をまるでわが事のように感じ始めて、あげくに自分の方からアギスの事績についてたびたび質問したり、彼女がアギスの計画や目標について語るのに注意深く耳を傾けたりするようになった。

[4] クレオメネスは強い名誉心と大きな志をもち、忍耐と勤倹にかけてはアギスに劣らぬ天性に恵まれる一方、アギスのような過度の慎みや情け深さはなく、むしろ熱情を刺激する突き棒のようなものを生まれつき備え[5]ていて、正しいと思い定めたものに向かって勢いよく突進する性癖があった。クレオメネスの考えでは、すすんで付いてこさせるのがもっとも正しい指導だが、付いてくるのを拒む者を引きずって、より良い方向に

---

(1) スパルタ王クレオンブロトス一世（三-5）は、前三七一年、ボイオティア地方のレウクトラ付近で、名将エパメイノンダスの率いるテバイ軍に敗れて戦死した（『アゲシラオス』二八-8）。スパルタがギリシア世界の覇権を失う契機となった敗戦だった。マケドニアの王ピリッポス二世は、在位が前三五九―三三六年。ピリッポスの時代以降では、アルキダモス三世、アギス三世、アレウス一世、アクロタトスが戦死している（三-3、7）。

(2) テオポンポスは前八世紀末から七世紀初めにかけてのエウリュポンティダイ王家の王（『リュクルゴス』六-7、七-1）。アリストメネスは、スパルタ支配下のメッセニア（スパルタの位置するラコニア地方の西隣りの地方）で、住民の反乱を指揮してスパルタを苦しめた英雄。

(3) 一一-6参照。

(4) 父アギスの死後、後継の王に就いたエウダミダス三世。生まれてまもないのだから、名目上の王である。

(5) クレオメネスは前二六〇年頃の生まれで、アギスが死んだときに二〇歳前くらい。アギスよりも二歳くらい年下になる。

力ずくで進ませるのもまた正しいことであった。

二三（二）　クレオメネスの見るところでは、国家の現状は憂うべきものであった。市民は安逸と怠惰にふけり、王は自分が富貴の暮らしを送り、贅沢の限りを尽くすのを妨げられさえしなければ、政治にまるで目を向けず、国のことはなおざりにされ、市民の誰もが己の利を図ることしか頭になかった。若者の鍛錬と自制、そして克己と平等、つまりアギスたちが命を落とす原因となった事柄については、口にするだけでも身の危険を招きかねないありさまだった。

2 伝えによれば、クレオメネスは少年の頃、ボリュステネス河岸出身のスパイロスがスパルタを訪れて、若
3 者や成年に達したばかりの市民たちと熱心に哲学を論じ合ったさい、その談論に加わったのだという。スパ
イロスはキティオン出身のゼノンの高弟のひとりであり(1)、このときクレオメネスの気性の男らしさを愛で、
4 そうしてこの少年の名誉心に火をつけたらしい。そういえば昔のレオニダス(2)は、テュルタイオス(3)はどんな詩
5 人だったと思うかと問われて、「若者の魂に火をつけるのが上手な人だ」と答えたと伝えられ、実際、若者
6 はテュルタイオスの詩を聞いて全身に闘志をみなぎらせ、命を惜しまず戦った。しかしストア派の教義は、
雄々しく激しい気性の持ち主には、暴走の危険とでも言うべきものをはらんでいて、むしろ深みのある穏や
かな性格と混ぜ合わされたときに、もっともその理想とするところを実現するものだ。

即位

二四（三）　レオニダスの死後、クレオメネスが王位を受け継いだとき(4)、市民たちの道徳はもはやすっかり

緩みきっていた。富者は逸楽と蓄財にふけって国事など眼中になく、民衆は家内の窮状から戦争にも気が乗らず、鍛錬にも熱がこもらず、そんな中でクレオメネス自身も王といっても名ばかりで、統治の全権は監督
2 官の掌中にあった。そこでさっそく現状の変革と改新を心に決めたクレオメネスは、クセナレスという友がいて、それが自分を愛してくれていた[5]、つまりスパルタ人の表現で「息を吹き込んでいた」ので、まずこの人で試してみることにして、アギスがどんな王だったか、どんな方法で、またどんな人たちとともにあの道
3 に進んだかを問いただした。クセナレスの方は、初めのうち喜んで質問に答え、当時の事の次第を細かく物
4 語り説明していた。ところがやがて、クレオメネスが熱心すぎるくらいに耳を傾け、アギスの改革に異常な

（1）スパイロスは黒海北岸、ボリュステネス（現ドニエプル）川の河口付近のオルビア出身。ストア派哲学の創始者ゼノンに学び、ゼノンの死後はその弟子クレアンテスに学んだ。『スパルタの国制について』『リュクルゴスとソクラテスについて』と題された著書がある（ディオゲネス・ラエルティオス『哲学者列伝』第七巻一七七―一七八）。クレオメネスの社会改革の背景にストア派哲学の感化があった点は、ティベリウス・グラックスの場合と共通する（『グラックス兄弟』八-6）。

（2）ペルシア戦争のテルモピュライの戦いの英雄（一四-3）。以下の評言は『スパルタ人たちの名言集』二三五f、『陸棲動物と水棲動物ではどちらがより賢いか』九五九bでも紹介される。

（3）前七世紀のスパルタの将軍・詩人。第二次メッセニア戦争で指揮をとる一方、兵士を鼓舞する詩を数多く書いた。詩の断片が現存する。スパルタ軍はテュルタイオスの詩を歌いながら行進したと伝えられる（アテナイオス『食卓の賢人たち』第十四巻六三〇f）。

（4）前二三五年。

（5）年長男性が少年に寄せる愛情。『リュクルゴス』一七-1参照。

ほどに心を動かされて、同じことを繰り返し聞きたがるのがはっきり分かってくると、クセナレスは苛立って、クレオメネスを正気でないとたしなめるようになり、しまいにはクレオメネスとの会話も屋敷への出入りもやめてしまった。それでも絶縁の理由は誰にも明かさず、それはクレオメネス自身が知っているはずだと言うのみだった。

5 　こうしてクセナレスと衝突してしまったクレオメネスは、他の人と話しても同じだと考え、以後、自分ひ
6 とりで計画を練り始めた。そこで、平和なときよりも戦時の方が現状変革には好都合だろうという判断から、
7 その頃うまいぐあいに咎め立ての理由を与えてくれたアカイア人と干戈を交えることにした。というのもア
カイア連邦で最大の権勢をもつアラトス[1]は、ペロポンネソス全体をひとつの共同体に統合することを当初か
らの目標に置いており、連邦司令長官を幾度も務めて長い間政治に携わってきたのも、この共同体創設とい
う目的のためであって、そこには、それがペロポンネソスを外部の敵の手出しできない地にする唯一の方法
8 だという確信があった。ところが、ペロポンネソス内のほとんどの地域がアラトスに賛同するなかで、スパ
ルタとエリス[2]、そしてアルカディアの親スパルタ派だけが、その輪に加わっていなかった。そこでアラトス
は、レオニダス死亡の報と同時に、アルカディア人を痛め付けてやろうと、アルカディアがアカイアと国境
を接する辺りを中心に壊乱をしかけたのだが、これにはスパルタの力を試そうという意図とともに、若くて
経験の乏しいクレオメネスへの侮りがあった。

アルカディア遠征

二五（四）　そこで監督官たちはまずクレオメネスを送り出して、ベルビナ近郊のアテナの神域を占拠させることにした。そこは［メガロポリス方面から］ラコニア地方への進入路に当たり、その頃メガロポリスとの
2 間で領有権をめぐって争っていた所だった。クレオメネスはそこを占拠して要塞化したが、アラトスはそれに対してひと言も抗議しないまま、夜間に軍隊を率いて出発すると、テゲアとオルコメノスの攻略に取りか
3 かった。しかし両市内の内通者が怖じ気づいて動かなかったため、結局アラトスは退却したのだが、この夜の行動については［クレオメネスに］察知されていないものと思っていたところ、クレオメネスはとぼけてア
4 ラトスに書簡を送り、まるで友人に問いかけるように、夜のうちにどこへ出かけていたのかと尋ねた。アラトスが、クレオメネスがベルビナに砦を築こうとしていると聞いて、それを阻むために降りていったのだと返事を寄越すと、クレオメネスは折り返し送った書簡で、たしかにそうだったと信じているが、と断ったあと「それにしても、あの炬火と梯子は何のためにあなたの後を付いていったのか、もし差し支えなければ、

（1）一三-6参照。アラトスの政治目標については、ポリュビオス『歴史』第二巻四三-七—四四-六参照。

（2）ペロポンネソス西部の地方。

（3）前二二九年、クレオメネスはまずアルカディア地方の都市テゲアとマンティネイアとオルコメノスを占領し、続いてアテナ神域を占拠した（ポリュビオス『歴史』第二巻四六）。アルカディア地方はペロポンネソス中央部にあって、北のアカイア地方、南のラコニア地方と境を接する。これらの事件を契機として、スパルタとアカイア連邦の間で戦争が始まった。ポリュビオスはこの戦争をクレオメネス戦争と呼んでいる。

5 教えていただきたい」と書いた。アラトスがこの軽口に一笑して、この若者はいったいどんな男なのかと尋
ねたところ、スパルタからの亡命者ダモクラテスが答えた「もしスパルタに対して何か事を起こすつもりで
したら、お急ぎください、あの若鶏に爪が生える前にしか機はありません」。
6 その後、クレオメネスが騎兵少数と歩兵三〇〇とともにアルカディアに陣営を置いていたところへ、開戦
7 を危惧する監督官から撤退の命令が届いた。ところがクレオメネスが撤退したあと、アラトスがカピュアイ[1]
8 を占領したため、監督官は再びクレオメネスを送り出した。クレオメネスがメテュドリオンを奪い取り、ア
ルゴリス地方を壊乱すると、今度はアカイア軍の歩兵二万と騎兵一〇〇〇が、司令長官アリストマコス[2]に率
9 いられて出撃してきた。ところが、クレオメネスがこれにパランティオン[3]付近で遭遇して、開戦の構えを見
せたとき、この王の大胆不敵なのに恐れをなしたアラトスは、司令長官に決戦敢行を許さず、退却してし
まった。そんなアラトスに、アカイア人から非難が集まり、スパルタ人から嘲弄と侮蔑が浴びせられたのは、
10 そのときのスパルタの兵力が合わせて五〇〇〇にも満たなかったからである。この結果、クレオメネスはお
おいに意気上がり、市民に対しても自信に満ちた態度を見せるようになって、昔のある王が洩らしたあの言
葉、つまりスパルタ人が問うのは敵がいくらいるかではなく、どこにいるかだけだ[4]、という文句を市民たち
の前でたびたび口にした。

二六（五）その後、エリス地方がアカイア軍の攻勢を受けていたところに援軍として向かったクレオメネ
スは、すでに退却中だったアカイア軍にリュカイオン山付近で襲いかかり、全軍を混乱に陥れて遁走させた
あげくに、多数の兵士を討ち取ったり捕まえたりした[5]。このためアラトスについても、死亡したという風聞

がギリシア人の間に広がったが、アラトスはこれをむしろ好機と見て最大限に利用するべく、遁走の後すぐさまマンティネイアに向かうと、アラトスの出現を誰ひとり予想していなかったこの都市を奪い取り、掌握してしまった。

2 この失敗にスパルタ人がすっかり意気阻喪し、クレオメネスとともに遠征に出るのを渋るようになったのに気づくと、クレオメネスは急いでアギスの弟アルキダモスをメッセネから呼び戻した。(6) もう一方の王家の出身で、クレオメネスと並んで王位に就く権利を有するこの人物を帰国させたのは、王位が平衡を取り戻し
3 て完全な姿で現われれば、その分だけ監督官の権力が弱まるだろうと期待したからである。しかしかつてア

(1) 次のメテュドリオンとともに、アルカディア地方、オルコメノスの近くの都市。

(2) ペロポンネソス東部の都市アルゴスの僭主だったが、アラトスの働きかけを受けて独裁権力を放棄し、アルゴスをアカイア連邦に加盟させた。そして前二二八年五月から翌年五月までのアカイア連邦司令長官に選出され、アルカディア地方に出撃してきた（『アラトス』三五、ポリュビオス『歴史』第二巻四四-六）。

(3) テゲアの西方の都市。

(4) ペロポンネソス戦争のときにアテナイを苦しめたアギス二世（在位、前四二七—四〇〇年）の言葉（『王と将軍たちの名言集』一九〇c、『スパルタ人たちの名言集』二一五d）。

(5) リュカイオンはアルカディア地方、メガロポリスの西方の山。この山の近くでの戦いと、続くアラトスのマンティネイア奪取については、『アラトス』三六-1—3、ポリュビオス『歴史』第二巻五一-三、五五-二、五七-一—二参照。いずれも前二二七年のことである。

(6) 二二-1参照。エウダミダス三世が死んだため、アルキダモスの帰国が要請された。パウサニアス『ギリシア案内記』第二巻九-一は、クレオメネスがエウダミダス（パウサニアスによればエウリュダミダス）を毒殺したと伝える。

ギスの命を奪った者たちは、この計画を聞き付けると、アルキダモスが復帰すれば自分たちが処罰されるの
ではないかと不安になり、秘かに帰国したこの弟を、いったん市内に迎え入れて復帰に協力したあと、すぐ
さま殺害した。このときクレオメネスが、ピュラルコス[1]の推測するように、最後まで殺害に反対したのか、
4 それとも友人たちに説き伏せられて、アルキダモスを見捨てたのかは分からないが、ともかくクレオメネス
の本意ではなかったということになって、非難のおおかたは友人たちに向けられた[2]。

二七（六） それでも国制の変革が急務であると心に決めていたクレオメネスは、まず監督官たちを賄賂で
2 釣って、自身の遠征出発を認めさせた。そのほかにも多数の市民を手なずけることにクレオメネスは成功し
たのだが、それは母クラテシクレイアが資金提供を惜しまず、名誉獲得に力を貸してくれたおかげであり、
伝えによれば、この女は再婚を望んでいなかったにもかかわらず、息子のために、名声と権勢で市民の中の
第一人者であった人物を夫に迎えたのだという[3]。

3 遠征軍を率いて国を出たクレオメネスは、メガロポリス領内のレウクトラという砦を奪い取った。そして、
アラトスの指揮するアカイア軍がすぐさま反撃に現われたのを見て、砦の間近に陣列を構えたものの、一部
4 の部隊が打ち破られた。しかしアラトスがアカイア軍に深い谷間のような所を越えて追撃するのを許さず、
その手前で兵士たちを止めたため、メガロポリス人のリュディアダスは憤懣やるかたなく、麾下の騎兵隊と
ともに単独で駆け出した。ところが追いかけるうちに、葡萄樹と壕と防壁の入り組んだ箇所に跳び込んでし
まい、隊列が崩れてばらばらになったところを、クレオメネスが見逃さず、軽騎兵と弓兵の外国人部隊を差
5 し向けると、その戦いの中でリュディアダスは勇敢な抵抗を試みつつ倒れた。スパルタ兵はこれを見て意気

6 上がり、喊声を上げながらアカイア軍に襲いかかって、全軍を敗走に追い込んだ。アカイア側の死者は多数に上り、そのほとんどの遺体をクレオメネスは停戦協定の下で引き取らせたけれども、リュディアダスの遺体だけは自分のところに運んで来させ、深紅の衣で着飾らせたうえに頭に冠を着けてから、メガロポリスの
7 城門まで送り届けさせた。これが、メガロポリスの僭主の座を降りて市民に自由を返還し、市をアカイア人のもとに持ち来たったリュディアダスである(4)。

監督官排除と改革断行

二八（七） この戦果によって自信を深めたクレオメネスは、もし国政を自分の思いどおりに動かしながらアカイアとの戦争に臨めれば、勝利は難なく得られるはずだと確信し、母の夫であるメギストヌスに自分の計画を打ち明けた。監督官を追い払い、財産をひとつにまとめて市民の共有とし、そうして平等な国になっ

---

(1) 九-3参照。

(2) ポリュビオス『歴史』第五巻三七-一—六によれば、メッセネ亡命中のアルキダモスと親交を結んだニカゴラス（五六-1）が仲介に立ち、クレオメネスから安全の約束を取り付けたが、結局、クレオメネスは帰国したアルキダモスを殺害した。『アギス／クレオメネスとグラックス兄弟の比較』五-2参照。

(3) 夫レオニダスの死後、クラテシクレイアはメギストヌスと再婚した（二八-1）。

(4) リュディアダスは前二三五年に僭主の座を放棄して、メガロポリスをアカイア連邦に加盟させ、その後、三度、連邦司令長官に選ばれた。『アラトス』三〇、三六-4—三七-4、ポリュビオス『歴史』第二巻四四-五、五一-三参照。

2 たスパルタを駆って、全ギリシアの覇者の地位に登らせるというその計画に、メギストヌスは賛意を表わし、
ほかにも二、三人の友人が同志に加わった。
3 ちょうどその頃、監督官のひとりがパシパアの神殿[1]で臥していたとき、不思議な夢を見た。監督官たちが
ふだん椅子に座って執務する場所に、椅子がひとつしかなく、他の四つは取り払われている、それで監督官
が首をひねっていると、神殿の奥から声が聞こえてきて、スパルタにとってはその方が良いのだと告げた、
4 という夢であった。監督官からその夢の話を聞かされたとき、クレオメネスは初め、何かしらの疑いをかけ
られて腹の内を探られているのだと思い、うろたえたが、やがて相手が事実を伝えていると分かると、気を
取り直した。
5 その後、市民のうち今回の計画に強く反対しそうだと睨んだ者たちを残らず遠征に連れ出すと、彼らを
使ってアカイア陣営にあった二都市ヘライアとアセア[2]を奪い取り、オルコメノス市内に穀物を運び込んでか
ら、マンティネイアのそばに陣営を置いた。そのように長い行程を上ったり下りたりして兵士たちを疲労困
憊させたあげく、本人たちの求めに応じるようにして、多数をアルカディア地方に置き去りにし、クレオメ
6 ネス自身は傭兵だけを連れてスパルタへ向かった。そして帰国の途中、自分への忠誠を間違いなく信頼でき
る者に計画を明かし、ちょうど監督官たちが夕食をとっているところに襲いかかれるように、ゆっくりと前
進を続けた。

二九（八） 市の近くまで来たところで、クレオメネスはまずエウリュクレイダスを、遠征中の王からの報告を届けるという体裁で、監督官の共同食堂に遣わし、それに引き続いて、クレオメネスの学友つまりスパ

ルタ人の言うモタケス[3]から、テリュキオンとポイビスのふたりを選んで、若干の兵士とともに送り込んだ。
2 エウリュクレイダスがまだ監督官と話をしているところへ、後続の一団が抜き身の剣を手にしてなだれ込み、
3 監督官たちに襲いかかった。筆頭の位にあったアギュライオスは剣を浴びて倒れ、死んだと思われていたが、そっと息を吹き返すと、部屋から這い出して、誰にも気づかれないままある小さな祠に滑り込んだ。「恐れ」を祀るその社は、ふだんは閉まっているのだが、そのときは偶然に開いていたので、そこにうまく入り
4 込み、そうして内側から扉を固く閉じたのである。それ以外の四人の監督官は殺害され、助けに駆けつけた者たちにも死者が出たが、その数は一〇人を超えなかった。抵抗しない者には手を出さず、市外に逃れようとする者には自由に出国を許すのが、クレオメネスたちの方針だったのである。翌日になって社から出てきたアギュライオスにも赦免が与えられた。

三〇（九） ところでスパルタには、「恐れ」のほかにも「死」や「笑い」など、人のさまざまな経験に、
2 それを祀る社がある。[4] ただし「恐れ」を祀るといっても、鬼神を禍の元凶と見なして遠ざけるために祀るの
3 とは違い、恐れが国家を結束させる最大の力だと信じて祀るのである。アリストテレスによれば、監督官は

（1）九‐2参照。
（2）いずれもアルカディア地方の都市。
（3）国有奴隷（ヘイロテス）の身分に生まれ、同年代のスパルタ市民の少年に付き従って教育や訓練をともにする。務めが終わると自由身分を得る。
（4）ほかにも「眠り」や「畏まり」の像があった（『リュクルゴス』二五‐4、パウサニアス『ギリシア案内記』第三巻一八‐一、二〇‐一〇）。

就任時に市民に向かって、口髭を剃れ、そして法が苛酷な存在にならないよう、法を敬え、と布告するそう

4 だが[1]、ここで口髭のことを持ち出すのは、私が思うに、青年をほんの些細な事柄でも命令に従うことに慣れさせようという狙いからであろう。そして古人は、勇気とは恐怖の欠如ではなく、むしろ他者からの非難を 5 怖れ、不名誉を恐れることだと考えていたに違いない。なぜなら法に対してもっとも臆病な者が、敵に対してもっとも勇気ある者であり、悪評を立てられるのをもっとも怖れる者が、受難を恐れることのもっとも少 6 ない者なのだから。それゆえ、詩人が

　恐れのあるところに羞恥あり[2]。

と歌ったのも、またホメロスが

　お義父さまは私を恥じ入らせ恐れさせます。

あるいは

　指揮官を恐れて粛々と[3]

7 と歌ったのも、まさに至言である。実際、羞恥というのは、恐れを抱いている相手に対して持つことが多く、それが民衆の常なのだ。だからこそスパルタ人も、監督官制度を独裁に限りなく近い権力として創設したとき、その共同食堂のそばに「恐れ」の像を建てたのである。

三一（二〇）　さてクレオメネスは夜が明けてから、国外に去るべき市民八〇人の名を公示し、続いて監督 2 官の椅子のうち自分が座って執務する予定のひとつを残して、他をすべて撤去した[4]。そして市民集会を開き、

このたびの行動について弁明を始めた。
元来、リュクルゴスが定めたのは――とクレオメネスは市民たちに語りかけた――両王と長老会から構成
される国制であり、これによって国家は長年にわたり統治されて、それ以外の公職はまったく必要なかった。
3 ところが後に、メッセニア人との戦争が長引いたとき、王は遠征以外のことに手が回らなくなり、それでみ
ずから友人のうち数名を選んで裁判の任務をゆだね、監督官と名付けられたこの者たちを自身の代理として
4 国内に残すようになった。[5] 初めのうち、この者たちは王の下役にとどまっていたけれども、やがて少しずつ
自分たちに権限を集め始め、そうするうちにいつのまにかそれ自体がひとつの公職として確立してしまった。
5 当初はそうではなかったという証拠に、今なお王は監督官から迎えを寄越されたとき、一度目も二度目もそ

(1)『神罰が遅れて下されることについて』五五〇bでも紹介される慣習。

(2)トロイア戦争の発端を語り、断片のみ現存する叙事詩『キュプリア』（伝スタシノス作）からの引用。プラトン『エウテュプロン』一二a―bに、これを含むもう少し長い引用がある。

(3)ホメロス『イリアス』第三歌一七二（トロイア戦争の原因になったヘレネが、舅であるトロイア王プリアモスに語る台詞）と第四歌四三一（ギリシア軍の兵士たちがトロイア軍に向かって前進する場面の描写）の引用。

(4)予言されたとおりになった（二八-3）。

(5)メッセニア地方は前八世紀にスパルタに征服されてその支配下に入り、住民は国有奴隷の身分に落とされた（第一次メッセニア戦争）。その後、前七世紀に大きな反乱を起こし、スパルタを苦しめたが、結局鎮圧された（第二次メッセニア戦争）。監督官設置の目的について、『リュクルゴス』七-1は本文の記述とは異なり、リュクルゴスの時代からおよそ一三〇年後に王権を抑制するために設けられたと記す。

れを拒み、三度目になってようやく立ち上がって監督官のもとへ出向く。この公職を強化し拡張した最初の
6 監督官はアステロポスで、［監督官設置よりも］幾世代も後の時代のことだ。それでも監督官が分をわきまえて行動していた間は、それを容認することもできた。しかし積み増した権限を使って父祖伝来の権力を掘り崩し、王を国外に追放したり、裁判なしに殺害したり、またこのうえなく美しく聖なる制度がスパルタによみがえるのを見たいと願う者を脅したりするなら、もはやそのような監督官を放っておくわけにはいかない。
7 スパルタにはびこった病害、つまり奢侈と贅沢と借金と債務、そしてそれ以前からあった禍、つまり貧困と巨富、これらをもし流血を引き起こさずに取り除くことが可能であったなら、私はいわば痛みを与えずに祖
8 国を治療した医者のようなものであるから、自分を誰よりも幸せな王と思ったであろう。だがやむをえずにとったこのたびの行動について、リュクルゴスは赦しを与えてくれるはずだ。なぜならリュクルゴスは、王でもなければ公職に就いていたわけでもなく、私人であったとき、王の役目を果たすべく武具着用で中央広
9 場に現われると、王のカリロスを脅して祭壇に助けを乞わせたのだから[1]。カリロスは祖国愛に富むりっぱな人であったから、その後すぐにリュクルゴスの企てに力を貸し、国制の変革を受け入れるようになったが、それでも暴力と脅迫に訴えずに国制を変革するのが至難の業であることは、このリュクルゴスの例が証拠に
10 なる。しかも私の場合、暴力と脅迫に訴えたといってもごく控えめなものであり、スパルタ救済を阻もうと
11 する者を引き下がらせたにすぎない。それ以外の者のためには、土地のすべてを全市民の公共の土地と定め、負債者の借金を帳消しにするほか、外国人の審査を実施して、優秀と判定した者をスパルタ人と認め、兵士としてわが国の保全に役立てるつもりだ。そうすればわれわれは、護り手の不足のためにラコニアの地がア

イトリア人やイリュリア人[2]の餌食になっているのを、これ以上傍観せずにすむであろう。
三二（一一）　このように語りかけたあと、クレオメネス自身が真っ先に財産を公共のために差し出すと、
義父のメギストヌス[3]と友人縁者の面々がそれに続き、しまいにはすべての市民がその後を追って、ついに土
2 地の分配が実現した。クレオメネスは、自分の布告によって国を追われた市民たちにも、例外なく区画地を
3 割り当てておき、情勢が落ち着いたなら、そのときに全員の帰国を許すと約束した。また辺境民（ペリオイ
コイ）のうちから品格優良なのを選抜して市民数の不足を埋め、四〇〇〇人の重装歩兵を作り出すと、彼ら
に従来の短い槍に代えて、長い槍を両手で操る術、また盾についても把手を握るのではなく、帯で吊るす方
4 法を教え込んだ[4]。さらに若者の教育と鍛錬[5]と呼ばれるものに手を着け、当時滞在中のスパイロス[6]に相談して
多くの点で助けてもらいながら、体育と共同食事[7]の正しい習慣を早々に復活させた。市民の中には強制され
てやむなく従う者もわずかにいたけれども、ほとんどの者はすすんでかのラコニア式の質素な生活に身を慣

（1）『リュクルゴス』五-6―8によれば、リュクルゴスは国制の改革を断行するにあたり、反対派を脅かし怖がらせるために、夜明けに武装した市民三〇人を中央広場に集めた。王カリラオス（『リュクルゴス』ではこの名）は怯えて、カルキオイコスの神殿（一一-8、一六-6）に逃げ込んだ。

（2）バルカン半島北西部、アドリア海に臨む地方の民族。

（3）二七-2、二八-1参照。

（4）サリッサと呼ばれる長い槍（五メートルくらい）を両手で持ち、小さめの盾を肩から吊るした歩兵が密集方陣を作って前進するマケドニア式戦術を、スパルタも採用した。

（5）同年代の少年を集団で生活させ、その中で厳しい訓練を課して肉体と精神を鍛えるスパルタ式の教育方法。

（6）二-3参照。

（7）八-4参照。

5 れさせていった。それと同時にクレオメネスは、独裁の見かけだけでもやわらげるために、弟のエウクレイダスを共同の王に任命した。スパルタ史上、ふたりの王が同じ王家から出たのは、このときだけである(1)。

三三（一二）一方でクレオメネスが得た情報によれば、アラトスを含めてアカイア人は、スパルタ国内の情勢が改革によって不安定になっているこの時期に、クレオメネスが国外に出て、激しい動揺の中に国家を足元の危ないまま置き去りにすることはあるまいと安心しているらしかった。そこでこの機にスパルタ軍の
2 意気の高さを敵に見せつけることは、名誉でもあり利益にもなるはずだと考えたクレオメネスは、メガロポ
3 リス領内に侵攻して略奪をほしいままにし、次々に農地を壊乱して回った。そしてしまいには、ディオニュソスの伎芸者たち(2)がメッセネから巡業に来ていたのを捕まえると、敵の領内に劇場をしつらえ、四〇ムナの賞金をかけた競演を行なわせて、座席からそれを見物してまる一日を過ごした。劇を見たかったからではなく、敵を嘲弄するため、そして侮りの行動によって、自分たちの力がはるかにまさっていることを誇示するためであった。

4 通例、スパルタ軍は他のギリシア人の軍隊や諸王の軍隊と違って、遠征のときに道化役者も曲芸師も踊り子も琴弾き女も同行させず、遊興や喧噪や浮かれ騒ぎのたぐいとはいっさい無縁である。ほとんどの時間は若者が訓練に励み、年長者がそれを指導するのに費やされ、遊びといえば、時間の空いたときに、なじみの
5 機知比べやラコニア風の粋な言葉の遣り取りに興じるくらいだった。この種の遊びがもつ有用性については、リュクルゴスの伝記に書いておいた(3)。

暮らしぶり

三四（一三）　クレオメネスは自身の暮らしぶりにおいて質素と節倹を旨とし、民衆から見ても嫌悪を呼び
起こすようなところがまるでなかったから、あたかも節制の模範を公けに示して、万人の教師になったかの
ようだった。しかもこのことは、ギリシア内での交渉事においても、クレオメネスに有利に作用した。とい
2 うのもクレオメネス以外の王に謁見した人たちは、王の巨富や栄華に感銘を受けるよりも、むしろ、もった
いぶった大威張りの態度で接してくる王の驕慢と不遜に辟易するのが常だった。ところがクレオメネスに
3 会った人は、名実ともに王であるはずのこの人物が、深紅に染めた衣装のたぐいを身に着けることも、寝椅
子や輿を使うこともなく、また大勢の侍従や門番や書記官を介在させていたずらに会見を難しくすることも
なく、ありあわせの衣を着けてみずから客を迎え入れ、相手の求めにじっくりと耳を傾けながら、愛想よく
ていねいに答えてくれるので、この王にすっかり魅了され感化されて、これこそただひとりのヘラクレスの
末裔だと洩らすのだった。

4 食事はというと、平生は、寝椅子を三台置いた部屋で、ラコニア風のきわめて簡素な卓を囲むのがクレオ
メネスの習慣だった。外国からの使節や客人を迎えたときだけは、それに追加の二台を並べ、召使いの給す

(1) アルキダモスが殺されたあと（二六-3）、もはやエウリュポンティダイ王家の王が後を継ぐことはなく、アギアダイ王家のクレオメネスとその弟が王位に就いた。

(2) 各種の遊芸や演劇を披露しながら各地を巡る一団。ディオニュソスは演劇の神でもある。

(3)『リュクルゴス』一九―二〇参照。

る食事も少しばかり華やかにするのだが、ただし香味料や菓子を添えるのではなく、料理の節約をやめ、酒
5 のふるまいをおおらかにするのである。あるとき、友人のひとりが客人をもてなすにあたって、共同食事の
ときにいつも出すような黒スープ[1]と大麦パンを供したと聞いて、その友人をたしなめたことがある。外国の
6 客人を迎えたときなどは、あまり厳格にラコニアの流儀を押し通すのは良くない、と意見したのである。食
卓を取り除けたあとは、酒を満たした青銅の混酒器を鼎に載せたのを、ニコテュレ[2]の銀の鉢ふたつと、少し
ばかりの銀の盃とともに運び込ませ、そこから飲みたい者には飲ませる一方、飲みたくない者に盃をすすめ
ることはなかった。

7 食事中の音曲演奏は行なわれず、また所望されることもなかった。クレオメネス自身が問いかけたり物
語ったりしながら、真面目さの中に軽みを含み、戯れの中に雅趣と気品をたたえた語り口を披露して、談話
8 の妙により宴を盛り上げたからである。他の王たちが、獲物を餌でおびき寄せるように、人を金銭と物品で
9 釣って絡め取るやり方を、クレオメネスは技量に欠け、正義にもとるものと断じ、むしろ魅力と信義を備え
た言葉の遣り取りを通じて、会見相手を虜にして味方に引き込むやり方こそが、もっとも王にふさわしい
りっぱな方法だと心得ていた。友人と雇い人の違いは、人柄と言葉によって動かすか、給金によって動かす
かの違いを措いてほかにない、というのがクレオメネスの考えだったのである。

アカイアを追い詰める

三五（一四） さて最初にクレオメネスを招き入れたのはマンティネイアの人々であり、彼らは夜の間に市

内に忍び込んだこのスパルタ王と協力して、アカイア駐屯軍を追い出すと、スパルタ陣営に市を託した。(3) ク
2 レオメネスはこの市の法と国制を旧に復させたあと、その日のうちにテゲアに向かった。その後まもなくし
て今度は、迂回するようにアルカディア地方を横断し、アカイア連邦の都市パライ(4)をめざして降りていった
のは、アカイアと一戦を交えよう、またもしアラトスが逃げ出してこの地を放棄するなら、それを嘲弄しよ
3 うという腹づもりだった。そのときの連邦司令長官はヒュペルバタス(5)だったが、実際にはアカイアの全権は
4 アラトスの手に握られていたのである。するとアカイア側が総勢を挙げて出撃してきて、デュマイ(6)のヘカト
ンバイオン近辺に陣地を置いたので、クレオメネスは進軍してきたものの、敵側の都市デュマイとアカイア
5 陣地の間に野営するのは危険だと判断した。そこで意を決してアカイア軍を戦いに呼び込み、強引に全軍対
決に持ち込んだ結果、力の勝負を制して敵の戦列を打ち破り、そうして多数を討ち取ったのに加え、捕虜に

(1)『リュクルゴス』一二-12—13参照。
(2)一コテュレは約二七〇ミリリットル。
(3)マンティネイアはアラトスの奇襲を受けて、アカイアの勢力下にあった（二六-1）。クレオメネスがそれを奪回したことについて、『アラトス』三九-1、ポリュビオス『歴史』第二巻五八-一—四参照。マンティネイアの民衆は、クレオメネスが母国で断行した土地再分配や負債帳消しが、マンティネイアでも実施されることを期待して、スパルタ軍を手引きした。
(4)アカイア地方西部の都市。
(5)前二二六年五月から翌年五月までのアカイア連邦司令長官。
(6)パライの北西方、コリントス湾に臨む。

とった者も多数に上った。そこからさらにランゴン[1]に進んでこれを攻め、アカイア駐屯軍を追い出すと、こ
の市をエリス人の勢力圏内に復帰させた。

三六（一五）こうしてアカイア人がすっかり打ちのめされていたそのときに、アラトスは隔年に連邦司令
長官に就いていたそれまでの慣例を捨て、あらたな長官就任を断って、人々の頼みにも訴えにも耳を貸そう
としなかった。国が激しい嵐にみまわれているときに、舵取りを他者にゆだね、権限を投げ出してしまった
2 のだから、卑怯なふるまいだったと言わざるをえない[2]。一方クレオメネスは、初めのうちこそアカイア使節
に対して控えめな申し入れをしていたようだが、その後に送られてきた使節には総帥の地位を譲り渡すよう
3 要求し、その代わり他のことで争うつもりはない、捕虜も土地もすぐに返還する、と言い添えた。そこでア
カイア人はこの条件で休戦を受け入れるつもりで、このたびの連邦議会を開催するレルナ[3]にクレオメネスを
招いたのだが、クレオメネスは懸命に道を急いで、あわてて水を飲みすぎたために大量の血を吐き、声が出
4 なくなってしまった。このため、クレオメネスは捕虜の中からとくに身分の高い者をアカイア側に返還した
あと、会談を延期してスパルタに帰国した。

三七（一六）しかしこの会談延期は、ギリシアがまだ何とかして現在の苦境から立ち直り、マケドニアの
2 暴虐と強欲から逃れる力を残していたときに、事態を破局に導く道筋をつけることになった。導き手となっ
たのはアラトスである。この人はクレオメネスへの不信と怯えにとらわれたのか、あるいはクレオメネスの
予想外の好運続きに嫉妬し、三三年[4]にわたって第一人者であった自分の名声と権力を、出てきたばかりの若
造に奪われるのも、また自分が育てて長い年月一手に収めてきた支配権を掠め取られるのも、腹立たし

3 いことだと考えたのか、まずアカイア人の行く手を阻み方針を変えさせようと試みた。しかしアカイア人が
クレオメネスの果敢な行動力に感じ入るばかりで、アラトスには見向きもせず、しかもペロポンネソスを父
祖の時代の姿に復帰させるというスパルタの掲げる大義に、正当性を認めているのに気づいたとき、アラト
スのとった行動は、およそギリシア人にふさわしくなく、とりわけアラトスにとっては最大の名折れとも言
4 うべく、自身のこれまでの政策と実践とはまさに対極にある行動であった。すなわち、青年の頃にアクロコ
リントスを解放してペロポンネソスからマケドニア勢力を追い払い[5]、また世のすべての王から猜疑と敵意を
向けられながらも、アンティゴノス王[6]への罵言を回想録に幾千となく書き連ねたアラトスが、その王をみず
5 からギリシアに呼び込み、ペロポンネソスをマケドニア兵で埋め尽くしたのである。かつてアラトスがアテ

(1) 不詳。写本をラシオン(アルカディアとエリスの境界辺りにある都市)に訂正する案もある。

(2) アラトスは一年の間隔を置いて、あらためて前二二五年から翌年にかけての連邦司令長官に就くことを期待されたが断り、結局ティモクセノスが就任した(『アラトス』三八-2以下)。

(3) アルゴスの南の都市。

(4) 『アラトス』四一-2にも三三年という数字が示されている。しかし前二五一年、二〇歳のときに、祖国シキュオンを僭主支配から解放して、アカイア連邦に加盟させたのをアラトスの政治活動の起点とすれば(『アラトス』九)、前二二四年のアンティゴノスとの協定締結まで、二七年しか経っていない。

(5) アラトスは、前二四三年、マケドニア軍に占拠されていたアクロコリントス(コリントス市の南に位置する城山)を奇襲し、コリントスをマケドニアから解放して、アカイア連邦に加盟させた(『アラトス』一八―二三)。

(6) 前二二九年に幼王(後のピリッポス五世)の摂政となり、前二二七年に王位に就いたアンティゴノス三世・ドソン。

ナイをマケドニア駐屯軍から解放するために、数々の苦難に耐え危険を冒したことは、[1]アラトス自身が語っ
ている。それにもかかわらず、そのマケドニア兵を武装のまま自分の祖国へ、そして自宅の炉辺へと招き入
6 れ、果ては婦人部屋にまで手引きしたのだ[2]。アラトスに言わせれば、ヘラクレスを祖に持ってスパルタの王
となり、祖国の制度を、あたかも調子はずれの音楽を正すかのように、リュクルゴスの定めたあのドリス式
の慎ましい習慣と生活に引き戻そうとする人物は、シキュオンやトリタイア[3]の総帥という称号にふさわしく
7 ないのである。そして大麦パンと古びた外套[4]を嫌い、富の廃止と貧困の是正という、クレオメネスの最大の
過ちと考えるものを実現させたくないばかりに、アラトスは王環（ディアデマ）と深紅の衣の前に、またマ
ケドニア人と総督たちの命令の前に、アカイアを道連れにしてひれ伏した。クレオメネスの命令に従うとこ
ろを人に見せたくなかったのであり、そのためにアンティゴネイア祭[5]で犠牲を供し、みずから冠を着けて、
肺病のために萎え衰えてゆく人物[6]の快癒を祈願する詞を歌ったのである。

8 とはいえ、以上のことを書いたのは、アラトスへの非難を意図したのではなく――この人は数々の点で、
真にギリシア人らしい偉大な人物であったから――、むしろアラトスほどに秀でた徳を持つ稀有の人格者で
も、そのすばらしさを無謬のままに保つことはかなわないとすれば、人間の本性とはいかに弱いものかと、
憐れみを覚えずにいられないからである。

三八（一七） さてアカイア連邦議会があらためてアルゴスで開かれる運びになり、それに応じてクレオメ
2 ネスもテゲアから降りてきたとき、休戦成立の期待は人々の胸の中に大きくふくらんでいた[7]。ところがアラ
トスは、このときすでにアンティゴノスとの間に重大な取り決めを交わしており、このままではクレオメネ

スが民衆をおびき寄せるにせよ力ずくで動かすにせよ、狙いどおりの成果を手に入れてしまうのではないかと怖れて、クレオメネスにある要求を持ち出した。人質三〇〇人を受け取る代わりに、ひとりでアルゴス市内に入ってくるか、さもなければ兵隊をともなって市の郊外のキュララビス体育場に来て、そこで会談を行[3]なうか、どちらかを選べと申し入れたのである。これを聞いたクレオメネスは、これは無理無法だ、こんなことはそもそも最初の段階で言っておくべきであって、こちらが相手の戸口まで来ている今になって、疑い[4]をかけて追い払おうとするなど、あってはならないことだと息巻いた。そしてアカイア人に宛てて、アラトスを弾劾する文言を詰め込んだ書簡を送ると、アラトスの方も民衆の前で、クレオメネスをさんざんに誹謗してみせた。この結果、クレオメネスはさっさと陣営を引き上げ、アカイア人に戦争再開を通知する伝令を

(1)アテナイは前二六三年以来、外港ペイライエウスなどをマケドニア軍に占拠されていたが、前二二九年にアラトスの協力を得て、交渉により返還を実現させた（『アラトス』三四-5—7）。

(2)アンティゴノス三世の後継のピリッポス五世がアラトスの息子の妻を誘惑したことの暗示（『アラトス』四九-2）。

(3)いずれもアカイア連邦加盟都市。

(4)どちらもスパルタ式倹約生活の象徴（三四-5）。

(5)アンティゴノス三世を称えるためにアカイアで開催された祭典（『アラトス』四五-3）。

(6)アンティゴノス三世は肺病を患い、それが原因で前二二一年に死ぬ（五一-2—4）。

(7)以下の休戦交渉の挫折は、前二二五年のこと。『アラトス』三九-2—4に、細部は異なるが、ほぼ同じ内容が記されている。

遣わしたのだが、その遣わした先がアルゴスではなくアイギオン[1]だったのは、アラトスに言わせれば[2]、アカ
イア側の戦争準備を少しでも遅らせるためだった。
5 アカイア人の間にたちまち動揺が広がり、加盟各都市は連邦離脱に向けて走り出した。民衆は土地分配と
債務切り捨てを待望していたし、多くの市の指導者たちはアラトスを疎ましく思っており、なかにはアラト
6 スがマケドニア軍をペロポンネソスに引き入れようとしていることに憤懣やるかたない者もいた。この情況
に勢いを得て、クレオメネスはアカイアに攻め込んだ。そしてまずペレネを急襲して占領し、市内のアカイ
7 ア駐屯軍を放逐すると、続けてペネオスとペンテレイオンも制圧した[3]。アカイア人はコリントスとシキュオ
ンで裏切りの動きがあるのを危惧し、それらの市の保全のためにアルゴスから騎兵と外国人部隊を送り出す
一方、アカイア人自身はアルゴスに降りていって、ネメア競技祭[4]の開催に取りかかった。それを知ったクレ
オメネスは、市が祭り見物の群衆や観客であふれ返っているところに、不意を突いて攻めかかれば、それだ
8 け大きな混乱を引き起こせるはずだと期待して、夜陰の中、軍隊を城壁に向けて進ませた。そしてアスピス[5]
の近くで劇場を見下ろす位置にある険阻な要害の地を占拠して、人々の度肝を抜いた。驚愕のあまり、市内
からは防衛に向かおうとする者もなく、結局、スパルタ駐屯軍を受け入れ、市民二〇人を人質として預けた
うえ、クレオメネスを総司令官とするスパルタの同盟軍に加わることになった[6]。

三九（一八） この成功の結果、クレオメネスの声望と権勢はおおいに高まった。かつてスパルタの王たち
は、さまざまに手を尽くしながらも、アルゴスを自陣にしっかりと繋ぎ止められず、稀代の将才の持ち主
ピュロス[7]にしても、アルゴス市内に強引に侵入したものの市を掌握するにはいたらず、みずから命を落とし

2 たばかりか、自軍の多くを道連れにしてしまった。それゆえこのたびのクレオメネスの巧みな戦術と迅速な
行動に、人々は驚嘆するほかなかったのである。それまでクレオメネスが、借金の棒引きや財産の平等化は
ソロン[8]やリュクルゴスを模範にしているのだと主張したときに、それを嘲笑っていた者たちも、今やクレオ
3 メネスがスパルタ改革の立役者であることに、一点の疑いも持たなかった。以前のスパルタ人は、屈従の境
遇に甘んじて国を守ることもできず、ラコニア地方に侵入してきたアイトリア人に奴隷五万人を連れ去られ
るほどだった[9]。ちなみにこのときスパルタのある老人は、ラコニアを身軽にしてもらったのだから敵に感謝
4 せねばなるまい、と言ったそうだ。ところがそれからしばらくして、父祖の慣習を取り戻し、昔日の鍛錬制

(1)アカイア北部、コリントス湾に臨む都市。通例はここで連邦の議会が開かれる。

(2)アラトスが著わした回想録（三七-4、四〇-4）に書かれていたらしい。

(3)ペレネはアカイア地方東部、ペネオスはアルカディア地方北部の都市。ペンテレイオンは、ペネオス付近にある砦らしい。

(4)オリュンピア競技祭などと並ぶ、全ギリシア人の参加できる祭典のひとつ。アルゴスの北約二〇キロメートルのネメアで隔年の夏に開かれ、アルゴス市民によって運営された。これは前二二五年の大会。

(5)アルゴス市の辺縁部にある城山。

(6)以上のクレオメネスの攻勢について、『アラトス』三九-4—5、ポリュビオス『歴史』第二巻五二-一—二参照。

(7)巧みな戦略によりエペイロス（ギリシア北西部）に隆盛をもたらした王（前三一九—二七二年）。夜の間にアルゴスに侵入したが、軍勢が混乱に陥り、戦死した（『ピュロス』三二—三四）。

(8)ソロンが前六世紀初めにアテナイで実施した負債切り捨てについて、『ソロン』一五-2—5参照。

(9)前二四一年のアギス王の死後、アイトリア軍がラコニア地方に侵攻した（ポリュビオス『歴史』第四巻三四-九）。

度をよみがえらせるやいなや、まるでリュクルゴスが眼の前で国の舵を取っているかのように、スパルタ人
は気概と恭順を随所で示し始め、ギリシアの覇権の回復とペロポンネソスの奪還を成し遂げていったのであ
る。
四〇（一九）　アルゴス陥落の直後に、クレオナイとプリウス[1]もクレオメネスに帰順した。そのときアラト
2 スは、コリントスでスパルタとの内通を疑われたある市民を査問していたが[2]、このあらたな失地の知らせを
受けて動揺し、そればかりかコリントス市民もクレオメネスに気持ちを傾け、アカイア人の手から解き放た
れたいと願っているのが感じ取れた。それでまず市民たちを評議会場に招集しておいてから、ひそかに市内
3/4 を抜けて城門にたどり着くと、用意させておいた馬に跳び乗り、シキュオンへ逃げ戻ってしまった[3]。アラト
スの記すところによると、その後、コリントス市民は競い合うようにしてアルゴスにいるクレオメネスのも
とへ駆けつけ、その急ぎようは乗っていた馬をことごとくつぶしてしまうほどだった。クレオメネスはコリ
5 ントス市民に、アラトスを拘束せず、逃亡を許してしまったことを咎めたものの、その一方でメギストヌス[4]
をアラトスのもとに遣わし、なおアカイアの守備軍が陣取っているアクロコリントスの引き渡しを要求する
とともに、多額の補償金を提供する用意があることも伝えた。しかしそれに対してアラトスは、状況は自分
の手の中にない、むしろ自分が状況の手の中にある、と返答した。これらはアラトス自身の記し伝えるとこ
ろである。
6 クレオメネスはアルゴスから遠征に出ると、トロイゼンとエピダウロスとヘルミオネ[5]を味方に引き入れた
7 あと、コリントスに到着した。そしてアカイア守備軍が放棄を拒む城山のまわりに包囲陣を敷く一方で、ア

ラトスの友人と代理人を呼び出し、市内にあるアラトスの屋敷と財産を引き取って保全し管理するよう命じ
8 た。またメッセニア人のトリテュマロスをあらためてアラトスのもとに遣わし、アクロコリントスをアカイ
アとスパルタの共同管理とすることを要求するかたわら、アラトスへの個人の約束として、プトレマイオス
9 王から受け取る額の二倍の支援金を贈ろうと申し出た。[6] しかしなおアラトスは聞き入れず、息子を人質数名
とともにアンティゴノスのもとに送り出すとともに、アカイア人に説いて、アクロコリントスをアンティゴ
10 ノスに引き渡すことを決議させた。[7] このためクレオメネスは、シキュオン領内に攻め込んで土地を荒廃させ
る一方、［コリントス市内の］アラトスの資産を、コリントス市民の決議にもとづき、賞与として受け取った。

（1）いずれもアルゴリス地方、アルゴスの北方に位置する都市。コリントスから二五キロメートルほど西南方に当たる。

（2）三八-7参照。

（3）『アラトス』四〇-3—5参照。アラトスは逃亡する前に、城山アクロコリントスにアカイア軍の守備隊を残しておいた。シキュオンはアラトスの故国。

（4）クレオメネスの義父。二八-1、三二-1参照。

（5）いずれもアルゴスの東方、アルゴリス半島に位置する都市。

（6）エジプトのプトレマイオス二世・ピラデルポスはマケドニア王家に対抗するため、前二五一年にアラトスに資金援助し、その後も毎年の支援金を約束した。それが次のプトレマイオス三世・エウエルゲテス（在位、前二四六—二二一年）の時代にも引き続き実行されていた。プトレマイオスからの援助が毎年六タラントンだったところ、クレオメネスはその倍額を提供すると申し出た（『アラトス』一一—一四、四一-5）。

（7）『アラトス』四二-2、ポリュビオス『歴史』第二巻五一-五、五二-四参照。

アンティゴノスのペロポンネソス侵攻

四一（二〇）　アンティゴノスがいよいよ大軍を率いてゲラネイア山地を越えようとする頃、クレオメネスは敵を迎え撃つ場所をコリントス地峡ではなくオネイア山地と定め(1)、そこに防柵や障壁を築いて進路を阻むこと、そして百戦錬磨の密集隊列(2)と正面衝突するよりも、地形を生かした戦いで敵を消耗させることが得策
2 と判断した。この作戦が実行に移されて、アンティゴノスはたちまち窮地に追い込まれてしまった。携行していた食糧の量は十分でなく、しかもクレオメネスが陣取っているところを、力で押して通り抜けるのも容
3 易でなかったからである。それで夜の間にレカイオン(3)方面からすり抜けようと試みたものの、追い返されて軍勢の一部を失い、結局、クレオメネスに自信を与え、敵の兵士たちを勝利に意気揚々として食事に向かわせるだけで終わった。追い詰められたアンティゴノスは、やむなく困難の予想される別の方法にすがった。
4 ヘライオン岬(4)に軍勢を移動させ、そこから船でシキュオンへ渡ろうというのだが、これは時間もかかり、準備も並大抵ではすまないものだった。

5 　ところが夕方になろうとする頃、アラトスの仲間数人がアルゴスから海路でやって来て、アルゴスがクレ
6 オメネスから離反しようとしていると告げて、アンティゴノスの来援を求めた(5)。離反を先導したのはアリストテレスという男で、アルゴスの民衆は、期待していた負債切り捨てをクレオメネスが実行してくれないの
7 に業を煮やしていたので、この男の呼びかけにすぐに応じたのである。そこでアラトスがアンティゴノスか
8 ら兵士一五〇〇人を借り受け、エピダウロスに向けて出航したが、アリストテレスはその到着を待たずに市民たちを取りまとめ、城山の守備隊をめがけて戦いをしかけた。ティモクセノス(6)もシキュオンからアカイア

人の軍勢を率いて、応援に現われた。

四二（三二）　クレオメネスは夜の第二警時(7)の頃にこの知らせを受けると、メギストヌスを呼び出し、怒りをあらわにしながら、ただちにアルゴス防衛に向かうよう命じた。以前、クレオメネスに向かってアルゴス市民の忠誠を保証し、疑わしい人物の追放を押しとどめたのが、ほかならぬメギストヌスだったのである。
2 メギストヌスを兵士二〇〇〇人とともに送り出したあと、クレオメネスはアンティゴノスから目を離さないようにしながら、コリントス市民を安心させようと、アルゴスの情勢について、大したことではない、ひと
3 握りの者が少しばかり騒ぎを起こしただけだ、と説き聞かせた。ところがメギストヌスがアルゴス市内に侵入したあと、戦いの中で命を落とし、守備隊がかろうじて抵抗を続けながら、次々に伝令を寄越すように

(1) コリントス地峡の北東にゲラネイア山地、南東にオネイア山地が位置する。アンティゴノスのペロポンネソス侵攻は前二二四年。

(2) 長槍を両手で持つ兵士が緊密な方形陣を組んで前進するマケドニア式隊列（パランクス）。スパルタもこの戦法を採用していたが（三二-3）、歩兵二万と騎兵一三〇〇のマケドニア軍の兵力には（『アラトス』四三-1）、陣列の正面衝突では勝てないとクレオメネスは判断した。

(3) コリントス地峡の西、コリントス湾南岸の港。したがってオネイア山地とは逆の方向になる。

(4) コリントス地峡の北西にあって、コリントス湾に突き出た半島の先。女神ヘラの神域がある。岬の対岸、ペロポンネソス北岸近くにシキュオンがある。アンティゴノスは陸路をあきらめ、いったん北へ退いて、海路でペロポンネソスに入ろうとした。

(5) アルゴスは前年にクレオメネスに占領されていた（三八-8）。

(6) 当年のアカイア連邦司令長官（『アラトス』三八-2、ポリュビオス『歴史』第二巻五三-二）。

(7) 夜は第一から第三までの警時に等分される。

なって、クレオメネスは、もしアルゴスが敵の手に落ちて帰国の経路を閉ざされれば、敵は悠々とラコニア
地方を略奪できるばかりか、無防備の状態にあるスパルタを包囲するかもしれないと危惧し、コリントスか
4 ら軍勢を引き上げた。クレオメネスが放棄したこの市に、アンティゴノスはさっそく入城を果たして、守備
隊を配置した。

5 一方でアルゴスに押し寄せたクレオメネスは、行進してきた軍勢を組み直し、城壁を越えて攻め込もうと
試みるかたわら、アスピス[1]の下方にある潜り口をたたき壊して、そこから城山に登ると、その中でなおアカ
6 イア軍への抵抗を続けていた兵士たちと合流した。そしてついには梯子を架けて市内の一部を占領し、クレ
タ兵部隊に弓の発射を命じて、街路から敵を一掃した。しかしそのとき、アンティゴノスが密集隊列を率い
7 て山の方から平野に降りてくるのが眼に入り、騎兵部隊がすでに滔々と市内に流れ込んでくるのが見えたた
め、市の制圧は断念せざるをえなかった。そこで全軍を手元に集めると、安全を確保しながら城山を降り、
城壁のそばを抜けて退散した。こうしてクレオメネスは、驚くほど短い時日で、驚くほど広い領域を支配下
に収め、ただ一度遠征して回っただけで、ペロポンネソス全土の覇者の地位に手が届こうかというところま
8 で達しながら、たちまちにしてそのすべてを失った。遠征に従った同盟軍のうち、あるものは早々にクレオ
メネスのもとを離れ、あるものはその後まもなくして、アンティゴノスに自分たちの市を引き渡したのであ
る。

四三（二二） 遠征をこのような結果で終えたクレオメネスは、軍勢を率いて祖国へ向かい、夕方になってテゲアにさしかかったところで、スパルタから遣わされてきた伝令から、すでに抱え込んだ悲運に劣らない

大きな悲運を知らされた。妻[2]の死であった。かつて大成功を収めていた遠征の最中でさえ、妻と離れている
ことに絶えきれず、幾度となくスパルタに舞い戻るのがクレオメネスの常であり、それほどにアギアティス
2 を愛し、何にもまして大事にしていたのである。訃報に心が折れて悲しみに沈んだのは、このうえなく美し
く淑やかな妻を失った若い夫として自然なことであったが、しかしその哀しみを理由に持ち前の剛気を辱し
めたり、魂の強さに弛緩を許したりすることなく、声も姿も顔色もいつものとおりに保ちながら、従前と変
3 わらず隊長たちに指示を与え、テゲアの安全確保に配慮し続けた。そして夜が明ける頃にスパルタに降りて
きて、屋敷に戻ってから母や子供たちとともに哀しみの感情を吐き出すと、その後すぐさま国家の舵取りに
思いをめぐらせた。

その頃、エジプトのプトレマイオス王[3]が、支援の申し出とともに、その条件としてクレオメネスの子供た
4 ちと母[4]を人質として要求してきたが、クレオメネスはそれを母に打ち明けることを長い間ためらっていた。
母のもとへ出向いても、いざ話そうとすると口に出せず、そんなことを何度も繰り返したものだから、母の
方も怪訝に思い、息子の友人たちに、息子は何か伝えたいことがあるのに躊躇しているのではないかと尋ね

(1) 三八-8参照。
(2) 妻アギアティスについて、二二-1—3参照。
(3) プトレマイオス三世はアラトスを支援していたが(四〇-8)、アラトスがアンティゴノスとの同盟を選択したので、マケドニアの勢力拡大を阻むために、支援先をクレオメネスに振り替えようとした。
(4) 母クラテシクレイアについて、二七-2参照。

5 てもみた。しかしとうとうクレオメネスが意を決して、事の次第を告げたところ、母は大声で笑い出し、
「おまえがたびたび言い出そうとして、ためらっていたのは、そんなことだったのかい。さあ早く私を船に
乗せて、この体がここに留まったまま老いのために朽ち果てる前に、どこへなりと少しでもスパルタの役に
立つと思ったところへ、送り出しておくれ」と促した。
6 そこですべての準備を完了してから、クレオメネスたちは武装した衛兵の一団を従えながら、徒歩でタイ
ナロン[1]に到着した。そしていよいよ船に乗り込もうとするとき、クラテシクレイアは一行からクレオメネス
だけをポセイドン神殿内に連れて入ると、心乱れて泣き出そうとする息子を抱きかかえ、顔を寄せて、ささ
7 やいた「ほら、スパルタの王様、私たちが涙を流すところや、スパルタにふさわしくないことをするところ
を、外に出てから誰かに見られないようにしなければ。私たちにできるのは、ここまで。あとの成り行きは、
8 すべて神の定めるまま」。こう言うとクラテシクレイアは顔をつくろってから、幼な子ひとりを抱いて船の
方へ歩き出すと、船長に向かって、急いで漕ぎ出すように命じた。
9 エジプトに着いたあと、クラテシクレイアの耳に入ってくるのは、プトレマイオスのもとにアンティゴノ
スの使者が来て談判をしていること、そしてクレオメネスはといえば、アカイアから休戦の呼びかけを受け
ながら、母の身を気遣って、プトレマイオスに無断で戦争を終わらせるのを躊躇しているらしいことであっ
た。そこでクラテシクレイアは息子に宛てた手紙に、スパルタの名と国益にかなう行動をとりなさい、ひと
10 りの老婆とひとりの幼児のためにいつまでもプトレマイオスに遠慮してはならない、と書き送った。クラテ
シクレイアというのは、不運のさなかにあって、こういう女であったと伝えられる。

四四（二三） 一方、アンティゴノスはテゲアを奪い取り、オルコメノスとマンティネイアにも劫略をしか
けて、クレオメネスをラコニア地方に封じ込めた。[2] このためクレオメネスは、国有奴隷のうち五アッティ
カ・ムナを支払った者に自由身分を与え、合計して五〇〇タラントンを集めたうえ、[3] その者たちのうち二〇
〇〇人をマケドニア式に武装させて、アンティゴノスの白盾兵隊[4]への対抗部隊とし、そうして誰ひとり予想
2 していなかったある壮大な作戦を立てた。メガロポリスは当時、単独で広さも強さもスパルタに引けをとら
ない都市であるばかりか、アカイア連邦とアンティゴノスからの援軍も受け入れており、市のかたわらには、
アンティゴノス自身がメガロポリスからの強い要請により、アカイア人の招きに応えて陣営を置いているら
しかった。[5]
3 クレオメネスはこの都市を掏《す》り取ろうと——迅速で不意を突くこの作戦を言い表わすには、これがいちば

（1）スパルタの真南、ラコニア湾とメッセニア湾を隔てるタイナロン岬付近に位置する港。近くにポセイドンの神殿がある。

（2）アンティゴノスはアルゴスに入城したあと、アカイア地方のアイギナを訪れ、アカイア連邦議会で中部ギリシアを含むヘラス同盟を結成して、その総司令官に就いた。そして前二二三年の春になって、テゲアなどを占領した（ポリュビオス『歴史』第二巻五四-一—一二）。

（3）六〇ムナが一タラントンだから、五ムナの解放金を払った奴隷（ヘイロテス）は六〇〇〇人いたことになる。

（4）マケドニア軍の密集隊列の精鋭部隊。

（5）ポリュビオス『歴史』第二巻五四-一四—五五-一によれば、アンティゴノスはこのときマケドニア兵全員を帰国させ、傭兵部隊だけを手元に置いて、アイギオンに滞在していた。クレオメネスは三ヵ月前にもメガロポリス奪取を試みて失敗し、部隊が全滅していた（同書第二巻五五-五、第九巻一八-一—四）。

んに適切な表現なので――企て、兵士たちに五日分の食糧を携行するよう命じると、アルゴリス地方の壊乱
4 をめざすと見せかけ、セラシア[1]に向けて軍勢を率いて国を出た。そしてそこからメガロポリス領に降りると、
5 ロイテイオン付近で食事をとったあと、すぐさまヘリクス経由の道でメガロポリス市に進軍を始めた[2]。市の
近くまで来たところで、まずパンテウスにスパルタ兵部隊二個を与えて、城壁のうちで守備がもっとも手薄
と報告を受けていた二本の塔の間のある部分を占拠せよという命令とともに送り出し、クレオメネス自身は
6 その後を他の兵士とともにゆっくりと進んでいった。パンテウスは指示された箇所だけでなく、城壁の多くの部分に守備兵がいないのを見て取ると、さっそく壁を壊したり穴を開けたりし始め、駆けつけてきた守備兵をひとり残らず殺害した。クレオメネスも時をおかずに先行の部隊に合流し、メガロポリス市民の感づく前に、軍勢とともに市内に入り込むことに成功した[3]。

四五（二四） この災禍が市内の全域に知れ渡るやいなや、住民たちの中には手当たりしだいの財貨を抱えて市から逃げ出す者もいれば、武器を持って集まり、侵入者に立ち向かい攻めかかる者もいた。彼らは敵を追い払うだけの力はなかったけれども、脱出を図る市民たちに無事に逃げおおせる余裕を与えられたので、市内に残された者は一〇〇〇人に満たず、それ以外の者はすべて妻子とともに、いちはやくメッセネに逃げ
2 込んだ。敵に抵抗して戦いを挑んだ者たちも、その大部分が身の安全を確保できたから、敵の手に落ちたのはごく少数にとどまったが、そうして捕虜になった者のうちに、メガロポリスで屈指の声望と権力を持つリュサンドリダスとテアリダスがいた。それでこのふたりを捕まえた兵士たちは、すぐさまこれをクレオメネスのもとに連行した。

3 リュサンドリダスは遠くからクレオメネスの姿を目にすると、大声で呼びかけた「スパルタ国王陛下、あ
なたは今、すでに成し遂げた功績よりももっと王にふさわしいりっぱな功績を世に現わして、たぐいまれな
4 名声を得る機会をつかんでおられる」。するとクレオメネスは、相手の意図を察して問い返した「それはど
5 ういう意味かな、リュサンドリダス。まさかこの市を君たちに返せというのではなかろうね」。リュサンド
リダスが答えて言うには「いや、まさにそのことですよ。これほどの偉大な都市を破壊するのではなく、信
頼できる確かな友人と同盟者で満たしてはどうかと提案しているのです。そのためにメガロポリス人に祖国
6 を返還し、この数知れない人々の救い主になられてはどうかと」。するとクレオメネスはしばらく間を置い
たあと、口を開いた「その言葉をやすやすと信用するわけにはいかないが、どんなときも利は名に勝ちを譲
るべしというのがわれわれのやり方だ」。

7 そう言うと、クレオメネスはこの両名を伝令ひとりとともにメッセネに派遣し、メガロポリスがアカイア
8 連邦から離脱してスパルタの同盟国となり友好国となることを条件に、都市を返還すると伝えた。ところが
これほどに寛容で情け深い申し出を受けながら、ピロポイメンはメガロポリス市民にアカイアへの信義を捨
て去るのを許さず、逆にクレオメネスを誹謗して、あの男は都市を返還するつもりなどない、それどころか

（1）スパルタの北方およそ一〇キロメートルにある町（八-1）。後にクレオメネスの最後の決戦の舞台になる（四八-8）。

（2）ロイテイオンとヘリクスはいずれも不詳。

（3）ポリュビオス『歴史』第二巻五五-二によれば、クレオメネスは、当時メガロポリスに滞在していたメッセネ人数名を懐柔して、市内侵入の手引きをさせた。

市民まで一網打尽にしようとしているのだと息巻いたあげくに、テアリダスとリュサンドリダスをメッセネ
9 から追い返してしまった[1]。この人物こそ、後にアカイアの第一人者となり、ギリシア人の間で輝かしい名声
を得たあのピロポイメンであり、この人については別に伝記を書いておいた。

四六（二五） それまでクレオメネスは、メガロポリス市街に誰も手を出したり危害を加えたりしないよう
注意を払い、ほんのわずかの略奪も見逃すまいと眼を光らせていたのだが、メッセネからの返答を聞くと頭
に血が上り、怒りにまかせて財物の強奪に取りかかって、彫像や絵画をスパルタに向けて運び出した。そし
て市内の主要部のおおかたを剝ぎ取り破壊し尽くしたあとは、アンティゴノスとアカイア軍の到来を警戒し、
2 陣営を引き払って帰国した。しかしこのとき、アカイア側からは何の動きもなかった。アカイア人はちょう
どアイギオンで連邦議会を開いているところで、アラトスが演壇に上がったあと、外套で顔を覆ったまま長
い間、嗚咽しているのを、人々がいぶかしがってわけを話すよう求めたところ、アラトスは、メガロポリス
がクレオメネスに襲われ壊滅したと告げた。アカイア人は、この災禍があまりに突然で甚大なのに茫然とす
3 るのみで、そのまま議会を解散するほかなかったのである。アンティゴノスはというと、援軍を派遣するべ
く指示を出したものの、兵士たちが冬営地から出るのに手間取っているのを知ると、一転してその場に留ま
るよう命じ、自身はわずかの手勢を率いてアルゴスに向かった[2]。

4 それゆえ、続くクレオメネスの作戦は、ポリュビオスも記すように[3]、一見すると無理で無謀な行動のよう
5 であっても、実は確かな見通しにもとづいて実行されたものだった。つまりマケドニア兵の冬営地が方々の
都市に分散していること、またアルゴスで側近とともに冬を越しているアンティゴノスの手元には、少数の

傭兵がいるだけであることを知っていたからこそ、クレオメネスはアルゴス領に侵攻したのであり、もしア
ンティゴノスが不面目を恐れて立ち向かってくれれば、これを打ち破るのはたやすいことであるし、逆に戦い
に二の足を踏むようなら、そこから王とアルゴス市民との間に懸隔が生じるだろう、という予想がクレオメ
6 ネスにはあった。そして現実に、そのとおりになったのである。アルゴスの領土が壊乱され、何もかも連れ
去られ運び去られるのにアルゴスの人々は我慢できず、王の居所の門口まで押しかけて、応戦に出よ、さも
7 なければもっとふさわしい人物に司令権を譲り渡せ、と大声でわめき立てたのである。しかしアンティゴノ
スは、これこそ賢明な将軍の行動と言うべきであろう、恥ずべきは他者から悪評を浴びることではなく、む
しろ勝算もないままに危険を冒して安全を放棄することだという判断のもと、打って出るのを避け、自身の
8 戦略を貫いた。クレオメネスはアルゴスの城壁の間近まで軍勢を進め、敵を嘲けるように、損壊をほしいま
まにしたあと、悠々と帰路に就いた。

（1）『ピロポイメン』五によれば、メッセネに避難したメガロポリス市民は、クレオメネスの申し出を受け入れて帰国しようとしたが、ピロポイメンに説得されて思いとどまった。ピロポイメンは、スパルタ軍がメガロポリスに侵入してきたときも、抵抗を続けて同胞市民の脱出を助け、最後に市を後にしたという。

（2）アンティゴノスは、冬の間、マケドニア兵を帰国させていたので、すぐにペロポンネソスに呼び戻すことはできなかった。

（3）ポリュビオス『歴史』第二巻六四-一—七参照。本章末まで、記述の運びも言葉遣いも、ポリュビオスのこの箇所に似ている。以下のクレオメネスのアルゴス領侵攻は、前二二二年の春のこと。

四七（二六） ところがそれからしばらくして、アンティゴノスが再びテゲアに向かって進軍を始め、そこからラコニア地方への侵攻を狙っているという情報が入ったため、クレオメネスは急いで軍勢を集めると、敵を避けるように別の道を通り、日の出の頃にアルゴス市の近郊に現われた。そして農地の壊乱に取りかかったのだが、通例のように鎌や細剣で穂を切り倒すのではなく、幅広の刀の形に仕上げた長い木の棒でなぎ払うというやり方を採り、それを使って兵士たちは行軍中、まるで遊んでいるかのように、やすやすと作
2 物を刈り払いながら、一面を残骸の海にしていった。ただし兵士たちがキュラビス体育場[1]に着いたとき、そこに火を放とうとしたのをクレオメネスが制止したのは、メガロポリスでの略奪が正当性よりもむしろ怒
3 りの衝動によって実行されたという思いがあったからである。アンティゴノスがただちにアルゴスに引き返し、その後、山と峠にくまなく守備隊を配置しても、クレオメネスはそれに見向きもせず気にも留めないというふりでアンティゴノスに使者を送り、ヘラ神殿[2]の鍵を渡してほしい、女神に供犠してから引き揚げたい
4 ので、と伝えた。こうしてとぼけた調子でアンティゴノスをからかったあと、閉じられたままの神殿の下で
5 女神に供犠を済ませてから、クレオメネスはプリウスに向けて軍勢を進めた。そしてオリュギュルトス山[3]で警戒に当たっていた敵兵を蹴散らしたあと、オルコメノス近郊に降りてきたとき、この市の人々に勇気と闘
6 志を吹き込んだばかりか、敵の眼にも、真の名将であり大事を成すにふさわしい男と映っていた。すなわちただ一国の力をもって、マケドニアの軍勢とペロポンネソス全域を相手に戦い、王の軍資金をも敵に回しながら、ラコニア地方を護って指一本触れさせなかっただけでなく、敵の領地を荒らし回り、主要都市を次々に奪い取っていったのだから、並々ならぬ手腕と豪胆の持ち主と感服せずにいられなかったのである。

セラシアの戦い

四八（二七）　ところで「金は行動の腱[4]」と言った最初の人は、とくに戦争という行動を念頭に置いてこう
2 発言したのであろう。デマデス[5]も、アテナイで三段櫂船の出動と漕ぎ手の充当の指令が発せられながら、そ
3 のための資金がなかったとき、「船を進めるよりも、パンを捏ねるのが先」と口にした。昔のアルキダモス[6]

（1）三八-2参照。
（2）アルゴス市の約八キロメートル北方に位置し、神殿内には、前五世紀のアルゴス出身の彫刻家ポリュクレイトスの手になるヘラ女神像が安置されていた。玉座に腰かけた姿の巨大な像で、黄金と象牙が使われていたという（パウサニアス『ギリシア案内記』第二巻一七-四）。
（3）オルコメノスの位置する盆地の北辺にあり、砦が築かれていた。オルコメノスは前年にアンティゴノスの勢力下に入っていた（四四-1）。
（4）「何を行なうにせよ、資金が不可欠の動力になる」という意味の格言。ディオゲネス・ラエルティオス『哲学者列伝』第四巻四八に、哲学者ビオンの言葉として伝えられるほか、キケロ『グナエウス・ポンペイユスの命令権について』一七には、「収入は国家の腱」という慣用表現がある。
（5）前四世紀のアテナイの政治家・弁論家。マケドニアとの良好な関係を保つことによりアテナイの独立を守ろうとして、デモステネスと対立し、逃亡したデモステネスへの死刑宣告を提議した（『デモステネス』二八-2）。
（6）スパルタ王のアルキダモス二世（在位、前四六九頃—四二七年）。ペロポンネソス戦争の開始には慎重だったが、始まると同盟諸国の軍勢を率いてアテナイの領土に侵攻した（トゥキュディデス『歴史』第一巻八〇—八五、第二巻一〇—一二）。以下のアルキダモスの言葉は、『クラッスス』二一-9、『王と将軍たちの名言集』一九〇a、『スパルタ人たちの名言集』二一九aでも紹介される。『デモステネス』一七-4では、弁論家ヘゲシッポスがこれを口にする。

も、ペロポンネソス戦争の開始にあたり、同盟諸国から貢納金の額を定めてもらいたいと求められたとき、
4 戦争の食い扶持に定まりなしと答えたと伝えられる。鍛えられた体躯を持つ格闘士は、試合の長引くにつれ、
技に巧みで身の軽い相手を重量で圧倒して打ち負かしてしまうものだが、それと同じようにアンティゴノス
も、豊富な戦力をつぎ込んでクレオメネスを疲労させ、傭兵への報酬支給と市民兵への食糧給付に窮してい
るスパルタ王に対し、優勢に立ち始めた[1]。
5 しかし一面において、時間の経過は、アンティゴノスの不在を許さないマケドニア本国の情勢から、むし
6 ろクレオメネスの味方だった。というのもアンティゴノスの留守中に、蛮族がマケドニアを駆けめぐり荒ら
し回っており、その頃になると山地の方からイリュリア人[2]の軍勢が大挙して侵入してきたため、その寇略に
7 耐えかねたマケドニア人が、王の帰国を求める伝令を送ったのである。その書簡がアンティゴノスのもとに
届けられたのは、あの決戦が始まるか始まらないかの瀬戸際だった。もし戦いの前に届けられていれば、ア
8 ンティゴノスはアカイア人に長い別れを告げ、ただちに帰国していたであろう。しかし天下の一大事をほん
のわずかの差から右にも左にも決めてしまう運命は、時というものの重みと力を存分に示し、セラシアの戦
いが終わってクレオメネスが軍勢と祖国を手離した直後に、アンティゴノスを呼び戻す伝令を到着させたの
9/10 である。クレオメネスの悲運にいっそうの痛ましさを加えたのは、何よりもこのことだった。もしあと二日
間だけ辛抱して、戦いの開始を先に延ばしていれば、戦いの必要もなかっただろうし、マケドニア軍が去っ
11 たあとで、望みどおりの条件でアカイア人と和約を結べたであろう[3]。しかし現実には、先に述べたように、
資金不足にせかされ、戦場の運にすべてを賭けて、ポリュビオスの伝えによれば、二万の兵力をもって三万

の兵力と対決せざるをえなかったのである。(4)

四九（二八）　戦いが始まると、クレオメネスは眼を見張るような将才を発揮し、市民兵もそれに剛勇で応え、傭兵もまた非の打ち所のない戦いぶりを見せたけれども、結局は敵の独特の武装と密集方陣の圧力に
2 よって押しつぶされてしまった。ただしピュラルコス(5)によれば、このときスパルタ陣中に裏切りがあり、これがクレオメネスの戦況を破滅に導いた最大の原因であったという。それによると、アンティゴノスはまず
3 イリュリア人とアカルナニア人の部隊に、敵の側面へひそかに回り込み、両翼のうちクレオメネスの弟エウクレイダス(6)の率いる方を取り囲めと指示しておいてから、それ以外の部隊を敵に正対させた。クレオメネスは見晴らし場から見渡したとき、イリュリアとアカルナニアの軍勢がどこにも見当たらないので、アンティ

---

(1) ポリュビオス『歴史』第二巻六三-一―二が伝える史家ピュラルコスの記述によれば、セラシアの戦いの一〇日前にプトレマイオス三世の使者がクレオメネスのもとに来て、クレオメネスへの資金援助の中止を伝え、アンティゴノスとの講和を勧告した。クレオメネスは資金不足に焦り、開戦を急いだという。四三-4参照。

(2) マケドニアの西方、アドリア海に至る地域に住む民族。しばしばマケドニアの背後を脅かしていた。

(3) ポリュビオス『歴史』第二巻七〇-二―三にも、わずかな日数の違いによる運命の大きな差についての感慨がある。

(4) ポリュビオス『歴史』第二巻六五-一―七は、アンティゴノスの兵力をアカイアやボイオティアなどの軍勢を含めて、歩兵二万八〇〇〇と騎兵一二〇〇、クレオメネスの兵力を二万と記す。決戦は、前二二二年の夏、セラシア近郊で行なわれた。

(5) 九-3参照。ポリュビオス『歴史』には以下の裏切りの話はない。

(6) 三二-5参照。『ピロポイメン』六には、エウクレイダスの部隊の動きに機敏に対応した若きピロポイメンの活躍が語られている。

4 ゴノスがその種の何らかの作戦のために彼らを使ったのではないかと不安を覚えた。そこで秘密任務[1]の隊長
5 ダモテレスを呼び出し、陣列の背後や周辺がどういう状況にあるかを見て回るように命じたのだが、このダモテレスというのが、伝えによると、あらかじめアンティゴノスに金銭で丸め込まれていた。ダモテレスは、その方面に異常はないから心配には及ばない、それよりも正面から攻めてくる敵に集中して、これを追い散らすべきだと進言したので、クレオメネスはその言葉を信用し、アンティゴノスに向かって足を踏み出した。そして麾下のスパルタ兵部隊の猛進によってマケドニア軍の方陣を押し返すと、そのまま力を緩めずに五ス
6 タディオン[2]ほど後退させ、勝勢を保ったまま敵を追い込んでいった。ところがそのとき、反対側の翼にいたエウクレイダスの部隊が敵に包囲されたのが目に入って立ち止まり、かなたの危機を見やって呻いた「逝くのか、いとしい弟、逝ってしまうのか。真の勇者、スパルタの少年たちの憧れを集め、女たちに歌われたお
7 まえが」。このあとエウクレイダスたちを討ち取った敵は、勢いに乗ってこちらに攻め寄せてきたが、味方の方はもはや隊列も崩れ、踏みとどまる気力もないありさまであったから、クレオメネスにできたのはわが
8 身を守ることだけだった。傭兵は多数が戦死し、スパルタ兵は六〇〇〇人いたうちで、生き残ったのは二〇〇人にすぎなかったと伝えられる。

五〇（二九）　クレオメネスは祖国に帰り着いたあと、出迎えた市民たちに、アンティゴノスを受け入れる
2 よう助言する一方、自身は、生きるにせよ死ぬにせよ、スパルタの国益になることを実行するつもりだと告げた。そして、いっしょに逃げ戻ってきた兵士に女たちが駆け寄り、武具を受け取り、飲み物を差し出して
3 いるのを見ながら、自分の屋敷に入った。妻の死後にメガロポリスで手に入れ、自由身分のまま側に置いて

いた愛妾が、いつものとおりに近寄ってきて、遠征から戻ってきた主人の世話をしようとしたが、クレオメネスは喉が渇いていたのに飲み物を断り、疲れていたのに腰を降ろすのを拒んで、鎧を着けたまま、横向けの腕を柱に押し当て、その上に顔をうずめた。そうしてしばらくの間、身を休めながら、心の中であらゆる
4 想念をめぐらせたあと、友人たちとギュティオン(3)に向けて急いで出発した。到着後、一行はそのために用意しておいた船数隻に乗り込み、沖に出た。

五一（三〇）　アンティゴノスはスパルタに姿を現わして市の明け渡しを受けると、市民に温情をもって接し、スパルタの尊厳を踏みにじったり辱しめたりすることなく、法と国制を旧に復帰させ(4)、神々への供犠を執り行なった。そして三日目に市から退去したのは、マケドニアが大規模な争乱にみまわれ、領土が蛮族の
2 寇掠にさらされているという知らせが入ったからである(5)。しかしこのときすでにアンティゴノスの体には病
3 が憑りついており、重い肺病に進行して激しい吐血を引き起こしていた。それでもなお戦いから逃げるのを拒み、国を襲った動乱に一歩も引かなかったアンティゴノスの奮闘は、蛮族の殲滅と輝かしい勝利の果てに

（1）秘密任務（クリュプテイア）とは、国有奴隷のうちの屈強で勇敢な者を、国家の命令によりひそかに殺害すること（『リュクルゴス』二八-3—7）。奴隷反乱の指導者になりうる者をあらかじめ抹殺するための制度である。
（2）約八五〇メートル。
（3）スパルタの約四〇キロメートル南方、ラコニア湾の奥にある港。
（4）三一—三二参照。アンティゴノスはクレオメネスが廃止していた監督官制度を復活させたが、土地再分配などの社会改革も反故にしたかどうかは分明でない。一方、新たな王は任命されず、ここにスパルタの王制は終焉を迎えた。
（5）四八-6参照。

訪れた名誉の死によって終わった[1]。ピュラルコスたちの記すところでは、戦場で号令を発したその瞬間に、
4 体内に破裂を生じたためというが、どうやらそれが本当らしい。ただし学園内の口伝では[2]、勝利のあとで感
きわまって「ああ、すばらしい日だ」と叫ぶと同時に、大量の血を吐き、高熱を発したあげくに絶命したと
もいう。アンティゴノスについては以上である。

エジプト亡命

五二（三二）　クレオメネスはキュテラ島を経由してアイギリア島へ向かい、そこでいったん船を停めた。
2 そしてそこからキュレネに渡るつもりでいたのだが[3]、そのとき友人のひとりで名をテリュキオン[4]といい、行
動が強引で、発言でも尊大で不遜なところのある男が、クレオメネスにふたりだけで会って語りかけた「陛
3 下、われわれは戦場での死という最善の死を逃してしまいました。もしスパルタ王がアンティゴノスの足元
に倒れ伏すときが来るなら、それはもはや命の絶えたとき、とわれわれが口にしていたのは誰もが知るとこ
4 ろ。しかし名誉と名声を守る次善の死は、まだわれわれの手の中にございます。いったいどこへ行こうとい
うのです。間近の禍を逃れながら、遠くまで新たな禍を追い求めて、いたずらな航海をなさるおつもりです
か。もしヘラクレスの後裔[5]がピリッポスとアレクサンドロス[6]の後継ぎに奴隷として仕えても恥ではないとい
うなら、アンティゴノスに身をゆだねて、長い船旅の労を省くのもよいでしょう。アンティゴノスは、マケ
5 ドニア人がエジプト人にまさる分だけ、プトレマイオスにまさるはずですから。だが戦いで苦杯をなめた相
手に隷属するのを拒むなら、われわれを打ち負かしたわけでもない相手を、なぜわれわれの主人として迎え

るのです。そんなことをすれば、アンティゴノスから逃げ、プトレマイオスにへつらい、そうしてわれわれ
6 の上に立つ者が、一人ではなく二人いると天下に知らせることになりましょう。母上のためにエジプトに来たのだと言ってやりましょうか[7]。なるほど、母上はプトレマイオスの妻妾たちに自慢のりっぱな息子を見せ
7 てやれることでしょう、王位を追われ、亡命と捕囚の身となったわが息子を。それよりも、われわれがなお己の剣を失わず、ラコニアの地の見えるところにいる間に、ここでわが身を運命の手から解き放ち、スパルタのためにセラシアで倒れた者たちに対してわれわれの義を果たそうではありませんか。それともエジプトに腰を落ち着けて、アンティゴノスはスパルタの総督に誰を置いていったかと尋ねるおつもりですか」。
8 テリュキオンがこのように詰め寄ってきたのに、クレオメネスは言い返した「卑怯者め、死ぬことなど、この世でもっともたやすい、誰にでもできることだ。そんなところへ逃げ込み、これまでの逃亡にもまして
9 恥ずべき逃亡の道を求めて、それでおまえは勇気ある男になれると思っているのか。これまでわれわれをし

(1)アンティゴノスは前二二一年に死に、マケドニア王位は先王デメトリオス二世の子ピリッポス五世が継いだ。
(2)プルタルコスが出入りしていた哲学者たちの学園（『ペリクレス』三五-2）。
(3)キュテラ島はラコニア湾の沖、アイギリア島はキュテラ島とクレタ島の間にある。キュレネは北アフリカ海岸近くにあって、ギリシアのほぼ真南に位置するギリシア人植民都市。
(4)二九-1参照。
(5)すなわちスパルタ王家（三四-3、三七-6）。
(6)マケドニア王家のピリッポス二世とその子アレクサンドロス大王。ただしこの王家はアレクサンドロス死後の混乱の中で絶え、その後のアンティゴノス王家と血統のつながりはない。
(7)四三-4—10参照。

のぐ勇者が敵に勝ちを譲ることもあったが、それは不運に足をすくわれたか、敵の軍勢の多さに抗しえな
かったとき。だが艱難や辛苦を厭ったり、世間の誹謗や中傷を避けたりする者は、己自身の弱さに負けてい
10 るのだ。みずから命を絶つという選択は、行動からの逃避ではなく、行動でなければならない。自分だけの
ために生きるのも、自分だけのために死ぬのも、恥ずべきこと。おまえは今の状況から解放されたいと願う
あまりに、その恥ずべき道におれたちを誘い込もうとしているが、そんな道の先には名誉もなければ利益も
11 ない。おまえもおれ自身も、まだ祖国救済の希望を捨てるべきではない、それがおれの考えだ。死は、もし
いつかその希望にわれわれの方が捨てられるときが来れば、いつでも願いのままにかなえられるだろう」(1)。
12 それに対してテリュキオンはひと言も返さず、クレオメネスの眼を離れた最初の機を捉えて、ひとり断崖
に歩み寄り、海に身を投げた。

五三（三二）　クレオメネスはアイギリア島を出てアフリカに船を着けると、そこから宮廷吏に案内されな
2 がらアレクサンドリアに到着した。そしてプトレマイオスに会ってはみたものの、初めのうちこの王から受
3 けたのは、通り一遍の礼儀以上のものではなかった。しかしやがて思うところを披瀝するうちに、プトレマ
イオスの眼にも、クレオメネスが深い思慮の持ち主であることが明らかになり、しかも日々の語らいのさい
には、ラコニア特有の質朴の中にも自由な精神の品格が垣間見え、生まれの貴さが不運によって辱められた
り捻じ曲げられたりしていなかったから、王に媚びて阿諛を並べる連中よりも信頼の置ける人物だと分かっ
4 てきた。そのためプトレマイオスは、このような人物を見限ってアンティゴノスの前に放り出し、そうして
マケドニア王に大きな栄誉と勢力を得させてしまったことを深く後悔し、己を恥じた(2)。そこでさまざまな名

誉と厚遇によってクレオメネスの心を取り戻そうとするうちに、船隊と資金を与えてギリシアへ送り返し、
5 王位に復帰させてやろうと口にして励ますまでになった。さらには給付金として毎年二四タラントンを授け
たが、クレオメネスはそこから自分と友人たちの質素で慎ましい生活の経費を差し引いたほかは、その大部
分をギリシアからエジプトへ亡命してきた者たちに施し与えた。

五四（三三）　しかしすでに老境にあったプトレマイオスは、クレオメネスの祖国復帰をかなえる前に、世
を去った。すると王国はたちまち放蕩と酩酊の底に落ち、女の天下に堕して、クレオメネスのことは忘れ去
2 られてしまった。[3] 新王自身が酒と女に骨の髄まで蝕まれた人物であり、酔いがもっとも浅くて正気にもっと
も近いときに、王宮内で太鼓を手に集会を開き、秘儀にふけるようなありさまであったから、国政の重要事

---

(1) 自殺をめぐる以上の議論には、果たすべきことを果たしたうえでの自殺という選択を肯定するストア派の影響が見られる。クレオメネスへのストア派の影響について、二三-26参照。

(2) プトレマイオスはアンティゴノスとの対決を避けて、クレオメネスへの資金援助を取りやめた。そのことがクレオメネスに、アンティゴノスとの決戦を急がせる原因になっていた。四八-4参照。

(3) プトレマイオス三世は前二二一年に死に、子のプトレマイオス四世・ピロパトルが王位を継いだ。新王の政治への無関心と無気力、そして放蕩ぶりは、ポリュビオス『歴史』第五巻三四にも記される。

は王の愛妾アガトクレイアとその母で女郎屋のオイナンテの取り仕切るところとなったのである(1)。
3 それでも襲位からまもない頃は、クレオメネスに頼ることもあったらしい。というのもプトレマイオスは、
弟のマガスが母のおかげで軍内に大きな力を持っていることに不安を感じ、ひそかに弟の殺害をもくろんで、
4 そのための謀議の仲間にクレオメネスを引き込んだのである(2)。しかし他の仲間がこぞって暗殺の実行を勧め
るなか、ひとりクレオメネスだけはそれに反対し、むしろ国の安全と安定のために、王の兄弟はできるだけ
5 多くいる方が良いのだと意見した。そして、廷友のうちの最大の実力者ソシビオスが、マガスの生きている
6 かぎり傭兵隊に全幅の信頼は置けないと言うと、クレオメネスは、その心配には及ばないと請け合った。な
ぜなら傭兵のうち三〇〇〇人以上がペロポンネソス人であり、彼らは私に従順で、私の頷きひとつで、勇ん
7 で武具を手に集まってくるだろうから、と。だがクレオメネスのこの言葉は、初めのうちこそ、彼の忠誠の
信頼性を増すとともに実力への評価を高めたものの、やがてプトレマイオスが気の弱さから臆病の深みに落
ち、分別を失った人にありがちな、すべてを恐れ誰をも信用しないのがいちばんの安全策と信じ込む弊には
まると、クレオメネスを、傭兵たちを意のままに動かす危険な存在と廷臣たちに印象付ける結果になった。
8 「ライオンが羊の群れの中をうろついている(3)」とは、当時、多くの人が口にする台詞であった。実際、音も
立てずに、探るような目付きで、周囲に睨みをきかせながら廷臣たちの間を歩き回るクレオメネスの姿は、
まさにそのような風格を放っていた。

五五（三四） そういうわけでクレオメネスは、船と軍隊の供与を受けることは断念せざるをえなかった。しかしアンティゴノスが死んで、アカイア人がアイトリア人と戦争を始めたこと、そしてペロポンネソスが

混乱と分裂に陥り、かの地の情勢がおのずとクレオメネスを請い求め呼び寄せていることを聞き知ると、[4]せめて友人たちとともに送り返してほしいと願い出た。だがそれに応えてくれる者はなく、王は聞く耳も持たないまま、ただ女と祭りと酒宴にふけるばかりであった。国務全般を取り仕切っていたのはソシビオスであったが、こちらはクレオメネスの申し出を前に思案に暮れていた。クレオメネスにこのまま不本意な当地滞在を続けさせれば、手に負えない危険の種を抱えることになるが、かといって胆力と行動力にすぐれ、し

(1) アガトクレイアはプトレマイオス四世の寵愛を受けた妾。兄弟のアガトクレスとともに宮廷内で権勢をふるい、「王をあやつって王国全体をひっくり返してしまった」と伝えられる。このふたりの母オイナンテを含めて母子三人の専横が続いたが、前二〇四年の王の死に続く混乱の中で、三人とも国民の手で惨殺される(ポリュビオス『歴史』第十四巻一一-五、第十五巻二五―三三)。

(2) プトレマイオス三世は妻ベレニケとの間に、後のプトレマイオス四世とマガスを含む少なくとも六人の子をもうけた。長子が王位を継いでプトレマイオス四世となったが、ベレニケはマガスを偏愛し、ベレニケ自身も軍内に大きな影響力を持っていた。このためプトレマイオス四世はみずからの権力を確実にしようと、廷臣ソシビオスと謀って母と弟の殺害を計画し実行した。

(3) ポリュビオス『歴史』第五巻三五-一三に、ソシビオスたちが「ライオンと羊をひとつの囲いの中に入れておくのは安全ではない」と考え、クレオメネスの滞在を不安視した、というくだりがある。ほかにもクレオメネスのエジプト滞在中の記述には、プルタルコスとポリュビオスの間に言葉遣いにいたるまでの相似があり、共通の史料の存在(おそらくピュラルコス。二六-3、四九-2、五一-3)が推定される。

(4) アカイア連邦がピリッポス五世のマケドニアと同盟し、アイトリア連邦と戦争を始めた。同盟戦争(前二二〇―二一七年)と呼ばれる。スパルタはアンティゴノスによる占領以来、マケドニアと友好関係にあったが、国内にはクレオメネスの改革を支持し、クレオメネスの復帰を望む勢力があった。

3 かも宮廷の重篤を目撃した人物を外に解き放てば、いっそう大きな危険を生み出してしまうと恐れたのであ
る。金品を与えても、クレオメネスをなだめる効果はなかった。アピス(1)というのは、なんら不足のない贅沢
な暮らしを送っているように見えても、思う存分に駆けたり跳ねたりといった本性にかなう生き方への渇望
を持っていて、祭司たちの手の中で日々を過ごすことに倦んでいるのが見て取れるものだが、それと同じよ
うにクレオメネスもまた、安穏な暮らしに満足できず、アキレウスさながらに

　その場に腰をすえたまま、己の心を腐らせながら、戦《いくさ》と喊声にあこがれていた(2)

のである。

五六（三五） クレオメネスがこのような状況にあったとき、メッセネ人のニカゴラスがアレクサンドリア
に姿を現わした。これはクレオメネスを恨んでいながら、友人のふりをしていた男で、というのもかつてク
レオメネスはこの男からある優良な地所を買い取っておきながら、手元に金がなかったという理由もあった
2 と私は思うが、どうやら戦争のことであわただしくしていたらしく、代金を払っていなかった(3)。ともかくこ
の男が商船から降りてきたのを、このときちょうど港の埠頭をそぞろ歩いていたクレオメネスが見つけ、う
3 れしそうに呼びかけたあと、何の用事でエジプトへ来たのかと問いかけた。ニカゴラスが愛想のよいあいさ
つを返して、王のために軍馬のりっぱなのを運んできたのだと答えると、クレオメネスは一笑して「それよ
りも琴弾き女と美少年を連れてくればよかったのに。この国の王がいちばんに飛びつくのは、それなんだか
4 ら」と返した。するとニカゴラスも笑みを浮かべ、そのときはそれで別れたのだが、数日後、クレオメネス

に地所の件を切り出して、今こそ代金を支払ってもらえないか、自分としてももし今回の取り引きで少しで
5 も儲けがあれば、こんなことであなたを煩わせはしないのだが、と頼み込んだ。しかしクレオメネスから、
支給された金は一銭も残っていない、と拒まれて腹を立て、先日の軽口をソシビオスと会ったさいに持ち出
6 した。ソシビオスはこれ幸いとばかりに聞いていたが、王を怒らせるためのもっと大きな種を手に入れよう
と、ニカゴラスに説いて、出立する前にクレオメネスを中傷する手紙を書いてはどうか、つまりクレオメネ
スは三段櫂船と兵士を受け取ったら、キュレネを占領する計画を立てていると書いてやればよい、と持ちか
7 けた。そこでニカゴラスは言われたとおりの手紙を書き置いて、エジプトを離れた。それから四日後、ソシ
ビオスはその手紙を、たったいま入手したというていでプトレマイオスのもとに持参し、この若い王の怒り
を誘ったものだから、王はクレオメネスをある大きな屋敷に移し、今までと同じ暮らしの糧を供しながらも、

（1）現カイロの近くに位置する古都メンピスで飼育され国家的崇拝を受けた牡牛。死ぬとミイラにされて、次代のアピスが選ばれる。

（2）ホメロス『イリアス』第一巻四九一―四九二。総大将アガメムノンとの諍いが原因で戦場から身を引きながらも、戦いへの想いを断ち切れず、ひとりで悶々とするアキレウスの描写。

（3）ポリュビオス『歴史』第五巻三七‐一―六は、ニカゴラスがクレオメネスに恨みを持っていた理由について、別の伝を記している。それによると、アギス暗殺後にメッセネに逃れてきたアルキダモスを、ニカゴラスは親切にもてなしたばかりか、クレオメネスから安全の保証を得てスパルタに帰国させてやった。ところがアルキダモスが帰国後に殺されたため、ニカゴラスはクレオメネスに信義を踏みにじられたと感じた。二六‐2―4参照。

外出は禁止すると言い渡した。

五七（三六）　さてこれだけでもクレオメネスにとって辛いことだったが、その後、それにもまして将来を
2 悲観させる事が起こった。きっかけはほんの偶然のできごとである。王の廷友のひとりにクリュセルモスの
子プトレマイオスという人がいて、クレオメネスとは日頃から真率な付き合いを続けており、それゆえふた
3 りの間には何でも話せる気安さがあった。あるとき、この人が求めに応えてクレオメネスのもとを訪ね、穏
4 やかに話を交わしながら、クレオメネスの不信の払拭と王の弁護を試みた。そして帰ろうとして屋敷を出る
とき、クレオメネスが門のところまで付いてきてすぐ後ろにいるのに気づかないまま、そこにいた監視兵た
5 ちに向かって、獰猛で巨大な獣を監視するのに用心が足りない、気を抜くな、と厳しく注意した。これが耳
6 に入り、クレオメネスはその発言の主に感づかれないように退いたあと、友人たちにこれを告げた(1)。ここに
おいて一同は、それまでなお持っていた望みを捨て去り、怒りに震えながら、プトレマイオス王の不義と侮
辱に報復を果たしてから、スパルタの名にふさわしい死を遂げるべきだ、犠牲獣のように肥やされて首を刎
7 ねられるのを待っていてはならない、と覚悟を決めた。休みなく戦いをしかけてきたアンティゴノスとの講
和に目もくれなかったクレオメネスが、もしあの母神の坊主(2)さながらの王が太鼓を降ろして祭り騒ぎをひと
休みし、クレオメネス殺害に手を下す暇ができるまで、腰を落ち着けて待っているとすれば、これはなんと
も奇妙なことだ、と憤慨したのである。

五八（三七）　このようにクレオメネスたちが決意を固めていたところへ、ちょうどプトレマイオスのカノボス[3]行幸の日が巡ってきた。そこで彼らはまず、王からクレオメネスの監視解除の指示が出たという虚報を
2 流し、続いて、拘禁を解かれる者には食事と下賜品が授けられるという宮廷の仕来たりに合わせて、友人たちがクレオメネスのためにその種の品物をふんだんに用意して屋敷に送り付け、そうして監視兵たちを欺い
3 て、それらが王から送られてきたものだと思い込ませようとした。そのためにクレオメネス自身も供犠を執り行ない、監視兵に品々を気前よく分け与えたほか、冠を着けて寝椅子に横たわり、友人たちと祝宴を始め
4 た。その後、伝えによると、予定よりも早く行動を起こすことになったのだが、これは計略に加わっていた
5 下僕のひとりが、屋敷外で恋人と床をともにしたことが分かったからである。それで謀議の発覚を恐れたクレオメネスは、真昼になっても監視兵たちが酔いつぶれて眠っているのを確かめると、上着を身にまとってからその右肩の継ぎ目をほどき、抜き身の短剣を手にして、同様のいでたちの友人、その数一三名とともに

（1）ポリュビオス『歴史』には、ニカゴラスに書かせた手紙の策略とそれに続くクレオメネス軟禁の記述はあるが、クリュセルモスの子プトレマイオスの訪問の一件については言及がない。

（2）小アジア起源の地母神キュベレの祭礼には、にぎやかなで陽気な宴が開かれた。プトレマイオス王がこの祭りに熱心であったことについて、五四-2、五五-2参照。この女神を取り巻く「乞食坊主」については、『ピュティアは今日では詩のかたちで神託を降ろさないことについて』四〇七c参照。

（3）アレクサンドリアの二〇キロメートルほど東、ナイル河口付近の都市。以下のクレオメネスたちの決起について、ポリュビオス『歴史』第五巻三九がほぼ同じ内容を記す。

外に跳び出した。
6 そのなかにヒッピタスという跛行の男がいて、これが最初は他の者といっしょに気負い込んで跳び出した
ものの、足取りが自分のせいで遅くなっているのに気づき、自分を殺してくれ、役立たずの仲間を待って、
7 そのために計画を仕損じてはならないと訴えた。ところがちょうどそのとき、ひとりのアレクサンドリア市
民が馬を曳いて門の前を通り過ぎたので、仲間たちはその馬を奪い取り、それにヒッピタスを跨らせると、
8 街路を足早に駆け抜けながら、住民たちに自由への決起を呼びかけていった。しかし住民たちの気勢はとい
うと、見たところ、クレオメネスの大胆不敵な行動に驚いて励ましの声を上げるのがせいぜいで、後に付い
9 て加勢するほどの勇気のある者はひとりもいなかった。それでも、クリュセルモスの子プトレマイオスが宮
廷から出てくるところを、仲間のうち三人がすぐさま襲いかかって殺害した。また都の警護を指揮していた
同名のプトレマイオスが馬車で駆けつけてくると、すばやくそれに立ち向かい、侍従と衛兵を追い散らす一
10 方、プトレマイオスを馬車から引きずり降ろして殺した。さらにそこから城砦に向けて突き進んだのは、そ
11 この監獄を破って囚人の群れを徒党に加えようという狙いだった。しかし番兵たちがいちはやく防備を固め
たため、クレオメネスはこの企てをあきらめ、その後は市中をただ動き回り、さまようばかりとなった。そ
の間、彼のもとに駆け寄ってくる者はひとりもなく、それどころか誰もが怯えて逃げ回るありさまだった。
12 ここにいたってクレオメネスはついに足を止め、友人たちに向かって「なるほど男が自由から逃げ回るよ
うな国なら、女が権力を握るのも不思議ではない[1]」と吐き捨てたあと、全員がクレオメネスとその偉業にふ
13 さわしい死を遂げてほしいと呼びかけた。そこでまずヒッピタスが真っ先に、若者のひとりに頼んで剣で突

いてもらうと、それに続いて他の者たちも、臆するようすもなく安らかな面持ちで、みずからの身に刃を突
14 き立てた。そしてひとり残ったのが、かつてメガロポリス攻略の先陣を切ったパンテウスであった(2)。たぐい
まれな青春の美しさを持つばかりか、鍛錬(3)では同年代の誰にも負けない資質を見せ、王の寵愛を受けていた
この青年は、クレオメネスから、自分や他の仲間が息絶えたのを見届けてから、最後に死ぬように命じられ
15 たのである。そこで全員が倒れたあと、パンテウスはひとりひとりに近付いて短剣でつつき、息の残ってい
16 る者がいないかどうか確かめていった。それから最後にクレオメネスの踝を突くと、顔が引きつるのが見え
たので、その顔に接吻し、それからそのかたわらに腰を降ろした。そしてクレオメネスが事切れたところで、
その遺体を抱き、みずからの身を剣でひと突きした。

五九（三八） これが一六年間(4)スパルタの王位にあり、以上のような生涯を送ってきたクレオメネスの最期
2 である。事件の噂が市中に広まると、クラテシクレイア(5)は、気丈な女ではあったが、不幸の大きさに心も折
3 れ、クレオメネスの子供たちを両手に抱きかかえて泣き崩れた。ふたりの子供たちのうち年上の方は、周囲
の人々の不意を突いて駆け出し、屋根から真っ逆さまに飛び降りた。そしてひどい傷を負ったものの命は取

（1）五四-2参照。
（2）四四-5—6参照。
（3）三二-3、三九-4参照。
（4）クレオメネスは前二六〇年頃に生まれ、前二三五年に王位に就き（二四-1）、前二二二年に亡命して、前二一九年に死んだ。「一六年間」は亡命期間を含む年数である。
（5）四三-4—10参照。

り止め、助け起こされたとき、死ぬのをじゃまされたと泣きわめいた。
4 プトレマイオスは事件の報告を受けると、クレオメネスの遺体を革袋にくるんで吊るせ、子供たちと母親
5 は付き添いの女たちともども処刑せよ、と命じた。この付き添いの中にはパンテウスの妻もいて、姿形に非
凡な美しさと気品を備えた女であった。まだ結婚したばかりで愛情の盛りにあったときに、この悲運が襲っ
6 たのである。パンテウスがエジプトに向かったとき、妻も迷わずいっしょに船出しようとしたのを、両親は
許さず、無理やりに閉じ込めて見張りを付けておいたのだが、まもなくして一頭の馬とわずかばかりの金を
自分で用意すると、夜の間に抜け出してしまった。そして夫を追って一目散にタイナロンまで駆けると、そ
7 こからエジプト行きの船に乗ったのである。海を渡って夫と再会してからは、異国暮らしを苦にすることも
なく、夫婦いっしょの楽しい日々であった。
8 　その女が今、兵士たちに連れ出されるクラテシクレイアの手を引きながら、衣の裾を持ち上げつつ、気を
確かにと励ましていた。クラテシクレイアは死を恐れる気持ちなど微塵もないのだが、ただひとつ、子供た
9 ちよりも先に逝かせてほしいと、それだけを乞い願っていた。しかし獄吏たちは、仕事を果たすいつもの場
所にやって来ると、クラテシクレイアの眼の前で子供たちを先に刃にかけ――この残酷な場面で彼女が発し
10 たのは「子供たち、どこへ行ったの」というひと言であった――、続いてクラテシクレイアを処刑した。パ
ンテウスの妻は、大柄で頑丈な体にまとった衣を腰高に締め、死にゆく女たちのひとりひとりの身を、黙し
11 たまま落ち着いたようすで整え、手近にあった布で覆ってやった。そしてすべての女の世話が終わったあと、
最後に自分の身じまいをして衣を元通りに降ろすと、処刑役の男以外の誰にも自分に近寄ることも触れるこ

とも許さず、死後に身を整えてもらったり布を掛けてもらったりする必要のないようにしておいてから、
12 堂々たる死を遂げた。こうして最期に臨んでも、たしなみの心を持ち続け、生きていたときと変わらず身の
保全に怠りなかったのである。

六〇（三九）　このようにスパルタは、終末を迎えたとき、女もまた男と競って負けないほどの見せ場を演
2 じ、それによって、運命といえども徳を屈服させることはできないのだと証明した。[1] 数日後、吊り下げられ
たクレオメネスの遺体を見張っていた刑吏たちは、一匹の大蛇が遺体の頭に巻き付き、猛禽を寄せ付けない
3 ように顔を覆い隠しているのを見つけた。これを伝え聞いた王は得体の知れぬ恐怖に襲われ、女たちもこれ
4 を機に、神に愛された生まれ貴い人物の殺害だというので、祓いの儀式を執り行ない、アレクサンドリアの
人々は遺体のあったその場所をしきりに訪れては、クレオメネスを半神とか神々の子とか呼ぶようになった。
5 それがようやく収まったのは知者たちの説明があったときで、その説明というのは、牛が死んで腐ると蜜蜂
が生じ、馬が腐ると雀蜂が生じ、驢馬が腐乱するとそこからスカラベが生まれ出る、それと同じように人の
6 体でも、骨髄をめぐる液の流れが集まって凝り固まると、そこから蛇が現われ出る、というものである。[2] こ

（1）その人自身が持つ徳（アレテ）の力と本人の関与しない運または運命（テュケ）の力の関係は、プルタルコスが関心を持つ主題のひとつである。『ソロンとプブリコラの比較』三-5、『ポキオン』一-4—6、『ディオン』一-3でも取り上げられる。

（2）この説明は、ウェルギリウス『農耕詩』第四歌二八四—二八五、五五四—五五八、オウィディウス『変身物語』第十五巻三六四—三六八、三八九—三九〇、プリニウス『博物誌』第十巻一八八、アイリアノス『動物奇譚集』第一巻二八、五一、第二巻五七にも見える。

の現象を目撃したからこそ、昔の人は生き物の中でもとくに蛇を、半神と結び付けて考えたのである(1)。

グラックス兄弟

兄弟の出自と比較

一　さて以上で前半の伝記を語り終えたから、続いてそれに劣らぬ悲運に見舞われたふたりのローマ人、
2 すなわちティベリウスとガイウス(2)の生涯をそのかたわらに並べ、見比べてみるとしよう。このふたりの父はティベリウス・グラックスといい、ローマの監察官を務めたほか、二度の執政官就任、二度の凱旋式挙行と
3 いう経歴の持ち主だが、むしろそれを上回る徳の高さによって誉れを得た人であった。だからこそ、ハンニバルを打ち破ったあのスキピオの没後、スキピオとは親しいどころか仲違いしていたにもかかわらず、その

---

(1) 例えば半神(ヘロス)アスクレピオスは、しばしば蛇と関連付けられた。プルタルコスは本篇のこの結びを、次の『グラックス兄弟』一-4-5の蛇の言い伝えにつなげることを意識していたかもしれない。

(2) グラックス兄弟の兄がティベリウス・センプロニウス・グラックス(前一六三頃―一三三年)、弟がガイウス・センプロニウス・グラックス(前一五四頃―一二一年)。

4 娘コルネリアの夫となるにふさわしい人物と認められたのである。[1] こんな話が伝えられている。[2] あるときティベリウスが寝台の上で蛇の番いを捕まえるという奇事があり、そのとき予言者たちはそれを判じて、蛇を両方とも殺したり逃がしたりせず、どちらか一方を選んで殺さねばならない、そしてもし雄の方を殺せば
5 ティベリウスに、雌の方を殺せばコルネリアに死がふりかかるであろう、と告げた。するとティベリウスは妻を愛していたし、妻はまだ若くて自分よりも年下なのだから、自分が命を終えるのが当然だと考え、雄を殺し、雌を逃がしてやった。その後まもなくしてティベリウスは死に、後にはコルネリアとの間に生まれた一二人の子が遺されたという。

6 コルネリアは子たちと家産を一手に引き受けると、子への慈愛と賢慮と気概を存分に示し、妻を生かして
7 みずからの死を選んだティベリウスの判断が間違っていなかったことを証明した。プトレマイオス王[3]から求婚され、王冠をともにしたいという申し出を受けたときも、それを拒絶して寡婦の身を通し、多くの子に先立たれながらも三人の子を成人させた。そうして生き残ったうちに娘がひとりいたので、それを小スキピオに嫁がせ、[4] あとの息子ふたり、すなわち本篇で取り上げるティベリウスとガイウスを、名誉心の強い人間に育てるべく心を砕いた。おかげでこのふたりは、誰もが認めるローマ随一の素質に恵まれながら、徳にかんしては素質よりもむしろ教育によるところが大きいと評されるようになったのである。

二　彫刻や絵画に表わされたディオスクロイ[5]は、相似でありながらも、その身なりに拳闘士と競走者といった何ほどかの違いがあるものだが、グラックス家のふたりの青年の場合も、勇気と自制心に富み、さらに寛大で雄弁で気宇の大きい点は似ているけれども、政治の場での行動や性情に目を向けると、そこには著

2

しい相違が見て取れる。だからまずそれらの相違を書き記すことから、ふたりの伝記を始めよう。

初めに顔貌や目付きや物腰が、ティベリウスは穏やかで落ち着きがあり、ガイウスは激しくて力強いという違いに応じて、演説のさいにティベリウスが一箇所に留まって端正な姿を保ったのと対照的に、ガイウスは演壇上を歩き回り、発言中に市民服を腕からまくり上げる最初のローマ人となった。これはアテナイ人クレオンが、伝えによれば、衣をまくり上げ、腿をたたいて演説した最初の扇動政治家であったのになぞらえ

(1)兄弟の父ティベリウス・センプロニウス・グラックス(前二二〇頃—一五三年頃)は前一七七年と前一六三年に執政官、前一六九年に監察官に就任し、前一七八年にはヒスパニアのケルトイベリア遠征、前一七五年にはサルディニア遠征の功により凱旋式を挙げた。第二次ポエニ戦争の勝利の立役者プブリウス・コルネリウス・スキピオ・アフリカヌス(大スキピオ)の次女コルネリアと結婚した。

(2)キケロ『占いについて』第一巻三六、第二巻六二によれば、以下の話はガイウスの書簡中に記されていたという。ウァレリウス・マクシムス『著名言行集』第四巻六-一、プリニウス『博物誌』第七巻一二二参照。

(3)プトレマイオス六世・ピロメトルまたはその弟のプトレマイオス八世・エウエルゲテス二世であろう。兄弟は前一七〇年から前一六四年までエジプトの共同王位に就いたあと、王位をめぐる権力争いを続けたから、いずれにしてもコルネリアとの婚姻によりローマの後ろ盾を得ようと図ったのであろう。

(4)娘センプロニアは、大スキピオの息子の養子プブリウス・コルネリウス・スキピオ・アエミリアヌス・アフリカヌス(小スキピオ)と結婚した。

(5)最高神ゼウス(ユッピテル)の双子の息子、カストルとポルクス。ローマの中央広場にはこの双子の神殿があった。

3 てよかろう。(1) 次に話しぶりはというと、ガイウスが聞く者を震撼させ、熱が入って大袈裟なくらいであるの
に比べて、ティベリウスはもっと耳にこころよく、むしろ憐れみを引き出そうとするようであった。言葉遣
いにかんしては、ティベリウスのが丹念な彫琢を経た無駄のない文体であるのに対し、ガイウスのは聴衆を
説き伏せようとする華麗な文体であった。
4 　同様の違いが食事などの暮らしぶりにも現われていて、ティベリウスが質素と倹約を重んじたのに対し、
ガイウスは、世間の人に比べれば慎ましく節度があったものの、手間をかけ新奇を好むところに兄との違い
があった。ドルススたちから、(2) 一リブラ当たり一二五〇ドラクマも払って銀製の海豚の置物を買った、と
5 いって非難されたのも弟の方である。(3) 人柄も、演説の違いに応じて、ティベリウスが穏和で落ち着いている
のに対し、ガイウスは奔放で熱しやすい性質だった。そのためガイウスは演説中、怒りを抑えきれず、知ら
6 ず知らずのうちに声が鋭くなって罵言を飛ばし、論理を踏み外してしまうことがしばしばあった。そこでそ
のような乱調を防ぐための手立てとして、リキニウスという利口な従僕に歌の調子を正すのに用いる楽器を
持たせ、演説のあいだ背後に立たせて、主人の声が怒りのために熱を帯びて甲高くなってきたと気づいたな
ら、その楽器を使って柔らかい音を出せと指示しておいた。その音が聞こえてくると、ガイウスはたちまち
感情も声調も穏やかになって刺々しさが消え、自分を取り戻したのである。(4)
　三　以上が兄弟の違いであるが、その一方で、敵に立ち向かう勇気、目下の者への公正、政務に対する熱
2 意、快楽に負けない自制心、それらは両者が等しく具える特質であった。ただし年齢はティベリウスが九歳
上であり、この年の差が両者の政治活動の時期に開きを生み、ひいてはその努力を御破算にする最大の因と

なった。つまり兄弟は異なる時期に働き盛りを迎えたために、ふたりの力をひとつに合わせられなかったの
3 であり、もし両方が重なっていれば生み出せたはずの無敵の威力を生み出せなかったのである。そういうわけで、ここからは兄弟をひとりずつ取り上げねばならない。まず年長者から始めよう。

ティベリウス・グラックスの青年期

四　ティベリウスは少年期を過ぎてまもない頃、早くも逸材として世に聞こえていたから、家柄よりもむ
2 しろ自身の人格によって、いわゆる卜鳥官祭司団(5)の一員たるにふさわしい人物と認められた。そのことを証し立てたのがアッピウス・クラウディウス、すなわち執政官と監察官を歴任したほか、ローマ元老院の首席

(1) クレオンはペロポンネソス戦争期に力をふるった好戦派の政治家。『ニキアス』八-6、アリストテレス『アテナイ人の国制』二八-三参照。

(2) ガイウス・グラックスに敵対した同僚護民官マルクス・リウィウス・ドルスス（二九-5）。

(3) プリニウス『博物誌』第三十三巻五三にも、売価五〇〇〇セステルティウスとして紹介される逸話。ギリシアのドラクマはローマのデナリウスと等価に換算され、四セステルティウスが一デナリウスに等しい。一リブラは約三二七グラム。

(4)『怒りを抑えることについて』四五六a、キケロ『弁論家について』第三巻二二五によれば、ガイウスは従僕に笛を吹かせて声の調子を誘導させたという。

(5) 卜鳥官（augur）は鳥の行動から神の意向をうかがうことを務めとし、当時は九名で祭司団を構成していた。

議員の名誉を与えられ、同時代の市民のうちで最大の威信を誇っていた人である。[1] アッピウスは、祭司たち
が集まって宴をしていたおり、ティベリウスと話すうちにこの若者がたいへん気に入り、娘の婿になっても
3 らえないかと切り出した。ティベリウスがこの縁談を喜んで受け入れ、その場で合意が成立したので、アッ
ピウスは自宅に戻るやいなや、玄関から大きな声を出して妻を呼び、「アンティスティア、うちのクラウ
ディアの結婚を決めてきたぞ」と叫んだ。すると妻は驚いてこう返した「何をそんなにあわてて。なぜそん
4 なに急ぐのです。ティベリウス・グラックスを婿に取ったとでもいうのならともかく」。この話をグラック
ス兄弟の父ティベリウスと［大］スキピオ・アフリカヌスに帰する伝承もあることは、私も知っているけれ
ども、多くの史家はここに記したように伝えている。ポリュビオスも、スキピオ・アフリカヌスの死後、親
族が多くの人物のうちから［父］ティベリウスを選んで、コルネリアを嫁がせたと書いており、コルネリア
が父からは婚姻の約定をしてもらえないまま遺されたと伝えている。[2]

5 さて息子の方のティベリウスは、姉の夫にあたる小スキピオに従ってアフリカに遠征していたおり、[3] 司令
官と同じ幕舎で起居をともにしているうちに、たちまちこの司令官の人となりを習い取ってしまった。スキ
ピオは、みずからの行動によってこの若者を感化し、徳性への憧れとそれに倣おうとする気持ちを起こさせ
6 たので、ティベリウスは規律と勇気においてたちまち同輩の先頭に立った。敵の城壁上に一番乗りを果たし
たこともあり、そのことはこのときティベリウスと登攀をともにし、武勲を分け合ったファンニウスが[4] 記し
ている。陣営内にいたときはおおいに慕われ、去るときにはおおいに惜しまれたのが、この遠征でのティベ
リウスであった。

五　この遠征後に財務官に選出されると、今度は執政官ガイウス・マンキヌスの部下としてヌマンティア攻略の任務を割り当てられたが、(5) このマンキヌスが無能というわけではないのだが、運の悪さでローマ随一
2 の将軍だった。しかし思いがけない運命や不利な状況に追い込まれたとき、ティベリウスの知恵と勇気はむしろいっそうの輝きをもって現われ、しかも驚くべきことに、数々の失敗のためにもはや自分が大将である
3 かどうかも分からなくなっていた執政官に対して、礼節と敬意を欠くことはいっさいなかった。マンキヌスが戦いで大敗を喫し、夜の間に陣地を引き払って退却を始めたとき、ヌマンティア軍はその動きに気づき、

(1) アッピウス・クラウディウス・プルケルは前一四三年に執政官、前一三六年に監察官に就任した。元老院の首席議員とは、通例、監察官経験者の中でもっとも先輩格に当たる人物に与えられる名誉であり、議論のさいにはいちばん先に意見を述べる。

(2) ポリュビオス『歴史』第三十一巻二七―一―一七に、大スキピオの死後にふたりの娘の結婚持参金の問題が起こったこと、娘のひとりの夫がティベリウスであったことが記されている。結婚そのものについては散逸部分に語られていたのかもしれない。

(3) 一―7参照。スキピオ・アエミリアヌスは前一四七年に執政官としてアフリカに出征し、翌年にカルタゴを滅ぼして、第三次ポエニ戦争を終結させた。

(4) 同時代の歴史を書いたガイウス・ファンニウス。

(5) 前一三七年に財務官に選ばれ、執政官ガイウス・ホスティリウス・マンキヌスの下でヌマンティア制圧に出発した。ヌマンティアはイベリア半島北東部、ドゥエロ川の上流に位置するケルトイベリア人の都市。ヒスパニアでは、前一九七年のふたつの属州の設置、そして前一九五年のカトーの遠征（『大カトー』一〇）のあともローマ支配への抵抗が続き、ヌマンティアがその中心になっていた。

すばやく陣地を占領したばかりか、逃げるローマ兵に襲いかかって、最後尾の兵士を次々に倒し始めた。そ
してローマ軍全体を取り囲んだまま、抜け道のない難所に追い詰めたため、とうとうマンキヌスは戦いなが
4 ら逃げのびる途をあきらめ、休戦協定を結ぶために使者を敵陣へ送り出すことを決意した。それを伝えられ
たヌマンティア軍の返答は、自分たちはティベリウス以外には誰も信用しない、使者にはティベリウスを寄
5 越してもらいたい、というものだった。ヌマンティア人がそのような思いを抱くにいたった理由は、敵陣内
にまで評判が届いていたこの若者自身の人格だけでなく、父ティベリウスの記憶によるところも大きかった。

というのもこの人はかつてヒスパニア遠征に来て、多くの住民を制圧したあとは、ヌマンティアと講和条約
6 を結んだばかりか、ローマ人が条約を公正かつ厳格に守るよう常に注意を怠らなかったのである。[1] そういう
わけでティベリウスが使者となってヌマンティア人と話し合い、説き伏せたり譲ったりした結果、休戦成立
にこぎつけ、従者と従軍非戦闘員を別にしても、二万人に及ぶローマ市民兵を救い出すことに成功した。

六　ただしローマ軍陣地内に置き去りにされた財貨は、戦利品としてすべてヌマンティア人の所有に帰し
た。ところがその中に、ティベリウスの財務官としての仕事を文字にして記録した書板が混じっていたため、
ティベリウスはそれを何としても取り戻したいと気を揉むあまり、軍勢がすでに帰路に就いていたにもかか
2 わらず、従者三、四人をともなってヌマンティアに引き返した。そしてヌマンティアの政官たちを呼び出す
と、書板を返してほしい、あれがないと任期中の職務について弁明できないから、政敵に中傷の材料を与え
3 てしまうのだ、と頼み込んだ。するとヌマンティア人はティベリウスに貸しを作る機会が訪れたことを喜び、
市内に招き入れようとした。ティベリウスが立ち止まったまま思案していると、政官たちは近寄ってきて

ティベリウスの手を取り、今後は自分たちを敵と思わず、友として扱い、信頼してほしい、と熱心に語りか
4 けた。ティベリウスは書板をあきらめきれず、またヌマンティア人を信頼していないと思われて反感を招く
5 のを怖れもしたので、結局、相手の言うとおりにしようと腹を決めた。市内に入ったティベリウスを、ヌマ
ンティア人はまず食卓に招き、執拗な懇請のあげくに座らせて食事をともにさせたあと、ようやく書板を引
き渡して、それ以外にも戦利品の中から何でも望みのものを持って帰るように勧めた。そこでティベリウス
6 は、公式の供犠のさいに使用する香料だけを受け取り、市民たちと心のこもった別れのあいさつを交わした
あとヌマンティアを出た。

七　ティベリウスがローマに帰ってきたとき、ヒスパニアでの一連の交渉をローマの名を辱める裏切り行
為として非難し、責任を問う声が上がった。しかし一方で、民衆の中に数多くいる兵士の親族や友人たちは
ティベリウスの味方に立ち、このたびの不名誉なできごとはいずれも司令官のせいであり、ティベリウスは
2 むしろ多数の市民を救った功労者である、と弁護した。それでも今回の行動に不満の収まらない者たちは、
父祖の先例を持ち出し、それに倣うべきだと主張した。その先例とは、かつてサムニウム人に解放してもら
うことを甘受した将軍たちを下着姿で敵前に放り出し、さらに財務官や軍団将官など、休戦の誓約に加わっ
てそこに名を連ねた者たちも同じように放逐して、そうしてこの者たちに後の誓約破りと協定侵犯の責任を

（1）父ティベリウス・グラックスは前一八〇年に法務官として内ヒスパニア属州総督に赴任し、翌年にかけて戦闘と協定によりケルトイベリア人の鎮撫に功を上げた。

3 負わせたというものである。[1] しかしまさにこの窮地において、ティベリウスに寄せる民衆の好意と支持は
4 もっとも明白に現われた。民衆は、執政官を縛り上げたうえ、下着姿でヌマンティア人に引き渡すことを決
議する一方、それ以外の将校については、ティベリウスに免じて全員を赦してやったのである。[2]
5 その決定には、当時ローマで最大の実力者であったスキピオ[3]も力を貸したらしいのだが、それにもかかわ
らずスキピオは、マンキヌスを救ってやらなかったこと、また親族であり友人でもあるティベリウスがヌマ
ンティア人と結んだ休戦条約の批准のために尽力しなかったこと、それらを理由としてティベリウスの恨み
6 を買うはめになった。この両者の反目は、ティベリウスの名誉欲のほか、ティベリウスをおだてる友人や学
者連中によるところが大きかったようだが、それでもけっして取り返しのつかない喧嘩沙汰にまでいたるこ
7 とはなかった。だから、もしスキピオ・アフリカヌスがあの政争のときローマにいたなら、ティベリウスは
あのような悲運に落ちることはなかっただろうと思う。しかし実際には、スキピオがすでにヌマンティア近
辺にあって戦争を始めていたときに、ティベリウスは例の法の制定に取りかかったのである。[4] その立法の所
以をまず語ろう。

農地改革法

八　そもそもローマ人は、戦争で周辺住民の領土を削り取ると、その一部を売りに出す一方、残りを公有
2 地として土地を持たない貧しい市民に分け与え、小額の地代を国庫に納めさせていた。ところが富裕者がこ
の地代を釣り上げて、貧民を追い出すようになったため、五〇〇ユゲルム以上の土地の占有を禁じる法が制

3 定された。(5) この法のおかげで、しばらくの間は富者の強欲に歯止めがかかり、貧民も初めに割り当てられた
4 土地に留まったまま、既定の借地代で農業を続けられたので、おおいに助けられた。ところがその後、富者
が架空の名義人を使って近隣の土地の借用権を自分の手元に移し変えるようになり、ついにはもはや堂々と
その大部分の土地を自分の名で所有してしまった。このため土地から追い出された貧民は、すすんで軍役に
応じる意欲を失ったばかりか、子供の養育までおろそかにするようになった。その結果、イタリア全土でた

（1）前三二一年、執政官ティトゥス・ウェトゥリウス・カルウィヌスとスプリウス・ポストゥミウスの率いるローマ軍は、イタリア半島中部のサムニウム地方のカウディウムの隘路に閉じ込められ、敵のサムニウム軍との休戦協定により、武器を手放して敵の槍の下を潜るという屈辱を甘受して、脱出を許された。帰国後、元老院は協定を承認せず、執政官らをサムニウム人に引き渡すことを決定した。しかしサムニウム人はこの引き渡しを不当と見なして受け取りを拒み、休戦協定は破棄された（リウィウス『ローマ建国以来の歴史』第九巻一―一二）。

（2）このあとサムニウム戦争のときと同様に、ヌマンティア人はマンキヌスの受け取りを拒み、マンキヌスはローマに復帰して、ローマとヌマンティアの戦争は再開される。

（3）スキピオ・アエミリアヌス（一-7、四-5）。

（4）スキピオは前一三四年に二度目の執政官に就任してケルトイベリア戦争に出征し、ヌマンティアを包囲して兵糧攻めにした。ヌマンティアは八ヵ月にわたって包囲に耐えたが、前一三三年夏に降伏し、市街は破壊し尽くされた。スキピオが帰国したのは前一三二年のことである。スキピオの軍隊の中にガイウス・グラックスもいた（一三-1）。

（5）富裕な貴族が公有地を占取して小作農民に貸与し、しかもその面積をしだいに拡大して、広大な農地を事実上所有するようになっていた。そこで前三六七年、ひとりが占有できる面積の上限を五〇〇ユゲルム（約一二六ヘクタール）に制限するリキニウス・セクスティウス法が制定された。

ちまち自由市民の欠乏があらわになり、代わって富者は、市民を追い出したあとの農地で働かせるために異
5 民族の奴隷を連れてきたので、イタリア中に奴隷があふれ返るありさまであった。そこでスキピオの友人ガ
イウス・ラエリウス[1]が改革に乗り出したものの、資産家層の反対に直面し、混乱を恐れて取りやめたため、
サピエンスという綽名を頂戴することになった。これは賢明な人と慎重な人、その両方の意味を表わす言葉
である。
6 ティベリウスは護民官に指名されると[2]、さっそくこの問題に取りかかった。それには弁論家ディオパネス
と哲学者ブロッシウスによる教唆があったと大多数の著作家は伝えるが、このディオパネスというのはミュ
ティレネからの亡命者[3]、ブロッシウスは地元イタリアのクマエに生まれ、ローマに来てからタルソス出身の
アンティパトロス[4]と親交を結んで、アンティパトロスから哲学書の献辞を受けるという栄誉に浴した人であ
7 る。しかし史家の中には、母コルネリアにも責めがあると記す者もいて、それによるとコルネリアは、ロー
マ人は自分のことをなおスキピオの姑[5]と呼ぶばかりで、グラックス兄弟の母と呼ぶことはいまだにない、と
8 言って息子たちをたびたび叱咤していたという。ほかにもスプリウス・ポストゥミウス[6]という人が原因だと
いう説もある。この人はティベリウスと同年輩で、しかも法廷弁論では好敵手として名声を競い合っていた
のだが、ティベリウスが遠征を終えて帰国してみると、スプリウスが声望と権勢ではるかに先を行き、賛嘆
の的になっていた。そこでティベリウスはこの相手を凌駕したいと念じ、大向こうを唸らせるような大胆な
9 改革に手を出したのだという。しかしまた弟のガイウスがある書に記すところによれば、ティベリウスはヌ
マンティアに向かうべくエトルリアを通過中、その地が荒れ果て、しかもそこで農耕や牧畜に従事している

10

のが、外国から連れてこられた異民族の奴隷であるのを目の当たりにしたとき、そのとき初めてティベリウスの心中に、兄弟にとって千万の禍の元となるあの改革が浮かんだのだという。とはいえティベリウスの逸り気と名誉欲に火をつける主役をになったのは、ほかならぬ民衆自身であり、柱廊や外壁や記念碑に落とし書きしてティベリウスに呼びかけ、貧民のために公有地を取り返せと焚きつけたのである。(7)

九 ただしティベリウスはあの法案を自分ひとりで作ったのではなく、徳と名声で一流の市民数人を相談

(1)スキピオ・アエミリアヌスの親友で、第三次ポエニ戦争にも副官として同行し、前一四六年のカルタゴ攻略を指揮した。前一四〇年に執政官に就任し、このときに農地改革を試みたらしい。サピエンスという綽名は、ギリシア人哲学者との交流が深かったことに由来するとも言われる。キケロ『友情について』は『ラエリウス』と題され、この人が話し手として登場する。

(2)前一三四年十二月十日に就任した。

(3)ティベリウスは常にギリシア出身の選りすぐりの弁論術教師をかかえ、その中に「当代随一の雄弁家ディオパネス」がいた(キケロ『ブルトゥス』一〇四)。

(4)ストア派哲学者。アテナイのストア派学頭としてパナイティオスらを教えた。タルソスは小アジア南東部の都市。ストア派哲学の役割について、『アギス/クレオメネス』二三-3参照。

(5)コルネリアの娘の夫がスキピオ・アエミリアヌス(一-7)。

(6)前一一〇年に執政官に就くスプリウス・ポストゥミウス・アルビヌスを指すらしい。

(7)ブルトゥスをカエサル暗殺に駆り立てた落書きのように(『カエサル』六二-7、『ブルトゥス』九-6―7)。

2 役にしていたのであり、その中には最高神祇官クラッスス、[1]法学者で当時の執政官だったムキウス・スカエ
ウォラ、[2]ティベリウスの舅アッピウス・クラウディウス[3]も含まれていた。そうしてできあがった法案は、あ
れほどの不正と強欲に対処するための手段として、これ以上はないと思えるほどに緩く穏やかなものであっ
た。すなわち、本来なら違法行為の罪を償うべき者、また法に反して占拠している土地を手放したうえに罰
金を支払うべき者、そういう者たちにその法案が要求するのは、逆に補償を受け取ったうえで、不正取得し
3 た土地から退去すること、そして援助を必要とする市民をその土地に迎え入れること、それだけだったので
ある。[4]ところがこの寛容な改革案を示されたとき、民衆は過去の不正を水に流し、今後は不正が止んでくれ
ることで満足したけれども、土地を所有して富を蓄えていた市民たちは、強欲に駆られて法案に怒りをあら
わにし、法案起草者に憤懣と敵意を向けた。そこで富者は民衆の法案支持を覆すため、ティベリウスが土地
4 分配を断行しようとするのは国家を混乱させ、すべてをひっくり返すのが目的だと喧伝し始めた。

しかしこの抵抗は失敗した。たとえ醜いものでも演説の力で美しく装わせる能力をもつティベリウスであ
るから、その人が正しく美しい主張を奉じて他者と競うとき、もはや誰にも負けない完璧な雄弁家となって、
5 民衆が取り巻く演壇に立ち、貧民のために弁舌をふるったのである。いわく、イタリアに生きる獣でさえ、
一匹一匹に住み処があり、ねぐらもあれば巣穴もあるというのに、イタリアのために戦い死んでゆく人間た
ちにあるのはただ大気と光、それ以外には何ひとつめぐり合えず、家もなく寝床もないまま、妻と子供を連
れてさまよい歩く。将軍たちは戦いを前にして兵士たちを励まし、墓と社を守るために敵を打ち払えと命じ
6 るが、あれこそ空言。なぜならこれほどの数のローマ国民の誰ひとり、父祖伝来の祭壇を持たず、祖先を祀

る墳墓を知らない。他人の贅沢と富貴のために戦場に駆り出されて命を落とし、全世界の領主と謳われながら、ひと握りの土塊も持てない、それがローマ国民なのだ。

一〇　これらの言葉は高い志と真の熱情から出て、民衆の上に降りかかり、その心を揺さぶり掻き立てるものであったから、反対派は誰ひとりそれに抗えなかった。そこで彼らは言論で対抗するのをあきらめ、代わりに護民官のひとりマルクス・オクタウィウスに(5)目を付けると、実直かつ生真面目な性格でティベリウスの親しい友人でもあるこの若者に協力を求めた。オクタウィウスは初めのうち友人への気兼ねから尻込みし
2 ていたが、大勢の重鎮市民から依頼され懇願されるうちに、押し切られるようにして、ティベリウスの仇敵
3 役に立ち、法案への拒否を宣言した。護民官には法の成立を拒む権限があり、もし護民官がひとりでも反対すれば、たとえ多数の護民官の支持することであっても実現しないのである。

(1)プブリウス・リキニウス・クラッスス・ディウェス・ムキアヌスは前一三二年に最高神祇官、前一三一年に執政官に就く。娘リキニアがガイウス・グラックスの妻（二一-2）。次にあるムキウス・スカエウォラの弟だが、クラッスス家の養子になっていた。

(2)前一三三年の執政官プブリウス・ムキウス・スカエウォラ。前一三〇年の弟クラッススの死後、その後を継いで最高神祇官に就く。

(3)四-2参照。

(4)ティベリウスの提案は、五〇〇ユゲルムの占取上限を厳格適用すると同時に、子供ひとりにつき二五〇ユゲルムの追加を認めること、そしてそれを超える土地は委員三名によって貧民に分け与えること、というものだった（アッピアノス『内乱史』第一巻九）。

(5)ティベリウスと同僚の前一三三年の護民官。

4 これを腹にすえかねたティベリウスは、この寛大な法案を撤回し、代わって民衆にとってはより好ましく、
不正を行なっている側にとってはより厳しい別の法案、すなわち従来の法に反して土地を所有していた者に
5 対して、そこから［補償なしで］立ち退くように命じる法案を準備した。このためティベリウスとオクタウィ
ウスの間で、連日のように演壇上で論争が繰り広げられたが、両者ともに気迫と闘志をみなぎらせて対峙し
ながらも、相手への罵言はいっさいなく、怒りにまかせて下品な言葉を投げつけ合う場面もなかったと伝え
6 られる。思うに、バッコス祭儀のときだけでなく、敵愾心と激情がぶつかり合うときにも、生まれつきの高
貴と身に付けた慎みは、心の動きに抑制と秩序をもたらすのであろう[1]。
7 そのうちにティベリウスは、オクタウィウス自身が広大な公有地を取り込み、その法の影響を受ける立場
にあるのを知ると、豊かとは言えない自身の私財であったが、そこから補償金を出すからと約束して、反対
8 を取り下げてくれるように頼んだ。しかしオクタウィウスがそれを断ったので、ティベリウスは政令により、
法案の採決が終わるまで、自分以外のすべての官位の職務停止を命じた。そしてサトゥルヌス神殿に自身の
封印を貼り付け、財務官が一銭たりともそこから取り出したり、また運び入れたりできないようにしたうえ、
命令に従わない法務官には罰金を科すと布告したため、高官たちはみな怯えて定めの職務から手を引いてし
9 まった[2]。それ以降、資産家の市民たちは喪服に着替えると、悲しげにうな垂れたまま中央広場を徘徊するよ
うになったが、その一方でティベリウスに対してひそかに謀議をめぐらし、刺客の一団を用意していた。そ
れでティベリウスの方も、強盗が使うようなドロンと呼ばれる短剣を懐に入れておくのが習慣になり、しか
もそれは誰もが知るところであった。

一一　いよいよ採決の日が来て、ティベリウスが民衆に投票を呼びかけようとしたとき、壺[3]が富者たちの
2 手で奪い去られ、民会は大混乱に陥った。それでもティベリウス支持派は数の多さを頼んで力ずくで事を進
めることができたし、実際にそのために隊伍を組み始めてもいたのだが、そのとき執政官格のマンリウスと
フルウィウス[4]がティベリウスの前に膝を着き、手を取り涙を浮かべながら、思いとどまってほしいと懇願し
3 た。ティベリウスも、このままでは恐ろしい事態になると分かっていたので、このふたりの重鎮への敬意に
も動かされて、どうすれば良いかと尋ねた。ふたりは、自分たちにはそのような重大な忠告をする資格はな
いが、と前置きしたあと、元老院に決定をゆだねてはどうかと勧め、哀願のあげくに承諾を得た。
4 こうして元老院が招集されたものの、院内では富裕層が強い勢力を持っていたため、結局何もできないま
まに終わったとき、ティベリウスは法案採決のためにはもはやしかたがないと腹をくくり、オクタウィウス

（1）エウリピデス『バッカイ』三一七―三一八に、参加者が錯乱状態に陥ると言われるバッコス神の祭儀においても、慎みのある女は心が壊れてしまうことはない、という意味の台詞がある。それを踏まえているらしい。

（2）護民官は法の制定や元老院決議のほか、あらゆる政務高官の行為に拒否権を有していたので、ティベリウスはそれを行使すると脅して、事実上、国務を停止させた。カピトリウム丘の麓にあるサトゥルヌス神殿には、国庫が置かれていた。

（3）トリブス民会では、壺の中から引く籤によって、各トリブス（地区）の投票順が決められる。

（4）ひとりは、マンリウスをプルタルコスの誤記と推して、マニウス・マニリウス（前一四九年の執政官）か。もうひとりは、セルウィウス・フルウィウス・フラックス（前一三五年の執政官）またはガイウス・フルウィウス・フラックス（前一三四年の執政官）。

5 の護民官位を剝奪するという、国法に反し品位にもとる手段に訴えた。そのためにまずオクタウィウスの手
を握りながら親身な言葉で語りかけ、一歩譲って民衆に情けをかけてやってもらえないか、民衆の要求は正
当なものであり、しかも大きな苦役と危険の見返りにほんのわずかを求めているだけなのだから、と公けの
6 場で哀訴した。オクタウィウスがその頼みを撥ね付けると、ティベリウスは言葉を継いで、同一官位に二名
がいて同等の権限を持ちながら、重大な問題について対立するとき、戦いによらずして両名が任期を全うす
ることは不可能である、この事態を解決する方法は、私の見るところ、ただひとつ、どちらかが官位を退く
7 ことである、と言明した。そして、まず先に私の去就について民衆の投票を実施してほしい、もしそれが市
8 民の意向であれば、私はただちに官位を降りて私人になるつもりである、と付け加えた。しかしこの提案に
もオクタウィウスの賛同を得られなかったので、ティベリウスは、もしオクタウィウスがよく考えたうえで
意見を改めないなら、オクタウィウスの去就について投票を実施すると言い渡した。

一二　この日はそこまでで民会を解散し、翌日になってあらためて民衆が集まってきたとき、ティベリウ
スは演壇に上がって再びオクタウィウスの説得を試みた。しかしながらオクタウィウスがなおも意見を変え
ようとしないのを見て、ティベリウスは相手の護民官位を剝奪する法案を提出し、さっそく市民に呼びかけ
2 て投票させた。三五ある地区（トリブス）のうち一七の地区が投票を終え、あと一票が加わればオクタウィ
ウスが官位を失うという状況になったところで、ティベリウスはいったん投票を停止させ、もう一度オクタ
ウィウスに迫って、官位を放棄させようとした。そして民衆の見守る中でこの同僚に腕を回し、かき抱いて
頼みを繰り返し、君は不名誉にさらされるのをおとなしく待っていてはいけない、私をこれほどに残酷で陰

惨な国務の執行人にしないでほしい、と哀願した。
3 この嘆願に耳を傾けているうちに、オクタウィウスも頑なに心を閉ざしたままではいられず、目に涙を溜
4 めて、長い間、沈黙していたという。しかしかたわらに立つ裕福な土地所有者の一群が目に入ったとき、恥
ずかしくて彼らに顔向けできないという思いから、いかなる不遇にも雄々しく耐えようと覚悟したらしく、
5 ティベリウスの望むとおりにせよと応じた。こうして解任法案は可決された。その後、ティベリウスが被解
放民のひとりに命じてオクタウィウスを演壇から引きずり降ろさせたのは、自分の被解放民を下役として使
うのがティベリウスの習慣だったからだが、そのことが有無を言わせず引っ張られていくオクタウィウスの
6 姿を、いっそう痛ましいものにした。民衆がオクタウィウスめがけて殺到したとき、富者たちが駆け寄って
両手で壁を作ってくれたおかげで、オクタウィウスは群衆の間をすり抜け、かろうじてその場から逃げ出せ
たが、ある忠実な下僕は主人を守ろうとその前に仁王立ちになり、あげくに眼を抉り取られた。これらは
ティベリウスの意図しなかったことであり、騒動を見てあわてて演壇から駆け下り、そちらへ向かったけれ
ども、止められなかった。

一三　その後、農地法が成立し、土地の分割と分配を担当する三名の委員として、ティベリウス自身、舅
のアッピウス・クラウディウス、弟のガイウス・ティベリウスが選ばれた。ただしガイウスは当時不在で、
2 スキピオの部下としてヌマンティア攻略のために出征していた。ティベリウスはもはや誰の抵抗も受けず、
平穏のうちにこれらを遂行し、さらには後任の護民官として、名家の出身者ではなく、自身の庇護民のひと
りムキウスという人物を据えたので、富裕市民はそれらの逐一に我慢がならず、ティベリウスの権勢拡大に

3 対する不安にも駆られて、元老院内で嫌がらせを始めた。ティベリウスが土地分配のさいに使用する天幕を、
慣例に従って、国費で提供してくれるよう求めたとき、他者からのもっと瑣末な用務のためには幾度となく
供与しておきながら、ティベリウスには請求を拒否し、一日につき九オボロス(1)の使用料を課したのである。
この決定を主導したのが、ティベリウスへの憎悪に凝り固まったプブリウス・ナシカ(2)であり、この人は広大
な公有地を取得していたので、そこからの退去を強いられるのを容認できなかったのである。
4 すると民衆は、それまでにもまして怒りを燃え上がらせた。そしてティベリウスの友人のひとりが突然に
死亡し、その遺体に不気味な斑点が浮かんでいたため、これは毒殺されたに違いないと叫びながら葬列に駆
けつけると、棺を担いで運び、火葬の場に立ち会った。毒殺の疑いが根拠のないものではないと判明したの
5 はこのときである。というのも死体に裂け目が現われ、そこから腐った液体が大量に噴き出して、火を消し
てしまったのである。あらためて点火しても遺体に火が回らないので、人々はそれを別の場所に移し、さん
6 ざんに苦労したあげくに、ようやく燃やせたような具合だった。そのうえにティベリウスは民衆の憤激をさ
らにかき立てるべく、喪服に着替えると、人々の前に息子たちを連れてきて、自分の命はもはやないものと
思っているからと、子供たちとその母の保護を依頼した。

対立の激化

一四　ちょうどその頃、アッタロス・ピロメトルが死去して、ペルガモンからエウデモスが王の遺書を携えてローマにやって来たのだが、そのなかにローマ国民を王の遺産相続人とする旨が書かれていた(3)。ティベ

リウスはさっそく民衆に取り入ろうとしてひとつの法を起草し、王の財産はローマへの移送後、土地分配を
2 受けた市民に分け与えて、営農のための道具や資材の用に充てることを提案した。そしてアッタロスの王国
内にあった諸都市についても、これは元老院の審議にゆだねるべき事柄ではないから、自分が民衆に提議す
3 るつもりである、と宣言した。しかし元老院にとってこの発言は何にもまさる侮辱であったから、まずポン
ペイユスが立って口を開き、私はティベリウスの隣人だからよく知っているが、ペルガモン人エウデモスは
ティベリウスをローマの王とするため、王の頭飾り（ディアデマ）と深紅の衣をあの男に授けた、と断言
4 した。(4) またクィントゥス・メテルス(5)もティベリウスを中傷して、こんなことを言った。あの男の父が監察官
だった頃、監察官が夕食を終えて帰宅する時分になると、市民たちは、程をわきまえない酒宴に耽っている

---

(1) オボロスはギリシアの重量単位。ここではローマの単位アスの言い換え。

(2) プブリウス・コルネリウス・スキピオ・ナシカ・セラピオは、大スキピオの娘コルネリア（ティベリウスの母コルネリアと姉妹）の息子。したがってティベリウスの従兄弟に当たる。スキピオ・アエミリアヌス（大スキピオの息子の養子）の従兄弟でもある。前一三八年の執政官。前一三二年に死ぬまで、最高神祇官を務めた。

(3) 前一三三年、小アジアのローマの同盟国ペルガモン王国のアッタロス三世が死去した。王は遺言で、王国をローマ国民に遺贈した。以後、この地はアジア属州となる。

(4) クィントゥス・ポンペイユスは前一四一年の執政官。キケロはラエリウスに、ティベリウスが王位を狙ったと語らせている（キケロ『友情について』四一）。

(5) クィントゥス・カエキリウス・メテルス・マケドニクスは前一四三年の執政官。前一四八年に法務官としてマケドニアで起こった反乱を鎮圧し、前一四六年にはアカイア連邦との戦争に勝利した。ティベリウスの父については、一-2参照。

と思われないように邸の灯りを消したものだった。ところが今では夜、あの男のために、民衆の中でもいちばんに面の皮の厚い乞食連中が足元を照らしてやっている、と。

5 ほかにもティトゥス・アンニウス[1]といえば、品位も節度も欠きながら、問答形式による議論にかけては敵なしと評される人であるが、この人が賭け裁判[2]のようなものにティベリウスを引き込み、法により神聖不可
6 侵とされる同僚護民官にティベリウスは不当な侮辱を加えた、と責め立てた。元老院のあちこちから喝采が起こると、ティベリウスは院内を跳び出して民会を招集し、そこにアンニウスを呼び出したあと、非難演説
7 を始めようとした。しかしアンニウスは、演説や民衆人気ではとうてい勝てないと分かっているので、自分
8 の得意とする領分に退く作戦を立て、演説に入る前に短い質問に答えてもらえないかと申し入れた。そしてティベリウスから質問の承諾を得て、辺りが静まったところで、こう問いかけた「もしあなたが私を辱しめ貶めようと意図し、私があなたの同僚官の誰かに助けを求めたとしたら、そしてその同僚官が私を助けようと演壇に上り、あなたがそれに対して怒りを覚えたとしたら、そのときあなたはその同僚の官位を剝奪する
9 のでしょうか」。この問いかけにティベリウスはどう答えてよいかとまどってしまい、演説をすれば抜群の機転を発揮し、戦場では無比の勇気を見せるこの人が、ひと言も返せなかったと伝えられる。

一五　そこでひとまず民会を解散させたティベリウスだが、オクタウィウス解任の経緯については、富裕層だけでなく民衆の間にも憤りを覚えている者が多いのに気づいていたので――護民官の権威はたいへん大きくて強いものと守り伝えられてきたのに、それがあの日、足蹴にされ辱めを受けたと人々は感じていたのである――、民衆に向かってひとつの演説を行なった。ちょうど好い機会だから、そのときの論の運びをこ

こに少しばかり紹介して、そうしてティベリウスの弁論の技巧と説得力をいくらかでも感じ取ってもらいたい。
2 護民官が神聖にして不可侵であるゆえんは――とティベリウスは語りかけた――その任にある者が民衆に
一身を捧げ、民衆の守り手となるからである。それゆえもし護民官がその役割とはうらはらに、民衆に危害
を加えたり、民衆の力をそぎ落としたり、民衆の投票権を奪ったりすれば、その者は託された任務に背反す
3 る行動に及んだのであるから、みずからの官位をみずからの手で剝奪したに等しい。カピトリウムを廃墟に
しようと、また船渠に火を放とうと、護民官は護民官のままでいるべきである。そんなことをする護民官は
極悪人ではあっても、護民官であることに変わりはない。しかしもし民衆を押しつぶそうとするなら、その
4 者はもはや護民官ではない。執政官は護民官の手で牢に放り込まれることもあるというのに、護民官は権限
を行使するにあたって、それを授けてくれた民衆の利益を損なうような行動をとっても、民衆から権限を剝
奪されないとすれば、これはまことに奇妙なことと言わざるをえない。なぜなら執政官も護民官も、ともに
民衆によって選ばれたのだから。

（1）ティトゥス・アンニウス・ルスクスは前一五三年の執政官。キケロはこの人を「弁論下手ではない」と評している（キケロ『ブルトゥス』七九）。

（2）原告と被告の双方が金を賭け、訴訟に負けた方が勝った方にその金を払うと取り決めて行なう裁判。スポンシオと呼ばれる（『大カトー』一七-6、『フラミニヌス』一九-4）。ここでは裁判ではないが、一種の賭け論争を挑んだということ。

5 ひるがえって王というのは、すべての権力をみずからの内に抱え込んでいるばかりか、最高の宗教儀礼に
より神に献じられた存在であるが、それにもかかわらず、タルクィニウスが正義に反する行動をとったとき、
わが国家はこの王を追放した。[1] ローマの礎を築いた父祖代々の権力も、たったひとりの暴虐によって崩れ
6 去ったのである。さらに、不滅の火に仕えてその守り役となる処女たちにもまして、神聖にして畏れ多いも
のが、ローマの中にあるだろうか。しかしそんな女であっても、もし過ちを犯したなら、生きたまま土中に
埋められる。神に冒瀆をはたらいた女は、もはや神から授かった不可侵性を保っていないからだ。[2]
7 すると護民官の場合も、民衆に不義をはたらいたとき、なお民衆から授かった不可侵性を保持するのは正
当とは言えない。みずからの権力の源であるものを、みずから破壊したのだから。さらに言えば、過半数の
地区（トリブス）から得票したという事実により護民官位を与えられたのが正当なことだったとすれば、す
8 べての地区がこぞって解任を求める票を投じるとき、任を解かれるのはもっと正当なことではないか。神へ
の奉納品は、何にもまして神聖かつ不可侵の物である。しかし民衆がそれを用いるにあたって、自分たちの
望むように場所を移したり動かしたりすることには、何の妨げもない。すると護民官位もまた、奉納品と同
9 様に、別の人物に移すことが民衆には許されるのだ。そもそも護民官位が不可侵でもなく不可奪でもないこ
とは、在任者がみずからの意思で誓約を解いて官位を辞した事例のまれでないことによって証明されている。

護民官再選の試み

一六　ティベリウスの弁明はおよそこのようなものであった。

しかし、ティベリウスに対する謀議と脅威が収まりそうにないのを見た友人たちは、ティベリウスに続けてもう一度、護民官の地位に就いてもらわねばならないと思案するようになった。[3] そこでティベリウスも再びさまざまな法案により民衆の心をつかむべく、兵役期間の短縮[4]のほか、陪審員判決後の民会への控訴を認めたり、当時は元老院議員に限られていた陪審員に、騎士身分の市民を混ぜ入れて半数ずつの構成に変えたりして、[5] あの手この手で元老院の権力を削り取ろうとしたのだが、その主な動機となっていたのはもはや公正と国益への配慮ではなく、むしろ憤怒と闘争心であった。

（1）ローマの伝説の七代の王のうち最後のタルクィニウスは、暴虐な専制政治を行ない、スペルブス（暴慢王）と綽名された。息子が起こしたルクレティア陵辱事件をきっかけに反乱が起こり、ユニウス・ブルトゥスらにより追放された。前五〇九年のこの事件により、ローマは共和制に移行したと伝承される。

（2）神聖な火を守ることを務めとするウェスタ（炉）の巫女は純潔を求められ、破った場合は生き埋めにされた（『ヌマ』一〇-7―13）。

（3）前一三三年十二月に始まる護民官位に立候補した。護民官に二年連続で就任するのは違法ではなかったが、慣例に反することだった。敵対勢力から脅しを受けていたティベリウスは、身体の不可侵を保証される護民官の地位によって、身の安全を保とうとしたらしい（アッピアノス『内乱史』第一巻一三―一四）。

（4）民衆が務める歩兵の場合、一七歳から四六歳までの間に合計一六年間の兵役が義務付けられていた。

（5）陪審員団の構成にかかわる改革については、実際にプルタルコスの記すようにティベリウスの提案に含まれていたかどうか疑義もあるが、もしこのとおりなら、ガイウス・グラックスの改革を先取りしていたことになる（二六-3）。

2 しかし投票が始まると、民衆にはその場に不在の者も多かったために[1]、敵対派の方が優勢にあると見て
取ったティベリウスたちは、まず同僚護民官たちを非難する演説を始めて時間の引き延ばしを図り、ついに
は、翌日に再び参集してもらうと宣言して、民会を解散してしまった。ティベリウスは中央広場へ降りてい
3 くと、身を低くして涙を浮かべながら人々に哀願を繰り返し、さらには、敵が私の命を狙って夜中に邸内に
乱入してくるのを怖れているとまで口にしたので、人々は心を動かされ、ティベリウスの屋敷のまわりに大
勢が陣取って、徹夜で警護に当たった。

一七　朝になると占い師が鳥を携えてやって来て、鳥籠の前に餌を撒き始めた。ところが鳥たちは籠から
出てこず、占い師が籠を強く揺さぶった末に、ようやく一羽が出てきただけで、しかもその一羽も餌に触れ
2 ることなく、左[2]の翼を持ち上げて脚を横に伸ばしたあと、また籠の中に逃げ込んでしまった。これを見た
ティベリウスの心中に、その前に起こったある怪異の記憶がよみがえった。ティベリウスが戦いのときに被
る兜は、他に例のないすばらしい逸品であったが、その中にいつのまにか数匹の蛇が這い入って卵を産みつ
け、その後それを孵したというものである。そんなことがあったために、この鳥の行動にティベリウスは
いっそう不安をかき立てられた。
3 それでも民衆がすでにカピトリウム丘の近くに参集を終えていると聞かされ、ティベリウスはそちらへ向
かおうとしたが、屋敷を出るときに敷居につまずいて足を強く打ち、親指の爪が割れて、履物の外にまで血
4 が滲み出た。さらにそこから少し歩いていくと、左手の家の屋根の上で数羽の鴉が喧嘩しているのが見え、
そのうちの一羽の蹴飛ばした石が、当然ながら多数の人が行き交うなか、よりによってティベリウスの足元

5 に落ちてきた。この一事は、ティベリウスの取り巻きのうちでいちばんに胆のすわった男にも、足を止めさ
せずにはおかなかったが、しかしそのとき居合わせたクマエ出身のブロッシウスが、こんなことを口にした
――グラックスを父とし、スキピオ・アフリカヌスを母方の祖父に持ち、ローマ国民を指導する地位にある
ティベリウスともあろうものが、鴉に怯えて市民の呼びかけに応えられないとなれば、由々しき恥であり名
6 折れである。そればかりか敵たちは、そのことを醜態として嘲り笑うどころか、むしろ驕り高ぶる独裁者の
所為として民衆に喧伝するであろう(3)。

ブロッシウスがそう言うのと時を同じくして、カピトリウムにいる支持者たちからも幾人もの伝令が駆け
7 つけ、あちらでは順調に事が運んでいるから急いで来てほしい、とティベリウスを催促した。そして実際、
カピトリウムに向かう途中は、ティベリウスにとって晴れやかな行進となり、人々は彼の姿を認めるやいな
や歓声を上げ、彼が坂道に差しかかると、待ちかねたように迎えに出たばかりか、不審な者が近づかないよ
うに隊列で囲んだ。

一八　しかしその後、ムキウス(4)があらためて各地区に投票を呼びかける段になると、群衆の端の方で大き

(1) 選挙が収穫時期に実施されたため、農村地域の民衆は、市内に投票に来られない者が多かった(アッピアノス『内乱史』第一巻一四)。

(2) 左は凶とされる。以下の鴉の場合も同じ。

(3) ブロッシウスについて、八-6参照。ここでのブロッシウスの役割は、凶兆にひるむよりも敵からの専制独裁の誹りを避けよと警告して、カエサルを元老院へ向かわせるデキムス・ブルトゥスに似る(『カエサル』六三―六四)。

(4) 護民官(一三-2)。

な騒ぎが起こって、そのために何ひとつ慣例どおりに進まなくなった。集会に紛れ込もうと押し入ってくる
2 敵対派の市民と、それを押し返そうとする支持派の市民の間で、衝突が始まったのである。するとそのとき
元老院議員フルウィウス・フラックス(1)が、声を出しても届かないので、見通しのよい場所に立ってティベリ
3 ウスに手で合図を送り、ふたりだけで話したいことがあると知らせた。そこでティベリウスは群衆に道を開
けろと命じ、フラックスは人をかき分けながらようやくティベリウスのそばにたどり着くと、こう告げた。
開会中の元老院議会で、富裕市民はティベリウスの処刑を執政官(2)に要求してかなわなかったので、自分たち
の手で殺害を実行しようとしている、そのためにすでに大勢の奴僕や仲間に武器を取らせて準備を始めてい
る、というのである。

最　期

一九　これを聞いたティベリウスが、それを周囲の者たちに伝えたところ、その者たちはただちに着てい
た市民服の腰を紐で縛り、さらに従者が群衆を押しのけるのに使う警棒をへし折って分け合ったのは、攻め
2 かかってくる敵からその棒切れで身を守ろうというのである。このようすを遠くから見ていた者たちが、い
ぶかしく思って問いかけてきたとき、ティベリウスは、声の通らない喧噪の中ゆえ、頭に手を当て、そのし
ぐさで危険を知らせようとした。
3 　ところがそれを目にした敵対派は、元老院に駆けつけて、ティベリウスは王冠を要求している、頭に手を
当てたのがその証拠だ(3)、と報告した。院内が騒然とするなか、ナシカ(4)は執政官に向かい、国家護持と独裁者

4 抹殺を要求したが、それに対する執政官の返答は穏便なもので、こちらから先に暴力をふるったり、誰であれ市民の命を裁判なしに奪ったりするつもりはない、ただ民衆がティベリウスに説得されるなり強制されるなりして、法に反する事を可決したときに、その決定を無効として斥けるのみである、というものだった。
5 これを聞いたナシカは席から跳び上がり、「国の指導者が国を裏切った。このうえは、法の擁護者たらんと望む者はおれのあとに続け」と叫ぶと、その声の終わらぬうちに市民服の端を頭の上に載せ(5)、カピトリウムに向けて突き進んだ。
6 ナシカのあとに続いた議員たちは誰もが左手に市民服を巻きつけ、進路をふさぐ者がいれば押しのける勢いだったが、人々はみな議員たちの地位を畏れ、立ちふさがるどころか逃げ出してしまって、あげくに倒れ
7/8 た仲間を踏みつけるありさまだった。その間に議員の従者たちは、自邸から杖や棍棒を持ち出してきた。議員たちは、逃げまどう群衆に踏まれて壊れた椅子の脚やら破片やらを手に持ち、ティベリウスをめがけて坂
9 道を登りながら、前方に立つ護衛たちに殴りかかった。このため護衛たちが逃げ出したり撲殺されたりするなか、ティベリウス自身も逃げようとしたが、誰かに衣をつかまれたので、市民服を脱ぎ捨て、内着の姿で

（1）ガイウス・グラックスの頑強な協力者となるマルクス・フルウィウス・フラックス（三一–3）。ティベリウス殺害後に成立する土地分配三人委員のひとりでもある（二一–1）。
（2）プブリウス・ムキウス・スカエウォラ（九–1）。
（3）ここにもカエサル暗殺にいたる経過との相似がある（『カエサル』六一–5—8）。
（4）一三–3参照。
（5）神官が国家のために犠牲を捧げるときの格好を模した。ナシカは最高神祇官。

10 遁走を図ったものの、横たわる死体につまずき、その上に覆いかぶさるように倒れた。そして起き上がろうとするところ、その頭に椅子の脚で殴りかかって最初の一撃を加えたのは、間違いなく、同僚護民官のひとりプブリウス・サトゥレイユスであった。そして次の一撃の主については、ルキウス・ルフスが、まるで何か手柄を自慢するかのように、それは自分だと主張している[1]。ティベリウス以外に殺された者は三〇〇人を超え、そのいずれも棒か石による撲殺であり、剣で殺された者はひとりもいなかった。

二〇　この事件はローマ史上、王制打倒以来、国内の争いが市民の殺戮と流血によって決着した最初の事例であったと言われる[2]。このほかに、規模も大きく事由も重大な争いはたしかにあったけれども、それらはいずれも、上流市民が民衆を恐れ、民衆が元老院を敬うことから生まれる相互の譲歩によって終息するのが
2 常だった。このときのティベリウスにしても、もし元老院の側から宥和を求められれば、さしたる抵抗もなく引き下がっただろうし、さらに相手が殴打や殺戮などせずに近づいてきたならば、躊躇なく道を譲っただろう、というのが人々の見立てである。なにしろティベリウスの周囲を護っていたのは、三〇〇〇人に足り
3 なかったのだから。ところが今回このような暴動が発生するにいたったのは、富裕者の側にティベリウスに対する強烈な怒りと憎しみがあり、それが彼ら自身の申し立てていた理由にもまさる動機となっていたことに由来する、ティベリウスの遺体が残忍で非道な陵辱を受けたことが、その紛れもない証拠だ、というのである。
4 実際、兄の遺体を引き取って夜のうちに埋葬したいと弟が願い出たとき[3]、殺害者たちはそれを許さず、他の遺体とともに「ティベリス」川に投げ込んだのである。しかもそれで終わるどころか、ティベリウスの仲

間たちまでも標的にして、裁判にもかけずに国外追放を言い渡したり、捕まえて処刑したりした。弁論家
5 ディオパネス[4]も、そうして殺されたうちのひとりである。またガイウス・ウィリウスという人は、袋の中に押し込められ、そこに毒蛇を放り込まれて命を絶たれた[5]。クマエ出身のブロッシウスは、両執政官の前に引き出され、みずからの行動について詰問されたとき、すべてティベリウスの指示したとおりに行なったと答
6 えた。するとナシカから「それでは、もしティベリウスがおまえにカピトリウムに火を放てと指示したら、おまえはどうしたか」と問われ、初めはそれに抗弁して、ティベリウスはそんな指示は出さないと言い張ったが、同じ問いを大勢から繰り返し向けられるうちに、「もしティベリウスがそれを命じたのなら、私がそのとおりに実行しても良かったのだろう。あの人は、民衆の利益になることでなければ、命じなかったはず
7 だから」と返答した。ともかくブロッシウスは釈放され、後にアジアのアリストニコスのもとに身を寄せた

（1）サトゥレイユスとルフスの両名とも不詳。

（2）ティベリウス殺害は、オクタウィアヌスの勝利とアントニウスの自殺（前三〇年）で終わる一〇〇余年のローマ内戦の時代の幕開けになった。アッピアノス『内乱史』第一巻一—二、一七、ウェレイユス・パテルクルス『ローマ世界の歴史』第二巻三-三参照。

（3）ガイウス・グラックスはスキピオ・アエミリアヌスの下でヌマンティア遠征に出ている（一三-1）。このときすでに帰国していたのかもしれないが、おそらくプルタルコスの思い違いであろう。スキピオはティベリウス殺害の報をヌマンティアで聞いた（二一-7）。

（4）八-6参照。

（5）通常は親殺しに対する処刑法とされる。ウィリウスについては不詳。

が、アリストニコスの反乱の失敗にともなって自害した。[1]
二一　事件後の混乱のなか、元老院は民衆をなだめる必要から、もはや土地の分配に反対しなくなり、
2 ティベリウスに代わる土地分配委員の選出を民会に提案した。そして民会の投票により選ばれたのが、グ
ラックス兄弟の親戚にあたるプブリウス・クラッスス[2]であり、この人の娘リキニアがガイウス・グラックス
3 の妻にあたる。ちなみにコルネリウス・ネポスは、ガイウスが結婚したのはクラッススの娘ではなく、ルシ
タニア征討の功により凱旋式を挙げたブルトゥスの娘だったと書いているけれども[3]、大多数の史家は私がこ
こに記した説を採っている。
4 それでも民衆はティベリウスの死に怒りが収まらず、あきらかに報復の機会をうかがっているようすであ
り、訴訟の刃先もすでにナシカの眼の前にちらついていたので、その身の安全を案じた元老院は、ナシカを
5 何の任務もないままアジアに送り出すことを決議した。[4]というのも、人々はナシカに出会うと嫌悪を隠そう
ともせず、顔を見るたびに、怒声と雑言のつぶてを投げ、呪われた独裁者、神聖不可侵の身体の血によって、
6 国中の聖地のうちでもっとも清らかでもっとも畏れ多い場所を穢した男、と罵ったのである。こうしてナシ
カは、神祇官団のうちの頂点に立つ人物として、最高に重要な祭祀を執り行なう義務があったにもかかわら
ず、人目を避けるようにイタリアを抜け出した。そして外に出たあとも、行く先々で辱しめを受けながら各
地をさまよい、まもなくしてペルガモンで生涯を閉じた。
7 しかしナシカがこれほどまでに民衆に憎まれたことも、とりたてて驚くにはあたらない。なぜなら［小］
スキピオ・アフリカヌスといえば、ローマ人が誰にもまさる正義の人と称え、格別の敬愛を捧げた人物であ

るが、このスキピオでさえティベリウスにかんする二度の発言のせいで、おおかた民衆の好感を失いかけたのである。その最初は、ヌマンティアでティベリウスの死を知らされたとき(5)、ホメロスの詩の一節を引いて

あのような行ないをする者は、誰であれ、死んでしまえばよい(6)。

8 と高唱したことであり、次は、市民集会でガイウスとフルウィウス(7)から、ティベリウスの死についてどう思

---

(1) アリストニコスはエウメネス二世の庶子、アッタロス三世と異母兄弟。アッタロス三世がペルガモン王国をローマ国民に遺贈（一四-1）したことを承服せず、反ローマ勢力を率いて反乱を起こした。前一三一年には執政官プブリウス・リキニウス・クラッスス・ディウェス・ムキアヌス（九-1、二一-2）を戦死させて勢い付いたが、翌年に敗れて捕縛され、ローマで処刑された。ブロッシウスについては、八-6、一七-5、キケロ『友情について』三七参照。

(2) プブリウス・リキニウス・クラッスス・ディウェス・ムキアヌス。前一三一年の執政官。

(3) ネポス『名士列伝』の散逸部分に、グラックス兄弟の伝記も含まれていたらしい。デキムス・ユニウス・ブルトゥス・カラエクス（前一三八年の執政官）は、ヒスパニア西部のルシタニアとカラエキアの遠征で功を上げた。

(4) ナシカは前一三二年、アジア属州の都となったペルガモンに派遣された。新たに生まれた属州の統治組織の確立という派遣の名目はあった。

(5) 七-5—7参照。

(6) ホメロス『オデュッセイア』第一歌四七。ミュケナイ王妃と密通し王アガメムノンを殺害したアイギストスが、王子オレステスにより仇討ちされたことについて、女神アテナが洩らす感想。

(7) ガイウス・グラックスとマルクス・フルウィウス・フラックス（一八-2）。

うかと問われたとき、ティベリウスの政治には賛同できないという答えを返したことである。(1) このとき民衆は、スキピオがまだ話し終わらないうちに激しく食ってかかり、つられてスキピオの方も民衆に罵詈を浴び
9 せるという、それまでにない行動をとってしまった。この経緯については、スキピオの伝記に詳しく書いておいた。(2)

ガイウス・グラックスの政界登場

二二（一） ガイウス・グラックスは、兄の死からしばらくの間、敵たちへの怖れからか、あるいは敵たちを怨恨の的にしておこうという思惑からか、中央広場に姿を見せなくなり、自邸にひきこもったまま鳴りをひそめていた。(3) そのようすは、今のところ謹慎中の身で、これからもそうして活動を止めたまま暮らそうとしているかのようであったから、人々のなかには、ガイウスを誹謗して、あの男は兄のとった政策を嫌って
2 放り捨ててしまったのだと陰口をたたく者もいた。しかし実際のところ、ガイウスはまだあまりに若かった
3 のであり、兄弟の年の差が九歳、そして兄は三〇歳になる前に死んだのである。しかし時の経つにつれ、ガイウスはしだいに無為や惰弱や酒宴や蓄財とは縁遠い本来の性向を現わし始め、政治の世界に飛び立つための翼ともいうべき演説の技を磨きながら、いずれ動き出そうとしているのがはっきりしてきた。そしてとうとう友人のひとりウェッティウス(4)が訴えられた裁判で弁護に立ったとき、民衆が喜びのあまりに我を忘れ、憑かれたようにはしゃぎ回る輪の中心にあって、ガイウスは他の弁論家がまるで子供に見えるほどの名演説を披露した。このため富者たちの心中にかつての不安がよみがえり、ガイウスの護民官就任を許すなという

のが、彼らの合言葉のようになった。
4 ところがそのガイウスに、籤のめぐり合わせにより、執政官オレステス(5)に従って財務官としてサルディニ
ア属州に赴任する役目が割り当てられた。この決定は敵たちにとってもっけの幸いであったが、ガイウスに
5 とってもけっして落胆することではなかった。というのもガイウスは戦争を好む性質で、軍務には訴訟に劣
らず熱心に鍛錬を積んできたのに加え、演壇や政治活動にはいまなお身震いがして、それでも民衆や仲間か
6 ら声をかけられれば断れなかったから、このたびの海外任務をことのほか喜んだのである。にもかかわらず、
ガイウスというのは根っからの民衆扇動家であり、民衆人気への願望はティベリウスよりもはるかに強い、
という評価が広く存在する。しかしこれは事実とは異なる。ガイウスは、みずから選んだというより、むし

（1）リウィウス『ローマ建国以来の歴史』第五十九巻梗概、キケロ『弁論家について』第二巻一〇六によれば、前一三一年、ガイウス・パピリウス・カルボが護民官再選を公認する法を提案したとき、スキピオはその法に反対するなかで、ティベリウス殺害が正当な行為だったと主張した。ただしウェレイユス・パテルクルス『ローマ世界の歴史』第二巻四-四によれば、スキピオのその主張には「もしティベリウスが国家乗っ取りを意図していたのなら」という条件が付いていた。

（2）本書にはスキピオ・アエミリアヌスの伝記が含まれていたようだが散逸した。本書冒頭には、テバイの名将エパメイノンダスの伝記と対になって「スキピオ伝」が置かれていたと伝えられ、これに当たるのかもしれない。ただし冒頭の「スキピオ伝」は、大スキピオの方だという見方もある。

（3）プルタルコスは『政治家になるための教訓集』七九八fで、激情にとらわれた勢いで政治に飛び込まなかった好例として、このときのガイウスを挙げる。

（4）不詳。

（5）前一二六年の執政官ルキウス・アウレリウス・オレステス。

7 ろある必然に導かれて、国政に足を踏み入れたと言うべきであろう。これについては弁論家キケロもある逸話を伝えており、それによると、ガイウスがあらゆる官位に背を向け、平穏な暮らしを送ろうとしていたとき、夢に兄が現われ、弟に向かって「ガイウス、何をぐずぐずしている。逃げ道はない。われわれふたりは、民衆のための政治を行ないながら、ひとつの生をたどり、ひとつの死を遂げる定めなのだ」と告げたという(1)。

二三（二）　ともかくサルディニアに赴任してからというもの、ガイウスはその秀でた特性をあらゆる面で発揮し、敵との戦い、属州民に対する公正、総督への忠誠と敬意、それらのいずれにおいてもすべての青年
2 をはるかにしのぎ、さらには節制と質素と精勤の度合いにおいて、年長者の誰にも負けなかった。サルディニアに凍えるような厳しい冬が来たとき、総督は島内諸都市から兵士用の衣料を徴発しようとしたが、諸都
3 市はこれを不服としてローマに使節を派遣した。元老院が使節の訴えを認め、総督に兵士用衣料を他の所から調達するように命じたため、総督は途方にくれ、兵士たちは寒さに震えていたところ、ガイウスが各都市を訪れて談判し、ローマ兵の窮状を救うために自主的に衣料を提供することを納得させた。

4 ところがこのガイウスの行動は、ローマに報告されたとたんに、民衆派の政治家として世に出るための準
5 備と解されて、元老院に波紋を引き起こした。このため、アフリカのミキプサ王(2)のもとから使節が来て、王はガイウス・グラックスへの厚意のしるしとしてサルディニア総督に穀物を贈ったと告げたとき、元老院は
6 癪にさわって、使節を追い返してしまった。またその後、現在のサルディニア駐留軍の後任に別の軍隊を派遣する一方、オレステスは留任させるという決議が元老院でなされたのだが、これはガイウスも任務のためにいっしょに島に留めておこうという狙いだった。

7 ところがガイウスは、この知らせを受けると、憤りのあまりにすぐさま島を離れ、誰も予期しないなか
ローマに姿を現わした。[3] このため敵たちから責めを問われたのはもちろんのこと、民衆の間にも、財務官の
8 任にありながら総督を置き去りにして帰ってきたのは異様なことだ、という戸惑いが広がった。このため監
察官の前で弾劾を受けるはめになったのだが、ガイウスはそこでみずから申し出て弁明を行ない、その結果、
聴いていた人たちの考えをすっかり変えてしまい、むしろガイウスは最大の被害者だと認定されて、その場
9 を後にすることになった。このときガイウスはこんなふうに訴えたのである —— 他の者は義務として一〇年
間軍役に服するところ、[4] 私は一二年間も就役した。また私は総督の下で三年間[5]財務官を務めたけれども、法
10 によれば一年たてば帰国してよいことになっている。さらに外地に出た軍隊の中で、持って出るときにいっ
ぱいだった財布を、空にして持ち帰ったのは私ひとりであり、他の者は持ち込んだ酒を飲み干し、空になっ

（1）キケロ『占いについて』第一巻五六で、コエリウス・アンティパテル（前二世紀の歴史家）が、ガイウス自身から聞いた話として、財務官に立候補しようとしていたときにこのような夢が現われたと伝える。

（2）北アフリカにあってローマと友好を保っていたヌミディアの王ミキプサ（在位、前一四八―一一八年）。ミキプサの父マシニッサは、第二次ポエニ戦争のおり、大スキピオに協力し、その擁護を受けて王位を確立した。だから大スキピオの孫にあたるガイウスは、ミキプサにとって恩義のある人物ということになる。

（3）ガイウスは前一二四年に帰国した。

（4）上流市民は騎士として従軍するから、その場合、兵役は一〇年間。

（5）同じ演説を伝えるゲリウス『アッティカの夜』第十五巻一二によれば「二年間」。プルタルコスの方が間違ったらしい。なおゲリウスはこの演説を民会で行なわれたものと伝える。

た壺に銀と金を満たしてローマに持ち帰っている。

護民官就任

二四（三）　こうして難を逃れたガイウスであるが、敵たちは続いて新たな訴訟を持ち出し、ガイウスが同
盟諸都市にローマからの離反をそそのかし、フレゲラエで露見した反乱計画に加担していた[1]、と主張して再
2 び被告席に立たせた。ガイウスはこの嫌疑をきれいに晴らし、潔白を証明すると、その後ただちに護民官就
任をめざして走り出した。名門市民は一丸となり、こぞってそれを阻もうとしたが、民衆はイタリア各地か
ら洪水のようにローマ市内に流れ込んで選挙に力を貸そうとし、多くの者は泊まる所もないほどで、人数が
あまりに多すぎて、マルスの野に収まりきらず、家の屋根に登ってその上から投票の声を張り上げるありさ
3 まだった。それでも権門の市民たちは、民衆の思い通りにはさせず、ガイウスの願望に一定の歯止めをかけ
ることに成功して、結局、ガイウスは期待していたような第一位ではなく、第四位で当選した[2]。

しかしいったん官位を得ると、ガイウスは他者の追随を許さない演説の才能を発揮して、たちまち同僚た
4 ちの間で抜きん出た存在となり、とりわけ兄の死を語るときには、その悲運を拠り所として、思う存分に弁
を振るった。あらゆる機会を捉えて兄の話を持ち出し、その身に起こったことを想起させるとともに、それ
を祖先の事例と比べてみせて、そうして民衆の心を惹きつけようとしたのである。例えば、かつてゲヌキウ
5 スという護民官がファレリイ人に誹謗されたというので、ファレリイ人に戦争をしかけたとか[3]、護民官が中
央広場を通るとき、ガイウス・ウェトゥリウスだけは道を譲らなかったという理由で、この男に死刑を言い

6 渡したとか[4]の故事を述べたあと、ガイウスはこんなふうに語りかけた「ところがあの者たちは、諸君の眼の
前で、ティベリウスを棒で袋叩きにし、そのあとカピトリウムから遺体を引きずりながら都の真ん中を通り、
7 ティベリス川に投げ捨てた。さらに仲間たちも、捕まると、裁判も開かれないまま処刑された。しかしわが
国の古来の定めでは、もし死刑のかかった裁判に喚問されながら応じない者がいた場合、呼び出し係が朝早
くにその者の戸口まで行き、ラッパを吹いて出廷を促すことになっていて、それが終わるまで陪審員も投票
を控えるのが決まりである。われらの父祖は、死刑判決にかんして、それほどまでに慎重で用心深かったの
だ」。
二五（四）　演説のための声の強さと豊かさで抜きん出たものを持っていたガイウスであるから、こんな言
葉でまず民衆の心を揺さぶり、続いてふたつの法案を提出した。ひとつは、官位にある者が民会で解任され
た場合、その者は以後いかなる官位にも二度と就くのを許されないという法、もうひとつは、官位にある者
2 が裁判なしに市民に国外追放を宣告した場合、その者を訴追する権限を民会に与えるという法である。この

（1）前一二五年、ローマの南東約九〇キロメートルに位置するラテン植民市フレゲラエが、ローマに反乱を起こした。同年の執政官マルクス・フルウィウス・フラックス（二一-8、三一-3）によるイタリアの同盟市へのローマ市民権付与の提案が否決されたことへの不満が原因らしい。反乱は翌年に鎮圧され、フレゲラエは破壊された。

（2）前一二四年十二月に任期の始まる護民官に選ばれた。護民官は一〇名。

（3）ローマの北約四〇キロメートルに位置するファレリイは、前二四一年にローマと戦って敗れ、占領された。その原因の説明かもしれないが、詳細不明。

（4）この逸話も詳細不明。

うちひとつめの法は、ティベリウスによって護民官位を解かれたマルクス・オクタウィウスに真っ直ぐに向
3 けられた、資格剥奪の試みであり、[1]ふたつめの法はポピリウスを標的とするものであった。ポピリウスは、
法務官在任時、ティベリウスの仲間に国外追放を宣告していたからであるが、ただしこの人は裁判開始を待
たずに、イタリアから逃げ出してしまった。[2]またひとつめの法は、ガイウス自身が、母コルネリアからオク
タウィウス赦免を懇願されたのでと公言して、みずから撤回した。

4 民衆がこの撤回に異議を唱えず、むしろ喜んで同意したのは、コルネリアをその父親とのつながりに劣ら
ず、息子たちとのつながりからも深く敬愛していたからであり、後年、この婦人の青銅像を建立したおり、
5 その銘に「グラックス兄弟の母コルネリア」と刻んだほどである。[3]ガイウスが母を擁護するためある政敵に
向かって吐いた、中央広場で使うような罵りの言葉が伝えられる。「するとおまえは、ティベリウスを産ん
6 だコルネリアを侮辱するつもりか」とガイウスは詰め寄り、さらに侮辱した本人が男色の誹りを受けたこと
のある人物だったので、「自分をコルネリアと並べてみせるとは、どこまで面の皮の厚いやつ。おまえはコ
ルネリアの産んだような子を産んだか。ローマ人ならみんな知っているんだからな、コルネリアよりも男の
おまえの方が男のそばに長くいるのを」と浴びせかけたのである。ガイウスの刺すような言葉遣いはいつも
こんな調子で、同様の例はこの人の著作に数多く収められている。

二六（五） ガイウスが民衆を喜ばせ、元老院を骨抜きにしようとして提出した法案はいくつかあり、その
なかには、貧民への公有地分配を内容とする土地割り当て法が含まれていた。軍役関係では、兵士の軍服を
国費で支給し、その分を兵士の給与から差し引いてはならないこと、また一七歳未満の者を徴兵してはなら

2 ないことを定めた法があった。ほかに同盟市にかんする法は、イタリア人にローマ市民と同等の投票権を与えるもの[4]、また穀物にかんする法は、貧民への穀物の販売価格を引き下げるものであった。

さらに裁判関係の法もあり、これは他のどの法にもまして、元老院議員の権力を大きくそぐ結果になった。
3 つまりそれまでは、法廷で判決を表明できるのは元老院議員に限られていて、だからこそ元老院議員は民衆にとっても騎士階層にとっても畏怖の対象になっていた。ところがガイウスの法は、元老院議員三〇〇名のほかに騎士階層からも三〇〇名を陪審員団に加え、この六〇〇名が合同で判決を下すように改めたのである[5]。
4 この法の成立にガイウスはとりわけ情熱を傾け、そのためにさまざまな工夫を凝らしたが、そのなかに次の

（1）一二参照。

（2）プブリウス・ポピリウス・ラエナスは、前一三二年の執政官（プルタルコスが「法務官」と書いているのは誤り）在任時にティベリウス支持者たちを査問し、追放処分を言い渡した。亡命したが、ガイウスの死後、前一二〇年に帰国した。

（3）コルネリアの願望はかなえられた（八-7）。

（4）正確には、ラテン人に完全なローマ市民権を与え、他のイタリアの同盟市民にラテン市民権（ローマ民会投票権）を与える（アッピアノス『内乱史』第一巻二三）。ただしこれは、護民官再選後の前一二二年の提案である（二九-3）。

（5）属州総督の不正利得を裁くための法廷の改革。この法廷は前一四九年に設立されたが、陪審員団が元老院議員のみによって構成されていたので、被告となった元老院議員への判決が甘く、賄賂が横行していた。リウィウス『ローマ建国以来の歴史』第六十巻梗概によれば、改革により、三〇〇名の元老院議員に騎士階層市民六〇〇名が加わって、陪審員団を構成するようになったという。アッピアノス『内乱史』第一巻二二など他の史料は、裁判権が完全に元老院議員から騎士階層に移ったと説明しており、いずれにしても騎士階層が裁判を主導するように改変されたことになる。元老院議員三〇〇名と騎士階層三〇〇名の合同という説明は、プルタルコスにのみ見える。

ようなものがある。それ以前の政治家は例外なく元老院の方、そしていわゆるコミティウムの方に顔を向けて演説していたのを、このとき初めてガイウスが、外の中央広場にいる民衆の方を向いて演説し、それ以降はこれが慣例になったと伝えられる[1]。少しばかりの向きの違いであり姿勢の変更であったが、それによってガイウスは大きな変革を起こしたのであり、演説者は元老院ではなく民衆に眼を向けねばならないという意味で、国制を貴族制から民主制に転換したと言ってもよいのである。

二七（六）　民衆はこの裁判法案を可決したばかりか、騎士階層から陪審員を選任する権限までもガイウス
に与えたので、ガイウスはまるで独裁者のような権力を手にすることになり、元老院も彼の提案には同意を
表明せざるをえなかった。といってもガイウスの提案には、つねに元老院にふさわしい威厳が何ほどか織り
2 込まれており、その良い例が、法務官格総督ファビウス[2]がヒスパニアから送ってきた穀物にかかわる、きわ
めて適切かつ正当な決議であろう。このときガイウスは元老院に説いて、穀物を売りさばいたあと、その代
金をヒスパニアの諸都市に送らせたのであり、さらに属州支配を住民にとって耐えがたい重荷にしたファビ
ウスに、譴責を加えさせたのである。この処置は各地の属州におけるガイウスの人気と評判を高めることに
もなった。

3 このほかガイウスが提案した法には、植民団の送り出し[3]、道路の建設、穀物倉庫の設置[4]にかんするものが
あり、しかもそれらを実施するときには、そのすべてにおいてガイウス自身が監督として指揮を執った。そ
してこれほど数多くの大きな事業を一手に引き受けながら、疲れの色をまったく見せず、それどころかまる
でひとつの仕事しか手がけていないかのように、驚くべき速さと力強さで事を成し遂げていったものだから、

[4] ガイウスへの憎しみと恐れをつのらせていた人たちも、計画どおりにやり抜くその実行力には感嘆せざるをえなかった。一方で民衆にとって、ガイウスのまわりに工事請負人、技術者、使節、高官、兵士、記録者といった人たちが大挙して寄り集まってくるさまは、それだけで眼を見張る光景であった。その人たちすべてにガイウスは愛想よく接し、柔らかな物腰の中にも威厳を保ちながら、しかも相手に応じて当を得た対処をしていったので、ガイウスを横柄だとか尊大だとか強引だとか評する者は、自分の方こそ意地の悪い中傷家[5] だと証明されるはめになった。このようにガイウスというのは、演壇から演説を行なうときよりも、むしろ懇談したり作業したりするとき、いっそう上手に民衆の心をつかむ政治家であった。

二八（七） なかでもとくに熱心に取り組んだのが道路建設であり、実用性だけでなく見栄えの良さと美しさにも十分な配慮がなされた。ガイウスの造った道路は国土を突っ切って真っ直ぐに伸び、きれいに削った[2] 石を敷いた所と、砂を流し込んで押し固めた所から成っていた。窪んだ場所は埋め立て、渓流や峡谷を横切る地点には橋を渡し、道の両側は等しい高さにして水平を保ったので、均一な美しい景観が道路の端から端[3] まで延びていた。さらにすべての道路を一マイルごとに測量し——一マイルは八スタディオンにわずかに足

（1）演壇から北を向けば、元老院議事堂と集会場（コミティウム）が見える。逆の方を向けば、中央広場（フォルム）に面する。ただしキケロは、前一四五年に護民官ガイウス・リキニウス・クラッススが、最初にこの方向転換を実行したと伝える（キケロ『友情について』九六）。

（2）クィントゥス・ファビウス・マクシムス。ガイウスに不適切な属州統治を咎められたが、前一二一年には執政官に就任する。

（3）二九-3、三一-2、三二-1参照。

（4）貧民に配給する穀物を貯蔵するために（二六-2）。

4 りない長さである(1)——、そこに旅程の目安となる石の標柱を立てた。またそれとは別に、道の両側に一マイルよりも短い間隔で石を置いたのは、馬の持ち主がその石を踏み台にして、従者の手を借りずに楽に馬に乗れるようにするためであった。

護民官再任

二九（八）これらの事績を目にした民衆が、ガイウスへの傾倒をさらに深めるようになり、ガイウスへの支持の強さを表わすためなら、どんなことでも実行しようという気構えでいるなか、ガイウスはある日の民衆への演説で、私からひとつ願い事がある、それがかなえられれば何よりの喜びだが、もし断られてもあなた方に恨みを言うつもりはまったくない、と語った。この言葉は執政官就任への意欲を示すものと受け止め
2 られ、ガイウスは執政官と護民官の両方の地位を同時に求めるのだろうと、誰もが期待した。ところがいよいよ執政官選挙の時節になり、皆が気もそぞろに待ち受けるなか、ガイウスはガイウス・ファンニウス(2)をともなってマルスの野に現われると、仲間たちとともにファンニウスの執政官選出のための訴えを始めた。このことが天秤をファンニウスの方に大きく傾け、そうしてこの人が執政官に選ばれる一方、ガイウスも二度目の護民官に就いたのだが、こちらはみずから名乗りを上げることも運動することもなく、もっぱら民衆の
3 熱意に押されての就任であった(3)。しかしまもなくして、元老院からはあからさまな敵意を向けられ、ファンニウスからも冷淡な協力しか得られないのに気づいたガイウスは、新たな法によって民衆をさらに手元に引き寄せようと、タレントゥムとカプア(4)への入植と、ラテン人へのローマ市民権拡大を提案した。

4 このままではガイウスに太刀打ちできなくなると不安になった元老院は、民衆をガイウスから引き離そう
と、ついに過去に例のない奇策を採った。ガイウスと競うように、民衆を喜ばせ、国益に反してでも民衆の
5 人気を得ようとしたのである。どうしたかというと、ガイウスの同僚護民官のひとりにリウィウス・ドル
スス[5]というのがいて、これがローマで一流の生まれと育ちを持ち、しかも人柄と弁論と財産では、最高の名
6 誉と権勢を誇る市民たちと肩を並べるほどの人だった。この人に元老院の名士たちが近づいて、ガイウスへ
の抗戦を持ちかけ、自分たちと組んでガイウス打倒の陣営に加わってほしい、そのためには、民衆に暴力を
ふるったり衝突したりするのではなく、むしろ民衆の願いどおりの政策をすすめ、たとえ民衆から憎まれる
べきときでも、甘い顔を見せてやればよい、と説き諭したのである。

元老院の巻き返し

三〇（九） リウィウスはこれを引き受け、みずからの護民官位を元老院のために捧げようと決心すると、いくつかの法案を提出した。その目的はただひとつ、品格とか国益とかにはいっさい関係なく、あたかも相

（1）ローマの一マイルは約一四八〇メートル。ギリシアの単位スタディオンで説明している。
（2）歴史家ガイウス・ファンニウス（四-6）と同一人物か。前一二二年の執政官に就任した。
（3）任期は前一二三年十二月から。
（4）タレントゥムはイタリア半島南部のタラント湾に臨む港市。カプアはカンパニア地方の主要都市。
（5）マルクス・リウィウス・ドルスス。前一一二年に執政官に就任する。

手を負かそうと熱を上げる喜劇の登場人物のように[1]、民衆への追従と施与においてガイウスをしのぐこと、
2 それだけだった。そしてそこからはっきりと見えてきたのは、元老院はガイウスの政策自体に不服なのでは
3 なく、むしろガイウス個人の抹殺あるいは失脚を狙い、それに躍起になっているという事実であった。その
証拠に、ガイウスが先述の二都市への植民を提案し、品の良い市民をそこに移入しようとしたとき、元老院
はそれを民衆への媚びだと言って詰っておきながら、リウィウスが一二都市に植民して、それぞれに三〇〇
4 〇人の貧窮市民を送り込もうとしたときには、協力を惜しまなかった。またガイウスが、各人に国庫への地
代納入義務を課したうえで、貧民に土地を分け与えたときには、元老院はそれを民衆の機嫌取りだと憤慨し
5 ておきながら、リウィウスが入植者に課されたこの納入義務の免除を言い出すと、賛意を表わした。さらに
ガイウスによるラテン人への平等投票権の付与[2]には渋面を見せていたのに、リウィウスの提議により、ラテ
ン人に対しては兵役中でも鞭打ちの懲罰を行なってはならないという法案が上程されると、こころよく受け
容れた。

6 それでも民衆に向かって語りかけるとき、リウィウス自身が忘れずに口にしたのは、私はこれを民衆への
思いやり深き元老院の賛同のもとに提案するものである、という一文であった。これはリウィウスが国政に
おいて為した唯一の有益な行動であり、元老院に対する民衆の気持ちをやわらげる効果があった。つまりそ
7 れまで民衆が名門の人々への猜疑と憎悪に凝り固まっていたのを、リウィウスは解きほぐし、自分が今こう
して民衆に語りかけその願いを聞き入れてやっているのも、名門市民の意向に押されてのことだと示唆して、
積年の恨みと怒りを鎮めていったのである。

三一（二〇）　民衆に対するドルススの善意と公正が人々の信用を得るにいたった最大の理由は、法案の提
出が、いずれも自分の利益や殖財のためではないと見えたことだった。例えば、植民都市創設のために送り
出した委員団にドルスス自身は加わらなかったし、国費の管理にみずから携わることもなかったが、これは
ガイウスがこのような事業の先頭に立って、その大部分をみずからの手で行なおうとしたのと対照的だった。
2 同僚護民官のひとりルブリウスが、かつてスキピオに破壊されたカルタゴに植民都市を建設することを提案
したときも(3)、ガイウスが抽選で入植指揮の役目を引き当て、アフリカに渡ったのだが、そのガイウス不在の
間にドルススはますます攻勢を強め、民衆をしっかりと引き寄せて掌中に収めていった。そしてそのために
何よりも効果があったのが、フルウィウスへの誹謗であった。
3 フルウィウス(4)というのはガイウスの友人であり、ガイウスとともに土地分配委員にも選ばれていたのだが、
とかく騒動の種になる人物で、元老院から強い反感を買っていたばかりか、他の人たちからも猜疑の目で見

（1）アリストパネスは喜劇『騎士』で、デモス（民衆）の好感を得ようとふたりの登場人物が競い合う場面を描き、それを通して当時のアテナイの民衆扇動家クレオンを痛撃した。プルタルコスはそれを念頭に置いているらしい。

（2）二六-2参照。

（3）ルブリウスについては不詳だが、いずれにせよ提案を主導したのはガイウスであろう。カルタゴは前一四六年にスキピオ・アエミリアヌスによって破壊されて以来、放置されたままになっていた。

（4）マルクス・フルウィウス・フラックス（一八-2、二一-8）。前一二五年に執政官を務め、前一二二年にはガイウスと同僚の護民官に就いていた。ガイウスに協力するため、執政官退任後の護民官就任という異例の経歴を採った。

られていた。イタリア各地の同盟市を揺さぶって、ひそかにローマからの離反をけしかけているという疑い
4 を向けられていたのである。[1] この嫌疑は証拠も証言もない噂にすぎなかったけれども、健全や平穏とはほど
遠いフルウィウスの政治手法が、噂に信憑性を与えていた。そしてフルウィウスに向けられたこの反感がガ
5 イウスをも巻き添えにして、やがて破滅に導く最大の因となったのである。スキピオ・アフリカヌスが原因
不明の死を遂げ、しかも、この人物の伝記にも書いておいたように、遺体のあちこちに打撲など暴力の跡ら
しいものが見つかったとき、糾弾の声を誰よりも多く受けたのは、スキピオの仇敵であり、当日も演壇から
6 スキピオを罵倒していたフルウィウスであったが、ガイウスもまた嫌疑の外にはいられなかった。[2] しかし
ローマ随一の偉大な人物が犠牲となったこの大胆不敵きわまりない犯罪は、結局、裁判にいたらないどころ
か、捜査されることさえなかった。下手人の詮索が始まれば、ガイウスが断罪の穴に落ちかねないと心配し
た民衆が抵抗し、裁判になるのを阻んだのである。これはガイウスの護民官時代よりも前のできごとである。

三二（一） さてアフリカに渡ったガイウスは、カルタゴへの入植を開始したが、自身がユノニア、すな
わちヘラの町[3]と名付けたその市の創設にあたっては、それを阻もうとする神の警告がたびたび発せられたと
2 伝えられる。最初の警告は、先頭の軍団旗が強い風でさらわれそうになり、旗手が持ちこたえようと力をこ
めているうちに、旗が折れて砕けてしまったことである。さらには、祭壇上に供えられた犠牲獣が突風に吹
き飛ばされ、予定される都市の境界標柱の列の向こうに放り出されたばかりか、標柱自体も襲ってきた狼の
群れに引き抜かれて、遠くへ持ち去られた。
3 しかしそんな中でもガイウスは、七〇日間のうちにすべての差配と設計を終え、ローマに戻った。フル

ウィウスがドルススに追い詰められていると聞かされたのに加え、ガイウスの帰国を必要とするある事情が
4 生じたからである。すなわちルキウス・オピミウスという元老院内の重鎮で閥族派に属する人物がいて、こ
れが前年に執政官に立候補したときは、ガイウスがファンニウスを引き立ててオピミウスの選出に横槍を入
5 れたせいで、落選の憂き目にあっていた。しかし今年は数多くの支援者を得て、執政官就任の評判が高く、
しかも執政官に就任すればガイウスを破滅に追いやるのは必至と予想されていた。[4] その頃にはすでにガイウ
スの勢いにも陰りが見え始めており、民衆は気に入ってもらおうと媚びてくる政治家の一群と、民衆への譲

(1) ローマ市民権付与提案の否決に続いて起こったフレゲラエの反乱が、フルウィウスの扇動によると疑われた（二四-1）。

(2) スキピオ・アエミリアヌスは前一二九年のある朝、自邸の寝床で死んでいるのが発見された。突然の病死か、自殺か、それとも何者かによって暗殺されたのか、さまざまな憶測を呼んだが、結局、真相不明のままに終わった。暗殺者の嫌疑をかけられた中には、ガイウス・パピリウス・カルボ（前一三一年の護民官）のほか、グラックス兄弟の母コルネリア、スキピオの妻センプロニアも含まれていた（アッピアノス『内乱史』第一巻二〇）。スキピオの伝記については、二一-9参照。

(3) 女神ユノは主神ユッピテルの妻。ギリシア神話のゼウスの妻ヘラに相当すると見なされた。カルタゴのフェニキア人が男神バアル・ハモンと並んで崇拝していた女神タニトを、ローマ人はユノと同一視した。

(4) ルキウス・オピミウスは前一二一年の執政官に就任する。前一二四年にフレゲラエの反乱を鎮圧し、この都市を破壊したのが（二四-1）、当時法務官のオピミウスだった。

歩を厭わない元老院に囲まれて、人気取り政策で満腹になっていたのである。

三三（一二）　ガイウスは帰国後、まずパラティウム丘の居宅を引き払い、もっと民衆に近い所に住もうと、
2 中央広場付近にあって身分の低い貧しい市民が集まり住む区域に移った。続いて、残っていた法案を提出し、
民衆の採決により成立させようとした。ところが、ガイウスを応援しようと大勢の人がイタリア各地から
やって来るのを見て、元老院は執政官ファンニウスに頼み込み、ローマ市民以外はすべて追い返すことを決
3 定させた。その結果、同盟市や友邦の市民は所定の数日間ローマに足を踏み入れてはならないという、類の
ない異例の布告が出されたのだが、それに対してガイウスも宣言を発し、その中で執政官を非難するととも
4 に、同盟市民がローマ市内に留まった場合は援助を惜しまないと約束した(1)。しかしその後、ガイウスはその
約束に背き、外国の友人がファンニウスの先導吏に引っ張られていくのを目にしながら、助けに駆けつけず
に通り過ぎた。自分の勢威がもはや下り坂にあるのを証明する結果になるのを恐れたか、あるいは、ガイウ
ス自身が言うように、暴力行使と乱闘のきっかけをうかがっている敵たちに、自分の方からその機会を作っ
てやるのを避けたのであろう。

5 さらにある成り行きから、同僚の護民官たちにも疎まれるようになったのだが、それは次のようなできご
とに端を発する。あるとき民衆が中央広場で開かれる剣闘士の試合を見物するつもりでいたところ、同僚護
6 民官の多くが広場の周囲に観覧席を設けて、その席料を徴収しようとした。ガイウスは、貧民がその場所か
ら無料で見物できるように、観覧席を撤去するよう同僚たちに訴えたけれども、耳を貸してもらえなかった
ので、試合の前夜になって、工事請負のために配下に抱えていた人足を総動員し、観覧席を取り壊すと、朝

7 方にはその場所を民衆が自由に使えるようにしてやった。この一件により民衆からは英雄と称賛されたガイウスだが、同僚護民官からは手段を選ばぬ無法者として目の敵にされるようになった。

三度目の護民官位獲得を阻まれたのも、このことに原因があるらしく、票の最多数はガイウスに投じられたのに、同僚護民官たちが結果を宣言し公表するときに、不正をはたらいて真実をねじ曲げてしまった。それに対して抗議が行なわれたが、それでも落選を宣告されたガイウスは、まさに腹わたの煮えくり返る思い
8 であった。嘲り笑いを見せる敵たちに向かって、怒りのあまりにこんな罵言を浴びせたと伝えられる。おまえたちはおれの改革によってどれほど暗い闇に覆われたか知らないから、そんな馬鹿笑いをしていられるのだ、と。[2]

（1）アッピアノス『内乱史』第一巻二三によれば、このとき採決が予定されていたのは、同盟市民へのローマ市民権付与にかかわる法案だった（二六‐2、二九‐3）。その可決を応援しようと同盟市民がローマに乗り込んできたが、元老院は、投票が実施されている間、投票権を持たない者はローマから五マイル以内に立ち入ってはならない、という布告を執政官に出させた。

（2）ホメロス『オデュッセイア』第二十歌三四五―三六二に、横暴な求婚者たちがアテナ女神により引き起こされた笑いに憑りつかれたとき、予言者テオクリュメノスが、求婚者たちのまわりに夜の闇が降りかかっているのを見て、彼らの破滅を予感する場面がある。ガイウスはその場面を想起しているらしい。

三四（一三） それでも敵たちはオピミウスを執政官に据えたあと、ガイウスの定めた諸法多数の廃止と、
カルタゴにかかわる措置の見直しに着手し、そうしてガイウスを挑発して、それでもしガイウスが腹立ちの
あまりに何か事を起こせば、それを口実に殺害しようと謀っていた。それに対して初めのうちは自重してい
たガイウスだが、やがて仲間たちに促され、なかでもフルウィウスにあおられるうちに火がついて、執政官
2 に対抗する人々をあらためて集め始めた。そのさい、一伝によれば、ガイウスの母も息子の計画に加担し、
ひそかに外国で男たちを雇い入れ、収穫人夫に見せかけてローマに送り込んだという。このことはコルネリ
アが息子に宛てた書簡の中に、一見ではそれと判じがたい言葉で書かれているというのだが、別伝によれば、
コルネリアはこのたびの計画に強く反対していたともいう。

いよいよオピミウスたちが問題の法の廃止を決議する予定の日、カピトリウム丘には夜が明けてまもない
3 うちから、賛否双方の市民が陣取っていた。そして執政官による供犠式に続いて、執政官の先導吏のひとり
クィントゥス・アンテュリウスが、犠牲獣の臓物をよそへ運び出そうとするさい、フルウィウスたちに「や
4 くざ市民ども、良き市民に道をあけろ」と怒鳴りつけた。このとき声を発すると同時に、むき出しの腕を
振って、相手を侮辱するような仕草をしたと伝える書もある。ともかくアンテュリウスは、この目的のため
5 に作ったという長い鉄筆で突き刺され、その場で絶命した。[1] この殺人に群衆は蜂の巣をつついたような騒ぎ
になったが、双方の指導者の反応は対照的だった。ガイウスは困惑し、かねてからわれわれに襲いかかる口
実を欲しがっていた敵たちに、それを与えてしまった、と言って、周囲の者たちを叱りつけた。一方オピミ

ウスはというと、まるで開戦の号令を聞いたかのように意気上がり、民衆をけしかけて報復に走らせようとした。

2

三五（一四）　もっともこのときは激しい雨が降り出して、集まっていた人々は、結局、散り散りになった。しかし翌日になると、朝早くから執政官の求めに応じて元老院議会が屋内で開かれ、審議を始める一方、他の人々は着衣をはがしたアンテュリウスの遺体を棺架に載せ、予定していたとおり中央広場を抜けて元老院議事堂のそばを通りながら、悼みと嘆きの声を響かせた。オピミウスが事の次第を知っていながら、驚いたふりをしてみせたものだから、議員たちもつられて外に出た。すると人だかりの真ん中に置かれた棺架が目に入り、議員たちは忌まわしい大罪の犠牲者を悼むかのように、憤りを口にし始めたが、民衆の間に広がったのは、逆に貴族階層へのあらたな憎悪であり非難であった。護民官の身分にあるティベリウス・グラックスは——と民衆は語り合った——カピトリウムで殺され、遺体はそのまま投げ捨てられた。ところが先導吏にすぎないこのアンテュリウス、この男の末路は正当なものだったとは言えないにしても、それでもそこにいたる原因の大部分は自分の蒔いた種だというのに、そんな男が中央広場に安置され、ローマ元老院の面々がその周囲に立ち並んで追悼し、この雇われ者の葬送に加わろうとしている。その狙いはほかでもない、民

（1）アッピアノス『内乱史』第一巻二五によれば、供犠を行なっていた民衆のひとりアンテュルス（アッピアノスではこの名）がガイウスに話しかけようとして近づき、ガイウスの護衛に殺された。

衆の味方として残されたあとひとりを亡きものにしようというのだ。
3 そんな民衆の非難を尻目に、元老院議員たちは議事堂内に戻ると、票決の結果、執政官オピミウスに可能
4 なあらゆる手段を使って国家を護持し、専制独裁者を排除することを命じた(1)。そこでオピミウスは元老院議
員に武具装着を指示するとともに、騎士階層の全市民に向けて、翌朝に武器携帯の従僕二名をともなって参
集せよと布告を出した。それに対してフルウィウスも準備に取りかかり、民衆の動員を始めたが、ガイウス
はというと、中央広場を去りぎわに父の彫像の前に立ち止まり、長い間それをじっと見つめてひと言も発せ
5 ず、ただ涙と嗚咽を洩らしたあとその場を後にした。そのようすを見ていた多くの市民は、ガイウスへの憐
憫に胸を締め付けられ、この人を裏切って見捨てようとするのかと己を責めて、ガイウスの屋敷に出向くと、
玄関前で徹夜の見張り番をした。そのさまは、フルウィウスの護衛に付いていた者たちとはまるで違ってい
6 た。というのも、あちらの護衛たちは酒を飲み気炎を上げながら徹夜で乱痴気騒ぎを続け、しかもその中で
フルウィウス自身が真っ先に酔って、年甲斐もなく猥雑な言葉と仕草をさかんに披露していた。それに対し
てガイウスのまわりの者たちは、祖国を呑み込もうとする危難を前にして口数も少なく、先の事をあれこれ
と思いめぐらしながら、交替で休息と警護に当たっていたのである。

三六（一五）　夜が明けて、フルウィウスが酔いつぶれて眠っていたのを、周囲の者たちはやっとのことで目覚めさせ、続いて、この主人が執政官時代にガリア人を打ち破ったおりに獲得した甲冑が邸内にあったので(2)、それを身に着けたあと、敵を威嚇するような喊声を上げながらアウェンティヌス丘(3)の占拠に向けて行進を始めた。

[2] 一方、ガイウスはというと、武具着用を拒み、ふだん中央広場に顔を出すときと同じように市民服を着て、小さな懐剣を忍ばせただけで外に出ようとした。すると玄関から足を踏み出そうとするところで、妻がガイウスにすがりつき、片手で夫を、片手で子供を抱きかかえながら声を絞り出した「ガイウス様、今日はあなたを、[3] 立法の責めを果たす護民官として演壇に送り出すのでも、名誉ある戦いの場に送り出すのでもありません。戦いならば、もしあなたに世の常の事が起ころうとも、遺された私の悲しみには、ともかく名誉というものがございます。いいえ、あなたがいま飛び込もうとなさっているその先にいるのは、ティベリウス様の命を奪った男たち。しかも仇を人に為すよりはむしろ己が被ろうとの尊い志から、武具もお持ちでないとは。[4] でもそれで命を落としたところで、国の益になるわけでもありません。もはやこの国を制するのは悪逆非道。事の裁きをつけるのは力と剣なのですから。お兄さま〔ティベリウス〕にしても、もしヌマンティアで倒れたのなら、せめて遺体は停戦の取り決めの下で私たちの手に戻ってきたでしょうに。そして今度は、たぶんどこかの川か海に私がお願いすることになるでしょう、水面を漂うあなたの遺体をどうか返してくださいと。なぜといって、法とか神とかそんなものを、ティベリウス様が殺された今なお、いったい誰が信用するものですか」。

(1) 元老院最終決議と呼ばれる執政官への非常大権付与決議。キケロがカティリナ事件のさいに受けたのと同じもの（『キケロ』一五-5）。

(2) フルウィウスは前一二五年にガリア南東部のリグリア人などの征討に出て、前一二三年にその功により凱旋式を挙げた。

(3) 中央広場の南方に位置する。

5 こう言って涙を流すリキニア[1]の腕を、ガイウスはそっとふりほどき、おし黙ったまま仲間たちをともなっ
て歩き出した。リキニアは夫の衣にすがりつこうとして床に崩れ落ち、長い間声もなく倒れていたが、やが
て気を失った彼女を召使いたちが抱きかかえて、兄弟のクラッススのもとに運び込んだ。

三七（一六）　さてフルウィウスは、同志たちがすべて顔をそろえたところで、ガイウスの忠告を容れ、ふ
たりの息子のうち弟の方に伝令の杖を持たせて中央広場に送り出した。これはたぐいまれな美しさを持つ
若者[2]で、それがこのとき執政官と元老院議員の前に凛々しく恭しい姿で立ち現われ、涙を浮かべながら和解
2 の申し入れを伝えた。それを聞いた人たちの多くが和睦に気持ちを傾けるなか、オピミウスはこれに反対し、
元老院との交渉を使者を通じて行なうことはできない、ガイウスたちは責任を問われた市民として、裁きを
受けるためにみずから［中央広場に］降りてきて身を預け、そのあとで、怒りを収めてくれるよう願い出る
べきだ、と答えた。そして若者に、この要求を満たしてもう一度降りてくるか、さもなければ二度と来ない
3 ように、と言い渡した。そこでガイウスは、伝えられるところによると、みずから出かけていって、元老院
で主張を述べようとしたらしい。だがそれに賛成する者はひとりもなく、フルウィウスは息子に前回と同じ
趣旨の伝言を託し、再度、名代として送り込んだ。

4 　しかしオピミウスにはもはや戦闘を手控える気持ちはなく、まずこの若者をそくざに拘束して監禁すると、
続いてフルウィウスたちに、大勢の重装兵とクレタ式弓兵を率いて襲いかかった。弓兵の放つ矢はきわだっ
5 た威力で流血を引き起こし、人々を混乱に陥れた。壊走が始まると、フルウィウスはある廃屋の浴場に逃げ
込んだが、やがて見つかって年上の方の息子とともに刃に倒れた。ガイウスは戦いには加わらなかったらし

6 く、事の成り行きに憤りを抑えられないまま、ディアナの神殿(3)に身を隠した。そしてそこでみずから命を絶つつもりだったが、居合わせたいちばんの忠実な友人ポンポニウスとリキニウスに剣を奪い取られて果たせ
7 ず、なお逃げ延びるよう励まされた。伝えによれば、このときガイウスはひざまずき、女神に向かい両手を差し上げて、この先、ローマの民衆が忘恩と裏切りの報いとして、永劫に奴隷の身にあるようにと呪ったという。民衆の大部分は、大赦の令が宣せられたのを知って、もはや堂々とオピミウス側に寝返っていたのである。

三八（一七）　その後、逃走するガイウスたちを敵たちが追いかけ、木の橋(4)に差しかかろうとするところで捕捉しかけたとき、ふたりの友人はガイウスを先に行かせたあと、自分たちは追っ手の前に立ちはだかり、

(1) 二一-2参照。

(2) ウェレイユス・パテルクルス『ローマ世界の歴史』第二巻七-二によれば、一八歳に満たない青年だった。

(3) アウェンティヌス丘の北麓に位置し、前六世紀、セルウィウス王の時代に、ラテン人との紐帯の象徴として建立されたと伝えられる（リウィウス『ローマ建国以来の歴史』第一巻四五-二）。ガイウスがラテン人へのローマ市民権付与を提案して、ラテン人の味方を標榜していたことと、関連があるのかもしれない。

(4) ディアナ神殿と中央広場の間にあり、ティベリス川に架かるスブリキウス橋。橋を渡るとローマ市外に出る。前六世紀末、この橋の守備に就いていたホラティウス・コクレスが、ローマ市内に攻め込もうとするエトルリア軍を橋の手前で阻止し、その間に橋を切り落とさせてローマを救ったという有名な伝説がある（『プブリコラ』一六、リウィウス『ローマ建国以来の歴史』第二巻一〇）。ガイウスのために身を捨てた友人ポンポニウスとリキニウスを、この故事に重ね合わせているらしい。

2 橋の手前で戦いながら、死ぬまでひとりの敵も通さなかった。ガイウスとともに逃げたのは、ピロクラテス
という従僕ひとりのほかになく、周囲の者はみなまるで競走の観衆のようにふたりに声援を送るだけで、誰
ひとり助太刀をする者も、馬を請われたときに提供する者もなかった。追っ手はすぐそばまで迫っていたが、
3 ガイウスはかろうじて敵をかわしてフリアエの杜(1)に逃げ込むと、そこで命を絶った。ピロクラテスが主人を
剣で突き、続いてみずからもその後を追うという幕切れであった。ただし一部の伝によれば、ふたりとも敵
に捕まったときはまだ生きており、従者が主人をかばって強く抱きかかえたため、敵はまず従者を幾度とな
く突いて息の根を止めるまで、ガイウスに触れられなかったという。
4 ガイウスの首は、ある男が打ち落として持ち去ろうとしていたのを、オピミウスの仲間のセプティムレイ
ユスという者が奪い取ったと伝えられる。このたびの騒乱の始まるとき、ガイウスとフルウィウスの首を
取ってきた者には、それと等しい重量の黄金を与えると布告されていたのである。セプティムレイユスが槍
5 先に刺してオピミウスのもとに持参したガイウスの首は、天秤にかけると一七リブラ半(2)の重さと釣り合った
が、これはセプティムレイユスが穢らわしくも、脳を取り出して代わりに鉛を注ぎ込むという偽計を弄した
結果だった。フルウィウスの首を持参したのは身分の低い者たちだったので、何ももらえなかった。このふ
6 たりのほかにも三〇〇〇に上る人たちが殺害され、その遺体は［ティベリス］川に投げ捨てられた。この人
たちの財産は売りに出されて国庫に収められ、遺された妻たちは服喪を禁じられたほか、ガイウスの妻リキ
7 ニアは結婚持参金まで没収された。しかし非情を極めたのは、フルウィウスの年下の息子に対する仕打ちで
あり、この若者は手を振り上げたこともなければ争乱に加わったわけでもなく、ただ争いの前に和解の交渉

に来ただけなのに、拘束され、抗争が収まったあとに処刑された。

だがそれよりも何よりも民衆がもっとも悲憤慷慨したのは、オピミウスが協和（コンコルディア）の女神の
8 神殿を建立したことだった。[3] オピミウスのこの行動は、これほど多くの市民を殺戮したあと、まるでそれを
9 記念して凱旋式を挙行するかのような、不遜と驕慢のふるまいと人々の目に映ったのである。そんな気持ちを代弁して、ある夜、何者かが神殿の献辞の下にこんな句を刻んだ、「狂和の神殿ここに建つ[4]」と。

三九（一八）　オピミウスは執政官位にありながら独裁官（ディクタトル）のような権力をふるった最初の人物であり、三〇〇〇人の市民を裁判抜きで処刑したが、そのような犠牲者の代表が、執政官を経験し凱旋式を挙げたこともあるフルウィウス・フラックスであり、当代随一の人格と名声の主ガイウス・グラックスだったというわけである。しかもこのオピミウスは汚い利得にも手を出さないではいられず、ヌミディアの
2 ユグルタ王に特使として派遣されたおり、王から金品で丸め込まれてしまった。そして何とも恥ずべき収賄

（1）スブリキウス橋を渡って城壁外に出ると、ヤニクルム丘にフリナ（Furrina）の杜がある。フリナはローマの古い時代の女神だが、復讐の女神フリアエ（Furiae）と同一視されることがあった。

（2）一リブラは約三二七グラム。

（3）協和（Concordia）の女神の神殿は、前三六七年、中央広場のそばに、リキニウス・セクスティウス法の制定による貴族と平民の和解を記念して、カミルスにより奉納された（『カミルス』四二）。オピミウスはそれを建て直した。

（4）元のラテン語はおそらく「vecordia（狂気）の所業が concordia（協和）の神殿を建立」。プルタルコスはこの二語をそれぞれギリシア語の *ἀπόνοια* と *ὁμόνοια* に翻訳して、言葉遊びを再現した。

の罪に問われ、民衆の憎悪と侮蔑を浴びながら、不名誉な老年を送ったのである(1)。
　民衆は騒乱の渦中にあったときこそ、身をかがめて頭を低くしていたけれども、その後しばらくすると、
3 自分たちがグラックス兄弟にどれほど深い愛惜と追慕を抱いているかを世に現わした。すなわち兄弟の彫像
を造って目立つ所に据え付けたほか、兄弟が殺害された場所を聖地と定め、そこに季節の収穫物を真っ先に
奉納したり、毎日大勢が犠牲を捧げつつひざまずいたりして、まるで神の社に参拝するかのような光景を現
出したのである。

四〇（一九） コルネリアはというと、度重なる悲運にも気高い心で雄々しく耐え抜き、息子たちの殺され
た場所が聖地となったことについても、死者たちはふさわしい墓所を得たと語ったと伝えられる。そしてそ
2 の後はミセヌム(2)という所で余生を過ごしながらも、従前の暮らしぶりをいっさい変えなかった。交友の多さ
から、邸内では粋な宴の席がしばしば設けられて客人で賑わい、ギリシア人など文人が彼女のもとを足しげ
3 く訪れたり、各地の王がこぞって彼女と贈り物を遣り取りしたりした。コルネリアがいつにもまして嬉しそ
うな顔を見せるのは、訪問客や列席者に父アフリカヌスの生活や暮らしぶりについて語り聞かせるときであ
り、一方で最大の驚嘆を集めるのは、息子たちのことに話が及んでも、涙も流さず嘆きも洩らさず、しかも
4 問われれば兄弟の事績と受難を、まるで昔の偉人談のように物語ってみせるときであった。そんなことから
ある人たちは、コルネリアが老いのためかあるいは悲しみの大きさのためかに心が鈍くなり、不幸を感じ取る
能力を失ってしまったのだと推測した。しかし実のところ、感じ取る能力を失っているのは、そのような推
測をする人たちの方であり、そういう人は、天性や生まれ育ちの良さが、悲しみを克服する力をどれほど強

めるものかを理解できず、人の持つ徳というのは、不幸に抗いつつ運命によって倒されることはしばしばあっても、倒れたときに冷静に耐え忍ぶ力まで奪われはしない、ということを知らないのである。

（1）ヌミディアでは前一一八年頃にミキプサ王（二三－5）が死去し、王の実子ふたりと養子ユグルタとの間で王位争いが起こって、ユグルタは実子のひとりを殺害した。残った実子がローマに訴えたため、前一一六年、元老院は特使一〇名を派遣し、ヌミディアを東西に分割してふたりに継がせる裁定を下した。オピミウスはこの特使団の代表を務めたが、前一〇九年、ユグルタに有利を図る見返りに賄賂を受け取ったとの嫌疑で断罪され、ギリシア西海岸のデュラキオンに亡命してその地で没した。

（2）ナポリ湾の北辺の岬の先端。富裕貴族の別荘が多かった。コルネリアの屋敷は、後にマリウスそしてルクルスの所有になる（『マリウス』三四－3—4）。

アギス／クレオメネスとグラックス兄弟の比較

2 一　さて以上でそれぞれの伝記を語り終えたから、最後にそれらを見比べて考察してみよう。まずグラックス兄弟の場合、他の点では彼らを誹謗し憎悪する人たちも、兄弟が徳に対してローマでも屈指の資質を
3 持って生まれ、一流の養育と教育に恵まれたことについては、それを否定できなかった。しかしアギスとクレオメネスの場合、適正な教育を与えられず、久しい以前から市民たちの堕落の元凶となっていた慣例と習俗の中で育てられたにもかかわらず、自身を質素と節制の暮らしの先導者に仕立て上げたのだから、そのぶ
4 ん生来の資質は、グラックス兄弟のと比べていっそう堅固なものだったと判定してよかろう。しかもグラックス兄弟が行なったのは、ローマの威信が最大の輝きを放っていたときに、偉業への憧れを父や祖先から徳
5 の遺産として受け継ぎ、それを捨て去るのを恥じたことである。一方スパルタのふたりは、それとは反対の方向をめざしていた父から生まれ、疲弊し病んでいた祖国を引き継ぎながら、それでも偉業への渇望を寸分も鈍らせることがなかった。

6 グラックス兄弟の財産欲のなさ、金銭に対する自制心の強さについて、その最大の証左と言えるのは、官

7 位に就いて政治に携わっていた間、不正な利得にいっさい手を出さずに過ごしたという事実である。しかし
アギスの場合は、他の資産を別にして、貨幣だけでも六〇〇タラントンの財を自分の懐から市民に供与した
のだから、[1]もし他人から金銭を受け取らなかったという理由で褒められれば、きっと憤慨するに違いない。
8 まして不正な利を得ることなど、たとえ正当な財産であっても、他者より多くを所有するのを強欲と見なす
人物から見れば、いかに卑しい所業であったことか。

二　次に改革の内容と規模を比べると、そこには大きな違いがある。グラックス兄弟の行なった事業には
道路の建設や都市の創設もあるが、もっとも思い切った施策はというと、ティベリウスの場合、公有農地の
分配であり、ガイウスの場合、陪審員に騎士階層の市民三〇〇名を加えて混成の法廷を作ったことだった。[2]
2 一方アギスとクレオメネスは、病巣を部分ごとに切り開いて少しずつ治療していくのは、プラトンの言うよ
うに、ヒュドラを切るようなものだと考えたので、[3]その改革はすべての悪弊を一気に取り除くような根本的
3 な変化を国制に持ち込むものであった。[4]あるいは、もっと正確な言い方をすれば、すべての悪弊の源となっ
た変化を一掃し、国家を本来の状態に引き戻し立て直すものであった。

(1)『アギス／クレオメネス』九-5参照。
(2)『グラックス兄弟』九-2、一〇-4、二六-3参照。
(3)ヒュドラはヘラクレスが戦った水蛇の怪物で、多くの頭を持ち、ひとつの頭を切り落としても別の頭が新たに生えてくるので際限がない。プラトン『国家』第四巻五（四二六e）は、国家体制そのものを根本的に変えないまま、その場しのぎの処置を講じ続ける政治を、ヒュドラの頭を切ることに喩える。
(4)『アギス／クレオメネス』八、三二参照。

4 さらにこんなことも言えるであろう。すなわち、グラックス兄弟の政策はローマの有力者たちの抵抗に直面したのに対し、アギスが手を着け、クレオメネスがやり遂げた事業には、それを支えるべく、最大の威信を持つ至高の模範が存在していた。その模範とはすなわち節度と平等を定めた父祖伝来の法（レトラ）であり、その法の保証元としてふたりの王のためにはリュクルゴスがいて、リュクルゴスのためにはピュティオスがいた(1)。

5 しかし何よりも大きな違いを挙げれば、グラックス兄弟の改革がローマの国力の増大に何ら寄与するところがなかったのに対し、スパルタはクレオメネスの改革の結果、全ギリシアの見守るなかで、たちまちのうちにペロポンネソスを制圧し、当時最大の力を持つ国と覇権をめぐって争いを繰り広げるまでになった。しかもその争いの目的は、ギリシアをイリュリア人とガリア人(2)の武威から解放し、ヘラクレスの末裔による秩序に復帰させることだったのである。

三　四人それぞれの最期もまた、彼らの徳性の隔たりを何ほどか示しているように思う。つまりローマのふたりは市民たちと戦い、そのあと逃亡するうちに死を迎えた。一方、ギリシアのふたりのうちアギスは、市民をひとりも殺さないために、すすんで死を選んだに等しく、クレオメネスはいわれのない屈辱にさらされたあげくに、身を守ろうと跳び出したものの、時の利あらず、勇敢に己が命を絶った。

2 しかし別の面に目を向ければ、反対の見方もできる。アギスは将軍として何ひとつ成果を挙げないまま、早々に世を去った。クレオメネスは数多くの輝かしい勝利に恵まれたけれども、それにはティベリウスによるカルタゴの城壁占拠という大殊勲のほか、ヌマンティアで生存の望みを失っていた二万のローマ人を救っ

3 た休戦協定の締結を対置できる。(3) ガイウスにしても、ヌマンティアでもサルディニアでも遠征中に数々の武勇の証しを立てたのだから、(4) 兄弟ふたりとも、もし早すぎる死に見舞われなければ、ローマの一流の将軍たちと肩を並べるまでになっていたであろう。

四　政治への向き合い方について言えば、アギスは強靭さが足りず、アゲシラオスに弾き出されて土地分配の件で市民を欺く結果になったのだから、(5) つまるところは年少ゆえの物怖じのせいで、約束し公言してい
2 た事をやり残したまま、途中で去ってしまった。逆にクレオメネスは、国制変革への取り組み方があまりに剛直で乱暴に過ぎ、法を破って監督官の殺害に及んだが、(6) 監督官の処置については、武力の優位を生かして味方に引き込むこともできたし、他の市民多数を国外に追いやったように、追放することも容易だったはず
3 である。やむにやまれぬ状況に追い込まれてもいないのに刃を持ち出すことは、医療においても政治においても技術の未熟の証拠であり、それに加えて政治においては、正義の侵犯と暴虐がそこに発生する。
4 グラックス兄弟の場合、どちらも同胞市民の殺戮に先に手を出すことはなかったし、ガイウスにいたって

---

(1) レトラとはリュクルゴスの定めたスパルタの法であり、リュクルゴスはこれをピュティオスすなわちアポロン神から与えられた託宣として国制に導入した（『リュクルゴス』五-4、六-1）。
(2) セラシアの戦いでアンティゴノスの指揮するマケドニア同盟軍内には、この二民族の部隊が含まれていた（ポリュビオス『歴史』第二巻六五-二―四）。
(3) 『グラックス兄弟』四-5―6、五-4―6参照。
(4) 『グラックス兄弟』一三-1、二二-4―二三-3参照。
(5) 『アギス／クレオメネス』一三-1―5参照。
(6) 『アギス／クレオメネス』二九参照。

は、撃ってこられても身を護ろうとせず、遠征では誰よりも活発でありながら内乱では誰よりもおとなし
5 かったと伝えられる。実際、この人は武器を持たずに屋敷を出て、戦いが始まれば退いたのだから、つまる
6 ところ、危害を被らないことよりも危害を加えないことにいっそう注意を払っていたのである。だから兄弟
の逃亡にしても、怯懦の証拠ではなく、用心深さの証拠と考えるべきであろう。あのときは、襲いかかって
くる相手から逃げ出すか、それとも留まって、危害を被らないために危害を加えるか、そのいずれかしかな
かったのだから。

五　するとティベリウスへの最大の批判はと言えば、同僚の護民官を追い落とし、自身が二度目の護民官就任を狙ったことであろう。ガイウスに対しては、アンテュリウス殺害の責めを帰する者もいたが、これは正しくないし事実とも異なる。なぜならアンテュリウスの死はガイウスの意思に反し、むしろ怒らせたのだから(1)。

2 一方クレオメネスは、監督官団の殺戮を別にしても、奴隷をひとり残らず解放したほか、現実には自分が
ただひとりの王となって、もうひとりを名目上の王となし、しかもその王に弟エウクレイダスを選んで、自
分の家系で王位を独占してしまった。そのうえ他方の王家の出身で、本当なら並んで王位に就くはずのアル
キダモスを誘って、メッセネから帰国させておきながら、死んでしまうと殺害の真相を調査もせず、そうし
3 て自分に向けられた嫌疑に確証を与えることになった(2)。クレオメネスはリュクルゴスを模範にしていると標
榜していたけれども、しかしリュクルゴスはみずからの意志で兄の子カリロスに王位を譲り、しかもその後、
もしこの若者が何らかの理由で命を落とした場合、自分に殺害の嫌疑が向けられるのではないかと怖れ、長

年にわたって外国を遊行したのち、カリロスに王位継承者となるべき子が誕生したとき、ようやく祖国に
4 戻ったのだ。[3] だからリュクルゴスと肩を並べることなど、クレオメネスでなくても、ギリシア中の誰ひとり
できないのだが、それにしても、クレオメネスの執政に過度の変革と不法が含まれていたことは、これまで
の記述から明らかであろう。
5 四人の気質についての批判に目を向けると、まずスパルタ両王にかんしては、初めから専横な性格でその
うえ戦争好きだったという非難があるが、グラックス兄弟にかんしては、このふたりを嫌悪する者が名誉欲
の過剰を咎めたのが、聞こえてくる唯一の悪評である。しかもこの悪評についても、兄弟は敵対者との闘争
にあおられ、憤怒のあまりに本来の性向から逸脱した結果、とどのつまりに国家をいわば暴風の中に投げ込
6 んでしまったのだと、批判者自身が認めていた。実際のところ、もし富裕市民が暴力と権勢にまかせてあの
法案を押しつぶそうと躍起になっていなかったなら、そしてそんな敵対者に誘われて兄弟が、兄の場合、わ
が身を守るために、弟の場合、裁判も決議もなく当局の命令もないままに殺された兄の復讐を果たすために、
闘争の場に引き込まれていなかったなら、彼らの最初の計画にもまして正しく美しいものがあっただろうか。
7 さて四人の伝記が完結した今、彼らの隔たりは貴兄自身の目にも映っているはずだ。[4] しかしそれぞれにつ

(1)『グラックス兄弟』三四‐3―5参照。
(2)『アギス／クレオメネス』二六‐2―4、三二‐5参照。
(3)『リュクルゴス』三参照。
(4) 本篇の序の『アギス／クレオメネス』二‐9にある「貴兄」と同様、おそらくクィントゥス・ソシウス・セネキオを指す。

いてあえて私の評価を下すなら、まず四人のうち徳の高さで首位に立つのはティベリウス、過ちを犯すことのもっとも少なかったのは青年アギス、そして行動力と気概の点では、ガイウスはクレオメネスよりもかなり後れを取る、と言っておこう。

デモステネスとキケロ

デモステネス

一　序

一　ソシウス・セネキオ[1]よ、オリュンピア競技祭の戦車競走の勝利を称えてアルキビアデスに頌詩を書いた詩人は——それが通説のとおりエウリピデスであるにせよ、他の誰であるにせよ[2]——、幸福な人であるためにまず必要なのは、名高い国の住民であることだと説いている。しかしながら私の考えでは、真の幸福はその多くが本人の性行と心のあり方の如何によるものであり、幸福を願う人にとって、祖国が名もない貧し
2 い国であろうと、あるいは母が背丈の低い醜悪な女であろうと、そんなことは何の妨げにもならない。例えば、ケオスという小さな島のわずかな部分にすぎないイウリス[3]にせよ、またあるアッティカ人から、ペイライエウスの目やにのようなものだから、拭き取ってしまえと言われたアイギナ[4]にせよ、すばらしい役者や詩人を生み育てることはできても、正義と自主の気概を備え、賢慮と大志にあふれた人物の出身地にはなりえ
3 ないと考える者がもしいるなら、これは笑うべき誤解と言わざるをえない。たしかに仕事の技量なら、報酬と名声をめざすものだから、名もない貧しい国ではしおれてしまうのも無理はないけれども、徳性というの

[4] は、すぐれた素質と勤勉な精神に出会いさえすれば、強くてたくましい草木のように、どんな土地にでも根付くものだ。だから私も、もし自分の考え方や生き方の中に、あるべき姿から外れたところを見つけたなら、それを祖国の小ささのせいにするのではなく、私自身の責任と認めるべきであろう。

二　しかしながら歴史書を著わそうとする者にとって、その資料となる文書が国内の手近なところになく、多くがあちこちの諸外国に分散している場合、自身が豊かな文化と大きな人口を有する名高い国の住民であることは、間違いなく、執筆のための最大かつ第一の条件である。なぜならそういう国に住んでいれば、あ

(1)プルタルコスが本書を献じた友人クィントゥス・ソシウス・セネキオ（三一‐7、『テセウス』一‐1、『ディオン』一‐1、『アギス／クレオメネス』二‐9）。トラヤヌス帝と近く、後九九年と一〇七年に執政官に就いた。『食卓歓談集』もこの人に献じられた（六一二c）。

(2)前四一六年のオリュンピア競技祭において、アルキビアデスは四頭の馬に曳かせる戦車を七台出場させ、優勝と二等と四等を獲得した（トゥキュディデス『歴史』第六巻一六‐二）。『アルキビアデス』一一‐2―3に、エウリピデス作としてその頌詩が引用されている。

(3)アッティカ半島の先にあるケオス島のイウリス。前六世紀後半から五世紀前半にかけての合唱叙情詩人シモニデスとバッキュリデスはこの町で生まれた。ふたりは叔父と甥の関係だった。

(4)アテナイの外港ペイライエウスの二〇キロメートルほど沖に浮かぶ島国。前四五八年にアテナイに占領されてデロス同盟に加えられたが、アテナイと敵対してペロポンネソス戦争勃発の原因のひとつになった。前四世紀の有名な悲劇役者ポロス（二八‐3）はこの島の出身。「あるアッティカ人」とはペリクレスのことで、この言葉は『ペリクレス』八‐7、『王と将軍たちの名言集』一八六c、『政治家になるための教訓集』八〇三a、アリストテレス『弁論術』第三巻一〇（一四一一a）にも引用される。

らゆる種類の書物をいくらでも手に入れられるし、またこれまで史家たちの目をすり抜けても人々の記憶の中に保存されて、むしろいっそう確かな信憑性を持つ事柄について、尋ねたり問いただしたりもできるから、その結果発表される著作は、必要なことを細大漏らさず書き記したものになるに違いない。

2 しかし私は小さな国に生まれ、そしてこの国がこれ以上小さくならないように、故郷に住み続けることを選んだ[1]。一方で、ローマに滞在[2]していたときもイタリア各地を巡っていたときも、政治上の職務やら哲学仲間の集いやらで、ラテン語を勉強する暇を取れなかったので、ローマ人の著作を読み始めたのはそれからずっと後、かなりの年齢になってからだった。そのためにある不思議な体験をすることになったのだが、こ
3 れは本当のことである。つまり、言葉をもとにして内容を把握し理解するというよりも、すでに私が何らかのかたちで心得のある内容をもとにし、内容をたよりにして、言葉を追っていく、そんなことが私の中で起
4 こったのである。ただしラテン語の文章の美しさと簡潔さ、さらに意味の転用や音調の彫琢など、詞文を磨き上げるためのさまざまな技巧を味わうことは、楽しくもあり高尚でもあると思うけれども、そのための勉学と訓練は誰にでもできるものではなく、もっと閑暇に恵まれ、年齢上もそのような目標をなお容れられる者にのみ為しうることである。

三　それゆえ対比列伝の第五巻[3]に当たる本巻で、デモステネスとキケロについて書くにあたっては、ただこのふたりの言行や政治活動から、両者の資質と性向のみを比較し考察することにして、ふたりの弁論を並べて俎上に載せたり、どちらの方が聞いてこころよいか、また修辞に巧みであるかを判定したりするのは手
2 控えたいと思う。なぜならイオン[4]の言うように「海豚の力も陸の上では萎えしぼむ」からであり、あの身の

ほど知らずのカエキリウス(5)はそれに気づかず、デモステネスとキケロの弁論の比較を公表するという無謀を冒した。とはいえ、もし「汝自身を知れ」というあの格言が誰にでも実践しうるものであったなら、それが神の教えと見なされることもなかったであろう。

3 実際、神はキケロを造形するとき、初めからデモステネスの双子のようなものを意図したらしく、その素質の中に多くの似かよった部分を組み込んでいて、例えば国政における名誉の希求と自由の渇望、戦争などの危険に対する意気地のなさなどであるが、それと同時にふたりの運命についても、数多くの共通点を作っ
4 てみせた。というのも、そろってこんな運命をたどった弁論家は、このふたり以外に見つからないと思うのだ。すなわち、名もない小さな家から出て力を誇る巨大な人物になり、王や独裁者に突きかかり、娘の死を

---

(1)プルタルコスはボイオティア地方の小国カイロネイアに生まれ、アテナイやローマに遊学あるいは旅行することはあったが、生涯故国を住地とし続けた。

(2)プルタルコスはウェスパシアヌス帝の時代（後六九―七九年）に、故郷ボイオティアにかかわる何らかの政務のために初めてローマを訪れ、その後も幾度か訪問した。ローマでは哲学を講じ、有力市民たちとも交遊を深めた。そこで得た友人のひとりが、ソシウス・セネキオである。

(3)不明なところの多い各伝記の本来の排列順について、プルタルコス自身が言及した箇所のひとつ。ほかに「ペリクレスとファビウス・マクシムス」が第十巻、「ディオンとブルトゥス」が第十二巻という指定がある（『ペリクレス』二-5、『ディオン』二-7）。

(4)前五世紀のキオス出身の叙情詩人・悲劇詩人。アテナイに住んで、キモンと親しかった（『キモン』五-3）。

(5)前一世紀、シキリア島のカラクテ出身の修辞学者・歴史家。ローマで活動し、『十大弁論家の性質について』などの著作名が知られるが、作品は現存しない。歴史家ハリカルナッソスのディオニュシオスと親交があった。

経験し、いったん祖国を追われたあと、名誉の帰国を果たし、その後また逃亡したものの敵の手に捕まり、
5 そして祖国が自由を失ったのと時を同じくして生涯を終える。だから仮に、芸術家どうしが競い合うように、
素質と運命が競い合ったとすれば、このふたりを相似の人物に作り上げることにおいて、素質に由来する性格によるところと、運命から与えられた経験によるところと、どちらが大きかったか、その判定を下すのは容易ではない。それでは年代の古い方から語り始めるとしよう。

出身と少年時代

四　デモステネスの父デモステネスは、テオポンポス[1]の伝えるところによれば、貴き良き家柄の出身だったが、「刀剣造り」という添え名を持ち、実際にそのための大きな工房とそこで奴隷として働く職工の一団
2 を抱えていた[2]。一方、母については、弁論家アイスキネス[3]が、国家への裏切りの罪に問われてアテナイを追われたギュロンという男と、ある蛮族の女との間にできた娘だと語っているが、それが真実の証言なのか、
3 それとも政敵を貶めんがための虚言なのか、私にはいずれとも断定できない。この父にデモステネスは七歳のときに死に別れたものの、残された遺産の評価額の総体は一五タラントンに届こうかというほどであったから、十分に裕福な身分のはずだった。ところが後見人が信に背き、遺産を横取りしたり疎かに扱ったりしたため、デモステネスは教師への報酬にも事欠くありさまになってしまった[4]。

4 　デモステネスが自由市民の子供にふさわしい、それ相応の教育を受けなかったのは、このことが理由のようだが、それ以外にも、体が虚弱で繊細な質であったことも影響しており、それがために母は息子を体錬に

5 行かせようとせず、輔導役(5)も強いて連れ出すことはなかった。実際、デモステネスはもともと華奢で病気がちであったから、子供たちからそんな体つきをからかわれて、バタロスという蔑みの綽名を頂戴することに
6 もなったと伝えられる。バタロスというのは、一説によれば、あるなよなよした笛吹き男の名で、アンティパネス(6)の喜劇の小品にこの男を揶揄するものがある。また酒席で奏する猥雑な歌を作った詩人のひとりとし

---

(1) 前四世紀のキオス出身の歴史家。『ギリシア史』全一二巻は、トゥキュディデスの筆が途切れた前四一一年から前三九四年までのスパルタを中心とする歴史。『ピリッピカ』全五八巻は、マケドニアのピリッポス二世の治世を経糸とする広範な歴史。一三-1、一八-2—3、二一-2でも参照される。

(2) デモステネス第二十七弁論『アポボス弾劾、第一演説』九によれば、デモステネスの父は刀剣製造のほかに寝台製造の工房も営んでいた。デモステネスが生まれたのは、おそらく前三八四年。

(3) 前三九〇年頃に生まれたアテナイの弁論家。デモステネスの論敵で、デモステネスと激しい非難を投げつけ合った。その第三弁論『クテシポン弾劾』一七一—一七二によれば、アテナイ人ギュロンはペロポンネソス戦争末期に、アテナイ占領下にあった黒海北岸のニュンパイオンを敵に売り渡した罪により死刑判決を受け、その地のボスポロス王国に亡命した。そして亡命先でスキュティア人の女と結婚すると、もうけた娘ふたりを大金とともにアテナイに送り、そのうちのひとりを父デモステネスに嫁がせた。プルタルコス作に擬せられる『十大弁論家列伝』八四四aは、デモステネスの母となったその女の名をクレオブレと伝える。

(4) デモステネスには妹がいて、父と死別したとき五歳だった。兄妹の後見人になったのは、父デモステネスの甥にあたるアポボスとデモポン、そして旧友のテリッピデスだった（デモステネス第二十七弁論『アポボス弾劾、第一演説』四）。

(5) パイダゴゴス。市民の少年に付いて教育全般を手伝う従僕。

(6) 前四世紀のアテナイの喜劇作家。

7 て、バタロスの名を挙げる者もいる。さらに身体のうちで、口に出すのがはばかられるある部分(1)が、当時の
アッティカの言葉でバタロスと呼ばれたというのも確からしい。
8 一方アルガスというのも、デモステネスに付けられた綽名だと言われているが、これは一部の詩人たちが
蛇のことをアルガスと呼ぶところから、デモステネスの性行の獰猛で凶暴なことに由来するのか、あるいは
耳に障る下手な歌の作り手にアルガスという男がいたところから、デモステネスの弁論が耳を苛むような調
子を持つことを当てこすったのか、いずれかであろう(2)。この点については、これくらいにしておこう。
五 さてデモステネスが弁論を志すようになったきっかけは、こんなできごとだったと伝えられる。弁論
家カリストラトス(3)が法廷に出て、オロポス(4)にかんする訴訟に反論を行なうことになったとき、当時人気の絶
2 頂にあったこの弁論家の実力と、事件そのものへの関心の高さから、裁判は開始前から大きな注目を集めて
いた。それで教師や輔導役の男たちが裁判を見物する相談をしていたところ、デモステネスがそれを耳には
3 さみ、自身の輔導役に自分も傍聴に連れていってほしいと熱心にせがんで、聞き入れてもらった。この輔導
役は裁判所の門番の役人と知り合いだったので、上手に話をつけて、少年が腰を降ろしてこっそりと演説を
4 聞ける場所を確保してやった。カリストラトスが成功裏に演説を終え、大喝采を浴びたあと、大勢の人に付
き添われながら祝福を受けるのを見たデモステネスは、この弁論家の名声をうらやましく思ったが、それに
もまして弁論というものの力に感銘を受け、それがあらゆるものをねじ伏せて意のままにしてしまうことに
5 心を打たれた。そしてそれ以来、他の勉学や子供らしい戯れにはもはや目もくれず、ひとりで演説の練習に
取り組んで、いずれは自分もひとかどの弁論家になろうと努力を重ねた。

6 当時、イソクラテスが弁論術の学校を開いていたが[5]、デモステネスが師に選んだのはイサイオス[6]であった。
そのわけは、ある人たちの言うように、父なし子であったためにイソクラテスの定める一〇ムナの授業料を
支払えなかったからか、あるいはイサイオスの弁論の方が実践的で現実の用にかなうと判断して、それでこ
7 ちらを選んだのかもしれない。一方ヘルミッポス[7]は、目にしたある著者不明の手記に書かれてあったことと

---

(1)肛門を指す。アイスキネス第一弁論『ティマルコス弾劾』一二六、一三一、一六四、第二弁論『使節職務不履行について』九九、デモステネス第十八弁論『冠について』一八〇参照。

(2)アイスキネス第二弁論『使節職務不履行について』九九によれば、アルガスはデモステネスが後見人に訴訟を起こしたときに付けられた綽名。「耳に障る」と訳したギリシア語はアルガレオスで、アルガスに懸けている。

(3)アテナイの弁論家・政治家。当代随一の雄弁家と評され、前三七七年の第二次アテナイ海上同盟の創設以来、名将カブリアスと組んで、アテナイを指導する実力者になった。

(4)アッティカとボイオティアの境界付近、エウボイア島に対面する海岸に位置し、帰属をめぐって両地方の間で係争のあった都市。前三六六年、当時のアテナイ支配から離反したため、アテナイから軍隊が送られてきたが、結局ボイオティアのテバイの保護下に入った。そのアテナイ軍を指揮したカリストラトスとカブリアスがオロポス逸失の責任を問われ、告発された。

(5)イソクラテスは前三九二年頃に学校を開き、そこで法廷の詭弁術を退けて、弁論の新しい世界を開こうとした。イサイオスもこの学校で学んだ。

(6)前四二〇年頃に生まれたアテナイの弁論家。ただしもっぱら他人の演説の代作を生業とした。現存する演説一二篇は、いずれも遺産相続の訴訟にかかわるものであり、その分野を得意にしていたようなので、後見人の財産横領を訴えようとしていたデモステネスにとって都合が良かった。

(7)前三世紀、小アジアのスミュルナ出身。ペリパトス学派の著作家で、カリマコスに師事した。弁論家や立法家などの伝記集を著わした。以下の一一-4、二八-3、三〇-1でも参照される。

して、デモステネスがプラトンのもとで学び、そのことが彼の弁論のために何よりも役立った、という記事を伝えている。ヘルミッポスはさらにクテシビオス[1]の著作を引いて、デモステネスがシュラクサイのカリアス[2]など数人から、イソクラテスとアルキダマス[3]の弁論術書をひそかに手に入れて勉強した、とも記している。

弁論修行

六　こうして成年に達したデモステネスは、後見人の告訴に取りかかった[4]。そして逃げ道の工夫やら対抗
訴訟やらを次々に繰り出してくる相手に向かって弾劾演説を行ない[5]、トゥキュディデスの言葉を借りれば、
危険をかえりみず労苦をいとわず、訓練によりみずからを鍛え上げて[6]、訴訟に勝ちを収めた。その結果、遺
産のほんの一部分も取り戻せなかったとはいえ、弁論の自信と経験を十分に得たばかりか、勝負にかける執
2 念と胆力をも試してみたうえで、いよいよ政界に足を踏み入れ、国政に乗り出したのである。オルコメノス
のラオメドン[7]は脾臓の病を治そうと、医者の勧めにより長距離走を始め、そうして身体の練磨を続けた結果、
ついには栄冠をかけた競技祭典に出場して、優勝を争う走者のひとりにまでなったと伝えられるが、それと
同じようにデモステネスも、初めは私財の回復のために弁論の世界に乗り込み、それを契機として弁論の技
と力を身に着けた末に、ついには競技祭典ならぬ国政の場において、演壇上で競い合う市民たちの第一人者
にまで登りつめたのである。
3 しかしそんなデモステネスも、初めて民衆の前に演者として立ったときには、その異様な文体ゆえに、野

次を浴びせられ、嘲笑の的になった。複雑な文が絡み合い、論証の重圧に押しつぶされそうな彼の弁論は、
4 聞く者を苛立たせ辟易させずにはおかなかったのである。そのうえどうやら声の弱さ、滑舌の悪さ、息の短
5 さにも災いされたらしく、そのことが長い文を細切れにして、意味を捉えにくくしていた。このためとうと
う民会の場を離れ、悄然として［アテナイの外港］ペイライエウスをうろついていたところを、このときすでにかなりの老齢であったトリア区のエウノモス(8)が見つけ、こう言って叱りつけた。おまえは弁論そのものではペリクレスに引けをとらないものを持ちながら、臆病と怠惰から、腰をすえて群衆と向き合わず、訴訟のために身体を鍛えもせず、ただ安逸の中で弛むにまかせて、そうして自分を裏切っているのだ、と。

七　またこんなことも伝えられる。デモステネスが民衆の前を逃れ、戸惑いと口惜しさを胸に自宅へ戻る

---

(1) 前三世紀、エウボイア島のカルキス出身の哲学者・歴史家。

(2) シュラクサイ生まれの歴史家。同時代のシュラクサイの僭主アガトクレス（前三一七年に権力奪取）を称える歴史を書いた。

(3) 小アジアのエライアに生まれ、ゴルギアスに学んだ弁論家。即興の演説を重んじ、イソクラテスの新しい教育に反対した。

(4) 一八歳で市民権を得て、遺産の返還を受けることになり、その大部分が横領されていることが判明した。訴訟はデモステネスが二〇歳になった前三六四年に始まった。

(5) 後見人のひとりアポボスを訴える演説三篇と、アポボスの妻の兄オネトルへの反論二篇が現存する。

(6) アテナイ人とスパルタ人が戦争経験を積んでいったことを述べた文（トゥキュディデス『歴史』第一巻一八-三）からのおおよその引用。『いかにしてみずからの徳の進歩に気づきうるか』七九fでも引用される。

(7) 不詳。

(8) 昔ペリクレス（前四二九年死去）の演説を聞いたことのある老人。『老人は政治活動に従事するべきか』七九五c、『十大弁論家列伝』八四五a参照。

2 ところへ、交友のあった俳優のサテュロス[1]が付いてきて、いっしょに家に入った。デモステネスがサテュロ
スに愚痴をこぼし、自分は弁論家の誰よりも刻苦を重ね、弁論のために全精力を使い果たしたといってもよ
いくらいなのに、民衆からいっこうに好感を得られない、教養のない酔っ払いの船乗り[2]が注目を集め、演壇
3 を独り占めして、自分は見向きもされない、と言って嘆いた。するとサテュロスが答えて「デモステネス、
君の言うとおりだ。でもここでエウリピデスかソポクレスの台詞のどれかを声に出して語ってくれれば、私
4 がすぐに原因を見つけて、治療してあげよう」と言った。そこでデモステネスがある一節を朗誦すると、続
けてサテュロスがそれを繰り返したのだが、俳優は同じ台詞をそれにふさわしい表情と色合いを付けて造形
5 してみせたので、デモステネスには、一変してまるで別の台詞であるかのように聞こえた。そこで、演技と
いうものが弁論にどれほどに魅力を与え、生気をもたらすかを思い知らされたデモステネスは、いくら練習
しても、語り口と調子に気を配らないかぎり、練習しないのに等しいと悟った。
6 そんなことがあってから、彼は訓練のための地下室を造り――これは今でも保存されている――、そこに
毎日欠かさず降りていって演技を練り、発声の稽古を重ねるようになった。続けて二、三ヵ月もの間、そこ
に閉じこもることもたびたびあり、そんなときはもし外に出たくなっても恥ずかしくて出られないように、
頭の片側を剃っておくのだった。
八 それればかりか、人と出会って言葉を交わすのも仕事をするのも、デモステネスの手にかかれば、弁論
訓練の材料やきっかけになった。人と別れるとすぐさま例の練習室に降りていき、そのときの行動とそれに
2 対する弁明を、順を追って演説に組み立てたのである。さらにたまたま耳にした他人の演説でも、それを取

り入れて自分のものにするべく、提議文や完全文[3]に仕立てることもあれば、自分が他人から言われたり他人に言ったりしたことに、さまざまな修正や改変を施して言い換えてみることもあった。

3 そんなことから、デモステネスには天性の才能はなく、むしろ苦心惨憺の結果として弁論の技と力をふるっているのだという風評が生まれ、その確かな証拠として、こんな事実が挙げられた。すなわち、デモステネスが即興で演説するのを聞くことはめったにない、民会に出席しているときに、人々から名指しで繰り返し呼びかけられても、あらかじめ心構えをして準備をすませていないかぎり、演壇には立たない、という
4 のである。民衆指導者の中にはそのことを嘲りの種にする者も多く、例えばピュテアスは、デモステネスの
5 議論はランプの芯の臭いがする、と言ってからかったことがある。このときはデモステネスが「ピュテアス、私と君とでは、ランプの見ているものが違うからね」としっぺ返しを食らわした[4]。ただし他の者に対しても、

(1) デモステネス第十九弁論『使節職務不履行について』一九二―一九五に、オリュントスの喜劇俳優サテュロスがピリッポスの御前で競演したときの逸話が紹介されている。これと同一人物らしい。
(2) 船乗りだったデマデス（八-7）を指すらしい。
(3) 完全文（ペリオドス）とは、節が相互に緊密な関連を持ちながら、全体が完結する文。アリストテレス『弁論術』第三巻九（一四〇九a―b）参照。
(4) ピュテアスはアテナイの弁論家・政治家（『ポキオン』二一-2）。前三二三年のハルパロス事件の裁判では（二六-2）、デモステネスらを告発した一〇人のうちのひとりだった（『十大弁論家列伝』八四六c）。ピュテアスはデモステネスの弁論が徹夜の作業の結果であることを揶揄し（『政治家になるための教訓集』八〇二e）、デモステネスはピュテアスの夜間の品行の悪さを当てこすった。

この評判をまったく否定するのではなく、自分は演説するにあたって、事前にすべてを書いておくわけでも
6 なく、まったく書かないわけでもない、と認めていた。しかしそれとともに常々口にしていたのは、弁論の
演習に励む者こそ民衆の味方である、なぜなら入念な準備は民衆への心配りのひとつだからであり、民衆が
演説をどう受け止めるかに関心を持たない者は、すなわち寡頭制を支持する者、説得よりも暴力に頼ろうと
する者である、ということだった。デモステネスが即興演説に逃げ腰であったことの証拠として、もうひと
7 つ、デモステネスが野次を浴びせられたとき、デマデス[1]がそくざに立ち上がって弁護演説を始めたことはた
びたびあったのに、逆にデモステネスがデマデスのためにそうしてやったためしは一度もない、という事実
も引き合いに出された。

九　しかしそれなら、と問う人もあろう、いったいなぜアイスキネスはデモステネスを評して、演説のさいの肝の太さでは天下一の男と呼んだのか[2]。またビュザンティオンのピュトンが居丈高な態度でアテナイ人に暴言の雨を降らせたとき、どうしてデモステネスただひとりが立ち上がって反駁できたのか[3]。あるいは、スミュルナのラマコスがアレクサンドロスとピリッポスの両王に捧げる賞辞を書き、その中でテバイ人とオリュントス人をさんざんに誹謗し、そしてそれをオリュンピア競技祭のおりに朗読したとき、デモステネスが立ち上がって、歴史を証拠に引きながら、テバイ人とカルキディケ人のおかげでギリシアがどれほどの幸せに恵まれたか、逆にマケドニアに媚びへつらう者たちがどれほどの禍を引き起こしたか、それらを逐一数え上げてその場の雰囲気を一変させ、それでとうとうあのいかさま弁論家は野次に怯えて祭典から逃げ出してしまった、あの一件はどう考えればよいのか[4]。

2 どうやらデモステネスは、ペリクレスの数々の長所のうち多くを自分に関わりのないものと見なす一方で、
演壇上の身振りや態度、また急ごしらえで演説したり間に合わせで論じたりしないこと、それらをペリクレ
ス成功の因と見なし、自身の目標と定めて模倣したらしく、それで即応なるがゆえの声価を追い求めたり、
3 演説の成否をすすんで運にまかせたりといったことをほとんどしなかったのであろう。エラトステネス(5)やパ

(1) デモステネスよりも四歳ほど年下、デモステネスと違って裕福でない階層の出身で、政界に出る前は船乗りをしていた。『ポキオン』一-1参照。

(2) アイスキネス第三弁論『クテシポン弾劾』一五二に、カイロネイアの戦いで自身は戦場から盾を捨てて逃げ出しながら、国葬で臆面もなく戦死者を称える演説を行なったデモステネスを非難する意味で、この文句が現われる。

(3) 前三四四/四三年、ピュトンはピリッポスからアテナイに遣わされて、ピロクラテスの講和の修正を申し出たが、デモステネスら反マケドニア派の反対に遭って実現しなかった(デモステネス第十八弁論『冠について』一三六)。

(4) この一件は、前三二四年、アレクサンドロスの使者ニカノルが、王の亡命者復帰令を布告するためオリュンピア祭典の場に現われたとき、デモステネスがニカノルと会談するために、祭礼使節団長としてオリュンピアを訪れたおりのできごとらしい。オリュントスは、前三四九年にピリッポスがギリシア北部カルキディケ地方に侵攻してきたとき、カルキディケ同盟の盟主として抵抗し、アテナイに救援を要請した。デモステネスは『オリュントス情勢』三篇を民会で演説し、援軍派遣を訴えたが、アテナイの援軍の到着前にオリュントスは陥落した。ラマコスは『十大弁論家列伝』八四五cではテレイナ出身と記されている。

(5) 前三世紀、キュレネに生まれ、プトレマイオス三世に招かれてアレクサンドリア図書館長に就いた学者。研究分野は文献学のほか、数学、天文学、地理学など広範に及ぶ。

レロンのデメトリオス[1]や喜劇作家たちの言を信用するなら、デモステネス自身の口にした演説には、彼の書
4 いた演説以上に、勢いと迫力があったらしい。まずエラトステネスによると、演説中、神懸かりになること
がしばしばあったし、パレロンの人が言うには、あるときまるで物の怪に憑かれたかのごとく、民衆に向
かって

　大地にかけて、泉にかけて、川にかけて、水の流れにかけて

5 というあの韻文形式の宣誓を発したという。また喜劇作家の中には、デモステネスを「がらくたの噴き出し
口」と呼んだ者もいれば、対句の使用をからかって

　——もらったように、返してもらった。
　——その文句、デモステネスがもらったら喜ぶだろうな。[2]

6 と戯れた者もいる。ただし、実を言えば、これもまたハロンネソスについての演説にかかわって、アンティ
パネス[3]が飛ばした軽口かもしれず、というのもその演説の中でデモステネスは、アテナイ人への勧告として、
付加語の有無にこだわって、その島をピリッポスから「もらう」のではなく「返してもらう」のだ、と語っ
ているからである。[4]

一〇　これに対してデマデスが天性の才に恵まれた無敵の弁論家であり、その場でいきなり演じてみせて、
2 デモステネスの入念な準備の結果を凌駕したことは、誰もが認めるところであった。キオス出身のアリス
トン[5]の著作の中に、テオプラストスが語ったこのふたりの弁論家についての評価が記されていて、それによ

ると、テオプラストスはデモステネスという弁論家をどう思うかと尋ねられて、「この国にふさわしい人」と答える一方、デマデスについてはどうかと問われ、「この国を超える人」と答えたという。

3 また同じ哲学者［アリストン］の記述によると、当時のアテナイの政治指導者のひとりスペットス区のポリュエウクトス(6)は、もっとも偉大な弁論家はデモステネスだが、もっとも巧みな話し手はポキ

4 オンはできるかぎり少ない言葉でできるかぎり多くの意味を伝えるから、と語ったという。そればかりかデ

(1)アテナイのパレロン区出身、前三五〇年頃に生まれ、テオプラストスの教えを受けたペリパトス学派の文学者・修辞学者。前三一七年からマケドニアのカッサンドロスの庇護を受けてアテナイ統治をまかされ、一〇年間その地位にあった。一一‐1、一四‐2、二八‐3でも参照される。

(2)アテナイオス『食卓の賢人たち』第六巻二二三eに、アンティパネスの喜劇『雛』の一節として、これを含む遣り取りが引用されている。

(3)四‐6参照。

(4)ハロンネソスはカルキディケ半島の南東方の島。もとはアテナイが領有していたのを、前三四六年のピロクラテスの講和のあとに海賊が占拠し、それをピリッポスが追い出してマケドニア領にした。アテナイがピリッポスに島の返還を要求すると、ピリッポスは島をアテナイに「与える」という書簡を送ってきた。それに対し、前三四三／四二年のアテナイ民会での弁論『ハロンネソスについて』（デモステネス作と伝承されるが、同じく反マケドニア派の政治家であるヘゲシッポスの作である可能性が高い）は、島は元来アテナイ領だったのだから、ピリッポスから「もらう」のではなく「返してもらう」のだと訴えた。アイスキネス第三弁論『クテシポン弾劾』八三参照。

(5)前三世紀のストア派哲学者で、ゼノンの弟子。

(6)反マケドニア派政治家のひとり。前三四三／四二年、ピリッポスの勢力拡大を警告するため、デモステネスやヘゲシッポスとともにペロポンネソスに派遣された（デモステネス第九弁論『ピリッポス弾劾、第三演説』七二）。

モステネス自身も、ポキオンがデモステネスに反論しようと演壇に現われると、決まって友人たちに「おれ
5 の演説を切る鉈《なた》が出てきた」と洩らしたと伝えられる(1)。もっともデモステネスがこんな感想を持ったのは、
はたしてポキオンの弁論に対してなのか、それとも彼の生き方や名声に対してなのか、つまり信頼の厚い人
物の発するたったひとつの単語や頷きが、数多くの長大な完全文よりも大きな力を持つものだと心得て、そ
れでそんなことを言ったのか、それはいずれとも判断しがたい。

一一 身体上の欠点を直すためにデモステネスはこんな訓練をしたと、これはパレロンのデメトリオスが、
晩年のデモステネス自身から直接に聞いた話として伝えている。例えば舌の回りが悪くて曖昧なのをたたき
なおし(2)、しっかりした発音ができるようにと、口の中に石をいくつか入れ、その状態で演説する。また声量
を鍛えるために、走ったり急坂を登ったりしながら話をする、あるいはいくつかの文句や詩行を息継ぎなし
で発声する。さらに自宅内に大きな鏡を置き、それに向かって演説の練習をする、といった具合である。
2 こんな話がある。ある男がデモステネスに応援弁論を頼みに来て、自分が受けた殴打の顛末を説明したと
ころ、デモステネスは「しかしあなたは、おっしゃるようなひどい目に遭っていない」と言った。男が声を
張り上げて「何だと、おれがひどい目に遭っていないだと」と叫ぶと、デモステネスは「おや、今やっと聞
3 こえましたよ、不当きわまりないひどい目に遭った人の声が」と答えた。つまりこの弁論家の考えでは、話
し手の声の調子や演出というのは、相手の信用を得るためにそれほどに重要なものだったのである。ただし
そのような演出は、民衆には喝采を博したけれども、品の良い人たちには下種で卑俗で浮ついた作為と映り、
パレロンのデメトリオスもそういう感想を述べている。

4 一方、ヘルミッポスが伝えるところによると、アイシオン[3]は往年の弁論家と今の弁論家の違いを問われて、
こう答えたという。もしいま聞けるとすれば、昔の弁論家による民衆への語りかけに品格と威厳が備わって
いることに、賛嘆が集まるだろうが、しかし読み比べてみると、デモステネスの弁論の方が構成と力強さで
5 はるかに優っている、と。書き記されたデモステネスの弁論について言うと、そこに苦味と渋味が含まれて
いることは、ことさらに言い立てるまでもあるまい。だがおりに触れて洩らす返答の中には、諧謔も顔を出
している。例えばデマデスに「デモステネスが私に教える? すると豚が[知恵の女神]アテナに教えるわ
けだ」と言われたとき、デモステネスは「それは先日、コリュトス区でひそかな逢瀬の最中を見つかったあ
6 のアテナかな」と返した。また青銅の男という綽名の盗人がいて、これがデモステネスの徹夜の演説下書き
の習慣に何やら言い及ぼうとしたときは、「分かっているよ、灯のついた私のランプがおまえにとって厄介
なのは。だが、アテナイ人諸君、家に泥棒が入ることに驚いてはいけない。泥棒は青銅製で、壁は土でき
7 ているのだから[4]」と軽口を放った。このたぐいの諧謔は他にもたくさん伝わっているけれども、これくらい
で止めておこう。それよりも、これ以外の性格や人柄について、政治家としての行動をもとに観察を進めて

(1)『ポキオン』五-5、9、『政治家になるための教訓集』八〇三e参照。
(2)デモステネスはρ(r)をうまく発音できず、λ(l)のようになってしまった(『十大弁論家列伝』八四四e、キケロ『弁論家について』第一巻二六〇)。アルキビアデスにも同じ欠点があったが、この美男の場合はそれが魅力のひとつにもなっていた(『アルキビアデス』一-6—7)。
(3)デモステネスと同時代の弁論家。
(4)土壁に穴を開けるのが、泥棒の家屋侵入の常套手段だった。

いくべきであろう。

国政へ

一二　さてデモステネスが国政の活動に足を踏み入れたのがポキス戦争勃発後であることは、自分でも
2 語っているし、一連のピリッポス弾劾演説の内容からも読み取れる[1]。これらの演説のあるものは戦争が終
3 わった後になされたものであり、もっとも早いものが戦争末期のできごとに触れているからである。またメ
イディアス弾劾演説の準備をしたのは三二歳のときだったが、このときまだ国政における実力も名声も持っ
4 ていなかったことは間違いない。思うに、メイディアスへの敵愾心を抑えて金銭で決着させたのも、この点
の不安が何よりも大きな理由だったのであろう[2]。元来、デモステネスというのは

　　気のやさしい男でも、穏やかな情の持ち主でもなく[3]

5 猛獣のように烈しく報復を求める人物だった。しかしメイディアスのように財産と弁論と友人によってしっ
かりと守られた男を打ち破るのは、かなりの難事であり、自分の力を超えることだと承知していたからこそ、
6 相手の仲間の頼みを聞き入れたのである。もし勝訴の見込みがあったなら、三〇〇〇ドラクマだけで、デモ
ステネスの怒りの切っ先を鈍らせることはできなかっただろうと思う。
7 　ところが、ギリシアのために反ピリッポスの大義を訴えることを自身の高邁な政治原理として選び取り、
その大義にふさわしい奮闘ぶりを見せ始めると、デモステネスはたちまち名を上げ、怖れ知らずの弁論に

よって世の注目を集めるようになった。[4] ギリシア中で賛嘆の的となったばかりか、ペルシア王にも一目置かれ、[5] ピリッポスからはもっとも気にかかる民衆指導者と見なされるようになって、政敵たちも論争相手の

(1) ポキス戦争は、前三五六年、ポキス人がアポロン神域を侵犯したことをきっかけに、テバイを中心とするアンピクテュオニア同盟（デルポイのアポロン神域の管理に当たる周辺部族の同盟）とポキス人の間に起こった戦争。第三次神聖戦争とも呼ばれる。ピリッポスがテバイ側の求めに応えて援軍を送り、アテナイがポキス側に立ったが、戦争は前三四六年、ピリッポスがポキス軍を破ったことにより終結した。戦争はマケドニアのギリシア中部進出の足場を提供する結果になった。デモステネス第十八弁論『冠について』一八に「ポキス戦争が勃発したとき、といってもそのとき私は国政に携わっていませんでしたから、私に開戦の責めはないのですが」とある。

(2) デモステネスは前三四八年のディオニュシア大祭のおり、長年の宿敵であったメイディアスから殴打を受けたことを理由に、メイディアスを告発する演説を書いて裁判の準備を始めた。その演説が現存するが、実際には提訴するにはいたらず、和解金の支払いを受けてデモステネスは矛を収めたらしい（アイスキネス第三弁論『クテシポン弾劾』五二）。当の演説中に自分の年齢を「三二歳」と言明する箇所がある（第二十一弁論『メイディアス弾劾』一五四）。ただしこれはデモステネスの生年を前三八四年とする通説と適合しないので、写本の「三二歳」を修正する提案もある。

(3) ホメロス『イリアス』第二十歌四六七。戦場で敵方の戦士が命乞いをしてきても、情け容赦なく剣を振るうアキレウスの描写。

(4) デモステネスは前三五一年に民会で行なった『ピリッポス弾劾』の第一演説で、初めて反マケドニアの立場を明確にした。第三次神聖戦争に介入したピリッポスが、ポキスとテッサリア地方のペライの軍隊を破って、テッサリア地方に勢力を拡大してくる状況の中で、アテナイの決起を促す演説である。

(5) 二〇-4参照。

8 声価の高さには同意せざるをえなかった。実際、アイスキネスにせよヒュペレイデス[1]にせよ、デモステネス
に非難を浴びせながらも、その点は認めていた。

一三　そういうわけだから、テオポンポスがデモステネスを評して、性向に定まりがなく、対象が事であ
れ人であれ、ひとつのところに長く留まっていられない人間だと語ったのは、いったいどこからそんなこと
2 が言えるのか不思議でならない。なぜならデモステネスは、初めに政治上のひとつの立場あるいは隊列に身
を置いて以来、それを最後まで守り通し、生涯の途中で他に転向しなかったばかりか、転向しないために命
3 を投げうつまでにいたったのであり、そのことは疑いようがないのだ。それと異なるのが、例えばデマデス
であり、この人は政治的立場の転向を弁明するとき、私は自分に背反する発言をしたことは幾度もあるが、
国家に背反する発言をしたことは一度もない、と語っていた[2]。またメラノポスは、カリストラトスと政治的
に対立していながら、カリストラトスに買収されてしばしば立場を変え、そのたびに民衆に「あの男は私の
4 敵だが、それよりも国家の利益を優先せねば」と口にしていた[3]。そのほかメッセネ出身のニコデモスは、初
めカッサンドロスに与し、その後デメトリオス［・ポリオルケテス］を支える方針に転じたが、この人が言う
には、自分の発言に矛盾はない、権力者に従順であるのを利とすることに変わりはないのだから、というこ
とだった[4]。しかしデモステネスについては、この人たちと違って、発言や行動において進路を変えたり踏み
外したりといったことは指摘できず、喩えて言えば、転移のない単一の音階によって単一の調子を最後まで
保ったのが、彼の政治家としての一生であった。

5 哲学者パナイティオス[5]によれば、デモステネスの書いた弁論のほとんどに共通して、ただ名誉だけがそれ

6

自体として選び取られるべき価値を持つ、という信条があり、『冠について』[6]『アリストクラテス弾劾』[7]『公共奉仕負担免除について』[8]『ピリッポス弾劾』にもそれは表われているという。つまりこれらの演説のいずれにおいても、デモステネスは市民を最大限の快楽や安逸や利益に導こうとするのではなく、それどころか

（1）反マケドニア派の弁論家。ハルパロス事件の裁判では（二五-1—二六-2）、デモステネスを告発した一〇人のうちのひとりだった。

（2）デマデス（八-7）は前三三八年のカイロネイアの戦いで捕虜となったが、ピリッポスの信頼を得て釈放され、その後の講和成立に尽力するなど、マケドニアとアテナイの仲介者の役目を果たした。「転向」はこのマケドニアに対する姿勢の変化に関連するものであろう。

（3）メラノポスは、神殿の金を詐取した罪でカリストラトス（五-1）に告発されたが、その一方でスパルタへの使節団の一員としてカリストラトスに協力したこともあった（アリストテレス『弁論術』第一巻一四（一三七四b）、クセノポン『ギリシア史』第六巻三-二）。

（4）アテナイでは前三一七年からの一〇年間、マケドニア摂政アンティパトロスの子カッサンドロスの庇護を受けて、パレロン区出身のデメトリオスが寡頭制統治を行なった。しかし前三〇七年、アンティゴノス・モノプタルモス（隻眼王）の子デメトリオス・ポリオルケテス（攻城王）がアテナイに入って、パレロン区のデメトリオスは亡命した（『デメトリオス』八-3—一〇-2）。

（5）前二世紀、ロドス出身のストア派哲学者。

（6）二四-2参照。

（7）前三五二年、ケルソネソス地方の情勢緊迫を背景に、傭兵隊長カリデモスへの不可侵特権付与の法を提案したアリストクラテスに対し、その提案を違法としてエウテュデモスが告発した。エウテュデモスの依頼を受けてデモステネスが書いた告発演説が『アリストクラテス弾劾』である。

（8）前三五五年、公共奉仕負担免除の特典を廃止する法を提案し制定させたレプティネスに対し、デモステネスが高名な将軍カブリアスの未成年の息子クテシッポスの代理として演説し、その法を告発した。それゆえこの演説は『レプティネスへの抗弁』と題されることが多い。

安全も生存も名誉と威厳の一段下に置かれるべきだと繰り返し訴えているのである。だからもしデモステネスにみずからの政治原理への情熱と弁論の崇高に加えて、戦場での勇気と行動の清廉が備わってさえいれば、この人はモイロクレスやポリュエウクトスやヒュペレイデス[1]といった弁論家の仲間ではなく、その上のキモンやトゥキュディデス[2]やペリクレスと同じ列に加わるべき人物であった。

一四　それはともかく同時代の政治家の中では、ポキオンが、唱導する政策の不人気とマケドニアびいきという世評にもかかわらず、勇敢な戦いぶりと高潔なふるまいによって、エピアルテス[3]やアリステイデス[4]や
2 キモンにも劣らない人物と目されていた。それに対してデモステネスは、デメトリオスの評言によると、武器を持たせればまるで頼りにならず[5]、また金銭を前にして常に身を堅く持していたわけでもなく、ピリッポスやマケドニアの金からは逃げおおせても、東方のスサやエクバタナから来る金には呑み込まれて流されてしまった[6]。父祖の美点を称えることには無類の力を発揮しても、自身がそれに倣うには力が足りなかったのである。

3 とはいえ同時代の弁論家と比べれば、デモステネスは生き方においても、ポキオンは別にして、他の者の及ぶところではなかった。すなわち誰もが知るとおり、民衆に向かって直言をはばからず、人々の欲望に歯止めをかけ、民衆の過ちを責め続けたのであり、そのことは彼の演説そのものから見て取れる。テオプラス
4 トスもある逸話を伝えていて、それによれば数名のアテナイ市民からある告発の提案を持ち込まれ、それを承諾しなかったために怒声を浴びせられたとき、デモステネスは立ち上がって「アテナイの人たち、私は君たちのために、たとえ要望を受けなくても、忠告をするつもりだ。だがたとえ要望を受けても、〔相手を貶め

5 るためだけの」告発稼業をするつもりはない」と言ったという。アンティポンの件で取った行動も、きわめて貴族的だった。つまりアンティポンが民会で無罪放免されたのを、デモステネスは捕まえてアレイオスパゴス評議会に連れていくと、民衆との衝突などまるで意に介さず、造船所への放火をピリッポスに約した罪
6 で糾弾し、その結果、アンティポンは評議会から引き渡されて処刑された。(7) 女妖術師テオリスの件でも、奴隷たちに詐欺瞞着を教唆するなど、さまざまな不埒な行為を働いた罪でこの女を告発し、求刑どおり死にい

---

(1) いずれも反マケドニア派の弁論家（一〇-3、一二-8）。前の二者は、前三三五年、テバイの反乱と壊滅のあと、アレクサンドロスがアテナイに身柄引き渡しを要求した政治家のリストに含まれる（二三-4）。

(2) 名門貴族出身で、キモンと縁戚関係にある寡頭派の政治家。ペリクレスと対立した（『ペリクレス』六-2、八-5、一四-1）。『歴史』の著者とは別人。

(3) 前五世紀にアレイオスパゴス評議会の権限縮小を断行し、キモンとは対立関係にあった民衆派の指導者。『キモン』一〇-8でも、アリステイデスとキモンと並ぶ清廉の政治家として名が挙がる。

(4) ペルシア戦争においてアテナイを指導し、「正義の人」と称された政治家の篤実ぶりは、『アリステイデス』に多くの言及がある。プルタルコスは『ポキオン』七-5でも、ポキオンをアリステイデスになぞらえる。

(5) 二〇-2参照。

(6) 二〇-4—5、二五-3—6、アイスキネス第三弁論『クテシポン弾劾』一五六、一七三参照。

(7) 前三四三年頃、アンティポンはアテナイの外港ペイライエウスの造船所への放火を請け負った罪により、民会でデモステネスに糾弾されたが、アイスキネスの弁護のおかげで放免された。このためアポパシス（宣告）の手続きにより、アレイオスパゴス評議会による調査を経て、民衆法廷で裁判にかけられた（デモステネス第十八弁論『冠について』一三二—一三三）。貴族派の権威を代表するアレイオスパゴス評議会と連携して、初めの民会決定を覆したことを、プルタルコスはデモステネスの「貴族的」行動と見なした。

たらしめた。[1]

一五　司令官ティモテオスを告発する演説は、アポロドロスが債務の件でこの人への有罪判決を勝ち取ったときの作品であるが、これは伝えによればデモステネスがアポロドロスのために書いたものだった。[2] ところがそれと同様に、〔アポロドロスが〕ポルミオンとステパノスを告発する演説も、やはりデモステネスの作
2 だったから、デモステネスは当然ながら批判を招くことになった。なぜならポルミオンも、アポロドロスと争うためにデモステネスに演説を書いてもらっていたからであり、これではまるで訴訟の当事者双方にひとつの刀剣工房が、互いと戦うための剣を売りつけるようなものだった。[3]
3 公訴弁論のうち、『アンドロティオン弾劾』[4]と『ティモクラテス弾劾』[5]と『アリストクラテス弾劾』はいずれも他者のために書かれたものであり、デモステネスがまだ国政に乗り出していない頃の作である。それらの弁論を著わしたとき、二七歳か二八歳[6]だったと推定されるからである。一方、『アリストゲイトン弾劾』[7]二篇は、デモステネスが自身の争いのために作ったもの、また『公共奉仕負担免除について』は、デモステネスの言うところでは、カブリアスの子クテシッポスのために代理演説したものである。デモステネスはこの若者〔クテシッポス〕の母親との結婚を望んでいて、それが代理演説の動機だったという伝えも
4 ある。[8] しかし実際にはこの女とは結婚せず、あるサモス出身の女[9]をめとったと、これはマグネシアのデメトリオスが[10]『同名人たち』に書いている。

（1）デモステネス作と伝えられる第二十五弁論『アリストゲイトン弾劾、第一演説』七九—八〇参照。

(2)ティモテオスは高名な将軍コノンの子で、自身も第二次アテナイ海上同盟の時代に積極的な海外展開を指揮した。当時財政難のアテナイにおいて、遠征資金を自弁することも多く、そのための借金が必要だった。アポロドロスは裕福な銀行家パシオンの子で、前三六二年、父がティモテオスに貸した金の返済を求めて訴訟を起こした。このときの告発演説『ティモテオスへの抗弁』がデモステネスの代作弁論として伝えられるが、実際にはアポロドロス自身が書いたものという説が有力である。

(3)ポルミオンはパシオンの下で働いていた被解放民で、パシオンの遺産の管理をまかされていたが、アポロドロスが遺産横領を訴え、返却を求めてポルミオンを告発した。デモステネスはポルミオンのために弁護演説『ポルミオン擁護』を代作した。裁判は被告の勝利で終わったが、アポロドロスは被告側の証人となったステパノスを偽証で告発した。デモステネスは今度はアポロドロスのために演説『ステパノス弾劾』二篇を代作した。ただしこれら二篇の演説のうち、とくに『ステパノス弾劾、第二演説』については、アポロドロス自身の作という説もある。刀剣工房の喩えは、父の事業からの連想であろう(四-1)。

(4)前三五五年、アンドロティオンが自身を含む五〇〇人評議会の議員に名誉冠を授与することを民会に提案し、可決させたことに対し、エウクテモンとディオドロスがこれを違法提案として公訴を起こした。デモステネスはディオドロスの弁論を代作した。

(5)前三五三年、アンドロティオンら三名は、エジプト商船の積荷没収から生じる国庫金を横領した罪により、エウクテモンとディオドロスにより告発された。三名は金の保有を認め、罰金を加算して納付せざるをえなくなったが、ティモクラテスが納付期日を一年猶予する法を提案した。するとその提案を違法として、再びエウクテモンとディオドロスが公訴した。デモステネスは再びディオドロスの弁論を代作した。

(6)「三二歳か三三歳」と記す写本もある。

(7)前三二四年頃、アリストゲイトンは国庫への債務により市民権を喪失していたにもかかわらず、公式の場で演説を行なったとして、リュクルゴスとデモステネスに告発された。ただしこの伝存する弾劾演説二篇については、デモステネスの真作かどうかについて疑義もある。

(8)カブリアスは前三五七/五六年にキオス島沖の海戦で戦死していた(『ポキオン』六-2)。

(9)エーゲ海東部、当時アテナイの占領下にあったサモス島に入植したアテナイ市民の娘。

(10)前一世紀、ギリシア中部のマグネシア地方出身。同名異人の詩人や著作家についての書を著わした。

5 アイスキネスを弾劾する演説『使節職務不履行について』(1)の場合は、これが実際に口演されたかどうか不
明である。［裁判が実施されて］アイスキネスはわずか三〇票差で無罪になったとイドメネウス(2)は書いている
6 けれども、それぞれが書いた冠についての弁論(3)から推測するかぎり、それが本当だとは思えない。なぜなら
それらの弁論のどちらにも、争いが法廷にまで持ち込まれたと、はっきりと言い切った箇所はないからであ
る。しかしこの点については、他の人たちの判定にまかせることにしたい。

ピリッポスに抗して

一六　デモステネスの政治姿勢について言えば、これはマケドニアとの平和が保たれていたときからはっ
きりしていて、マケドニア王の行動の非をけっして見逃さず、事あるごとにアテナイ人を焚きつけて、王へ
2 の怒りに火をつけるのを常とした。それゆえピリッポスにとってもデモステネスの存在は最大の気がかりで
あり、デモステネスが一〇名の使節団の一員としてマケドニアに来たときには(4)、全使節の口上に耳を傾けな
3 がらも、彼の言い分にだけは特別の配慮で答えを返した。しかしそれ以外の礼儀や待遇の点では、デモステ
ネスに同様の態度で臨んだわけではなく、むしろアイスキネスやピロクラテスを味方に引き込もうとした。
4 だからこのふたりがピリッポスを褒めて、話の巧みさと姿の美しさで並ぶ者なく、酒宴での飲みっぷりも天
下一だと語ったとき、デモステネスは嘲るように、それらの賛辞のうちのひとつは詭弁家、ひとつは女、ひ
とつは海綿のためのものだ、どれも王を褒める言葉ではない、と皮肉を言わずにはいられなかった(5)。

一七　やがてピリッポスが動きを止めていられなくなり(6)、アテナイ人がデモステネスにたたき起こされて、

2

事態が開戦へ向けて転がり始めたとき、デモステネスがまずアテナイ軍を駆り立てた先はエウボイア島だった。ここは僭主たちのせいでピリッポスに隷属させられていたから、アテナイ軍はデモステネスの提案した決議により海を渡ると、マケドニア軍を島から追い出した。(7) 次にデモステネスが援助の手を差し伸べたのは、

(1) 前三四六年にデモステネスとアイスキネスも加わって、ピリッポスのもとに赴いた第二次使節団について、前三四三年に始まった裁判の告発演説。一六-2参照。プルタルコスは慎重だが、この裁判が実際に行なわれたことはほぼ間違いない。

(2) 前三世紀、ヘレスポントス（ダーダネルス）海峡沿岸のランプサコス出身。エピクロスの友人。アテナイの政治家の伝記集を著わした。民衆法廷の裁判員は五〇一名または一〇〇一名だから、三〇票差は僅差である。

(3) 前三三〇年に行なわれたアイスキネス第三弁論『クテシポン弾劾』とデモステネス第十八弁論『冠について』の両演説。二四-2参照。

(4) 前三四六年、第三次神聖戦争の続くなか、アテナイから使節団一〇名が講和交渉のためにマケドニアの都ペラを訪れた。その中にはデモステネスとアイスキネスのほか、講和の提案者であり、後に成立した講和がその名を冠して呼ばれるピロクラテスも含まれていた。この年に同じ人員による使節団が二度、ペラを訪れている。

(5) アイスキネス第二弁論『使節職務不履行について』四七、五一―五二、一一二参照。

(6)「ピロクラテスの講和」の成立後、ピリッポスはペロポンネソス、エウボイア、エペイロスに勢力を伸ばし、メガラに武力介入するなど、積極的な覇権拡大を進めた。このためアテナイでは反マケドニア気運が高まり、ピロクラテスは前三四三年に告発されて亡命を余儀なくされた。

(7) エウボイア島内の都市エレトリアとオレオスでは、マケドニアの支援を受けた独裁者が政権を握っていた。前三四一年、デモステネスは民会演説でピリッポスの脅威を訴え（第九弁論『ピリッポス弾劾、第三演説』一七、三三、五七―六六）、アテナイは両都市に出兵して、親マケドニア政権を倒した。デモステネス第十八弁論『冠について』七一、七九、八一参照。

その頃マケドニア王に攻囲されていたビュザンティオンとペリントスで、彼は民会に立つと、同盟市戦争中
にこの両都市が犯した過ちは水に流し、怨念を捨てて援軍を派遣するべきだと説いて承認させた。援軍のお
3 かげで両都市は救われた[1]。続いてデモステネスはギリシア各地に使節として赴くと、言葉を尽くして決起を
説き続け、その結果、ほぼすべての都市を対ピリッポスの統一戦線に参加させることに成功した。こうして、
市民兵を別にしても、歩兵一万五〇〇〇と騎兵二〇〇〇から成る連合軍が出現し[2]、しかもこれらの傭兵への
4 給与は各都市がすすんで拠出することになった。このとき連合諸国から拠出額をあらかじめ決めてほしいと
求められて、民衆指導者クロビュロスは、戦争の食い扶持に定まりなし[3]と答えたと、これはテオプラストス
の伝えるところである。

5 こうしてギリシアが将来の希望に向けて立ち上がり、エウボイア、アカイア、コリントス、メガラ、レウ
カス、ケルキュラの各民族や都市がひとつの戦列を作り終えたこのとき[4]、デモステネスに残された最大の難
題は、テバイを連合軍に引き入れることであった。アッティカと国境を接し、百戦錬磨の兵隊を擁し、軍事
6 力では当時ギリシア随一と評されていたテバイを味方に付けようとしたのである。しかしこの国は先頃のポ
キス戦争のおり、ピリッポスのひいきを受けて恩を着せられたばかりであり[5]、しかも何よりアテナイとは、
国境をめぐる諍いがしばしば起こり、そのたびに両国間の武力衝突がぶり返すという間柄であったから、そ
れを鞍替えさせるのは容易なわざではなかった。

一八　ところがアンピッサの件の成功に意気上がるピリッポスが、突如としてエラテイアに攻め寄せ、ポキスを占領したものだから[6]、アテナイ市民は狼狽し、誰ひとり演壇に立つ気力もなければ語るべき言葉もな

く、困惑と沈黙が民会議場に広がるなか、ひとりデモステネスが進み出て、テバイと手を結ぶべきだと勧告

(1)ビュザンティオンは第二次アテナイ海上同盟の加盟国だったが、アテナイへの不満からロドスなどとともに離脱して、同盟市戦争（前三五七―五五年）の引き金になった。戦争がアテナイの敗北に終わったあと、前三四〇年、膨張政策を続けるピリッポスにペリントス（ビュザンティオンの西方、マルマラ海北岸）に続いて攻囲されたが、アテナイなどからの援軍を得て、マケドニア軍を撤退させることに成功した（『ポキオン』一四-3―8、デモステネス第十八弁論『冠について』八七―九四）。アテナイは穀物を黒海方面からの輸入に頼っていたから、これらの都市は死活的重要性をもっていた。

(2)デモステネス第十八弁論『冠について』二三七に同じ傭兵軍兵力が記されている。

(3)この格言について、『アギス／クレオメネス』四八-3参照。クロビュロスは「髷《まげ》頭」の意味で、デモステネスと協力して、ギリシア各地を使節として訪れた反マケドニア派の弁論家ヘゲシッポスの綽名（アイスキネス第一弁論『ティマルコス弾劾』六四、七一、第三弁論『クテシポン弾劾』一一八）。

(4)デモステネス第十八弁論『冠について』二三七に同じ国名が、デモステネスの築き上げた連合の参加国として挙げられている。

(5)ポキス戦争（第三次神聖戦争）はテバイを応援したピリッポスの軍事力によって決着した。一二-1参照。

(6)アンピクテュオニア同盟は、前三三九年、聖地への冒瀆行為を理由にアンピッサ（デルポイの北西方）と開戦した。第四次神聖戦争またはアンピッサ戦争と呼ばれる。ピリッポスが同盟側の司令官に選ばれ、それを名分としてマケドニアの大軍を率いて南下してきたが、アンピッサよりも先に、アテナイの不意を突いて、エラテイアを占領した。エラテイアはポキス地方にあって、テバイおよびアテナイに向かう要衝であり、アテナイはマケドニアとの戦争を覚悟せねばならなくなった。第四次神聖戦争自体がピリッポスの策謀によって引き起こされたという見方もある。デモステネスは、ピリッポスを呼び込むためのお膳立てをしたのがアイスキネスだと指弾する（第十八弁論『冠について』一四三）。

した。[1]そして人々を励まし、いつものように希望の灯をともしてやったあと、同行者数名とともに使節とし
2 てテバイに向かった。ところがテバイにはピリッポスからも使節が遣わされてきて、マルシュアス[2]によれば、
マケドニア人のアミュンタスとクレアンドロスとカサンドロス、それに加えてテッサリア人のダオコスとト
ラシュダイオスが抗弁を試みた。[3]テバイ市民にしてみれば、祖国の利益がどちらにあるかに思慮の及ばない
はずはなく、しかもポキス戦争の傷痕がなお生々しく残っていた当時、戦争の悲惨は誰の目にも映っていた。
しかしこの弁論家の力が、テオポンポスの記すところによれば、市民たちの闘志に火をつけ、名誉心を燃え
上がらせ、それ以外のあらゆるものを闇に隠してしまったので、結局、市民たちはデモステネスの演説が示
した大義に心を奪われるうちに、恐怖と利害と恩義を投げ捨てた。

3 この弁論家の働きがいかに大きく目ざましいものであったかは、その直後にピリッポスが講和を求めて使節を送ってきたこと、[4]そしてギリシアがいっせいに立ち上がって将来への備えを始めたことを見れば分かる。アテナイの司令官たちばかりかボイオティア連邦の委員[5]たちも、デモステネスに従ってその指揮を仰ぐようになり、またテバイの民会もアテナイの民会と同じように、すべてデモステネスの意向を受けて動くようになったのである。それというのも、この弁論家が両国の市民から敬愛され、しかも力の行使にあたっては、テオポンポスの言明するとおり、公正と品格に違うことなく、則をしっかりと守ったからにほかならない。

カイロネイアの戦い

一九　しかしながら、神的な運命[6]なのか事物の流転なのか、何かがまさにそのときギリシアの自由を終焉

に導こうとして、これらの行動を阻もうとするかのように、いくつかの予兆を現わしたらしい。例えばピュティア(7)はある恐ろしい託宣を下し、シビュラの書(8)の古い神託はこんな歌を奏でていた。

(1) 夕方、エラテイア占領の一報が届いたときの市内のようすについて、そしてその後のデモステネスのテバイへの使節について、デモステネス第十八弁論『冠について』一六九—一七九、二一一—二一四参照。

(2) この名のマケドニア史家は、ペラ出身でアンティゴノス・モノプタルモスと兄弟の間柄にある人物と、ピリッポイ出身でそれよりも後代の人物のふたりが伝えられ、そのいずれかであろう。

(3) テッサリア人二名は、ピリッポスに国を売った男としてデモステネス第十八弁論『冠について』二九五に名がある。テッサリアは、ピリッポスが前三五四年にペライ市の内部抗争に軍事介入して、その功によりテッサリア連邦の最高司令官に選ばれて以来、マケドニアの支配圏内にあった。マケドニア人三名については不詳。

(4) このピリッポスからの申し入れに応え、デモステネスに抗して和平を訴えたのがポキオンだった（『ポキオン』一六-1—3）。アイスキネスは、このときデモステネスがピリッポスの講和提案を斥けたことを厳しく糾弾した（第三弁論『クテシポン弾劾』一四八—一五一）。

(5) テバイを中心とするボイオティア諸都市の連邦を指導する任期一年の役職（ボイオタルケス）。

(6) カイロネイアの戦いの結果を、神的なもの（ダイモン）あるいは運命（テュケ）のはからいに帰するのは、戦いから八年後のデモステネス自身の説明でもある。そして政策提案者は、結果ではなく、人の理知の及ぶかぎりのことを実行したかどうかで判断されるべきだ、と主張する（デモステネス第十八弁論『冠について』一九二—一九四）。

(7) デルポイのアポロン神殿で神の託宣を伝える巫女。後述のようにデモステネスがピュティアをピリッポスの手先と疑ったのは、アンピクテュオニア同盟がもはやピリッポスの掌中にあるからである（アイスキネス第三弁論『クテシポン弾劾』一三〇）。

(8) 時代も場所もさまざまな女予言者が神懸かりで発した言葉が、シビュラの名の下に集成され保存されて、事あれば参照された。

テルモドンの戦いからは遠く離れていたいもの
高い空の雲の上から、鷲となって眺めていたいもの。
敗者は嘆き、勝者は滅んだ。

2 ところでこのテルモドンというのは、我がカイロネイアの領内を流れてケピソス川(1)に注ぐ小さな川の名だと
言われている。しかしいま私の知るかぎり、こういう名の川は存在しないから、現在ハイモン川と呼ばれて
いる川が、当時はテルモドン川と呼ばれていたのであろう。というのもこの川の畔にヘラクレスの神域があ
り、そこがちょうどあのときギリシア軍の布陣した場所なのである。戦いのあと、川は血（ハイマ）と遺体
3 であふれ、それで今の呼び名に変わったというのが私の推測である。ただしドゥリス(2)によれば、テルモドン
というのは川ではない、数人の兵士たちが天幕をしつらえようとその周囲に壕を掘っていたところ、小さな
石像を見つけ、そこにはそれがテルモドンであることを示す銘文があって、手負いのアマゾネス戦士を両腕
に抱えた姿であったという(3)。それ以外にもドゥリスは、こんな神託が誦されたと伝えている。

漆黒の鳥よ、テルモドンで戦いを待て。
そこでおまえに、あまたの人の肉が供されるであろう。

二〇 これらの伝えの真相を突き止めるのは難しいが、ともかくデモステネスについてはこんなふうに書かれている。すなわち彼は、ギリシア軍の戦力の大きさに自信を深め、敵に挑みかかろうとするおびただしい数の兵士の意気込みと力強さに有頂天になって、神託に注意を払ったり予言に耳を傾けたりするのを許さ

ず、ピュティアをピリッポスの手先と疑いさえした。そしてテバイ人にはエパメイノンダス、アテナイ人にはペリクレスの名を持ち出して、あの人たちは神託のたぐいをすべて怯懦の言い訳と見なし、理知のみを頼りにしたと訴えた。

2 ところが、そこまでは間違いなく勇ましい国士であったデモステネスが、いざ戦いになると、(4) 誉れに背を向け、発言に見合うような働きは何ひとつ見せないまま、隊列を離脱し、武具を投げ捨てて、なりふりかまわず逃げ出してしまった。ピュテアスの語るように、盾に黄金の文字で「幸運とともに」と刻まれた銘文の前で、己を恥じる気持ちはなかったのである。(5)

3 戦いが終わるやいなや、勝利を喜ぶあまりに驕慢にとらわれたピリッポスは、散乱する遺体の間で祝宴の

(1) プルタルコスの故郷カイロネイアの北東を流れて、コパイス湖（テバイの北にあったが、現在は干拓されている）に注ぐ。

(2) 前三四〇年頃に生まれたサモス出身の歴史家。プルタルコスはこの史家の信憑性に疑問を持っていた（一三-4、『ペリクレス』二八-3、『アルキビアデス』三二-2）。

(3) かつて女戦士の集団アマゾネス族が、テセウスに報復するためアテナイに攻め込んできたことがあり、戦死した兵士の一部が、カイロネイア付近のテルモドン川の畔に葬られたという伝承があった（『テセウス』二七-8）。

(4) 前三三八年八月初めにカイロネイアで、アテナイとテバイを中心とするギリシア連合軍が、ピリッポスと当時一八歳の王子アレクサンドロスの率いるマケドニア軍と衝突した。

(5) アイスキネスはデモステネスのこの戦列放棄を繰り返し指弾する（第三弁論『クテシポン弾劾』一四八、一五二、一五九、一八一、一八七、二四四、二五三）。『十大弁論家列伝』八四五f参照。ピュテアスについては、八-4参照。

乱痴気騒ぎに及び[1]、酩酊しつつデモステネスの決議文の冒頭を、節に分けて拍子を取りながら歌い出した。

　パイアニア区、デモステネスの子デモステネスは、次のごとく提議した。

しかしやがて酔いが醒め、通り過ぎた戦いの大きさを振り返ったとき、デモステネスのためにたった一日のわずかな時間に覇権と命を賭けた戦いを強いられたことを思い、この弁論家の底知れぬ力量に震えを感じず
4 にいられなかった。デモステネスの評判はペルシア王のもとにまで届き、それがために王は沿海部の総督たちに命令書とともに資金を送り、これをデモステネスに贈れ、そしてギリシア人の誰にもましてあの男に目をかけておけと指示したのだが、これはギリシアの動乱の方にマケドニア王を振り向かせ、引き留めておく
5 役割をデモステネスに期待したからである。この事実は、後にアレクサンドロスがサルデイスでデモステネスの書簡数通と総督たちの書状を見つけ、そこから明るみに出たものであり、書中にはデモステネスに渡った資金の額も明記されていた[2]。

ピリッポスの死

二一　さてギリシアを襲ったこの惨禍の直後から、デモステネスの方針に反対する弁論家たちは攻勢に出
2 て、この政敵に対する執務審査と告発に取りかかった[3]。しかし民衆はデモステネスを無罪放免したばかりか、以前と変わらぬ敬意を持ち、忠士としてなおも国政の場に呼び出し続けたうえに、カイロネイアから遺骨が帰ってきて葬られるときには、死者たちに頌辞を呈する役をこの人に与えた[4]。そうして、テオポンポスが悲

[3]劇じみた口調で語るとおり、民衆はこの悲運に気高く貴い心をもって耐えながら、今回の国策提唱者に最大の名誉と栄典を授けることによって、その国策を後悔していないことを証し立てたのである。そういうわけ

(1) ディオドロス『歴史文庫』第十六巻八七によれば、酩酊したピリッポスが捕虜たちの間を歩きながら彼らを嘲っていたとき、捕虜のひとりであった弁論家デマデス（一三-3、二三-6、二四-1、二八-2、三一-4）に醜態をたしなめられた。その勇気に感嘆したピリッポスは、彼に信頼を寄せ、彼のとりなしによりアテナイ人捕虜全員を身代金なしで解放したという。

(2) ペルシアはアジア侵攻を企図していたピリッポスを警戒し、マケドニアがギリシア諸都市との戦いにてこずってくれるのを望んでいた。前三三〇年のアイスキネス第三弁論『クテシポン弾劾』二三九によれば、ペルシア王はアテナイを対マケドニア同盟に引き入れるため、三〇〇タラントンの贈与を申し出たが、アテナイ民会は断った。ところがデモステネスは、そのうちの七〇タラントンを個人で受け取ったという。ハルパロス事件のためにデイナルコスの代作した演説『デモステネス弾劾』一〇、一八は、デモステネスが受け取ったのは三〇〇タラントンだったと主張する。アレクサンドロスは前三三四年にペルシアの小アジア支配の拠点サルデイスに入った。

(3) アテナイでは公職に就いていた者はすべて、任期中の執務内容について不正がなかったかどうかを、退任時に審査される。不正があったと判断した市民は告発し、裁判が実施される。このときのデモステネスは穀物購入官の職務にかんして告発された。

(4) 敗戦直後の非常事態の中で、デモステネスは防衛態勢の強化や城壁の修復について提案して可決され、自身が城壁修復官に就いたほか、食糧確保のための穀物購入官にも選ばれた。戦死者の国葬のさいに追悼演説を行なう役目は、有名なペリクレスの演説の例にあるように、市民の声望を証明する最大の名誉だった（トゥキュディデス『歴史』第二巻三四-六）。今回、民会で演説者を決めるに当たってはアイスキネスやデマデスも候補に挙がったが、デモステネスが多数を得て選出された（デモステネス第十八弁論『冠について』二四八、二八五）。

で追悼演説に立ったデモステネスであったが、それ以降の民会決議文には、頭書きに自分の名ではなく友人たちの名を交代で記すようになり、そうして自身の背負う精霊と運命がそこに乗り移らないように努めた。
4 その習慣をやめて自信を取り戻したのは、ピリッポスが死んだときである。カイロネイアの勝利から、さほど月日も経たないうちに訪れた死であった[1]。あの神託の終わりの文句が予言していたのは、このことだったのである。

　　敗者は嘆き、勝者は滅びた。

二二　このときピリッポスの死の情報を秘密裏に入手したデモステネスは、アテナイ人が希望に湧きたつのを早くも心に浮かべながら、満面の笑みで評議会場に現れると、夢を見た、アテナイに何かすばらしい
2 幸運をもたらしてくれそうな夢だ、と告げた[2]。そしてその後を追うように、ピリッポスの死を知らせる伝令が到着した。市民たちはただちに吉報に感謝する供犠を執り行ない、パウサニアスへの名誉冠授与を決議し
3 た。デモステネスも明るい色の衣を身に着け[3]、冠をいただいた姿で表に出てきたが、その日はまだ娘の死から七日しか経っていないときだったから、アイスキネスはそのことでデモステネスを非難し、薄情な父だと罵った。しかし泣いたり嘆いたりするのをやさしく情け深い魂のしるしと考え、不幸に動じず黙って耐えるのをその逆だと判じるなら、そんな男こそ下賤で女々しい人間なのだ。
4 　もちろん私も、勝者でありながら、倒れた敵をあのようにやさしく寛大に扱ってくれた王の死に対し[4]、授冠と供犠で応えたあの行動が、りっぱなふるまいだったと主張するつもりはない。生きていた間は名誉を授

け、アテナイ市民の地位を与えておきながら[5]、他者の手にかかって倒れたとなると、喜びをほどほどに抑えておけず、まるで自分の手柄であるかのように、遺骸の上で跳びはねて凱歌を奏でるというのは、神の怒りを招くばかりか、己の品位をも貶める行為だからである。しかしながら、デモステネスが家内の不幸への涙と嘆きを女たちにまかせ、自身は国益にかなうと判断した行動を選んだことについては、私はこれを称賛する。そして絶えず天下国家に目を向け、家内の不幸や悲しみは国政活動のうちにまぎらして、……[6]品位のある行動をとることこそが、政治家にふさわしく男らしい魂のあり方だと私は思う。それとは逆なのが王や君主の役を演じる俳優であり、彼らは観客の見ている舞台の上で泣いたり笑ったりしながらも、自分の感情に

(1) 前三三六年夏、ピリッポスは旧都アイガイで催された娘クレオパトラの結婚式の祝宴の場で、側近護衛官パウサニアスの凶刃に倒れた。同性愛の愛憎のもつれが原因だったとされる。

(2) カリデモス(二三-4)から情報を得ていたが、ゼウスとアテナからお告げがあったと偽った(アイスキネス第三弁論『クテシポン弾劾』七七、二一九)。

(3) すなわち、服喪のしるしである暗い色の衣ではなく。

(4) カイロネイアの戦いの後、ピリッポスはアテナイ兵の捕虜を身代金なしで解放し、戦死者の遺骨をアテナイに返還してやった。またエーゲ海の多くの島の保有継続を認めたほか、国境の町オロポス(五-1)をテバイから取り返してやるなど、アテナイに寛大な態度で臨んだ。一方、テバイに対しては、捕虜の身代金要求のほか、反マケドニア派市民の処刑、市の砦へのマケドニア兵駐留(二三-1)などを強行したから、連合軍を構成したこの二都市に対する方針の違いは明らかだった。『ポキオン』一六-8参照。

(5) アテナイはピリッポスの寛大な措置に感謝して、ピリッポスと王子アレクサンドロスにアテナイ市民権を与え、中央広場にピリッポス像を建立することを決議した。

(6) 原典の欠損が推定される。

従ってそうするのではなく、劇の筋書きの要求するままにそんな演技をするにすぎない。
6 さらにこうも言えよう。不幸にみまわれ、慰めもないまま悲しみの底に倒れ臥している人を見つけたとき
は、そのままに放っておくのではなく、悲しみを軽くする言葉をかけてあげたり、気持ちを楽しい事の方へ
振り向けてやったりするべきだとすれば——それはちょうど眼病を患っている人に、視線をまぶしくてぎら
ぎらする物から逸らして、落ち着いて柔らかな色合いの物に向けるよう教えてあげるのと同じである——、
祖国が幸運にめぐり合ったとき、国の運を家内の運に注いで混ぜ合わせ、福によって禍を薄める、それ以上
7 に有効な慰めがいったいどこに見つかるだろうか(1)。私がここにこんなことを書いたのは、アイスキネスのあ
の演説が多くの人を憐憫に誘い込み、女のようにしてしまったのを知っているからである。

二三　それはともかく、各地の都市はデモステネスにあおられるかのように、再び隊列を組み始めた。テ
バイ人がデモステネスに調達してもらった武器を使って、マケドニア駐留軍に襲いかかり、多数の兵士を殺
2 害する一方、アテナイ人もテバイ人とともに戦うつもりで準備に入った。今や演壇の主となったデモステネ
スは、王によりアジアに送り込まれていた将軍たちに書簡を送り、アレクサンドロスのことを子供とかマル
ギテスとか呼びながら、この若者に向けてあちらから戦争の火の手をおこさせようとした(2)。ところがアレク
サンドロスが国内の掌握に成功し、みずから軍隊を率いてボイオティアに姿を現わすと、アテナイ人の意気
込みはたちまちしぼみ、デモステネスは鳴りをひそめ、そうしてテバイ人はアテナイに裏切られて独力で戦
いを挑んだあげくに、国を滅ぼした(3)。
3 アテナイでは、市中が騒然とするなか、デモステネスを含む数名が使節に選ばれ、アレクサンドロスのも

とへ遣いすることになったが、デモステネスは王の怒りへの怖れから、キタイロン山まで行ったところで引
4 き返し、使節の任務を放棄してしまった(4)。まもなくすると、アレクサンドロスが書簡を寄越して、複数の民
衆指導者の引き渡しを要求してきた。その人数は、イドメネウスとドゥリス(5)の伝えるところでは一〇名だが、
大多数のしかも信憑性の高い史家たちによれば八名、すなわちデモステネス、ポリュエウクトス、エピアル
5 テス、リュクルゴス、モイロクレス、デモン、カリステネス、カリデモスである(6)。このときデモステネスは

(1)『ポキオン』一二-4、『心の平静について』四六九a参照。

(2)ピリッポスは東方遠征の先発部隊として、すでに重臣のパルメニオンとアッタロスを軍隊とともに小アジアに送り込んでいた。マルギテスはホメロス作と伝えられる滑稽叙事詩『マルギテス』の主人公で、愚鈍な人物の代名詞として用いられた。アイスキネス第三弁論『クテシポン弾劾』一六〇参照。

(3)即位後アレクサンドロスは、小アジアにいて新王の敵対勢力になる怖れのあったアッタロスを殺害させ、前三三五年にはトラキア地方やイリュリア地方で起こった反乱の動きを抑え込んだ。続いてテバイ蜂起を知らされて南に向かい、抵抗を粉砕して、この市を葬り去った(『アレクサンドロス』一一)。

(4)キタイロン山はアッティカ地方とボイオティア地方の境界付近に位置する。アイスキネス第三弁論『クテシポン弾劾』一六一によれば、デモステネスが使節に出て途中で引き返したのは、アレクサンドロスがテバイ攻撃を始める前のことだった。

(5)一五-5、一九-3参照。

(6)八名とも反マケドニア派の政治家。ポリュエウクトスは一〇-3、一三-6、モイロクレスは一三-6、デモンは二七-6、カリデモスは『ポキオン』一六-4を参照。リュクルゴスはカイロネイアの戦いのあとの一二年間、アテナイの財務や通商の改革を進めて成果を上げた。『ポキオン』一七-2には、ここにはないヒュペレイデス(一二-8)の名も挙がっている。

6 市民たちに、番犬を狼に引き渡した羊の群れの寓話を持ち出して、自分とその仲間を民衆を守って戦う番犬に喩え、アレクサンドロスをマケドニアの一匹狼と呼んだ。さらにこんなことも口にした「商人というのは、周知のように、麦の見本を椀に入れて見せて回り、そうしてわずかの量を使って多くの量を売り渡すものだが、それと同じように諸君は、気づかないうちに、われわれといっしょに諸君全員を引き渡そうとしているのだ」。これはカッサンドレイアのアリストブロス[1]の伝えるところである。アテナイの市民たちが決断に迷い、議論を重ねていると、デマデスが名指された指導者たちから五タラントンをもらって王のもとに遣いし、彼らのために嘆願する任を引き受けた。王の好誼に自信があったか、あるいは王がもはや殺戮に飽きた満腹の獅子のようになっているはずだと予想したのであろう[2]。ポキオンも王を説得して指導者たちへの怒りを解き、アテナイとの和解を引き出すことに成功した[3]。

授冠をめぐる裁判

二四　アレクサンドロスが去ったあとはデマデスとポキオンが主役に躍り出て、デモステネスは陰に隠れてしまった。スパルタ王のアギスが反抗を試みたとき、それに合わせて少しの間だけ舞台に戻ってきたものの、アテナイがいっしょに立ち上がるのを拒み、アギスが倒れてスパルタ軍が砕け散ると、再び引っ込んでしまった[4]。

2 授冠の件でクテシポンへの告発が法廷に持ち込まれたのは、ちょうどその頃である。この告発はカイロネイアの戦いの少し前、カイロンダスが執政官の年に提起されたのだが、裁判が開かれたのはそれから一〇年後、アリストポンが執政官の年であり、公訴として他に例がないほどの注目を集めることになった(5)。その理由は、双方の演説者の名声のほかに、判決に当たった市民たちが見せた高い志にもあった。というのも裁判員たちは、デモステネスを追い落とそうとする者たちが、当時、飛ぶ鳥を落とす勢いだった親マケドニア派の人物であったにもかかわらず、デモステネスへの反対票を投じるのを潔しとせず、アイスキネスに味方す

(1)『アレクサンドロス』一五-2参照。

(2)デマデスはカイロネイアの戦い以後、ピリッポス父子の信頼を得ていた(一三-3、二〇-3)。『アレクサンドロス』一三-2参照。

(3)『ポキオン』一七-2—8参照。

(4)前三三一年、アギス三世はペロポンネソス諸都市と傭兵から成る軍勢を組織して、マケドニアに反乱を起こした。アレクサンドロス東征中のギリシア統治をまかされていたアンティパトロスは、このときトラキア方面の鎮圧に軍隊を振り向けていたので、その隙を突いて反乱は拡大した。アギスはアテナイを反乱軍に引き入れようとしたが、デモステネスは同調せず、アテナイは動かなかった(アイスキネス第三弁論『クテシポン弾劾』一六五—一六七)。前三三〇年春、メガロポリスの戦いで、駆けつけたアンティパトロスの軍隊に反乱軍は敗れ、アギスが戦死して、反乱は抑え込まれた(『アギス/クレオメネス』三-3)。

(5)前三三六年初め頃、クテシポンがデモステネスの功績を称えるために名誉の冠を授与することを提案したことに対し、アイスキネスがその提案の違法性を訴えて、クテシポンを告発した。告発は、おそらくその直後のピリッポス暗殺にともなう情勢急変が理由で中断されていたが、前三三〇年夏になってあらためて裁判が始まった。アイスキネスが告発の演説(第三弁論『クテシポン弾劾』)でデモステネスを攻撃すると、デモステネスが被告クテシポンの代理弁論に立って、反論の演説(第十八弁論『冠について』)を行なった。結果はデモステネス側の勝訴に終わった。告発はカイロネイアの戦い(前三三八年)のあとであり、告発から裁判開始までは六年余りである。年代にかんしてプルタルコスに事実誤認がある。

3 る票数が全体の五分の一に満たないという、見事な被告無罪の判決を下したのである。[1] 敗れたアイスキネスはその後すぐにアテナイを去り、ロドスやイオニアで弁論術を教えながら生涯を過ごした。[2]

ハルパロス事件

二五　それからまもなくしてハルパロスが、アレクサンドロスから逃れ、アジアを出奔してアテナイに
やって来た。公金の濫費について己の不正を自覚しており、しかも側近たちに対するアレクサンドロスの態
2 度が峻厳になっていることに、不安を感じたのである。[3] ハルパロスが民会に逃げ込んできて、財貨と軍船も
ろともにアテナイに身をゆだねると申し出たとき、ほとんどの政治家はたちまち大金に吸い寄せられて支援
に乗り出そうとし、民衆を説得してこの嘆願者の受け入れと救済を承諾させようとした。
3 しかしデモステネスだけは当初、ハルパロスを追い払うべきだ、必要も大義もない理由から国を戦争に引
きずり込まないよう注意せよ、と警告した。ところがその数日後、財貨の査定が行なわれていたとき、デモ
ステネスがあるペルシアの盃に心惹かれ、その形と彫りをためつすがめつしているのを目に止めたハルパロ
4 スは、盃を手に取って黄金の重さを当ててごらんなさいと声をかけた。デモステネスがその重いのに驚いて、
いったいどれほどの値が付くのかと問いかけたところ、ハルパロスは微笑を浮かべて「二〇タラントン付い
てきます、あなた様のもとへ」と答えた。そして夜に入るとすぐに、盃に二〇タラントンを添えてデモステ
5 ネスのもとへ送り届けた。どうやらハルパロスというのは、黄金に魅せられる性格の人を、表情の緩みや視
線の変化から見分ける特別の技能を持っていたらしい。デモステネスは抵抗しきれず、都市が外国軍の駐留

を受け入れるように、賄賂を受け取ってハルパロスの軍門に下ってしまった。そして翌日、毛織の細帯をしっかりと喉に巻き付けて民会に姿を現わすと、登壇して発言するよう求められても、声が出ないふりをして首を振るばかりだった。あの政治家は夜のうちに風邪を引いたのではなく金を引いたのだ、とはそのとき才人たちの放った嘲りのひと言である。また後日、民衆のすべてが収賄の事実を知り、本人からの弁明と反論の申し出にも応じず、怒って罵声を浴びせていたときには、ある男が壇上に立ち、からかうように「アテナイ市民諸君、盃を持っている人の言うことを聞こうではありませんか(4)」と呼びかけた。

(1) 違法提案告発にもとづく裁判では、告発して裁判員の五分の一の有罪票を得られなかった場合、原告は一〇〇〇ドラクマの罰金と市民権喪失に処せられる。裁判員は籤で選ばれた三〇歳以上の市民六〇〇〇人の中から、再度の抽選により指名されるのが規定であり、この裁判の場合、一〇〇一人または一五〇一人が法廷に臨んだと推定される。

(2) ロドス島で弁論術の学校を開いたあと、サモス島に移り、そこで没したと伝えられる（『十大弁論家列伝』八四〇d―e）。

(3) ハルパロスはアレクサンドロスの側近として東征に参加したが、エクバタナ（現イランのハマダン）に留まって、接収したペルシアの財貨の管理など財務全般をまかされた。その後バビロンに移ったが、インドへ向けて東征を続ける王の生還はもはやないものと信じて、公金を浪費し遊興にふけるようになった。予期に反して王の帰還が近づいたとき、処罰を怖れて逃亡を決意すると、五〇〇〇タラントンの金を持ち出し、傭兵六〇〇〇人と軍船三〇隻をともなってアテナイに亡命を申し出た（ディオドロス『歴史文庫』第十七巻一〇八―四―八）。アテナイに来航したのは、前三二四年夏のことである。

(4) 饗宴では出席者の間を盃が巡り、それを手に持っている者が話をするのが慣例だった。

7 それはともかく、このとき市民たちはハルパロスを国外に追い払ったうえ、(1)政治家たちの掠め取った金の
責任を問われるのを怖れて徹底的な査察に乗り出し、一軒一軒の家に出向いて捜索を行なったが、アレネイ
8 デスの子カリクレスの家にだけは立ち入らなかった。この男は結婚したばかりで、家内には新婦がいたから、
とテオプラストスは伝える。

亡命

二六　デモステネスはこの嫌疑に正面から対決しようと、アレイオスパゴス評議会による事件の調査と、
2 それにより不正の事実を認定された者への処罰を求める動議を提案した。ところが評議会が真っ先に名指し
た者の中に、デモステネス自身が含まれていたため、彼は法廷に引き出されたあげく、科せられた罰金五〇
タラントンを支払えずに、獄舎につながれるはめになった。(2)しかし、本人の言うところによれば、罪を問わ
れたという恥辱に加え、身体の衰弱もあって牢獄生活に耐えきれず、獄吏の目を盗みあるいは目をつぶって
3 もらって脱走に成功した。(3)そして、これもデモステネスが言うには、市内から少し離れたところまで逃げて
きたとき、敵対派の市民数人が追いかけてくるのに気づき、身を隠そうとしたが、その市民たちはデモステ
ネスの名を呼び、追いついたかと思うと、どうか路銀を受け取ってほしい、自分たちはそのために家から金
を持ち出して、わざわざ後を追いかけてきたのだ、と告げた。それればかりか、元気を出せ、このたびの事で
4 落胆してはいけないと励ましたので、デモステネスはその言葉にかえって涙を誘われ、こう洩らした「他の
国でなら友の中にも見つからないような人が敵の中にいる、そんな国を去ろうというとき、どうして悲しま

ずにいられよう」。

5 亡命中はふさぎ込むばかりで、おおかたの月日をアイギナやトロイゼンで過ごしつつ、アッティカの方角を眺めやりながら涙を浮かべているありさまだったから、[4] この時期の発言として伝えられるのは、政界にあった頃の生き生きした言動からは、およそ思いも寄らないものであった。例えばアテナイを後にするとき、6 アクロポリスの方に両手を差し伸べて「国を守護する女神アテナよ、いったいなぜあのとりわけて厄介な三種の動物を嘉し給うのです、梟と蛇[5]と民衆を」とこぼし、訪ねてきた青年たちと語り合っていたときには、7 政治に近づかないよう、こう言って諭したという。もし生涯の初めに自分の前に二本の道が延びていて、一

(1) アテナイはアンティパトロスらからハルパロスの身柄引き渡しを要求されたが、拒否して彼を拘留する一方、運ばれてきた財貨をアクロポリスに保管することにした。しかしハルパロスは逃亡してクレタ島に渡り、そこで部下に殺された。

(2) ハルパロスからの収賄の嫌疑を晴らそうと、デモステネスはアレイオスパゴス評議会による調査と、それに基づく民衆法廷での裁判を提案した。しかし前三二三年になって発表された調査報告で、デモステネスを含む九名に収賄事実があったと認定され、民会で任命された告発人一〇名による裁判の結果、デモステネスは罰金を科せられた。このとき同じく罰金刑に処せられた中にはデマデスもいたが、こちらは裁判の前に逃亡した。

(3) デモステネスが亡命中に書いた書簡のひとつに（『書簡集』二-一七）、ここに書かれたような理由でアテナイを去ったという記述がある。ただし、プルタルコスの説明とは異なり、投獄前に亡命したらしい。

(4) キケロとの相似をプルタルコスは意識している（『キケロ』三二-5）。アイギナ島はペイライエウス港の南方二〇キロメートル、トロイゼンはペロポンネソス東部のアルゴリス半島上にある。

(5) 梟と蛇はいずれもアテナの神聖な動物。

本は演壇と民会に続く道、もう一本は真っ直ぐ破滅に続く道だとする、そして政治にまつわる数々の禍、すなわち不安や嫉妬や中傷や闘争があらかじめ見えていたとするなら、私はためらいなく、真っ直ぐ死にいたる道を選ぶだろう、と。

ラミア戦争

二七　ところがデモステネスがまだ亡命中、アレクサンドロスが世を去り、ギリシア諸都市が再び手を取り合って、レオステネスが勇ましい戦いぶりにより、アンティパトロスをラミアに追い込んで包囲するという情勢になった[1]。
2 弁論家ピュテアス[2]とザリガニの綽名を持つカリメドン[3]は、アテナイを追い出されてアンティパトロスの陣営に加わると、その友人や使節たちとともにギリシア各地を巡り、マケドニアから離反しないよう、そしてアテナイに同調しないよう説いて回った。
3 デモステネスはというと、アテナイから遣わされた使節団に合流すると、力を合わせて対抗の論陣を張り、諸都市が協力してマケドニア軍を攻め、ギリシアから放逐するべきだと訴えた。
4 そのためアルカディアではピュテアスとデモステネスの間で非難の応酬が起こり、民会で一方がマケドニアを擁護すれば、他方がギリシアのために熱弁を振るうという光景が見られたと、これはピュラルコス[4]の記すところである。それによれば、そのときピュテアスは、驢馬の乳[5]が運び込まれた家では、きっと病人が発生しているものだが、
5 それと同じように、アテナイの使節が訪れた都市は間違いなく病に罹っている、と言い放った。するとデモステネスはその喩えを逆手に取り、驢馬の乳は病気の人の快復のために、そしてアテナイの使節は病気の都市の救済のために来るのだ、と切り返したという。

6 この働きぶりに感銘を受け、アテナイの民会はデモステネスの帰国許可を決議した。動議を提出したのはデモステネスの従兄弟に当たるパイアニア区のデモン[6]で、三段櫂船がデモステネスを連れ帰るべくアイギナに遣わされた。

7 ペイライエウス港から市内に上っていくデモステネスを、執政官や神官は言うに及ばず、すべての市民がこぞって出迎え、帰還を喜び合った。マグネシアのデメトリオス[7]の記すところによると、このときデモステネスは両手を天に差し上げ、市民たちが強いられたのではなく、心から納得して帰国を許して

8 くれたことを、アルキビアデス[8]にまさる名誉の帰国と感じ入り、この日の幸せに感謝したという。恩情で有

---

(1) アレクサンドロスが前三二三年六月にバビロンで病死すると、ギリシア中に反マケドニア機運が高まった。アテナイの司令官レオステネスは、ペロポンネソス南端のタイナロン岬で傭兵軍を率いていたが、アテナイのほかアイトリアなどからも兵力を集めて、反マケドニアのギリシア連合軍を指揮することになった。そして同年の秋に、アンティパトロスの軍勢をマリス湾岸近くの都市ラミアに封じ込めた。包囲戦が始まったが、レオステネス自身はそのときに戦死する。

(2) ピュテアスについては、八-4、二〇-2参照。ハルパロス事件ではデモステネスらを告発した一〇名のうちのひとりだった。カリメドンとともに親マケドニア派として知られていたため、アテナイを去らざるをえなくなり、マケドニアに赴いてアンティパトロスのもとに身を寄せた。

(3)『ポキオン』二七-9参照。

(4)『アギス/クレオメネス』九-3参照。

(5) 病人のための養生食として利用された。

(6) 二三-4参照。正しくはデモステネスの従兄弟ではなく、従兄弟デモメレスの子。

(7) 一五-4参照。

(8) シキリア遠征の最初期に亡命したアルキビアデスは、ヘレスポントス方面で卓越した軍事手腕を見せつけた結果、前四〇七年、八年ぶりにアテナイに凱旋帰国した(『アルキビアデス』三二―三三)。

罪判決を取り消すことはできなかったから、罰金刑はいぜんとして消えていなかったが、市民たちは法を巧妙にすり抜けた。つまり救い主ゼウスの祭儀のおり、祭壇の設営と装飾を担当する者に国費を支給する慣例があるのを利用し、その年、デモステネスに五〇タラントンでこの任を請け負わせたのであり、これがちょうど罰金の額に相当するというわけである。

最期

二八　しかしながら、帰還後に祖国の暮らしを享受できたのは、わずかの間だった。たちまちにしてギリ
シア軍の勢力はたたき潰され、メタゲイトニオン月にはクランノンの戦い、ボエドロミオン月にはマケドニ
ア駐留軍のムニュキア入城と続いて、ピュアネプシオン月にデモステネスは死を迎えたのである[1]。その次第
2 を語ろう。アンティパトロスとクラテロス[2]がアテナイに向かって進軍中という報告が入ると、デモステネス
3 とその仲間たちはいちはやく市を抜け出し、民会はデマデスの提案により彼らの死刑を決議した。逃げた者
たちはそれぞれ別の場所に散っていったので、アンティパトロスは追っ手を四方に送ったが、その指揮を
執ったのが、亡命者狩りの名人と呼ばれたアルキアスである。これはトゥリオイ[3]に生まれ、かつて悲劇役者
をしていたと伝えられる男で、演技力で天下随一のアイギナ人のポロス[4]は、この男の弟子だったという記録
もある。一方この男を、ヘルミッポス[5]は弁論家ラクリトス[6]の弟子のひとりに数え、デメトリオス[7]はアナクシ
4 メネス[8]の講莚の参列者と記す。ともかくこのときアルキアスは、弁論家ヒュペレイデスとマラトン区のアリ
ストニコス、さらにパレロンのデメトリオスの兄のヒメライオス[9]、この三人がアイギナ島のアイアコス[10]の社

に逃げ込んでいたのを引きずり出し、クレオナイ(11)にいたアンティパトロスのもとへ送った。三人ともその地

(1)記されたアッティカ暦の三つの月は、おおよそ八月、九月、十月に当たる。前三二二年になると、春にマケドニアの将レオンナトスが小アジアから軍勢とともに現われ、ラミアの包囲を解かせたのに続き、テッサリア地方のクランノンの戦いでギリシア連合軍がマケドニア軍に敗れて、ギリシア解放の望みは潰えた。アテナイからデマデスとポキオンらの使節が、テバイに滞在するアンティパトロスを訪れて講和交渉をしたが、アンティパトロスはデモステネスやヒュペレイデスら反マケドニア派の身柄引き渡しのほか、ペイライエウス港の砦ムニュキアへのマケドニア軍駐留、アテナイ民主制の解体などを要求した。アテナイは要求を受け入れざるをえなかった(『ポキオン』二七-5)。

(2)アレクサンドロスの東征に加わっていた将軍のひとり。前三二二年にマケドニア退役兵一万人を率いて帰国し、アンティパトロスと合流して、クランノンの戦いでギリシア連合軍を破った。

(3)南イタリアのタラント湾岸のギリシア人植民市。

(4)一-2参照。

(5)五-7参照。

(6)イソクラテスの弟子。デモステネスの代作した私訴弁論『ラクリトスへの抗弁』がある。

(7)パレロン区出身のデメトリオス(九-3)。

(8)前四世紀、ランプサコス出身の歴史家・弁論家。『ギリシア史』『ピリッポス伝』を著わしたほか、アリストテレス作と伝えられる『アレクサンドロスのための弁論術』もこの人が書いたものらしい。

(9)ハルパロス事件ではデモステネスの告発人のひとりだった。弟のデメトリオスは前三一八年にポキオンとともに死刑判決を受けたが、その前にアテナイから逃亡し(『ポキオン』三五-5)、翌年に復帰して政権の座に着いた。

(10)河神の娘アイギナがゼウスとの間に生んだ息子。トロイア戦争の英雄アキレウスとアイアスはともにこの人の孫と伝えられる。

(11)コリントスの南西に位置する。

で処刑された。一伝によれば、ヒュペレイデスは生きながら舌を切り取られたという[1]。
二九　デモステネスについては、カラウリア島[2]のポセイドン神殿に嘆願者として座り込んでいるという情
報を得て、アルキアスは数艘の艀で島に渡ると、トラキア人衛兵を連れて上陸した。そしてデモステネスを
見つけると、立ち上がっていっしょにアンティパトロスのもとに行こう、酷い仕打ちを受けることはけっし
2 てないから、と説得を始めた。しかしデモステネスはちょうどその前の夜、眠っているときに奇妙な夢を見
たばかりで、それは悲劇の演技をアルキアスと競い、上々の出来栄えで観衆の喝采を浴びたのに、衣装や舞
3 台装置が十分でなかったために負けてしまった、という夢だった。だからアルキアスから懇ろな言葉をいく
らかけられても、座ったまま彼の顔を見上げ「アルキアス、おれはこれまで一度もおまえの演技に心を動か
されたことはないし、今もおまえの約束には動かされないからな」と吐き捨てた。するとアルキアスが怒り
出し、脅迫に転じたので、デモステネスは「やっとマケドニアの三脚の椅子から発する言葉を口にしたな[3]、
4 さっきまでは役を演じていたが。では、少しだけ待ってくれ、家の者に手紙を書くから」と返した。そして
神殿の奥に引っ込むと、帳面を手に取り、これから書こうとするように葦筆を口元に近付けたあと、考えて
から書き始めるいつもの習慣どおり、筆先を噛んだまま、しばらくじっとしていたが、やがて頭を上着で覆
5 い、うな垂れてしまった。扉のそばに立っていた衛兵たちは、デモステネスが怖気づいたのだと思って嘲り
笑い、男らしくない腰抜け野郎だと言い合った。アルキアスは寄っていって、立ち上がれと声をかけ、先ほ
6 どと同じ文句を繰り返しながら、あらためてアンティパトロスとの和解を約した。しかしデモステネスは、
毒がすでに体内に回って壊死を拡げつつあるのを感じ取ると、頭の覆いを取り、アルキアスの方に向き直っ

7 て言った「これでおまえはいつでも悲劇の中のクレオン役になって、この体を投げ捨てて野ざらしにできるぞ。(4)ポセイドン様、私は命のあるうちに聖域から出ていきます。(5)しかしアンティパトロスとマケドニア人たちときたら、あなたの神殿まで穢さずにはおかないのです」。そう言うと、すでに震えが来て歩みの覚束なくなった体を支えてくれるよう頼み、外に出てちょうど祭壇のそばを通り過ぎたところで倒れたかと思うと、呻き声をひとつ洩らして息絶えた。

三〇　毒が葦筆に仕込んであったとアリストンは語っていて、ここに記したのはそれにもとづく。(6)一方、この話にかんしてヘルミッポスの典拠になったパッポスという人によれば、デモステネスが祭壇のそばで倒

---

(1)ヒュペレイデスについて、一二-8、一三-6、『ポキオン』一七-2、二六-2、二七-5、二九-1参照。『十大弁論家列伝』八四九bは、拷問にかけられたが、祖国の秘密を洩らさないためにみずから舌を噛み切ったという伝を記す。

(2)トロイゼンの沖、アイギナ島の南方に位置し、現在はポロス島と呼ばれる。『十大弁論家列伝』八四六eによれば、デモステネスはアテナイからまずアイギナ島に移り、そこからさらにカラウリア島に逃げた。前年の亡命先と同じ地域に逃げたことになる。この島にはデモステネスの墓標があった(パウサニアス『ギリシア案内記』第二巻三三-三)。

(3)デルポイの巫女は三脚の椅子にすわってアポロンの神託を伝える。したがってここは「本当のことを言った」という意味。

(4)ソポクレスの悲劇『アンティゴネ』において、テバイの王クレオンは、テバイに攻め寄せて敗死したポリュネイケスの遺体を、祖国への裏切り者として、埋葬せずに野に捨てて鳥獣の餌にするよう命じる。

(5)神の聖域の中で死ぬことは、そこに逃げ込んだ嘆願者に暴力をふるうことと同様に、宗教的禁忌とされた。

(6)アリストンについては、一〇-1参照。一方、『十大弁論家列伝』八四七bはこの話の典拠として、前三世紀の伝記作家サテュロスを挙げる。

れたとき、帳面には手紙の冒頭の「デモステネスからアンティパトロスへ」という一句だけが書かれ、後は
2 空白だった。そして死の速やかなのに驚きが広がるなか、扉のそばにいたトラキア兵たちは、デモステネスが布切れのようなものから毒を出して手に取り、口に持っていって飲み込んだ、と説明した。だが飲み込んだのは黄金だと思ったそうである。身のまわりの世話をしていた下婢は、アルキアスに問いただされ、デモ
3 ステネスはずっと以前からその布の包みを護符として身に着けていた、と答えたという。他方、エラトステネス[1]が言うには、デモステネスは中が空洞になった腕輪を嵌めていて、そこに毒を忍ばせてあったのだとい
4 う。他にもデモステネスの死について書き記した人は数多くいるけれども、それらの説明の異同をいちいち述べる必要はなかろう。ここではただ、デモステネスの親戚に当たるデモカレス[2]が自身の信じるところとして語ったことを紹介しておきたい。すなわち、デモステネスは毒によって死んだのではない、神々の恩寵と
5 配慮によりマケドニア人の残虐な手をすり抜け、苦しみのない瞬時の死にめぐり会ったのだ、と。命日はピュアネプシオン月の十六日で、これはテスモポリア祭[3]を執り行なう女たちが女神のそばで断食する、祭礼期間中でもっとも陰鬱な日である。

しかしその後まもなくして、アテナイ民衆はデモステネスにふさわしい名誉をもって報いるべく、彼の青銅製の立像を建てたほか[4]、一族の最年長者が迎賓館[5]での会食に列すること、そして銅像の台座にあの有名な銘文を刻むことを決議した。

デモステネス、もしあなたに志と同じほどの力が備わっていたなら
ギリシアがマケドニアの〔戦の神〕アレスに屈することもなかったであろう。

6 この銘文はデモステネス自身が、カラウリア島で毒を飲む間際に作ったものだと唱える人がいるが、取るに足りない愚言である。
三一　私がアテナイに来る少し前のことだが(6)、こんなできごとがあったという。ひとりの兵士がある査察
2 のために隊長に呼び出され、手持ちの金をすべてこの銅像の両手の上に置いていった。銅像は両手の指を組み合わせるかっこうで立っており、かたわらにはあまり高くない鈴懸の木が生えていた。その木の葉が何枚も、風に吹かれて偶然にそこに落ちたのか、あるいは兵士自身が金を隠そうとしたのか、ともかく金の上に
3 覆いかぶさって、長い間人の眼をさえぎっていた。兵士が戻ってきてその金を見つけると、これが噂となって広がったものだから、詩の心得のある人たちはこの題材に飛びつき、賄賂に対するデモステネスの身の堅

(1) 九-3参照。
(2) デモステネスの妹の息子。
(3) 女だけが参加できる穀物豊穣の女神デメテルの祭礼。三日間にわたって開かれ、中日に参加者による断食が行なわれる。
(4) アテナイが前二八七年にマケドニアのデメトリオス・ポリオルケテスの支配から脱し、民主制を回復したあと（『デメトリオス』四六-2―4）、前二八〇／七九年に甥のデモカレスが提出した動議により銅像建立が決定した。かつてマケドニアの圧制に抗し、自由のために戦った英雄を顕彰するためだった。銅像は中央広場の北端にあった（『十大弁論家列伝』八四七a―d、八五〇f―八五一c、パウサニアス『ギリシア案内記』第一巻八-二―四）。ローマ時代に作られた大理石の模刻像が現存する。
(5) プリュタネイオン。五百人評議会の各執務期間の当番評議員（プリュタネイス）が会食をする場所。国家のために著しい貢献をした市民が、国費による会食の名誉にあずかる場所でもあった。
(6) プルタルコスは二〇歳頃にアテナイに留学し、プラトン派哲学者アンモニオスに学んだので、そのときのことを指すらしい。

さを称える短詩を作って競い合ったという。

4 ところでデマデスはというと、人々の嫌悪の裏返しでもあった名声を長く享受する間もなく、デモステネスの正義の報いに導かれてマケドニアへ出向き、そこで恥ずべき追従を捧げていた当の相手から、正当な死を賜ることになった[1]。それ以前からマケドニア人の不興を買っていたのだが、このときとうとう逃れようの

5 ない罪過の穴に落ちてしまったのである。というのもデマデスの書簡が洩れ出て、そこで彼はペルディッカス[2]にマケドニアを攻め取ること、そしてアンティパトロスという古い腐った糸でつなぎ止められたギリシ

6 アを救い出すことを要請していた。その書簡を証拠としてコリントス出身のデイナルコス[3]が告発を行ない、それを聞いたカッサンドロス[4]は逆上して、まずデマデスの息子を父の腕の中で惨殺し、そのあとで父も処刑した。こうしてデマデスは、裏切り者は真っ先に自分自身を売ることになると、無残このうえない運命の中で学んだわけだが、このことをデモステネスからたびたび予言されながら[5]、彼は信じなかったのである。

7 さて以上が、ソシウスよ、私が読んだり聞いたりしたことからまとめたデモステネスの生涯である。

キケロ

出生と修行時代

一　キケロの母は名をヘルウィアといい、生まれも育ちも申し分のない女性であったと伝えられるが、父

(1)デモステネスらへの死刑決議を提案したデマデスは、前三一九年、ムニュキアのマケドニア駐留軍の撤退を求める市民たちの希望を伝えるため、息子を連れてマケドニアのアンティパトロスのもとに赴いた(『ポキオン』三〇-8―10)。

(2)東征に加わっていた将軍のひとり。アレクサンドロスの死後、遺されたふたりの統治能力のない王の摂政に就き、アンティパトロスの娘と結婚した。しかしアレクサンドロスの妹との結婚を望んで、妻を離縁したため、アンティパトロスの怒りを買ったばかりか、王位への野心を警戒する他の将軍たちとも対立した。前三二一年、プトレマイオス討伐のためにエジプトに向かったが、ナイル渡河の失敗から部下の手にかかって殺された。『ポキオン』三〇-9では、デマデスが書簡で呼びかけた相手はアンティゴノスになっている。

(3)カッサンドロスと近い関係にあった弁論家。ハルパロス事件では、デモステネスの告発人のために弾劾演説を代作した(『十大弁論家列伝』八五〇c―d)。

(4)アンティパトロスの長男。アンティパトロスはペルディッカスの死後、代わって摂政に就き、前三一九年、使節のデマデスを迎える間もなく、高齢のために病死する。

(5)デモステネス第十八弁論『冠について』四六参照。

2 の出自についてはおよそ奇異な風説ばかりが流布していた[1]。つまり、ある縮絨工の家に生まれ育ったと言う
人もあれば、家系の祖をウォルスキ人を治めた名君で、ローマ人と戦って健闘したトゥルス・アッティウス[2]
3 にまで遡らせる人もあるという具合である。しかしながらその家系の中で最初にキケロという綽名を付けら
れた人物は、ひとかどの功を成したらしく、だからこそ、その子孫たちもこの名を棄てるどころか、むしろ
4 喜んで受け入れ、たびたびの揶揄も意に介さなかったのである。というのもキケルというのはラテン語でヒ
ヨコ豆を意味し、当の人物は鼻の先にヒヨコ豆の割れ目に似たかすかな溝があったので、そこからこの綽名
を頂戴したというわけである[3]。
5 本篇の主人公のキケロは、初めて官位を求めて立ち、政界に乗り込もうとするにあたって、友人たちから
この名をやめて別の名に替えた方がよいと忠告されたとき、青年らしい覇気から、キケロの名をスカウルス
6 やカトゥルス[4]にもまさる栄誉で輝かせてみせると高言したという。また財務官としてシキリアに赴任中[5]、
神々に銀器を奉納するとき、マルクスとトゥリウスという前の二つの名を刻ませたあと、戯れに、その文字
の後ろに三番目の名の代わりとして、ヒヨコ豆の絵を彫り込むよう職人に命じたこともある。名前について
の話は以上である。

二 キケロが誕生したのは、新年が始まって三日目[6]、つまり今なら高官たちが皇帝のために祈祷と犠牲を
捧げる日であり、母は痛みも苦しみもなくキケロを産み落としたと伝えられる。このとき乳母にひとつの幻
が出現し、おまえの養育する子はすべてのローマ人にとって大いなる恵みとなるであろう、と予言したとい
2 う。この予言は当初、夢か戯言としか思われなかったけれども、キケロは学修を始める年頃になると、たち

まち豊かな才能を開花させ、子供たちの間で評判と栄誉を独り占めにして、それが真実の託宣であったことを証明した。このため子供の父たちは、自分の眼でキケロを見て、名高いこの少年の明敏で才気あふれる学修ぶりを確かめたいものと、学校にたびたび足を運ぶようになり、さらに勝ち気な父親たちは、自分の息子がキケロへの敬服のしるしとして、キケロを真ん中に挟んで道を歩いているのを見かけると、我が子を叱りとばすこともあった。

（1）マルクス・トゥリウス・キケロ（前一〇六―四三年）は同名の父の長男。生地アルピヌムはローマから一〇〇キロメートルほど南東に位置し、前一八八年以来、ローマ市民権を認められていた。本書に伝記を収めるマリウスの出身地でもある。父は地元の郷士で、ローマの騎士階級に属し（一一-3）、家系内にかつて元老院議員になった者はいない。

（2）前五世紀初め、ウォルスキ人の豪族トゥルス・アッティウスは、ローマから亡命してきたコリオラヌスと協力してローマに攻め上ったが、敗れて死んだ（『コリオラヌス』二二―三九、リウィウス『ローマ建国以来の歴史』第二巻三五―三九）。ウォルスキ人はアルピヌムを含むローマ南東方に居住する民族。

（3）プリニウス『博物誌』第十八巻三-一〇は、本文と同じようにCiceroをcicerから説明しながらも、キケロの祖先がヒヨコ豆栽培にすぐれていたことが、この名の由来だと伝える。ローマの人名に一般的な「個人名・氏族名・家名」の組み合わせのうち、家名は身体的特徴や職業など何らかの綽名に由来するものが多く、それが氏族内の特定の家系に受け継がれるようになった。家名を持たない血筋もあった。『マリウス』一-1参照。

（4）アエミリウス氏族のスカウルスは「膨れた踵」、ルタティウス氏族のカトゥルスは「子犬」を意味するが、いずれも執政官を輩出した名門家系の名。

（5）六-1参照。

（6）前一〇六年一月三日。

3 プラトンが学と知を愛する才能の持ち主に要求するとおり、[1] キケロはいかなる分野の学問と教育もおろそ
かにせず、あらゆる学修に精魂を傾けられる素質の持ち主だったが、それでもどちらかと言えば詩歌の方に
心を惹かれ、実際に、子供の頃に作った四歩格による小篇の詩『海のグラウコス』[2] なるものが伝存している。
4 そして年月を経るとともに、この種の文芸の作法にさらに熟達してくると、弁論家だけでなく詩人としても
ローマで随一という評判を得るまでになった。しかし弁論家としての名声が、その後に文章技法の大きな革
新が起こったにもかかわらず、現代にいたるまでなお存続しているのと違って、詩作品の方は、後代の才能
豊かな詩人たちの陰に隠れて、すっかり輝きを失い、忘れ去られてしまった。

三　少年向けの習い事を卒業したあとは、アカデメイア派のピロン[3] の講筵に列したのだが、このピロンと
いうのは、クレイトマコスの弟子たちの中でも際立って、ローマ人の間で教説を称賛され、人柄を愛された
2 人物である。同じ頃、ムキウス[4] を中心として元老院を指導する立場にあった政治家たちと時を過ごすことも
多くなり、これが法律への習熟を深めるのに役立った。マルシ戦争のときには、しばらくの間、スラの下で
3 遠征に参加したこともある。[5] しかしその後は国家が内乱に突入し、内乱がむき出しの独裁に滑り落ちてゆく
のを目の当たりにして、学究と思索の生活に立ち返り、ギリシア人学者と交際して修養にいそしむように
なった。そのような生活は、スラが支配を確立して、国家がどうやら安定らしいものを取り戻すまで続いた。

4 ところがこのスラの時代[6] に、スラの元奴隷クリュソゴノスが、ある人物を保護停止公告に従って殺害され
たものと見なし、その財産を競売にかけたうえ、自分が二〇〇〇ドラクマで落札するというできごとがあっ
5 た。故人の息子であり相続人であったロスキウスが憤慨し、財産は二五〇〇タラントン相当の価値があると公

表したものだから、[7]企みを暴かれたスラはいきり立ち、クリュソゴノスに証拠を捏造させて、ロスキウスを父殺しの罪で告発した。誰もがスラに睨まれるのを恐れて弁護を断り、身を引いたため、孤立無援となったこの若者はキケロのもとに駆け込み、キケロの友人たちも、名声への第一歩としてこれ以上に輝かしく華々

(1) プラトン『国家』第五巻一九（四七五b）参照。
(2) グラウコスはギリシア中部のボイオティア地方の漁師だったが、海に跳び込んで予言能力を有する海神に変じたと語り伝えられる。
(3) ギリシア中部のラリサ出身。クレイトマコスの後を継いでアカデメイアの学頭を務め、知にかんする懐疑主義の立場をとった。前八八年、ミトリダテスのアジア進攻によって揺れるアテナイを去ってローマに移住し、おそらく前八〇年頃に死ぬまでローマに留まった。キケロは新アカデメイア派と呼ばれるピロンの哲学に強く惹かれた（キケロ『ブルトゥス』三〇六）。
(4) クィントゥス・ムキウス・スカエウォラ（前一一七年の執政官）。アウグル（卜鳥官）と添え名される。法学の大家。キケロはこの師を尊敬し、『弁論家について』『国家』『友情について』で対話人物として登場させた。なおこの人が前八七年頃に死んだあと、キケロはその同名の従弟クィントゥス・ムキウス・スカエウォラ（前九五年の執政官）に教えを受けた。
(5) イタリア諸都市が連帯してローマと戦った同盟市戦争（前九一―八七年）は、同盟市軍の主要勢力の名からマルシ戦争とも呼ばれる。『小カトー』二―1参照。キケロが参加したのは、前八九年のことである（キケロ『占いについて』第一巻七二）。
(6) スラは前八二年に内戦に勝利して独裁官（ディクタトル）に就任し、前七九年に引退して翌年に病死する。
(7) 落札額の二〇〇〇ドラクマはプルタルコスの誤りで、実際には二〇〇〇セステルティウスだった。ギリシアの一ドラクマは、ローマの一デナリウスに換算され、これが四セステルティウスに当たる。そして一タラントンが二万四〇〇〇セステルティウスに相当するので、二五〇タラントンは六〇〇万セステルティウスとなり、これはキケロ自身が示す価格と一致する（キケロ『ロスキウス・アメリヌス弁護』六）。

6 しい訴訟はまたとないとキケロの背中を押した。(1) そこでキケロは弁護を引き受け、見事に勝訴して賛嘆を浴
びたのだが、その後、スラの報復を恐れて国を離れ、身体の休養が必要だからという理由を付けてギリシア
7 へ旅立った。(2) 実際、キケロは胃が弱いため、遅い時間に少量の軽いものをようやく口に入れる程度であった
から、肉付きが悪く体が痩せていたのである。声は豊かで力強いのだが、練られていない荒れた声で、演説
が激しさを増して熱を帯びてくると、声の調子もそれにつられて高くなり、身体の不安を感じさせずにはお
かなかった。

四　アテナイに着いたあとは、アスカロンのアンティオコス(3)の講演を聴いたが、流麗でみやびな話しぶり
2 には魅了されたものの、教説中の新たな改変の部分には賛同できなかった。というのも、その頃すでにアン
ティオコスは、感覚の確実性を説く考えの方に引き寄せられていたからか、それとも、ある人々の言うよう
に、クレイトマコスやピロンの一派との対立と角逐がもとで転向して、多くの点でストア派の教説を奉じる
ようになったのか、いずれにせよいわゆる新アカデメイア派とは袂を分かち、カルネアデス(4)の立場から離れ
3 ていたのである。しかしキケロが心を惹かれ、魅力を感じていたのは新アカデメイア派の方であり、もし政
治活動からすっかり締め出されてしまったなら、ローマの政界や中央広場からこの地に暮らしの場を移し、
哲学を友として静かに一生を送るつもりでいた。

4 ところがそこへ、スラが死んだという知らせが届いた。その頃にはキケロの身体は鍛錬のおかげで生き生
きとした力を取り戻しつつあり、声もよく練られて、耳にこころよく感じられるまでに改善され、身体の健
康とうまく調和するようになっていた。しかもローマにいる友人たちからは帰還を促す書簡がしきりに届き、

アンティオコスにも政治活動の再開をたびたび勧められるうちに、キケロは武具の準備をするように再び弁論術に磨きをかけ始めた。そして政治家としての能力を奮い起こそうと、練習演説に精を出すかたわら、著名な弁論家たちを訪ねてみることにした。

そこでアジアとロドス島に渡り、アジアの弁論家ではアドラミュッティオンのクセノクレス、マグネシア

(1) アメリア市（ローマの北約八〇キロメートル）の資産家セクストゥス・ロスキウスが、前八一年にローマで殺害された。殺害を公認する保護停止公告（プロスクリプティオ）の期間はすでに終わっていたが、クリュソゴノスは資産を競売にかけてみずから安値で落札し、殺害犯と山分けした。遺産相続人であるはずの同名の息子は訴え出たが、逆に命を狙われ、さらに覚えのない父殺しの罪で告発された。キケロによるこの息子ロスキウスのための法廷弁論が『ロスキウス・アメリヌス弁護』（前八〇年）である。冤罪を晴らしたこの弁論は、当時二六歳のキケロが弁論家として名を成す出発点となった。

(2) ギリシアに向かったのは前七九年。実際には報復の恐れよりも、ロスキウス弁護の成功により仕事が増えて体調を崩したことが、主な理由だったらしい。キケロは健康の回復と声質の矯正のために、いったんローマの法廷を離れる決心をした（キケロ『ブルトゥス』三一三―三一四）。

(3) シリアのアスカロン出身。ピロンの弟子だったが、師の懐疑主義から離れて、旧アカデメイア派の教説に立ち返った。前七九年から翌年にかけてアカデメイア学頭を務め、そのときにキケロが遊学してきた。キケロは前四五年の著作『アカデミカ』で、アンティオコスの教説を懐疑主義の立場から批判する。

(4) アフリカのキュレネ出身。前一三七年までアカデメイアの学頭を務め、懐疑主義を唱えて新アカデメイア派の創始者となった。クレイトマコスの師。

のディオニュシオス、カリアのメニッポスに学び、ロドス滞在中は弁論ではモロンの子のアポロニオス[1]、哲
6 学ではポセイドニオス[2]から教えを受けた。伝えによると、アポロニオスはラテン語を理解できないので、キケロにギリシア語で練習演説をするように指示したところ、キケロはその方が適確な指導を受けられるなら
7 と喜んでそれに従った。キケロが練習演説を終えたとき、居合わせた者たちはみな驚き、競い合うように演者に称賛を送ったけれども、ひとりアポロニオスだけは、演説に耳を傾けながら頬を緩めるでもなく、演説が終わったあとも長い間、何やら考え込んでいるようすだった。キケロがとまどっていると、アポロニオスはこう答えたという「キケロ、君には感心し、賛辞を呈するしかない。しかしギリシアの運命を思うと、私は哀れみを覚えずにいられないのだ。われわれに最後まで残されていた宝物である学芸と弁論、それさえもが君の手によってローマ人の中に植え付けられてしまったのだから」。

五　さて希望に胸をふくらませ、いよいよ政界に乗り込もうとしたとき、その気勢をそぐような神託がキケロに下された。というのもデルポイの神に伺いを立て、どうすればいちばんの名声を手に入れられるかと問いかけたところ、ピュティアの巫女は、民衆の意向ではなく自分の天性を生涯の導き手とせよ、と答えた
2 のである。このためキケロは、ローマに戻ってからしばらくの間、慎重に身を持し、官位獲得にも及び腰で無関心な態度を見せるばかりであったから、ローマ人のうちでもとくに口の悪い連中が好んで使うあの常套
3 句、つまりギリシア人とか学者先生とかいう綽名をたてまつられてしまった[3]。しかしながら生まれつき名誉欲の強い人であるから、父や友人たちからもけしかけられるうちに、弁護の仕事を手がけるようになったのだが、そうなると頂点へ向かって一歩ずつ進むどころか、たちまち輝きを放って一気に注目を集め、中央広

場でしのぎを削る仲間たちをはるか後方に置き去りにした。

しかしながらそんなキケロも、デモステネスと同様[4]、演技法を苦手としていたので、喜劇役者ロスキウス[5]や悲劇役者アエソプスの演技を入念に観察していたという。このアエソプスというのは、テュエステスに復讐しようと企むアトレウスの役を舞台で演じていたおり[6]、演技に熱が入りすぎて我を忘れ、召使いのひとりが突然にそばを駆け抜けたときに、その召使いの男を杖で打ちすえて殺してしまったと伝えられる役者である。ともかくキケロにとって、演技法は弁論の説得力の中で大きな比重を占めていた。だから、ただ大声をがなり立てるだけの弁論家には侮蔑を隠さず、やつらは力がないから吠え声に頼る、ちょうど跛の男が馬に乗るようなものだ、と嘲ったものである。このたぐいの揶揄や警句で見せるキケロの機知の鋭さは、法廷論

（1）カリア地方（小アジア南西部）のアラバンダに生まれ、ロドスに移り住んだ。前八一年にロドス使節としてローマを訪れたことがあり、そのときにキケロは講演を聴いていた。同名の弁論家と区別するため、この人自身もモロンと呼ばれる（キケロ『ブルトゥス』三一二、三一六）。カエサルもこの人から教えを受けた（『カエサル』三-1）。

（2）シリアのアパメイア出身のストア哲学者・歴史家。前八七年にロドス使節としてローマを訪れ、マリウスと会談した（『マリウス』四五-7）。東方遠征の帰途にロドスに立ち寄ったポンペイユスも講演を聴いた（『ポンペイユス』四二-10）。

（3）前七七年にローマに帰国し、前七六年に財務官選挙に立候補して三〇歳で就任した。だからキケロは帰国後の官位獲得にけっして及び腰だったわけではない。

（4）『デモステネス』六-4、七-1—5参照。

（5）キケロによる『クィントゥス・ロスキウス弁護』が一部伝存する。

（6）伝説のミュケナイ王アトレウスは、妃を誘惑した弟テュエステスに復讐するため、饗宴に招いて、テュエステスの子供たちの肉を食卓に供した。

争に巧みな人物という印象を強めたのだが、しかしその一方で、聞く者がうんざりするほどにそれを発揮するので、多くの人の気分を害し、嫌味な奴だと謗られることにもなった[1]。

六　財務官と造営官の時代

財務官に指名されたのは穀物が不足しているときだったので、シキリアを割り当てられたキケロは、属州住民にローマへの穀物輸出を強要し、そのために赴任当初は不評を買うことになった[2]。しかしやがてこの財務官の真摯で公正で人情味のある仕事ぶりを目の当たりにするうちに、住民たちはそれまでの担当官の誰よりも大きな敬意をキケロに払うようになった。またローマから名望も家柄もすぐれた数多くの青年が、戦地での規律違反と惰弱な行動を咎められ、シキリア総督[3]のもとに移送されてきたときには、この青年たちのために見事な弁論を披露し、救ってやったこともある。

そんなことから鼻高々でローマへ帰国する道すがら、キケロはある可笑しな体験をしたという。キケロ本人が語るところによると、カンパニアを通過するとき、親しい仲にあるはずのある著名な人物と出会ったので、任地での自分の働きについて、ローマではどんな噂が流れているか、どんな評価が広まっているかと尋ねてみた。自分の業績をめぐる評判と称賛で、都中が持ちきりだろうと信じていたのである。ところが返ってきた答えは「おや、キケロ、近頃君はどこにいたのかね」というものだった。それでこのときはひどく気を落とし、都に届く自分の風評などは、果てしない海に落ちる一滴の水のようなもので、名声を高めるために何ら目ぼしい効果を生まなかったのだと、しょげ込んでしまった[4]。しかし後日、あらためて思い返してみ

たとき、名声をめざして競い合うのは、たどり着けない目標に向かって終わりのない競争を続けるようなも
5 のだと悟り、名誉欲をかなりの程度までそぎ落とした、というのである。とはいえ、実際のところ、褒められることに人一倍の喜びを覚え、名声のために並々ならぬ情熱を燃やすという習性は、生涯にわたってキケロの中に生き続け、そのために判断が正しい道から逸れてしまうことも一度や二度ではなかった。

七　政治活動にこれまで以上の意気込みをもって当たろうとしたとき、キケロの胸中にまず浮かんだのは、手工職人は生命のない道具や仕掛けを使うにあたって、そのひとつひとつの名称のほか位置も用途も覚えているのに、政治家は、生きている人間を通して国家の運営を手がける立場にありながら、市民を知ることに
2 不熱心で無頓着である、これは恥ずべきことだ、という思いであった。そこでキケロは人の名前を記憶するにとどまらず、著名な市民のひとりひとりについて、その住居の在り処、所有する地所、交際する友人、そ

（1）二五—二七参照。

（2）シキリア属州は総督の下に二名の財務官が配属され、キケロは西部担当として、島の西端のリリュバエウムに赴任した。財務官は当時二〇名が選出された。財務官を経験すると、元老院議員の資格を得られる。

（3）法務官代理セクストゥス・ペドゥカエウス。

（4）前五四年のキケロの弁論『プランキウス弁護』六五—六六によれば、カンパニア地方のプテオリで、ある男から「ローマから来たのか」と尋ねられ、「属州から」と答えると「アフリカからだね」と返された。「シキリアから」と答えると、別の男が「知らないのか、この人は（シキリア島東部の）シュラクサエにいたのだ」と先の男に教えた。それ以来、キケロは常にローマ人の目に入る所にいようと心に決めたという。

して隣人にいたるまで、ことごとく覚え込むことを日頃から心がけるようになった。[1] そのかいあって、どこであれイタリア各地の街道を通るとき、友人の農場や別荘を指し示してその所有主を言い当てるのは、キケロにとって造作もないことだった。

3 手持ちの財産はというと、けっして多くなく、諸々の支出をまかなうに足りる程度であったから、弁護をしてもそこから報奨や謝礼を求めないというキケロのやり方は、周囲からは驚きをもって受け止められた。[2]

4 その最たるものが、ウェレスを告発する訴訟を引き受けたときである。ウェレスというのは、シキリアの属州総督として数々の悪事を重ね、シキリアの住民たちから訴追を求められていたのだが、キケロはこの人物を、言葉を発することによってではなく、言ってみれば、発しないという行動によって有罪にしたのである。[3]

5 どういうことかといえば、法務官たちはウェレスに味方していて、たびたびの妨害と延期によって裁判を最終日まで持ち越そうとした。つまりそうすれば、どう考えても、その一日だけでは演説を済ませるのに時間が足りないから、裁判は終結までたどり着けないはずだというもくろみだった。ところがキケロは立ち上がると、演説の必要はないと宣言して、証人たちを呼び出して尋問したあと、ただちに陪審員団に票決を求めたのである。[4]

6 しかしこんな裁判にも、キケロの言葉として、機知あふれる文句がいくつも伝えられている。例えば、ローマ人の言葉でウェレスというのは去勢された豚を意味するのだが、[5] このとき名をカエキリウスといって、ユダヤ教信仰の疑いをかけられているある被解放民家系の男が、シキリア人たちを押しのけて、自分がウェ

7 レスの訴追人になろうとした。[6] するとキケロが「ユダヤ人が豚に何の用かね」と問いかけたのである。また

ウェレスには少年の年頃の息子がいて、これが下卑た所業に青春を捧げていると噂されていた。それでキケロは、ウェレスから体の柔弱なのを嘲られたとき、「その嘲りは、家に帰って息子に言ってやった方がよか

(1)高官位への立候補者は、選挙運動のさいに、市民の名前をよく記憶している従僕(ノメンクラトル)を連れ歩き、出会った市民の名前をささやいてもらって、あいさつするのが習慣だった。キケロはそのような習慣を非難しているが(『ムレナ弁護』七七)、キケロ自身もそれを使わなかったわけではない。『小カトー』八-4参照。

(2)弁護に対して依頼者から報酬を受け取ることは違法だったが、実際にはさまざまな贈与が期待できた(七-8、八-2)。

(3)ガイウス・ウェレスは前七三年から異例の三年間にわたってシキリア属州総督の任にあり、その地位を利用して、私腹を肥やすために悪行の限りを尽くした。前七一年、シキリア人はこの総督を訴えるためにローマに出向くと、前七五年に財務官としてこの属州で誠実な働きぶりを見せ、シキリア人との間に一種の庇護関係を築いていたキケロに訴追を依頼した。栄達の野心を抱き、前六九年の造営官就任を狙っていたキケロは、依頼を引き受け、不正利得返還のための訴訟を起こした。

(4)裁判は前七〇年一月に始まったが、ウェレスは策を弄して日程を遅らせ、ウェレスへの贔屓が期待できる翌年の法務官と執政官が就任するのを待つ戦術をとった。しかし八月に始まった第一回公判で、キケロは冒頭陳述をきわめて簡略に済ませ、すぐに証拠と証言の提示に入った。不利を悟ったウェレスは亡命し、九月に有罪が確定した。キケロ『ウェレス弾劾』には、被告の亡命により実際には行なわれなかった第二回公判弁論も含まれる。

(5)実際には、ウェレスというラテン語は、去勢されたか否かに関係なく牡豚を意味する。

(6)ウェレスはキケロに訴追権を与えないため、シキリアで部下の財務官だったクィントゥス・カエキリウス・ニゲルに訴追権を得させようとした。このためキケロはまず、カエキリウスが訴追に不適格な人物であることを主張する演説を行なった。

(7)男色を指す。

8 ろう」と切り返した。もうひとつ、弁論家ホルテンシウスがウェレス弁護の直接の演説は拒んだものの、賠償額の評定には参加を承諾し[1]、報酬としてウェレスから象牙のスフィンクスをもらったとき、キケロがホルテンシウスに向かって、それを遠回しにほのめかした。ホルテンシウスが自分は謎を解くのは得意でないと答えると、キケロは「しかしあなたの家にはスフィンクスがいるではありませんか」と返した[2]。

八　ともかくこうしてウェレスの有罪判決を引き出したキケロであるが、賠償額を七五万デナリウス[3]と査
2 定したために、賄賂をもらって賠償額を軽減したという中傷を受けた。それでもシキリア人はキケロに恩義を感じ、キケロが造営官に就任したときには[4]、島内から大量の家畜やら農産物やらを運んで来た。しかしキケロはそれを個人の利得のために用いることなく、もっぱら市場の食糧価格を下げるためにのみ使い、そこにこの人たちの篤志を生かしたのである。

3 資産としては、アルピ[5]に美しい地所を所有していたほか、ネアポリス近郊とポンペイイ近郊にそれぞれ農場を入手していたが、いずれも大きいものではなかった。それに加えて妻テレンティアの持参金が一二万デ
4 ナリウス[6]、相続財産が合計して九万デナリウスあった。キケロはそれらのおかげで、贅沢とは言えないまでもゆとりのある暮らしを送り、同居するギリシアとローマの文人たちとともに日々を過ごした。日の暮れる前に食卓につくことがめったになかったのは、多忙だからというより、胃が弱いという身体上の理由から
5 だった。これ以外にも、健康への気遣いにかんしては几帳面すぎるほどで、体の摩擦も散歩も回数を定めて行なうのが習慣だった。こうして体調に細心の注意を払ったおかげで、病気とも無縁で、たびたびの激しい
6 競争や労苦にも負けない身体を保つことができたのである。父の屋敷は弟に譲り、自分はパラティウム丘[7]の

[7]そばに住居を定めたのだが、これはあいさつに来る人たちに、長い道のりを歩いてくる難儀をかけないためだった。キケロ邸の門口まで毎日あいさつに通ってくる人は多く、その数は巨富で知られるクラッススや、軍隊の威力で名を馳せるポンペイユスと比べても遜色なく、ローマ随一の名望と勢力を誇るこの両者に負けない賑わいを見せていた。ポンペイユス自身もキケロ邸を表敬訪問することがあり、ポンペイユスの勢威と

---

(1)当代の弁論術の大家クィントゥス・ホルテンシウス・ホルタルスは、ウェレスの弁護人であり友人だった。また前六九年の執政官位をめざして運動しているときでもあり、ウェレスから資金援助を受けていたらしい。ウェレスが裁判遅延を図ったのは、翌年の執政官ホルテンシウスの影響力を期待していたからでもある。

(2)スフィンクスはライオンの胴と女の頭を持つ怪物。通りがかりの人に謎をかけて、答えられないと見ると命を奪った。

(3)すなわち三〇〇万セステルティウス。キケロは、ウェレスが不法取得した金額は四〇〇〇万セステルティウスだと主張していた（『ウェレス弾劾』一-五六、二-一-二七、二-二-二六）。

(4)前六九年の造営官（アエディリス）に就任した。ローマ市内の穀物供給は造営官の任務のひとつである。

(5)アルピはアプリア地方（イタリア南部のアドリア海方面）の都市だが、プルタルコスはキケロの故郷アルピヌムをこれと混同したらしい。

(6)結婚したのは東方遊学から帰国した前七七年頃。テレンティアの家系については分明でないが、持参金はかなりの高額である。

(7)ローマ市内の中心部、中央広場のそばにある。ただしキケロがこの辺りに邸宅を購入したのは、執政官を退任したあとの前六二年のことであり、以下の伺候客の賑わいもその時期の話である。三歳ほど年下の弟クィントゥス・トゥリウス・キケロに譲った父の屋敷は、ローマ市内東部のオッピウス丘にあった。

名声を高めるにあたって、キケロの政治力はおおいに役立ったのである。[1]

法務官時代

九　キケロが法務官就任をめざしたとき、競争相手には数多くの名門市民がいたが、キケロは全候補者の
2 うちの首位で選出され[2]、さらに就任後の裁判においても、高潔で公正な指揮ぶりで高く評価された。伝えに
よれば、リキニウス・マケルというのは、自身が市内で大きな力を持つばかりかクラッススの後援も得てい
た人物であるが、これがキケロの法廷で搾取の罪に問われながら、自身の力と友人の応援に信頼を置いて、
陪審員の投票がまだ行なわれているうちに自宅へ飛んで帰った。[3] そしてもはや勝ったものと思って、大急ぎ
で髪を刈り、明るい色の市民服を身にまとって[4]、中央広場へ取って返そうとした。ところが戸口のそばでク
ラッススと出くわし、全投票の一致により有罪が決まったと告げられると、邸内に戻って床に臥し、息を引
き取ったという。この一件はキケロの真摯な法廷指揮の証しとして、声価を高める効果があった。
3 またウァティニウス[5]は少々無作法で、弁護演説のさいにも高官を侮るような態度をとり、そして首いっぱ
いに瘤を抱え込んだ男だった。あるときこの男が立ち上がって、キケロに何やら許可を求めたところ、キケ
ロは即答せず、しばらく思案していた。それでウァティニウスが、自分が法務官ならこんなことで迷ったり
しないんだが、とつぶやくと、キケロはそちらを振り向いて「私の首は君のように太くないのでね」と返
した。[6]
4 さらに任期終了まであと二日か三日を残すだけになっていたとき、ある人物がマニリウスを搾取の罪で告

発する裁判を持ち込んできた。マニリウスというのは、ポンペイユスと親しく、それが原因で訴訟まで起こ
5 されたと取りざたされていたので、この人には民衆からの熱心な応援が寄せられていた。[7] マニリウスからは開廷までに数日間の猶予を請求されたが、キケロはそれを翌日の一日間しか認めなかった。通例、法務官は
6 被告に少なくとも一〇日間の猶予を認める習わしだったので、民衆はこの決定に怒りが収まらなかった。このため護民官たちがキケロを演壇に引っ張り出し、非難し始めたが、キケロは発言を求めて、このように語り出した――自分はこれまでの被告に対しては常に、法が許す限りの親切で寛大な扱いをしてきたのに、マニリウスに対しては同じ便宜を与えられないことをとても残念に思う。だから自分がまだ法務官の権限を

(1) 例えば、前六六年に護民官ガイウス・マニリウスが、ポントス王ミトリダテス討伐の司令権をルクルスに代えてポンペイユスに与えることを提案したとき（『ポンペイユス』三〇-1）、キケロはそれに賛同する演説『マニリウス法について』を行なった。

(2) 前六六年の法務官（プラエトル）に、この官位の下限年齢である四〇歳で就任し、不正利得返還訴訟を担当した。当時、法務官は八名が選ばれた。

(3) ガイウス・リキニウス・マケルは属州（どこであるかは不明）総督在任時の不正利得の罪を問われ、キケロが主宰する法廷で裁かれた。

(4) 裁判中の被告は髪を刈らず、通常の白い市民服（トガ）ではなく、黒くすんだ色の服を着用することが多かった。

(5) プブリウス・ウァティニウスは前五九年の護民官在任時に、執政官退任後のカエサルのためにガリア属州での五年間司令権付与を提案するなど、カエサル支持者のひとり。前四七年に執政官に就任する。

(6) ラテン語で「首が太い」は、「肝が太い」「面の皮が厚い」といった意味になる。

(7) ガイウス・マニリウスは、前六六年十二月九日に護民官を退任したあと、ポンペイユスへの東方遠征司令権付与に憤慨する元老院保守派から、不正利得返還の裁判を起こされた。

保っていられる最後の一日を、あえて裁判の日と定めた。この裁判を次の法務官の手に引き渡すのは、被告
7 を救いたいと願う者のすることではないからだ、と。キケロのこの言葉を聞いて、民衆は態度を一変させ、
口々に褒めそやしながら、キケロにマニリウスの弁護を引き受けてくれるよう頼んだ。キケロは、このとき
ポンペイユスが不在であったこともあって喜んで承諾すると、再び演壇に上がり、あらためて民衆への演説
を始めて、ポンペイユスに妬みを抱く閥族派を威勢よく攻め立てた(1)。

執政官時代

一〇　それにもかかわらず、執政官の地位に昇るにあたって民衆と同様に貴族からも応援を得られたのは、
2 皆が国家のために力を合わせてキケロを支えたからであるが、それには次のような事情があった。スラが断
行した国家制度の変革を(2)、民衆は初めのうちこそ不当なものと感じたけれども、その頃にはすでに年月をへ
て馴染んできたために、曲がりなりにも安定らしきものを作り出していると評価するようになっていた。し
かしそんな中で現状を揺り動かし作り変えようとする者たちがいて、彼らはポンペイユスがポントスとアル
メニアの両王となお戦いを続け(3)、しかもローマ市内には変革派に対抗する目ぼしい勢力が存在しないこの機
3 を利用して、至上の国益よりも自分たちの私欲をかなえようと謀議を進めていた。この一派が頭領にいただ
いていたのが、向こう見ずで野心満々で抜け目のないルキウス・カティリナ(4)であり、これは数々の重大犯罪
に加えて、結婚前の自分の娘と床をともにしたという嫌疑をかけられたこともあれば、自分の兄弟を殺して
おきながら、裁判にかけられるのを怖れて、スラに頼み込み、まるで兄弟がまだ生きているかのように、そ

[4]の名を保護停止公告の処刑予定者の中に入れてもらったこともある。[5]それで悪党たちはこの男を頭目に担ぎ上げ、いくつかの誓約を交わし合ったが、その中には人間を生贄に捧げてその肉を食うという儀式もあった。ローマ市内の若者はその多くが、いつでも娯楽や酒宴や女遊びをお膳立てしてくれ、しかもその費用を惜しみなく提供してくれるこのカティリナの手にかかって堕落していた。

---

(1) マニリウス弁護を引き受けたことにより、キケロは政治的立場を民衆側に寄せたと見なされ、閥族派の不興を買ったが（ディオン・カッシオス『ローマ史』第三十六巻四四-一―二）、キケロにとって幸いなことに、マニリウスの裁判は翌年、立ち消えになった。キケロは近い将来の執政官選出を見すえて、敵を作らないように注意を払っている。法務官を退任したあとは属州総督に赴くのが通例だが、常に都にいることを決意していたキケロは（六-3―4）、それを辞退して、許されるもっとも早い年齢での執政官就任をめざした。

(2) スラは護民官の法案提出権の廃止、護民官経験者の高官就任禁止など、護民官の力を弱める一方、元老院議員数の回復など、元老院の権威を復活させるための改革を実施していた。

(3) ポンペイユスがミトリダテスとティグラネスの両王と戦った東方遠征から帰国するのは、前六二年末。

(4) ルキウス・セルギウス・カティリナはキケロよりも二歳ほど年上。家系は古い貴族だが、近年は衰運にあった。スラの部下として活躍し、前六八年に法務官に就任したあと、翌年にアフリカ属州総督に赴任。帰国後に執政官就任をめざしたが、属州での不正利得の罪で告発される。前六五年に無罪判決を受けたが、前六六年と前六五年に行なわれた執政官選挙は、おそらく裁判のために立候補資格を認められなかった。そしていよいよ前六四年の選挙に立って、翌年の執政官の地位を狙ったとき、キケロと争うことになった。

(5) 兄弟殺しの話は『スラ』三二-3にも記されている。ただし正確には、義理の兄弟であったらしい。しかし娘との姦淫の話とともに、カティリナを攻撃するキケロの演説が典拠であり、その真実性は判じがたい。

5 しかもエトルリア全域に加えてアルプスのこちら側のガリアの広範な地域が、反乱に立ち上がっていた[1]。
そして市内では、名声と矜持の高みにあった人たちが、見世物と宴会の提供やら猟官運動やら建築寄贈やら
に励むうちに資産を使い果たし、富が家柄の良くない卑賤な人たちのもとに流れ込んだものだから、ローマ
は財産の不均衡のために、今にも変革の方へ転びかねない情況になっていた。だから事態を動かすためには、
そこにわずかな重みを加えるだけでよく、もし進み出てひと突きしようとする人物がひとりいれば、それ自
体のうちに病を抱えた国家は、たちまち崩れ落ちそうだった[2]。

一一　それでもあらかじめ堅固な砦のようなものを確保しておきたいという思惑から、カティリナは執政
官位に手を伸ばし、ガイウス・アントニウス[3]とともにその地位に就けるはずだと見込んで胸を躍らせていた。

このアントニウスというのは、自分ひとりでは物事を良い方にも悪い方にも導けないけれども、誰か引っ
2 張っていく者がいれば、その後押しとして力を発揮する男だった。しかし誉れ高く貴い人々は、その大多数
がカティリナの企みを察知してキケロを執政官に就かせようとし、民衆もそれにいっさい異存はなかったの
3 で、結局カティリナは落選し、キケロとガイウス・アントニウスが選出された。立候補者のうちでキケロだ
けが、父が元老院議員でなく騎士階級だったにもかかわらず、こうして当選を果たしたのである[4]。

一二　このときカティリナの計画はまだ進んでおらず、多くの人の眼には見えていなかったけれども、そ
2 の前触れとなる激しい争いがキケロの執政官就任を待ち受けていた。というのは、まずスラの法のせいで高
官就任の途を閉ざされていた、力も数も侮りがたい者たちが、官位獲得をめざして民衆への働きかけを始め
ており[5]、その主張の多くはスラの専制支配に対する正鵠を射た批判ではあっても、一方で国政に不要不急の

動揺を与えるものであった。さらに護民官たちからは、同様の狙いのもとに、全権を有する十人委員会の設立のための法案が提出されていて、それによればイタリア全土とシキリア全島に加え、先頃ポンペイユスにより領土内に編入されたすべての地域において、国有地を売る、任意の者を裁判にかけて国外に追放する、植民市を建設する、国庫から資金を持ち出す、必要なだけの兵士を徴集し維持するといった権限が、この委員会に与えられることになっていた。[6]

---

(1) カティリナは前六三年十一月に国家転覆計画の失敗を悟ってエトルリアに逃れ、マンリウスの反乱軍に合流するが、それ以前にこれらの地域で反乱が起こっていたというのは言いすぎであろう。一四-2、一五-1、5参照。

(2) カティリナは市民の債務取り消しを政策に掲げて、貧民層のみならず債務を抱える貴族たちの支持も得ようとした（キケロ『カティリナ弾劾』二-一八―二一）。

(3) ガイウス・アントニウスは前六六年の法務官、ヒュブリダの添え名を持つ。前九九年の執政官で弁論術の大家マルクス・アントニウスの息子。後にキケロを死に追いやり、本書に伝記を収めるマルクス・アントニウスの叔父。

(4) 前六三年、執政官下限年齢の四三歳で就任した。過去に元老院議員を出したことのない家系の出身者、いわゆる新人（homo novus）の執政官だった。

(5) スラによる保護停止公告を受けた者の息子は、高官位に就くことを禁止されていた。その禁止を解くことが、前六三年に護民官から提議された。

(6) イタリア内に元老院議員が所有する土地を国家が買い上げ、その土地を貧困市民に分け与えて入植させる、そのために必要な資金はイタリアや属州内の国有地売却などによって調達する、そしてその任務のために五年任期の委員一〇人を選出する、という法案が前六四年末に護民官プブリウス・セルウィリウス・ルルスらから提出された。審議は翌年初めに始まった。法案の背後には、カエサルとクラッススがいると噂されていた。プルタルコスの説明は、委員の権限を実際以上に広範なものと誤解している。

3 それゆえこの法案への賛成者が名士たちの中にも幾人かいたなかで、その先頭に立ったのがキケロの同僚
執政官アントニウスであり、自分が委員のひとりになろうともくろんでいた。またこの執政官はカティリナ
の革命計画についても情報を入手し、莫大な負債を抱えていたことから、内心でそれに期待しているという
4 噂もあった。このことは閥族派にとって最大の懸念であったから、キケロはまずそれを解消するために、ア
ントニウスにマケドニア属州を割り当てることを決議させる一方、自分が受け取るはずだったガリア属州の
辞退を申し出た[1]。このように恩を施すことによって、あたかも役者に報酬を与えて脇役に回らせるかのよう
に、アントニウスを丸め込んで、祖国を守る側に立たせたのである。
5 こうしてアントニウスを捕まえて飼い馴らし、不安の種を取り除いたところで、いよいよキケロは革命を
企む者たちへの攻撃に踏み切った。元老院でキケロが法案をめがけて放つ論難のつぶてに、提案した本人た
6 ちは、ひと言の反論もできないほどに打ちのめされてしまった。提案者たちがそれでもあきらめずに態勢を
立て直し、両執政官を民衆の前に呼び出したときも、キケロはなんら臆することなく、元老院を背後に従え
て進み出ると、当の法案を葬り去ったばかりか、護民官たちが用意していた他の試みまでも断念させた[2]。キ
ケロの弁論には、それほどの力が備わっていたのである。

一三　弁論が正しい行為にどれほどの甘味を添えてくれるかということ、また正義は適切な弁論によって護られれば、けっして敗れないということ、そして政治に真剣に取り組もうとする者はいつでも、民衆に媚びる行動ではなく正しい行動を選択するべきだが、そのさい弁論によってその有益な行動から苦味を取り除くのを忘れてはいけないということ、それらをローマ人に教えた最大の功労者がキケロなのである。

2 この人の弁論の魅力を証明する例をもうひとつ挙げると、執政官時代の見世物のさいに行なった演説があ
る。かつて劇場では、騎士階級の市民が凡俗の市民と混ざり合い、行き当たりの場所で民衆といっしょに見
物していたのを、当時の法務官マルクス・オトー(3)が初めて身分にもとづき、騎士と他の市民を区別して、騎
3 士に専用の観覧席を宛てがった。それらの席は今でも特別区域として残っている。しかし民衆はこれを自分
たちへの侮辱と捉え、オトーが劇場に現われると、この人を罵倒するかのように口笛を鳴らしたが、一方で
騎士たちは拍手をもって盛大に迎え入れた。そこで民衆が口笛の音を強めると、それに騎士が盛んな拍手で
4 対抗し、あげくに双方が向き合って罵詈雑言を浴びせ合うありさまになって、劇場内は大混乱に陥った。キ
ケロがこれを聞いてその場に駆けつけ、民衆をベロナの神殿(4)の前に呼び出して叱責と忠告を与えたところ、
民衆は劇場に戻ってオトーに拍手を送り、騎士たちと競い合うようにして、この人の栄誉と名声を称えるま
でになったのである。

(1) 退官後に統治する属州は前六四年のうちに決定され、キケロにはマケドニア、アントニウスには内ガリアが抽選で割り当てられていた。この二つの属州のうち、より大きな利益獲得が期待できるのはマケドニアなので、アントニウスはキケロからの交換の申し出を喜んで受け入れた。

(2) 法案への反対弁論であるキケロ『農地法について』三篇が現存する。そのうち第一は元老院、第二と第三は民衆の集会で行なわれた演説である。

(3) 前六七年、護民官ルキウス(「マルクス」はプルタルコスの誤り)・ロスキウス・オトーの提案により、劇場の前方一四列の席を騎士階級の市民の専用と定める法が成立した。プルタルコスはこれをオトーが法務官だった前六三年のことと誤解しているらしい。

(4) ベロナは戦の女神。その神殿はマルスの野にあった。

一四　さてカティリナたちの一味は、しばらくの間うずくまって怯えていたけれども、やがて自信を取り
戻し、寄り集まっては、腹をくくって実行に移るべきだ、ポンペイユスが帰ってくる前に――彼は軍隊とと
もにすでに帰国の途上にあると伝えられていた(1)――事を起こさねばならない、と仲間どうしで励まし合う
2 ようになった。なかでもカティリナをけしかけるのにもっとも熱心だったのはスラの旧兵士たちであり、彼
らの落ち着き先はイタリア全域に広がっていたが、とくに数が多く血気盛んだったのは、エトルリアの方々
の都市に散らばっていた者たちで、眼の前にある富に手を伸ばして奪い取りたいという願望に、またしても
3 憑かれていた連中だった(2)。この旧兵士たちが、スラの下で戦功を立てたマンリウス(3)という男を頭目とし、カ
ティリナと意を通じて、その選挙運動に力を貸そうとローマ市内に乗り込んできていた。カティリナは執政
4 官に再度立候補しており(4)、選挙運動の騒擾にまぎれてキケロを殺害しようと企んでいたのである。神もまた
地震と雷と幻像を使って、これから起ころうとすることを警告しているように思われた。しかし人間たちの
持ち込む情報は、間違いではないものの、カティリナほどの声望と勢威を持つ市民を告発するにはまだ不十
分だった。
5 　そこでキケロは選挙の期日を延期して、カティリナに元老院への出頭を求め、巷間の風説について問いた
6 だした。カティリナは、国政の変革を待ち望む者は元老院内にも少なくないと踏んでおり、また陰謀の仲間
たちに見得を切ってやろうという腹もあって、キケロにまるで狂人のような言い草を返した。「体がふたつ
あって、ひとつはやせ細って衰弱しているが、頭はある。もうひとつは頭はなくても、頑丈で大柄だ。なら
ば、こちらの体に私が頭を載せてやったとしても、私は何かひどいことをしているのだろうか(5)」と答えたの

7 である。これはそれぞれが元老院と民衆を暗示する、カティリナのかけた謎であり、キケロの不安をますま
す高めた。このため屋敷を出るとき衣の下に鎧を着け、総出の有力市民と多数の若者に護られながら平地[6]ま
8 で降りていったキケロは、そこで肩口の衣をほどき、わざと鎧をのぞかせて、それを目にした人たちに危機
を訴えた。すると人々は憤りにかられてキケロを幾重にも取り囲み、結局、投票でカティリナをまたもや放
り出して、シラヌスとムレナを執政官に選出した。[7]

一五　それからまもない頃、すでにエトルリアではカティリナと通じていた兵士たちが集合して部隊編成に取りかかり、攻撃予定の日も間近に迫っていたあるとき、真夜中にキケロの屋敷を訪れた人たちがあった。ローマで第一級の力を有する市民、マルクス・クラッススとマルクス・マルケルスとメテルス・スキピオで

---

(1)ミトリダテスが前六三年春に死んだあとも、ポンペイユスは東方の新体制作りに尽力し、前六二年の終わり頃になってイタリアに戻る。

(2)スラのミトリダテス征討に従軍した兵士たちが、帰国後にエトルリア地方に農地を与えられて住み着いていた（キケロ『カティリナ弾劾』二-二〇、サルスティウス『カティリナ戦記』一六-四、二八-四）。

(3)スラの軍隊で百人隊長を務めていたガイウス・マンリウス（キケロ『カティリナ弾劾』一-七、二-一四）。

(4)前六二年の執政官の選挙が前六三年夏に行なわれた。

(5)キケロ『ムレナ弁護』五一に、同じ内容のカティリナの言葉が引かれている。

(6)ローマ市北西の市境の外にあるマルスの野（カンプス・マルティウス）。執政官選挙が行なわれるケントゥリア民会はここで開かれる。危機を訴えるために防具を着けたことについて、キケロ『ムレナ弁護』五二参照。

(7)翌年の執政官には、デキムス・ユニウス・シラヌスとルキウス・リキニウス・ムレナが選出された。『小カトー』二一-3参照。

ある。[1]三人は扉を叩いて玄関番を呼び出すと、キケロを起こして自分たちの来訪を伝えてもらいたいと告げ
2 た。そしてキケロにこう話したのである。クラッススが晩餐を終えたところへ、玄関番が手紙を数通持って
きた。見知らぬ人物から手渡されたとのことで、宛名はさまざまだったが、クラッスス自身に宛てたものは
3 匿名の一通だけだった。そこでその一通を読んでみると、そこには、カティリナによる大殺戮が行なわれよ
うとしている、ローマ市内からひそかに逃げ出せ、と書いてあった。それで事の重大さに驚いたクラッスス
は、カティリナとの親交を疑われていたのを、いくらかでも払いのけたいという思いもあって[2]、他の手紙は
読まずに急いでキケロのもとに駆けつけた、というのである。
4 　これを聞いたキケロは熟考の末、夜明けと同時に元老院を招集すると、そこに問題の手紙数通を持ち込み、
それぞれの宛名の人物に手渡したうえで、それを声に出して読み上げるよう依頼した。いずれの手紙にも例
5 外なく、陰謀のことが明かされていた。しかも法務官格のクィントゥス・アリウスからは、エトルリアでの
軍隊編成の事実が報告され、さらにマンリウスが大部隊とともにその地の方々の都市を回りながら、ローマ
市内から何か知らせが入るのを待ち受けているという情報がもたらされると、元老院は採決により、事態を
両執政官の手にゆだねる、両執政官はみずからの知るところに従って国家を統御し救護するべし、と決議し
た。元老院がこのような決議を行なうのは、めったにないことであり、何か大きな危険が迫っていると判断
したときだけの特例であった[3]。

一六　キケロはこの大権を得ると、ローマ市外のことはクィントゥス・メテルス[4]に一任し、自分は市内の
掌握に努めた。毎日、出かけるときにはおびただしい数の護衛兵で身辺を固め、その数は、主人に付き添っ

て中央広場に入ると、そのかなりの部分を領するほどの大規模なものだった。こうなるとカティリナももはや決行をためらっていられなくなり、自身は市外に出てマンリウスの軍勢に加わることを決断する一方、マルキウスとケテグス(5)に指示し、剣を用意して夜明けに伺候客のふりでキケロ邸の玄関まで行き、襲いかかっ

(1)後の三頭体制のひとりマルクス・リキニウス・クラッスス(『クラッスス』一三-4)、前五一年の執政官マルクス・クラウディウス・マルケルス(『カエサル』二九-1)、前五二年の中途からの執政官、ポンペイユスの舅クィントゥス・カエキリウス・メテルス・ピウス・スキピオ・ナシカ(『カエサル』五二-1、『小カトー』五六-5、『ポンペイユス』五五-1)。

(2)クラッススがカティリナの陰謀の背後にいるという風評があった(『クラッスス』一三-3―4、サルスティウス『カティリナ戦記』四八-三―九)。

(3)元老院最終決議(senatus consultum ultimum)と呼ばれ、元老院が国家の非常事態と認めたときに宣言される。「執政官は国家がいかなる危害もこうむらぬように計らうべし」という文言により、執政官に国家の敵を制圧するための最大限の実力行使を許すものと解された。この決議は前六三年十月二十一日に行なわれた。

(4)クィントゥス・カエキリウス・メテルス・ケレルはこの年の法務官。メテルスを含む四名が軍隊を率いて、イタリア各地に派遣された(サルスティウス『カティリナ戦記』三〇-三―五)。

(5)ガイウス・コルネリウス・ケテグスは元老院議員。サルスティウス『カティリナ戦記』二八-一には、カティリナから暗殺実行役を引き受けてキケロ宅を訪れた人物として、騎士身分のガイウス・コルネリウスと元老院議員のルキウス・ヴァルグンテイユスの二名が挙げられる。キケロ『カティリナ弾劾』一-九には、「ローマ騎士身分のふたり」と記されている。マルキウスという人物は他の史書に言及がなく、不詳。

2 て始末せよと命じた。ところがフルウィア(1)という名家の女が、夜のうちにキケロ邸を訪れてこの計画を
3 知らせ、ケテグスたちに用心するよう伝えた。このため夜が明けてやって来たケテグスたちは、邸内に入る
のを断られて頭に血が上り、玄関先に立ったまま大声でわめき散らしたものだから、ますます疑惑を招く結
果になった。
やがてキケロは外へ出るとゼウス・ステシオスの神殿に元老院を招集したが、これはローマ人の呼び方で
4 スタトル(2)といい、その神殿はパラティウムの丘に登る聖道の始まるあたりに建立されていた。そこへ議員た
ちが集まってくるなか、カティリナも弁明をしようとやって来たのだが、その隣りには議員たちの誰もが座
5 るのを拒み、ひとり残らず近くの席から離れていった。そしてカティリナが発言を始めるやいなや怒号が浴
びせられ、ついにはキケロが立ち上がって、市からの退去を命令した。なぜなら、私は政治を行なうのに言
6 論をもってし、カティリナは武器をもってするがゆえに、両者の間には城壁が必要である、と(3)。それを聞い
てカティリナは、ただちに武装兵三〇〇人とともにローマを出奔し、まるで自分が高官の地位にあるかのよ
うに、束桿を捧げ持つ先導吏を身辺に配し、軍団旗まで掲げて、マンリウスのもとへ向かった。そして二〇
〇〇人ほどを周囲に集めてから、方々の都市を訪れては、離反を誘い反乱に引き込もうとしたから、とうと
うここに紛れもない戦争が姿を現わし、それを抑え込むためにアントニウス(4)が派遣された。

一七　一方、カティリナの手にかかって堕落した市民たちのうち、ローマ市内に残っていたのを糾合し、励ましていたのが、スーラの綽名を持つコルネリウス・レントゥルス(5)という男で、名家の出身でありながら、下賤な生き方をして、品行不良を理由に元老院から追放されたという経歴の持ち主だが、あらためて元老院

2 議員の身分を獲得しようとする者の例に倣い、当時は二度目の法務官に就いていた。この男のスーラという
綽名の由来については、こんな話が伝えられる。スラの時代に財務官だったときのこと、レントゥルスは国
3 庫の金を大量に垂れ流して雲散させてしまったため、スラの怒りに触れ、元老院で釈明を求められた。する
とこの男は相手を見くびったような不遜な面持ちで進み出ると、釈明するつもりはないと答え、代わりに、
4 子供が球技で失敗したときにするように、ふくらはぎを差し出した。[6] ローマ人の言葉では、ふくらはぎのこ
とをスーラと言うので、ここからスーラという綽名が付いたのだという。またあるとき訴訟を起こされて、
陪審員のうちの幾人かを買収したおり、結局わずか二票差で無罪を宣告されたあとの言い草に、ひとりに渡
した分は無駄遣いになってしまった、たとえ一票差でも放免されればそれで十分なのに、と洩らしたことも
ある。

（1）事件共謀者のひとりクィントゥス・クリウスの愛人。クリウスとの関係のこじれから、クリウスから聞いた謀議の情報をキケロに伝えていた（サルスティウス『カティリナ戦記』二三-二-四、二六-三、二八-二）。

（2）ユッピテル・スタトル。スタトルは「しっかりと支える神」を意味し、神が反乱計画に対してローマを護持してくれるようにという意味を込めて、キケロはこの場所を元老院の開催場所に選んだ。開催日は十一月八日。このときのキケロの演説が『カティリナ弾劾』の第一演説に当たる。

（3）キケロ『カティリナ弾劾』一-一〇、一六参照。

（4）キケロの同僚執政官（一一-2、一二-3）。

（5）プブリウス・コルネリウス・レントゥルス・スーラ（Sura）は、前七四年に法務官、前七一年に執政官に就いたが、前七〇年に監察官により元老院から除名された。スラ（Sulla）が独裁権力をふるっていた前八一年に財務官を務めた。

（6）罰として叩いてもらうために。

5 そんな性分の男がカティリナの唆しを受けていたところへ、さらに偽占い師やまじない師の連中が、シビュラの書[1]によると称して予言と託宣を捏造し、この男に吹き込んだものだから、男はうつろな望みのために正気を失ってしまった。その予言というのは、ローマには三人のコルネリウスが独裁権力者になるよう運命付けられており、そのうちのふたりはすでに定めを果たした、すなわちキンナとスラである[2]、そして今、最後の三人目のコルネリウスとして、レントゥルスのもとへ神の使いが独裁権力を運んで来た、レントゥルスは何としてもそれを受け取らねばならない、ためらっているうちに好機を逸したカティリナの轍を踏んではならない、というのである。

一八　それを聞いたレントゥルスの心中に浮かんだのは、取り返しのつかない災禍の企みであった。すなわち、元老院議員をひとり残らず屠り、他の市民もできる限り多く殺害するとともに、ローマ市内を焼き尽くす[3]、ただしポンペイユスの子供たちだけは殺さず、拉致して手元に留め、ポンペイユスとの和議のための人質として監禁する、というのである。ポンペイユスがまもなく大遠征から帰ってくることは、多くの人の
2 口に上り、もはや間違いなかったのである[4]。そこでレントゥルスたちは、まずサトゥルナリア祭[5]期間中のあ
3 る夜を襲撃の時と定め、剣と麻屑と硫黄をケテグスの屋敷に運び込んで隠した。そして市内を一〇〇の地区に分け、一〇〇人の男を各地区にひとりずつ割り当てたのは、多数の箇所でいっせいに火を放ち、市全体をわずかの間に炎の海にしてしまおうという狙いだった。加えて水道の封鎖と、水を運ぼうとする者の殺害についても、手筈をととのえた。
4 ところがこれらの準備が進められているとき、たまたまアロブロゲス族[6]の使者ふたりが市内に滞在中だっ

5 た。この民族は当時ひどく窮乏しており、ローマの支配に恨みを抱いていたので、レントゥルスたちは、この使者を利用すれば、ガリア人をあおって反乱に駆り立てられるだろうと思いついた。そこで使者たちを陰謀仲間に引きずり込み、二通の書簡をこのふたりに託したのだが、そのうちの一通はかの地の長老会議に宛てて、民族の独立を約束するもの、もう一通はカティリナに宛てて、奴隷を解放してローマに進軍してくる
6 よう促すものであった。使者たちにはティトゥスというクロトン人[7]を同行させ、カティリナに手紙を届ける
7 よう指示して送り出した。しかし何と言っても、軽はずみで、寄り集まれば酒と女が欠かせない者たちの企み事であるから、キケロはそれを懸命の努力と冷静な判断とたぐいまれな注意深さをもって追跡しており、しかもキケロのそばには、謀議の進み具合を外から監視し、足跡をたどるのを手伝ってくれる人が多数いた

(1)シビュラの名で伝わる巫女が神がかりの状態で発した予言を集成した書物。キケロ『カティリナ弾劾』三-九、サルスティウス『カティリナ戦記』四七-二参照。

(2)マリウスとともにローマ占領と市民殺戮を指揮し、強権政治を行なって、前八七年から四年連続して執政官に選出されたルキウス・コルネリウス・キンナ。前八一年に独裁官に就いたルキウス・コルネリウス・スラ。

(3)キケロ『カティリナ弾劾』三-八、一〇参照。

(4)一〇-2、一四-1参照。

(5)十二月十七日にサトゥルヌス神の祭礼が催され、それにともなって祝祭が数日間続く。期間中は社会規律の緩和を特徴とする浮かれ騒ぎが続く。

(6)外(アルプスの向こう側)ガリア属州、ローヌ川東岸に住む民族。

(7)南イタリアのクロトン市のティトゥス・ウォルトゥルキウス。託されたカティリナ宛ての書簡については、キケロ『カティリナ弾劾』三-一二、サルスティウス『カティリナ戦記』四七-五参照。

ほか、陰謀の仲間を装いながら、キケロにひそかに情報を伝えて信頼されている人もまた数多くいた。おか
げでキケロはこの異民族との密談を察知し、アロブロゲス族のひそかな協力も得ながら、夜中に待ち伏せさ
せて、書簡もろともクロトン人を逮捕することに成功した[1]。
一九 日の出と同時に協和の女神の神殿[2]に元老院を招集したキケロは、その場で書簡を読み上げるととも
に、情報提供者からの聞き取りを実施した。ユニウス・シラヌスも、執政官三名[3]と法務官四名の殺害計画を
ケテグスが洩らすのを聞いた者が複数いると証言した。同様のことは、執政官格のピソ[4]からも報告された。
2 そこで法務官のひとりガイウス・スルピキウスがケテグスの屋敷に派遣されて、邸内に矢と槍と鎧があふれ、
3 無数の剣と短刀がいずれも研ぎ澄ました状態で置かれているのを発見した。そして元老院がクロトン人に、
真実を明かせば赦免してやると決議した結果、とうとうレントゥルスは罪を暴かれ、当時就いていた法務官
位を辞したうえ、深紅の縁取りの市民服[5]を脱いで元老院内に置き、裁きを受ける身にふさわしい衣に着替え
た。
4 こうしてケテグスとその一味は法務官の手に引き渡され、拘束なしの監視下に置かれた。すでに日は傾い
ていたが、民衆はかたわらで集まりを解かずに待っていたので、キケロはそちらへ進み出て、市民たちに事
の次第を報告したあと[6]、見送りを受けて隣家の友人の屋敷に向かった。キケロの屋敷はこのとき女たちが領
5 して、ローマで善の女神、ギリシアでギュナイケイアと呼ばれる神を祀るため、秘密の祭儀を執り行なって
いたのである。この女神に捧げる供犠は、毎年、執政官の屋敷でその妻または母の主宰により、炉の女神の
巫女たちの見守るなかで進められる[7]。それでキケロは隣家に入ると、他の者を引き取らせて、ごくわずかの

友人だけを残し、逮捕者たちの処遇について考えをめぐらせた。これほどの大罪であるが、それに見合う最高の刑罰を科することにはためらいを覚え、慎重にならざるをえなかった。(6) 情け深い性分だったからでもあるが、それと同時に、権力をみだりに振り回して、自身が名門の一族に属するばかりか友人仲間に市内の権勢家を擁する者たちを、容赦なく踏み付けるかのような印象を与えたくなかったからでもある。かといって柔弱に過ぎる扱いをすれば、(7) 一味の脅威への不安が拭えない。なぜなら連中は、死刑よりも穏やかな罰で済

(1)アロブロゲス族の使者がこの民族の保護者であるローマ人クィントゥス・ファビウス・サンガに事実を明かして相談し、それをサンガがキケロに伝えた。キケロは使者に、レントゥルスの誘いに乗っているふりを装って、情報を取ってくるよう指示した。その情報により、法務官が使者たちとティトゥス・ウォルトゥルキウスをローマ市北郊で待ち伏せ、逮捕した（キケロ『カティリナ弾劾』三-五―六、サルスティウス『カティリナ戦記』四一、四四-一―二、四五）。

(2)カピトリウム丘の麓、中央広場に向き合う位置にあるコンコルディアの神殿。この元老院議会は十二月三日に開催された。

(3)キケロに加えて、翌年の執政官予定者シラヌスとムレナ（一四-8）。もうひとりの現執政官アントニウスはローマにいない（一六-6）。

(4)前六七年の執政官ガイウス・カルプルニウス・ピソ。『カエサル』七-5参照。

(5)通常の白い市民服（トガ）とは異なり、高官在任者が着用を許される市民服。高官は在任期間中は裁判にかけられないので、レントゥルスは辞任し、喪のときなどに着る灰黒色の衣に着替えた。

(6)中央広場の市民集会で演説した。キケロ『カティリナ弾劾』の第三演説に当たる。

(7)毎年十二月初めに善の女神（Bona Dea）の祭礼が男子禁制で催される。プルタルコスの説明とは異なり、執政官に限らず高官在任者の私邸で行なわれる。翌年は法務官カエサルの屋敷で行なわれ、クロディウス侵入事件の舞台になった（二八-2）。

んでも、それを感謝するどころか、過去の邪悪の上に新たな怒りを積み重ねて、大胆極まりない行動に打っ
て出るだろう。そしてキケロ自身の評判も、そうでなくても世間からは優柔不断な人物と思われているのに、
男らしくない腰抜けということになってしまうだろう。
二〇　こんなふうに考えて、キケロが心を決めかねていたとき、供犠を行なっていた女たちにあるしるし
が現われた。すでに火が消えたはずの祭壇で、灰の中の燃え尽きた樹皮から、大きな明るい炎が噴き上がっ
2 たのである。それを見た女たちは驚いて跳び退いたが、かの巫女たちだけはキケロの妻テレンティアに命じ
て、急いで夫のもとに駆けつけ、祖国のために思うところを実行するように伝えなさい、女神がキケロの安
泰と名声を予告する大いなる光を現わされたのですから、と知らせた。テレンティアというのは、元来が温
3 厚とか控え目とかいうものとは縁遠い性格の持ち主であり、むしろ野心が強く、キケロ自身の言うところに
よれば、家庭のことで夫に口出しされるよりも、政治のことで夫に口出しするのを好む女だったから、この
ときも夫に巫女の言葉を知らせ、逮捕者たちに情けは無用と説いた。弟のクィントゥスのほか、哲学仲間の
ひとりで、政治上の行動についても最大かつ最良の相談相手であったプブリウス・ニギディウス(1)からも、同
様の進言がなされた。
4 翌日(2)、元老院で男たちの処罰について議論が始まったとき、最初に意見を求められたシラヌスは、牢獄に
5 放り込んで極刑に処するのが妥当だと述べ、続いて発言した議員たちもみなそれに賛成するうちに、順番は
6 後年の独裁官ガイウス・カエサルに回ってきた。当時はまだ若く(3)、頂点へ向けて足を踏み出したばかりだっ
たが、その政治行動と目標について言えば、やがてローマの国制を専制独裁に作り変えることになるあの道

7 をすでに歩み始めていたのであり、ただそれが多くの人の眼に止まらなかったにすぎない。キケロには数々の疑念を抱かせはしたものの、(4)告発にいたるだけの尻尾をつかませず、なかには、もう少しでキケロの手に捕まりそうになりながら逃げおおせたと説明する者もいた。しかし一説によれば、キケロはわざとカエサルを見逃したのであり、カエサルの仲間と勢力に対する怖れから、カエサルにかかわる密告を放置したのだという。(5)なぜなら［もしカエサルの罪を問えば］カエサルが一味の道連れとなって懲罰を受けるよりも、むしろ一味がカエサルの相伴にあずかって無罪にありつくことになるのは目に見えているから、というのである。

二一　さてカエサルは意見表明の順番が回ってくると、立ち上がって、自分はあの男たちの死刑に反対する、むしろ財産を国庫に没収したうえ、身柄をキケロが任意に選定したイタリア内の複数の都市に移し、カ

---

(1) 前五八年の法務官で博学の人プブリウス・ニギディウス・フィグルス。キケロはニギディウスに宛てた前四六年の書簡で、この人をカティリナ事件における国家防衛の同盟者と呼んでいる（キケロ『縁者・友人宛書簡集』四-一三-二）。

(2) 正しくは翌々日の十二月五日。この日の元老院もコンコルディア神殿で開催された。このときのキケロの演説が『カティリナ弾劾』の第四演説に当たる。以下のレントゥルスやケテグスたちの処遇をめぐる協議については、『カエサル』七-7—八-2、『小カトー』二二-4—二三-5も参照。

(3) カエサルはこのとき三七歳。次期法務官として意見を求められた。『カエサル』七-8参照。

(4)『カエサル』四-8、『クラッスス』一三-4参照。

(5)『カエサル』七-5、八-4参照。

2 ティリナが軍門に下る日まで、そこで拘束して幽閉するべきだ、と陳述した。[1] この意見は穏当なものであり、
3 演者の弁舌もきわめて巧みであったから、続くキケロの演説によって天秤は大きくそちらに傾いた。キケロ
は立ち上がって、初めの意見に与したり、カエサルの意見に同調したりしながら、双方に等しく目を配るよ
うな態度をとったのである。[2] このためキケロの友人たちは、カエサルの提案の方がキケロにとって好ましい
のだと判断し――というのは死刑を避けた方が、キケロ自身が責めを問われる恐れが少ないのだから[3]――、
一転してそちらの意見に寄り添うようになった。あげくにシラヌスまでもが前言を翻して釈明し、自分も死
刑を主張したわけではない、ローマの元老院議員に対する極刑とはすなわち拘禁刑なのだから、と言い出す
始末だった。
4 この発言がなされるや、最初にそれに反駁したのがルタティウス・カトゥルス、[4] そしてそれを引き継いだ
のがカトーであり、カトーが疑惑の矛先をカエサルに向ける激烈な演説を打つと、元老院中に怒りと憤りが
5 燃え上がり、結局、死刑が決議された。[5] 財産没収についてはカエサルが、自分の提案のうちの寛大な部分を
放り捨てる一方で、残された苛酷な部分だけを採り入れるのは当を失する、と述べて抵抗した。しかし多く
の議員に押し切られそうになったので、護民官に訴えたところ、護民官からは聞き入れてもらえなかったも
のの、キケロがみずから折れて、財産没収の案を棄却すると決めた。
二二 キケロは元老院議員を引き連れて、男たちのもとへ向かった。男たちは全員が同じ場所にいたので
2 はなく、ひとりずつ別々の法務官の監視下に置かれていた。そこでキケロはまずパラティウム丘からレン
トゥルスを連れ出すと、聖なる道から中央広場の真ん中を横切って進んだ。その間、国家の指導者たちがそ

れを護衛するように取り囲み、民衆はこの成り行きに身の震えを覚えながら、黙って道を開けるのみであり、なかでも若者たちは、何かしら貴族の権威にかかわる父祖伝来の祭儀に立ち会っているかのような畏れと慄
3 きを感じていた。キケロは中央広場を通り過ぎ、牢獄の前に着くと、レントゥルスを刑吏に引き渡し、死刑執行を命じた[6]。そしてそれが終わると次はケテグスというふうに、他の者たちもひとりずつ連れ出して処刑
4 させた。中央広場には陰謀に加わっていた連中がまだたくさん群れ集まっており、事実を知らされないまま、男たちが今も生きていて奪回できるものと信じて、夜が来るのを待っていたので、それを見たキケロは、そちらに向けて大きな声で、「彼らは生き終えた」と宣言した。ローマ人は不吉な言葉を口にするのを避けた

(1)キケロ『カティリナ弾劾』四-七-八は、カエサルの提案を、カティリナ鎮圧までの一時的監禁ではなく終身の監禁と解している。サルスティウス『カティリナ戦記』五一-四三参照。

(2)キケロは『カティリナ弾劾』四-七-一一でまず二つの意見を紹介してから、それに続く部分で、むしろ死刑を自身の意向として示し、自分は怯むことなく執政官の責務を果たす覚悟だと強調する。しかし違法性への配慮から、キケロの表現が曖昧だったのは確かである。

(3)市民への死刑判決は、本来は民会にのみ認められた権限である。したがって反乱を企図したという理由で、元老院最終決議にもとづいて死刑を執行することが合法かどうかには疑義があり、執政官が違法行為の責任を問われる恐れがあった。その恐れは五年後に現実のものとなり、キケロは亡命を余儀なくされる(三〇―三一)。

(4)クィントゥス・ルタティウス・カトゥルスは前七八年の執政官。閥族派の重鎮であり、カエサルを敵視する。『カエサル』六-6、七-1、5、八-1参照。

(5)『小カトー』二三参照。

(6)中央広場の近辺にトゥリアヌムと呼ばれる地下牢があり、レントゥルスたちはそこに放り込まれて絞首された(サルスティウス『カティリナ戦記』五五-五)。

いとき、「死んだ」という意味を表わすのに、こんな言い方をするのである。
5 すでに夕闇の迫ろうとするなか、キケロは中央広場を抜けて自宅への道を登っていった。先ほどはおとな
しく黙ったまま見送っていた市民たちが、今やキケロの行く先々で出迎えの拍手と歓呼を浴びせ、救国の主
とか建国の主とか呼んで喝采を繰り返した。家々の玄関先に置かれた灯明やたいまつが、街路のあちこちを
6 照らし出していた。女たちは階上から灯りを差し出し、名士たちの列を従えながら厳かな足取りで坂道を
登ってくるその人の姿を求めて、畏敬を表わそうとした。列をなして歩いていたのは、そのほとんどが過去
の大きな戦争を戦い抜き、凱旋式を挙げながら市内に入り、広大な陸と海をローマの版図に加えたという経
歴の持ち主だったが、その人たちが異口同音に語り合ったのは、富と戦利品と覇権についてローマの民衆が
感謝するべき当代の司令官や将軍は数多くいるけれども、祖国の救済と存立について感謝するべきは、これ
7 ほどに大きく恐ろしい危険を取り除いてくれたキケロただひとりだ、ということであった。人々の見るとこ
ろ、キケロの功績のうちで何よりも賛嘆にあたいするのは、この人が陰謀の実現を阻み、犯人を処罰したこ
とではなく、むしろ史上未曾有の大変革の試みを、内乱や騒擾にいたらせることなく、最小の被害で消し止
8 めたことだった。というのも、カティリナの傘下に合流していた一団は、レントゥルスとケテグスの末路を
聞かされると、たちまちその大多数がカティリナを棄てて四散してしまい、カティリナは手元に残った兵力
を率いてアントニウスに戦いを挑んだものの、軍勢もろとも滅ぼされたのである(1)。
二三 しかしそれとは別に、今回の事件を理由にキケロに恨みを抱き、言葉と行動でそれを表わそうと躍
起になっている者たちがいて、高官就任予定者としてその先頭に立っていたのが、法務官のカエサル、そし

2 て護民官のメテルスとベスティア[2]であった。この護民官両名は官権の引き継ぎを受けると、任期がまだ数日残っていたキケロから、民衆に語りかける機会を奪おうとしたのである。そのために両名は演壇の上方に椅子を置いてそこに座ったまま、キケロがそばを通って演説の場に出るのを許さず、もし発言したいなら、職

3 務にかんする誓言だけを述べてすぐに演壇から降りるように命じた。[3]キケロはそれを承諾して宣誓のために進み出たが、静寂が訪れるとともにその口から発せられた誓いの文言は、伝統に則ったものではなく、独自の聞き慣れない一文であった。誓って言う、われは祖国を救済し、主権を守り抜いた、と宣したのである。すると民衆もいっせいに声を出し、その誓言をなぞった。

4 この一件によりますます苛立ちをつのらせたカエサルと護民官たちは、キケロを陥れようとさまざまに策

(1) カティリナの率いる軍勢は、アントニウスの追撃を受けながらエトルリアの山中を移動していたが、レントゥルスたちの処刑の知らせを聞いて反乱成功の望みを失い、多数の兵士が軍を去った。カティリナは残った約三〇〇〇人の兵士とともにアルプス以北へ逃れようとしたが、法務官メテルス・ケレルの軍に行く手を阻まれ、前六二年一月、ピストリア（アルノ川が流れる平野の北辺。現ピストイア）付近でアントニウスの軍に決死の戦いを挑んだ（サルスティウス『カティリナ戦記』五六―六一、ディオン・カッシオス『ローマ史』第三十七巻三九―四〇）。

(2) 前六二年の護民官クィントゥス・カエキリウス・メテルス・ネポス（『小カトー』二六-2）とルキウス・カルプルニウス・ベスティア。

(3) 護民官の任期は前年の十二月十日に、執政官の任期は当年の一月一日に始まる。執政官などの高官は任期最終日の十二月二十九日に、自分は任期中に法律を遵守した、と演壇から誓言するのが慣例である。就任してまもない両護民官は、演壇上に陣取ってキケロが歩み出るのを阻もうとした。キケロ『ピソ弾劾』六、同『縁者・友人宛書簡集』五-二-七参照。

を練るなかで、ある法案を提出した。それはポンペイユスを軍隊とともに呼び戻すという提案であり、この
5 将軍の力でキケロの威光を押しつぶそうというのである。ところがそこでキケロにも国家全体にも、またと
ない助けの手を差し伸べてくれたのが当時の護民官カトーであり、これは他の護民官と権限は同等でも、は
6 るかに大きな名声を持つ人物であるから、同僚たちの企図を見事に押し返してしまった。(1) つまりさまざまな
策謀を苦もなく打ち砕いたばかりか、民衆への演説の中でキケロの執政官としての功績を口を極めて褒め称
えたのに励まされて、民衆はかつて例のない大きな名誉をキケロに授けることを決議し、「祖国の父」とい
う称号を贈ったのである。この称号はカトーが民会で提案したもので、(2) この名で呼ばれたのはキケロが最初
らしい。

毒舌の性癖

二四　ところがその頃、キケロはローマで最大の実力者でありながら、その一方で多くの市民から疎んじ
られており、しかもその理由はといえば、何か卑劣な行為をしたからというわけではなく、絶えず自分を称
2 賛し自慢話を繰り返して、多くの人を辟易させたことにある。元老院でも民会でも法廷でも、毎回のように
人々は、キケロの口からカティリナやレントゥルスについての話をひとくさり聞かされずにはすまなかった。
3 そしてついには著作や各種の書き物にまで自分の手柄話をいっぱいに詰め込んだものだから、このうえなく
甘美で優雅な文章を聞き苦しい下卑た文章に変えてしまい、その醜さはまるで逃れられない運命のように、
この人の筆にまとわり付いた。

4 しかし、これほどむき出しの名誉欲の虜になりながらも、他人への嫉妬に囚われることはなく、過去の人
5 であれ同時代の人であれ、惜しみなく賛辞をふりまいた。そのことは、この人の著作から見て取れる。その
例はいろいろと思いつくが、例えばアリストテレスを称えて、流れる黄金の河になぞらえたり、プラトンの
6 対話篇を評して、もしゼウスが議論するとしたら、こんな対話を交わすだろうと書いたりしている。[3] またテ
オプラストスのことを自分だけの御馳走と呼ぶのも、いつもの習慣だった。[4] さらにデモステネスの数ある演
説について、どれがいちばんすばらしいと思うかと問われて、いちばん長いのが、と答えたこともある。デ
モステネス派[5]を自認する人たちの中には、キケロがある友人に宛てて書いた手紙の中の、デモステネスは演
説の所々で居眠りする、という一文に食ってかかる人がいるが、そういう人は、キケロがデモステネスのた
めに美しく壮大な称揚の言辞を幾度となく捧げたということ、そして自身の演説のうちでも最大の精力を傾

(1) カトーはメテルスたちと同僚の護民官。『小カトー』二六―2―3では、ポンペイユスを呼び戻す名目はカティリナ掃討のため、となっている。法案が提出されたのは、前六三年一月、カティリナがまだ生きていたときである。

(2) キケロ『ピソ弾劾』六、同『セスティウス弁護』一二一には、この称号はカトゥルス（二一―4）が元老院で提案したものだと説明されている。

(3) キケロは『アカデミカ』二―一一九で、アリストテレスの繰り出す論説を「黄金の流れ」と表現する。キケロ『ブルトゥス』一二一には「もしユッピテル（ゼウス）がギリシア語を話すなら、プラトンのような語り方をするだろう」という意味の文がある。

(4) テオプラストスはアリストテレスの後を継いでペリパトス派を率いた学者。ここに引かれたような言い回しは、キケロの現存著作中にはない。

(5) デモステネスの文体を範と仰ぐ弁論家・修辞家。

けた作品、すなわちアントニウスを糾弾する演説に、『ピリッピカ』という表題を付けたことを思い起こす
べきである[1]。
7 同時代に弁論や哲学で名を知られた人たちについて言えば、その中にキケロから口頭なり書き物なりで好
誼を示してもらって、それによっていっそうの名声にあずからなかった人はひとりもいない。例えばペリパ
トス学派のクラティッポス[2]のためには、当時すでに独裁官の地位にあったカエサルに頼んで、ローマ市民権
を得られるよう取り計らってやったばかりか、アレイオスパゴス評議会に働きかけて、クラティッポスがア
テナイに滞在して青年たちと対話し、アテナイに彩りを添えてくれるよう要請する決議を引き出してやった。
8 この件についてはキケロがヘロデス[3]に宛てた書簡が残っており、他に息子宛てには、クラティッポスのもと
で哲学を修めるよう指示する書簡もある[4]。

ただし弁論家ゴルギアス[5]については、若者を快楽と酒癖に誘い込む輩として非難し、息子との交際を禁じ
9 る旨の書簡を残しており、キケロがギリシア語で書いた手紙のうち、これがほぼ唯一、怒りのこもった書き
ぶりになっている。実はもう一通、ビュザンティオン市民のペロプスに宛てたものがあるのだが、この二通
のうちゴルギアスについて書いたものは、実際にこの人が卑しくてふしだらな性格だったようなので、悪し
ざまに言うのは当然だとしても、ペロプスに対しては、ビュザンティオンから名誉授与の決議を受けられる
よう手を回してくれなかったというので、それを恨んでつまらない不満をぶつけているにすぎない[6]。
二五　これらはキケロの名誉欲の強さを示しているが、ほかにも弁論の巧者を自負するあまりに慎みを欠
くことがしばしばあった。例えば、ムナティウスがかつてキケロの弁護を受け、無罪を勝ち取ったにもかか

わらず、その後、キケロの友人であるサビヌスを告発したとき、キケロは腹立ちのあまりにこんなことを言ったと伝えられる「ムナティウス、君は自分の力で罰を免れたと思っているのか。私が白昼に法廷を闇で包んでやったおかげではないのか(7)」。

---

(1)デモステネスがギリシアの自由を護ろうとして、マケドニア王ピリッポスを非難した演説『ピリッポス弾劾(ピリッピコイ)』四篇に倣い、キケロは前四四年から翌年にかけて行なった、アントニウスを攻撃する一連の演説一四篇を『ピリッピカ』と名付けた(四一-6、四八-6)。

(2)小アジアのペルガモン出身。

(3)キケロがアテナイ遊学中の息子を託した友人。言及されるヘロデス宛ての書簡は現存しない。

(4)前六五年生まれで父と同名の長男マルクス・トゥリウス・キケロは、父の勧めにより、前四五年から翌年にかけてアテナイに遊学し、クラティッポスに学んだ(キケロ『義務について』一-一、『縁者・友人宛書簡集』一六-二一-二)。言及される息子宛ての書簡は現存しない。

(5)アテナイで息子キケロの弁論術教育をまかされていたが、父キケロの指示によりその役を解かれた。そのことについて触れた息子キケロの書簡が現存する(『縁者・友人宛書簡集』一六-二一-六)。

(6)ルキウス・カルプルニウス・ピソ・カエソニヌスは前五七—五五年にマケドニア属州総督だったとき、ビュザンティオン市民を虐げた。キケロはそのことを取り上げて、元老院でピソを弾劾する演説を行なった(『執政官格属州について』五、『ピソ弾劾』八六)。それでキケロは、ビュザンティオン市民から感謝されて当然だと考えた。

(7)ティトゥス・ムナティウス・プランクス・ブルサは前五二年の護民官。その年のクロディウス死後の暴動をあおったとしてキケロに訴追されて有罪になったが、キケロに弁護してもらったのはそれ以前のことらしい。サビヌスについては不詳。

2 またあるときは[1]、演壇の上からマルクス・クラッススを称賛する演説を披露して喝采を浴びながら、その
数日後には一転して罵倒する演説を行なったので、クラッススから「つい先日は同じ場所に立って、おれを
称えていたではないか」と詰め寄られ、「そのとおり。演説の練習のために、無理のある論題を取り上げて
3 みたのだ」と答えた。さらにクラッススがあるとき、ローマにはクラッススの名を持つ人物に、六〇歳を超
えて生きたのはひとりもいないと語っておきながら、後日、それを撤回して、「あのときおれは何のつもり
で、あんなことを口にしたのだろう」と洩らしたので、キケロは「それを聞くとローマ人が喜ぶと分かって
4 いたから、そう言って民衆の機嫌を取ろうとしたのだよ」と返した。もうひとつ、クラッススが、自分はス
トア派が気に入っている、善き人は裕福であるとあの学派は主張するのだから、と口にするのを聞いて、キ
ケロは「それより、万物は知者のものであるとあの学派は主張するのだから、と言った方がよいのでは」と
5 応じた。クラッススは悪名高い富の亡者だったのである[2]。さらにクラッススの息子のひとりに、アクシウス
という男にそっくりだと噂され、それゆえ母親とアクシウスとの醜聞の種になっている子がいたのだが、そ
の子が元老院で演説を行なって、それがすばらしい出来栄えだと評されたとき、キケロはその子をどう思う
かと尋ねられて、こう答えた「クラッススにふさわしい[3]」。
二六　クラッススがシリア遠征に出発するにあたって、キケロを敵ではなく味方に付けておきたいという
思惑から、友好のしるしとして、キケロ邸で晩餐をともにしたいと申し入れたときには、キケロも喜んでそ
2 れを受け入れた[4]。ところがそれから数日後、友人たちとウァティニウスのことを話しているうちに、キケロ
の仇敵であるこの男もやはり和解と友好を望んでいると聞かされると、「まさかウァティニウスまで、うち

3

で晩餐にあずかりたいと言っているのではなかろうな」と返した(5)。ウァティニウスといえば、こんな話もある。ウァティニウスは首に瘤があったので、この人が法廷で弁論しているとき、それを評してキケロは「膨れ上がった弁論家」と呼んだ。またウァティニウスが死んだという知らせを受けたあと、しばらくしてから生存の報を聞かされたときには、「おれを騙したろくでなし、ろくでもない死に方をするがいい」と吐き捨てた。

(1) 以下の四つの逸話は、三頭体制のひとりで本書に伝記のあるクラッススにかかわるものだが、それぞれの年代や状況については不詳。

(2) ストア派の教説にある「裕福」は、世俗の財産の意味ではなく、倫理的な人格の完成の意味だが、クラッススはそれをあえて通常の意味に解して戯れてみせた。クラッススの財産欲については、『クラッスス』二参照。

(3) キケロはこれをギリシア語で言った。「ふさわしい」はギリシア語でアクシオスなので、キケロは「クラッススにアクシオス」と答えたが、これは「クラッススの子アクシオス(アクシウス)」とも解せる。

(4) クラッススは前五五年の執政官退任後、属州総督を割り当てられていたシリアに向かった(『クラッスス』一六-1)。その直前にキケロはポンペイユスとカエサルの勧告によりクラッススと和解し、婿の屋敷で食事をともにした(キケロ『縁者・友人宛書簡集』一-九-二〇)。

(5) ウァティニウスについては、九-3参照。前五六年、キケロの亡命からの帰国に尽力したプブリウス・セスティウスが被告となった裁判で、訴追を後押ししたウァティニウスをキケロは追及し非難した(キケロ『セスティウス弁護』『証人ウァティニウスへの尋問』)。しかしキケロは、仇敵であるこのウァティニウスが前五五年の法務官の選挙における買収容疑で告発されたとき(『小カトー』四二-5)、ポンペイユスとカエサルの意向を受けて弁護を引き受けざるをえなかった(キケロ『縁者・友人宛書簡集』一-九-一九)。「ウァティニウスが和解を望んでいる」とは、この弁護(『ウァティニウス弁護』)を引き受けてもらうにあたってのことである。

4 カエサルがカンパニアの土地を兵士たちに割り当てる法案を可決させたことに、元老院議員の多くが憤懣
を抑えきれないでいたときのこと、[1] 最長老のひとりルキウス・ゲリウス[2]が、自分が生きている間はそんなこ
とはさせない、と見得を切ったところ、キケロは議員たちに向かって「待とうではないか。ゲリウスはそれ
5 ほど長い延期を求めているわけではないのだから」と言った。名をオクタウィウスと言い、アフリカ出身の
疑いをかけられていた人がいたのだが、この人がある裁判の最中に、キケロの演説が聞こえないと言ったと
6 ころ、キケロは「おや、君の耳には、しっかりと穴が開いているはずだが」と切り返した。[3] メテルス・ネ
ポス[4]が、キケロは弁護して救った人よりも、弾劾の証言をして命を奪った人の方が多い、と詰ったとき、キ
7 ケロは「私も認めるよ、私には能力以上に信用があるのを」と言い返した。ある若者が父の食べる菓子の中
に毒を入れたと訴追されながら、臆するようすもなくキケロに向かって、罵詈雑言を食らわせてやるぞと脅
8 すと、キケロは「君から食らわされるなら、菓子よりもそっちの方がいい」と応じた。プブリウス・セス
ティウスがある裁判で、キケロを始めとして幾人もの弁護人を頼んでおきながら、弁論をすべて自分で行な
い、弁護人にいっさい発言させようとしないので、陪審員の投票が進んで、無罪判決はもはや間違いなしと
判断できたところで、キケロが言った「セスティウス、今日のうちにこの機会を存分に楽しむがいい。明日
には君は私人になるのだから」[5]。プブリウス・コスタ[6]は法律家を自称しながら、そのための才能も知識も持
9 ち合わせていない人物だったが、この人をキケロはある裁判の証人に呼び出した。ところがコスタは何も知
らないと答えるばかりなので、キケロが返した「どうやら君は法律について尋ねられていると思っているよ
うだ」。

メテルス・ネポスがあることでキケロと口論になったとき、「キケロ、君の父親は誰なんだい」としつこ
く訊くので[7]、キケロは「君の場合、母親のせいで、その問いに答えるのはもっと難しいだろうな」と応じた。
10 ネポスの母親はふしだらな女というもっぱらの評判だったのである。加えてネポス自身も腰の落ち着かない
男で、あるとき突然、護民官位を放り出して船に乗り、シリアにいるポンペイユスのもとに渡ったかと思う
11 と、やがてまた理由も告げずに舞い戻ってきた[8]。そのネポスが教師のピラグロスを丁重に葬ったあと、その
墓の上に鴉の石像を据えたとき、キケロの放ったひと言「これはなかなか気の利いた捧げ物だ。あの人は君
に、弁論の術よりもむしろ飛び回る術を教えてくれたのだから[9]」。

(1)『カエサル』一四-2参照。
(2)前七二年の執政官ルキウス・ゲリウス・ポプリコラ。
(3)耳たぶに穴を開けるのはアフリカ人の風習と見なされていた。この逸話は『食卓歓談集』六三一dでも紹介されている。
(4)前六二年の護民官（二三-1）。
(5)セスティウスは前五七年の護民官。翌年に訴訟を起こされ、キケロの弁護を受けた。護民官位を離れたあとは発言力が減じてしまうから、という意味か。
(6)不詳。
(7)キケロが有名家系の出身ではないこと（一-1）をからかった。
(8)前六二年、護民官メテルスはポンペイユス呼び戻しの策動に失敗したあと、ポンペイユスと会うために在任中にローマを離れた（『小カトー』二六-2—二九-1）。しかし前六一年の夏までにはローマに戻って、前六〇年の法務官の選挙に立候補し当選した。
(9)飛び回る鴉がネポスの定まりのない行状を象徴するというキケロの皮肉。『ローマ人たちの名言集』二〇五aは同じ逸話を伝えるが、そこでは葬られたのは「弁論家たちの教師ディオドトス」となっている。

12 マルクス・アッピウス[1]がある裁判で行なった弁論の序の部分で、自分は友人から深慮と学識と信用を演説に盛り込んでほしいと依頼されたと語ったとき、キケロは「すると君は鉄の心を持って生まれたようだな。友人から頼まれたことのどれにも、まるで応えていないのだから」と返した。

二七　さてこのように仇敵や裁判相手に対する辛辣な諧謔なら、それも弁論技法のひとつと見なせるけれども、一方でただ笑い飛ばすために、誰にでも見境なく突きかかる場合もあり、これはキケロ自身に激しい
2 憎悪を招くことになった。その例を少しばかり挙げてみよう。マルクス・アクィリウスは婿ふたりが亡命の
3 身にあったので、キケロはこの人をアドラストス[2]と呼んでいた。無類の酒好きで知られるルキウス・コッタ[3]が監察官の任にあったときのこと、キケロは執政官の選挙運動をしていて喉が渇いたので、友人たちの輪の中で水を飲み、こう言った「君たちの心配するとおり、水を飲んでいるというので監察官のお咎めを受ける
4 かもしれないな」。ウォコニウスが容貌のひどく醜い娘三人を連れているのに出会って、キケロはこう吟じた。

　ポイボスの許しを得ぬまま、子種を蒔いてしまった[4]。

5 マルクス・ゲリウスは自由身分の生まれではないと噂されていたが、この人が元老院である書状をよく通る大きな声で読み上げたとき、キケロはこう言った「議員諸君、驚くには及ばない。この人もまた大声を上
6 げたうちのひとりなのだから[5]」。ファウストゥスといえば、ローマで独裁権力をほしいままにし、多数の市民の保護停止を公告して死に追いやったあのスラの息子だが、このファウストゥスが借金を抱え込んであち

こちの資産を売り払ったあげくに、家財道具の競売を公告するはめになったとき、キケロが言った、こちらの公告の方が父親の行なった公告よりもずっと好ましい、と。(6)

クロディウスの策動

二八　さてこのようなことが原因となって、キケロを嫌悪する人が多くなったのだが、なかでもクロディ

(1) 不詳。

(2) 伝説のアルゴス（ペロポンネソス東部）王。王の婿ふたりのうちポリュネイケスはテバイの王子だったが、アルゴス滞在中に約束のテバイ王位を拒絶され、もうひとりのテュデウスはカリュドンの王子だったが、殺人の罪を問われてアルゴスに亡命した。マルクス・アクィリウスについては不詳。

(3) 前六五年の執政官ルキウス・アウレリウス・コッタ。前六四年に監察官に就任した。

(4) 作者・作品名不明の悲劇の断片。アポロン（別名ポイボス）の神託に背いて子をなし、破滅を招いたライオス（オイディプスの父）のことを言ったものか。ウォコニウスについては不詳。

(5) 奴隷が解放されたとき、自分が自由身分になったことを大声で宣言する習慣があった。

(6) ファウストゥス・コルネリウス・スラについては、『スラ』三四-5参照。父の遺産を蕩尽し、ポンペイユスの東方遠征に従軍して、ポンペイユスの娘と結婚した（『ポンペイユス』四二-5、四七-10、『カエサル』一四-7）。パルサロスの戦場から落ち延び、アフリカのタプススの戦いに敗れたあと（『小カトー』五八-13）、カエサル軍に捕まって処刑される。父の行なった保護停止公告を指すプロスクリプティオという語は（『スラ』三一）、本来は競売公告を意味した。

ウス[1]たちは徒党を組んでキケロに立ち向かってきた。まずその端緒となったできごとを話そう。クロディウ
2 スというのは名家の出身で、年齢はまだ若く、向こう見ずで大胆な性格の男だった。この男がカエサルの妻
ポンペイヤに恋慕して、琴弾き女の身なりと衣装をまとい、ひそかにカエサルの屋敷に忍び込んだ[2]。そのと
き屋敷では、男が目にすることの許されないあの秘密の祭儀が女たちの手で行なわれていて、男はひとりも
いなかった。しかしクロディウスはまだ年若くて髭が生えていなかったので[3]、女たちに気づかれないまま、
3 その間をすり抜けてポンペイヤのもとにたどり着けるだろうと思っていた。ところが夜間に広大な屋敷に入
り込んだものだから、通り路に迷ってしまい、あちこち歩きまわっているうちに、カエサルの母アウレリア
の召使いに見つかり、名を尋ねられた。このため声を出さざるをえなくなって、アブラという名のポンペイ
ヤの侍女を探しているのだと答えると、召使いはその声の主が女ではないと悟って悲鳴を上げ、女たちを呼
4 び集めた。女たちは戸口を閉め、屋敷中を探しまわって、クロディウスが侵入の手引きを頼んだ下婢の部屋
に逃げ込んでいるところを捕まえた。この一件が世間の知るところとなると、カエサルはポンペイヤを離縁
し、クロディウスは瀆神罪で告訴された。

二九　それまでキケロはこのクロディウスを味方として遇しており、カティリナ事件のさいには、熱心な
協力者としても身辺の護衛としても重宝していた。しかしクロディウスが今回の告訴に反論して、自分はそ
の時刻にローマ市内にいなかった、ずっと遠い場所に滞在していたと言い張ったとき、キケロはそれを否定
して、クロディウスはその日、キケロ邸を訪れて話を交わしたと証言した。その証言は真実に相違なかった
2 のだが、人々は証言の動機を真実を明らかにするためとは見なさず、キケロが妻のテレンティア[4]に対して自

3 身を擁護するためだと信じていた。どういうことかといえば、テレンティアはクロディウスを敵視しており、
その理由は、クロディウスの姉クロディアがキケロとの結婚を狙っていて、タレントゥム出身のテュルスと
いう人をその仲立ちに使っている、とテレンティアが邪推していたことにある。テュルスというのはキケロ
と親しく、仲間のうちでもとくに懇意にしていた男だったが、この男が近隣のクロディアの屋敷に頻繁に出
4 入りして用務をこなしていたために、テレンティアの疑惑を招いたのである。テレンティアは気性が激しく、
夫に指図することの多い女だったから、このときもクロディウス弾劾に加わって不利な証言をするように、
夫をけしかけたのだ、というわけである。
クロディウスを非難する証言は名家のりっぱな人々からも続々と寄せられ、誓約破り、懶惰な暮らしぶり、
民衆の買収、婦女の籠絡などの罪状が突き付けられた。ルクルス(5)は下女数人を証言に立たせて、クロディウ

(1)プブリウス・クロディウス・プルケル。名門のクラウディウス・プルケル家の出身だが、氏族名クラウディウスを平民的なクロディウスに変え、前五九年に貴族から平民への身分変更を許可されて護民官に立候補し、当選した。以下の善の女神の秘儀冒瀆事件を起こしたときは、翌年の財務官に選出されていたから、少なくとも三〇歳になっていた。

(2)以下の事件は、カエサルが法務官に就いていた前六二年の十二月に起こった(『カエサル』九―一〇)。

(3)『カエサル』一〇-1参照。

(4)八-3参照。

(5)前七四年に執政官を務めたあとアジアに遠征したが、ポンペイユスに司令権を引き渡さざるをえなくなって、前六六年に帰国したルキウス・リキニウス・ルクルス。クロディウスはルクルスの遠征軍に加わり、軍内で司令官への反抗をあおった張本人でもあった(『ルクルス』三四-1―5)。

5 スは当時ルクルスと結婚していたいちばん年下の姉と床をともにした、と語らせた。クロディウスについては、他の姉ふたり、つまりマルキウス・レクス[1]に嫁していたテルティア、メテルス・ケレル[2]に嫁していたクロディアとの間にも情交があったという風聞が広まっていた。このクロディアにはクァドランタリアという綽名があり、情夫のひとりが銀貨と偽って銅貨を財布に入れ、この女に送り届けたことから名付けられたのだが、これはローマ人の言葉で、銅貨のうちのもっとも安価な貨幣をクァドランス[3]と呼ぶことに由来する。姉妹のうちでクロディウスとの醜悪な噂のもっとも多いのも、このクロディアだった。
6 　しかしながらこのとき、隊伍を組んでクロディウス弾劾の証言をする人たちに対抗して、民衆の方でも戦列を固め始めると、陪審員たちは怖くなって身辺に護衛を配し、多くの者が文字を掻き乱して投票した[4]。そ
7 して結局、無罪票の方が多数と判定され、そのさいには票の買収すら行なわれたとささやかれた。このためカトゥルスは陪審員たちに出会ったとき、「君たちが安全のために護衛を付けたいと言ったのは、もっとも
8 なことだ。金を奪われないかと心配していたのだから」と皮肉った。またキケロはクロディウスから、おまえの証言は陪審員に信用されなかったなと言われたとき、「いや、おれを信用した陪審員が二五人いた。それだけの人が有罪票を投じたのだから。そしておまえを信用しない陪審員が三〇人いた。その人たちは金を
9 受け取るまで無罪票を投じなかったのだから[5]」と返した。しかし一方で、カエサルは法廷に呼び出されたとき、クロディウスを非難する証言を口にせず、妻の不貞についても知らないと言い張った。そして妻を離縁した理由についてはこう言った、カエサルの婚姻は恥ずべき行為はもちろんのこと、恥ずべき風評にも穢されてはならないからだ、と。

三〇　こうして窮地を脱したクロディウスは、護民官に選ばれるとただちにキケロに狙いを定め、あらゆ
2 る手段を動員し、あらゆる人を駆り立ててキケロに襲いかからせた。気前のよい立法によって民衆を手なずけ、執政官両名には広大な属州、つまりピソにマケドニア、ガビニウスにシリアを票決により割り当て、さらに多数の貧民を組合に組織したほか、奴隷を武装させて身辺の警護に当たらせた。(6)
3 当時、最大の勢威を誇っていた三人のうち、クラッススはキケロへの敵愾心を隠そうとせず、ポンペイユスは［キケロとクロディウスの］双方に愛想のよい顔を見せ、カエサルは遠征軍を率いてガリアへ出発するところだった。(7)そこでキケロは、このカエサルの懐に飛び込むと、味方とは言えず、むしろカティリナ事件以

(1) 前六八年の執政官クィントゥス・マルキウス・レクス。

(2) 前六〇年の執政官クィントゥス・カエキリウス・メテルス・ケレル（一-六-1）。

(3) 一アスの四分の一の価値。そこからクァドランタリアは、きわめて安い値段で買える女という意味になる。

(4) 投票板には片面にC（Condemno 有罪）、片面にA（Absolvo 無罪）と書かれてあり、各陪審員は否定する方を消して投票する。棄権の場合は両方を消す。「文字を掻き乱した票」とは棄権票のことであろう。『カエサル』一〇-11参照。

(5) 無罪票が三〇票だったということ。ただしキケロ『アッティクス宛書簡集』一-一六-五、一〇によれば、無罪票は三一票、そして買収金の出所はクラッススだった。

(6) クロディウスは前五九年、この年の執政官カエサルの支援を得て、護民官に選出された（『カエサル』一四-16—17）。就任後は、民衆に穀物を無料で配給し、前五八年の執政官アウルス・ガビニウス（ポンペイユスの腹心。『ポンペイユス』二五-3、二七-3、四八-4）とルキウス・カルプルニウス・ピソ・カエソニヌス（カエサルの舅。『カエサル』一四-8）に私的利得の大きい属州総督を割り当て、禁止されていた同業者組合・結社を復活させた。

(7) 二五-2—二六-1、『カエサル』一四-16—17、『クラッスス』一四-2、『ポンペイユス』四八-8—四九-5参照。

来、猜疑を持って見ていた人物ではあったけれども、この司令官に副官として遠征に加わりたいと申し出た。

4 カエサルがこれを承諾すると、クロディウスはキケロが自分の護民官権限の外に逃れようとしているのに気づき、和解を望んでいるかのようにふるまい始めた。最大の咎はテレンティアにあると主張し、キケロについて話すときは、いつもていねいで親切な言葉遣いをするようになったので、そのようすからは憎しみや怒りは感じられず、せいぜい友人に向かって控えめな苦言を洩らしているふうにしか見えなかったのである。

5 このためキケロはすっかり警戒心を解き、カエサルに副官の件の辞退を伝えて、再び国政に立ち戻った。しかしカエサルはこの一件に気を損ね、クロディウスの後ろ盾に付く一方、ポンペイユスにはキケロとのつながりをきっぱりと断たせたうえ、自身も民衆の前でキケロを断罪する証言を行なった。レントゥルスとケテグスたちを裁判によらずに処刑したのは、正当性もなく法にも違反する行為だったと私は判断している、と

6 述べたのである。キケロにはそのとき訴訟が準備されていて、まさにその点が告発事由になっていた(1)。このため訴追の危機に立たされたキケロは、衣服を取り替え、髪も伸ばし放題のまま(2)、民衆の間を嘆願して回っ

7 た。しかし行く先々の街路でクロディウスが待ち構えていて、取り巻きの粗暴なならず者連中が、キケロの身なりの変わりようをさんざんに嘲ったばかりか、泥や石を投げつけて嘆願を妨害することもたびたびあった。

亡命

三一 それでも、まず騎士階級はひとり残らずと言ってよいくらいにキケロにならって衣を着替え、二万

人にのぼる若者たちが髪を伸ばしてキケロに付いて歩き、いっしょに嘆願して回った(3)。さらに元老院が招集され、民衆にも喪服の着用を求める決議を採択しようとしたとき、両執政官がそれに反対し、クロディウスが護衛兵を率いて元老院議場を取り囲むなかで、多数の議員がわが身の市民服を引き裂き、嘆声を洩らしな
2 がら議場から走り出た。しかしそんな光景を目にした人々の間に憐憫や羞恥は広がらず、キケロは亡命するか、さもなければ剣の力をもってクロディウスと決着を付けねばならなくなって、やむなくポンペイユスに助けを求めることにした。ポンペイユスはそのときあえて市内から身を遠ざけ、アルバの別荘に滞在してい
3 たので、キケロはまず婿のピソを遣わして援助を乞い、続いて自身がそちらへ出向いた(4)。しかしポンペイユスはキケロの来訪を知ると、顔を合わせるのを避け——というのはこれまで自分のために激しい闘争を引き受けてくれ、政治上のさまざまな恩義を負っていたこの人に対して(5)、深く恥じ入る気持ちがあったからだが

(1)前五八年二月、クロディウスは、裁判を経ずに市民を死刑に処した者を追放する旨の法案を準備していた。法案は、キケロを名指しこそしないものの、前六三年のレントゥルスたちの処刑に的を定め、当時から疑義のあった処刑の合法性をはっきりと否定するものだった。

(2)黒灰色の喪服を着た。蓬髪も服喪のしるし。

(3)『クラッスス』一三-5参照。

(4)ローマの南東、アルバ湖付近にポンペイユスの別荘があった。ガイウス・カルプルニウス・ピソ・フルギは、キケロの娘トゥリアが前六二年に結婚した最初の夫。キケロの亡命後はその帰国のために尽力するが、帰国の前に死去する。キケロのアルバ荘訪問については、キケロが帰国後に前五八年の執政官ピソ(キケロの婿とは別人)を非難した演説『ピソ弾劾』七六―七七を参照。

(5)八-7、九-7参照。

――むしろ義父カエサル[1]の要請に応じるべく、古くからの恩義を裏切り、ひそかに別の戸口を通って外に出
て、キケロとの会談から逃げ出してしまった。
4 こうしてポンペイユスに裏切られたキケロは孤立無援となり、両執政官のもとに逃げ込んだ。ガビニウス
は冷淡な態度を変えなかったけれども、ピソはそれに比べると親切に話し合いに応じて、ひとまず退却して
クロディウスの暴虐から身を遠ざけるべきだと忠告してくれた。どうか時勢の転変を耐え忍び、今はクロ
5 ディウスのせいで不幸な内紛の渦中にある祖国のために、いつかまた救い主となってほしい[2]。こんな言葉を
返されて、キケロは友人たちに相談してみた。ルクルス[3]は勝利を得るまで踏みとどまれと励ましたが、他の
友人たちは亡命を勧め、民衆はすぐにクロディウスの狂態と痴愚のほどにうんざりするだろう、そしてあな
6 たの復帰を待ち焦がれるに違いない、と諭した。そこでキケロは亡命を決意すると、屋敷内に長年にわたり
安置して特別の尊崇を捧げてきたミネルウァの彫像を運び出し、「ローマの守護神ミネルウァに」という献
辞とともにカピトリウムに奉納した。そして友人数名を旅の供として真夜中にローマを抜け出すと、徒歩で
ルカニアを通過し、シキリア島をめざした[4]。

三二　キケロの逃亡がはっきりしたところで、クロディウスはキケロ追放の法案を採決させるとともに、
キケロに火と水を供与することも、イタリアから五〇〇マイル以内で屋根を提供することも禁じると発令
した[5]。それでもほとんどの人はキケロへの畏敬から、この禁令をまるで意に介さず、せいいっぱいにもてな
2 して道中の便宜を図った。しかしルカニア地方の都市ヒッポニウム、つまり今はウィボと呼ばれている所[6]で
は、ウィビウス・シッカが、この人はキケロの執政官時代に職人監督の地位に就けてもらうなど、たびたび

キケロから恩をこうむっていたにもかかわらず、その恩人を自邸内に招き入れようとせず、郊外のある別宅を宿にしてほしいと通告してきた。[7] またシキリア属州総督でキケロとはとくに親交の深いはずのガイウス・

3 ウェルギリウスは、シキリアに近付かないよう書いて寄越した。これに落胆したキケロはブルンディシウムに向かって道を急ぎ、そこからデュラキオン[8]へ渡ろうと順風の中で船を出したが、海上で逆風に見舞われ、

4 翌日にいったん引き返して、その後あらためて港を出た。さらにデュラキオンに接岸して船を降りようとし

---

(1)ポンペイユスはカエサルの娘ユリアと前五九年に結婚した(『カエサル』一四-7、『ポンペイユス』四七-10)。

(2)キケロ『ピソ弾劾』七八によれば、執政官ピソはキケロ本人ではなく、キケロの友人たちの訪問を受け、武力でクロディウスと対決するよりも亡命を選ぶべきだという考えを伝えた。

(3)前七三年の執政官マルクス・テレンティウス・ウァロ・ルクルス。本書に伝記のあるルクルスの弟。キケロ『ピソ弾劾』七七参照。

(4)前五八年三月にローマを離れ、イタリア南部のルカニア地方を通ってシキリア島に渡ろうとした。シキリアは、前七五年に財務官として赴任して以来、キケロとの結び付きが強かった(六-1、七-4、八-2)。

(5)キケロ亡命後に成立した法はキケロを名指して、指定された域内での法的保護の停止を宣告するものだった。指定範囲について、キケロ『アッティクス宛書簡集』三-四は「イタリアから四〇〇マイル以内」と記す。五〇〇マイルは約七四〇キロメートル。

(6)イタリア半島の先、シキリア島に近い位置にある。実際には、キケロの時代にすでにウィボと呼ばれていた。

(7)キケロ『アッティクス宛書簡集』三-四によれば、キケロはウィボに滞在していたときにクロディウスの法案を知り、シッカに累が及ぶのを案じて、ギリシア行きの港町ブルンディシウムに向かった。

(8)アドリア海に面する港町。現在のアルバニア共和国のドゥラス。

たときには、大地の震えと海の揺れが同時に起こったという。これを見た予言者たちは、これらはいずれも
変化のしるしであるから、亡命がいつまでも続くことはないであろう、と判じた。
5 キケロのもとには多くの人が見舞いに訪れ、ギリシア諸都市が争うように使者を寄越して絶える間もない
ほどだったが、それでもキケロの心は重苦しく沈み込むばかりで、大半の時をまるで恋人を失った青年のよ
うに、イタリアの方角を眺めながら過ごしていた[1]。不幸の大きさに押しつぶされて気力は萎え、その憔悴ぶ
りは、あれほど精神の修養に親しみながら生きてきた人がこうなるとは、誰も想像できないほどであった。
6 そんな中でもキケロ自身は友人たちに、私を弁論家ではなく哲学者と呼んでほしいと繰り返し、私は自分の
仕事として哲学を選んだのであり、弁論術は政治を行なうために必要な道具として利用しているにすぎない
7 のだから、と説明していた。しかしながら世間の評判とは恐ろしいもので、まるで布の色染めを洗い落とす
ように、人の心から理知を洗い落としてしまうし、政治を行なう者が民衆と接したり交わったりするうちに、
その者に民衆の感情を刷り込んでしまう。そうならないためには、世間というものにくれぐれも警戒を怠ら
ず、ある事を民衆とともに行なうことはあっても、その事についての感情を民衆と分かち合うことのないよ
う用心せねばならない[2]。

三三 クロディウスはキケロ追放を果たすと、キケロの別荘に火を放ち、市内の邸宅も焼き払って、その
跡地に自由の女神の社を建立した。他の資産は競売に出したが、誰ひとり買い手が現われないまま、来る日
2 も来る日も売り出し公告を続けた。このため貴族の脅威となる一方で、今や驕りと慢心の虜となった民衆を
手元に引き寄せたクロディウスは、続いてポンペイユスへの攻撃に取りかかり、この人が遠征中に定めた措

置の一部を反故にした[3]。

3 面目をつぶされたポンペイユスは、キケロを見捨てたことを悔いて自身を責めるようになり、ここに態度を一変して、友人たちと協力しながらキケロの帰国のために全力を傾け始めた[4]。元老院も、キケロの帰国が実現するまでは、国政にかかわる決定と職務をいっさい行なわないという決議を、クロディウスの反対を押し切って採択した。

4 そしてレントゥルスたちが執政官に就いて抗争がますます激しくなり[5]、ついには護民官が中央広場で襲われて負傷し、散在する遺体の間でキケロの弟クィントゥスが死者と間違えられて放置され

（1）同じく亡命の身にあったデモステネスとの相似を、プルタルコスは意図しているらしい（『デモステネス』二六-5）。キケロは前五八年五月にギリシア北部のテッサロニケに着いて、財務官グナエウス・プランキウスの邸宅に寄寓し、同年十一月、よりイタリアに近いデュラキオンに移って、ローマからの吉報を待った。

（2）民衆の評判や他者の思惑に配慮しなければならず、その手段として弁論を用いる政治家の立場と、そのような配慮とは無関係に真理を探究する哲学者の立場の相克にプルタルコスは注意を促している。

（3）ポンペイユスが捕虜として連れ帰ったアルメニアの王子ティグラネスを釈放するなどした（『ポンペイユス』四八-10）。

（4）『ポンペイユス』四九-1―5参照。

（5）前五七年の執政官にプブリウス・コルネリウス・レントゥルス・スピンテルとクィントゥス・カエキリウス・メテルス・ネポスが就任した。メテルスはキケロの政敵（二三-1―4、二六-6、9―10）。

るまでになったとき、民衆の考えにも変化が起こり始めた[1]。護民官たちのうちでアンニウス・ミロ[2]が先陣を
切って、クロディウスを暴行の罪で法廷に訴えたほか、ポンペイユスのもとには、ローマの民衆からも周辺
5 の諸都市からも多くの人が続々と集まってきた。ポンペイユスはこの人たちとともに歩み出ると、クロディ
ウスを中央広場から追い出し、そこに市民たちを集めて票決を呼びかけた。民衆がこのときほど一致団結し
6 て票を投じたことは、後にも先にも例がないという[3]。そんな民衆に負けじと元老院も、亡命中のキケロに援
助を惜しまなかったすべての都市を顕彰すること、そしてクロディウスが破壊したキケロの邸宅と別荘を国
費で再建することを提案した[4]。
7 　都落ちから一六ヵ月ぶりに、キケロは帰国を果たした[5]。キケロを迎え入れた各地の都市の喜びようと人々
8 の高揚ぶりは、後日キケロの口から出たあの言葉でさえ、真実を表わすのに足りないほどであった。イタリ
アが私を肩に乗せてローマまで運んでくれた、と語ったのである[6]。亡命以前にはキケロに敵愾心を抱いてい
たクラッススまでもが、このときばかりは暖かく迎え入れて和解を求めてきたが、ただしこれはクラッスス
本人の説明によると、キケロの熱心な崇拝者である息子プブリウスの願いを聞き入れてやったということら
しい[7]。

帰国後

三四　それからまもないある日、クロディウスが市内にいないのを見計らって、キケロは大勢の市民を従
2 えてカピトリウムに登ると、護民官の業績が刻されている書板を引き抜いて打ち壊した。後にクロディウス

からこれを糾弾されたとき、キケロはそれに答えて、貴族出身のクロディウスが護民官に就いたのは法に背く行為であった、そのような護民官が行なった決定はすべて無効である、と言い返した。[8] ところがこれを聞いてカトーが怒り出し、キケロに食ってかかって、私はクロディウスの肩を持つつもりはなく、むしろ国政

(1)キケロ帰国を求める決議は、前五八年十月に元老院に提案されたが、クロディウス派の護民官の拒否により成立しなかった。前五七年一月二十三日にはあらためて護民官クィントゥス・ファブリキウスが中央広場で開かれる民会で採決をめざしたが、クロディウス派が暴力を行使して乱闘になった。このとき弟クィントゥスは兄の帰国を訴えようとして、演壇から引きずり降ろされた。

(2)キケロを支持する前五七年の護民官ティトゥス・アンニウス・ミロ。裁判以外の場でも、ミロとクロディウスはそれぞれ武装集団を組織して、抗争と衝突を繰り返した。

(3)前五七年八月四日、執政官提案によりケントゥリア民会でキケロ召還決議が可決された。ケントゥリア民会は中央広場ではなくマルスの野で開かれるから、プルタルコスの記述は不正確。同じ日にキケロはデュラキオンを出発し、ローマに向かった(キケロ『アッティクス宛書簡集』四-一-四)。

(4)パラティウム丘のキケロ邸跡地は、女神の社が建てられたことにより、私人の手の及ばない聖域に認定されていたが、元老院決議により取り消され、邸宅破壊に対する賠償が決まった。ただしこの決議がなされたのは、正しくは、キケロ帰国後の前五七年十月のことである(キケロ『アッティクス宛書簡集』四-二-五)。

(5)前五七年八月初めにブルンディシウムに帰港し、九月初めにローマに入った。

(6)キケロ『帰国後元老院演説』三九に「イタリア全土が私をいわば肩に乗せて運び戻した」という文句がある。

(7)『クラッスス』一三-5参照。息子プブリウスは前五三年に、パルティア遠征で父とともに戦死する(三六-1、『クラッスス』二五)。

(8)護民官就任は平民身分の市民に限られ、貴族(パトリキイ)は就けない。貴族のクロディウスは護民官になってキケロを追い落とすために、前五九年、形式的に平民の養子になることにより平民身分に移った。

におけるこの男のこれまでの活動を腹にすえかねているものだが、しかしクロディウスの行なったすべての決定と政務を、そのなかにはキュプロスとビュザンティオンにかかわる私の事績も含まれるというのに(1)、そ
3 れを今になって元老院決議により覆すとは、あるまじき暴挙である、と反論した。この一件が因となってキケロとカトーの間にわだかまりが生まれ、その後それがはっきりした衝突にまで発展することはなかったとはいえ、両者の友情に以前あったような熱は失われてしまった。

三五 その後、ミロによるクロディウス殺害事件が起こり、ミロは殺人罪で裁きを受けるにあたってキケロを弁護人に立てた(2)。元老院は、ミロのような著名でしかも気性の激しい人物が被告になれば、裁判をめぐって騒擾が起きるのではないかと危惧し、この法廷の指揮を他のと合わせてポンペイユスにゆだね、そう
2 して市中と法廷の安全を図ろうとした(3)。それでポンペイユスは夜のうちに中央広場周辺の高台に兵士を配置したが、ミロはキケロがこのような光景に慣れていないために落ち着きを失い、ふだんの弁論の力を発揮できないのではないかと心配になった。そこでミロはキケロに説いて、中央広場まで輿に乗ってこさせ、その後は陪審員が集合して法廷がいっぱいになるまで、静かに待たせるという策を講じた。
3 しかしキケロというのはどうやら、武器を見て怯えにとらわれるのはもちろんのこと、そもそも演説に入るときに不安を払いのけられない人であったらしく、弁論を戦わせるさいも、演説が佳境に入って安定した
4 ときに、ようやく身の震えが止まるといったことがしばしばあった。カトーの告発を受けたリキニウス・ムレナのために弁護を引き受けたときも、喝采を浴びたホルテンシウスを凌駕してやろうと意気込み、前夜には一睡もしなかったのだが、結局、思案が過ぎたのと睡眠が足らなかったのにたたられ、本来の力を下回る

不出来に終わってしまった。(4)

このときも輿から降りてミロ裁判の場に進み出たところで、ポンペイユスがまるで戦場にあるかのように上方に陣取り、武器の輝きが中央広場を取り囲んでいるのを目にしたとたん、すっかり気おされてしまい、体が震え、声も詰まりながら、やっとのことで演説を始めるありさまだった。一方、ミロ自身はといえば、安心しきったようすで自信たっぷりに法廷に立ち、髪を伸ばしたままにするのも、衣服を灰色のものに換えるのも不要と高をくくっていた。(5) ミロが有罪判決を受けたのは、このような態度に大きな原因があったらし

(1) カトーは護民官クロディウスの提案によりキュプロス処理の任務を与えられ、りっぱに任務を果たして称賛された(『小カトー』三四、四〇)。

(2) 前五二年一月十八日、ローマから少し南へ出た街道上でクロディウスとティトゥス・アンニウス・ミロが鉢合わせし、双方が従えていた武装奴隷の間で乱闘が始まって、クロディウスが殺害された。翌日にはローマ市内で、クロディウスの遺体を前にした民衆が暴動を起こし、元老院議事堂が燃やされるなどした。四月にミロの裁判が始まった。

(3) 前五二年の執政官を決める選挙は、買収と暴力沙汰の横行により実施できないまま当年が明け、春頃になって非常措置としてポンペイユスが単独執政官に選ばれた(『ポンペイユス』五四-5―8)。ミロの裁判のときは、ポンペイユスが執政官に就いていた。

(4) キケロが執政官だった前六三年、翌年の執政官に立候補したルキウス・リキニウス・ムレナ(一四-8)が選挙での買収の罪でカトーなどから告発を受けた。キケロは高名な弁論家ホルテンシウスとクラッススに続いて弁護に立ち、無罪判決を引き出した(『小カトー』二一-4―9)。このときのキケロの演説『ムレナ弁護』が現存する。ムレナは前七四年に始まるルクルスの東方遠征で副官を務めた人物(『ルクルス』一五-1、一九-8、二五-6、二七-2)。

(5) 被告は服喪のときと同じ身なりをして、謹慎の態度を示すのが習わしだった。三一-1参照。

い。しかしキケロはこの裁判によって、肝が小さいという以上に、友誼に厚いという評判を得ることに
なった。[1]
三六　キケロはローマ人がアウグルと呼ぶ神官のひとりにもなったが、これはパルティアで戦死した若い
クラッススの後を継ぐものであった。[2]
その後、抽選でキリキア属州を割り当てられ、一万二〇〇〇の重装歩兵と一六〇〇の騎兵を受け取って船
出したとき、[3] カッパドキア住民のアリオバルザネス王への忠誠と服従を確保するという指令も与えられて
2 いた。[4] キケロはこの地域を立て直し、武力に訴えることなく見事に和合を作り出したほか、キリキアの住民
がパルティアでのローマ軍の躓きとシリアの反乱[5]により浮き足立っているのに気づくと、慈愛の統治でこれ
3 を鎮めていった。まず豪族たちが付け届けを持ってきても受け取りを拒み、宴会接待の重荷から属州住民を
4 解放し、逆に自分の方から名家の人たちを毎日食事に招いて、贅沢はできなくても気前よくもてなした。住
まいには門番を置かなかったほか、就寝しているところを人に見られたためしがなく、朝早くから部屋の前
5 に立っているか歩き回っているかで、伺候に訪れた客人を迎え入れるのが常だった。誰に対しても、杖で打
ち据えたり衣服を引き剝がしたりしなかったし、怒って罵声を浴びせたり、辱めのために懲罰を加えたりと
いったこともなかったらしい。都市の公金が大量に横領されているのを見つけたときは、公庫の資金を取り
6 戻してやる一方、犯人には賠償させること以上の処罰をせず、今まで通りの地位を保たせた。[6] 戦争を試みた
のはアマノス山地近辺に住む盗賊を追い払ったときで、[7] この勝利によって兵士たちから最高司令官（インペ
ラトル）の称号を奉られた。そして弁論家カエリウスから、見世物にするためにキリキアからローマへ豹を

送ってほしいと頼まれたときには、己の事績に得意満面でこんな返事を書き送った。キリキアに豹はいない、

(1) 現存するキケロ『ミロ弁護』は、実際に裁判で演じられたものとは異なり、後日に書き改められ、マッシリア（マルセイユ）に亡命中のミロに送り届けられたものである。

(2) アウグル（augur）すなわち卜鳥官は、戦争などの行動を起こすにあたって、それが神意にかなっているかどうかを鳥などの兆候から判断する卜占官。終身制で当時は一五名。キケロが就任したのはミロ裁判の前年の前五三年のことである。「若いクラッスス」は、プブリウス・クラッスス（三三-8）を指す。

(3) 執政官などを退任したあとの属州統治から得られる私的利益への期待が、選挙不正の要因になっていたので、その期待を断つために、退官後五年間は属州総督に就くことを禁じる法が、ポンペイユスによって前五二年に作られた。このため当面の属州総督は、五年以上前の執政官経験者で、しかもその後の属州統治に赴いていなかった者から選ばれることになり、小アジア南部のキリキア属州総督の地位がキケロにゆだねられた。キケロはしぶしぶ引き受け、これが最短の一年で終わってくれることを願いながら、前五一年五月にローマを出発した。

(4) キリキアの北東に位置するカッパドキアの王アリオバルザネス一世は、ポンペイユスが遠征後の東方新体制を構築するなかで王位復帰をかなえられていた。その子のアリオバルザネス二世は前五二年頃に暗殺され、二世の子のアリオバルザネス三世が後を継いだが、王権は不安定だった。ローマはこの地を安定させるため、ローマの忠実な盟友である新王を支えてやる必要があった。キケロのおかげで、アリオバルザネス三世は父王と同じ運命を逃れられた（キケロ『アッティクス宛書簡集』五-二〇-六、『縁者・友人宛書簡集』一五-二-四―八、四-六）。

(5) 前五三年のカライの敗戦と（『クラッスス』二三―三二）、前五二年に財務官代理ガイウス・カッシウス・ロンギヌスによって鎮圧されたユダヤ人の反乱。

(6) キケロ『アッティクス宛書簡集』六-一-五参照。

(7) アマノス山地はキリキアとシリアを隔てる。キケロはパルティア軍の侵攻から属州を守るためにも、この山地の独立キリキア人と戦って要塞を制圧した（キケロ『アッティクス宛書簡集』五-二〇-三―五、『縁者・友人宛書簡集』一五-四-七―一〇）。

ここはどこも平和で自分たちばかりが戦争をしかけられるとこぼして、みんなカリアに逃げ出してしまったから、と。[1]

7 属州からの帰航の途中、ロドスに立ち寄ったほか、アテナイではしばらく逗留して、往年の勉学の日々をなつかしく思い出していた。[2]そこで一流の学者たちと交歓し、当時の友人や仲間との再会を果たし、ギリシア各地から相応の賛辞を浴びたあと、ようやくローマに帰り着いたとき、国内はまるで猛火に追われるかのように、すでに内戦に向かって転がり始めていた。

カエサルとポンペイユスの間で

三七　元老院はキケロに凱旋式の認可を決議しようとしたが、[3]それに対してキケロは、もし合意が成立し
て、カエサルが凱旋式[4]を挙行するのに自分も連なれるなら、むしろその方がうれしい、と伝えた。個人的に
もキケロはカエサルにたびたび書簡を送って忠告を重ね、ポンペイユスにも要請を繰り返して、双方を諫め
2 かつ宥めようとした。[5]しかし事態はもはや修復不可能であり、カエサルが進軍してくるなか、ポンペイユス
がそれを待ち構えることなく、名士多数を引き連れて都を後にするまでになったとき、[6]キケロはその脱出行
を見送って後に残ったので、カエサル側に付くつもりなのだと周囲から見られた。だがこのときキケロの心
3 が双方の間を行きつ戻りつし、揺れ動いていたのは間違いない。実際にキケロはある書簡の中で、私はどち
ら側に駆け込むべきか迷っている、ポンペイユスには戦争を始めるための美しくりっぱな大義があるが、事
態に巧みに対処し、私と友人の身を守ってくれそうなのはむしろカエサルである、だから私には逃げ出すべ

4

き相手はいても、逃げ込む先の相手がいないのだ、と書いている。(7)

一方でカエサルの仲間のひとりトレバティウス(8)がキケロに書簡を送り、カエサルのこんな考えを伝えている。すなわち、キケロが採るべき最善の道は、カエサル陣営の一員となりカエサルと志をともにすることで

(1)マルクス・カエリウス・ルフスはキケロの若い友人。前五〇年の造営官としてローマ市内で見世物を主催するために、その材料が欲しいとキケロに依頼した。キケロは、豹の捕獲を手配しているが頭数が少ないので難しい、と伝えた（キケロ『縁者・友人宛書簡集』二‐一一‐二）。

(2)アテナイとロドスに遊学したのは前七九年から七七年まで、二〇歳代終わりのことだった（三‐6—四‐7）。キケロはキリキアへ赴任するときにも、アテナイに立ち寄っている。

(3)キケロは前四九年一月にローマ市付近に着いたが、凱旋式を期待して、しばらく市外で待機していた。帰国した将軍が凱旋式を挙行してもらうためには、ローマ市の境界の外で軍事司令権を保持したまま、元老院の決定を待つ必要があった。境界内に入ると、司令権と同時に凱旋式の権利も失う。

(4)ガリア征服の功による凱旋式。カエサルはこのとき内ガリア属州内にいた。

(5)キケロは両者の属州と軍団の保有について、独自の案を提示して仲裁を試みたが実らなかった（『カエサル』三一‐1—2、『ポンペイユス』五九‐5—6）。

(6)前四九年一月、カエサルはルビコン川を越えてイタリアに入り、それを知ったポンペイユスは両執政官らとともにローマから逃げ出した（『カエサル』三二—三三、『ポンペイユス』六〇—六一）。

(7)キケロ『アッティクス宛書簡集』八‐七‐二参照。ポンペイユスには自由の守護者という大義はあるが、カエサルほどの軍事力がない、一方、カエサルは軍事力はあっても共和制の破壊者であるから従えない、だからどちらに付いていくこともできない、ということ。

(8)キケロの友人の法律家ガイウス・トレバティウス・テスタ。キケロの推薦を受けてガリア遠征中のカエサルの法律相談役になり、内戦でもカエサル陣営に留まった。キケロ『アッティクス宛書簡集』七‐一七‐三—四参照。

ある、だがそれには老年ゆえに尻込みせざるをえないというなら、ギリシアに渡ってその地に腰を落ち着け、どちら側にも手を貸さずに静かに暮らすのがよかろう、というのだが、キケロはこれをカエサル自身が書いて寄越さなかったことに不信を抱き、憤慨して、私はこれまでの自分の政治に背馳するような行動をとるつもりはない、と返事した。以上は書簡の内容から分かることである。

三八　カエサルがヒスパニアに向けて出発すると、キケロはすぐさま海を渡ってポンペイユスのもとに向かった[1]。キケロの来たのを見て誰もが喜ぶなか、カトーだけはふたりきりになったとき、キケロのポンペイユス陣参加を厳しく責めた。カトーが言うには、カトー自身の場合、当初から守り続けてきた国政の持ち場を放棄すれば由々しき名折れとなるが、キケロの場合は、あちらに留まって中立を保ちながら情勢の変化に対応してくれる方が、祖国のためにも友人のためにもむしろ利するところが大きい、それなのに確かな動機も必要もないままカエサルの敵となり、こちらに来て危うい陣列に加わろうとしている、というのである[2]。
2 キケロの気持ちに揺れ戻しが起こったのは、カトーのこの批判がきっかけであるが、それと同時に、ポンペイユスがキケロを要職に用いようとしないことも影響した[3]。しかしそうなった原因はキケロ自身にあり、後悔していると口に出したり、ポンペイユスの戦力に難癖を付けたり、ポンペイユスの計画に陰で不満を洩らしたりしたほか、軍内の同僚に皮肉を飛ばしたり、諧謔を弄したりといったことを飽きもせずに続けた。そして自分は笑みの消えた陰鬱な面持ちで陣内を歩き回りながら、行く先々で頼まれもしない苦笑の種を撒き散らしたのである。

3 その例を少しばかり引いておこう。ドミティウス[4]が戦いに不向きな男を指揮官の地位に就けようとして、

あれは性格が真面目で謙虚な男だからと言い訳したとき、キケロは「それならなぜ子供の守り役にとってお
4 かないのだ」と混ぜ返した。レスボス島出身で、軍内の工兵部隊の監督だったテオパネス(5)が、艦隊を失ったロドスの人々(6)に上手な慰めの言葉をかけてやったというので称賛されたとき、キケロは「監督がギリシア人
5 というのは、何とありがたいことか」と皮肉った。カエサルがポンペイユス陣を包囲しているような状況に

(1) カエサルは前四九年四月上旬にヒスパニアのポンペイユス派を制圧するために遠征に出た（『カエサル』三六）。キケロは六月七日にラティウム地方の港を出てギリシアに向かった（キケロ『縁者・友人宛書簡集』一四-七-二）。したがってプルタルコスの書きぶりとは異なり、キケロはなお二ヵ月間迷っていたことになる。

(2) カトー自身は強硬な反カエサル派であるから、それを貫いてポンペイユス軍に加わったが、キケロは元々両派のどちらにも固執しない立場にあったのだから、イタリアに留まって第三者として仲裁役を続けるべきだった、という批判。

(3) キケロがポンペイユス軍内で何の任務も持たされなかったことについて、キケロ『アッティクス宛書簡集』一一-四参照。

(4) 前五四年の執政官ルキウス・ドミティウス・アヘノバルブス。前四九年二月、進軍してきたカエサルをイタリア中部の都市コルフィニウムで待ち受け、降伏して拘束されたが、カエサルの「仁慈」により釈放された（カエサル『内乱記』第一巻二三-三）。その後、ポンペイユスに合流した。

(5) ミュティレネ出身のギリシア人。ポンペイユスによりローマ市民権を与えられ、ポンペイユスの相談役になったほか、遠征に同行して事績を史書にまとめた（『ポンペイユス』三七-4、四二-8、四九-10）。

(6) ポンペイユスの応援のためにデュラキオンへ向かっていたロドスの艦隊が、嵐に遭遇して難破した。

なり、ほとんどの面で優勢に立っていたとき[1]、レントゥルス[2]がカエサルの仲間たちは遣りきれない思いでい
6 るそうだと言うのを聞いて、キケロは「するとその仲間たちはカエサルが嫌いというわけだ」と返した。イ
タリアから着いたばかりのモリックス[3]という男から、ローマはポンペイユスが包囲されているという噂で持
ちきりだと聞かされると、キケロは尋ねた「すると君が渡ってきたのは、自分の眼で噂を確かめるためか
7 ね」。敗北後にノニウス[4]が、望みを捨ててはいけない、まだポンペイユス陣には鷲〔の軍団旗〕が七本残って
いるのだから、と励ましたとき、キケロは返した「すばらしい忠告だ、もしわれわれが鴉と戦っているのな
8 ら」。そしてラビエヌス[5]がある神託を頼りにして、ポンペイユスが勝利を得る定めにあると言ったときには、
「なるほど、わが軍はその戦略を採用したおかげで、今こうして陣地を奪われたというわけだ」と応じた。

三九 さてパルサロスの戦いが起こり、キケロは病気のために参加できなかったこの戦いが敗北に終わっ
て、ポンペイユスが落ち延びたあと[6]、カトーがキケロに頼みを持ちかけた。カトーはこのときデュラキオン
に残った多数の軍勢と大規模な艦隊をまかされていたのだが、キケロは執政官経験者という地位によって自
2 分よりも格が上なのだから、慣例に従って軍の指揮を執ってほしい、と要請したのである。しかしキケロは
その要請に背を向けたばかりか、軍隊と行動をともにすることさえ拒んだため、あやうく殺されそうになっ
た。というのは息子のポンペイユスとその仲間たちが、キケロを裏切り者と呼ばわりながら剣を抜いたから
で、もしそのときカトーが割って入ってかろうじてキケロを引きずり出し、陣の外に脱出させていなければ、
キケロの命はなかったであろう[7]。

3 キケロはブルンディシウムに上陸したあと、そこにしばらく滞在し、アジアとエジプトの処理に手間取っ

4 て遅れているカエサルの帰着を待ちもうけた。(8) やがてカエサルがタレントゥムの港に入り、そこから陸路を
迂回してブルンディシウムに向かっているという報告を受けると、(9) キケロは出迎えに急いだ。胸中は悲観ば
かりというわけではなかったけれども、勝ちを収めた敵将の反応を大勢の前で試さざるをえないことに、恥
5 辱を予感せずにはいられなかった。しかし結局、品位を貶めるような言葉や行動は不要だった。なぜならカ
エサルは、キケロが他の人たちのはるか先に立って近づいてくるのを見つけると、馬から下りて親しげにあ

(1) カエサルは前四八年一月にギリシアに渡り、その夏にデュラキオンの海岸付近でポンペイユス陣を包囲して持久戦に入った（『カエサル』三九-1―8、『ポンペイユス』六五-6―9、カエサル『内乱記』第三巻四一―七五）。

(2) 前四九年の執政官ルキウス・コルネリウス・レントゥルス・クルスを指すか。

(3) 不詳。原典が不確か。

(4) おそらくマルクス・ノニウス・スフェナス（おそらく前五二年の法務官）。「敗北」はデュラキオン包囲戦中のことか。

(5) ティトゥス・ラビエヌス。カエサルのガリア遠征に副官として従い、信頼され重用されたが、カエサルがイタリアに入った直後にポンペイユス側に身を移した（『カエサル』三四-5、『ポンペイユス』六四-5）。

(6) カエサルがデュラキオンの陣営を引き払い、東のテッサリア地方に向かうと、ポンペイユスもその後を追った。前四八年八月にギリシア中部のパルサロス付近で決戦が起こり、ポンペイユスは敗れて逃避行の後、エジプトで謀殺される。キケロはカトーとともにデュラキオンに留まっていた。

(7) 『小カトー』五五参照。このあとキケロはイタリアに戻る。

(8) カエサルはポンペイユス殺害後のエジプトに入り、王家の争いに巻き込まれてクレオパトラを王に擁立したあと、ポントスのパルナケス王征討に向かった（『カエサル』四八―五〇）。イタリアに戻ったのは、前四七年九月末のことである。

(9) タラント湾岸のタレントゥムに上陸すると、ブルンディシウムはローマとは逆方向になる。

いさつし、そのあとふたりきりで話を交わしながら、幾スタディオンもの道をいっしょに歩いたのである。
それ以来、カエサルはキケロに対して尊敬と親愛を持ち続け、キケロがカトーを称賛する文章を書いたと
きも、それに答える著作の中で、キケロが弁論と生き方においてペリクレスやテラメネス[1]に似ていると称え
6 た。このときのキケロの著作には『カトー論』、カエサルの著作には『反カトー論』という書名が付いて
いる[2]。
伝えによると、クィントゥス・リガリウス[3]がカエサルに敵対する一派のひとりだという理由で告発を受け、
キケロがその弁護人になったとき、カエサルは友人たちに「久しぶりにキケロの演説を聞くのも悪くなかろ
7 う。リガリウスがならず者であり敵であることはとっくに判明しているのだから」と語った。ところがキケ
ロが口を開いて、演説が聴く者の心を強く揺さぶり、それがさらに彩りあふれる情感と驚くべき魅惑を作り
出しながら展開していくにつれ、カエサルの顔にはさまざまな色が現われては消え、心の内であらゆる感情
の変転が起こっているのが見て取れた。そして最後に弁者がパルサロスの戦いに言い及んだとき、カエサル
は感極まって体の痙攣を起こし、手に持っていた書類の一部を取り落としてしまうほどだった。この結果、
カエサルはやむなく被告を放免した。

カエサル独裁の下で

四〇　その後、国制が独裁に移行すると、キケロは公けの活動から身を引き、哲学にいそしむ青年たちと時を過ごすようになったが、この青年たちはみな家柄も名望も一流の市民であったから、おもに彼らとの交

2

わりを通して、キケロは政界における重鎮の地位を取り戻すことになった。その頃のキケロが取り組んでいたのは、哲学問答の数篇を書き上げること、また翻訳することであり、[4] 問答法や自然学で用いられる術語をひとつひとつ〔ギリシア語から〕ローマ人の言葉に移し換えることであった。意味をなぞったり固有語に置き換えたりしながら、ローマ人に表現と理解の可能な言葉を案出し、そうして「表象」「判断保留」「承認」「把握」のほか「原子」「不可分子」「空虚」[5] など多くの用語を初めて使ったり広めたりしたのは、ほかなら

(1) テラメネスはペロポンネソス戦争後期から戦後にかけて、アテナイの政体が民主制と急進的寡頭制と穏健寡頭制の間で変転していたとき、それぞれの政権で指導的地位を保ち続けた。立場を固定せず、対立する党派の仲介役になれるところがキケロに似ている、ということらしい。

(2) 『カエサル』三-4、五四-5―6、『小カトー』二六-5参照。

(3) 前五〇年からアフリカ属州に留まり、内戦ではポンペイユスに与して、前四六年、遠征してきたカエサルの軍勢と戦って敗れた。捕虜になったあとカエサルに赦免されたが、イタリア帰国は許されなかった。同年末にクィントゥス・アエリウス・トゥベロから国家反逆の罪で告発されたが、リガリウス自身は裁判中ローマにいなかった。このときのキケロの演説『リガリウス弁護』が伝存する。この頃のキケロは、リガリウス以外にも、亡命していたポンペイユス派の復権を支援していた。リガリウスは放免されたあと、ブルトゥスのカエサル暗殺の謀議に加わる（『ブルトゥス』一一）。

(4) 哲学的著作『ホルテンシウス』『慰め』『アカデミカ』『善と悪の究極について』『トゥスクルム荘対談集』『神々の本性について』を書き、プラトン『ティマイオス』を翻訳したのは、すべて前四五年のことである。

(5) 以上の七語は順に、*φαντασία* が visum に、*ἐποχή* が retentio assensionis に、*συγκατάθεσις* が approbatio に、*κατάληψις* が comprehensio に、*ἄτομος* と *ἀμερές* がともに individuum に、*κενόν* が inane に、それぞれギリシア語からラテン語に翻訳された。

3 ぬキケロだと伝えられる。一方、詩作に興じることもあり、これはキケロにとってたやすいことであった。
気分が乗れば、一晩に五〇〇行を作ったという。
その頃はトゥスクルム[1]に近い自分の別荘で過ごすのがほとんどで、友人への書簡に、自分はラエルテス[2]の
ような生活を送っていると書いているが、これは習い性の冗談にすぎないのか、さもなければ名声を欲して
4 国政にあこがれながら、現況に望みを失っているという意味であろう。まれにローマ市内に下りていくとき
は、カエサルのご機嫌伺いのためであり、人々がカエサルへの名誉授与に賛同を表明したり、カエサルの人
格や功績に何か新たな賞辞を付け加えようと競い合ったりしたさい、その先頭に立ったのがキケロだった[3]。
例をひとつ挙げれば、ポンペイユスの彫像にかんしてキケロの語ったあの台詞がある。これらの像は引き倒
されて撤去されていたのを、カエサルが元通りに置きなおすように指示したもので、その後、実際に置きな
5 おされたとき、キケロはこう言ったのだ「カエサルはこの仁慈により、ポンペイユスの像を立て、そうして
自身の像を聳え立たせた[4]」。

四一 祖国の歴史を総括するような一書を著わすことも意図していたらしく[5]、そこにギリシアの歴史もふ
んだんに取り込み、さらに自分が収集した民譚や伝説もすべてその中に織り混ぜて書くつもりだったようだ
が、そのころ公私の両面にわたって次々に起こった不本意な事件と不幸のために、結局断念せざるをえな
かった。といってもそれらの事件の大半は、キケロ自身が招き寄せたもののように思える。
2 まず妻のテレンティア[6]を離縁したことだが、これは内戦の間いっこうに妻からの気遣いがなかったことに
端を発し、それがためにキケロは、イタリアを去るときには道中の必需品を欠いたまま出立を余儀なくされ、

3 帰国したときも妻の喜ぶ顔を見られずに終わった。というのもテレンティアは、夫がブルンディシウムに長
い間滞在していたのに、その間会いに行かず、また子供と言ってよい年頃の娘(7)がはるばる訪ねていったとき
も、相応の従者も路銀も与えてやらなかった。そればかりかキケロが戻ってきたとき、キケロの家はいっさ
いの財産を失って一文無しになっていたばかりか、多大の負債まで抱え込んでいたのである。このことが、
4 伝えられるもっとも体裁の良い縁切りの理由である。しかしテレンティアはその理由を否定しており、そん
な彼女の弁明をキケロ自身が裏付けるかのように、その後まもなくしてある若い女との結婚を決めた。テレ
ンティアが言いふらしたところでは、娘盛りの色香に迷ったのだといい、またキケロの元奴隷ティロが書き

(1)ローマの南東、アルバ山の山腹にある町。貴族の別荘が多数あった。

(2)ホメロス『オデュッセイア』に登場するオデュッセウスの老父。領主を継いだ息子の館を離れ、田舎の農園で隠棲の暮らしを送っている。

(3)『カエサル』五七-2参照。

(4)『カエサル』五七-6、『いかに敵から利益を得るか』九一a参照。

(5)キケロは、前五一年頃に執筆したらしい『法律について』第一巻五―九で、ローマの歴史を執筆する意欲を持ちながらも、そのためのまとまった時間がないと述べている。

(6)八-3、一〇-3、二九-2―4、三〇-4参照。離婚したのは前四七年の秋から前四六年の春頃。

(7)娘トゥリアは、前四七年六月にブルンディシウムの父に会いに行ったとき(キケロ『縁者・友人宛書簡集』一四-一一)、実際には二九歳くらいだった。

5 記したところでは、借金を返済するための財産が目当てだったという。(1) というのもその結婚相手というのが
たいへんに裕福な娘で、キケロはその娘の資産の信託相続人をまかされ、遺産を管理していたのである。(2) 数
万［デナリウス］の負債を抱えていたキケロは、友人や親族の勧めに従って、年齢の釣り合わないこの娘と
6 結婚し、そうして妻の財産を使って借金を片付けようとしたというわけだ。アントニウスは『ピリッピカ』(3)
への反論の中でこの婚姻を槍玉に上げ、キケロは老年まで寄り添ってくれた妻を放り捨てたという言い方を
したが、これはキケロが政治と軍事を遠ざけて家にこもりがちになったのを揶揄する戯れ口でもあった。
7 さらにキケロが再婚してまもない頃、前夫ピソの死後に再婚していた娘が、嫁ぎ先のレントゥルスの家で
8 出産中に命を落とした。(4) キケロを慰めようとあちこちから哲学者仲間が訪ねてきたが、キケロはこの不幸が
よほど身にこたえたのか、トゥリアの死を喜んでいるように見えるというので、結婚したばかりの妻を離縁
してしまった。

カエサル暗殺後

四二　以上がキケロの家庭内で起こったできごとである。その一方でカエサルに対する謀議が進行してい
たのだが、キケロはブルトゥスととりわけ親しい間柄にあり、そのうえ現状への不満と旧体制への憧憬を、
2 他の誰にもまして強く感じていると思われていたにもかかわらず、この企てには誘われていなかった。謀議
の主導者たちは、キケロの大胆さに欠ける気質、さらにどんなに強い気性の人でも果敢な行動の妨げとなる
3 年齢の高さ、それらに不安を持ったのである。(5) そしてブルトゥスとカッシウスたちが計画を実行したあと、

カエサル派が集まって暗殺者たちに対抗し、国家が再び内戦の淵に落ちる恐れが高まったとき、執政官アントニウスは元老院を招集し、融和を訴える短い演説を行なった。一方、同じ院内でキケロは多くの言葉を費やし、そのときの状況にふさわしいていねいな説諭を試みて、アテナイ人に倣ってカエサル暗殺者への大赦

(1)再婚相手の若い女については、プブリリアという名が伝わるのみで詳細は不明（キケロ『アッティクス宛書簡集』一二-三二-一）。再婚したのは前四六年末頃らしい。ティロはキケロの信頼を得て秘書役を務め、キケロの死後にはその伝記を公表した。

(2)前一六九年成立のウォコニウス法により、一定額以上の遺産を娘に相続させることが禁じられていたため、遺言者は信用できる男を名目上の相続人にして遺産を託し、いずれ娘にそれを返させるという便法が行なわれていた。キケロはプブリリアのために信託相続人になっていたが、プブリリアと結婚することにより彼女の財産を手に入れた。

(3)二四-6参照。

(4)娘トゥリアは前七六年頃に生まれ、前六二年にガイウス・カルプルニウス・ピソ・フルギと結婚、ピソの死後（三一-2）、前五六年頃にフリウス・クラシッペスと結婚、クラシッペスとの離婚後、前五〇年にプブリウス・コルネリウス・ドラベラ（レントゥルス）と結婚、前四六年十一月にドラベラと離婚、前四五年一月にドラベラの子をキケロの別荘で出産し、翌月に死んだ。プルタルコスは、クラシッペスとの結婚と離婚のこと、出産のときドラベラとはすでに離婚していたことを見落としていたらしい。

(5)『ブルトゥス』一二-2にも、同じキケロ除外の理由が記されている。キケロはこのとき六二歳。

を認めること、そしてカッシウスとブルトゥスに属州を割り当てることを決議させた(1)。
4 しかしそれらの決定が実現の日を迎えることはなかった。なぜなら民衆は、カエサルの遺体が中央広場を
通って運ばれてゆくのを目にしたとたん、おのずからなる哀惜の念に胸をかきむしられ、そのうえアントニ
ウスから血に染まり、いたるところを刃で裂かれた衣を示されると、たちまち怒りに狂って広場内で下手人
5 たちを探し回り、続いて彼らの屋敷に火を放とうと炬火を持って駆け出したのである(2)。標的になった者たち
は、あらかじめ用心していたおかげでその場の危険は逃れたけれども、さらなる重大な危険の数々を予期し
てローマを抜け出した。

四三 するとアントニウスはたちまち驕りたかぶり、あの男は独裁者の地位を狙っていると誰もが不安を
抱くなか、とりわけキケロにその不安は大きかった。なぜならアントニウスは、国政におけるキケロの力が
再びよみがえってくるのを感じつつ、この人がブルトゥス一派と親しい間柄にあることを思い、その存在を
2 忌むようになっていたのである。加えてそれ以前から、このふたりの間には、生き方の違いと隔たりに発し
3 て、互いに対する猜疑のようなものがわだかまっていたらしい。このため危険を感じたキケロは、まずドラ
ベラの副官になって、いっしょにシリアへ渡ろうと考えたが(3)、アントニウスの後任として執政官に就く予定
のヒルティウスとパンサ(4)に引き止められた。名士でありキケロの崇拝者でもあるこのふたりが、自分たちを
見捨てないでほしいと懇願し、さらにキケロが付いていてくれればアントニウスを追い落としてみせると請
け合うのを聞いて、キケロはそれを心から信用するでもなくまた信用しないでもなかったが、ともかくドラ
ベラに同行するのは取りやめた。そしてヒルティウスたちに、夏の間はアテナイに滞在するが、「年が明け

4

て」彼らが執政官位の引き継ぎを受けたら、そのときに戻ってくると約束して、ひとりで船出した。

ところが航海に手間取っているうちに、こんなときによくあることだが、ローマから思いがけない知らせが届いた。(5) アントニウスが驚くべき変わり身を見せ、何をするときも言うときも、つねに元老院に配慮するようになった、事態が最善の状況になるために欠けているのはただひとつ、キケロの存在だけだ、というの

(1)暗殺の二日後の三月十七日、キケロは属州総督の割り当てなどカエサルの生前の決定の維持とともに、暗殺者の免罪を求める演説を行なった（『カエサル』六七-8—9）。その後、六月までに、穀物調達を名目としてブルトゥスとカッシウスを属州に派遣することが元老院で決議された。割り当てられた属州は、異説はあるが、『ブルトゥス』一九-5によれば、ブルトゥスにクレタ、カッシウスにアフリカだった。アテナイの大赦（アムネスティア）とは、ペロポンネソス戦争終結後、前四〇三年に三〇人独裁政権が倒されて民主派が復権したとき、市民間の和解を実現するためになされた報復禁止の決定。

(2)『カエサル』六八-1—2、『ブルトゥス』二〇-4—7、『アントニウス』一四-6—8参照。

(3)娘トゥリアの前夫ドラベラ（四一-7）は、カエサル暗殺後に補欠執政官に就任し、六月初めに退官後五年間のシリア属州総督に任じられた。キケロはドラベラから副官の地位の提供を受けた（キケロ『アッティクス宛書簡集』一五-一一-四）。

(4)生前のカエサルの決定により、前四三年の執政官に予定されていたアウルス・ヒルティウスとガイウス・ウィビウス・パンサ。ヒルティウスはカエサルの遠征と内戦において忠実な部下であり、『ガリア戦記』第八巻として伝わる部分の著者でもあった。

(5)キケロは七月十七日にポンペイイから船出し、シキリア島のシュラクサエを経て、イタリア半島南西端のレギウム付近から東に向かったが、強風に押し戻された。そしてレギウムに引き返して順風を待っていた八月六日に、ローマからの知らせが入った（キケロ『アッティクス宛書簡集』一六-三-六、七-一）。

5 だから、これを聞いたキケロは己の過度の用心を責め、ローマへの道を取って返した。戻った最初の日は、
期待どおりだった。大勢の市民が道にあふれ、再会の喜びをいっぱいに表わしながらキケロを出迎えたあと
6 も、門前と玄関では、あいさつを交わし友誼を深める光景がほとんど夜になるまで延々と続いた。しかし翌
日、アントニウスが元老院を招集してキケロの出席を求めたとき、キケロは疲労のため体調がすぐれないと
偽り、出向かずに床に臥せっていた[1]。実際のところは、道中でもたらされたある情報から、暗殺の罠を疑っ
7 て怖れにとらわれていたらしいのだが、アントニウスは侮辱されたと感じて腹を立てた。そこで兵士たちに
出動を命じ、キケロを連れてこい、拒まれたら屋敷を燃やしてしまえと指示したものの、多くの人の抵抗に
8 あい懇請を受けたため、保証[2]を取っただけで矛を収めた。その後、両者はこのまま動きを止めて衝突を避け
ながら、睨み合いを続けていたが、そうするうちに年少のカエサルがアポロニアから現われ、かのカエサル
の遺産を受け取るとともに、アントニウスが管理していた二五〇〇万［デナリウス］の資産をめぐってアン
トニウスと反目するようになった[3]。

四四　そこで年少のカエサルの母の夫ピリップス[4]、そして姉の夫マルケルス[5]、このふたりが当の若者をともなってキケロのもとを訪れ、話し合いの結果、キケロは若者のために元老院と民会の場で弁論と政治の力を提供する、その代わりに若者はキケロのために資金と兵力を使って安全を保障する、という取り決めを交わした。この若者はカエサル麾下にあった兵士たちの多くをすでに掌握していたのである。
2 　しかしそれとは別に、キケロがこのカエサルとの友誼をすすんで受け入れたのには、もっと大きな理由が
3 あったらしい。それはポンペイユスとカエサルがおそらくまだ生きていた頃のことだが、あるときキケロが

4

夢を見て、その中で何者かが元老院議員の息子たちに呼びかけ、ユッピテルがそのうちのひとりをローマの支配者に指名するからと、カピトリウムに集まらせた。市民たちがわれ先に駆け付け、神殿のまわりに立って見守るなか、［未成年が着る］深紅の縁取りの市民服を着けた息子たちは黙って腰を降ろしていた。突然に扉が開かれ、息子たちがひとりずつ立ち上がって神のまわりを一周するのを、神は目を凝らして見ていたが、そのことごとくを立ち去らせては落胆させた。ところがある若者が進み出てそばまで来ると、神は右手を差

（1）元老院議会は九月一日に開催され、キケロは旅の疲れを理由に欠席した（キケロ『ピリッピカ』一-一一-一二）。

（2）元老院議会に出席を求められて応じなかった議員は、出席の担保として家内の物を取られるか、罰金を科されるのが決まりだった。

（3）カエサルの姪アティアの子ガイウス・オクタウィウスは、カエサル暗殺時、予定されていたカエサルのパルティア遠征に参加するため、ギリシア西岸のアポロニアで軍団とともに待機していた。カエサルの遺言によりカエサルの相続人に指名され、ガイウス・ユリウス・カエサル・オクタウィアヌスと名乗ったため、「年少のカエサル」と呼ばれる。ローマに戻る途中のオクタウィアヌスに、キケロはカンパニア地方のクマエとプテオリで会談した（キケロ『アッティクス宛書簡集』一四-一〇-三、一一-二、一二-二）。アントニウスはカエサルの遺産四〇〇〇タラントン（＝二四〇〇万デナリウス）を預かっていたが、オクタウィアヌスはカエサルの遺言による市民ひとりにつき七五デナリウスの遺贈を実行するため、預かり金の返却を求めた（『アントニウス』一五-1、一六-2）。

（4）カエサルの姉ユリアの娘アティアは、ガイウス・オクタウィウスと結婚して同名の長男（後のオクタウィアヌス）を産み、夫の死後にルキウス・マルキウス・ピリップス（前五六年の執政官）と再婚した。

（5）ガイウス・オクタウィウスとアティアの間の娘オクタウィアの夫ガイウス・クラウディウス・マルケルス（前五〇年の執政官）。

し上げ、「ローマ人たちよ、この者が支配者となり、おまえたちの内戦を終わらせるであろう」と宣した、
5 という夢である。[1] 夢から覚めたあと、キケロはこの若者の姿を心に刻み、その像をはっきりと捕まえていた
ものの、それが誰なのかは分からなかった。しかし翌日、マルスの野に降りていったとき、若者たちの一団
が訓練を終えてその場を去ろうとするのが見え、その中に夢に出てきたのとそっくりの若者が初めてキケロ
6 の目に入った。キケロは胸を衝かれ、両親は誰なのかと尋ねた。父はオクタウィウスといって、とくに名門
の出身というわけではなかったが、母は名をアティアといい、カエサルの姪であった。その縁で、自身に子
7 がいなかったカエサルは、所有していた資産と家督をこの子に譲るという遺言を残したのである。ともかく
このとき以来、キケロはこの若者に会うたびに懇ろに語りかけるようになり、若者の方でもキケロからの好
誼をこころよく受け入れたと伝えられる。若者が生まれたのが、ちょうどキケロが執政官を務めていたとき
だったというめぐり合わせもあった。[2]

四五　しかしこれらはおそらく名目上の理由であろう。実のところ、キケロがカエサル「オクタウィアヌ
ス」に接近した第一の理由はアントニウスに対する憎悪であり、その次は名誉というものに引きずられがち
なこの人の性格であって、そのためにカエサルの力が自分の政治活動に役立つはずだとキケロは考えたので
2 ある。実際、この若者はキケロを父君とまで呼んで、この老人の心をつかんでしまった。ブルトゥスはこの
ことについて、アッティクス宛ての書簡の中で強い不満を洩らし、キケロを批判して、アントニウスへの警
戒心からカエサルにすり寄るのは、誰がどう見ても、祖国に自由をもたらそうとするのではなく、キケロ自
3 身に慈悲深い主人を請い招こうとする行為である、と書いている。[3] とはいえブルトゥスは、キケロの息子が

アテナイで哲学者たちと交流しながら勉学していたのを引き取り、自分の指揮下に入れて、たびたび勲功を立てさせてやってもいる。[4]

4

ともかく国政におけるキケロの勢威はその頃に絶頂を迎えており、望みどおりに力をふるうことができた

（1）スエトニウス『ローマ皇帝伝』第二巻九四-八―九には、ユッピテルが神殿の前の少年たちの中からひとりを選んだというクィントゥス・カトゥルスの夢と、ひとりの少年が天から金の鎖で降りてきて、ユッピテルから鞭を授かったというキケロの夢が記されている。オクタウィアヌスの権力の正当性を宣伝するためのいくつかの説話が、後年に作られたのであろう。

（2）キケロが執政官だった前六三年の九月二十三日に生まれた（スエトニウス『ローマ皇帝伝』第二巻五一-一）。

（3）現存する書簡集の中で、ブルトゥスはアッティクスに宛てた書簡のほか、キケロ自身に宛てた書簡でも、オクタウィウスに期待するキケロへの憤慨を綴っているが（キケロ『ブルトゥス宛書簡集』一-一六、一七）、この書簡二通はいずれも偽作の疑いが強いと現在では見なされている。『デモステネスとキケロの比較』四-4、『ブルトゥス』二二-4―6参照。

（4）キケロの長男マルクスは当時二二歳、アテナイに滞在して哲学を学んでいたが、父と違って学問の才に乏しく、熱心な生徒ではなかった（二四-8）。キケロがアントニウスを避けてアテナイに向かおうとしたのは（四三-3）、長男の勉学ぶりを自分の目で確かめるためでもあった。前四四年のキケロの著作『義務について』は、アテナイにいるマルクスへの書簡の形式をとり、会いにいけなくなった息子に贈る哲学の勧めである。ブルトゥスはローマを去ったあとアテナイに滞在していたが、軍勢を集めて、マケドニア属州の統治権をアントニウスの弟ガイウス・アントニウスから奪い取った。このときキケロの長男はブルトゥスに誘われ、共和政擁護の戦いに加わった（『ブルトゥス』二四-3、二六-4）。

キケロは、まずアントニウスをたたき出して、[1] その勢力を押さえ込み、さらに追討のためにヒルティウスと
パンサの執政官両名を送り出した。[2] その一方でカエサルには、祖国防衛のために戦っているという理由で、
法務官相当の身なりと先導吏の使用認可を元老院に決議させた。[3] しかしアントニウスの敗北のあと、両執政
5 官の戦いによる死亡の結果、[4] 兵士たちがこぞってカエサルの下に集ってきたとき、元老院に若くして幸運を
つかんだ男への警戒心が生まれた。そこで元老院は、アントニウスが逃亡した以上、もはや祖国防衛のため
の軍隊は必要ないからと、栄誉と金品で兵士たちを釣り、軍勢をカエサルから引き剝がそうと画策し始めた。
これに不安を感じたカエサルは、キケロのもとに密使を遣わして提案し、執政官位を自分たちふたりが占め
てはどうか、そして就任後はキケロが自身の思うままに権力をふるい、私に指図すればよい、若い私は執政
6 官という名と誉れにあこがれているだけなのだから、と申し出た。しかし、これはカエサル自身が認めてい
ることだが、このときカエサルは軍事力を奪い取られて孤立する危機にあったので、その不安からやむなく
キケロの官位欲を利用したのであり、それで自分と共同で執政官に立候補して協力するように仕向けたので
ある。

最期

四六　しかしキケロはこの申し出に有頂天になってしまい、老人が若者にたぶらかされたかっこうで、カエサルの執政官選挙に手を貸したほか、[5] 元老院の支持も取り付けてやったものだから、たちまち友人たちから非難を浴びた。そしてこれが結局、わが身の破滅を招くと同時に、国民の自由の放棄にもつながる行動で

2 あったことを、まもなくして知ることになる。若者は執政官の地位を手に入れて権力の座に着くと、キケロと袂を分かち、代わってアントニウスおよびレピドゥスと手を組んで、権力をひとつに集中させたばかりか、まるで財産を分割するかのように、支配権を自分たちの間で割り振ったのである。[6] そんな新体制の決定のひ

3 とつが、抹殺するべき人物二〇〇人以上の告示であり、そのとき三人の間で最大の争点になったのが、告示

（1）カエサル暗殺後に首謀者のひとりデキムス・ブルトゥスが、任地の内ガリア属州に赴き、権力掌握のために重要なこの地で軍隊司令権を行使していた。そこでアントニウスは六月初めにこの属州を自身の保有に組み替えると、オクタウィアヌスとの軍隊確保の争いで劣勢に立たされた十二月にローマを出て、デキムス・ブルトゥスに向けて軍隊を進めた。ただしキケロはこれらの動きに関与していないから、キケロがアントニウスをローマから「たたき出した」というプルタルコスの表現は不正確。

（2）前四三年一月にヒルティウスとオクタウィアヌス、三月にパンサが内ガリア属州に向けて出発した。

（3）前四三年一月一日に元老院で行なった演説で、キケロはオクタウィアヌスを法務官格に任じることを提案し、承認された（『ピリッピカ』五-四五—四六）。

（4）デキムス・ブルトゥスの籠城する内ガリア属州のムティナ（現モデナ）をアントニウスは包囲したが、前四三年四月、北上してきた両執政官に敗れた。執政官両名は戦いには勝ったものの、みずからは命を落とした。アントニウスはアルプスの向こうに逃れ、ガリア・ナルボネンシスの総督マルクス・アエミリウス・レピドゥスに援助を求めた（『アントニウス』一八）。

（5）前四三年の執政官には、四月にヒルティウスとパンサが死んだあと、八月にオクタウィアヌスが軍事力の示威により、カエサル（暗殺された独裁官）の甥とともに補欠として選ばれた（アッピアノス『内乱史』第三巻九四、ディオン・カッシオス『ローマ史』第四十六巻四四-二）。一九歳の執政官の誕生である。キケロは結局、立候補しなかった。

（6）逃亡してきたアントニウスを受け入れたレピドゥスを含む第二次三頭体制が、前四三年十一月に始まった。

の中にキケロを含めるか否かであった。アントニウスは、キケロを真っ先に殺すこと、この点にかんして
4 いっさいの妥協を拒み、レピドゥスもそれを後押ししたが、カエサルは両名に抵抗した。会談はボノニア市近郊で三日間にわたって続けられ、三人が軍の陣営から離れた川の中洲で、他者を交えずに秘密裡に行なわ
5 れた。伝えによれば、初めの二日間はキケロの処遇をめぐり譲ろうとしなかったカエサルも、三日目にはとうとう折れて、この人を見捨てたのだという。取り引きの内容は、カエサルはキケロを、レピドゥスは兄のパウルスを、アントニウスは母方の叔父にあたるルキウス・カエサルを、それぞれ切り捨てるというもの
6 だった。[1] こうして彼らは、荒れ狂う怒りに引きずられ、人間の持つべき理性を失ったのである。いやむしろこう言うべきか、人間というのは、激情に加えて権力を手にしたとき、どんな獣よりも冷酷になることを証明した、と。

四七 この会談が行なわれていたとき、キケロは弟をともなってトゥスクルム近郊の自身の別荘に滞在していた。[2] そして保護停止公告のことを知らされると、海辺に所有するアストゥラ[3]の別荘にまず移動し、そこからマケドニアに渡ってブルトゥスと合流しようと決断した。ブルトゥスがかの地で力を蓄えているという
2 風聞は、すでにこちらにも届いていたのである。兄弟は悲しみのあまりに力も失せ、輿に乗って移動しなが
3 らも、道中の所々で止まっては輿を寄せ合い、泣き言を繰り返すのだった。なかでも落胆の大きかったのはクィントゥスの方で、手元の不如意をあれこれと思いめぐらせていた。自身は屋敷から何ひとつ持ち出す暇がなかったし、兄にしても路銀はいたって乏しかったのである。このためクィントゥスは、キケロが一足先
4 に逃げ、自分はいったん自宅に戻って荷支度をしてから、急いで後を追うのが得策だと言い出した。ではそ

うしようということになって、兄弟は抱き合って涙を流し、そして別々の道を進んだ。ところがクィントゥ
スはその数日後、従僕たちの裏切りにあって追っ手に引き渡され、息子とともに殺害された。
一方、キケロは輿に乗ってアストゥラに着いたところで、一隻の船を見つけ、すぐさまそれに乗り込むと、
5 順風を利して沿岸をキルケイイまで来た。(4) 船乗りたちはそこからそのまま航海を続けようとしたのだが、キ
ケロは、海が怖かったのか、それともカエサルへの信頼をまだわずかでも残していたのか、そこで船を下り
6 ると、ローマの方へ向かって一〇〇スタディオン(5)の道のりを歩いていった。しかし思い迷っているうちにま
た考えが変わり、海の方へ下りてアストゥラに戻ると、そこで夜を過ごしながら、とてつもない恐ろしい想
念をめぐらせた。カエサルの屋敷に忍び込んで炉の上で自刃し、復讐の呪いをかけてやろうかと考えたので

(1) 内ガリア属州内のボノニア（現ボローニャ）で開かれたこの会談について、『アントニウス』一九参照。ルキウス・アエミリウス・パウルスは前五〇年の執政官、カエサルの資金援助を受けてカエサル支持に変わった（『カエサル』二九-3）。ルキウス・ユリウス・カエサルは前六四年に執政官を務めたあと、カエサルのガリア遠征に副官として従った。独裁官カエサルと近縁はない。この両名は、結局、殺害を免れた。

(2) キケロの息子、弟、弟の息子も保護停止広告に名が挙げられた。弟クィントゥスについて、八-6、二〇-3、三三-4参照。息子マルクスはこのときギリシアでブルトゥスと行動をともにしていた（四五-3）。トゥスクルムについては、四〇-3参照。

(3) トゥスクルムからほぼ真南に下りた所の海辺の町。

(4) アストゥラから南東へ沿岸を四〇キロメートルほど進んだ所の岬の町。

(5) 約一八キロメートル。

7 ある。[1]しかしその方途に進むには拷問の恐怖が足枷となり、千々に乱れる心の中でさまざまな案を浮かべて
は消しながら、とりあえず家僕たちに身を預けてカイエタ[2]まで船で送らせることにした。そこには所有する
荘園があり、夏になると心地よい風が吹いてきて、快適な避暑地になっていたのである。
8 そこの海岸から少し上がったところにアポロンの社があり、このときその社から鴉の群れがいっせいに飛
び立って、岸に漕ぎ寄せようとするキケロの船に鳴きながら押し寄せてきた。そして左右の帆桁に止まった
かと思うと、唸り声を発したり帆綱の端をつついたりし始めたので、その場にいた誰もが不吉な前兆を感じ
9 取らずにいられなかった。それでもとにかく船を下りて別荘に入ったキケロは、休息をとろうと寝台に身を
横たえた。すると多数の鴉が窓際に止まり、けたたましい声でわめき続けるなか、一羽が寝台まで降りてき
10 て、キケロの体を包んでいた衣を嘴を使って顔から少しずつ引きはがし始めた。それを見た家僕たちは自分
を責め、眼の前で主人が命を奪われようとするのをわれわれは座して待つつもりか、畜生たちがこうして助
けに来て、いわれなき不幸にある方を気遣っているというのに、自分たちは守ってあげないのか、と恥じ入
り、哀願するやら力ずくやらで、キケロを輿に乗せて海岸の方へ運んでいった。

四八　しかしそうしているうちに刺客たちがやって来た。従者をともなって現われたのは百人隊長のヘレ
ンニウスと軍団将官のポピリウスで、このポピリウスというのは、かつて父殺しの罪で訴えられていたのを
2 キケロが弁護してやった男である。[3]連中は扉が固く閉じられているのを見ると、それをたたき壊して乱入した
が、室内にキケロの姿はなく、居合わせた者たちも主人の行方は知らないと言い張った。ところがそこに名
をピロログスといい、キケロから自由人の学問と文芸を仕込まれ、弟クィントゥスに仕える元奴隷の若者が

3 いて、この男が軍団将官に、輿が林の中の木陰の小径を海岸の方へ運ばれていくところだと教えた。[4] 軍団将官が少しばかりの手勢をともない、園を回って出口の方へ駆け出す一方、ヘレンニウスが小径を走って輿の
4 後を追った。キケロは追っ手に気づくと、家僕たちに命じて、その場に輿を下ろさせた。そして左手で顎をさわるいつもの仕草をしながら、刺客たちをじっと見すえたが、その顔は干からびて髪が垂れ、心労のため
5 にやつれきって、ヘレンニウスが剣を振り下ろしたときには皆が思わず目を覆った。輿から身を乗り出した
6 ところで、頸に一撃を受けたのである。六四年の生涯であった。[5] アントニウスの指示していたとおり、首といっしょに両手[6]も切り落とされた。この手で『ピリッピカ』が書かれたからというわけだが、『ピリッピカ』というのはアントニウスを糾弾する一連の演説にキケロ自身が冠した名称であり、現在にいたるまでそ

(1) 炉は神聖な場所とされるから、そこを自殺によって穢すことは重大な宗教的禁忌を犯すことになる。

(2) キルケイイから東方へ沿岸を五〇キロメートルほど進んだ所。すぐ北にフォルミアエ市がある。

(3) アッピアノス『内乱史』第四巻一九—二〇、ディオン・カッシオス『ローマ史』第四十七巻一一-一—二、リウィウス『ローマ建国以来の歴史』第百二十巻梗概には、ヘレンニウスの名はなく、ポピリウス・ラエナスのみがキケロ殺害者として挙げられている。

(4) アッピアノス『内乱史』第四巻一九は、キケロの行方を教えた男を、キケロの仇敵プブリウス・クロディウス・プルケルの庇護民の靴職人としている。

(5) 殺されたのは、前四三年十二月七日。生まれたのは、前一〇六年一月三日。

(6) 『アントニウス』二〇-3、アッピアノス『内乱史』第四巻二〇によれば、切り落とされたのは首と右手。

の呼び名が使われている。[1]

四九　キケロの首と手がローマに運ばれてきたとき、アントニウスはちょうどある官位の選挙を実施して
いるところだったが、知らせを聞いて実物を目にすると大声で、ここに保護停止公告は完了した、と叫んだ。
2 そしてアントニウスの命令により首と両手が船嘴[2]の上方の演壇の上に置かれたとき、ローマ人はそこにキケ
ロの顔ではなくアントニウスの心の像を見たように思い、震えが止まらなかった。そんなアントニウスの所
業のうちにもひとつだけ当を得たものがあって、それはクィントゥスの妻ポンポニア[3]にピロログスを引き渡
3 したことである。ポンポニアはその身柄の処分を一任されたので、さまざまな恐ろしい報いを受けさせたな
4 かで、わが身の肉を自分で少しずつ切り取って焼き、それを自分で食べるということもさせた。そのように
一部の史家は伝えているのだが、キケロに仕えていた元奴隷ティロ[4]は、ピロログスの裏切り自体をひと言も
書き記していない。

5 　こんな話を聞いたことがある。ずっと後年になって、カエサルが娘の子のひとりがいる部屋に入ったとき、
その子はキケロの著作を手に持っていたので、あわててその本を衣の下に隠した。しかしカエサルはその本
を手に取ると、立ったまま長い間それを読んでいた。そして子供に本を返すとき、こうつぶやいたという
「坊や、この人は学のある人だった。学があって、そして祖国を愛する人だった」。

6 　ほかにもカエサルは決戦でアントニウスを破ったあとただちに、そのとき就いていた執政官の同僚として
キケロの息子を選んだ[5]。そしてその執政官任期中に、元老院はアントニウスの立像を撤去するなど、アント
ニウスに授けられていたあらゆる栄誉を取り消し、さらにアントニウス氏の者は今後けっしてマルクス[6]を名

乗ってはならないと決議した。こうして神はアントニウス懲罰の最後のひと太刀を、キケロの遺族の手にゆだねたのである。

（1）『ピリッピカ』は前四四年九月二日から翌年四月二十一日までに、元老院または市民に向けて行なわれた一四篇の演説（ただし第二演説は演説形式による公表文書）。二四-6参照。

（2）前三三八年にラテン同盟との戦争に勝ったとき、アンティウム市から戦利品として得た船の舳先の衝角が、中央広場の演壇の飾りに使われていた。

（3）キケロの弟クィントゥスは、ティトゥス・ポンポニウス・アッティクス（キケロの親友。キケロがアッティクスに宛てた多数の書簡が伝存する）の妹ポンポニアと結婚したが、夫婦仲が悪く、死の前年に離婚していた。

（4）四一-4参照。

（5）前三一年九月二日、ギリシア西部のアクティオン（アクティウム）沖の海戦でオクタウィアヌスがアントニウスを破り、翌年にアントニウスは自害した（『アントニウス』六一―七七）。キケロの長男マルクスはブルトゥスの軍隊に加わり（四五-3）、前四二年のピリッポイの戦いのあとも、ヒスパニアでポンペイユス・マグヌスの次男セクストゥス・ポンペイユスとともに戦いを続けたが、前三九年にオクタウィアヌスらから赦免を得て、イタリアに帰還した。オクタウィアヌスは前三〇年に補欠執政官としてキケロを選んだ（アッピアノス『内乱史』第四巻五一、ディオン・カッシオス『ローマ史』第五十一巻一九-四）。

（6）マルクスはアントニウスの個人名。キケロの個人名でもある。

デモステネスとキケロの比較

一　さてデモステネスとキケロについて伝えられる事柄のうち大事なものは、私の知りえたかぎりでは以
2 上である。両者の弁論の特質を比較することはあきらめた私だが(1)、やはり触れずにいられないこともあるの
で、それをここに記しておきたい。まずデモステネスは、天性あるいは訓練から得た言葉の能力をあますと
ころなく弁論術につぎ込み、そうして議会や法廷での競争相手を明晰さと力強さでしのぎ、演示弁論家を重
3 厚さと壮大さで上回り、修辞学者を正確さと技巧で凌駕した。一方キケロはさまざまなことを学んで、言葉
にかかわる多方面の修練を積んだ人であったから、アカデメイア学派の流れを汲む独自の哲学的著作を数多
く残しただけでなく、法廷や議会のために書かれた演説でも、そこには学芸にかんする知識を少しでも開陳
したいという願望が明らかに見て取れる。

4 両者の弁論から、それぞれの性格もある程度透けて見える。まずデモステネスの弁論は、華やかさや戯れ
といったものからはほど遠く、厳格で真面目なものに集中してゆくから、ピュテアスがからかったランプの
芯の臭い(2)とまでは言わずとも、水飲み癖(3)や憂悶、そしてよく言われる辛辣で陰鬱な性格の臭いが漂っている(4)。

一方キケロはというと、嘲弄のあまりに悪ふざけに走ることが多く、裁判でも必要に合わせて、真面目に扱
うべき事柄を笑いと戯れで茶化してしまい、慎みを欠くことがあった。[5] 例えばカエリウス弁護演説の中でキ
ケロが言うには、カエリウスが奢侈と贅沢を極め、快楽に耽っていても、何ら不適切なことをしているわけ
ではない、なぜなら享受できるものを享受しない者は狂人にほかならず、しかも幸福は快楽にありとは、か
5 の令名高き哲学者たちの教えるところである、と。[6] またカトーがムレナを告発したとき、執政官だったキケ
ロはムレナ弁護に立つと、カトーへの批判を通し、逆説と呼ばれる教義の不具合をあげつらって、ストア派
の学説をさんざんに虚仮にした。陽気な笑い声が見物人たちから起こって陪審員席に広がると、カトーは穏
やかな苦笑を浮かべて、かたわらの人たちに「おい、われわれの執政官はとんでもないひょうきん者だ」と
洩らしたという。[7] またキケロは笑いを友とし、からかいを好むたちであったらしく、顔には笑みと朗らかさ
6 があふれていた。それに対してデモステネスの顔には真面目な表情が常に張り付いて、腐心と憂愁の影は

（1）『デモステネス』三-1参照。
（2）『デモステネス』八-4参照。
（3）政敵ピロクラテスは、私が酒を飲むところデモステネスは水を飲む、だからデモステネスは狷介で偏屈なのだ、と言ってデモステネスをからかった（デモステネス第六弁論『ピリッポス弾劾、第二演説』三〇、第十九弁論『使節職務不履行について』四六）。
（4）『デモステネス』一一-5参照。
（5）『キケロ』五-6、二五-1参照。
（6）キケロ『カエリウス弁護』四一―四二は、エピクロス学派の教説を暗示しながら、これに近い言い回しをする。
（7）『小カトー』二一-7参照。

めったなことでは消えなかった。そんなところから政敵たちは、デモステネス自身が語るように[1]、面と向かってこの弁論家を気難し屋とか陰気者とか呼んだのである。

二　ほかに両者の作品から見て取れることとして、まずデモステネスの場合、自身への称賛を口にするにしても、それが何かもっと重要な目的のために欠かせないときにのみ、十分な注意と配慮をもってそれを行ない、それ以外のときは己を抑えて控えめな態度に終始する。一方、キケロが弁論の中で見せる自画自賛ぶりは際限を知らず[2]、例えば、武器は市民服（トガ）に、凱旋式の月桂冠は弁舌に譲るべし[3]、という叫びなど
2 は、この人の名声欲の肥大を示して余りある。しまいには自分の行動や功績にとどまらず、自分が語ったり書いたりした演説までも褒め上げるのに夢中で、弁論家イソクラテスやアナクシメネス[4]とまるで若者のように張り合うことはしても、

　　重い鎧を着て、敵を圧する、不屈の兵士[5]

3 であるローマの民衆を指導し教化することには目を向けなかった。たしかに、国政に携わる者が弁論を通して勢力を拡げることは必要だが、しかし弁論から得られる名声を物欲しげに眺めて舌なめずりするのは、品位を欠く行ないである。その点でデモステネスはもっと志が高くて威厳があり、自分の持っている弁論の能力は、聴衆からの好意に大きく依存する一種の技術にほかならないとはっきり口にし[6]、そんなもので得意満面になるのは卑俗で下賤な人間のすることだと正しく見抜いていた。

三　民衆に訴えかけて国政を動かす能力について言えば、これは両者に等しく備わっていたから、軍隊や

2

戦陣の最高指揮官たちもこのふたりを必要とし、デモステネスにはカレスとディオペイテスとレオステネスが(7)、そしてキケロにはポンペイユスと年少のカエサルが――カエサル自身がアグリッパとマエケナス(8)に宛てた回顧録の中で明言しているように――協力を求めてきた。しかしながら人を試験にかけて、その本性を暴き出す最良の方法と認められ語られるもの、そして人のあらゆる感情を揺り動かしあらゆる不徳を白日の下にさらすもの、すなわち権力と高官位(9)、それをデモステネスは手にしたためしがなく、自分が作り上げた

(1) デモステネス第六弁論『ピリッポス弾劾、第二演説』三〇参照。

(2)『キケロ』二四-1―2参照。

(3) キケロが自分の執政官時代を歌った詩（散逸）に、この文句があった。自身が『ピソ弾劾』七二、『ピリッピカ』二-二〇、『義務について』第一巻七七で引用している。

(4)『デモステネス』一八-3参照。

(5) アイスキュロスの散逸した悲劇作品の一節。『ローマ人の運について』三一七e、『アレクサンドロスの運または徳について』三三四d、『食卓歓談集』六四〇aにも引用される。

(6) デモステネス第十八弁論『冠について』二七七参照。

(7) カレスについては『ポキオン』五-2、ディオペイテスについては『ポキオン』七-5、レオステネスについては『デモステネス』二七-1参照。

(8) マルクス・ウィプサニウス・アグリッパはカエサル・オクタウィアヌスの青年時代からの忠実な友人であり、軍事と行政の両面で高い能力を発揮して、終生オクタウィアヌスを支え続けた。ガイウス・マエケナスはオクタウィアヌスのためにおもに外交の任をになったほか、オクタウィアヌスを称える詩人たちを支援するパトロンでもあった。

(9)「支配は人をあらわにする」という前六世紀の哲学者ビアスの言葉がある。アリストテレス『ニコマコス倫理学』第五巻三（一一三〇a）、ソポクレス『アンティゴネ』一七五―一七七参照。

対ピリッポスの軍隊でも指揮を執らなかったという例にあるように[1]、重要な官位にはいっさい就かなかった
から、その種の試験にはついぞ無縁であった。
3 それに対してキケロは、財務官としてシキリアに、また執政官代理としてキリキアとカッパドキアに赴任
した経験を持つ[2]。当時は財産欲が猖獗を極め、外地に派遣される総督や長官たちは、こっそり盗み取るなど
品位にもとるとばかりに、堂々と奪い取るのを誇りとしていた時代であり、他者の財を取り上げること自体
は悪行と見なされず、控えめに取り上げる者にむしろ好感が寄せられるような時世において、キケロは富に
4 対してまるで興味を示さず、仁慈と善政を実行した。さらにローマ本国では、名目上は執政官でありながら、
実際にはカティリナ一味に対する最高司令官と独裁官の権限を与えられ[3]、そうしてプラトンのあの予言、す
なわち何らかの幸運によって大きな権力と智恵がめぐり会い、正義をともなってひとつになるとき、そのと
き初めて国家に禍の終息が訪れるだろう、という予言[4]が正しかったことを証明した。
5 弁論にともなう金銭にかんして言うと、デモステネスへの批判はいくつか伝えられており、訴訟で対立す
るポルミオンとアポロドロスの双方に、ひそかに演説を書いて提供したほか[5]、ペルシア王からの資金受け取
6 りで指弾を浴び、ハルパロス事件で横領を認定された[6]。仮にこれらの批判が、それを書いた人の数の多さに
もかかわらず、事実を伝えていないとしても、それでも、王から感謝と敬意のしるしとして金品を差し出さ
れれば、それから眼をそらすだけの気概はデモステネスになかっただろうということは――これは貿易投資
7 家でもできることではないが――どうにも否定のしようがない。一方キケロの場合、シキリアで造営官の職
務に就いたときも、またカッパドキアの王に執政官代理として相対したときも[7]、さらに亡命するさいにロー

マ市内の友人たちに会ったときも、かなりの量の金品を受け取ってくれるよう頼まれながら、すべて拒絶したことは、すでに述べたとおりである。

四　続いて両者の亡命を比べると、デモステネスの場合は盗みの罪を問われたあげくの行動だから、恥辱以外の何ものでもないが、キケロの場合、極悪人集団を祖国からたたき出すという名誉の事績がもたらした
2 結果だった。だからデモステネスが去り行くとき、国からは何の顧慮もなかったが、キケロに対しては、元老院議員が衣装を替えて喪服を着け、キケロの帰国を決議するまでいかなる議案についても採決を行なわないと心に決めた。(8) しかし亡命期間中の行動を見ると、キケロがマケドニアに引きこもって無為の時を過ごし
3 たのに対し、デモステネスの場合は亡命期間もまた国政活動の重要な一部となった。というのもデモステネスはこの期間、すでに述べたように、各地の都市を訪ねて回りながらマケドニアの使節を追い払い、ギリシ

(1) デモステネスはカイロネイアの戦いに、司令官ではなくひとりの兵士として参加した（『デモステネス』二〇-2）。

(2) 『キケロ』六-1、三六-1—6参照。

(3) 元老院最終決議により非常大権を与えられたことを指す（『キケロ』一五-5）。

(4) プラトン『国家』第五巻一八（四七三d）でソクラテスが語る、哲人が王になるか王が哲学するかして、権力と哲学が合一しないかぎり、国家に禍の終息はないだろう、という考えを指す。

(5) 『デモステネス』一五-1—2参照。

(6) 『デモステネス』一四-2、二〇-4—5、二五-1—二六-2参照。

(7) 『キケロ』八-2、三六-3参照。

(8) 『キケロ』三一-1、三三-3参照。

ア陣営のひとりとして奮闘していたのであり、そうして同じ境遇にあったテミストクレスやアルキビアデス(1)よりも、はるかにりっぱな市民であることを証明したのである。そして帰国後もみずからの奉じる方針を変
4 えず、アンティパトロスらマケドニア人との戦いを最後までやめなかった。一方キケロは元老院で、カエサルが法を顧みず、まだ髭も生えていない年齢で執政官就任を要求したとき、黙って見ているだけなのをラエリウスに詰られた(2)。またブルトゥスからは書簡の中で、かつてキケロ自身が葬り去った独裁にもまして巨大で恐ろしい独裁を養い育てた、と非難を受けた(3)。

五　しめくくりに最期についてだが、キケロの方は老いを迎えてから、みじめにも家僕にあちこち連れ回されながら死からの逃走を試み、自然死に少しばかり先立ってやって来た追っ手から身を隠そうとしたあげ
2 くに、結局、刃を受けたのだから、哀れむべき終焉と言ってよかろう。一方デモステネスの場合、神への嘆願にわずかばかりすがったとしても、毒を用意して携帯していたのはあっぱれ、そしてそれを使用したのもあっぱれと言うべく、神から避難の場所を与えてもらえないとなると、あたかももっと大きな祭壇に逃げ込むかのように、衛兵たちの剣の間をすり抜け、アンティパトロスの暴戻に嘲笑をくれて立ち去ったのである。

（1）テミストクレスは陶片追放によりアテナイを追われたあと、ペルシア宮廷に逃れ、そこで王の厚遇を受けた。アルキビアデスは亡命後、敵国スパルタに渡ってアテナイとの戦い方を助言し、続いてペルシア帝国の小アジア方面の総督に協力してアテナイに策謀をしかけた（『テミストクレス』二七―三一、『アルキビアデス』二三―二六）。

（2）『キケロ』四五-4―四六-1参照。ラエリウスは、前五四年の護民官デキムス・ラエリウス。

（3）『キケロ』四五-2参照。

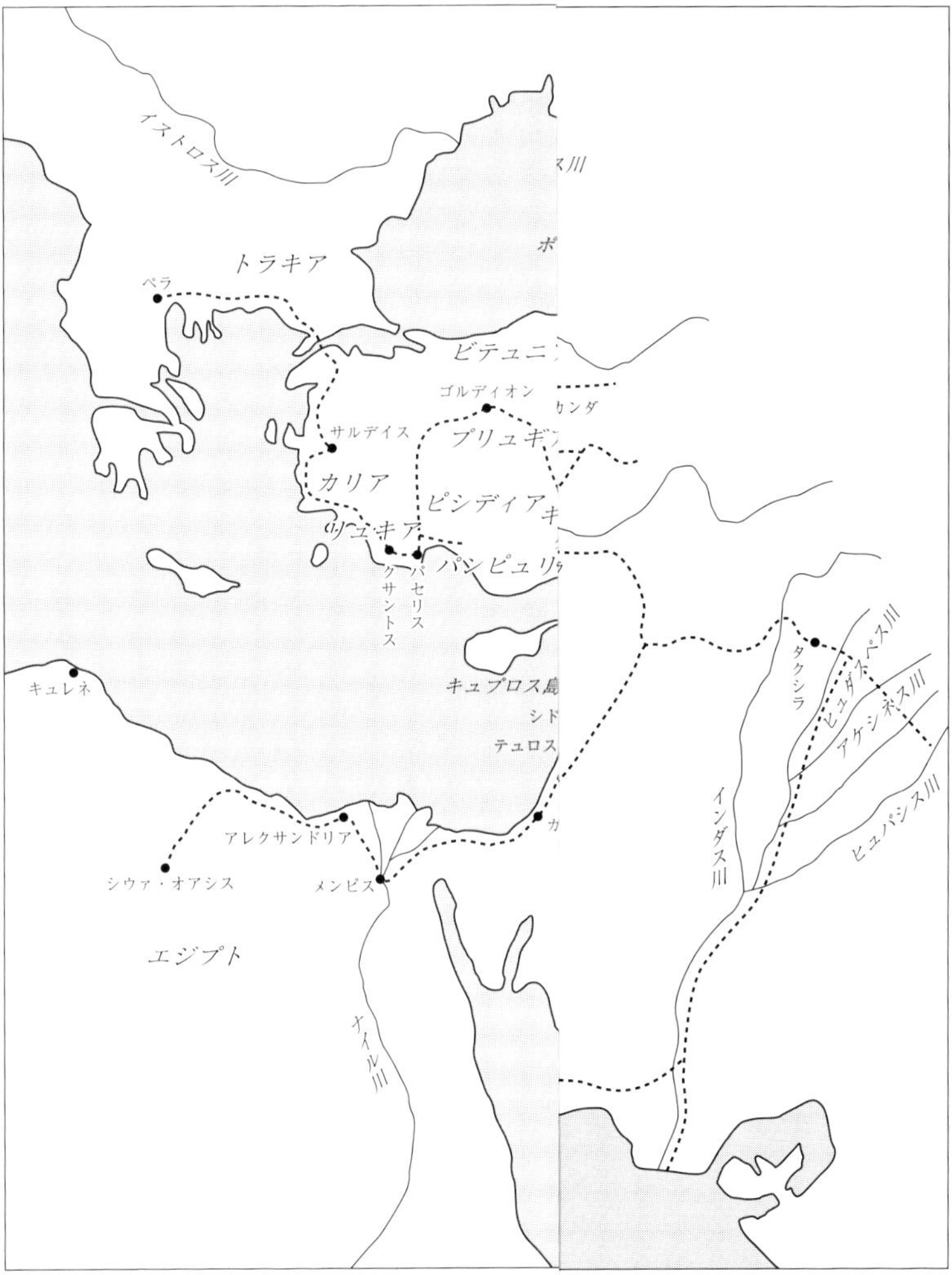
イストロス川
ス川
トラキア
ポ
ペラ
ビテュニ
ゴルディオン
カンダ
サルデイス
プリュギア
カリア
ピシディア
キ
リュキア
クサントス
パセリス
パンピュリア
キュプロス島
シド
テュロス
キュレネ
アレクサンドリア
カ
シウァ・オアシス
メンピス
エジプト
ナイル川
タクシラ
ヒュダスペス川
アケシネス川
ヒュパシス川
インダス川

経路を----で示す

デュラキオン
イリュリア
アポロニア
アオオス川
オリコス
エペイロス
ドドナ
ケルキュラ島
ハリアクモン川
マケ
ス川
ペリントス
ビュザンティオン
カルケドン
プロポンティス
キオス
キュジコス
ミュシア
ゴンボイ
ガモン
アクティオン岬
アカルナニ
レウカス島
イオニア海
アイトリ
ケパレニア島
オイニアダイ
プリュギア
ヘルモス川
ミュルナ
サルデイス
リュディア
デュマイ
エリス
エリス
エペソス
マグネシア
マイアンドロス川
オリュン
カリア
ミレトス
ハリカルナッソス
リュキア
クニドス
ロドス
ロドス島

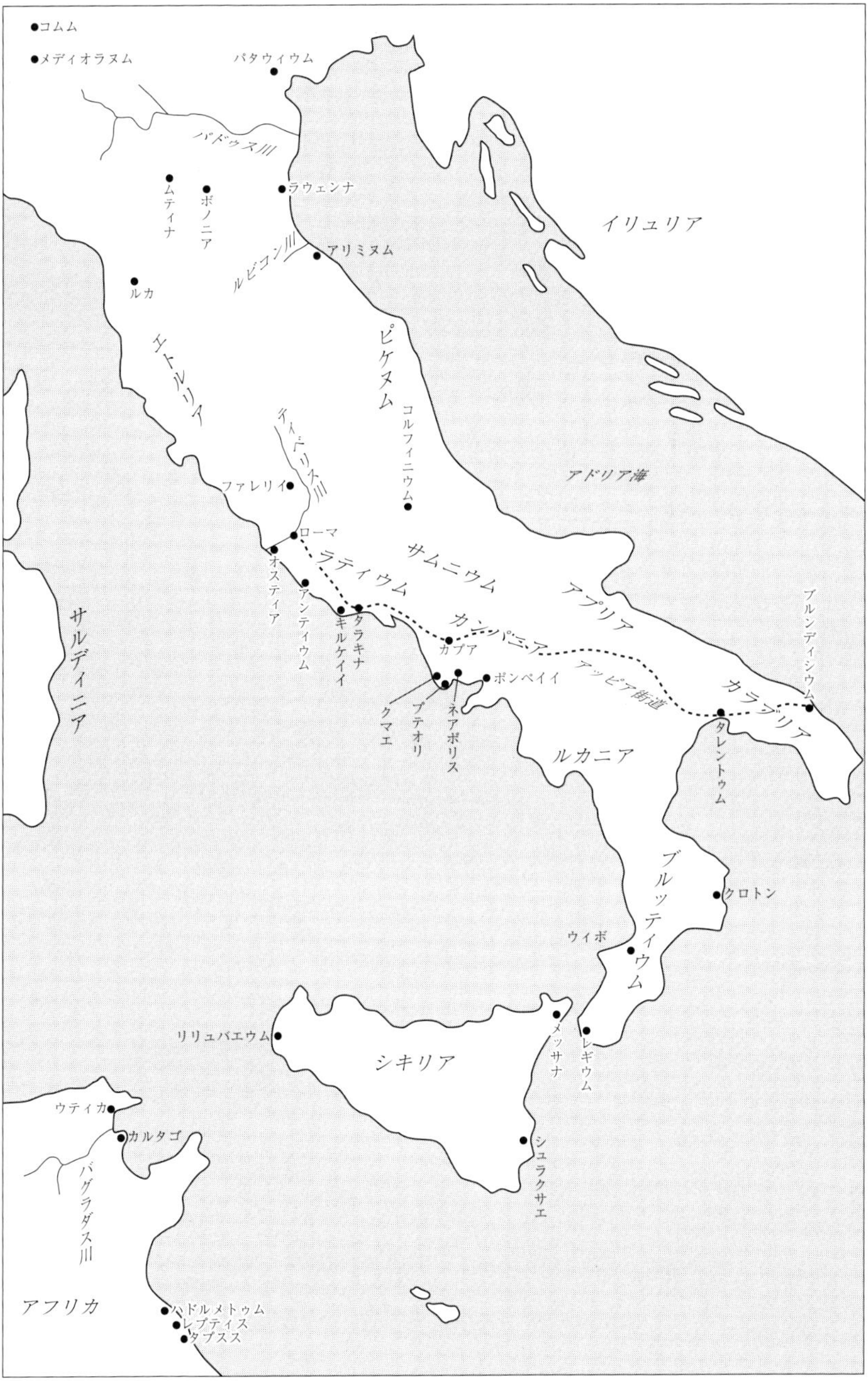
コムム
メディオラヌム
パタウィウム
パドゥス川
ムティナ
ボノニア
ラウェンナ
イリュリア
ルビコン川
アリミヌム
ルカ
エトルリア
ピケヌム
ティベリス川
コルフィニウム
アドリア海
ファレリイ
ローマ
サムニウム
ラティウム
オスティア
アンティウム
アプリア
キルケイイ
タラキナ
サルディニア
カンパニア
カプア
ブルンディシウム
ポンペイイ
アッピア街道
カラブリア
クマエ
プテオリ
ネアポリス
ルカニア
タレントゥム
ブルッティウム
クロトン
ウィボ
メッサナ
レギウム
リリュバエウム
シキリア
ウティカ
カルタゴ
シュラクサエ
バグラダス川
アフリカ
ハドルメトゥム
レプティス
タプスス

3図. イタリア

訳者略歴

城江良和（しろえ　よしかず）

四天王寺大学名誉教授
一九五七年　兵庫県生まれ
一九八五年　京都大学大学院文学研究科博士課程単位取得
二〇一七年　四天王寺大学退職

主な著訳書
『ギリシア文学を学ぶ人のために』（共著、世界思想社）
アルテミドロス『夢判断の書』（国文社）
『ローマ喜劇集5』（共訳、京都大学学術出版会）
トゥキュディデス『歴史2』（京都大学学術出版会）
ポリュビオス『歴史1〜4』（京都大学学術出版会）
プルタルコス『英雄伝4』（京都大学学術出版会）

英雄伝《えいゆうでん》　5　　西洋古典叢書　2019 第2回配本

二〇一九年八月二十八日　初版第一刷発行

訳　者　城《しろ》　江《え》　良《よし》　和《かず》

発行者　末　原　達　郎

発行所　京都大学学術出版会

606-8315　京都市左京区吉田近衛町六九　京都大学吉田南構内
電　話　〇七五-七六一-六一八二
ＦＡＸ　〇七五-七六一-六一九〇
http://www.kyoto-up.or.jp/

印刷／製本・亜細亜印刷株式会社

ISBN978-4-8140-0223-8

定価はカバーに表示してあります

アンミアヌス・マルケリヌス　ローマ帝政の歴史（全3冊）
　1　山沢孝至訳　　3800円
ウェルギリウス　アエネーイス　岡　道男・高橋宏幸訳　　4900円
ウェルギリウス　牧歌／農耕詩　小川正廣訳　　2800円
ウェレイユス・パテルクルス　ローマ世界の歴史　西田卓生・高橋宏幸訳　　2800円
オウィディウス　悲しみの歌／黒海からの手紙　木村健治訳　　3800円
クインティリアヌス　弁論家の教育（全5冊）
　1　森谷宇一・戸高和弘・渡辺浩司・伊達立晶訳　　2800円
　2　森谷宇一・戸高和弘・渡辺浩司・伊達立晶訳　　3500円
　3　森谷宇一・戸高和弘・吉田俊一郎訳　　3500円
　4　森谷宇一・戸高和弘・伊達立晶・吉田俊一郎訳　　3400円
クルティウス・ルフス　アレクサンドロス大王伝　谷栄一郎・上村健二訳　　4200円
スパルティアヌス他　ローマ皇帝群像（全4冊・完結）
　1　南川高志訳　　3000円
　2　桑山由文・井上文則・南川高志訳　　3400円
　3　桑山由文・井上文則訳　　3500円
　4　井上文則訳　　3700円
セネカ　悲劇集（全2冊・完結）
　1　小川正廣・高橋宏幸・大西英文・小林　標訳　　3800円
　2　岩崎　務・大西英文・宮城徳也・竹中康雄・木村健治訳　　4000円
トログス／ユスティヌス抄録　地中海世界史　合阪　學訳　　5000円
プラウトゥス／テレンティウス　ローマ喜劇集（全5冊・完結）
　1　木村健治・宮城徳也・五之治昌比呂・小川正廣・竹中康雄訳　　4500円
　2　山下太郎・岩谷　智・小川正廣・五之治昌比呂・岩崎　務訳　　4200円
　3　木村健治・岩谷　智・竹中康雄・山澤孝至訳　　4700円
　4　高橋宏幸・小林　標・上村健二・宮城徳也・藤谷道夫訳　　4700円
　5　木村健治・城江良和・谷栄一郎・高橋宏幸・上村健二・山下太郎訳　　4900円
リウィウス　ローマ建国以来の歴史（全14冊）
　1　岩谷　智訳　　3100円
　2　岩谷　智訳　　4000円
　3　毛利　晶訳　　3100円
　4　毛利　晶訳　　3400円
　5　安井　萠訳　　2900円
　9　吉村忠典・小池和子訳　　3100円

プルタルコス　英雄伝（全6冊）
1　柳沼重剛訳　3900円
2　柳沼重剛訳　3800円
3　柳沼重剛訳　3900円
4　城江良和訳　4600円
プルタルコス　モラリア（全14冊・完結）
1　瀬口昌久訳　3400円
2　瀬口昌久訳　3300円
3　松本仁助訳　3700円
4　伊藤照夫訳　3700円
5　丸橋　裕訳　3700円
6　戸塚七郎訳　3400円
7　田中龍山訳　3700円
8　松本仁助訳　4200円
9　伊藤照夫訳　3400円
10　伊藤照夫訳　2800円
11　三浦　要訳　2800円
12　三浦　要・中村健・和田利博訳　3600円
13　戸塚七郎訳　3400円
14　戸塚七郎訳　3000円
プルタルコス／ヘラクレイトス　古代ホメロス論集　内田次信訳　3800円
プロコピオス　秘史　和田　廣訳　3400円
ヘシオドス　全作品　中務哲郎訳　4600円
ポリュビオス　歴史（全4冊・完結）
1　城江良和訳　4200円
2　城江良和訳　3900円
3　城江良和訳　4700円
4　城江良和訳　4300円
マルクス・アウレリウス　自省録　水地宗明訳　3200円
リバニオス　書簡集（全3冊）
1　田中　創訳　5000円
2　田中　創訳　5000円
リュシアス　弁論集　細井敦子・桜井万里子・安部素子訳　4200円
ルキアノス　全集（全8冊）
3　食客　丹下和彦訳　3400円
4　偽預言者アレクサンドロス　内田次信・戸高和弘・渡辺浩司訳　3500円
ロンギノス／ディオニュシオス　古代文芸論集　木曽明子・戸高和弘訳　4600円
ギリシア詞華集（全4冊・完結）
1　沓掛良彦訳　4700円
2　沓掛良彦訳　4700円
3　沓掛良彦訳　5500円
4　沓掛良彦訳　4900円

【ローマ古典篇】
アウルス・ゲッリウス　アッティカの夜（全2冊）
1　大西英文訳　4000円

クセノポン　ギリシア史（全2冊・完結）
　1　根本英世訳　　2800円
　2　根本英世訳　　3000円
クセノポン　小品集　松本仁助訳　　3200円
クセノポン　ソクラテス言行録（全2冊）
　1　内山勝利訳　　3200円
クテシアス　ペルシア史／インド誌　阿部拓児訳　　3600円
セクストス・エンペイリコス　学者たちへの論駁（全3冊・完結）
　1　金山弥平・金山万里子訳　　3600円
　2　金山弥平・金山万里子訳　　4400円
　3　金山弥平・金山万里子訳　　4600円
セクストス・エンペイリコス　ピュロン主義哲学の概要　金山弥平・金山万里子訳　　3800円
ゼノン他／クリュシッポス　初期ストア派断片集（全5冊・完結）
　1　中川純男訳　　3600円
　2　水落健治・山口義久訳　　4800円
　3　山口義久訳　　4200円
　4　中川純男・山口義久訳　　3500円
　5　中川純男・山口義久訳　　3500円
ディオニュシオス／デメトリオス　修辞学論集　木曽明子・戸高和弘・渡辺浩司訳　　4600円
ディオン・クリュソストモス　弁論集（全6冊）
　1　王政論　内田次信訳　　3200円
　2　トロイア陥落せず　内田次信訳　　3300円
テオグニス他　エレゲイア詩集　西村賀子訳　　3800円
テオクリトス　牧歌　古澤ゆう子訳　　3000円
テオプラストス　植物誌（全3冊）
　1　小川洋子訳　　4700円
　2　小川洋子訳　　5000円
デモステネス　弁論集（全7冊）
　1　加来彰俊・北嶋美雪・杉山晃太郎・田中美知太郎・北野雅弘訳　　5000円
　2　木曽明子訳　　4500円
　3　北嶋美雪・木曽明子・杉山晃太郎訳　　3600円
　4　木曽明子・杉山晃太郎訳　　3600円
　5　杉山晃太郎・木曽明子・葛西康徳・北野雅弘・吉武純夫訳・解説　　5000円
トゥキュディデス　歴史（全2冊・完結）
　1　藤縄謙三訳　　4200円
　2　城江良和訳　　4400円
ピロストラトス　テュアナのアポロニオス伝（全2冊）
　1　秦　剛平訳　　3700円
ピロストラトス／エウナピオス　哲学者・ソフィスト列伝　戸塚七郎・金子佳司訳　　3700円
ピンダロス　祝勝歌集／断片選　内田次信訳　　4400円
フィロン　フラックスへの反論／ガイウスへの使節　秦　剛平訳　　3200円
プラトン　エウテュデモス／クレイトポン　朴　一功訳　　2800円
プラトン　エウテュプロン／ソクラテスの弁明／クリトン　朴　一功・西尾浩二訳　　3000円
プラトン　饗宴／パイドン　朴　一功訳　　4300円
プラトン　パイドロス　脇條靖弘訳　　3100円
プラトン　ピレボス　山田道夫訳　　3200円